西文义和团文献资料汇编

A Bibliography of Western Language Material on the Boxer Movement

[德]狄德满　编著
崔华杰等　译

山东大学出版社

图书在版编目(CIP)数据

西文义和团文献资料汇编/(德)狄德满编著;崔华杰等译.
—济南:山东大学出版社,2016.9
ISBN 978-7-5607-5620-2

Ⅰ.①西… Ⅱ.①狄…②崔… Ⅲ.①义和团—史料
—汇编 Ⅳ.①K256.7

中国版本图书馆 CIP 数据核字(2016)第 229337 号

责任策划:马银川
责任编辑:张申华
美术编辑:牛 钧

出版发行:山东大学出版社
社 址 山东省济南市山大南路 20 号
邮 编 250100
电 话 市场部(0531)88364466
经 销:山东省新华书店
印 刷:山东省东营市新华印刷厂
规 格:787 毫米×1092 毫米 1/16
29.5 印张 702 千字
版 次:2016 年 9 月第 1 版
印 次:2016 年 9 月第 1 次印刷
定 价:58.00 元

本书为山东大学中国义和团运动研究中心重点项目，得到山东大学考古与历史学学科高峰计划资助。

前　言

八国联军镇压义和团运动，乃是世界历史上的重大事件。毫无疑问，此亦为"中国近现代史上的主要转折点"①。1900年的夏季，炎热、干燥且又漫长，天朝这一事端为全世界所瞩目。在冲突期间及期后，许多西方亲临者、观察家和评论家留下了大量的相关记录，或已发表，或尚未出版，涉及了多种欧洲语言。鉴于事件的复杂性，义和团运动可以分为三个主要阶段：其一是义和团运动的起源；其二是1900～1901年间的义和团战争；其三是外国干涉中国的后果。

应当肯定，义和团运动的兴起有多重因素且相互关联②。站在内源性角度，或能更好地审视该问题。为应对19世纪日益恶化的社会经济状况，华北平原的部分区域见证了暴力文化的出现。为争夺稀缺资源而械斗，盗窃和贩运私盐等冲突事件层出不穷。时至1894～1895年的甲午战争期间，这些暴力生存策略变得尤为严重。在此关键时期，一种组织在鲁苏交界地区抬头，成为义和团运动的前身。作为武术团体的大刀会应运而生，使用刀枪不入之术，保护地方社群免受日益滋长的掠夺活动之侵扰。然而，大刀会却很快被卷入苏西北和鲁西南一带的民教冲突。可以说，在形势莫测和高度竞争的环境之下，天主教会的迅速扩张本身就是其生存策略之一。1900年以后，在义和团运动爆发之责任归属方面，基督宗教及其"传教士问题"在西方评论家的争论中成为重大问题。

特别是西方新近畅销的义和团研究著述，指出义和团发源自山东，事实上暗示了1897年11月德国强占胶州湾之刺激因素。实际上，这种论断过于简单，且不甚准确。缜密研读北京法国大使馆的档案，就会发现"义和拳"之名源自直隶威县的一支拳会，这时才是1897年春。当时梨园屯的平民因民教房产纠纷而向其求助，而梨园屯恰是被直隶省包

① Mary Clabaugh Wright (ed.), *China in Revolution: The First Phase, 1900-1913*. New Haven: Yale University Press, 1968, p. 3.

② 关于义和团运动起源之详述，参见[德]狄德满：《华北的暴力和恐慌：义和团运动前夕基督宗教传播和社会冲突》，崔华杰译，江苏人民出版社2011年版。

围却在行政上归属于山东的飞地十八村。[①] 换句话说，此次介入比强占胶州湾事件早了六个多月。饶有趣味的是，约一年之后，才在中国出版的英文媒体上首度出现“义和拳”这个称谓，这时已是 1898 年 3 月 14 日。一位基督新教传教士在鲁西报道说，“义和拳”正大范围召集拳民，支援发生在梨园屯的持续冲突。后面我们已耳熟能详，“Boxer”这个英文单词在 1900 年夏时已名声大噪。[②]

上述以及传教士的此后观察，有益于揭示出一些地方事件，但对于义和团运动之兴起却无所论及。虽然天主教神父与基督教牧师进驻了义和团的早期核心区域，但他们却未能注意到神拳 1898 年夏在鲁西北边界地区的形成以及后来与直隶义和拳的合流。几乎没有一个传教士试图揭示义和团宗教信仰之构成要素、刀枪不入之仪式以及义和团从源发核心区域散播到其他华北地区之过程。在 1899 年初拳闹高潮之时，在华的传教士们开始不分青红皂白地使用“义和团”这个术语[③]。在清朝教案四起的背景下，定义义和团活动的真实内涵与外延仍是有待深入研究的课题。当时，外国传教士选择了或者不得不对义和团和其他反教分子不作区分。因此，我们偶然能从文献上搜检出义和团运动时期乡村居民参与物质掠夺或反教活动的描述。正如加拿大长老会某传教士的记述，外国人逃离中国内陆的时候最容易受到侵犯。1900 年 7 月 8 日，当该加拿大传教团体想要从河南新店的客栈撤离的时候，他们发现一群充满敌意的民众正在等着他们：

街道上挤满了人，城门楼子上站着数百名群众，城门外的聚集人数多达万人。但这些人均来者不善，似友非友的笑看着我们末日的到来。当我们从一条普通又幽深的小巷穿过时，瓦片、砖头、棍子等都朝我们砸来。[④]

传教士所撰写的上述纪实文学，在义和团运动期间及以后俯拾即是。它给我们讲述了基督徒生命和财产所遭受的损失、九死一生的经历，以及很多中国信徒坚贞不渝的信仰。然而，却很少有传教士解读和讲述关于拳民的故事。特别是西方语言记录的天主教相关材料只偏向于宗教性质，其内容多涉及外国神父、修女和中国信徒殉教时的悲惨境遇。几十年后，天主教的授福乃至封圣为我们展现了义和团运动中遇难的天主教徒的详

---

① 马天恩的中文报告，光绪二十三年五月五日（1897 年 6 月 1 日），附与马天恩致施阿兰函（1897 年 5 月 31 日），载法国外交部南特档案中心：《法国驻北京公使馆档案》，第 10 箱第 1 件。当临时代办吕班提请总理衙门注意梨园屯教案时，他并没有提到拳会的称谓，只是说 1897 年 4 月 27 日的攻击是由匪党发起。见吕班致总理衙门（1897 年 7 月 26 日），载《教务教案档》第 6 辑(1)，第 221 件，第 192 页。也可见吕班的函件初稿，其中删除了“梅花拳”一词。见载法国外交部南特档案中心：《法国驻北京公使馆档案》，第 10 箱第 1 件。

② Pangzhuang (Shandong) correspondent, 14 March 1898, *Peking and Tientsin Times*, (2 April 1898), p. 20.

③ 有的传教士实际上使用“大刀会”。

④ T. Craigie Hood, The “Exodus” from North Honan, *Chinese Recorder*, 31(9) (September 1900), pp. 459-460; emphasis added.

细信息。此外，它还促进了流行宗教出版物（书籍和杂志）上教化叙事作品的创作，其目的是满足欧洲和北美地区想必虔诚的读者群的需要。虽然这些海量的档案资料主要发挥的是宗教功能，但是它们也为学者们提供了珍贵的地方性信息，比如中国遇难者的姓名、家庭关系、社会背景以及相关地名等。这些细节信息通常在传教士的出版报告中无迹可寻。

义和团运动也衍生出大量已出版或未出版的档案资料。首先是在北京大使馆、北堂和天津租界等地遭受围困的亲历者们的叙述。一些外交官、使馆卫队成员、传教士以及被围困于这些场所的其他人也留下了亲历自述。更大范围和更多内容的档案资料与外国在华军事行动相伴产生，比如攻占大沽炮台、占领天津城、无功而返的西摩远征、解除北京使馆之围等。大规模“远征”部队的各种通信资料也构成了海量档案。除了对直隶省各项行动的军事报告之外，更多专门化的资料也保存了下来，如从设备和后勤工作到马匹的收购和运输、从兽医服务到交通运输问题。此外，军医记下了部队在作战过程中产生的各种外伤，还研究了华北地区的土壤、水源以及缺乏卫生习惯与外国军队流行病的关系。最后，一些随军战地记者还间或在欧洲和北美的报纸上发文，深刻揭露和严厉批评外国军队在北京解围之后的所谓“扫荡”和讨伐运动中犯下的滔天罪行。

军人们——主要但不仅限于军官——也把他们在中国的经历写到了信件或日记里，其中一些还在当地报刊上发表或集结成书出版。最近还有一些个人文件在各种档案馆被发现并陆续出版。这些对中国冲突与生活的私人观察记录有时候与被美化的官方战争日志和报告相去甚远。近年来，这些已发表和未发表的信件与日记已经被纳入学术研究的范围。陆续面世的学术研究成果可以帮助现代读者更好地理解当时军人对中国“他者”的黩武心态和残暴行为。军人们留下的这些档案材料还可以让我们了解一百多年以前他们对来自其他国家的战友的若干看法。德国有学者对这方面的有着持续研究，比如对德国东亚远征军成员留下的大量出版资料和档案文献进行了全面深入的分析。① 法国也开始有学者从事与之类似但不那么全面的研究。

毋庸置疑，有关义和团战争的观察记录绝大多数都来自于欧洲和北美。但是其中鲜有作者对中国事务方面的专业知识具备最起码的了解，大多数人并非见多识广。他们都试图理解在中国发生的义和团运动。在这方面，大家都在强调义和团动乱的起源和主要责任方。一些作者指责传教士是引起整场动乱的罪魁祸首，正是由于他们强行向中国传播外来宗教而导致了义和团运动。毫不奇怪，该指责又激起了教会人员的辩护与反对，并将矛头引向其他方面。如：一些人暗示昙花一现的戊戌变法、慈禧太后及其幕僚的保守反

---

① Dietlind Wünsche, *Feldpostbriefe aus China-Wahrnehmungs-und Deutungsmuster deutscher Soldaten zur Zeit des Boxeraufstandes 1900/1901*. Berlin: Christoph Links Verlag, 2008.

应是义和团运动的主要原因，还有人将之归因于甲午战争之后高度紧张的国际关系，尤其是对中国经济特许和土地租赁的激烈争夺。事实上，很多人并不太关心中国义和团战争本身，他们更在意的是其对欧洲国际竞争产生的影响。例如英国评论家曾担心，俄国可能会趁中国内乱之机扩大自身影响力，所以他们密切关注俄国在中国东北的活动。与此同时，法国对德国的持续敌意使得八国联军在对华干涉中的任何紧密合作都成为不可能。有鉴于此，近年来也有学者从现代联合作战的角度对义和团战争中的国际参与问题进行研究。

一些学者已经认识到义和团运动的起源主要是中国华北平原日益恶化的生态不稳定。1898 年夏至 1900 年夏的一场旷日持久、范围广泛的旱灾使当地居民深受其害。当此不祥时期，外国传教士和中国信徒首当其冲地成为民众不断增长的恐惧与愤怒的怪罪目标或许不足为奇。然而，仅仅从地方内源性角度对华北平原的反基督教风波进行解读是不恰当的。至少，该地区的受教育阶层似乎已经意识到了西方列强对中国沿海地区的蚕食侵吞。来自传教士方面的资料显示，受精英影响的排外情绪正在山东西部和直隶南部暗流涌动。1898 年 6 月，一名耶稣会传教士观察到，西方列强对北方港口的占领加速了直隶南境代牧区范围内若干地区排外思潮的发酵。比如在 1898 年 4 月底的大名，各种煽动性揭帖已经遍布全城，彼时恰逢院试，数千名童生从各地赶来考试。揭帖号召民众四月十五日(公历 6 月 3 日)团结起来，杀光所有外国人。① 这些谣言“吓得那些有钱人急忙收拾金银珠宝，连夜驾车逃到最近的城镇” ②。

我们当然可以问，在 19 世纪最后几年的这个关键时期，地方文人精英与乡野村民是如何互动的？又是在什么范围内互动的？在这场显然是由精英发起的排外风波中义和拳民被卷入的程度又有多深？在直隶东南传教的耶稣会传教士，自然希望尽量弱化挑衅性角色，声称“异教徒教派”想要杀死传教士和基督徒，因为他们“成为了德国占领胶州湾的替罪羊”。③ 目前已很难证明当时的义和拳民是否真的在占领青岛与传教事业在中国腹地的快速扩张之间建立了这种直接联系。但是最新的更为详细的研究结果显示，与“洋鬼

① Jules Gouverneur, Xianxian, 15 June 1898, *Lettres de Jersey*, 17(2) (December 1898), pp. 382-384;附揭帖文本。又见 *North-China Herald*, (20 June 1898), pp. 1056-1057;报告匿名揭帖在直隶南部大名、顺德和广平等地的分布，“号召民众起来集体反对传教士”。

② H. P. Perkins, *Linqing Station Report*, 30 April 1898, American Board of Commissioners for Foreign Missions: North China Mission, vol. 15, #81, Houghton Library, Harvard University. See also: *The Annual Report of the Medical Work*, (30 April 1898), in ibid., #82.

③ Henri Maquet, 16 May 1898, *Chine, Ceylan et Madagascar*, 1 (Nov. 1898), p. 53. 洪用舟乃梨园屯属地东昌知府，该报道称，“今年[1898 年]，农历一月和二月[公历 1 月 22 日至 3 月 21 日]，有谣言说外国军队要来，因此梅花团再次集结，教民和平民都甚为担心”。见洪用舟 1898 年 6 月 8 日禀文，附与张汝梅光绪二十四年四月二十九日(1898 年 6 月 17 日)奏，载《教务教案档》第 6 辑(1)，第 265 件。

子”有关的各种粗陋谣言满天飞，在当时千钧一发的危急形势下遍布华北内外。

在西方国家，创伤性义和团动乱引发了一种新的冒险文学的流行。[①] 它的目标读者主要是年轻人——“成熟青年”和青少年。人们普遍认为，这类通俗历史小说的公然的军国主义主题塑造了中国人的负面形象。事实上，不难发现该类小说的主流故事情节都是西方英雄战胜中国敌对部落的陈词滥调。这一流派的主要代表人物就是德国作者卡尔·塔纳拉（Carl Tanera，1849～1904）。最近的一项评论提及，卡尔·塔纳拉的著作充满了对战争的美化、规诫、逞能以及种族偏见。所有出现的问题，无论是私人冲突、危险的玩弄女性还是复杂的商业关系，最终都被卡尔·塔纳拉利用暴力解决了，没有对弱者的一丝同情。他所写的少年文学的最大特点就是思想帝国主义，把战争和旅游同等看待。[②]

虽然类似观点在后义和团运动时代的冒险故事、游记故事、历史小说和流行杂志上屡见不鲜，但是很难说这种小说的描述在多大程度上塑造了西方社会对中国人的看法。最近的一项研究表明，这些小说在传播与中国有关的观念和知识方面所扮演的文化和教育角色远比迄今所宣称的更为复杂和多样。作者还对下列观念提出了质疑，即 19 世纪的儿童文学只是对当时主流意识形态的模仿重现。实际上，随着义和团主题持续成为部分现代通俗小说的主角，有必要对在过去一百多年的时间里人们对发生于 1900 年的悲剧事件是如何获知和如何看待的进行深入研究。

义和团战争结束之后，西方观察者首先将关注点聚焦于 1901 年 9 月《辛丑条约》的内容和影响上。传教士和他们的批评者讨论了义和团和中国军队所造成的损失赔偿这一棘手问题。此后，一些国家减免官方强制赔偿金的做法受到了西方出版物的关注。还有少量报道揭示了西方军队和平民所实施的抢劫。对中国来说，义和团战争所带来的直接和间接后果在未来几十年都是毁灭性的。考虑到这一点，应该指出的是，在举国欢庆欧洲“文明”完胜中国“野蛮”的炫耀中，当时也有不少批评的声音反对一般意义上的军国主义，同时也特别反对西方势力对中国的干涉。在法国和德国，社会主义政治家和左翼作家站到了反对国外冒险的最前沿。

义和团运动以来，学术界时有相关学术研究作品（专著、论文）问世，这些包含多种欧洲语言的研究成果极大丰富了我们对世界近代史上这一重要事件的认识。[③] 诚然，对中

---

① 更详细信息请参阅 Ross G. Forman, Peking Plots: Fictionalizing the Boxer Rebellion of 1900, *Victorian Literature and Culture*, 27(1) (1999), pp. 19-48.

② Klaus-Ulrich Pech, in *Lexikon der Kinder-und Jugendliteratur*, Weinheim und Basel, 1984.

③ 对于欧洲语言界对义和团运动相关研究的讨论，可参见[德]狄德满：《西方义和团运动研究一百年》，载苏位智、刘天路主编《义和团研究一百年》，齐鲁书社 2000 年版，第 277～308 页。毕克思（Robert Bickers）也曾对义和团战争史进行过研究，见“导言”，出自 Robert Bickers and R. G. Tiedemann (eds.), *The Boxers, China, and the World*. Lanham: Rowman & Littlefield, 2007, pp. xvii-xxiv.

文档案资料和中国学者研究成果的更广泛接触、新方法和新理论的运用,成就了对庚子战争复杂社会背景和多重历史面貌的渐趋精准的分析和解释。然而,当今历史研究中不同议题的流行使得学界尚没有在对该重要事件的认识方面达成普遍共识。换句话说,该研究领域还大有可为。希望该书所列出的丰富多样的已出版和未出版资料有利于促进新的研究。为增加不同视角下研究义和团运动的便利,特地为该多语种书目的具体条目增加了注解;同时,为明确当时参与者和当代评论者的身份,还加入了他们的简要介绍。

尽管如此,读者也应该对本书的未尽之处有所了解。虽然本书目已经尽量把所有在期刊上发表的论文的相关资料都收录在内,但需要注意的是,许多连续出版物也刊登了大量中国事态要闻,这些短篇新闻报道未被本书收录,中国传道人发表在传教士和宗教杂志上的信件和笔记也未被收录。这些资料太多,无法在本书有限的篇幅中悉数涵盖。① 正如人们所期待的那样,义和团战争——尽管世界新闻的主要焦点是南非战争——得到了主流国家级、省级和地方报纸的广泛关注。众所周知,早期的新闻报道主要是基于猜测和谣言。非但在北京被围期间外国使领馆被切断了与外面世界的联系,即便是在北京解围之后,中国与西方国家之间的交流依然不够畅通。画报,比如在巴黎发行的《小巴黎人报》(*Le Petit Journal*),极好地展示了艺术家如何通过想象生动形象地描绘发生在北京和华北的一系列事件。现在很多报纸,不仅限于伦敦《泰晤士报》(*The Times*)和《纽约时报》(*The New York Times*)等主要报刊,都已实现了在线阅读。例如,新西兰报纸《奥塔格证人》(*Otago Witness*)上就有大量与中国有关的报道。② 目前已有一些对媒体报道进行的学术研究,但还远远不够。

还有一类未被收录到本书目录的资料值得特别关注。正如一些最新出版的文章所言,大量相关的未公开发表的档案资料还在私人手中,因此还尚未被该书包含在内。③ 此外,私人收藏的文件和照片不时从拍卖行售出,但是其买主往往不得而知。比如,亨特家族图书馆就曾于2000年被旧金山太平洋书画拍卖行拍卖。尽管牧师斯蒂芬·亚历山大·亨特(Stephen Alexander Hunter,1851～1923)博士,这位美国北长老会驻山东的医

---

① 义和团运动期间的传教士杂志综合列表,参见 R. G. Tiedemann, *Reference Guide to Christian Missionary Societies in China: From the 16th to the 20th Century*. Armonk, N. Y.: M. E. Sharpe, 2009. 以下参考指南列出了许多天主教传教士的个人信件和报告:《传教目录》,该指南的汇编工作由无玷圣母献主会的 Robert Streit 开启,后由该会的 Johannes Dindinger, Johannes Rommerskirchen, Josef Metzler 和 Nikolaus Kowalsky 继续完成。《中国差会文档(1885～1909年)》第13卷,赫尔德出版社1959年版。

② 请注意下面的例子:"The War in China", *Otago Witness*, Issue 2422, 16 August 1900, p. 50, http://www.paperspast.natlib.govt.nz/cgi-bin/paperspast? a=d&d=OW19000816.2.182.

③ 比如参见:Susanna Hoe, *Women at the Siege: Peking 1900*, pp. 397-398. 更加详细的讨论,见该作者2001年义和团会议论文《沉默的来源:妇女和1900使馆被围》,http://www.inprisys.net/hosted/holobooks/update_boxer.htm.

疗传教士，在义和团运动爆发之前就已经离开中国了，但是其长子保罗·斯图亚特·亨特(Paul Stuart Hunte，1877～1923)于1900年回到中国，担任驻华美军外科主任少校威廉·布罗德纳克斯·巴尼斯特(William Brodnax Banister，1861～1935)的翻译。亨特收藏包含了与义和团运动有关的日记和照片。寻找并获取该文献以及其他私人收藏无疑会提升我们对发生在北京的外国军事干预悲剧事件的认识。

拍卖行还展示了数个反映义和团战争及其后果的摄影专辑，其制作者和所有人尚不可知。其中一个有趣影集的广告语是“七十四张拍摄于拳匪叛乱之后的北京、天津及周边地区的照片专辑，展现了城市景观和斩首场景”。该影集的前封面上写着手稿文字“亨利·劳森写给乔尔·多金，1903年10月22日”。虽然不太可能对此建立一种亲切感，但是有趣的是最前面的照片中有一张拍的是Dugald Lawson (1861～1930年)，他是中国内地会苏格兰长老会传教士之一。在义和团起义前夕，他和妻子珍妮·罗(1859～1933)[①]在山西南部的余吾镇传教，在“庚子之变”中成功逃过一劫。然而该影集记录的重点并不是传教士，而是为后人了解战争的影响提供了影像证据。对这些义和团运动时期拍摄的影集和动画集查明去处并评估价值，应该有助于我们深入了解20世纪之交发生在中国北部的那段复杂历史。

最后，本书的完成要特别感谢山东大学义和团运动研究中心的资助和中心主任路遥教授的支持。正是他们的慷慨资助使我得以启动并完成该目录汇编工作。我还要感谢位于澳大利亚墨尔本的拉筹伯大学的保罗·鲁尔(Paul Rul)博士，他为本研究提供了大量有益的辅助资料。中文译本是由崔华杰、赵建玲等精心呈现的，感谢他们的辛勤劳动和付出。毋庸置疑，还有很多其他人对本书的顺利出版也作出了贡献，在此一并致以最诚挚的谢意！

山东大学中国义和团运动研究中心教授　狄德满

2016年1月

---

① 珍妮·罗女士曾招待过刚刚抵达中国的英国传教士艾伟德(1902～1970)，她因该故事被电影《第六幸福客栈》(1958年上映)搬上屏幕而小有名气。

说　明

一、Foreign Diplomatic and Consular Posts Reporting on the Boxer Episode
与义和团运动有关的外国使领馆

二、Catholic Missions in Areas Affected by the Boxer Movement in North China, Manchuria and Mongolia (Indicating Territorial Jurisdictions and Mission Stations)
受义和团运动影响的华北、东北和蒙古的天主教修会：教区管辖权和堂口分布说明

三、Protestant Missionary Societies and their Principal Stations in Territories of the Qing Empire Affected by the Boxer Movement
受义和团运动影响的基督新教差会及其主要布道站

一、与义和团运动有关的外国使领馆①

(一)Ministers Plenipotentiary in Beijing/Peking/Pékin 驻北京公使

1. BRITAIN: Sir Claude Maxwell MacDonald (1852-1915)
英国:窦纳乐(1852~1915)
2. RUSSIA: Mikhail Nikolaevich de Giers (1856-1933); from 1901: Pavel Mikhailovich Lessar (1851-1905)
俄国:格尔思 (1856~1933);自 1901 年起:雷萨尔 (1851~1905)
3. FRANCE: Stephan-Jean-Marie Pichon (1857-1933)
法国:毕盛,又名毕勋 (1857~1933)
4. GERMANY: Clemenz August von Ketteler (1853-1900); Philipp Alfons Freiherr Mumm von Schwarzenstein (1859-1924).
德国:克林德 (1853~1900);穆默 (1859~1924)
5. AUSTRIA-HUNGARY: Moritz Freiherr Czikann von Wahlborn② (1847-1909); Arthur von Rosthorn③(1862-1945)
奥匈帝国:齐干 (1847~1909);讷色恩 (1862~1945)
6. NETHERLANDS: Fridolin Marinus Knobel (1857-1933)
荷兰:克罗伯(1857~1933)
7. BELGIUM: Adolphe Marie Maurice Joostens (1862-1910)
比利时:姚士登(1862~1910)
8. ITALY: Giuseppe Salvago-Raggi (1866-1946)
意大利:萨尔瓦葛 (1866~1946)
9. SPAIN: Bernardo Jacinto de Cólogan (1847-1921)
西班牙:葛络干 (1847~1921)
10. UNITED STATES OF AMERICA: Edwin Hund Conger (1843-1907)
美国:康格(1843~1907)

(二)Consuls General and Consuls Reporting on the Boxer Episode 与义和团运动有关的总领事和领事

1. Shanghai/Schanghai/Changhaï 上海

(1)BRITAIN: Byron Brenan (1847-1927); Pelham Laird Warren④(1845-1923); George

① 在一些较小的通商口岸,英国领事同时代表其他几个欧洲国家。
② 该公使在使馆被围期间不在现场。
③ 又名罗士恒,代办。
④ 在璧利南不在时担任代理总领事。

Demetrius Pitzipios[①](1865-1933)

英国:璧利南 (1847～1927);霍必澜 (1845～1923);必慈佑 (1865～1933)

(2)FRANCE: Georges-Gaston Servan de Bezaure (1852-1917)

法国:白藻泰 (1852～1917)

(3)GERMANY: Wilhelm Knappe (1855-1910)

德国:克纳贝 (1855～1910)

(4)AUSTRIA-HUNGARY: Julius Ernst Pisko (1863-1913)

奥匈帝国:毕士格 (1863～1913)

(5)NETHERLANDS: Emile David van Walree (1871-1950)

荷兰:汪礼 (1871～1950)

(6)BELGIUM: Émile Francqui (1863-1935)

比利时:法兰吉 (1863～1935)

(7)SWEDEN AND NORWAY: Carl Filip Alexander Hagberg (1857-?)

瑞典、挪威:哈勃克 (1857～?)

(8)UNITED STATES: John Goodnow (1858-1907)

美国:古纳(1858～1907)

2. Tianjin/Tientsin 天津

(1)BRITAIN: William Richard Carles (1848-1929)

英国:贾礼士 (1848～1929)

(2)RUSSIA: N. A. Schouisky

俄国:书思齐

(3)FRANCE: Jean-Marie-Guy-Georges du Chaylard (1844-1923)

法国:杜士兰 (1844～1923)

(4)GERMANY: Rudolf Eiswaldt (1859-1930); Arthur Zimmermann (1864-1940)[②]

德国:艾思文 (1859～1930),亚瑟·齐默尔曼 (1864～1940)

(5)UNITED STATES: James Wilson Ragsdale (1848-1932)

美国:弱士得 (1848～1932)

3. Yantai /烟台 Chefoo/Tchefou /芝罘

(1) BRITAIN: Lionel Charles Hopkins (1854-1952), consul; John Noel Tratman[③] (1858-1945)

英国:金璋 (1854～1952),领事;谭德乐 (1858～1945)

(2)RUSSIA: Viktor Fedorovich Grosse (1869-1931)

俄国:格罗思 (1869～1931)

(3)FRANCE: Jean-Baptiste-Pierre-Camille de Pommayrac (1850-?)

① 副领事。

② 1900 年 3 月之前是艾思文,之后是亚瑟·齐默尔曼。

③ 谭得乐,1900 年时曾在烟台暂代该职。

法国：博迈逊（1850～?）

(4)GERMANY: Philipp H. Lenz (1850-1930)

德国：连梓（1850～1930）

(5)UNITED STATES: John Fowler (1858-1923); Henry Alfred Carleton Emery, Vice & Deputy Consul (1873-1927)

美国：法勒（1858～1923）；易海利（1873～1927），副领事

4. Niuzhuang/Newchwang/Niou-tchouang 牛庄

(1)BRITAIN: Harry English Fulford (1859-1929)

英国：禄福礼（1859～1929），又名禄福德

(2) RUSSIA: Andrei Nikolaevich Timchenko-Ostroverkhov; Khristophor Petrovic Kristi (1872-1937)①

俄国：敖康夫；克利斯蒂（1872～1937）

(3) UNITED STATES: James Julius Frederick Bandinel (1845-1912), Vice & Deputy Consul

美国：班迪诺（1845～1912），副领事

5. Hankoux/Hankow/Hankéou 汉口

(1) BRITAIN: Pelham Laird Warren (1845-1923); Everard Duncan Hume Fraser② (1859-1922)

英国：霍必澜（1845～1923）；法磊斯（1859～1922）

(2) FRANCE: Joseph-Adolphe Dautremer (1860-?); Henri Chassain de Marcilly (1867-1942)

法国：德托美（1860～?）；玛玺理（1867～1942）

(3)GERMANY: Franz Grunenwald (1861-1931)

德国：禄理玮（1861～1931）

(4)BELGIUM: Daniel Siffert

比利时：西菲耳

(5)SWEDEN AND NORWAY: Johan Diedrich Thyen (1859-?)

瑞典和挪威：赛恩（1859～?）

(6)UNITED STATES: Dr Levi Spencer Wilcox (1847-1910)

美国：魏礼格（1847～1910），兼任九江领事

6. Zhenjiang/Chinkiang/Tsinkiang 镇江

(1)BRITAIN: Robert Willis (1868-1921), acting consul

英国：吴理斯（1868～1921），代理领事

(2)UNITED STATES: William Martin

美国：马逾

① 自1900年6月起该职由克利斯蒂担任。

② 霍必澜调往上海后该职由法磊斯担任。

7. **Nanjing/Nanking 南京**

BRITAIN: Ambrose John Sundius (1864-1924)

英国:孙德雅(1864～1924)

8. **Wuhu 芜湖**

BRITAIN: Richard Howard Mortimore (1857-1928)

英国:麦迪莫(1857～1928)

9. **Jiujiang/Kiukiang/Kewkiang 九江**

(1)BRITAIN: Walter James Clennell (1867-1928), acting consul

英国:乐民乐(1867～1928),代理领事

(2)FRANCE: Georges-Gaston Servan de Bezaure (1852-1917)

法国:白藻泰(1852～1917)

10. **Chongqing/Chungking/Tch'ong K'ing/Tchongking 重庆**

(1)BRITAIN: Michie Forbes Anderson Fraser (1850-1931)

英国:富美基 (1850～1931)

(2)FRANCE: Pierre-Remi Bons d'Anty (1859-1917)

法国:安迪或安狄 (1859～1917)

11. **Yichang/Ichang 宜昌**

BRITAIN: Ernest Colville Collins Wilton (1870-1952)

英国:韦礼敦 (1870～1952)

12. **Urga (now Ulan Bator, the capital of Mongolia) 库伦**

RUSSIA: Yakov Perfenievich Shishmarev

俄国:施什玛勒福

二、受义和团运动影响的华北、东北和蒙古的天主教修会：教区管辖权和堂口分布说明

(一) Catholic Missionary Societies and Their Jurisdictions in 1900
1900 年的天主教修会及其辖境

缩写	全称	俗称	代牧区	开始传教时间	国籍
CICM	Congregatio Immaculati Cordis Mariae 圣母圣心会	Scheut Fathers 斯格脱神父	Central Mongolia 蒙古中境 Eastern Mongolia 蒙古东境 Southwestern Mongolia 蒙古西南	1840 1883 1883	Belgian (& Dutch) 比利时(和荷兰) Belgian (& Dutch) 比利时(和荷兰) Belgian (& Dutch) 比利时(和荷兰)
CM	Congregatio Missionis 遣使会	Lazarists or Vincentians 拉匝禄会或味增爵会	Beijing & Northern Zhili 北京和直隶北境 Southwestern Zhili 直隶西南 Eastern Zhili 直隶东境	 1856 1899	French 法国 French 法国 Dutch 荷兰
MEM	Istituto per le Missioni Estere di Milano 米兰外方传教会	Milan Missionaries 米兰传教士	Southern Henan 河南南境 Northern Henan 河南北境	1844 1882	Italian 意大利 Italian 意大利
MEP	Societas Parisiensis Missionum ad exteros 巴黎外方传教会	Paris Foreign Missions 巴黎外方传教会	Northern Manchuria 东北北境 Southern Manchuria 东北南境	1898 1840	French 法国 French 法国
OF	Ordinis Fratrum Minorum 方济各会；方济会	Franciscans 方济会	Northern Shandong 山东北境 Eastern Shandong 山东东境 Northern Shanxi 山西北境 Southern Shanxi 山西南境	1839 1894 1844 1890	Italian 意大利 French 法国 Italian 意大利 Dutch 荷兰

续表

缩写	全称	俗称	代牧区	开始传教时间	国籍
SJ	Societas Jesu 耶稣会	Jesuits 耶稣会	Southeastern Zhili 直隶东南 Jiangnan (Jiangsu & Anhui) 江南(江苏和安徽)	1856 1856	French 法国 French 法国
SVD	Societas Verbi Divini 圣言会	Steyl Missionaries 圣言会	Southern Shandong 山东南境	1885	German 德国

(二) Catholic Territorial Jurisdictions and Mission Stations in 1900
1900 年的天主教教区和传教站

1. 直隶

(1) Vicariate Apostolic of Beijing and Northern Zhili 北京和直隶北境(冀北)代牧区①

①Congregation of the Mission(Lazarists or Vincentians)遣使会

1900 年直隶北境代牧区宗座代牧:北京主教樊国梁(Pierre-Marie-Alphonse Favier)。

除北京和天津及其周边的若干教区以外,直隶北境代牧区的重要传教站还包括安家庄(安肃县,今徐水县)、保定、大口屯(宝坻县,现隶属天津市)、东闾(清苑县)、敦庄子(蓟州,今天津蓟县)、高家庄(蠡县)、高家庄(经由霸州)、贾家疃(今北京通州区)、张家口、刘家庄(束鹿县)、马家场(隶属永清县南寺垡镇)、南屯(隶属宣化县深井堡)、桑峪(位于西山,今为北京市门头沟区的一部分)、双树子(保安州,今河北省涿鹿县)、天津、西合营(蔚州,今蔚县)、新安(今安新)、西小庄子(西宁县,今阳原县)、宣化、盐山、永宁(延庆州,今北京市延庆县)、纸房沟(怀来县)。

②Marist Brothers of the Schools (FMS) 圣母小昆仲会

掌管北京(主要在栅栏)和天津的教育设施。

③Order of Cistercians of the Strict Observance (Trappists), Abbey of Our Lady of Consolation, Yangjiaping, Huailai District 熙笃会,怀来杨家坪圣母神慰院

④Daughters of Charity of St. Vincent de Paul 仁爱修女会

分布于北京和天津。

(2) Vicariate Apostolic of Southwestern Zhili 直隶西南(冀西南)代牧区②

Congregation of the Mission (Lazarists or Vincentians) 遣使会

1900 年直隶西南代牧区宗座代牧:正定主教包儒略(Jules Bruguière)。

知名传教站:宁晋县唐邱本堂。

---

① 教区包括顺天府、天津府、保定府、宣化府,以及易州直隶州。

② 教区包括正定府、顺德府(今邢台),以及定州、赵州直隶州。

(3) Vicariate Apostolic of Eastern Zhili 直隶东境(冀东)代牧区①

Congregation of the Mission (Lazarists or Vincentians) 遣使会

1900年直隶东境代牧区宗座代牧:主教武致中(Ernest Franciscus Geurts,他当时尚在欧洲)。虽然直隶东境代牧区成立于1899年,但1900年时尚未正式运作,依然由北京总教区管理。永平教务由法国遣使会会士高若翰(Jean Capy)负责。

除永平以外,黄花港(丰润县)和建昌营(迁安县)也是1900年的重要传教站。

(4) Vicariate Apostolic of Southeastern Zhili 直隶东南(冀东南)代牧区②

Society of Jesus (Jesuits) 耶稣会

1900年直隶东南代牧区宗座代牧:主教步天衢(Henri-Joseph Bulté),继任者是献县张家庄马泽轩主教(Henri Maquet)。

知名传教站:魏村和赵家庄(二者都位于直隶威县)、大名、开州(今河南省濮阳)、河间县范家疙瘩、景州青草河、景州朱家河、景州(今景县)附近的基督教村庄武邑。

2. 东北

(1) Vicariate Apostolic of Northern Manchuria 北满代牧区③

Paris Foreign Mission Society (Missions Étrangères de Paris) 巴黎外方传教会

1900年北满代牧区宗座代牧:主教吉林的蓝禄叶(Pierre-Marie-François Lalouyer)。

知名传教站:巴彦苏苏、宽城子、莲花山、阿城区料甸子镇、四家子、王家屯、小八家子(也叫"八家子")。

(2) Vicariate Apostolic of Southern Manchuria 南满代牧区④

①Paris Foreign Mission Society (Missions Étrangères de Paris) 巴黎外方传教会

1900年南满代牧区宗座代牧:主教纪隆(Laurent Guillon)。1901年主教苏裴理斯(Marie-Félix Choulet)继任,主教座堂位于奉天(今沈阳)。

知名传教站:鲍家康子、岔沟、法库门、开原、靠山屯(今长春)、连山(今锦西,隶属辽宁省葫芦岛市南票区)、辽阳、牛庄城、三太子、沙岭、铁岭、佟家房山、小黑山、阳关、营口(在当时的西方文献中被误称为"牛庄")。

②Sisters of Providence (Portieux) 普照修女会

首批修女于1875年来到中国,并在奉天(今沈阳)建立总堂,另在辽阳、营口和铁岭建立分堂。

3. 蒙古

(1) Vicariate Apostolic of Central Mongolia 中蒙古代牧区⑤

①Congregation of the Immaculate Heart of Mary (Scheut Fathers) 圣母圣心会

1900年中蒙古代牧区宗座代牧:主教方济众(Jerome van Aertselaer),主教座堂设在西湾子。

②Franciscan Missionaries of Mary 玛利亚方济各传教女修会

首批修女于1898年12月9日抵达西湾子。

---

① 教区包括永平府至长城地区,以及遵化直隶州。

② 教区包括河间府、广平府、大名府,以及深州、冀州直隶州。

③ 教区包括吉林和黑龙江两省。

④ 教区包括奉天省。

⑤ 除蒙古外,该代牧区还包括直隶的一个区和山西的三个区。

(2) **Vicariate Apostolic of Eastern Mongolia 东蒙古代牧区**[①]

Congregation of the Immaculate Heart of Mary (Scheut Fathers) 圣母圣心会

1900 年东蒙古代牧区主教:主教叶步司(Conrad Abels),主教座堂在松树嘴子(地处奉天,今辽宁)。

(3) **Vicariate Apostolic of Southwestern Mongolia 西南蒙古代牧区**[②]

Congregation of the Immaculate Heart of Mary (Scheut Fathers) 圣母圣心会

1900 年西南蒙古代牧区宗座代牧:主教韩默理(Ferdinandus Hubertus Hamer),1901 年由闵玉清(Alfons Bermijn)继任。当时的主教座堂位于阿拉善特旗(今磴口县)三道河。

主要传教站:三道河;土默特平原和准格尔旗西部的 24 顷地,即鄂托克旗宁条梁"老基督徒"(汉人)聚居区;小桥畔,该地在比利时传教士文献中通常被记为"Kleinbrugge"(请注意,宁条梁和小桥畔现在被划入陕西省);城川的蒙古人聚居区。

4. **山西**

(1) **Vicariate Apostolic of Northern Shanxi 山西北境(晋北)代牧区**[③]

①Order of Friars Minor (Franciscans) 方济各会

1900 年山西北境代牧区宗座代牧:主教艾士杰(Gregorio Maria Grassi,1900 年 7 月 9 日与其助理主教富格辣、其他传教士以及中国教民一起在太原被杀害),主教座堂位于省会太原府。

知名传教站:清源县洞儿沟。

②Franciscan Missionaries of Mary (FMM) 玛利亚方济各传教女修会

首批修女于 19 世纪 90 年代晚期抵达太原府,1900 年 7 月 9 日被杀。

(2) **Vicariate Apostolic of Southern Shanxi 山西南境(晋南)代牧区**[④]

Order of Friars Minor (Franciscans) 方济各会

1900 年山西南境代牧区宗座代牧:主教贺广才(Johannes Anton Hofman),主教座堂位于潞安府(今长治市)。

重要传教站:潞城县马厂、潞城县新庄、襄垣县赵家岭。

5. **山东**

(1) **Vicariate Apostolic of Northern Shandong 山东北境(鲁北)代牧区**[⑤]

Order of Friars Minor (Franciscans) 方济各会

1900 年山东北境代牧区宗座代牧:主教马天恩(Pierpaolo DeMarchi),主教座堂位于济南府。

知名传教站和天主教村庄:十二里庄(山东省武城县,目前隶属于河北省故城县)、冠县十八村飞地之梨园屯。

(2) **Vicariate Apostolic of Eastern Shandong 山东东境(鲁东)代牧区**[⑥]

①Order of Friars Minor (Franciscans) 方济各会

1900 年山东东境代牧区宗座代牧:主教常明德(Césaire Schang),主教座堂位于烟台(芝罘)。

---

① 教区包括地域辽阔的承德府(或称"热河")和口北三厅地区,长城以北的永平府和遵化直隶州的部分地区,以及地处奉天、靠近柳条边的一片狭长地带。

② 由于清政府在内蒙古的行政区划极为复杂,故中蒙古和西南蒙古代牧区的教区边界与清政府的行政边界并不一致。两个代牧区都覆盖了土默特平原归绥部分地区,即口外七厅。西南蒙古代牧区还包括甘肃省的宁夏府。

③ 教区包括太原府、汾州府、大同府、宁武府、朔平府,以及保德、代州、平定、忻州直隶州。

④ 教区包括潞安府、泽州府、平阳府、蒲州府,以及霍州、绛州、沁州、谢州、隰州直隶州。

⑤ 教区包括济南府、泰安府、东昌府、武定府(海丰县、沾化县和利津县除外),以及临清直隶州。

⑥ 1900 年教区包括登州府、莱州府、青州府,以及武定府的海丰县、沾化县和利津县。

②Franciscan Missionaries of Mary 利亚方济各传教女修会

修道院建于烟台。

(3)Vicariate Apostolic of Southern Shandong 山东南境(鲁南)代牧区[①]

Society of the Divine Word (Steyl Mission) 圣言会(斯泰尔修会)

1900年山东南境代牧区宗座代牧:主教安治泰,主教堂座位于兖州。

知名传教站:阳谷县坡里、梁山、巨野县磨盘张家庄、沂州(今临沂)、曹州(今菏泽)、曹县、城武、单县、济宁戴家庄、沂水县王庄、莒州、日照县街头(今属于日照市五莲县)。

6.江苏

Vicariate Apostolic of Jiangnan 江南代牧区[②]

Society of Jesus (Jesuits) 耶稣会

1900年江南代牧区宗座代牧:主教姚宗李(Prosper Paris),主教座堂在上海徐家汇。由于编写需要,本书仅关注位于北部的徐州府。

徐州府的主要传教站:砀山县侯家庄、戴县带套楼(有时表述为代套楼)、萧县马井(今隶属安徽省)。

7.河南

(1)Vicariate Apostolic of Northern Henan 河南北境(豫北)代牧区[③]

Foreign Missions of Milan (Istituto per le Missioni Estere di Milano MEM) 米兰外方传教会

1900年河南北境代牧区宗座代牧:主教司德望(Bishop Stefano Scarella)。

1900年初主教堂座在辉县范家岭,义和团运动被毁之后搬至林县田家井,后来又搬至林县面积很小但工事坚固的天主教村小庄。

义和团运动期间另外一个重要传教站位于武安县高村(今隶属于河北省)。

(2)Vicariate Apostolic of Southern Henan 河南南境(豫南)代牧区[④]

①Foreign Missions of Milan (Istituto per le Missioni Estere di Milano:MEM) 米兰外方传教会

1900年河南南境代牧区宗座代牧:主教安西满(Simeone Volonteri),主教宗座位于南阳府附近的靳家岗。

受到1900年动乱影响的知名传教站:泌阳、驻马店附近的韩庄、方城和确山。

②Canossian Daughters of Charity (FDCC) 嘉诺撒仁爱女修会

设于靳家岗。

此外应注意,圣方济沙勿略会的两名传教士 Caio Rastelli 和 Odoardo Manini 于1899年抵达中国,参与米兰外方传教会移交河南西北部地区管辖权事宜。圣方济沙勿略会的早期历史文献对他们安然度过义和团动乱给予了相当的关注。1906年,河南西境监牧区成立。

---

① 教区包括兖州府、曹州府、沂州府,以及济宁直隶州。

② 教区包括江苏省和安徽省。

③ 教区包括卫辉府、彰德府(今安阳市),以及怀庆府(今沁阳市)。

④ 教区包括除河南北境代牧区以外的河南所有府和直隶州。

三、受义和团运动影响的基督新教差会及其主要布道站

截至1900年建立的传教站一览表

差会名称	国籍	传教地区（建有传教站）
American Bible Society 美国圣经会	美国	直隶(天津)
American Board of Commissioners for Foreign Missions 美国基督教公理会	美国	直隶(北京、天津、通州、保定、张家口),山东(庞庄、临清),山西(太古和汾州,都属于欧柏林帮的传教范围)
American Norwegian Lutheran Mission (or United Norwegian Lutheran Church of America; merged into the Lutheran United Mission) 美路德会(后合并至豫南信义会)	美国	河南[信阳、汝宁(后改名为汝南)]
American Presbyterian Mission (North) 美北长老会	美国	直隶(保定、北京、顺德),山东[烟台(芝罘)、沂州(今临沂)、登州(今蓬莱)、济南、青岛、济宁、潍县(今潍坊)]
American Presbyterian Mission (South) 美南长老会	美国	江苏(徐州、宿迁、清江浦)
Baptist Missionary Society (English Baptist Mission) 大英浸信会	英国	山东[青州(也称益都)、邹平],山西[忻州(今忻县)、代州(今代县)、太原],陕西(三原、西安)
Berlin Missionary Society 巴陵信义会	德国	山东(青岛)
British and Foreign Bible Society 大英国圣书公会	英国	直隶(天津),东北(奉天府,今沈阳)
Canadian Presbyterian Mission 加拿大长老会(1925年,加拿大长老会主体合并至加拿大联合教会)	加拿大	河南(彰德、渭河领域的楚旺和新镇)
China Inland Mission 内地会 [see also the separate entries for the relevant associate missions: Swedish Mission in China; Holiness Mission (Sweden); Swedish Alliance Mission; Norwegian Mission in China; Scandinavian Alliance Mission of North America] 内地会 [相关从属组织参见单独条目:瑞典中国布道会、圣洁会(瑞典)、瑞华盟会、挪威会、北美瑞挪会]	多国联合(英国、美国、加拿大、澳大利亚)	河南[陈州(今淮阳)、周家口、襄城、淅川县的紫荆关、光州、赊旗镇、西华、太康],湖北(汉口、老河口),江苏(清江浦),山东(烟台、宁海),陕西(河津、洪洞、霍州、绛州、潞安、潞城、平阳、平遥、曲沃、余吾镇),直隶(获鹿、顺德、天津)

续表

差会名称	国籍	传教地区（建有传教站）
Christian and Missionary Alliance 基督徒与宣教士联会(宣道会)	美国	19世纪90年代初华北宣道会事工被分配给了驻归化城的挪威会传教士。1900年以后,宣道会撤出华北,在义和团运动中幸免于难的7名瑞典传教士加入内地会内系差会瑞华盟会。
Christian Missions in Many Lands (Unconnected; sometimes called "Plymouth Brethren") 弟兄会(亦称"普利茅斯弟兄会")	英国	山东(石岛、威海卫、文登),直隶(朝阳、凌源县塔子沟、平原)
Covenant Missionary Society 行道会(初名"美国教会瑞典基督教行道")	美国	湖北[樊城(后与襄阳合并组建襄樊市)、襄阳]
Danish Lutheran Mission 路德会(丹麦,20世纪时亦称"关东基督教信义会")	丹麦	东北(锦州、凤凰城、旅顺、岫岩、大孤山)
General Evangelical Protestant Missionary Society 同善教会	德国	山东(青岛)
Gospel Mission 美南浸信传道会	美国	山东[泰安、济宁、水北街(包括山东省莱芜市莱城区水北东街村和水北西街村)]
Hauge's Synod Mission;merged into the Lutheran United Mission 鸿恩会(后合并至豫南信义会)	美国	湖北(樊城、太平店)
Irish Presbyterian Church Mission 爱尔兰长老会	英国	东北[营口,锦州,新民,沈阳(也称奉天、盛阳、盛京,今沈阳),广宁(今北镇),发库门(今法库),宽城子(今长春),吉林,榆树]
London Missionary Society 伦敦会	英国	直隶(北京、萧张、天津、沧州)
Methodist Episcopal Mission 美以美会	美国	直隶(北京、山海关、天津),山东(泰安)
Methodist New Connexion Missionary Society 圣道堂(后合并至循道公会)	英国	直隶(天津、唐山),山东(朱家寨、乐陵)
National Bible Society of Scotland 苏格兰圣经会	英国	直隶(北京专员:中国盲人差会的威廉·穆瑞;天津专员:阿奇博尔德·安南德)
Norwegian Lutheran Mission 挪威路德会	挪威	湖北[均州(后改称均县)、老河口]
Norwegian Mission in China; or Norwegian Lutheran China Mission (Den Norske Kinamisjon; now Evangelisk Orientmisjon) 挪威会(内地会成员)	挪威	山西(1900年挪威会传教士尚未建立自己的专属传教地区,故被分派至内地会各传教站)

续表

差会名称	国籍	传教地区（建有传教站）
Scandinavian Alliancemission of North America (as CIM associate) 北美瑞挪会（内地会成员；蒙古分会独立于内地会之外，称为“协同会”）	美国	在陕西传教的传教士都从属于内地会。在内蒙古的传教士进行独立传教，数人在义和团运动中遇难。
Shouyang Mission 寿阳宣教会（1900年以后属于大英浸信会）	英国	山西（寿阳）
Society for the Propagation of the Gospel in Foreign Parts (Church of England Mission) 大英安立甘会	英国	山东[烟台（芝罘），平阴，泰安，威海卫]，直隶（北京、河间、天津、永清）
Southern Baptist Convention 美国南浸信传道部（浸信会）	美国	山东[烟台（芝罘）、登州（今蓬莱）、黄县、平度]
Swedish Alliance Mission (Svenska Alliansmissionen) 瑞华盟会（原为北美瑞挪会的一个分支，后成为内地会成员）	瑞典	内蒙古（归化城，今属于呼和浩特和包头）。义和团运动期间有7名早期传教士幸免于难，19世纪90年代他们曾在宣道会的支持下在内蒙古传教。
Swedish Baptist Mission 瑞华浸信会	瑞典	山东（胶州）
Swedish Holiness Union (Helgelseförbundet) 瑞典圣洁会（内地会成员）	瑞典	山西[浑源、打通、左云、右玉（原朔平）]
Swedish Mission in China (Svenska Missionen i Kina; now Evangeliska Östasienmissionen);(CIM associate) 瑞华会（内地会成员）	瑞典	河南（新安），山西[解县（原解州）、猗氏、运城、韩城、大荔（原同州）]
Swedish Missionary Society (Svenska Missionsförbundet; now Svenska Missionskyrkan) 瑞典行道会	瑞典	湖北（宜昌、沙市、武昌）
Swedish Mongol Mission (Svenska Mongolmissionen) 瑞蒙宣道会	瑞典	直隶（张家口）。三名传教士去拜访在归化城传教的瑞典传教士同乡时被杀。
United Norwegian Lutheran Church of America (American Lutheran Mission) 美路德会（后合并至豫南信义会）	美国	河南（汝宁，后改称汝南、信阳）
United Presbyterian Church of Scotland 苏格兰长老会	英国	东北[辽阳，海城，沈阳（也称奉天、盛阳、盛京，今沈阳），永陵，铁岭，开原，朝阳镇，阿什河]
Young Men's Christian Association 中华基督教男青年会	美国	直隶（天津）。格林（Robert Reed Gayley，1869-1950）自1898年起担任天津基督教青年会北美协会总干事。

目　录

第一部分　西文档案中的手稿资料

一、澳大利亚

义和团运动期间，新南威尔士和维多利亚殖民地曾向中国派出海军。一支海军小分队从南澳大利亚出发，当首批分队成员于1900年8月8日起航时，来自其他八个国家的部队已在中国集结完毕。澳洲军团抵达中国后在天津安营扎寨，随后300人被抽调协助攻打俯瞰铁路沿线的清廷要塞。他们与俄国人、德国人、奥地利人、英属印度人、听命于英国军官的中国人一道组建了一支8000人左右的军队。后来他们脱离大部队独立北上，等到他们抵达城堡要塞的时候战斗早已结束。

来自澳大利亚维多利亚地区的海军参与了远征保定的军事行动，中国政府在北京沦陷后曾向保定寻求护卫。维多利亚海军加入了一支7500人的军队进行了为期十天的北伐，到达后才发现保定早已投降，最近的交火对象是一些看守的囚犯。他们随后返回天津，将沿途村庄洗劫一空。

(一) Australian War Memorial 澳大利亚战争纪念馆①

PR84/027. Giles, Lancelot (Student Interpreter, British Consular Service)
翟兰思(见习翻译，英国领事服务处)②

(二) State Library of New South Wales 新南威尔士州立图书馆③

1. ML MSS 312. Papers of George Ernest Morrison (1862-1920)

---

① 地址：Treloar Crescent, Campbell ACT 2612, AUSTRALIA.

② 以给父亲写信的形式保存下来的个人文献和日记中详细记录了北京外国使馆人员的自卫经过。翟兰思《〈北京使馆被围日记〉书评》、照片1900年在报纸上发表。在写给父亲翟理思的书信中，翟兰思对1900年6～8月间北京使馆被围的每一天都进行了详尽的描述。该日记内容还包括帝都内英国和其他国家使领馆的居住布局。日记发表于1970年。北京使馆被围的照片，亦见藏于澳大利亚国立大学图书馆的电子版《翟家相册》：http://digitalcollections.anu.edu.au/handle/1885/20。

③ 地址：Macquarie St, Sydney NSW 2000, AUSTRALIA.

《莫理循(1862～1920)文档》[①]

2. PXB 738. William Heitmann Williams[②]

《威廉·海特曼·威廉姆斯照片集》

3. PXD 1120. George Watkin Wynne photographs

《乔治·沃特金·韦恩照片集》[③]

4. Oscar Gillam papers, 1892-1937

《奥斯卡·吉勒姆文件(1892～1937)》[④]

5. MLMSS 3282. Edward Richard Connor papers, 1848-1957

《爱德华·理查德·康纳文件(1848～1957)》[⑤]

6. F/2363. William Thomas Bertotto

《威廉·托马斯·贝托托文件》[⑥]

(三)State Library of South Australia 南澳大利亚州立图书馆[⑦]

D 4619(L). Diary kept by George Frederick Jeffery

《乔治·弗里德曼·杰弗里日记》[⑧]

(四)State Library of Victoria 维多利亚州立图书馆[⑨]

MS 10660. Diary of Campaign in China, 31 July to 7 October 1900

---

① 莫理循是医学博士、探险家和记者,1897 年成为《泰晤士报》(伦敦)的驻华记者,1912～1920 年间担任中华民国总统政治顾问。莫理循的大量文稿收藏于新南威尔士州立图书馆的米切尔图书馆。精选文献已制作成 104 个缩微胶卷。外国使馆被围期间莫理循正好在北京。莫理循文献包括中校 (George Fitzherbert Browne)1901～1920 年间来信、驻北京的英国陆军武官 1896～1903 年间来信(与义和团运动有关的,见 1901 年 45 卷第 319～320 页、341～343 页)。和莫理循有关的出版物,见 Cyril Pearl, *Morrison of Peking*(1967)和 Lo Hui-min (ed.), *The Correspondence of G. E. Morrison*(1976)。莫理循文档在线查询网址:http://pandora. nla. gov. au/pan/77226/20071011-0000/www. sl. nsw. gov. au/mssguide/。

② 关于 1900～1901 年义和团运动期间的照片集。该照片集可能是由德国明信片汇总而成,藏于米切尔图书馆。

③ 来自加拿大韦恩家族的文献(1900～1916 年)。乔治·沃特金·韦恩(1892～?)于义和团运动期间(1900 年 8 月 8 日至 1901 年 4 月 25 日)担任助理出纳。该资料藏于米切尔图书馆。

④ 奥斯卡·威廉·吉勒姆曾在派往中国义和团战争的新南威尔士海军中担任少尉,1900 年 8 月乘坐"撒拉米斯"号来到中国,1901 年 4 月回到澳大利亚。

⑤ 指挥官爱德华·理查德·康纳(1848～1903),皇家海军,1884 年到澳大利亚,1900 年义和团运动期间率领"新南威尔士海军陆战队轻步兵"来到中国。

⑥ 《中国义和团叛乱期间威廉·托马斯·贝托托和第 49 维多利亚海军陆战队轻步兵摄影集》,威廉·托马斯·贝托托编,藏于米切尔图书馆。其中一张专辑的照片记录了街景、中国妇女、俄罗斯和英国的哨兵、官员和盟友、第 49 维多利亚海军陆战队轻步兵的 3 名水兵、故宫、寺庙、教堂、颐和园和许多其他景象。此外,该影集还对维多利亚海军陆战队轻步兵大加赞美。威廉·托马斯·贝托托(1874～1946),澳大利亚人,义和团战争中曾被维多利亚部队指挥官弗里德曼·蒂克尔船长(1857～1919)任命为"训练水兵"。贝托托对义和团战争的记录见"Diary of William Thomas Bertotto Kept During His Service with the Victorian Contingent in the War with China (Boxer Rebellion) 1900-1901",由 Shirley M. Joy 提供。该日记电子资源:http://www. cerberus. com. au/muster_dadabik/index. php? function=details&where_field=ID&where_value=8.

⑦ 地址:Corner North Terrace and Kintore Avenue, Adelaide SA 5000, AUSTRALIA.

⑧ 系作者在 HMCS 号军舰上服役期间所写的日记(1900 年 6 月至 1901 年 5 月),涉及义和团战争。

⑨ 地址:328 Swanston Street, Melbourne, Vic 3000, AUSTRALIA.

《中国北上日记(1900 年 7 月 31 日至 10 月 7 日)》①

二、奥地利

1900 年夏,义和团运动期间,奥匈帝国对中国的军事干预是八国联军中最小的。起初只有装甲巡洋舰 SMS Zanta 出现在东亚海域,并于 6 月 2 日抵达大沽炮台。第二天船长爱德华·托曼·冯·曼韬马(死于北京之围)带领 30 名船员和 2 名候补军官驰援北京奥匈大使馆,并有 70 名船员参加了攻打大沽炮台战役。另一艘装甲巡洋舰 SMS Kaiserin und Königin Maria Theresia 号抵达之后,更多船员上岸。北京沦陷后总共约有 500 名来自奥匈帝国的海军参与了各种占领行动。

(一)Österreichisches Staatsarchiv (OeStA) 奥地利国家档案馆②

1. Ministerium des Äußern. Politisches Archiv (PA), 1848-1918. China 1896-1917 (PA XXIX)

   《外交部政治档案》(1896～1917 年)③

   (1)14-1 MITTEILUNGEN DER MARINE-SEKTION, 1900

   《海军部通知(1900 年)》

   (2)14-2 LIASSE I: BELAGERUNG DER GESANDTEN IN PEKING

   《围攻驻北京公使馆》

   (3)14-3 LIASSE IA: KORRESPONDENZ MIT DER K. K. GESANDTSCHAFT IN PEKING UND DEN BEHÖRDEN IM INLAND, 1900. 05-1900. 12

   《与奥匈帝国皇家和王室驻北京公使馆和国内当局的通信(1900 年 5 月至 1900 年 12 月)》

   (4)15 LIASSE IA: KORRESPONDENZ MIT DER K. K. GESANDTSCHAFT IN PEKING UND DEN BEHÖRDEN IM INLAND, 1901. 01-1901. 05

   《与奥匈帝国皇家和王室驻北京公使馆和国内当局的通信(1901 年 1 月至 1901 年 5 月)》

   (5)16 Liasse Ia: Korrespondenz mit der k. k. Gesandtschaft in Peking und den Behörden im Inland, 1901. 06-1901. 12

   《与奥匈帝国皇家和王室驻北京公使馆和国内当局的通信(1901 年 6 月至 1901 年 12 月)》

---

① 该资料共计 57 页。约翰·怀特(John White,1865～?),澳大利亚人,义和团战争期间在维多利亚海军陆战队中担任炮手。约翰·怀特在维多利亚海军服役期间所写日记的在线版本由维多利亚州立图书馆和赛伯勒斯之友公司(cerberus. com. au)联合制作,可由以下网址下载:http://www. cerberus. com. au/manuals_printing. html#diaries。

② 地址:Haus-, Hof- und Staatsarchiv (HHStA), Minoritenplatz 1, A-1010 Vienna, AUSTRIA.

③ 请注意外交部政治档案馆也收藏了驻欧洲各国的奥匈外交官于义和团运动期间提交的报告。详情请参见 Georg Lehner and Monica Lehner, *Österreich-Ungarn und der Boxeraufstand in China* (Wien, 2002), pp. 669-671.

2. HHStA. Diplomatie und Außenpolitik 1848-1918. Peking, Gesandtschaftsarchiv
《有关皇室、宫廷和国家档案馆;1848～1918 年外交和外交政策;驻北京公使馆档案》①
(1)44-1 BOXERAUFSTAND, INDEMNITÄT, 1901-1917
《义和团运动及其赔款(1901～1917 年)》
(2)45-1 BOXERAUFSTAND, INDEMNITÄT 1903-1905, 1912-1917; INDEMNITÄT, ANGELEGENHEIT KAO-SSU, 1903-1908, 1903-1917
《义和团运动及其赔款(1903～1905 年、1912～1917 年);赔款及 KAO-SSU 事件(1903～1908 年、1903～1917 年)》
(3)54-1 SITZUNGEN, SITZUNGSPROTOKOLLE DES DIPLOMATISCHEN CORPS, 1900-1914
《会议及外交使团的会议记录(1900～1914 年)》
(4) 54-2 DIPLOMATISCHES CORPS IN PEKING ("QUARTIER EST", LAGESKIZZE DES GESANDTSCHAFTSVIERTELS 1901), 1901-1908
《驻北京外交使团("EST 营"及 1901 年使馆区位置草图)(1901～1908 年)》
(5) 55 GESANDTSCHAFTSARCHIV PEKING, ADMINISTRATIVE AKTEN, BUCHSTABE D, SITZUNGSPROTOKOLLE DES DIPLOMATISCHEN CORPS, 1901-1912
《驻北京公使馆档案、行政文件、字母 D、外交使团的会议记录(1901～1912 年)》
(6)87-1 MARINEDETACHEMENT IN PEKING, 1902-1917
《驻北京海军分遣队(1902～1917 年)》
(7)87-2 Militaria: Belagerung von Peking, Angriffe gegen Marinedetachement, Boxeraufstand, 1900
《军事书籍:围攻北京、攻击海军分遣队及 1900 年义和团运动》
(8)87-3 MILITÄRQUARTIERE IN PEKING UND TIENTSIN, 1901-1911 UND 1913-1916, 1901-1916
《驻扎在北京和天津的军营(1901～1911 年、1913～1916 年及 1901～1916 年)》
(9)94-11 Katherina Oreglia [Schadenersatzforderung nach dem Boxeraufstand], 1901
《凯瑟琳·奥雷歌莉娅(义和团运动之后的赔偿要求),1901 年》

(二)Kriegsarchiv 战争档案馆②

1. 奥匈帝国海军参与了八国联军侵华,下列战舰参与了战事:
(1)SMS Kaiserin und Königin Maria Theresia
(2)SMS Zenta
(3)SMS Kaiserin Elisabeth
(4)SMS Donau

---

① 驻华奥匈使馆档案馆的更多资料,见 Georg Lehner and Monica Lehner, *Österreich-Ungarn und der Boxeraufstand in China*(Wien, 2002), pp. 673-674.

② 地址: Nottendorfer Gasse 2, A-1030 Vienna, AUSTRIA. 档案馆的战争档案馆部门藏有军官、士官、士兵和军队文员的人事档案,以及有关奥地利帝国和皇家野战军的军事行动档案。

(5)SMS Leopard

(6)SMS Aspern

2. 关于外国列强的档案

(1)OK/MS 1900-X-3/6. Consulats-Berichte

《领事报告》

(2)OK/MS 1900-X-14/5. Revolutionäre Bewegung in China

《中国革命运动》

(3)OK/MS 1900-X-14/6. Obercommandant Graf Waldersee

《瓦德西大元帅》

(4)OK/MS 1900-X-14/7. Befestigungen in China

《中国的堡垒》

(5)OK/MS 1901-X-14. Revolutionäre Bewegung in China

《中国革命运动》

(6)OK/MS 1902-X-14. Revolutionäre Bewegung in China

《中国革命运动》

3. KA B/830. Tagebuch des Rudolf Montecuccoli degli Erri (1843-1922) als Kommandant des Ostasien-Eskadres 24. 7. 1900 bis 1. 10. 190143

《东亚骑兵队司令(鲁道夫·蒙特库科利,1843～1922)的日记(1900 年 7 月 24 日至 1901 年 10 月 1 日)》

4. KA AB III B21, 1495. Kriegstagebuch des II. Bataillons 4. Ostasiatisches Infantrie-Regiment

《第四东亚步兵团第二营的战地日志》

三、比利时

比利时在义和团战争中并没有直接参与列强对华干预。然而,比利时天主教传教士却深受 1900～1901 年间义和团运动之影响,特别是在内蒙古地区。

(一)Archives du Ministère des Affaires Étrangères 比利时外交档案①

1. Série Politique Classement B-108

《政治档案》

(1)Dossier 127 Chine: Mouvements xénophobes-Massacres; Protection des Missions Catholiques belges en Mongolie (1900-1902)

《内蒙古的天主教保教权及其屠杀》

(2)Dossier 129 projet de légion belge en Chine, 1900

《中国使馆档案》

① 地址:Central Archief, Ministerie van Buitenlandse Zaken. Service des Archives, 2 rue des Quatre-Bras, B-1000 Brussels, BELGIUM. 比利时外交部的档案中除了有比利时在中国的矿藏勘测和铁路建设事宜以外,还记载了内蒙古地区受到义和团运动影响的圣母圣心会比利时会员、湖北的比利时方济各会会士的相关情况,以及宗教辖境相关情况。

2. Série Politique Classement B-112

《政治档案》

(1)Expulsion de quinze missionnaires belges de la Mongolie-leur passage par la Russie et leur retour. P No. 5516: several letters from the fugitive CICM missionaries

《内蒙古传教差会档案》

(2)Correspondances politiques, Chine; série complémentaire, 1900-1901

《中国政治通函》

(3)Dossiers 1257, 1271 and 1980: protection des Belges en Chine et troubles de Boxeur

《义和团运动档案》

(4)Indemnité Boxeurs, 1900-1901

《义和团赔款档案》

(二)Archives of the Congregation of the Immaculate Heart of Mary (A-CICM) 圣母圣心会档案馆①

(三)Archives of the of the Belgian (Flemish) Franciscans 方济各会档案馆②

四、加拿大

(一)United Church of Canada Archives 加拿大联合教会档案馆③

1. Presbyterian Church in Canada Board of Foreign Missions fonds (to 1925)

《加拿大长老会外方传教理事会卷宗(至 1925 年)》④

2. Canadian Methodist Mission (to 1925)

---

① 该会的别称是"斯格脱(Scheut Fathers)神父会",其文献档案已从罗马搬出。新址:KADOC-Documentation and Research Centre for Religion, Culture and Society, Vlamingenstraat 39, B-3000 Leuven, BELGIUM. 与中国有关的文献目录,见:*The Archives of the Congregation of the Immaculate Heart of Mary (CICM-Scheut) 1862-1967*, compiled by Dries Vanysacker, Lies Van Rompaey, Wouter Bracke and Betty Eggermont; supervised by Raymond Renson CICM. (Institut historique belge de Rome. Bibliothèque; 36-37). Turnhout: Brepols, 1995. 2 vols. 在 19 世纪晚期的传教事业中,圣母圣心会建立的天主教社区遍及内蒙古、甘肃和新疆地区。内蒙古的传教事工受到义和团运动的严重影响,数名传教士和大量中国教徒被杀。

② 相关档案地址:KADOC-Documentation and Research Centre for Religion, Culture and Society, Vlamingenstraat 39, B-3000 Leuven, BELGIUM. 电子资源:kadoc. kuleuven. be/db/inv/1649. pdf. 与中国有关的文献目录,见:Sara Lievens, *The China Archives of the Belgian Franciscans: Inventory*. Leuven: Ferdinand Verbiest Foundation, K. U. Leuven, 1998. 比利时方济各会会士于 1891 年开始在鄂西南地区传教。虽然没有受到义和团运动的直接破坏,但是也深受 19 世纪 90 年代末和 1900 年席卷全国的普遍排外和反基督教潮流的影响。1898 年末,比利时方济各会会士 Victorinus Delbrouck(1870～1898)在蛇口山(湖北)被自称为"义和团"的人杀害,行凶者实际上是哥老会成员。欲详细了解比利时方济各会在鄂西南的传教历史,请参见:Carine Dujardin, *Missionering en Moderniteit. De Belgische Minderbroeders in China 1872-1940*. Leuven: Leuven University Press, 1996.

③ 地址:40 Oak Street, Toronto, ON M5A 2C6, CANADA. 1925 年合并到加拿大联合教会的教会之中,卫理公会和长老会已在中国开展了传教事业。加拿大长老会外方传教理事会早在 1888 年就在河南省北部建立了差会,并在广东省江门开辟了独立事工。加拿大卫理公会传教士协会于 1891 年进入四川。

④ 河南差会相关记录。加拿大长老会在河南北部的传教受到义和团运动影响。

《加拿卫理公会(至 1925 年)》①

(二)University of Victoria Libraries 维多利亚大学图书馆②

Boxer Rebellion Photograph Collection. [ca. 1900]

《义和团"叛乱"摄影作品集(约 1900 年)》③

五、丹麦

Rigsarkivet 丹麦国家档案馆④

Material of the Danish Missionary Society (DMS)

《路德会(丹麦)的早期文献资料》⑤

六、法国⑥

(一)Official Archives 官方档案馆

1. Archives du Ministère des Affaires Étrangères (AMAE)—Correspondance politique et commerciale, Chine. Nouvelle Série (NS)

外交部档案馆⑦——《政治和经济通信之中国、新加卷》(NS)

(1)Politique intérieure

《国内政治》

①Vol. 1 (dossier général—January 1897 to July 1898)

普通卷(1897 年 1 月 至 1898 年 7 月)

②Vol. 2 (dossier général—August 1898 to December 1899)

普通卷(1898 年 8 月至 1899 年 12 月)

③Vol. 3 (dossier général—January to October 1900)

普通卷(1900 年 1 月至 10 月)

---

① 在四川传教的加拿大卫理公会受到的 1900 年动乱的影响稍小。

② 地址:PO Box 1800 STN CSC, Victoria BC V8W 3H5, CANADA.

③ 该摄影作品集由一本相册组成。这本相册包括拍摄了义和团运动早期的 50 张 9.5×7.5 寸的黑白照片,拍摄时间始于 1900 年 6 月 3 日。照片反映了被毁坏的房屋、大型建筑和铁路,被抓获的中国战俘,各式各样的英国、德国和日本军队。每张照片下方都配有文字解说。

④ 地址:Rigsdagsgården 9, DK-1218 Copenhagen K., DENMARK. 该馆收藏了路德会(丹麦)的早期文献材料。

⑤ 该会在东北的传教开始于 1896 年,义和团运动期间该会在凤凰城(今凤城)(1899 年)、旅顺港(1896 年)、岫崖(1898 年)、大孤山(1896 年)建有传教站。

⑥ 19 世纪在华的大部分天主教传教士都是法国人,代表了数个宗教团体。1860 年以后,法国实施不分国籍向中国所有天主教徒提供宗教保护的政策(法国的宗教保护垄断地位直到 1890 年才被德国打破)。一般性的法国档案资料,见:*Commission française du Guide des Sources de l'Histoire des Nations*, *Sources de l'histoire de l'Asie et de l'Océanie dans les archives et bibliothèques françaises*. Munich: K. G. Saur, 1981. 2 vols.

⑦ 相关档案原先存于法国外交部巴黎码头博物馆,后搬至巴黎郊区新址:Ministère des Affaires étrangères et européennes, Direction des Archives, 3, rue Suzanne Masson, F-93126 La Courneuve, FRANCE. 法国是镇压义和团运动的主要西方列强之一,因此法国外交部中央档案馆存有大量跟该事件有关的外交文件。此外,跟宗教(传教士)有关的文档是涉中文献的重要组成部分,因为法国对中国的所有天主教徒都实施宗教保护政策。

④Vol. 4 (dossier général—November to December 1901)
普通卷(1901 年 11 月至 1901 年 12 月)

⑤Vol. 5 (dossier général—1902)
普通卷(1902 年)

(2)Défense nationale

《国防事务》

①Vols. 82-83 deal with national defence (Chinese army and navy) 1896-1904
《国防事宜(中国陆军与海军)(1896～1904 年)》

②Vols. 93-94 cover arms traficking, 1900-1904
《武器交易(1900～1904 年)》

(3)Politique étrangère

《外交政策》

①Vols. 95-121 deal with China's foreign policy-general, 1897-1902
《关于中国的外交政策(1897～1902 年)》普通卷

②Vols. 146-148 cover foreign forces in China, June 1900 to 1906
《关于在华外国军队(1900 年 6 月至 1906 年)》

③Vols. 149-152 concern China's relations with Germany, 1896-1902
《中德关系(1896～1902 年)》

④Vols. 157-161 cover China's relations with Great Britain, 1897-1902
《中英关系(1897～1902 年)》

⑤Vols. 165-167 concern China's relations with Russia, 1896 to June 1903
《中俄关系(1896 年至 1903 年 6 月)》

⑥Vol. 174 covers China's relations with Italy, 1898-1906
《中意关系(1898～1906 年)》

⑦Vols. 191-197 concern China's relations with France, 1897-1903
《中法关系(1897～1903 年)》

⑧Vols. 244-245 contain information on French forces in China, May 1900 to June 1906
《派往中国的法国军队信息(1900 年 5 月至 1906 年 6 月)》

⑨Vol. 250 covers the protection by France of foreign nationals, 1900-1908
《法国为西方国家提供的保护(1900～1908 年)》

⑩Vol. 287 concerns the French Concession in Tianjin 1898-1906
《1898～1906 年间的天津法租界》

(4)Protectorat religieux de la France

《法国保教权》

Vol. 309 Dossier général (1899); id. 310 (1900); 311 (1901); id. 312 (1902-1906)

普通卷

(5)Missions catholiques françaises

《法国天主教会》

①Vol. 323 (1899-1901) Thibet, Sse-Tchouen, Yunnan

《西藏、四川、云南》

②Vol. 327 (1899-1905) Kiang-Si, Kiang-Nam, Tche-Kiang

《江西、江南、浙江》

③Vol. 330 (1899-1906) Mandchourie, Tche Ly

《东北、直隶》

(6)Missions catholiques étrangères:

《基督宗教传教团体》

①Vol. 333 (March 1897 to March 1898)

《1897 年 3 月至 1898 年 3 月》

②Vol. 334 (April to December 1898)

《1898 年 4～12 月》

③Vol. 335 Belgian missions (1899-1902)

《比利时修会(1899～1902 年)》

④Vols. 337-338 Italian missions (June 1899 to 1906)

《意大利修会(1899 年 6 月至 1906 年)》

⑤Vol. 339 German and Spanish missions (1899-1906)

《德国和西班牙修会(1899～1906 年)》

⑥Vol. 341 Protestant missions (1899-1906)

《基督教差会(1899～1906 年)》

(7)Finances publiques

《公共财政》

Vols. 382-390. Indemnités pour dommage de guerre. (September 1900-July 1904).

《庚子赔款(1900 年 9 月至 1904 年 7 月)》

(8)Chinese Railways, Beijing to Hankou Line

《中国铁路:京汉线》

Vols. 465-474 (October 1895 to 1902)

《1895 年 10 月至 1902 年》

(9)Politique intérieure et étrangère

《国内外政策》

①Vol. 637. Guerre des Boxers: nouvelles des familles et propositions de recompenses. (1900-1903)

《义和团运动》

②Vol. 638. Troupes internationales: Corps expeditonnaire en Chine. Fournitures du Corps (1900-1901); Affaire du Commandant Vidal (1900);

Hôpitaux, décès, décorations (1900-1906); frais des transports des troupes (1903-1904); dépenses des troupes (1901-1902); incidents (1900-1905); main mise sur le sel chinois (1900-1901)

《中国远征军》

③Vol. 696. Guerre des Boxers: Indemnités pour dommages de guerre (1901)

《义和团运动:庚子赔款》

④Vols. 697-699. Guerre des Boxers: Dossiers particuliers (1901)

《义和团运动》

⑤Vol. 700. Chemin de fer Hankeou-Pékin: Employés (1901)

《京汉铁路》

⑥Vol. 701. Missions catholiques (1901)

《1901 年的天主教会》

2. Centre des Archives diplomatiques de Nantes (CADN) 南特外交档案中心①

(1) Archives of the French Legation in Beijing (Pékin)

《法国驻北京公使馆档案》

①Série A: 1198 cartons (numérotés 1 à 772), 1721-1969

《系列 A: 1198 盒(1721～1969 年)》②

②Série D (régistres): 766 articles, 1843-1964. (See the Répertoire numérique, André Bors, chargé de mission, septembre 2000, 81. typescript)

《系列 D:766 条(1843～1964 年)》

(2) Archives of French consular posts in China

《法国驻华领事馆档案》

①Shanghai (consulate general)《上海总领事馆》

Série B (formerly "série rose"): 128 cartons (numérotés 1 à 76), 1844-1921 (Série inventoriée)

《系列 B: 128 盒(1844～1921 年)》

Série C: 479 volumes, 1847-1952. (See the Répertoire numérique, CADN, mars 1990, 31 pp., typescript).

《系列 C: 479 卷(1847～1952 年)》

---

① 地址:17, rue de Casterneau, F-44000 Nantes, FRANCE. 法国南特外交档案中心所藏之档案文献主要包括法国驻北京大使馆及驻华各地使领馆的材料。当时教案频发,因此其材料多与所谓的"教案"有关。

② 中国教案发生在多个省份,因此该类材料是以省份为类别储藏的,如 Shandong=Changtong。关于法国驻北京大使馆的建立,参见:Maurice Degros, Les créations de postes diplomatiques et consulaires français de 1850 à 1870, *Revue d'histoire diplomatique* (1986), pp. 3-4, 261-265; Bruno Ricard, Les sources (de l'histoire de la présence française en Chine) conservées au Centre des Archives diplomatiques de Nantes, in Jacques Weber (ed.), *La France en Chine, 1843-1943*, (Collection Enquêtes et Documents, Centre de recherches sur l'histoire du monde atlantique, université de Nantes, No. 24). Nantes: Presses académiques de l'Ouest, 1997, pp. 249-256.

②Tchefou (vice-consulate)《烟台领事馆》

82 items, 1863-1926. (See the Répertoire numérique, André Bors, chargé de mission, Nantes, mars 2000, 40 pp., typescript)

《82 则(1863～1926 年)》

③Tchongking《重庆领事馆》①

④Tientsin《天津领事馆》

418 items, 1861-1952, but very little before 1900 (See the Répertoire numérique, André Bors, septembre 1999, 172 pp. typescript; index of personal names)

《418 则(1861～1952 年)》

(3) Archives des Lazaristes de Pékin (at Nantes; contains some files on the Boxer troubles)

《北京遣使会档案》

3. Service historique de la Défense, Ministère de la Défense 国防部历史服务处

(1)Département de l'Armée de Terre 陆军部②

①Sous-série 1 N—Carton n° 12.

《1N 类副本——第 12 盒》

②Sous-série 7 N—État-major des armées 7

《军事参谋部》

③Attachés militaires. Chine: guerre des Boxers (1900)

《军事专题:中国,义和团战争(1900 年)》

④Carton n° 668: Corps expéditionnaire allemand en Chine

《德国远征军在中国》

⑤Carton n° 677: Corps expéditionnaire de Chine

《远征军在中国》

⑥Carton n° 1543, 1668-1 and 2, 1684, 1692

《第 1543 盒,1668-1,1668-2, 1684, 1692》

⑦Sous-série 9 N—Directions, commissions et inspections

《管理、委员会和视察》

⑧Carton n° 690: Corps expéditionnaire en China: médecine en China, santé

《远征军在中国:医生在中国,健康》

⑨État des fonds privés: Sous-série 1K

《个人背景情况》

1 K 67: Fonds Bailloud

---

① 相关资料遗失或损毁;其档案类型前后有所变化。

② 地址:Château de Vincennes, Avenue de Paris, F-94306 Vincennes cedex, FRANCE.

《巴耀德情况》[①]

(2)Sous-série 11H(Chine)—Cartons n° 1 à 10, 20 à 23, 25, 29, 30, 44 à 46

《法军参与八国联军侵华档案》[②]

①French military posts in Zhili province following the relief of the foreign legations and the occupation of Beijing, including Baoding (11H 1-11H10), Xianxian (11 H7), Zhengding (11H12), Huolu [local pronunciation: Huailu; now part of Luquan (11H 13)], Tianjin (11H14-11H19). Huolu and Zhengding were evacuated by French troops in May 1901. In addition to reports on operations in the Yangcun and Tianjin area, 11H18 also contains a report on the fighting from 1 to 14 July 1900 (Tianjin) by the 7th Marine Infantry Regiment.

外国使馆解围和北京沦陷后,法国在直隶省多地建立了军事驻地,包括保定(11H1-11H10)、献县(11H7)、正定(11H12)、获鹿[当地发音为"怀鹿",现属鹿泉市(11H13)]、天津(11H14-11H19)。获鹿和正定于1901年5月份被法国军队疏散。除了在杨村和天津地区的行动报告之外,11H18还记载了第七海军陆战队步兵团于1900年7月1~14日参与的一场战役(天津)。

②Correspondance du général en chef du corps expéditionnaire, 1900-1901 (11H20-11H22)

《远征军司令通信(1900~1901年)》

③Letters and reports concerning various operations by French troops in Zhili province, including the contemplation of an expedition into Shanxi 9-11 November 1900; documents relating to affairs in the Huolu area; letter dated 23 March 1901 concerning the evacuation by French troops of the Jesuit mission station at Xianxian; report concerning the brief stay (27 November to 9 December 1900) at Gucheng on the Zhili-Shandong border; letter from General Bailloud dated 25 July 1901 concerning the evacuation of Baoding (11H24).

直隶省法国军队多项行动相关的信件和报告包括:1900年11月9~11日远征山西行动;获鹿地区有关档案;一封写于1901年3月23日的信件,信中提及法国军队疏散献县耶稣会的事宜;一份在直隶—山东边界故城作短暂停留(1900年11月27日至12月9日)的报告;Bailloud将军写于1901年7月25日的一封信,信中提及保定疏散事宜。

---

① 巴耀德(General Maurice-Camille Bailloud ,1847~1921)曾指挥法国中国远征军第二兵团来华。关于八国联军介入义和团运动的大批资料,见:Sous-série 11H(Chine)—Cartons n° 1 à 10, 20 à 23, 25, 29, 30, 44 à 46.

② 具体涉及中国的详细资料由 Bernard Hamaïde 汇总。这份详细的文献目录(H 类文献)显示了在此次多国行动中军事动员、组织和实施的复杂性。大多数文献都提及1900~1901年的中国远征军。有关1901~1905年间占领旅(Brigade of Occupation)的材料略少一些。网络资源:http://www.servicehistorique.sga.defense.gouv.fr/contenu/functions/dc/attached/FRSHD_PUB_00000205_dc/FRSHD_PUB_00000205_dc_att-FRSHD_PUB_00000205.pdf.

④ Files relating to personnel issues; organization of French and other foreign troops (11H25)
《人事档案;法国和其他外国军队建制》

⑤Military justice, health, mail and financial matters (11H27)
《军事司法、卫生、邮政和财务事宜》

⑥ Several "dossiers" on the organization of the cavalry, artillery and engineers of the French expeditionary corps 1900-1901(11H30)
《1900～1901 年间法国远东远征军骑兵、炮兵和工程师相关"案卷"》

⑦A substantial file on various incidents of looting by foreign, especially French and German troops (Dossier 5 in 11H31); alphabetical lists of soldiers who have died since the commencement of military operations 1900-1905, including the officers and men from the 16th Marine Infantry Regiment and the Zouave Régiment de Marche killed or wounded in the battle of Ta-Li-Kao-Tchouan (Dossier 6 in 11H31)
外国军队特别是法国和德国军队各种抢劫活动的大量记载(11H31 案卷 5);1900～1905 年间采取军事行动以来阵亡人员名单,包括在 Ta-Li-Kao-Tchouan 战役中第 16 海军陆战队步兵团和 the Zouave Régiment de Marche 伤亡的军官和士兵名单(11H31 案 6)

⑧Extracts from newspapers concerning the campaign in China in 1900, including extracts from siege journal of Lieutenant Eugène Darcy; extracts from journals concerning the siege of the Beitang church in Beijing and the Seymour expedition (Dossier 2); Reports concerning foreign expeditionary corps 1901 (Dossier 3); information on the German expeditionary corps in China 1900-1902 (Dossier 4); various extracts from General Voyron's reports (Dossier 8) (11H36)
与 1900 年远东远征军有关的报纸摘录包括:中尉尤金达西的攻城日记摘录;北京北堂教会被围和西摩远征日记摘录(案卷 2);有关 1901 年外国远征军的报告(案卷 3);1900～1902 年间德国远征军信息(案卷 4);华伦将军报告摘录(案卷 8)

⑨Reports on preparations concerning the French expeditionary corps, June-August 1900 (11H37)
《法国远征军筹备报告(1900 年 6～8 月)》(11H37)

⑩Repatriation of the expeditionary corps, China, 1901-1904 (11H38)
《法国远征军回国(1901～1904 年)》

⑪ Construction, railways, defence of the legation quarter in Beijing, 1900-1903 (11H41)
《建筑、铁路、北京使馆的防御工事(1900～1903 年)》

⑫Orders and circulars of the French expeditionary corps. General Orders No. 1 to

175 (21 September 1900 to 26 August 1901) (11H42)

《法国远征军的命令和通知;将军令第1~175号(1900年9月21日至1901年8月26日)》

⑬Various operations. Command structure and administration in the Huolu-Zhengding-Xianxian area (Dossier 1); march to Baoding 15 October to 22 November 1900 (Dossier 2); Baoding in November-December 1900, including a report on the march to the Boxer village of Ta-Ly-Ko-Tchouan, dated 22 November 1900; information on Boxers in the Dingzhou and Xinle area; journal dated 30 October 1900 concerning Xianxian; General Maurice Bailloud's report on the march to Jiucheng 10 to 21 December 1900 (Dossier 3); Baoding January to August 1901 (Dossier 4); Baoding, confidential correspondence, April-May 1901, with particular reference to operations in the Huolu area (Dossier 5); military columns at the imperial tombs (October-November 1900) and Xianxian (Dossier 6); Communications from Baoding 1 November 1900 to 24 July 1901 (Dossier 7); Formation of boxer groups at Anping and combat with the rebels on 22 May 1901 (Dossier 8) (11H44)

《多项行动》:获鹿—正定—献县地区的指挥结构和行政管理(案卷1);1900年10月15日至11月22日进军保定行动(案卷2);1900年11~12月的保定,包括1900年11月22日进军拳民村的军事报告;定州和新乐地区拳民情况;写于1900年10月30日与献县有关的一篇日记;Maurice Bailloud将军关于1900年12月10~21日进军旧城的报告(案卷3);1901年1~8月的保定(案卷4);1901年4~5月保定的机密通信,特别提及获鹿地区的行动(案卷5);在皇陵(1900年10~11月)和献县的军队(案卷6);1900年11月1日至1901年7月24日期间保定对外通信(案卷7);安平拳民组织的发展以及1901年5月22日与拳民的战斗(案卷8) (11H44)

⑭Communications concerning military affairs July and August 1900 (Dossier 1); reports from General Voyron 1900-1901 (Dossier 2); relations with foreign expeditionary corps 1900-1901 (Dossier 6); reports on the political and military situation(11H45)

1900年7~8月的军事事务通信(案卷1);1900~1901年间华伦将军报告(案卷2);1900~1901年间与外国远征军的关系(案卷6);政治和军事形势报告 (11H45)

⑮The subsequent files relate to the French Brigade of Occupation in China 1901-1914

其余文件记录了法国占领军团1901~1914年间的相关活动

(3)①Archives de l'Inspection du Génie

《工兵视察档案》

②Article 15—Campagnes et sièges

《第 15 条——战役和围攻》

③Expédition de Chine 1900-1901 (2 cartons)

《中国的远征(1900～1901 年)》(2 盒)

Organisation de l'expédition, partie militaire et technique (journeaux de marches, rapports des commandants du Génie, etc.), plan de Pékin et de son enceinte

远征军的组织、军事和技术部分(行军日记、工兵指挥官报告等)、北京城及周边地区地图

Idem, avec plans de Pao-Ting-Fou, historique du siège de Tsing-Tao (discours et cartes)

保定府地图,青岛围攻历史(意见和地图)

4. Service historique des Troupes de Marine 海军部历史服务处

(1)CHINE

《关于中国》

① CHI. 100. Campagne de Chine, 1899-1900. Opérations militaires. Auteur inconnu (18 pp. manuscrites)

《中国的战争(1899～1900 年);军事行动》

② CHI. 101. La campagne de Chine, 1900-1901. Auteur: Lieutenant Rondet (47 pp. manuscrites)

《中国的战争(1900～1901 年)》

③CHI. 110. La campagne de Chine. Relations entre commandants alliés (lettres, 13 feuillets manuscrits)

《中国的战争;联军指挥官之间的关系》

④ CHI. 120. La campagne de Chine. Problèmes de commandement (1 lettre)

《中国的战争;指挥官问题》

⑤CHI. 125. La campagne de Chine. Problèmes d'administration intérieure au Corps expéditionnaire (lettres, 35 feuillets manuscrits)

《中国的战争;远征军的内政问题》

⑥CHI. 130. Réglements généraux d'administration pour la ville de Tientsin (5 pp. manuscites)

《天津市日常管理条例》

⑦CHI. 145. Rapports sur les unités du Génie pendant la campagne de Chine (8 pièces manuscrites)

《在出征中国期间工兵部队的报告》

⑧CHI. 150. Compte rendu sur les activités de l'Artillerie coloniale pendant la campagne de Chine (8 dossiers manuscrits).

《在出征中国期间炮兵纵队行动总结》

⑨CHI. 155. Rapport sur le Service géographique en Chine (3 pièces manuscrites)

《地理服务处在中国的报告》

⑩CHI. 160. Rapport médical sur le Corps expéditionnaire en Chine (1 pièce manuscrite)

《中国远征军医疗报告》

⑪CHI. 165. Campagne de Chine. Justice militaire (1 pièce manuscrite)

《中国的战争;军事法庭》

⑫CHI. 180. Ordres relatifs à la formation du Corps d'occupation laissé à Petchili (19 pièces div. mss)—Réduction des effectifs en Chine, constitution d'une réserve au Tonkin (now part of Vietnam) (28 pièces div. mss)

《关于北直隶留守占领部队的命令——缩减驻华兵力,在越南东京建立预备队》

⑬CHI. 240. Lettre sur l'évacuation de Shanghaï, 1902 (43 pièces dont 9 dactylogr)

《1902 年从上海撤军的信件》

(2) Département de la Marine, Archives Centrales de la Marine—Archives ministérielles①

海军部海军档案中心——行政档案

①Série BB—Service général 1790-1913

《日常服务(1790～1913 年)》

Sous-série BB^4—Campagnes

《BB 类副本——出征》

BB^4 2008-2021. Expédition de Chine (1900-1902). Correspondence of the Minister of the Navy with the following authorities of formations

《远征中国》

BB^4 2008. (31 May 1900-7 May 1902). East Asia Squadron; minutes

《东亚远征军》

BB^4 2009. (26 July 1900-21 March 1901). Corps expédionnaire de Chine; minute

《中国远征军团》

BB^4 2010. (17 May-25 July 1900). East Asia Squadron. Letters received

《东亚远征军》

BB^4 2011. (26 July-25 September 1900)

《1900 年 7 月 26 日至 9 月 25 日》

---

① 地址:Château de Vincennes, Avenue de Paris, F-94306 Vincennes cedex, FRANCE.

BB4 2012. (24 September 1900-18 February 1901)
《1900 年 9 月 24 日至 1901 年 2 月 18 日》
BB4 2013. (18 February-10 August 1901)
《1901 年 2 月 18 日至 8 月 10 日》
BB4 2014. (12 August 1901-6 May 1902)
《1901 年 8 月 12 日至 1902 年 5 月 6 日》
BB4 2015. (17 July 1900-4 May 1902). Corps expéditionnaire de Chine; including letters and reports received from General Voyron
《1900 年 7 月 17 日至 1902 年 5 月 4 日,中国远征军》
BB4 2018. (13 June 1900-17 March 1902). Ministre des Affaires étrangères; minutes
《1900 年 6 月 13 日至 1902 年 3 月 17 日,外交事务》
BB4 2019. Report from the commanding general of the French expeditionary corps (1900-1901)
《1900～1901 年法国远征军团报告》
BB4 2020 and 2021. Enclosures with the above report, including various documents of the march of a column to Baoding and relating to diplomatic issues
《保定军团外交事务报告》
BB4 2356. Prize-monies (part de prises) and reports on the conduct of the men
《勋章及报告(1901～1902 年)》

②Série GG. Etat général des fonds privés de la Marine
《海军个人及整体情况》
GG2 80. Papiers du CV Joseph-Paul-Marcel Delage (1862-1917)
《约瑟福・保罗・马尔塞》①
GG2 86. Papiers du commissaire général de la Marine Henri-Marie-Amédée Sainte-Claire Deville (1847-?)
《海军特派专员亨瑞・德韦将军(1847～?)》②
GG2 113. Fonds Sainte-Claire-Deville. Quelques documents se rapportant à l'expédition de Chine (1900-1901)
《圣-可莱贺-德韦的情况,有关中国远征军的文件(1900～1901 年)》

---

① 约瑟福・保罗・马尔塞(Joseph-Paul-Marcel Delage,1862～1917),鱼雷艇军官,在 Amiral-Charne 号巡洋舰上服役,参加中国 1900 年 7 月至 1901 年 8 月的行动。这份档案包含其简历、通信、日历、明信片、照片及出征记录等。

② 含命令、关于中国远征军的报告和地图及其在安南和东京的情况。

5. Archives nationales d'outre-mer (ANOM) 海外省国家档案[①]

(1)Expédition militaire de Chine (Shangaï et Takou) (1900/1905)

《中国远征军(上海和大沽)(1900～1905 年)》

(2) Correspondance, dépêches télégraphiques, notes, pièces comptables concernant surtout le financement de l'opération et l'envoi de troupes en particulier en Indochine

《通信、急电、通知,特别有关向印度支那派遣部队和行动的财务财会文件》

①Q 1. Opérations militaires, maintien de l'ordre, corps d'occupation

《军事行动、命令的维持、占领军》

②Q 1. 6. Corps d'occupation de Chine (bataillons de tirailleurs de Petchili) (1897-1903). 3 cartons

《中国占领军(北直隶海外土著步兵团的战役)(1897～1903 年)》(3 盒)

③Q 16/23-554. Recruitment of coolies at Guangzhouwan for the expeditionary corps in Zhili province (July-September 1900)

《为进攻直隶而在广州湾招收苦力(1900 年 7～9 月)》

6. Archives départementales de Haute-Loire (Le Puy) (ADHL) 鲁瓦河上游省档案[②]

4° 5739. "Journal de l'expédition de Chine (1900-1901)" de François Deloin

方索瓦·德龙:《中国远征军日记(1900～1901 年)》

(二)Collections in Church and Non-Official Archives 教会和非官方档案

1. Archives des Missions Étrangères de Paris (AMEP) 巴黎外方传教会档案[③]

(1)在与义和团运动有关的资料中,巴黎外方传教会派驻东北的传教士记录的档案尤为重要。

---

① 地址:29, chemin du moulin de Testas, F-13090 Aix-en-Provence, FRANCE. 法国对中国的军事远征行动在一定程度上依赖于法属印度支那的资源。普罗旺斯艾克斯档案馆存有的多份文档对远征华北义和团行动都进行了记载。

② 地址:4, avenue de Tonbridge, B. P. 338, F-43012 Le Puy-en-Velay Cedex, FRANCE.

③ 地址:128, rue du Bac, F-75007 Paris, FRANCE. 巴黎外方传教会成立于 1658 年 7 月 29 日,教皇亚历山大七世提名了两名教区主教:弗朗索瓦·法路(1626～1684)和皮埃尔·兰伯特德拉莫特(1624～1679)。随后,罗马传信部向中国派出传教士进行传教。19 世纪,巴黎外方传教会开辟的教区有四川(含西藏传教会)、云南、贵州、广西、广东和东北。作为东亚最大的天主教会之一,巴黎外方传教会所收藏的档案资料与亚洲图书馆一起成为研究中国基督教的主要文献来源。值得一提的是,主教的年度报告、传教士传记和讣告以及其他资料都可下载,下载地址为:http://archivesmep.mepasie.net/recherche/index.php。

(2)1898 年,东北教区被一分为二:北满代牧区(吉林)和南满代牧区①(奉天,今沈阳)

(3)在四川传教的巴黎外方传教会也经历了反基督教和反传教士事件。

2. Archives de la Congrégation des Sœurs de la Providence(CM) 普照修女会/巴黎圣母会档案②

普照修女会的首批修女在 1875 年来到中国。总堂设在沈阳,还在辽阳、营口、铁岭设有堂口。1900 年 7 月 2 日沈阳被害的天主教徒中有两位是普照修女会修女,其他修女成功从铁岭撤离至俄国境内。

3. Congrégation de la Mission (CM)遣使会档案③

与中国差会有关的档案收藏相当丰富。在最新的库存清单中——该整理工作正在进行中——与义和团运动密切相关的有以下档案:

(1)Dossiers No. 168

168. I. a, 1°-11°

10/ Chemise [jacket or folder] "Pékin 15" (1900-1901: Sur la révolte des Boxers). Journal Plancher, Bonet et autres témoins

《关于义和团起义:泊郎史、伯鼐和其他证人的日记》

(2)Dossiers No. 177

①177. I a, 1°-11°

1/ Dossier gris

A. "Boxers, chemise 1": Chemise [jacket or folder]: "Sacre de Mgr Jarlin, coadjuteur pour le Vicariat apostolique de Pékin"—Chemise "Pékin avant le blocus"—Chemise "Pékin pendant le blocus"—Chemise "Conférence de Mgr Favier le 11 janvier 1901 à la Maison-Mère à Paris"—Chemise "Districts du Tché-Ly: Tien-Tsin [天津], Pao-Ting

① 巴黎外方传教会关于 1899～1905 年间南满代牧区的档案资料涉及发生于 1900 年 7 月 2 日沈阳天主教堂的一场大火,大火导致主教纪隆(1854～1900)、其他两名神父、数名法国和中国修女,以及 300 名中国天主教徒被烧死。巴黎外方传教会教士 Henri-Augustin Rigal (1883～1977),于 1908 年 11 月离开法国来华传教,收集了与火烧教堂及其他事件相关的更多资料。他特别收集了他工作过 21 年的辽宁东南连山地区义和团活动的相关资料。巴黎外方传教会档案馆还收藏了 1899～1905 年间北满代牧区的相关资料。1900 年夏天,东北地区总共有 10 名巴黎外方传教会的传教士被杀害,至少 9 名神父在俄国军队的帮助下逃往了符拉迪沃斯托克(清朝时称为"海参崴")。然而目前为止学术界对该地区的义和团运动的相关研究并不多见。

② 地址:37, rue Maurice Coindreau, F-88330 Portieux, FRANCE.

③ 地址:Archives de la Maison-Mère à Paris, 95, rue de Sèvres, F-75006 Paris, FRANCE. 遣使会,通常也被称为"拉匝禄会"或"味增爵会"。19 世纪末在中国传教的多数成员都是法国人。1900 年,他们获得了以下教区的传教权:直隶北境代牧区(北京)、直隶西南代牧区(正定)、直隶东境代牧区(永平,今卢龙)、江西北境代牧区(九江)、江西南境代牧区(吉安)、江西东境代牧区(抚州)、浙江代牧区(宁波)。直隶北境和直隶西南代牧区遭义和团运动破坏甚为严重。1900 年江西和浙江代牧区的排外风波与义和团运动没有直接关系。遣使会保存的与中国有关的档案收藏更多的细节,请见库存目录"Relevé global des dossiers sur la Chine",由 Georges Baldacchino CM 于 1999 年编制,2013 年 5 月修订。该文献的在线版本可访问:http://famvin.org/fr/Congreg_Mission/ARCH_Invent_PDF%2026_08_09/TXTdetails.html.

[保定], Suen-Hou-Fou [宣化府]"

义和团之文件夹 1: 林懋德主教为北京教区助理主教的授职礼;被封锁前的北京;封锁中的北京;樊国梁主教在 1901 年 1 月在巴黎圣母会的讲座;直隶府、天津、保定、宣化府

B. "Boxers, chemise 2": Chemise "Evénements de 1900. Siège de Pékin"—Chemise "Pékin après le siège"—Notes et diverses coupures de journaux—Chemise "Schanghaï. Nouvelles générales sur la Chine"

义和团之文件夹 2:1900 年事件:北京之围;北京解围之后; 笔记和剪报;上海;中国的普通信息

C. "Boxers. Chemise 3":—Copies de lettres de confrères à ce sujet—Lettre des évêques de Chine à Mr le Ministre, Shanghaï, 15 novembre 1900-Rapport de Mr Tison "L'affaire des Boxeurs en 1900 et mon exil au Kitchéou, 19 février 1901"—Chemise "Divers conférences de Mgr Favier en Europe"—Journal Officiel et diverses coupures de journaux

义和团之文件夹 3: 这一主题的会友信件抄件;中国主教给总理的信(上海,1900 年 11 月 15 日);Mr. Tison 的报告"1900 年义和团事件和我的(青州)逃亡,1901 年 2 月 19 日"; 樊国梁主教在欧洲的几个讲座官方报纸和剪报

2/ Chemise

"Les Boxeurs 1900-1902" (divers documents). Entre autres quelques notes sur les événements de la persécution au Kiangsi septentrional (1900), par Mgr Ferrant, évêque coadjuteur au Kiangsi septentrional, sur les Boxeurs dans cette province, suivies d'une lettre de lui à une bienfaitrice, Kin Kieng, 15 août 1901 sur les inondations dans sa province; vient de 162 II, b

1900～1902 年义和团文件夹:江西北部助理主教关于江西北部迫害事件记录;义和团在江西;1901 年江西水灾

3/ Siège de Pétang 北堂之围

A. Journal de Mgr Favier

《樊国梁主教日记》

B. Journal de M. Duang Mathias, prêtre séculier

《俗家教士端・马迪奥日记》

C. Journal d'un bourgeois de Pékin (mandarin mandchou)

《一位北京富人的日记(满洲官员)》

4/ Correspondance officielle avec l'empereur, les hauts mandarins, etc., à l'occasion des événements de 1900 et des indemnités des Boxeurs (in Chinese). Vient de 167, II a

《与皇帝、高级官员等的官方通信:义和团运动及其赔款》

②177. I b, 1°-5°

1/ Liasse [bundle or packet] "Lettres de Mr Meugniot, Shanghaï, 1892-1899"

《莫尼奥的信件(1892～1899 年)》

2/ Liasse "Lettres de Mgr Jarlin, Mr Marion et Mr Capy, 1899-1900"

《林懋德主教、马贺永及伽丕的信件(1899～1900 年)》

3/ Liasse "Lettres de Mr Boscat, 1900-1901"

《博斯卡的信件(1900～1901 年)》

③177. I c, La BOXE 1900 sq

La BOXE: articles dans les Annales CM, 1900-1902; tomes 65, 66, 67

《遣使会年鉴所载义和团的文章》

④177. II b

La révolutions des Boxeurs à Pékin

《北京义和团起义》

Le siège du Pétang en 1900

《1900 年北堂之围》

Récits, articles, interventions officielles, indemnités, etc

《报道、文章、官方介入、赔款等》

⑤177. II c

L'enseigne de vaisseau Paul Henry (manuscrit, photo, articles)

《海军中尉亨利·保尔(手稿、照片、文章)》

4. Archives des Lazaristes de Pékin 北京遣使会档案①

以下人物的相关档案藏于该会:

(1)步师嘉(Louis-Paul Boscat,1848～1904),法籍拉匝禄会传教士,1880 年来到中国,先在江西南部传教,后于 1900 年 2 月 6 日被任命为上海遣使会访员和总务。

(2)高若翰(Jean Capy,1846～1912),法籍拉匝禄会传教士,1888 年开始在直隶北境代牧区传教。

(3)樊国梁(Pierre-Marie-Alphonse Favier, 1837～1905),法籍遣使会(拉匝禄会)主教,义和团运动期间指挥了北京西什库教堂(北堂)保卫战。

(4)郎守信(Paul-Léon Ferrant,1859～1910),法籍拉匝禄会传教士,1884 年开始在浙江传教。1898 年他被选为江西北境代牧区的助理主教。

(5)保罗·亨利(Paul-Charles-Joseph-Martin Henry,1878～1900),法籍海军军官,死于北京北堂保卫战。

(6)林懋德(Stanislas-François Jarlin,1856～1933),法籍拉匝禄会传教士,1886 年开始在直隶传教。1899 年 12 月被选为樊国梁主教的助理主教。

---

① 该收藏包含与义和团运动有关的资料,见:Inventaire (Juillet 1998);电子资源:http://famvin.org/fr/Congreg_Mission/ARCH_Invent_PDF%2026_08_09/TXTdetails.html.

(7)马良(Léonce-Arthur Marion,1864～1902),法籍拉匝禄会神父,供职于上海拉匝禄会总务处。

(8)孟裴理(Philippe Meugniot ,1844～1926),法籍拉匝禄会神父,1880 年开始在中国传教。鉴于他在上海担任拉匝禄会总务的工作经历,1899 年 6 月他被召回巴黎担任遣使会助理。

(9)狄作栋(Crépinien-Émile-Joseph Tison,1871～?),法籍拉匝禄会传教士,1897 年开始在直隶北境代牧区传教。

5. Archives, Filles de la Charité de Saint Vincent de Paul 圣万桑·保罗慈善修女会档案①

首批法籍仁爱修女会成员于 1847 年 10 月底离开法国,1848 年抵达澳门。由于受到葡萄牙政府刁难,修女们四年后被转移到宁波(浙江)。1852 年 6 月 21 日法国军舰"卡西尼"号抵达中国后,仁爱修女会将传教区域扩至中国其他地方,并与拉匝禄会(遣使会)传教士合作紧密。

6. Archives de la Province de France de la Compagnie de Jésus 法国外省耶稣会档案②

1841 年,新耶稣会的首批传教士从法国启程前往中国。1856 年,南京和北京的传教活动受限后,耶稣会士(主要来自法国的两个耶稣会省份香槟和巴黎)被分别安排到新成立的江南代牧区(江苏和安徽)和直隶东南代牧区。③

(1)GMC 22. Incidents in the Boxer Uprising in South-East Zhili

《直隶东南义和团运动相关事件》

① No. 4: Jules Bataille's background history of the Catholic village of Fanjiageda Hejian xian, Southeast Zhili

《巴鸿动对直隶东南河间县天主教村庄范家疙瘩历史背景介绍》④

② No. 17: Albert Wetterwald, letter from Weicun, 26 February 1899, mentioning the Yihequan and the Catholic militia in Weixian

《万其偈魏村来信(1899 年 2 月 26 日),涉及魏村的义和拳和天主教武装》⑤

③ No. 45: photographs of French troops stationed at Zhangjiazhuang (Xianxian)

《法国军队驻扎于张家庄(献县)照片》⑥

---

① 地址:Maison Mère, 140 rue du Bac, F-75340 PARIS Cedex 07, FRANCE.

② 地址:15 rue Raymond Marcheron, F-92170 Vanves, FRANCE.

③ 虽然研究义和团运动起源的学者对 19 世纪 90 年代后期江苏北部和安徽北部的大刀会活动很感兴趣,但是旺午耶稣会档案馆保存的相关文献资料却只涉及直隶东南。

④ 部分摘录发表于:*Lettres de Jersey*, 13(1) (May 1894), pp. 90-99; 13(2)(December 1894), pp, 299-307, 308.

⑤ 部分内容发表在:*Lettres de Jersey*, 19(1) (January 1900), pp. 71-78.

⑥ 军队停留时间从 1900 年 10 月至 1901 年 4 月。

(2)GMC 23. Lettres de Chine. Année 1900. Covers primarily Boxer issues
《中国的信件(1900年)》
(3)GMC 40. Th. Pilat SJ, Essai biblographique sur la révolte des Boxeurs
《关于义和团起义的试用目录》
(4)GMC 41. Journal du P. Beck durant le siège de 1900
《葛光被神父在1900年被围困中的日记》
(5)GMC 42. Affaire des Boxeurs. Indemnité, 1900
《1900年义和团事件及其赔款》
(6)GMC 73. Evénements de 1900
《1900年事件》
(7)GMC 74. Documentation sur les Boxeurs
《义和团资料》
(8)GMC 75. Joseph Simon SJ:"L'odium fidei dans la Boxe"
《拳民对信仰的憎恨》
(9)GMC 110. Les missionnaires jésuites et les chrétiens chinois. Boxe 1900
《耶稣会传教士和中国教民,1900年义和团》
(10)GMC 152. Elenchus onomasticus martyrum Box
《1900年殉教者名录》
(11)GMC 163. Léon Dieu, "Les martyrs chinois de 1900 dans le Tché-li"
《1900年在直隶的中国殉教者》
(12)GMC 165. [Joseph Simon SJ], "Les martyrs de la Boxer"
《义和团中的殉教者》
(13)GMC 185-187. Material on the Catholics martyred by the Boxers
《被义和拳民杀害的天主教殉道者资料》
(14)GMC 195-198. Material on the Catholics martyred by the Boxers
《被义和拳民杀害的天主教殉道者资料》
(15)GMC 199. Material relating to Ignace Mangin
《任德芬相关文献》①
(16)GMC 200. Material relating to Modeste Andlauer
《路懋德相关文献》②
(17)GMC 201. Material relating to Paul Denn
《汤爱玲相关文献》③
(18)GMC 202. Material relating to Remi Isoré

---

① 任德芬(1857～1900),法籍耶稣会士,1882年开始在直隶东南代牧区传教,1900年7月在朱家河被拳民所杀。

② 路懋德(1847～1900),法籍耶稣会士,在武邑被杀。

③ 汤爱玲(1847～1900),在武邑被害。

《赵席珍相关文献》①

7. Archives des Frères Mineurs de France et Belgique francophone 法国和比利时法语区矿工兄弟档案②

该档案介绍了被分配到 1893 年新成立的山东东境代牧区的法籍方济各会士。除关于山东修会的资料以外，档案还包括 1900 年在山西被杀的方济各会士相关资料。

8. Archives de l'Association de la Propagation de la Foi 宗教信仰传播会档案③

传信部由 Marie Pauline Jaricot 于 1822 年成立于法国里昂，目标是为天主教传教事业募集资金。该运动迅速蔓延到其他国家。1922 年传信部升级为"教廷万民福音部"，总部由里昂迁至罗马。

七、德国

(一)Archiv der Berliner Missionsgesellschaft (BMG) 柏林信义会档案馆④

1882 年，柏林传教会接手了柏林传教士联合会 1850 年开始传教的香港和广东教区。1898 年，其又在德国新租借的山东胶州湾及周边地区开辟了第二个教区。

(二)Archiv der Deutschen und der Schweizerischen Ostasienmission 德意志和瑞士东亚传教档案⑤

基督教大福音传播会(Allgemeiner Evangelisch-Protestantischer Missions-Verein，AEPMV)在 1884 年发展于德国魏玛教派中。1885 年，著名传教士、汉学家花之安加入该会。花之安之前是礼贤会(the Rhenish Mission)派往中国的首名传教士。1899 年，花之安在青岛不幸早逝之后，著名汉学家卫礼贤接替了他在山东的位置。该组织后来被称为"东亚传教会"(Ostasienmission)。

(三)Politisches Archiv des Auswärtigen Amtes (PAAA) 外交部政治档案⑥

1. 旧分类编号

(1)China 1：Schriftwechsel mit der Kaiserlichen Gesandtschaft in Peking sowie mit anderen Missionund fremden Kabinetten über die inneren Zustände und Verhältnisse Chinas

《与帝国驻北京公使馆以及其他外国使团和外国内阁关于中国国内局势的通信》

---

① 赵席珍(1852～1900)，1900 年 7 月 20 日被杀害于直隶西南景州朱家河。

② 地址：Province Franciscaine du Bienheureux Jean Duns Scot，Couvent Saint François，7，rue Marie-Rose，F-fanyyou75014 Paris，FRANCE.

③ 地址：12，rue Sala，Lyon.

④ 地址：Evangelisches Landeskirchliches Archiv in Berlin (ELAB)，Bethaniendamm 29，D-10997 Berlin (Kreuzberg)，GERMANY.

⑤ 保存地址：Zentralarchiv der Evangelischen Kirche der Pfalz，Domplatz 6，D-67346 Speyer，GERMANY. 更详细的目录清单请见：http://www.zentralarchiv-speyer.findbuch.net/free.php? ar_id=3667&kind=te&id=16。

⑥ 地址：Auswärtiges Amt，Politisches Archiv，D-11013 Berlin，GERMANY. 此类政治档案编号：Kurstraße 36.

(2)China 6：Stellung der chinesischen Regierung zur christlichen Kirche
《中国政府对基督教会的态度》

(3)China 20. 1 secr.：China 20. Geheim. Nr. 1：Beabsichtigte Erwerbungen der Großmächte anlässlich des chinesisch-japanischen Krieges
《中日甲午战争期间各大国瓜分中国的企图》

(4)China 22：China 22. Kiautschou und die deutschen Interessen in Schantung
《胶州与德国在山东的利益》

2. 新分类编号

(1)R 2240-2242. Kaiserliche Marine
《德意志帝国海军》

(2) R 17887. Militär- und Marineangelegenheiten China (15 September-30 September 1900)
《中国军事和海军事务(1900 年 9 月 15～30 日)》

(3)R 17974. Das Verhältnis Chinas zu Deutschland. Bd. 3：1897-1902
《中国对德关系(1897～1902 年)》第 3 卷

(4)R 18291-18300. China-Wirren
《中国动乱》

(5)R 18380. Chinawirren
《中国动乱》

(6)R 18444. Überwachung des telegraphischen Schriftverkehrs der chinesischen Gesandtschaft in Berlin
《监控中国驻柏林公使馆的电报通信》

(7)R 18459. Schadensersatzansprüche und Kriegsentschädigung，Vol. 15
《索赔和战争赔款》第 15 卷

(8)R 18512. Angebliche Grausamkeiten der deutschen Soldaten (Hunnenbriefe)
《所谓的德国士兵暴行——匈奴来信》

(9) R 18523. Die Briefe des französischen Generals Voyron betreffend die Plünderungen in China
《有关法国华伦将军在中国掠夺的信件》

3. Peking II：Akten der Botschaft in China 北京 II：驻中国大使馆的文件①

(1)Vol. 218 Aufstand von 1900 (Boxeraufstand)
《1900 年暴动(义和团运动)》

(2)Vol. 313-339 Katholische Missionen，1872-1900
《天主教传教(1872～1900 年)》

(3)Vol. 357-418 Rebellionen，Ruhestörungen，antifremde Bewegungen，1862-1917

① 原联邦档案馆存，编号：R9208。

《叛乱、动荡、排外运动(1862～1917 年)》

(四)Bundesarchiv(Koblenz)(BArch) 德国联邦档案馆[①]

1. R 43 Reichskanzlei 帝国首相府

(1)R 43/934. Vol. 1: Militärische Expedition nach Ostasien (Niederschlagung des Boxer-Aufstands in China) July-December 1900

《东亚军事远征(镇压中国义和团运动):1900 年 7～12 月》[②]

(2)R 43/935. Vol. 2: January 1901-August 1903

《1901 年 1 月至 1902 年 8 月》

2. Nachlaß 遗物

N 1016. Bernhard Fürst von Bülow (1849-1929), Chancellor of the German Empire 1900-1909

《德国外交大臣冯比洛与中国相关档案文献(1900～1901 年)》

(五)Bundesarchiv-Militärarchiv Freiburg (BArch-MA) 联邦档案馆—弗赖堡军事档案馆[③]

1. MSg 2. Militärgeschichtliche Sammlung 2《军事史资料汇编 2》

(1)MSg 2/5196. Diary of Lieutenant Franz Westermayer, 3 August 1900 to 26 June 1901

《1900 年 8 月至 1901 年 6 月德国魏斯特梅尔中尉的日记》

(2)MSg 2/5646. Reports from China, i. e. "letter journal" of Arthur Langlet, a noncommissioned officer, 4th Squardon, East Asian Cavalry Regiment

《中国报告:亚瑟·朗格莱函件》

2. Nachlässe (Personal Papers) 遗物(个人文件)

(1)N 38/2 (Band 1). Post- und Ansichtskarten aus China und Afrika vom 27. 7. 1900 bis zum 30. 7. 1903 von Arnold Lequis an die Eltern

《1900 年 7 月 27 日至 1903 年 7 月 30 日阿诺德·雷库斯从中国和非洲寄给父母的明信片》

(2)N 38/3 (Band 2). Post- und Ansichtskarten sowie umfangreiche Briefe (teilweise in Tagebuchform) aus China von Arnold Lequis an die Eltern aus dem Zeitraum vom 11. 7. 1900 bis zum 8. 8. 1901. Also a map of the greater environs of Beijing and Tianjin

《1900 年 7 月 11 日至 1901 年 8 月 8 日阿诺德·雷库斯从中国寄给父母的明信片和大量信件》

---

① 地址:Potsdamer Straße 1, D-56075 Koblenz, GERMANY.

② 包括 1900 年 11 月帝国首相府记录的《关于远征东亚的备忘录》。

③ 地址:Bundesarchiv, Wiesentalstraße 10, D-79115 Freiburg, GERMANY. 该档案主要关于海军,关于中国及义和团运动的相关细节请参见:Dietlind Wünsche, *Feldpostbriefe aus China*, pp. 454-456.

(3)N 38/29 War diary of Captain Arnold Lequis

《L. 阿诺德舰长日记》

(4)N 38/30. 1st Company, East Asian Engineer Batallion. Engagements during the Boxer War; report, Arnold Lequis, to the Inspector General of the Corps of Engineers concerning his participation in the China Expedition

《东亚远征军第一工程师队文件》

(5)N 38/31. Arnold Lequis (1861-1949). Final report to Arnold Lequis's war diary; equipment and organization of the engineer's corps for China; German-Chinese questionnaire; Waldersee report

《L. 阿诺德舰长文件》

(6)N 103. Nachlass Paul von Lettow-Vorbeck

《保罗·冯·莱托夫-福尔贝克遗物》

①Bd. 1: Korrespondenz

《通信》第 1 卷

②Bd. 25: Einsatz beim Boxeraufstand in China, 1901

《1901 年参与镇压中国义和团运动》第 25 卷

③Bd. 32: Persönliche Tagebücher, Handschriften, 24 September 1900 to 5 January 1901: Lageskizzen von Kämpfen in China

《个人日记、手稿(1900 年 9 月 24 日至 1901 年 1 月 5 日):在中国的战斗位置草图》第 32 卷

(7)N 151. Nachlaß Theodor Richelot (1865-1932). Tagebücher von Reisen nach Norwegen und Westindien, besonders über seinen Einsatz beim deutschen Expeditionskorps in China (1900-1901). Vol. 2. Personal diary of Theodor Richelot from China (beginning of July 1900 to mid-June 1901 in Zhili)

《泰奥多·李希洛特(1865～1932)遗物:赴挪威和西印度群岛的日记,尤其是关于他参加德国赴中国远征军(1900～1901 年)的经历》

(8)N 182. Literary remains [Nachlaß] Waldersee

《瓦德西遗函》

(9)N 326/44 (Bd. 3) and N 326/45 (Bd. 4)

《艾伯特·霍夫曼的中国日记与信函》

(10)N 805/2 to N 805/5. 3 vols. Diary, letters and sketches of Leopold von Troschke, August 1900 to August 1901

《利奥波德·特曼西科的日记与信函(1900 年 8 月至 1901 年 8 月)》

3. RH 61. Kriegsgeschichtliche Forschungsanstalt des Heeres 陆军战争史研究所档案

(1)Gruppe X (Kriegs- und Heeresgeschichte bis zum Weltkrieg)

《第一次世界大战前的战争史和陆军史》

(2) RH 61/404. "Der Boxerkrieg 1900/01". Manuskripte mit Skizzen der

Kampfhandlungen ("The Boxer War"; manuscripts with sketches of the military operations)

《1900~1901 年的义和团战争;军事行动草图手稿》

4. RM 2. Kaiserliches Marinekabinett 帝国海军内阁

(1) RM 2/1299. Verleihungen preußischer Orden und Ehrenzeichen an Deutsche und Ausländer: Militäraktion gegen China, vol. 1 (June-December 1900)

《向德国人和外国人授予普鲁士勋章和奖章·对中国的军事行动 (1900 年 6~12 月)》第 1 卷

(2) RM 2/1303. Verleihungen preußischer Orden und Ehrenzeichen an Deutsche und Ausländer: Militäraktion gegen China, vol. 4 (October 1901-December 1902)

《向德国人和外国人授予普鲁士勋章和奖章· 对中国的军事行动(1901 年 10 月至 1902 年 12 月)》第 4 卷

(3) RM 2/1558. Organisation der Seestreitkräfte, vol. 1 (June 1891-September 1904)

《海军的组织机构(1891 年 6 月至 1904 年 9 月)》第 1 卷

(4) RM 2/1857. Kriegerische Unternehmungen gegen China: Kriegstagebuch des Marinekabinetts (June 1900-August 1901)

《针对中国的作战行动·海军内阁战争日志(1900 年 6 月至 1901 年 8 月)》

(5) RM 2/1860. Kriegerische Aktionen im Ausland: China, vol 1 (June-July 1900)

《在国外的军事行动·中国(1900 年 6~7 月)》第 1 卷

(6) RM 2/1863. Kriegerische Aktionen im Ausland: China, Vol. 4 (March-June 1901)

《在国外的军事行动·中国(1901 年 3~6 月)》第 4 卷

(7) RM 2/2005. Meinungsverschiedenheiten zwischen den obersten Marinebehörden (February 1893-March 1911)

《最高海军当局之间的意见分歧(1893 年 2 月至 1911 年 3 月)》

5. RM 3: Reichsmarineamt 帝国海军部

(1) RM 3/2991. Entsendung S. M. Schiffe nach den ostasiatischen Gewässern, Bd. 2 (Aug. 1895-Aug. 1912)

《向东亚海域派遣皇家海军船舰(1895 年 8 月至 1912 年 8 月)》第 2 卷

(2) RM 3/2992. Entsendung S. M. Schiffe nach den ostasiatischen Gewässern, Bd. 2 (Oct. 1891-Nov. 1902)

《向东亚海域派遣皇家海军船舰(1891 年 10 月至 1902 年 11 月)》第 2 卷

(3) RM 3/3086. S. M. Kreuzerfregatte "Leipzig" (Aug. 1889-June 1905)

《皇家海军巡防舰"莱比锡"号(1889 年 8 月至 1905 年 6 月)》

(4) RM 3/3108. S. M. Kanonenboot "Iltis", Bd 2 (Feb 1895-Sept 1906)

《皇家海军炮艇"伊尔提斯"号(1895 年 2 月至 1906 年 9 月)》第 2 卷

(5) RM 3/3612. Ausgaben in Folge der Militärischen Aktion in China. Vol. 1:

Nachweisung der Kosten für die Chinaexpedition. 1900-1901. Related files: RM 3/3613, 3614 and 3615

《中国军事行动经费开支·远征中国的费用证明(1900～1901年)》第1卷①

(6)RM 3/4217. Bd. 1. Entsendung von Torpedobooten nach China. Ausrüstung des Kreuzergeschwaders mit Apparaten der Funktelegraphie. 1900

《向中国派遣鱼雷艇;用无线电报设备装备巡洋舰中队(1900年)》

(7) RM 3/4218. Bd. 2. Entsendung von Material für das Ostasiatische Expeditionskorps. 1900

《向东亚远征军发送物资(1900年)》

(8)RM 3/4219. Bd. 3. Ausrüstung, Kosten, Transport von Kohlenvorräten mit Dampfer "Marie" nach China Einrichtung Dampfer "Elsa" zur Überführung von Arbeitern nach Kiautschou. 1900-1901

《装备、费用、用汽轮"玛丽"号往中国运输煤炭、装备汽轮"埃尔莎"号以便往胶州运送工人(1900-1901年)》

(9) RM 3/4220. Bd. 4. Erfahrungen der bei der Ausrüstung der für China bestimmten Panzerdivision. Zusammenstellung über Abgabe von Materialien an Dampfer "Marie" und Truppentransportschiff "Rhein". Bestimmungen für die Demobilmachung und Auflösung der zum Ostasiatischen Expeditionskorps gehörigen Marinetruppen. 1901

《对派往中国的装甲部队进行装备的经验;向汽轮"玛丽"号和部队运输船"莱茵"号交付物资的说明;关于东亚远征军所属海军部队遣散和解散的规定(1901年)》

(10)RM 3/4224. Mobilmachung der Marineinfanterie im Jahre 1900. Bd. 2. Entsendung und Ausrüstung des Ostasistischen Expeditionskorps. Einrichtung "Gera" als Lazarettschiff

《1900年对海军陆战队的战时动员(第2卷);派遣和装备东亚远征军;装备"盖拉"号作为卫生船》

(11)RM 3/4271. Bd. 1. Expeditionskorps nach China. 1900

《远征军赴华(1900年)》

(12)RM 3/4272. Bd. 2. Meldungen des Kreuzergeschwaders aus Tuku [sic: Taku]. 1900

《巡洋舰中队发自大沽的报告(1900年)》②

(13)RM 3/4273. Bd. 3. Meldungen des Kreuzergeschwaders aus Tuku (sic: Taku). Verlauf der Ereignisse in Tientsin, Besetzung von Chingwangtau und Shanhaikuan. Indienststellung und Tätigkeit der Dampfbarkasse

① 亦可参见：RM 3/7721 to RM 3/7725.

② 原文写作 Tuku,实为大沽。

"Tung-Cheong". 1900-1901

《巡洋舰中队发自大沽的报告;天津的事件经过,对秦皇岛和山海关的占领;汽艇"东昌"号的投入使用和日常运行(1900～1901 年)》

(14)RM 3/4274. Bd. 4. Militärpolitische Berichte S. M. S. "Jaguar", "Iltis" und "Luchs" von Canton. 1901

《广州皇家海军战舰"美洲虎"号、"伊尔提斯"号和"天猫"号的军事政治报告(1901 年)》

(15)RM 3/4275. Band 1. (Volume 1). 1900

《1900 年》

(16)RM 3/4276. Band 2 (Volume 2). 1901

《1901 年》

(17) RM 3/4277. Band 3 (Volume 3). Tätigkeit des Nachrichtenbüros als Zentralnachweisstelle über persönliche Verhältnisse MarineAngehöriger (Schriftwechsel). 1901-1902

《作为海军人员人事关系总证明机构的新闻机构的活动(通信)(1901～1902 年)》

(18)RM 3/4278. Band 4 (Volume 4). Verlustlisten. 1903

《伤亡名单(1903 年)》

(19)RM 3/4279. Mannschaftslisten der Matrosendivision

《水兵师团队列表》

(20) M 3/4280. Mannschaftslisten der Werftdivisionen, Torpedoabteilungen und Artillerieabteilungen. 1900

《船厂师、鱼雷部队和炮兵部队的团队列表(1900 年)》

(21)R RM 3/4281. Mannschaftslisten der Marineinfanterie. 1900

《海军陆战队团队列表(1900 年)》

(22)RM 3/4282. Listen der zurückbeförderten Mannschaften. 1901-1902

《回国部队的团队列表(1901～1902 年)》

(23)RM 3/4283. Mannschaftslisten der Ablösungstransporte. 1901

《换防部队的团队列表(1901 年)》

(24)RM 3/4284. Verlustlisten. Vol. 1. 1900-1901

《伤亡名单(1900～1901 年)》第 1 卷

(25)RM 3/4285. Verlustlisten. Vol. 2. 1901

《伤亡名单(1901 年)》第 2 卷

(26) RM 3/4346. Chinesische Revolution 1900-1901. Alphabetisches Register der gefallenen und verwundeten Marineangehörigen

《1900～1901 年的中国革命;海军伤亡人员按字母顺序的登记记录》

(27) RM 3/4745. Allerhöchste Befehle und Berichterstattung an Seine Majestät über China. 1900

《最高命令和呈给皇帝陛下的关于中国的报告(1900年)》

(28)RM 3/4752. Abhandlungen über chinesische Verhältnisse (Pressenachrichten). 1900

《有关中国局势的研究文章(新闻报道)(1900年)》

(29)RM 3/11956. Eigenbericht von Zanoletti (Bootsmann der Seewehr) über seinen Einsatz bei den Chinawirren 1900

《赞诺莱蒂(海军军士)对自己参与镇压1900年中国动乱的报告》

(30)RM 3/4747. Schriftwechsel des Gouverneurs in Tsingtau zu Vorgängen in China. 1900

《青岛胶澳总督关于中国事件经过的通信(1900年)》

(31) RM 3/4748. Schriftwechsel des Kreuzergeschwaders betreffend China (Juni-Sept 1900)

《巡洋舰中队关于中国的通信(1900年6～9月)》

(32)RM 3/4749. Schriftwechsel fremder Mächte betr. China. 1900

《列强关于中国的通信(1900年)》

(33) RM 3/4750. Mitteilungen über die politische Lage. Standorte der chinesischen Kriegsschiffe. Waffenausfuhr nach China. 1900

《关于政治局势的通报;中国军舰的位置;向中国出口武器(1900年)》

(34)RM 3/4753. Organisation, Ausrüstung, Unterstützung seitens der Marine. 1900

《海军的组织、装备、支持(1900年)》

(35)RM 3/4754. Ankauf von Pferden und Maultieren für China. 1900

《为中国战事购买马匹和骡子(1900年)》

(36)RM 3/4755. Nachsendung von Personal für die Schiffe und das Expeditionskorps. Ergänzung des I. und II. Ersatz-Seebataillons. 1900

《再派遣人员至船舰和远征军;充实海军陆战队第一和第二替换营(1900年)》

(37)RM 3/4758. Fürsorge für die Angehörigen und Hinterbliebenen der Mitglieder des Ostasiatischen Expeditionskorps und der Marine. 1900

《关怀东亚远征军和海军人员的家属及遗属(1900年)》

(38)RM 3/4759. Telegraphenkabelung in China (Laying of cables in China). 1900

《在中国铺设电缆(1900年)》

(39) RM 3/4860. Beschaffung, Sicherstellung und Nachsendung von Kohlen, Heizöl und Schmiermaterial f ür die Schiffe nach Ostasien. 1900

《为赴东亚船舰采购、保管和运送煤炭、燃油和润滑剂(1900年)》

(40) RM 3/4762. Besondere Einrichtungen und Verwendungen an Bord der Schiffe, Torpedoboote und Transportdampfer für die Expedition nach Ostasien. 1900

《为远征东亚在船舰、鱼雷艇和运输轮船上的特殊设置和使用(1900年)》

(41)RM 3/4764. Ausrüstung und Bekleidung für das Ostasiatische Expeditionskorps. 1900

《东亚远征军的装备和服装(1900年)》

(42)RM 3/4765. Kosten der Expedition nach Ostasien. 1900
《远征东亚的费用(1900年)》

(43)RM 3/4766. Anordnungen für die Verpflegung des nach China entsandten Expeditionskorps. 1900
《派往中国远征军的给养安排(1900年)》

(44)RM 3/4768. Beihilfen und Zulagen für Angehörige des Ostasiatischen Expeditionskorps. 1900
《给东亚远征军成员的津贴和补助(1900年)》

(45)RM 3/4769. Spenden von Unternehmern für das Ostasiatische Expeditionskorps. 1900
《企业家们给东亚远征军的捐款(1900年)》

(46)RM 3/4770. Einrichtung eines Feldlazaretts in China, Genesungsheim in Yokohama. 1900
《在中国设立野战医院以及在横滨设立疗养院(1900年)》

(47) RM 3/4771. Lazerettschiff "Gera" und Hospitalschiff "Savoia" für den Einsatz in Ostasien. 1900
《卫生船"盖拉号"和医疗船"萨伏伊号"在东亚地区投入使用(1900年)》

(48)RM 3/4772. Beschaffung von Materialien für das Sanitätswesen und die Krankenpflege in Ostasien. 1900
《采购东亚卫生设施和医疗护理物资(1900年)》

(49)RM 3/4774. Kommandierung von ärztlichem Personal nach China. 1900
《指挥医务人员赴中国(1900年)》

(50)RM 3/4775. Kartenausrüstung für China. 1900
《为中国事宜配备地图(1900年)》

(51)RM 3/4777. Munitionsausrüstung für China. 1900
《为中国事宜配备武器装备(1900年)》

(52)RM 3/5728. Verzeichnis der erbeuteten Fahnen
《缴获旗帜的目录》

(53)RM 3/6822. Kriegszustand und Oberbefehl. Anweisung für den Kommandeur des Ostasiatischen Expeditionskorps. Einführung der Gesetze betr. Erklärung des Kriegszustandes sowie über Kriegsleistungen im Schutzgebiet Kiautschou. Befugnisse des Kommandeurs der Ostasiatischen Besatzungsbrigade. 1900-1905
《战争形势和最高指挥权;东亚远征军指挥官的说明;关于胶州殖民地战争形势和战争成果声明的法律简介;东亚占领队指挥官的权力(1900～1905年)》

(54)RM 3/7727. Erfahrungen aus den Chinawirren (Experiences from the disorders in China). Expeditionskalender des I. Seebataillons. 1901-1907
《从中国的动乱中得到的经验(从中国的动乱中得到的经验);第一海军陆战队的远征日历(1901～1907年)》

(55)RM 3/6778. Bd. 1. Includes: Berichte über Expeditionen nach Süd-Schantung,

Itschoufu, Yitschau. 1899

《远征山东南部沂州府、日照报告(1899年)》

(56)RM 3/6779. Bd. 2. Includes: Berichte über Expeditionen nach Yitschau, Kaumi sowie über Störungen im Eisenbahnbau Schantung. 1899-1900

《远征日照、高密和干扰山东铁路建设的报告(1899~1900年)》

(57)RM 3/6780. Bd. 3. Includes: Berichte über Vorkommnisse im Schantunggebiet, Reise nach Tsinanfu, Störungen im Eisenbahnbau. 1900

《山东地区事件、前往济南府、干扰铁路建设的报告(1900年)》

(58)RM 3/6781. Bd. 4. Includes: Ausstattung des Expeditionskorps mit Verpflegungs- und Unterbringungsmitteln. Berichte über Unruhen im Norden Chinas, über Boxeraufstand sowie die Tätigkeit des III. Seebataillons. 1900

《远征军的给养和住宿配备;关于中国北方动乱、义和团运动和第三海军陆战队活动的报告(1900年)》

(59)RM 3/6782. Bd. 5. Includes: Berichte über die Lage im Hinterland von Kiautschou sowie die Tätigkeit des III. Seebataillons und dem Boxeraufstand. 1900-1901

《胶州湾腹地局势和第三海军陆战队活动及义和团运动的报告(1900~1901年)》

(60)RM 3/6783. Bd. 6. Includes: Berichte über Boxeraufstand, Vorgänge in Tsingtau und Hinterland. 1901

《义和团运动在青岛及其腹地事件经过的报告(1900年)》

(61) RM 3/6784. Bd. 7. Includes: Berichte über Unruhen im Tsimo-Bezirk, im Schutzgebiet Kiautschou, Lage in der Provinz Schantung. Denkschrift über Erfahrungen in China. 1901-1911

《即墨区和胶州殖民地的动乱及山东局势的报告;在中国经验的备忘录(1901~1911年)》

6. RM 5: Admiralstab der Marine 海军司令部

(1) RM 5/290. Allerhöchste Kabinettsordres an Chef des Admiralstabs der Marine, vol. 1 (March 1899-August 1900)

《给海军司令部的内阁最高指令(1899年3月至1900年8月)》第1卷

(2) RM 5/879. Immediatvorträge des Chefs des Admiralstabes, vol. 3 (December 1899-April 1900)

《司令部的直接报告(1899年12月至1900年4月)》第3卷

(3) RM 5/880. Immediatvorträge des Chefs des Admiralstabes, vol. 4 (May-December 1900)

《司令部的直接报告(1900年5~12月)》第4卷

(4) RM 5/881. Immediatvorträge des Chefs des Admiralstabes, vol. 5 (January 1901-May 1901)

《司令部的直接报告(1901年1~5月)》第5卷

(5) RM 5/5599. Boxeraufstand: Allgemeines, Bd 1 (May-June 1900)

《义和团运动·综述(1900 年 5～6 月)》第 1 卷

(6) RM 5/5600. Boxeraufstand: Allgemeines, Bd 2. "Stellenbesetzung für das Ostasiatische Expeditionskorps". Druck, 9. 7. 1900. (June-July 1900)

《义和团运动·综述:东亚远征军的人员配置(1900 年 6～7 月)》第 2 卷

(7)RM 5/5601. Boxeraufstand: Allgemeines, Bd 3. Druckschriften: Etat, Bestimmungen für den Abtransport und Stärkenachweisung des Ostasiatischen Expeditionskorps (July 1900)

《义和团运动·综述:预算;关于东亚远征军运输和兵员证明的规定(1900 年 7 月)》第 3 卷

(8)RM 5/5601K. Bd 3a: Kartenanlagen (maps)

《地图》

(9)RM 5/5602. Boxeraufstand: Allgemeines, Bd 4 (July-Aug 1900)

《义和团运动·综述(1900 年 7～8 月)》第 4 卷

(10) RM 5/5603. Boxeraufstand: Allgemeines, Bd 5. "Stellenbesetzung des Armee-Oberkommandos in Ostasien". Druck (printed), 12. 8. 1900. "Die chinesische Armee und Kriegsflotte". Druck (printed). "Beschreibung der Provinz Schantung". Druck (printed). "Beschreibung des Kriegsschauplatzes in Nordchina"

《义和团运动·综述:东亚军队最高指挥的选任;中国的军队和舰队》第5 卷

(11)RM 5/5604. Boxeraufstand: Allgemeines, Bd. 6 (August 1900)

《义和团运动·综述(1900 年 8 月)》第 6 卷

(12)RM 5/5605. Boxeraufstand: Allgemeines, Bd 7 (Aug-Sept 1900). Bd 7a: Kartenanlagen

《义和团运动·综述(1900 年 8～9 月)》第 7 卷

(13) RM 5/5606. Boxeraufstand: Allgemeines, Bd 8. Amtliche Druckschriften zum Ostasiatischen Expeditionskorps und zum Armeeoberkommando in Ostasien. (Aug-Sept 1900)

《义和团运动·综述:关于东亚远征军和东亚驻军司令部的官方印刷册(1900 年 8～9 月)》第 8 卷

(14)RM 5/5607. Boxeraufstand: Allgemeines, Bd 9 (Sept-Oct 1900)

《义和团运动·综述(1900 年 9～10 月)》第 9 卷

(15)RM 5/5608. Boxeraufstand: Allgemeines, Bd 10 (Oct-Nov 1900)

《义和团运动·综述(1900 年 10～11 月)》第 10 卷

(16) RM 5/5609. Boxeraufstand: Allgemeines, Bd 11 [(July) August-December 1900]

《义和团运动·综述[1900 年(7 月)8 月至 12 月]》第 11 卷

(17)RM 5/5610. Boxeraufstand: Allgemeines, Bd 12 (1900)

《义和团运动·综述(1900 年)》第 12 卷

(18)RM 5/5611. Boxeraufstand: Allgemeines, Bd 13. "Plan für die Einschiffung des Ostasiatischen Expeditionskorps" mit Anlagen. Druck, Aug. 1900. (Jan-Feb 1901)

《义和团运动・综述:东亚远征军运载计划(1901 年 1～2 月)》第 13 卷

(19) RM 5/5612. Boxeraufstand: Allgemeines, Bd 14. ([Sept-Dec 1900] January-March 1901)

《义和团运动・综述[(1900 年 9～12 月)1901 年 1～3 月]》第 14 卷

(20)RM 5/5613. Boxeraufstand: Allgemeines, Bd 15 (Feb-May 1901)

《义和团运动・综述(1901 年 2～5 月)》第 15 卷

(21)RM 5/5614. Boxeraufstand: Allgemeines, Bd 16 (Mar-Jul 1901)

《义和团运动・综述(1901 年 3～7 月)》第 16 卷

(22)RM 5/5615. Boxeraufstand: Allgemeines, Bd 17. "Bestimmungen für die Demobilmachung und Auflösung der zum Ostasiatischen Expeditionskorps gehörigen Marinetruppen". Druck, 1901. (July 1901-January 1913)

《义和团运动・综述:关于东亚远征部队所属海军部队遣散和解散的规定(1901 年 7 月至 1913 年 1 月)》第 17 卷

(23) RM 5/5616. Boxeraufstand. Allgemeine Korrespondenz. Bd 1. (1900-1901)

《义和团运动・一般通信(1900～1901 年)》第 1 卷

(24) RM 5/5617. Boxeraufstand. Allgemeine Korrespondenz. Bd 2. (June-November 1900)

《义和团运动・一般通信(1900 年 6～11 月)》第 2 卷

(25) RM 5/5618. Boxeraufstand: Allgemeines, Bd 18. Generalstab der Preußischen Armee: "I. Denkschrift über die Befestigungen Chinas zum Schutze von Peking. II. Angriffsentwurf auf Peking." Umdruck, Juli 1900. (Jun-Sep 1900)

《义和团运动・综述・普鲁士军队总参谋部:"中国守卫北京的防御工事备忘录;进攻北京的草案"(1900 年 6～9 月)》第 18 卷

(26)RM 5/5619. Boxeraufstand: Allgemeines, Bd 19 (Sep 1900-Apr 1901)

《义和团运动・综述(1900 年 9 月至 1901 年 4 月)》第 19 卷

(27) RM 5/5620. "Zusammenstellung der Ereignisse in China während des Boxeraufstandes" (1900-1901)

《义和团运动时期在中国发生的事件的综述(1900～1901 年)》

(28) RM 5/5621. "Besatzungstruppen in China (international)" (Occupation troops in China—international). Stellenbesetzung und Stärkenachweisung für Ostasiatische Besatzungs-Brigade. Drucke, 1901, 1902. "Bestimmungen für die Ablösung der... 1904 aus der Ostasiatischen Besatzungs-Brigade ausscheidenden Mannschaften". Druck, 1904.

"Zusätze zu den Ablösungsbestimmungen 1907 betr. Rückführung des Ostasiatischen Detachements... 1909". Druck, 1909. (1901-1914)

《在华(国际)占领军;东亚占领队的人员配置和兵员证明;关于1904年东亚占领队下属部分部队的换防规定;关于1907年回国的东亚分遣队换防规定的补充条款(1901～1914年)》

7. RM 38 Kreuzergeschwader 巡洋舰中队

(1)RM 38/50. Kriegstagebuch des Kreuzergeschwaders (May-October 1900)
《巡洋舰中队的战争日志(1900年5～10月)》

(2)RM 38/51. Boxeraufstand: Vorgänge in Taku, Tientsin und Peking, vol. 1 (May-June 1900)
《义和团运动·在大沽、天津和北京的事件经过(1900年5～6月)》第1卷

(3)RM 38/52. Boxeraufstand: Vorgänge in Taku, Tientsin und Peking, vol. 2 (June-July 1900)
《义和团运动·在大沽、天津和北京的事件经过(1900年6～7月)》第2卷

(4)RM 38/53. Boxeraufstand: Vorgänge in Taku, Tientsin und Peking, vol. 3 (July-1900)
《义和团运动·在大沽、天津和北京的事件经过(1900年7月)》第3卷

(5)RM 38/54. Boxeraufstand: Vorgänge in Taku, Tientsin und Peking, vol. 4 (July-August 1900)
《义和团运动·在大沽、天津和北京的事件经过(1900年7～8月)》第4卷

(6)RM 38/55. Boxeraufstand: Vorgänge in Taku, Tientsin und Peking, vol. 5 (August-September 1900)
《义和团运动·在大沽、天津和北京的事件经过(1900年8～9月)》第5卷

(7)RM 38/56. Boxeraufstand: Vorgänge in Taku, Tientsin und Peking, vol. 6 (October-November 1900)
《义和团运动·在大沽、天津和北京的事件经过(1900年10～11月)》第6卷

(8)RM 38/57. Boxeraufstand: Vorgänge in Taku, Tientsin und Peking, vol. 7 (November 1900-February 1901)
《义和团运动·在大沽、天津和北京的事件经过(1900年11月至1901年2月)》第7卷

(9)RM 38/64. Vormarsch auf Peking (August 1900-May 1901)
《进军北京(1900年8月至1901年5月)》

(10)RM 38/65. Überwachung der chinesischen Kriegsschiffe (Jul 1900-March 1901)
《对中国军舰的监视(1900年7月至1901年3月)》

(11)RM 38/82. S. M. S. Gefion: Landung bei Taku (Jun 1900-Jan 1901)
《皇家海军战舰"杰芬"号·到达大沽附近(1900年6月至1901年1月)》

(12)RM 38/84. S. M. S. Gefion: Verteidigung von Shanghai (Jul 1900-Sept

1901)

《皇家海军战舰“杰芬”号·守卫上海(1900 年 7 月至 1901 年 9 月)》

(13)RM 38/86. Private correspondence of participants in the China campaign

《战争参与者私人信函》

(14)RM 38/87. Copies of letters and war diaries of participants in the China campaign; 2nd Seebataillon

《第二海军陆战队》

(15)RM 38/88. Privatmitteilungen von Teilnehmern der Expedition nach China 1900-1901, vol. 3: Angehörige des III. Seebataillons (June-December 1900)

《1900～1901 年间参与远征中国者的私人信件·第三海军陆战队成员(1900 年 6～12 月)》第 3 卷

(16)RM 38/89. Privatmitteilungen von Teilnehmern der Expedition nach China 1900-1901, vol. 4: BesatzungsAngehörige der S. M. S. “Kaiserin Augusta” (June-December 1901)

《1900～1901 年间参与远征中国者的私人信件·皇家海军战舰“奥古斯塔女皇”号(1901 年 6～12 月)的占领军成员》第 4 卷

(17)RM 38/179. Dienstliche und privatdienstliche Korrespondenz des Chefs des Kreuzergeschwaders Vizeadmiral Bendemann (March 1900-December 1902)

《巡洋舰中队长官本德曼中将的官方和私人信函(1900 年 3 月至 1902 年 12 月)》

8. RM 121 I. Landstreitkräfte der Kaiserlichen Marine 帝国海军陆战部队

(1) RM 121-I/396. Anonymous diary covering the Boxer Uprising in China from May 1900 to December 1900

《1900 年 5～12 月义和团运动期间的无名信函》

(2) RM 121-I/397. Anonymous diary covering the Boxer Uprising in China from January to July 1901

《1901 年 1～7 月义和团运动期间的无名信函》

(3) RM 121-I/398. Orders to Supreme Commander Count von Waldersee and Lieutenant General Emil von Lessel

《瓦德西元帅接受的指示》

(4) RM 121-I/399. Land forces of the Imperial German Navy: Intelligence from Field Marshal Count von Waldersee from October 1900 to May 1901

《德意志海军陆战队·瓦德西元帅相关情报(1900 年 10 至 1901 年 5 月)》

(5) RM 121-I/400. War diary of East Asian Expeditionary Corps-land forces of the Imperial Navy: War diary of the Naval Expedition Corps (Major Paul von Höpfner) from 25 May 1900 to 26 November 1900

《东亚远征军战地日记·海军远征队战地日记(1900 年 5 月 25 日至 11 月 26 日)》

(6)RM 121-I/401. Land forces of the Imperial German Navy: War diary of the 1st Naval Infantry Batallion (*I. Seebataillon*) from 19 June 1900 to 12 November 1901

《德意志海军陆战队·第一海军步兵营战地日记(1900 年 6 月 19 日至 1901 年 11 月 12 日)》

(7)RM 121-I/402. Land forces of the Imperial German Navy: War diary of the 2nd Naval Infantry Batallion (*II. Seebataillon*). (20 June 1900-1 October 1901)

《德意志海军陆战队·第二海军步兵营战地日记(1900 年 6 月 20 日至 1901 年 10 月 1 日)》

(8)RM 121-I/403. Land forces of the Imperial German Navy: War diary of the 3rd Naval Infantry Batallion (*III. Seebataillon*). (A detachment under First Lieutenant Alfred Count von Soden had been sent from its permanent base in Qingdao to Beijing in May 1900. Two more detachments were sent to Tianjin.) (19 June-7 July 1900)

《德意志海军陆战队·第三海军步兵营战地日记(1900 年 6 月 19 日至 7 月 7 日)》

(9)RM 121-I/404. Kriegstagebuch der Marinefeldbatterie (War diary of the Naval Field Battery)(23 June 1900-5 October 1901)

《海军炮兵野战连的战地日志(1900 年 6 月 23 日至 1901 年 10 月 5 日)》

(10)RM 121-I/405. War diary of First Lieutenant Alfred Count von Soden (1866-1943) (30 May-14 August 1900)

《一等中尉阿尔弗雷德的日记(1900 年 5 月 30 日至 8 月 14 日)》

(11) RM 121-I/406. Kriegstagebuch des Seesoldaten-Detachement Tientsin (War diary of the German naval infantry detachment at Tianjin) (8-28 June 1900). Planskizzen zu Kriegstagebuch Graf von Soden in RM 121-9/407

《水兵天津分遣队的战地日志(1900 年 6 月 8～28 日);佐登伯爵战地日记中的计划概要》

(12)RM 121-I/408. Kriegstagebuch S. M. S. *Kurfürst Friedrich Wilhelm*, vol. 1 (3 September-11 November 1900)

《德国战舰皇家海军战舰“弗里德里希·威廉选侯”号的战地日志(1900 年 9 月 3 日至 11 月 11 日)》第 1 卷

(13)RM 121-I/409. Kriegstagebuch S. M. S. *Kurfürst Friedrich Wilhelm*, vol. 2 (12 November 1900-25 May 1909)

《德国战舰皇家海军战舰“弗里德里希·威廉选侯”号的战地日志(1900 年

11 月 12 日至 1909 年 5 月 25 日)》第 2 卷

(14)RM 121-I/410. Kriegstagebuch S. M. S. *Brandenburg*(3 September 1900-12 August 1901)

《皇家海军战舰“勃兰登堡”号的战地日志(1900 年 9 月 3 日至 1901 年 8 月 12 日)》

(15)RM 121-I/411. Kriegstagebuch S. M. S. Weissenburg (3 September-18. November 1900)

《皇家海军战舰“维森堡号”的战地日志(1900 年 9 月 3 日至 11 月 18 日)》

(16)RM 121-I/412. Kriegstagebuch S. M. S. *Hansa*(29 May-27 September 1900)

《皇家海军战舰“汉莎”号的战地日志(1900 年 5 月 29 日至 9 月 27 日)》

(17)RM 121-I/413. Kriegstagebuch S. M. S. *Irene*(26 September-9 December 1900)

《皇家海军战舰“伊琳娜”号的战地日志(1900 年 9 月 26 日至 12 月 9 日)》

(18) RM 121-I/414. Kriegstagebuch S. M. S. *Hela* (3 September 1900-8 December 1900)

《皇家海军战舰“海拉”号的战地日志(1900 年 9 月 3 日至 12 月8 日)》

(19)RM 121-I/415. China-Expedition

《中国远征》

(20)RM 121-I/416. China-Reise. 1st Naval Infantry Batallion (*I. Seebataillon*). (19 June 1900-31 July 1901)

《远航到中国·第一海军陆战队(1900 年 6 月 19 日至 1901 年 7 月 31 日)》

9. RW 61. Ostasiatisches Expeditionskorps und Ostasiatische Besatzungbrigade
东亚远征军和东亚占领队①

(1)RW 61/1. Tätigkeit in China 1900-1901. —Ausarbeitung von Lt. Pleger und Olt. Fulda. Enthält: Das Telegramm-Detachement der Ostasiatischen Besatzungsbrigade (1901-1906) von Lt. Pleger

《1900～1901 年在中国的活动——普雷格少尉和福尔达中尉拟稿;包括由普雷格少尉率领的东亚占领队电报分遣队(1901～1906 年)》

(2)RW 61/2. Der Zug über den An-tsu-ling 1901. —Bericht vom Hauptmann und Führer der Ostasiatischen Pionier-Kompanie Tientsin, Hagenberg;

① 不幸的是,大多数关于东亚远征军的文献在 1945 年的大轰炸中被毁,只有很少一部分保留了下来。远征军志愿者的首支分遣队于 1900 年 7 月 27 日从不莱梅出发,向中国进发。随后更多分遣队启程。最后由中将埃米尔·冯·莱丝尔指挥的德国东亚远征军人数达到了 19093 人。德国东亚远征军的构成:三个步兵旅(每旅两团,每团九连);一个轻步兵连;一个骑兵团(辖四个骑兵中队);一个野战炮团(分为三个部门,共计八个连);两个轻型弹药补给队;一个重型榴弹炮营(辖两个炮兵连);一个工兵营(辖三个连);一个铁道兵营(辖三个连);一个军队通信部;一个卫生连;一个弹药补给部(辖七个弹药补给队);一个铁路指挥部(辖三个给养补给队、一个炊事连、六个野战医院);一个后方指挥部(辖一个马厩、一个野战医院仓库、一个后方弹药补给队、三家野战医院的人员、一个卫生船、多个补给站)。

zsgest. für die Generalinspektion des Ingenieur- und Pionierkorps und der Festungen, auf Befehl des Chefs des Stabes, Mudra

《1901年经过安苏岭的火车;天津东亚工兵连连长哈根堡上尉的报告;按照指挥部长官的命令》

(3)RW 61/4. "Gesammelte Denkschriften mit Photographien und Beilagen über die deutschen Posten Langfang, Yangtsun, Tangku, Schanhaikwan". —Druckschrift der Brigade-Zeitung in Tientsin. (German Occupation Brigade in China (ed.), Collection of memoranda with photographs and enclosures on the German posts at Langfang, Yangtsun, Tangku, Shanhaiguan. Tianjin 1906.)

《廊坊、杨村、塘沽、山海关德国岗哨带照片和附件的备忘录汇编》

(4) RW 61/13. Briefe von Generalfeldmarschall Graf von Waldersee an den Oberbürgermeister von Altona, Dr. Giese (Kopien). (1) Brief aus Peking (Kaiserlicher Winterpalast) vom 14. Nov. 1900; (2) Brief aus Peking (Kaiserlicher Winterpalast) vom 14. Nov. 1900

《陆军元帅瓦德西伯爵致阿尔托纳市市长吉斯博士的信函;1900年11月14日来自北京的信;1900年11月14日来自北京的信》

10. PH 2. Preußisches Kriegsministerium 普鲁士战争部

(1)PH 2/210. List of names of German officers, officials and ranks of colonial troops killed during the Boxer Uprising in China 1901 (1911)

《义和团运动期间遇害的德国军官及、军阶及殖民地军队编制》

(2)PH 2/248 Ostasiatische Besatzungs-Brigade. —Bestimmungen für die Heimreise und Aufnahme von Angehörigen der Ostasiatischen Besatzungs-Brigade (1901)

《东亚占领队:关于东亚占领队成员回国和登记的规定(1901年)》

(3) PH 2/318 Allgemeines Kriegsdepartement. —Kommission zur Beratung der auf Grund der bei der Expedition nach Ostasien gesammelten Erfahrungen zu treffenden Maßnahmen (1901)

《常规战争部:在远征东亚所取得的经验基础上提出应采取措施建议的委员会(1901年)》

(4) PH 2/523 Armeeverordnungsblätter (Nr. 26 vom 29. 8. 1901; Nr. 30 vom 6. 10. 1902) über die Kriegsdienstzeit in Ostasien, Südwestafrika, Deutsch-Ostafrika und Kamerun

《关于在东亚、西南非洲、德属东非和喀麦隆服役时间的军队规定(1901年8月29日第26号规定;1902年10月6日第30号规定)》

(5)PH 2/524. Digest of the dead and missing of the East Asia Expeditionary Corps (1900-1904)

《东亚远征军失踪及死亡统计(1900～1904年)》

(6)PH 32/62. Journal of the Catholic chaplain of the East Asia Occupation Brigade (1901-1903)

《天主教随军神父日志(1901～1903 年)》

(7)PH 32/63. Expeditionary Corps to China (1900-1907)

《中国远征军团(1900～1907 年)》

(8)RH 18 Chef der Heeresarchive

《陆军档案馆馆长》

(9)RH 18/1856. Kaiser Wilhelm II to the Command of the East Asia Expeditionary Corps：Announcing the appointment of Alfred Count von Waldersee as Supreme Commander of the Allied troops in East Asia，with the consent of the Czar (1900)

《德皇威廉二世致东亚远征军函》

(10) RH 18/1857. Kaiser Wilhelm II to the Command of the East Asia Expeditionary Corps：the other allied forces are to be placed under von Waldersee's command (1900)

《德皇威廉二世致东亚远征军函》

(11)RH 18/1865 Kaiser Wilhelm II. an Alfred Graf von Waldersee，Kommandeur des Ostasiatischen Expeditionskorps：Autorisation zur Veröffentlichung zweier Erklärungen über den Kriegszustand im Gebiet von Kiautschou (1900)

《德皇威廉二世致东亚远征军司令阿尔弗雷德·冯·瓦德西伯爵:授权发布关于胶州地区战争形势的两个声明(1900 年)》

(12)MIV 58. Photo album “Ost-Asien 1900-1902”. N 151

《照片集》

(六)Bayerisches Hauptstaatsarchiv (BaHStA) 巴伐利亚国家中央档案馆①

1. Bayerische Gesandtschaft. Berlin. 1072：Politischer Schriftwechsel 1900/01 (Die Chinawirren)

《政治通信(1900～1901 年)(中国动乱)》

2. MA 76017：Die Vorgänge in China und die ostasiatische Expedition (1900/02)

《在中国的事件经过和东亚远征行动(1900～1902 年)》

(七)Abteilung IV：Kriegsarchiv 战争档案馆②

1. MKr 853. Denkschrift Waldersees über die Erfahrungen in China，7. 8. 1901

《瓦德西关于在中国的经验的备忘录(1901 年 8 月 7 日)》

2. HS 910. Military letters [Feldpostbriefe] from First Lieutenant Sartorius，3rd Batallion，3rd East Asian Infantry Regiment

① 地址:Schönfeldstr. 5-11，Schönfeldstr. 5-11，D-80539 München (Postfach 22 11 52，D-80501 München)，GERMANY.

② 地址：Leonrodstr. 57，D-80636 München，GERMANY.

《军事信函》

3. HS 2272. Leaves from the diary of Edmund Baron von Reitzenstein
《埃德蒙·赖岑施泰因男爵日记》
4. HS 2314. Maps and war diary (Kriegstagebuch) of Wallmenich's detachment, 2nd Infantry Brigade
《沃尔·门茨分部日记与战争日记》
5. HS 2344. Letters and private diary of a member of the 2nd Batallion, 4th East Asia Infantry Regiment, probably Karl von Wallmenich (1854-1929)
《卡尔·沃尔门茨战争信函与私人日记》
6. HS 3163. Letters from the literary remains of Werner Baron Schenck von Stauffenberg
《沃纳·申克·冯·施道芬堡信函》
7. B 1487. War diary, battle reports, newspaper cuttings, map sections, etc. by the 2nd Battery of the East Asia Field Artillery Regiment
《东亚远征军第 2 炮兵团的战地日记、报告及新闻简报、地图》
8. B 1488. War diary, copies of decrees and other official records of the 2nd Batallion, 6th East Asia Infantry Regiment
《东亚远征军第六炮兵团第二连战地日记、指令简报及其他官方信息》

(八)Geheimes Staatsarchiv preußischer Kulturbesitz(GStA PK) 普鲁士文化遗产国家秘密档案馆①

1. Hauptabteilung Rep. 81 Gesandtschaft München
《慕尼黑公使馆部:索引 81》
No. 2137. Chinesische Angelegenheiten (Chinese matters), 1887-1911
《中国事务(1887～1911 年)》
2. Hauptabteilung Rep. 81 Gesandtschaft Dresden nach 1807
《1807 年后的德累斯顿公使馆部:索引 81》
No. 341. Berichte (Abschriften) des kaiserlichen Gesandten in Peking für die Preußische Gesandtschaft in Dresden; (includes material on the Boxer Uprising)
《帝国驻北京公使馆给在德累斯顿普鲁士公使馆的报告》
3. VI. Hauptabteilung Familienarchive und Nachlässe. Nachlass Waldersee
《家庭档案和遗物部;瓦德西遗物》

① 地址:Archivstraße 12-14, D-14195 Berlin (Dahlem), GERMANY.

(九)Sächsisches Staatsarchiv. Abteilung 2: Hauptstaatsarchiv Dresden (HStA Dresden) 萨克森国家档案馆[①]

1. 10717. Ministerium der Auswärtigen Angelegenheiten
   《外交部档案》
   2050. Die Chinafrage. Vol. 1 (1900-1901)
   《中国问题(1900～1901 年)》第 1 卷
2. 11248. Königlich sächsisches Kriegsministerium
   《萨克森王国战争部档案》
   (1)Armeeverwaltungsabteilung 军队行政部
      ① 3166. Ostasiatisches Expeditionskorps und Liebesgaben für dasselbe. (1900-1907)
      《东亚远征军和对其的捐赠物(1900～1907 年)》
      ②4205. Bekleidung und Ausrüstung der Gruppen aus besonderen Anlässen: Entsendung von Mannschaften nach China. (1900)
      《为特殊目的组建的团队的服装和装备:派往中国的团队(1900 年)》
   (2)Allgemeine Armee-Abteilung 一般军队部门
      ①7592. Ostasiatisches Expeditionskorps. (1900-1910)
      《东亚远征军(1900～1910 年)》
      ②7597. Erfahrungs- und Erlebnisberichte von Offizieren des Ostasiatischen Expeditionskorps. Berichterstattung von zum Ostasiatischen Expeditions-Korps übergetretenen Offizieren über Erfahrungen und Erlebnisse, 25 July 1900 to 30 July 1902
      《东亚远征军军官的经验和经历报告;东亚远征军军官关于其经验和经历的报告(1900 年 7 月 25 日至 1902 年 7 月 30 日)》
3. 11250. Sächsischer Militärbevollmächtigter in Berlin 萨克森驻柏林军事代表
   (1)128. Berichte des Sächsischen Militärbevollmächtigten in Berlin. (1900)
   《萨克森驻柏林军事代表的报告(1900 年)》
   (2)129. Berichte des Sächsischen Militärbevollmächtigten in Berlin. (1901)
   《萨克森驻柏林军事代表的报告(1901 年)》
   (3)034. Berichte des Sächsischen Militärbevollmächtigten in Berlin. (1902)
   《萨克森驻柏林军事代表的报告(1902 年)》
4. 11347. Generalkommando des XII. Armeekorps
   《第十二军司令部档案》
   (1)0168. Verlustlisten beim ostasiatischen Expeditionskorps. (1900-1901)
   《东亚远征军伤亡名单(1900～1901 年)》
   (2)0565. Geheimakte 1. Halbjahr 1902. Enthält u. a.: Schriftstück über die

① 地址:Archivstraße 14, D-01097 Dresden, Saxony, GERMANY.

Erbeutung von Fahnen beim Boxeraufstand
《1902 年上半年秘密文件：关于在义和团运动中缴获旗帜的文件》

（3）0783. China-Expedition.（1899-1900）. Enthält u. a.: Waffen-und Munitionsetat; Stärkenachweis des ostasiatischen Korps; Etat für das ostasiatische Korps; Bestimmungen für die Bildung des ostasiatischen Korps; Dienstordnung für die kaiserlichen Marineschiffposten
《中国远征(1899～1900 年)：武器和弹药预算、东亚军团兵员证明、东亚军团预算、组建东亚军团的规定、帝国海舰岗位服务条例)》

(4)0784. China-Expedition. (1900-1902). Enthält u. a.: Verlustlisten; Ablösebestimmungen; Stärkenachweis für die ostasiatische Besatzungsbrigade; Bestimmungen über die Rückführung des ostasiatischen Korps. Darin: Karte vom Einsatz deutscher Truppen im Boxeraufstand 1∶450000
《中国远征(1900～1902 年)：伤亡名单；换防规定、东亚占领队兵员证明、东亚军团回国规定(其中义和团运动中德国军队部署地图的比例尺为 1∶450000)》

(5)0785. China-Expedition. (1900-1906). Enthält u. a.: Bestimmungen über die Bildung des ostasiatischen Korps; Etat für das ostasiatische Korps; Bestimmungen über die Gliederung der Besatzungsbrigade; Bestimmungen über die Auflösung des Korps; Kopfberichte; Stellenbesetzung bei der ostasiatischen Besatzungsbrigade
《中国远征(1900～1906 年)：组建东亚军团的规定、东亚军团预算、占领队划分的规定、人数报告、东亚占领队人员配置》

(6)0786. China-Expedition. (1901-1904). Enthält u. a.: Seereisevorschrift für Ablösungstransporte des ostasiatischen Korps; Ausschiffung und Auflösung der Truppentransporte im Jahre 1902. Darin: Karte von Ostasien und Taiwan 1∶1000000
《中国远征(1901～1904 年)：东亚军团运送换防人员的航程规定、1902 年部队运输的卸船和解散(其中东亚和台湾地图的比例尺均为 1∶1000000)》

5. 11351. Generalkommando des XIX. Armeekorps
《第十九军司令部档案》

(1)0814. Vorschläge zur und Versetzung von Offizieren zur Marineinfanterie und dem Ostasiatischen Expeditionskorps. (1900-1901)
《军官调任海军陆战队和东亚远征军的建议(1900～1901 年)》

(2)0815. Vorschläge zur und Versetzung von Offizieren zur Marineinfanterie und dem Ostasiatischen Expeditionskorps. (1902)
《军官调任海军陆战队和东亚远征军的建议(1902 年)》

(3)1274. Formations destined for China, relating to non-commissioned officers and ranks. Vol. 1: 20 June 1900-30 July 1900

《入华编队及非任命官员及其品阶》

(4)1275. Vol. 2：1 August 1900-30 September 1900

《1900 年 8 月 1 日至 1900 年 9 月 30 日》

(5) 1276. Concerning transfers of non-commissioned officers and ranks to formations destined for China. Vol. 3：1 October 1900-17 June 1901

《非任命官员调动及在华编队构成》

(6) 1277. Relating to matters concerning China：Vol. 4：14 June 1901-27 December 1901

《中国问题(1901 年 6 月 14 日至 12 月 27 日)》

(7)1278. Relating to matters concerning China：Vol. 5：16 December 1901-31 December 1901

《中国问题(1901 年 12 月 16～31 日)》

6. 12597 Familiennachlass von Loeben (D)

《吕本的家庭遗物》

(1)467. Tagebuch von der Stationierung des Paul Ludwig von Loeben in China beim 2. Ostasiatischen Infanterieregiment. Darin：3 Postkarten mit chinesischen Motiven.（1904-1906）

《保罗·路德维希·冯·吕本在第二东亚步兵团驻扎中国时期的日记;3 张中国题材的明信片(1904～1906 年)》

(2)643. Briefe von Paul Ludwig von Loeben (1877-1962) aus China an seine Eltern.（1904-1906）

《保罗·路德维希·冯·吕本从中国写给父母的信(1904～1906 年)》①

7. 13180. 1. Feldartillerie-Regiment Nr. 12

《第一野战炮兵团第 12 号档案》

(1) 0356. Bestimmungen und Verfügungen über die Ablösung und Rückführung des Ostasiatischen Expeditionskorps.（1901-1904）

《关于东亚远征军换防和回国的规定和指令(1901～1904 年)》

(2)1678. Ostasiatisches Expeditionskorps für China.（1900-1904）

《赴华东亚远征军(1900～1904 年)》

(3)2567. Spezialia. Neuformationen und Ostasiatisches Expeditionskorps.（1893-1900）

《特别新编队和东亚远征军(1893～1900 年)》

(4)2568. Spezialia. Neuformationen und Ostasiatisches Expeditionskorps.（1901-1904）

《特别新编队和东亚远征军(1901～1904 年)》

---

① 保罗·路德维希·冯·吕本于 1897 年 3 月 18 日加入了萨克森王室第一(禁卫)步兵团。他上过在卡塞尔的军事学校,在前线服役四年后被任命为所在团第二营的副官。1904 年,他被派往中国的第二东亚步兵团。他起初在白河口塘沽驻扎了一年,后驻扎在青岛附近的四方。他有时会去旅行,足迹遍布天津、北京、保定府、长城和日本等。

8. 13184. 5. Feldartillerie-Regiment Nr. 64

《第五野战炮兵团第 64 号档案》

1281. Bestimmungen über das ostasiatische Expeditionskorps und die deutsch-südwestafrikanische Truppe. (1900-1911)

《关于东亚远征军和德属西南非部队的规定(1900～1911 年)》

9. 13186. 7. Feldartillerie—Regiment Nr. 77

《第七野战炮兵团第 77 号档案》

0767. Verfügungen über das ostasiatische Expeditionskorps. (1900-1907)

《关于东亚远征军的指令(1900～1907 年)》

(十) Landesarchiv Baden-Württemberg, Abt. Württembergisches Hauptstaatsarchiv (HStA Stuttgart) 符腾堡国家中央档案馆 ①

1. E 14. Königliches Kabinett II. (1763-) 1805-1918 (1919)

《王国内阁 II(1763 年～、1805～1918 年、1919 年)》

E 14 Bü 756. Berichte und Briefe von Oberst von Neumann, Hauptmann Freiherr von Gemmingen, und Knörzer sowie anderer aus Peking usw. über den Boxeraufstand (1900-1901)

《冯・诺依曼上校、上尉格明根男爵和科诺泽以及其他在京人员关于义和团运动的报告和信件(1900～1901 年)》

2. E 40/18. Ministerium der Auswärtigen Angelegenheiten: Allgemeine Außenpolitik, außerdeutsche Staaten. (1792-)1806-1918(-1924)

《外交部:非德意志国家的一般外交政策(1792 年～、1806～1918 年、～1924 年)》

E 40/18 Bü307. Wirren in China(Boxeraufstand). Enthält u. a.: Ausfuhrverbot für Waffen und Kriegsmaterial nach China; Entsendung des Generalfeldmarschalls Graf von Waldersee als Oberbefehlshaber der internationalen Schutztruppe; Einzug der Schutztruppe in Peking; Unterstützung hilfsbedürftiger Familien und Mannschaften des Ostasiatischen Expeditionskorps. Darin: Liste von Angehörigen der deutschen Marine, die auf Grund besonderer Verdienste bei der Niederschlagung des Boxeraufstands eine Auszeichnung erhalten haben

《中国"动乱"(义和团运动):禁止对中国出口武器和军事物资;派遣元帅瓦德西伯爵作为联军总司令;联军开进北京;帮助东亚远征军需要帮助的家庭和团体、在镇压义和团运动中由于功勋卓著获得表彰的德国海军成员名单》

3. E 50/03. Ministerium der Auswärtigen Angelegenheiten betr. Württembergische Gesandtschaft in Berlin. 2. Berichte und Korrespondenzen

《外交部关于符腾堡驻柏林代表处的文件:报告和信件》

(1)E 50/03 Bü 194. Berichte des Gesandten in Berlin Theodor Axel Freiherr

① 地址:Konrad-Adenauer-Straße 4, D-70173 Stuttgart, GERMANY.

von Varnbüler (26 February-17 November 1900). Enthält u. a.: Boxeraufstand, Flottenpolitik

《驻柏林代表泰奥多·阿克塞尔·冯·范布勒男爵(1900 年 2 月 26 日至 11 月 17 日)的报告,包括义和团运动、舰队政策》

(2) E 50/05. Ministerium der Auswärtigen Angelegenheiten betr. Württembergische Gesandtschaft in München. 1. Allgemeine Berichterstattung und Korrespondenzen 1. 2 Berichte und Korrespondenzen

《外交部关于符腾堡驻慕尼黑代表处文件:一般报告和信件;报告和书信》

①E 50/05 Bü 224. Berichte des Gesandten in München, Oskar Freiherr von Soden (3 January-28 December 1900). Enthält u. a.: deutsche Flottenpolitik; Boxeraufstand in China

《驻慕尼黑代表奥斯卡·冯·佐登男爵(1900 年 1 月 3 日至 12 月 28 日)的报告:德国的舰队政策、中国的义和团运动》

②E 50/05 Bü 225. Berichte des Gesandten in München, Oskar Freiherr von Soden (2 January-30 December 1901). Enthält u. a.: chinesischer Boxeraufstand

《驻慕尼黑代表奥斯卡·冯·佐登男爵(1901 年 1 月 2 日至 12 月 30 日)的报告:中国的义和团运动》

4. E 130 a. Staatsministerium. R Auswärtige Angelegenheiten, deutsche Schutzgebiete

《国家部门:对外事务、德属殖民地档案》

E130 a Bü 930. Unruhen in China—Boxeraufstand (1900-1903, 1905) Enthält u. a.: Berichte der Württ. Gesandschaft in Berlin und des Auswärtigen Amts vom 11. 07. 1900 über die Lage in China Qu. 4, 4a; Verbot der Ausfuhr von Waffen und Kriegsmaterial nach China 1901 Qu. 15; Versorgung der Teilnehmer an der ostasiatischen Expedition und ihrer Hinterbliebenen 1905 Qu. 18, 29

《中国"动乱"——义和团运动(1900～1903 年、1905 年):符腾堡驻柏林代表处和外交机关 1900 年 7 月 11 日关于中国局势的报告;1901 年禁止对中国出口武器和军事物资;1905 年对东亚远征军成员及其遗属的供给》

5. E 151/01. Innenministerium, Abteilung I: Kanzleidirektion

《内务部一部:办公厅管理处档案》

(1) VIII. Ehrungen, Titel, Orden und Ehrenzeichen

《荣誉、头衔、勋章和奖章》

(2) E 151/01 Bü 2857. Verleihung der China-Denkmünze aus Stahl. (1901-1903)

《授予钢制中国纪念章(1901～1903 年)》

6. E 151/03. Innenministerium, Abteilung III: Polizeiwesen

《内政部三部:警务处》

(1) E 151/03 Bü649. Bekleidung, Ausrüstung und Ehrenzeichen der LandJäger
《宪兵的服装、装备和奖章》

(2) Darin: "Bestimmungen über die neue Bekleidung und Ausrüstung des ostasiatischen Expeditionskorps", 1901 (Druck)
《关于东亚远征军新服装和装备的规定(1901 年)》

7. M1. Repertorium für das ehemalige württembergische Kriegsminiserium
《前符腾堡战争部的目录》

(1) M 1/4. Kriegsministerium: Abteilung für allgemeine Armeeangelegenheiten
《战争部:一般军队事务部》

① M 1/4 Bü 368. Remontierung 1901. (January 1901-January 1902). Enthält: Der Preuß. Kriegsminister von Gossler über Rückführung von Pferden des ostasiatischen Expeditionskorps, 06. 11. 1901
《1901 年解散(1901 年 1 月至 1902 年 1 月),包括 1901 年 11 月 6 日普鲁士战争部长冯·格斯勒关于运回东亚远征军马匹的文件》

② M 1/4 Bü 529. Ostasiatisches Expeditionskorps. (June-September 1900)
《东亚远征军(1900 年 6~9 月)》

③ M 1/4 Bü 530. Ostasiatisches Expeditionskorps bzw. Besatzungsbrigade (September 1900-June 1901)
《东亚远征军和占领队(1900 年 9 月至 1901 年 6 月)》

④ M 1/4 Bü 531. Ostasiatisches Expeditionskorps bzw. Besatzungsbrigade. (June 1901-April 1902)
《东亚远征军和占领队(1901 年 6 月至 1902 年 4 月)》

(2) M 1/6. Kriegsministerium: Verwaltungsabteilung
《战争部:行政部》

① M 1/6 Bü 225. Etat. (22. 11. 1899-25. 02. 1901). Enthält: Denkschrift betr. die Expedition nach Ostasien [o. D.]
《预算(1899 年 11 月 22 日至 1901 年 2 月 25 日),包括关于远征东亚的备忘录》

② M 1/6 Bü 233. Etat. (01. 11. 1901-17. 02. 1902). Enthält: Amortisationsplan der Expedition nach Ostasien (Chinaexpedition) Bestimmungen für die im Jahr 1902 eintretenden Heeresverstärkungen
《预算(1901 年 11 月 1 日至 1902 年 2 月 17 日),包括远征东亚(远征中国)费用分期偿还时间表、1902 年入伍兵员的规定》

③ M 1/6 Bü 721. Uniform und Anzug der Offiziere. Ärzte und Beamten. (1898-1903)
Enthält: Uniform des Ostasiatischen Expeditionskorps 1900
《军官、医生和官员的制服和礼服(1898~1903 年),包括 1900 年东亚远征

军的制服)》

④M 1/6 Bü 743. Bekleidungsangelegenheiten der Truppen, Bekleidungswirtschaft. (1898-1900) Enthält: Preußisches Kriegsministerium betr. Ausrüstung für das ostasiatische Expeditionskorps 08. Juli 1900
《部队服装事务、服装业(1898～1900 年),包括 1900 年 7 月 8 日普鲁士战争部有关东亚远征军装备的文件》

8. M 17/1. Intendantur XIII. Armeekorps
《第十三军军需部》
Bekleidung und Ausrüstung—Transport, Reiskosten und Unterbringung
《服装和装备:运输、交通费和住宿》

M 17/1 Bü 154. Bekleidung und Ausrüstung für das Ostasiatische Expeditionskorps (22 November 1900-14 May 1901). Enthält u. a.: Nachweisungen und Liquidationen über Kosten und Entschädigungen für (abgegebene) Bekleidungs-und Ausrüstungsstücke; Bekleidungsnachweisungen, Listen über Farbstoffmengen, Raumgehalt von Bekleidungs-und Ausrüstungsstücken; Nachweisungen über Seitengewehrtaschen, Tuchmengen, abzugebende Mannschaften; Pläne für Einschiffung, Bestimmungen für Abtransport (Drucke); Gestellung von Mannschaften, Beamtenstellen-Besetzung; Schulterklappen und Litzen, mit Berechnungen der Vergütung
《东亚远征军的服装和装备(1900 年 11 月 22 日至 1901 年 5 月 14 日),包括服装和装备的费用和补偿款的证明和清偿;服装证明,服装和装备的染料数量和容载量清单;刺刀袋、布料量及应分配的单位的证明;装船计划、运输规定;部队的征召、官员职位配置;肩章和肩章的金银缘,附费用计算》

9. M 22. Evangelische Feldpropstei
《基督教新教战地教区》

3. 3. Gottesdienste, kirchliche Feiern (u. a. Vereidigung)
《礼拜、宗教庆典活动(包括宣誓就职)》

M 22 Bü 91. Übersendung von Bibeln und anderen Drucksachen an die Mannschaften des Ostasiatischen Expeditionskorps (1900)
《送圣经和其他印刷材料给东亚远征军(1900 年)》

10. M 430/5. Personalakten V. (E)
《人事档案五》
M 430/5 Bü 494 and Bü 495. Dr. Ernst Engel (1871-1929). Intendanturrat sowie Feldintendanturrat beim ostasiatischen Expeditionskorps und bei der Schutztruppe für Südwestafrika. (1899-1905)
《恩斯特·恩格尔博士(1871～1929 年);军需部委员会以及东亚远征军和西南非驻军的战地军需部委员会(1899～1905 年)》

11. M 635/2. Amtliche Militärische Druckschriften II
《官方军事文件二》
Deutsche Druckschriften. Sanitätswesen
《德国文件:卫生事业》
M 635/2 Bü 679. Sanitätsbericht über das Kaiserliche Ostasiatische Expeditionskorps und die Kaiserliche Ostasiatische Besatzungs-Brigade 1901/1902
《帝国东亚远征军与帝国东亚占领队 1901～1902 年的卫生报告》
12. Nachlässe
《遗物》
M 660/253: Militärischer Nachlass Dr. Otto Wendel, Arzt
《医生奥托·温德尔博士的军事遗物》①
13. Q 3/73. Sammlung zur Geschichte der Familie Seutter von Lötzen
《勒岑的撒伊特家族历史汇编》
Q 3/73 Bü 105. Familiengeschichtliche Quellen und Zusammenstellungen zur Familie Seutter. Includes: Mit dem deutschen Expeditionskorps in China anno 1900/01, Erinnerungen des Theodor Heinrich Hans Seutter von Lötzen (1875-1968), Abschrift von 1969, typewritten manuscript. 8 pp. Also in Q 3/73 Bü 110
《家族史料和撒伊特家族综述:1900～1901 年跟随德国远征军在中国、勒岑的泰奥多·海因里希·汉斯·撒伊特(1875～1968 年)的回忆录等》②

(十一)Landesarchiv Baden-Württemberg. Generallandesarchiv Karlsruhe 巴登-符腾堡州立档案馆③

1. 59. Generaladjutantur. 1 Organisation und Ausrüstung. Garnisonswesen
《总副官职位;一个组织和装备;驻军事宜》
(1) 59 Nr. 408. Organisation des ostasiatischen Expeditionskorps sowie Verlustliste. (1900-1901)
《东亚远征军的组织及伤亡名单(1900～1901 年)》
(2) 59 Nr. 409. Organisation des ostasiatischen Expeditionskorps sowie Verlustliste. (1900-1901)
《东亚远征军的组织及伤亡名单(1900～1901 年)》
2. 59. Generaladjutantur. Ordenssache
《总副官职位;授奖事宜》

---

① 奥托·温德尔(Otto Wendel,1869～?)为东亚远征军军医,1900～1901 年参与了镇压中国义和团运动的行动。

② 1900 年 7 月 8 日至 1901 年 12 月 8 日期间,勒岑是东亚远征军的一名少尉,属于第六东亚步兵团。他随该团被派往中国镇压义和团运动。从 1901 年 12 月开始,他再次在第一符腾堡步兵团"奥尔加女王"第 119 号服役。

③ 地址:Nördliche Hildapromenade 3, D-76133 Karlsruhe, GERMANY.

59 Nr. 1111. Ordensvorschläge und-verleihungen an Angehörige des Ostasiatischen Expeditionskorps
《向东亚远征军成员授予奖章的建议和实施》

3. 456 F 5. Generalkommando XIV. (Badisches) Armeekorps: Frieden und Abwicklung
《第十四(巴登)军司令部:议和与进展》
(1)456 F 5 Nr. 113. Betreuung des Expeditionskorps nach China(1900-1908). Enthält u. a.: Regelung des Postverkehrs, Zuständigkeiten der Militärstrafgerichtsbarkeit, Unterstützung hilfsbedürftiger Angehöriger, Annahme von Freiwilligen(Generalia.) Darin: Inhaltsverzeichnis
《中国远征军的军务(1900～1908 年),包括邮政通信规章、军事刑事司法系统的职责、帮助需要帮助的家属、接纳志愿者》
(2)456 F 62. 28. und 29. Infanterie-Division, 55. -58. Infanterie-Brigade: Frieden
《第二十八和第二十九步兵师、第五十五至五十八步兵旅:议和》
(3)456 F 76. 2. Badischen Dragoner—Regiments Nr. 21
《第二巴登龙骑兵团二十一号》

4. 456 F 37. Infanterie—Regiment 111
《第一一一步兵团》
456 F 37 Nr. 26. China- und Schutztruppenangelegenheiten (June1900-February 1914). Enthält u. a.: Beschaffungswesen für das ostasiatische Expeditionskorps. Darin: Frachtbriefe; Materialnachweisungen mit Namenslisten
《中国和驻军事务(1900 年 6 月至 1914 年 2 月):东亚远征军的采购事宜、运货单、带货物名称清单的物资证明》

5. 456 F 41. Infanterie-Regiment 142
《第一四二步兵团》
(1)456 F 41 Nr. 38. Schutztruppen (Colonial forces). (January 1895-September 1913). Verfügungen des Kriegsministeriums; Meldungen für die Schutztruppen und zum ostasiatischen Expeditionskorps; Bestimmungen für die Bildung eines ostasiatischen Expeditionskorps; Kapitulationsverhandlungen; Ablösungen für die Schutztruppen und das ostasiatische Expeditionskorps; Eintritt von Unteroffizieren und Mannschaften in das Ostasiatische Detachement
《驻军之殖民军队(1895 年 1 月至 1913 年 9 月)战争部的指令;给驻军和东亚远征军的通告;组建东亚远征军的规定;士兵超期服役的合同谈判;驻军和东亚远征军的换防;东亚分遣队士官和分队的加入》
(2)456 F 41 Nr. 40. China-Expedition. (December 1904-November 1913). Enthält u. a.: Meldungen für das Expeditionskorps; Anordnungen des

Kriegsministeriums; Ablösungen des Expeditionskorps. Darin: Bestimmungen für die Ablösung der im Jahre 1907 aus dem ostasiatischen Detachement ausscheidenden Mannschaften; Beschreibung der Bekleidungs- und Ausrüstungsstücke der ostasiatischen Besatzungs-Brigade; Ergänzungs-Bestimmungen zu den Ablösungs-Bestimmungen 1905 für die Reise, Ausschiffung und Auflösung der im Jahre 1906 nach Deutschland heimkehrenden Teile der ostasiatischen Besatzungs-Brigade; Bestimmungen über die Rückführung der durch die Marine abzulösenden ostasiatischen Gesandtschaftsschutzwache im Jahre 1909

《中国远征(1904 年 12 月至 1913 年 11 月):给远征军的通告、战争部的指示、远征军的换防,以及 1907 年东亚分遣队所属部队的换防规定、东亚占领队服装和装备物品的说明、1905 年关于 1906 年返德的东亚占领队成员运输、卸船和解散的换防规定补充条款、关于 1909 年被海军接替的东亚使馆保护警卫队回国的规定》

(3)456 F 41 Nr. 89. Ostasiatische Expedition; Schutztruppen. (July 1900-Februar 1908). Enthält u. a.: Bestimmungen zur Bildung des ostasiatischen Expeditionskorps; Anordnungen des Kriegsministeriums; Meldungen zur Schutztruppe und zum ostasiatischen Expeditionskorps; Auflösung des ostasiatischen Expeditionskorps; allgemeine Vorschriften. Darin: Verzeichnis der in das ostasiatische Expeditionskorps eingestellten Mannschaften.

《东亚远征军及其驻军(1900 年 7 月至 1908 年 2 月):组建东亚远征军的规定、战争部的指令、给驻军和东亚远征军的通告、东亚远征军的解散、一般规定,以及东亚远征军中各团队的目录)》

6. 456 F 113. Sanitätsamt. Unterstützung der Kolonialtruppen

《卫生局对殖民军队的支持》

456 F 113 Nr. 22. Abgabe von Sanitätsoffizieren und Krankenwärtern sowie Ausrüstungsgegenständen an das Ostasiatisches Expeditionskorps, Abdeckung des dadurch entstandenen Personalmangels, Aufwandsentschädigungen für die Expeditionsteilnehmer. (4 August 1900-23 May 1908)

《向东亚远征军分配医生、护士和设备;解决人员不足问题;给远征军成员的费用津贴(1900 年 8 月 4 日至 1908 年 5 月 23 日)》

(十二)Landesarchiv Baden-Württemberg. Staatsarchiv Sigmaringen 锡格马林根国家档案馆①

1. Ho 235 T 6. Preußische Regierung für die Hohenzollernsche Lande: Abt. I, Sekt. II: Militaria

① 地址:Karlstraße 1+3, D-72488 Sigmaringen, GERMANY.

《普鲁士政府辖下的霍亨索伦地区：军事第一部第二处》

Unterstützung von Soldaten und deren Familien

《对士兵及其家属的帮助》

Ho 235 T 6 Nr. 105. Versorgung der Angehörigen des ostasiatischen Expeditionskorps. (1900-1905)

《东亚远征军成员的补给(1900～1905年)》

2. Wü 65/27. Oberamt/Landratsamt Reutlingen

《罗伊特林根上级办事处/地方办事处》

Registering the members of the East Asian Expedition for the support of needy families. (1901-1906)

《对东亚远征军家属救助的登记(1901～1906年)》

(十三) Landesarchiv Baden-Württemberg. Staatsarchiv Wertheim 韦特海姆国家档案馆①

K-G 20. Stadtarchiv Freudenberg. II. 9. Militär- und Kriegssachen. Allgemeines

《军事和战争资料》

K-G 20 A 114. Ostasiatisches Expeditionskorps. (1900)

《东亚远征军(1900年)》

(十四) Historisches Archiv der Stadt Köln 科隆市历史档案馆②

1. NL1006. Depositum Bachem

《巴赫姆存款》③

No. 116. Indemnität für die Chinausgaben (19 November 1900)

《为中国经费开支提供的赔偿(1900年11月19日)》

2. No. 157. Bishop Anzer; disturbances in China; religious freedom in China

《安治泰主教；中国动乱；中国的宗教自由》

(十五) Stadtarchiv Worms 沃尔姆斯市立档案馆④

Abtl. 204/Nr. 02-51. Karl Lorenz, Kriegserinnerungen an China 1900-1901

《卡尔·洛伦茨1900～1901年中国战争回忆录》(未刊日记)

(十六) Deutsches Tagebucharchiv e. V. 德国日记档案馆⑤

① 地址：Bronnbach 19, D-97877 Wertheim, GERMANY.

② 地址：Severinstraße 222-228, D-50676 Köln, GERMANY.

③ 巴赫姆(Karl Bachem, 1858～1945)，德国人，出版商、作家、政客。

④ 地址：Raschi-Haus, Hintere Judengasse 6, D-67547 Worms, GERMANY.

⑤ 地址：Marktplatz 1, D-79312 Emmendingen, GERMANY.

八、意大利和梵蒂冈

除了应对义和团运动这一当务之急外，意大利的外交和军事活动都集中在试图攫取浙江三门湾和天津租界上。与传教士有关的事宜变得微不足道，因为中国天主教护教权由法国行使。但是，梵蒂冈档案则大量涉及与义和团运动有关的宗教事务。

（一）Archivio Centrale dello Stato 中央国家档案馆①

Luigi Barzini (1874-1947) Papers

《巴兹尼文件(1974～1947 年)》

（二）Archivio storico diplomatico, Ministero degli Affari Esteri 外交历史档案馆②

Political correspondence. Pac. 405, 406, 408, 409, 410, 411, 412

Pacco 421 pos. 86/2 Regie Truppe Cina

Pacco 422 pos. 86/4 Reali Carabinieri Cina

Pacco 423 pos. 86/20 Cappellani Military Cina

《政治通函》

（三）Archivio dell'Ufficio Storico dello Stato Maggiore dell'Esercito 国家陆军档案馆③

（四）Archivio Ufficio Storico dell Marina Militare 国家海军档案馆④

（五）Archives of the Sacred Congregation for the Propagation of the Faith (Archivum Sacrae Congregationis de Propaganda Fide) (APF) 传信部档案馆⑤

传信部于 1622 年在罗马成立，主要负责监管和统筹不受葡萄牙或西班牙王室资助的各种罗马天主教传教士组织、教会和协会。20 世纪，梵蒂冈任命刚恒毅(1876～1958)担任宗座代表访问中国以规避法国护教权。1988 年以后，原来的传信部改为“万民福音部”。⑥

Scritture Riferite nei Congressi—Cina e regni adiacenti (SRnC, Cina)

Nuova Serie (NS), Rubrica (Rubr.) 130: Cina

Vol. 192A-192B (1900): Boxer Movement

---

① 地址：Piazzale degli Archivi, 27-I-00144 Roma, ITALY.

② 地址：Piazzale della Farnesina 1, I-00194 Roma, ITALY. 以“p”开头的政治档案涉及中国义和团运动(1898～1902 年)。

③ 地址：via Lepanto, 5-all'interno della Caserma “Nazario Sauro”, 00192 Roma, ITALY.

④ 地址：Via Taormina 4, I-00135 Roma, ITALY.

⑤ 地址：Via Urbano VIII, 16, I-00120 CITTÀ DEL VATICANO.

⑥ 1893 年年初 AP 档案系统发生重大改变。新系列 NS 系统每年以代码运行。中国的代码是 130。关于传信部档案，参见：Nikolaus Kowalsky & Josef Metzler, *Inventory of the Historical Archives of the Congregation for the Evangelization of Peoples or “de Propaganda Fide”*, 3rd enlarged edition, (Studia Urbaniana, XXXIII). Rome: Pontificia Università Urbaniana, 1988.

Vol. 193 (1900)

Vol. 213 (1901)

《有关中国档案编码：130》

(六) Vatican Secret Archives (Archivio Segreto Vaticano) (ASV) 梵蒂冈档案馆①

(七) Missionary Archives 传教士档案

1. Archivio Generale, Pontificio Istituto Missioni Estere (AG-PIME; PIME General Archives)，米兰外方传教会②

   郎巴地外方传教修院沿着巴黎外方传教会的路线在米兰附近成立。1858年，米兰外方传教会的首批传教士抵达中国开始负责香港教区的传教。1869年，罗马教廷把河南宗座代牧区的教宗职位委托给郎巴地外方传教修院，目前已被遣使会接管。1926年，米兰外方传教会与罗马圣徒彼得和保罗宗座神学院合并为宗座外方传教会(PIME)。

   义和团运动对米兰外方传教会河南北境代牧区带来的破坏非常严重，对河南南境代牧区的影响稍小。1900年，罗马圣徒彼得和保罗宗座神学院在陕西南部有一个小差会，其传教士郭西德（1863～1900)在1900年7月21日被杀于阳平关镇。

2. Archivio dei Missionari Saveriani, Centro Studi Confortiani Saveriani (ACSCS) 圣方济沙勿略会③

   义和团运动期间，圣方济沙勿略会在中国只有两名初来乍到的成员，即 Caio Rastelli(1872～1901年)和 Odoardo Manini(1878～1929年)。他们从河南西部被迫逃至山西，并最终在内蒙古的圣母圣心会小桥畔传教站获得安全保护。

3. Archivio Storico della Curia Generalizia dell'Ordine dei Frati Minori 方济各会④

   19世纪，方济各会成为在修士人数和教区领域方面最多的罗马天主教会。此外，各方济各会差会秉承了其排他的民族特性，特别是1856年在葡萄牙护教权影响下北京教区和南京教区被取消、整个中国被分为若干宗座代牧区之后。到19世纪后期，欧洲各方济各会省份分别分配修士到他们自己在中国的自治区、宗座监牧区或宗座代牧区已成为惯例。

---

① 有关梵蒂冈档案馆的结构和内容的一般介绍，参见：Blouin, Francis X., Jr., et al. (eds.), *Vatican Archives: An Inventory and Guide to Historical Documents of the Holy See*. New York and Oxford: Oxford University Press, 1998; Di Giovanni, Francesca, Sergio Pagano & Giuseppina Roselli (eds.), *Guida delle fonti per la storia dell'Africa del nord, Asia e Oceania nell'Archivio Segreto Vaticano*, (Collectanea Archivi Vaticani, 37). Cittaà del Vaticano: Archivio segreto vaticano, 2005. 关于其档案的索引目录和简介，可访问 http://asv.vatican.va/download/indicefondi/Indice_fondi_en.pdf.zip. 本书主要介绍相关所藏之传教团体档案文献。

② 地址：Via F. D. Guerrazzi 11, I-00152 Roma, ITALY.

③ 地址：Viale S. Martinto 8, I-43100 Parma, ITALY.

④ 地址：Via S. Maria Mediatrice, 25 (da: via Aurelia, 209-211), I-00165 Rome, ITALY.

对义和团研究极为重要的档案资料是方济各会档案馆收藏的发生于山西北境宗座代牧区境内太原的相关事件文献。另外，方济各会的各省级档案馆也收藏了不少相关资料。到19世纪末，欧洲的某些方济各省亦派遣了传教士到中国各宗座代牧区。因此，山西南境宗座代牧区由荷兰方济各会会士负责，山东东境代牧区由法国方济各会会士管理。来自意大利圣救世主省（博洛尼亚）和圣迈克尔省（罗马）的方济各会士在山东北境代牧区异常活跃。义和团运动高潮时期，留在山东北境代牧区的意大利方济各会士屈指可数。西班牙方济各会士费若瑟（1849～1915年）参与调解了梨园屯地区天主教徒和非基督徒之间的矛盾冲突。这起财产纠纷始于19世纪60年代后期，1897年在直隶义和拳组织的干预下走向复杂化。值得关注的意大利方济各会省级档案馆包括：

(1) Archivio storico della Provincia di Cristo Re dei Frati Minori dell'Emilia-Romagna 圣凯瑟琳省和圣救世主省方济各会[①]

意大利圣凯瑟琳省和圣救世主省成立于1946年，由原来的两个独立省份圣凯瑟琳省和圣救世主省合并而成。[②]

(2) Archivio Provinciale, Frati Minori Piemonte 圣托马斯省方济各会[③]

来自意大利圣托马斯省（都灵）的方济各会会士经历了19世纪末20世纪初的湖南反基督教和反传教士风波。

(3) Archivio Provinciale Aracoeli-Storico 圣迈克尔省方济各会[④]

义和团运动期间，来自意大利圣迈克尔省（罗马）的方济各会会士活跃于山西北境宗座代牧区。值得注意的是，位于太原的山西北教区档案馆收藏了由意大利方济各会会士留下的义和团运动相关档案资料。

4. Archivum Romanum Societatis Iesu (ARSI) 耶稣会——中央档案馆[⑤]

ARSI是世界范围内耶稣会的官方中央档案馆。尽管耶稣会早在1814年就由教皇庇护七世重建，但直到1841年首批耶稣会传教士才来到中国。1856年，耶稣会会士（主要是法国人）被分配到新开辟的江南代牧区（江苏和安徽）和直隶东南代牧区。中国耶稣会士的主要资料保存在徐家汇（上海）和献县（河北）。[⑥]

5. Archivum Generalatus SVD (AG-SVD) 圣言会[⑦]

圣言协会（圣言会）由德国（圣）杨生神父1875年创立于荷兰芬洛附近的西泰尔地区。1879年，由这个新成立不久的天主教会派出的两名传教士抵达香港，与米兰外方传教会短暂相处的同时寻找新的传教地区。1882年转移到山东代牧

---

① 地址：via Guinzelli, 3, I-40125 Bologna, ITALY.

② 与义和团运动期间山西事件有关的相关档案，见：Archivio della Provincia Osservante di Bologna, poi del SS. Redentore, Bologna: Missione di Yütze (Shan-si, Cina).

③ 地址：Via S. Antonio da Padova, 7, I-10121 Torino, ITALY.

④ 地址：Scala dell'Arce Capitolina 12, I-00186 Roma, ITALY.

⑤ 地址：Borgo S. Spirito 4, I-00193 Roma, ITALY.

⑥ 全球范围内更多耶稣会士档案，请参见：McCoog, Thomas M., *A Guide to Jesuit Archives*. St. Louis, MO: Institute of Jesuit Sources; Rome: Institutum Historicum S. I., 2001.

⑦ 地址：Via dei Verbiti 1, I-00154 Roma, ITALY.

区的意大利方济各会之后，圣言会传教士会被分配至该省南部进行传教。1885 年，该教区脱离方济各会被移交给圣言会，成为山东南境代牧区。虽然圣言会具有国际性，但它普遍被认为是一个德国教会。

6. Archives of the Marist Brothers (AFM) 圣母小昆仲会①

义和团运动期间，圣母小昆仲会参与了北京和天津两地的教育事工。两名法国和一名中国修士在北京被围中被杀。②

7. Archivio, Francescane Missionarie di Maria 玛利亚方济各会传教修女会③

该传教会由玛利亚修女(Marie Philippine de Chappotin de Neuville，宗教名 Mary of the Passion，1839～1904)于 1877 年创立于印度乌塔卡蒙德地区。首批来华修女 1877 年开始在山东烟台传教。作为一家国际性宗教机构，她们广泛参与到教育、医疗保健、中国修女的培养等方面，足迹遍及中国各地。1900 年 7 月 9 日，一小部分修女在太原被杀。

8. Archivio, Canossiane (Figlie della Carità) 嘉诺撒仁爱女修会④

首批嘉诺撒仁爱女修会成员于 1860 年从意大利来到香港，后来其传教足迹遍及中国多地，包括靳家岗和南阳(河南)(1892 年)，以及城固县古路坝(陕西)(1896 年)。

九、荷兰

(一) Archieven van het Ministerie van Buitenlandse Zaken 荷兰外交部档案馆⑤

义和团运动期间荷兰外交部在北京的表现相对低调。对荷兰天主教徒的保护主要由法国政府提供。克罗伯(Fridolin Marinus Knobel，1857～1933)，荷兰驻北京公使，1901 年 9 月参与签署了《辛丑条约》。

在北京的荷兰使馆档案馆收藏了一份荷兰索赔的文献、一份罗马天主教会于 1891～1903 年在华传教的历史文献，以及一个写有 1891～1902 年间中国民众起义和民众运动的信封。

---

① 地址：Piazzale Marcellino Champagnat 2, C. P. 10250, I-00144 Roma, ITALY.

② 大量文献资料已被数字化并放在互联网上。比如，《北京解围之后的北京来信》转载于《1900 年 10 月 12 日的 199 号通知》，参见：http://www.fms.it/510.php? a=5a&id=3199. 更多相关资料可以通过输入合适的查找术语获得。比如下例："1900. Sièges de TIENTSIN et de PÉKIN", d'après Frère Aristonique [Maillet], Archives FMS 681. H. 012. 圣母小昆仲会也留下了有关他们工作的记录，可以在互联网上进行访问。最令人感兴趣的是 Giovanni Maria Bigotto 的《我们的圣洁榜样》。Bigotto 讨论并总结了北京宗教法庭对一名法籍拉匝禄会成员艾儒略(Jules Garrigues，1840～1900)、两名法籍圣母小昆仲会修士以及大批中国天主教徒包括中国修士约瑟夫·范(教名 Joseph-Marie-Adon)进行审判的完整记录，详情可访问：www.champagnat.org/e_maristas/santi/Causes_EN.doc.

③ 地址：Via Giusti 12, I-00185 Roma, ITALY.

④ 地址：Via Don Orione 17, I-00183 Roma, ITALY.

⑤ 地址：Nationaal Archief, Prins Willem Alexanderhof 20, P. O. Box 90520, NL-2509 LM The Hague, THE NETHERLANDS.

(二) Archives of the Dutch Province of the Order of Friars Minor (OFM; Franciscans) 方济各会档案[①]

荷兰方济各会的一些人曾在意大利方济各会的安排下在湖北东部传教,后于1890年被分配至山西南境代牧区,中心传教站位于潞安(今长治)。义和团运动期间,山西南境代牧区的名誉主教是贺广才(Johannes Anton Hofman,1834~1917),1901年由翟守仁(Odericus Timmer,1859~1943)接任。

相关文献介绍:

Accession No. 606: Rooms-Katholiek (rk), Franciscanen Nederland-Missie

《荷兰方济各会档案》

1224: Franciscanen Nederland, China

《荷兰方济各会——中国》

1. 2. Het Apostolisch Vicariaat von Zuid-Shansi tussen 1890-1901, de periode van Mgr. Martinus Poell en Mgr. Johannes Hofman

《鲁南代牧区(1890~1901年):主教贺广才通函、传教士向贺广才的报告;义和团运动期间的信函及报告》

十、挪威

(一) Norwegian Lutheran Mission (NLK) 瑙国路德会(原中华基督教路德会)[②]

瑙国路德会由一群来自卑尔根的女性于1891年发起成立。1900年,瑙国路德会已在均州(后湖北省均县)年和老河口(湖北省)建有传教站。虽然这些地区并非拳民活动的中心地区,但是这里的传教士也经历了反基督教冲击。此外,他们还向义和团运动期间从华北逃至此地的传教士提供庇护。在这方面,来自挪威北部萨米少数民族地区的传教士马苏尼(Edvard Masoni,1870~1930)留下了一份评论义和团运动期间中国传教事业发展的重要文献。

(二) Norwegian Mission in China (NMC) 挪威会[③]

中国挪威会基督教委员会正式于1887年,在中国内地会的帮助下对山西的挪威籍传教士提供支持,直到1910年才开辟了自己的教区。1890年,挪威会直接向中国派出首批两名传教士 Ragnhild Hattrem(1856~1925)和 Ole S. Næstegaard(1865~1954)[④]; 1890年,C. Angvik 和 Lina Holth 小姐也紧随其后来到中国。义和团运动期间,女传教士们逃到上海。

---

① 地址:Het Utrechts Archief, Alexander Numenskade 199-201, NL-3572 KW Utrecht, THE NETHERLANDS.
荷兰方济各会相关资料指南,请参见:C. Beck, "Inventaris van de collectie Chinese missie, behorend tot de archieven van de Nederlandse minderbroeders provincie 1870-1997". (2004/2005).

② 地址:NLM-arkivet, Sinsenveien 15, NO-0572 Oslo, NORWAY.

③ 地址:Evangelisk Orientmisjon, Boks 5369, Majorstuen, NO-0304 Oslo, NORWAY.

④ 其兄长是 Ole Næstegaard (1861~1937)。

十一、西班牙

西班牙对1900年华北的义和团事件的参与极其有限。西班牙天主教传教士的主要活动区域是福建和湖南，并不是义和团运动的中心地带。但是，西班牙公使葛络干(B. J. de Cólogan，1847～1921)经历了北京使馆被围，后来也签署了1901年的《辛丑条约》。

Archivo Generaly Biblioteca del Ministerio de Asuntos Exteriores (AGMAE) 外交部档案馆①

1. Correspondence with Embassies and Legations. China. (1836-1930). Legajo [File] No. 1449：1896-1916
   《使领馆通函之中国(1836～1930年)》
2. Correspondence with Consulates
   《领事馆通函》
   (1)Shanghai (1858-1929). Legajo No. 2063-2064
   《上海(1858～1929年)》
   (2)Tianjin (1898-1899). Legajo No. 2078
   《天津(1898～1929年)》
3. Politica exterior. China. (1848-1929). Legajo No. 2368：1896-1900；No. 2369：1901-1929
   《中国的对外政策(1848～1929年)》②

十二、瑞典③

(一)ArkivCentrum Örebro Län 瑞典圣洁会④

瑞典圣洁会于1890年来华，配合中华内地会在山西开展传教工作。截至1900年，他们已在山西建立了以下传教站：浑源(1898年)、大同西(1886年)、左云(1895年)、右云(原朔平)(1895年)，此外还有四川省的新店子(1892年)。

(二)Riksarkivet (Swedish National Archives) 瑞典国家档案馆 ⑤

义和团运动期间，瑞典兼理挪威外交事务。除了公使馆和和领事馆的相关资料以

① 地址：C/ salvador 1，Plaza de la Provincia，E-28012 Madrid，SPAIN.

② 请注意，北京的西班牙使馆档案资料在义和团运动北京被围期间遭到损毁。

③ 瑞典基督教受义和团运动影响最大的是山西和内蒙古的传教事业。

④ 地址：Nikolaigatan 3，702 10 Örebro，SWEDEN. 1997年，瑞典圣洁会、自由浸信会特派团(斯堪的纳维亚独立浸信会联盟)和厄勒布鲁教会合并组建宗教组织“Nybygget-kristen samverkan”。2002年以后，该组织在瑞典被称为“Evangeliska Frikyrkan”，在国际上被称为“InterAct”。上述三家教会在中国的传教活动都很活跃。

⑤ 地址：Fyrverkarbacken 13-17，Stockholm；Postal Address：P. O. Box 125 41，S-102 29，Stockholm，SWEDEN.

外，瑞典国家档案馆还收藏了一些瑞典教会的档案资料。[①]

1. Svenska missionen i Kina och Japan arkiv 瑞华会支持委员会

   瑞华会支持委员会成立于1887年，旨在为传教士爱立克・福克及其同工在河南、山西和陕西的传教事业提供支持，属于内地会成员。1982年，瑞华会与瑞典蒙古传教团合并成立了福音传教会。义和团运动期间，瑞华会的布道站有河南的新安(1899年)和鸡公山，山西的解县(原解州)(1895年)、猗氏(1891年)和运城(1888年)，陕西的韩城(1897年)和大荔(原同州)(1891年)。

2. Kinamissionen (Svenska Missionsförbundet) 瑞典行道会

   瑞典行道会(2003年起改称为"Svenska Missionskyrkan")自1890年开始就参与华中地区的传教事工。他们在湖北的传教站有宜昌(1894年)、沙市(1896年)、武昌(1890年)。瑞华行道会与美国教会合作紧密。

十三、英国

(一)Official Archives 官方档案

1. British Library, Asia, Pacific and Africa Collections (Previously Oriental and India Office Library)—India Office Records 英国图书馆亚洲、太平洋和非洲分部(原大英图书馆东方和印度事务部档案部门)[②]——印度事务部档案

   (1) Mss Eur D1114/3(0). Brigadier Frank McCallum Collection: With the China Expeditionary Force 1900-1901

   《旅长弗兰克・麦卡勒姆的收藏：跟随中国远征军(1900~1901年)》[③]

   (2) Mss Eur C259. George Kenneth Scott-Moncrieff (1855-1924), Royal Engineers

   《皇家工程师乔治・肯尼思・斯科特・蒙克里夫(1855~1924年)》[④]

   (3) Military Collection 402. China Expedition 1900: IOR/L/MIL/7/16666-16819

---

① 瑞典驻上海总领事馆的所有往来资料都被保存在瑞典国家档案馆分馆，地址：Mätslingan 17, Arninge, Täby, SWEDEN. 包含总领事亲笔信在内的外交部档案现保存在位于斯德哥尔摩的国家档案馆总馆。

② 地址：96 Euston Road, London NW1 2DB, UNITED KINGDOM.

③ 关于中国远征军和义和团运动的影集。该影集是乔治・西蒙斯・巴罗(George de Symons Barrow，1864~1959)藏品的一部分，巴罗曾于1886~1929年间在印度陆军担任将军。影集包含96张有关1900~1901年期间中国远征军和义和团运动的打印照片。照片除了前两张之外都没有说明文字。内容包括：在英国公使馆总部参加午餐会的人群(可以辨认的有：上校 Gerald Hope Wildig O'Sullivan RE、英军驻中国指挥官 Alfred Gaselee、船长 Beauchamp Tyndal Pell、女王兵团、少校 Archer Lloyd Marischal Turner RA、上校 William John Read Rainsford RAMC、少校 Skipton Hill Climo)，驶往中国的"H. M. S. Fame en"号，香港风景(主要是港口)，上海风景，大沽口炮台影像，北京街头景象和建筑，戴枷的中国囚犯或罪犯。

④ 一份打字稿版的回忆录。该人曾是1900~1901年中国远征军的一员。

《中国远征军（1900年）》①

①402/1：IOR/L/MIL/7/16666. China Expedition 1900：Desptatch of Indian Native Force with British Artillery at Cost of Imperial Government. 1900

《1900年的中国远征军：帝国政府资助的印度本土军队与英国炮兵调遣》

②402/3：IOR/L/MIL/7/16668. China Expedition 1900：Control of Operations Vested in India Office and Government of India. 1900

《1900年的中国远征军：授权于印度事务部和印度政府的行动控制》

③402/5：IOR/L/MIL/7/16670. China Expedition 1900：Engagement of Coolie Corps. 1900

《1900年的中国远征军：苦力兵团的参与》

④402/7：IOR/L/MIL/7/16672. China Expedition 1900：File of Foreign Office telegrams. 1900

《1900年的中国远征军：外交部的电报文件》

⑤402/8：IOR/L/MIL/7/16673. China Expedition 1900：File of Admiralty telegrams. 1900

《1900年的中国远征军：海军部的电报文件》

⑥402/9：IOR/L/MIL/7/16674. China Expedition 1900：File of War Office telegrams. 1900

《1900年的中国远征军：战争部的电报文件》

⑦402/15：IOR/L/MIL/7/16680. Appointment of Sir Walter Hillier (1849-1927) as Principal Assistant Political Officer with Sir Alfred Gaselee. 1900-1904

《Walter Hillier爵士（1849～1927）担任盖利爵士首席助理政工师的任命书（1900～1904年）》

⑧402/18：IOR/L/MIL/7/16683. Reports from Principal Medical Officer in China Regarding Medical Arrangements in Connection with Operations in and around Tientsin. 1900

《驻中国首席医疗官有关天津及周边地区医务工作的报告(1900年)》

⑨402/21：IOR/L/MIL/7/16686. German Government's Request to Purchase Horses and Mules in India for Service in China. 1900

《德国政府要求在印度采购驴、马以为中国战事提供服务的报告(1900年)》

⑩402/26：IOR/L/MIL/7/16692. Supply of Arms for Use of Europeans. 1900-1901

① 1900年英国派出的中国远征军大部分来自印度。因此，IOR/L/MIL/7保存了大量的印刷和手稿记录。本书选择了其中一部分，如需要完整内容列表，请查阅档案网站。还应当指出的是，某些文件副本也保存在英国皇家档案馆的战争部档案中。此外，印度事务部收藏的一些军事部门关键文件可见于IDC出版社的两套所谓胶片中，见IDC Publishers，Leiden，2004："British Military Intelligence on China, and the Boxer Rising：c. 1880-1930"。参见：Anthony J. Farrington，*Guide to the Records of the India Office Military Department IOR L/MIL & L/WS*. London：India Office Library and Records，1982；Anthony J. Farrington，*Guide to the Records of the India Office Military Department IOR L/MIL & L/WS*. London：India Office Library and Records，1982.

《欧洲人武器供应(1900～1901年)》

⑪ 402/35: IOR/L/MIL/7/16700. Special Service (Railways, Ports, Intelligence) Officers: Including Captains Napier, Willoughby, Rennick, Cole, Davies, Tweddell, Barrow, Selwyn, Mockler and Major Noel Wilmot Houssemaune du Boulay. 1900-1901

《特殊服务(铁路、港口、情报)人员》

⑫ 402/42: IOR/L/MIL/7/16707. Correspondence in Connection with Despatch of Expeditionary Force to China: Programme of Concentration and Embarkation (a) Field Operations; (b) Establishment of Staff Officers; (c) Ordnance Department, Camp Equipment, Commissariat, Medical Stores, etc. ; (d) Pay and Allowances, Accounts; (e) Marine, Transport, Communications (m-w) and Telegrams (volume 12). 1900-1903

《派遣中国远征军的通信·集合与出发程序,包括:(1)野外作业;(2)组建参谋人员;(3)军械部、露营装备、军粮、药店等;(4)薪酬和津贴、账户;(5)船舰、交通、通信和电报(1900～1903年)》第12卷

⑬ 402/43: IOR/L/MIL/7/16708. Freezing of the Peiho (Beihe) and Question of Communication of Necessary Stores between Sea and Taku (Dagu) in Winter. 1900. Includes a letter from Lord John Hay regarding China Expedition of 1860

《1900年冬北河冰封及在海洋与大沽炮台之间建立必要通信站的问题,包括一封约翰老爷写的关于1860年远征中国的信》

⑭ 402/48: IOR/L/MIL/7/16713. China 1900: Memoranda by War Office Intelligence. 1900

《1900年的中国:陆军情报部备忘录》

⑮ 402/66: IOR/L/MIL/7/16731. Appointment of Field Marshal Count Waldersee of German Army to Assume Supreme Direction of Military Operations. 1900

《德国陆军元帅瓦德西拥有最高军事指挥权任命书(1900年)》

⑯ 402/67: IOR/L/MIL/7/16732. Staff of Count Waldersee: Appointment of Brevet Colonel James Moncrieff Grierson and Brevet Lieutenant Colonel Charles Herbert Powell. 1900

《瓦德西属下J. 格里尔森和C. 波维尔任命书(1900年)》

⑰ 402/69: IOR/L/MIL/7/16734. China 1900: Distribution of Troops owing to Winter occupation of Chihli. 1900

《1900年的中国:冬季占领直隶的军队分布》

⑱ 402/74: IOR/L/MIL/7/16740. China 1900: General Sir Alfred Gaselee's Diary of Events and Despatches. 1900-1902

《1900 年的中国：盖利将军行动与调遣日记（1900～1902 年）》

⑲ 402/78：IOR/L/MIL/7/16744. China 1900：Parliamentary Questions. 1900-1902

《1900 年的中国：议会问题（1900～1902 年）》

⑳ 402/80：IOR/L/MIL/7/16746. China 1900：Despatches. 1900-1902

《1900 年的中国：派遣行动（1900～1902 年）》

㉑ 402/82：IOR/L/MIL/7/16748. China 1900-1901：Nominal Rolls of Officers and Men Eligible for Prize Fund，Allegations of Pillage and Looting. 1900-1903

《1900～1901 年的中国：荣获嘉奖及受到抢劫指控的官兵名录（1900～1903 年）》

㉒ 402/83：IOR/L/MIL/7/16749. China 1900-1901：Grant of Medal and Copy of *Journal of Principal Events Connected with China* compiled by Intelligence Department of War Office. 1900-1903

《1900～1901 年的中国：战争部情报局编译的〈中国要闻杂志〉获奖奖章与复本》

㉓ 402/84：IOR/L/MIL/7/16750. China 1900-1901：Relief of Australian Naval Contingent by European Troops. 1900-1903

《1900～1901 年的中国：欧洲部队救援澳洲海军记（1900～1903 年）》

㉔ 402/87：IOR/L/MIL/7/16753. Offer of Troops by Rules of States in India：Including Kashmir，Bikaner，Hyderabad，Patiala，Kapurthala. 1900

《印度各州军队报价，包括克什米尔、比卡内尔、海得拉巴、帕蒂亚拉及卡普塔拉（1900 年）》

㉕ 402/91：IOR/L/MIL/7/16757. Removal of War Material from Imperial Chinese Arsenal near Hsiku by the Russians. 1901

《俄军收缴中国兵工厂军火记（1901 年）》

㉖ 402/92：IOR/L/MIL/7/16758. Claim by British Municipal Council at Tientsin for Loss of Revenue due to Disturbances. 1901

《英国天津市议会就因受义和团运动影响而税收减少事宜的索赔要求（1901 年）》

㉗ 402/99：IOR/L/MIL/7/16765. China Expedition 1900-1901：Distribution of Trophies，Captured Guns，etc. 1901-1904

《1900～1901 年的中国：战利品、收缴枪支等的分布（1901～1904 年）》

㉘ 402/100：IOR/L/MIL/7/16766. Fracas among International Troops at Tientsin，after Closure of Disorderly House by Military Police. 1901

《天津妓院被军警关停引发的国际部队冲突（1901 年）》

㉙ 402/106：IOR/L/MIL/7/16772. China Expedition 1900-1901：Weekly

Intelligence Diaries of Events from Major General Garrett O'Moore Creagh. 1901-1903
《1900～1901 年的中国:G. 克雷少将每周要闻记录(1901～1903 年)》

㉚ 402/112: IOR/L/MIL/7/16778. Notes on Political Situation Compiled under Orders of General Gaselee: Russian, French, American and Japanese Long-term Ambitions, Relations between Foreign Powers in China and Chinese, etc. 1901
《盖利将军下令编写的政治局势报告:俄国、法国、美国和日本的长远野心、在中国的西方列强之间及其与中国的关系等(1901 年)》

㉛ 402/114: IOR/L/MIL/7/16780. Russian Occupation of Niuchuang: Reports by Captain G. F. Napier, Oxfordshire Light Infantry. 1901
《俄国占领营口记:船长 G. 纳皮尔的报告》

㉜ 402/115: IOR/L/MIL/7/16781. Reports by Lieutenant Colonel Powell, Attached to Staff of Field Marshal Count Waldersee in North China, on British Military Interests in China. 1900-1901
《鲍威尔中校的报告——附于华北瓦德西陆军元帅文件中,涉及英国在中国的军事利益(1900～1901 年)》

㉝ 402/116: IOR/L/MIL/7/16782. China Expedition 1900-1901: Reports on the Allied Armies, Their Organization and Equipment, etc. 1901
《1900～1901 年的中国远征军:联军、联军组织与装备报告等(1901 年)》

㉞ 402/126: IOR/L/MIL/7/16792. Legation Defences and Accommodation for Commandant of Legation Guard. 1901-1903. Includes Map of British Quarter (Legation) in Beijing
《使馆防御和使馆警卫指挥官的食宿(1901～1903 年),内含驻北京的英国指挥部(使馆)地图》

㉟ 402/133: IOR/L/MIL/7/16799. Proposed Detention of 2nd Battalion Royal Welsh Fusiliers at Hong Kong until Satisfaction is Obtained for Murder of two British Missionaries, and Final Return of that Battalion to India. 1902
《皇家威尔士兵团第二营因涉嫌杀害两名英国传教士在香港被拘留直至事件被圆满处理并最终返回印度事件(1902 年)》

㊱ 402/136: IOR/L/MIL/7/16802. History of Military Operations in China 1900-1901. 1902. Correspondence Regarding Proofs etc.
《1900～1901 年间中国军事行动史(1902 年);可以作为证据的信件等》

㊲ 402/137: IOR/L/MIL/7/16803. Evacuation of Shanghai, 1902. 1902-1903
《1902 年的上海撤离(1902-1903 年)》

㊳ 402/150: IOR/L/MIL/7/16816. Copies of Despatches from Commander-in-Chief and the Rear Admiral of the Proceedings in North China. 1900

《总指挥官和海军上将有关华北诉讼的快件副本(1900 年)》

㊴ 402/151: IOR/L/MIL/7/16817. China Expedition 1900: Copy of Memorandum Entitled "China: Advisability of Occupying Pei-Tang, Tongshan, Ching-Wang-Tao, and Shan-hai-kuan and General Observations", dated 22 September 1900. 1900

《1900 年的中国远征军:北京、铜山、秦皇岛、山海关等地占领纪实(1900 年)》

㊵ 402/153: IOR/L/MIL/7/16819. Alleged looting of golden bells from Temple of Heaven, Beijing, by British officers of the Indian Army. 1920-1927

《印度陆军的英国军官涉嫌抢劫北京天坛金铃铛记(1920～1927 年)》

2. Imperial War Museum Department of Documents 帝国战争博物馆档案馆①

Papers of Sir Vernon George Waldergrave Kell (1873-1942), Major General

《少将 V. 凯尔爵士的文件》

该文件是由他妻子 C. 凯尔(Constance Kell)女士撰写的极为重要的打字稿版传记(共 230 页)制作的缩微胶卷。描述了他在义和团运动(1900 年)期间及随后北京解围中的服役过程、担任 L. 坎贝尔(Lorne Campbell)将军的情报官(1901～1902 年)及访问天津和北京的经历,以及作为塘沽火车站铁路参谋参与中国铁路部门涉外管理事宜(1902～1903 年)的经历。缩微胶卷还包括一本手写日记,记录了他在 1900 年 6 月至 1901 年 7 月义和团运动期间的服役经历。

3. The National Archives (formerly Public Record Office) 国家档案馆(原公共事务档案馆)②

(1)Foreign Office

外交部③

①FO 17. Foreign Office: Political and Other Departments: General Correspondence before 1906, British Legation, China

《外交部,政治和其他部门:1906 年前英国驻华公使馆的一般函件》

FO 17/1325. Consuls at Amoy, Canton, Chefoo, Chingkiang, Chungking, Foochow, Hankow, Ichang, Kiukiang, Kiungchow. 1897

《驻厦门、广州、烟台、镇江、重庆、福州、汉口、宜昌、九江及琼州领事(1897 年)》

FO 17/1354. Consuls at Amoy, Canton, Chefoo, Chingkiang, Chungking, Foochow, Hangchow, Hankow, Ichang, Kiukiang, Kiungchow, Newchwang, Ningpo, Pakhoi, Samshui, Shashih, Ssumao,

---

① 地址:Lambeth Road, London SE1 6HZ, UNITED KINGDOM.

② 地址:Kew, Richmond, Surrey, TW9 4DU, UNITED KINGDOM.

③ 关于英国公使馆在中国的历史与建制,参见:P. D. Coates, *The China Consuls: British Consular Officers, 1843-1943*. Hongkong: Oxford University Press, 1988.

Swatow. 1898

《驻厦门、广州、烟台、镇江、重庆、福州、杭州、汉口、宜昌、九江、琼州、牛庄、宁波、北海、三水、沙市、思茅及汕头领事(1898年)》

FO 17/1393. Consuls General at Shanghai; Brenan, Warren. Consuls at Canton, Chefoo, Hankow, Ningpo, Ichang, Tengyueh. 1899

《上海总领事;璧利南、霍必澜;驻广州、烟台、汉口、宁波、宜昌、腾越领事(1899年)》

FO 17/1395. Consuls at Amoy, Canton, Chefoo, Chingkiang, Chungking, Foochow, Hangchow, Hankow, Ichang, Kiukiang, Kiungchow, Newchwang, Ningpo. 1899

《驻厦门、广州、烟台、镇江、重庆、福州、杭州、汉口、宜昌、九江、琼州、牛庄及宁波领事(1899年)》

FO 17/1411. Sir Claude MacDonald. Diplomatic. Despatches. 1-53. January-15 March 1900

《窦纳乐爵士外交文书急件(1900年1月至3月15日)》①

FO 17/1412. Sir Claude MacDonald. Diplomatic. Despatches. 54-89. 16 March-13 May 1900

《窦纳乐爵士外交文书急件(1900年3月16日至5月13日)》

FO 17/1413. Sir Claude MacDonald. Diplomatic. Despatches. 90-119. 14 May-20 September 1900

《窦纳乐爵士外交文书急件(1900年5月14日至9月20日)》②

FO 17/1418. Sir Claude MacDonald, Sir Ernest Satow. Diplomatic. Telegrams. Despatches. 1900

《窦纳乐爵士、萨道义爵士外交交电报急件(1900年)》

FO 17/1419. Sir Claude MacDonald, Sir Ernest Satow. Diplomatic. Telegrams. Drafts. Paraphrases. 1900

《窦纳乐爵士、萨道义爵士外交电报草稿(1900年)》

FO 17/1422. Consuls General at Canton, Hankow. 1900

《驻广州、汉口总领事(1900年)》

FO 17/1426. Consuls General at Shanghai; Warren, Brenan. Diplomatic. Telegrams & Paraphrases. Drafts. 1900

《驻上海总领事霍必澜、璧利南外交电报改述及草稿(1900年)》

FO 17/1427. Consuls General at Shanghai; Warren, Brenan. Diplomatic. Telegrams. Despatches. 1900

① 涉及大英安立甘会传教士卜克斯(Sydney Malcolm Wellbye Brooks,1874～1899)于1899年12月31日在山东肥城地区被杀害事宜。窦纳乐首次在官方文件中把该组织称为“义和团”。

② 该文件提及了发生在威海卫的排英暴力事件。

《驻上海总领事霍必澜、璧利南外交电报急件(1900 年)》

FO 17/1429. Consul and Consul General at Tienstin and Peking; Carles, Campbell. Diplomatic. Telegrams. 1900. W. R. Carles reports on the situation in the Tianjin-Dagu area

《驻天津和北京领事和总领事贾礼士、金登干外交电报(1900 年)》①

FO 17/1431. Consuls at Ichang, Kiukiang, Kiungchow, Newchwang, Ningpo, Pakhoi, Samshui, Ssumao, Swatow, Wenchow, Wuchow, Wuhu. 1900

《驻宜昌、九江、琼州、牛庄、宁波、北海、三水、思茅、汕头、温州、梧州及芜湖领事(1900 年)》

FO 17/1432. Chief Justices at Shanghai. Consuls General at Canton, Hankow, Shanghai, Tientsin. 1900

《驻上海首席大法官;驻广州、汉口、上海及天津总领事(1900 年)》

FO 17/1433. Consuls at Amoy, Chefoo, Chingkiang, Chungking, Foochow, Hangchow, Ichang, Kiukiang, Kiungchow, Nanking, Newchwang, Ningpo. 1900

《驻厦门、烟台、镇江、重庆、福州、杭州、宜昌、九江、琼州、南京、牛庄及宁波领事(1900 年)》

FO 17/1444. Various. Diplomatic. 9-20 August 1900

《其他外交函档(1900 年 8 月 9～20 日)》②

FO 17/1492. Consuls General at Canton, Hankow. 1901

《驻广州、汉口总领事(1901 年)》

FO 17/1494. Consuls General at Tientsin; Campbell, Carles, Hopkins. Consuls at Amoy, Chefoo, Foochow, Ichang, Kiukiang, Kiungchow, Nanking, Newchwang, Ningpo. 1901

《驻天津总领事金登干、贾礼士、金璋;驻厦门、烟台、福州、宜昌、九江、琼州、南京、牛庄及宁波领事(1901 年)》

FO 17/1497. Consuls at Amoy, Chefoo, Chingkiang, Chaungking, Foochow, Ichang, Kiukiang, Kiungchow, Nankin, Newchwang, Ningpo. 1901

《驻厦门、烟台、镇江、重庆、福州、宜昌、九江、琼州、南京、牛庄及宁波领事(1901 年)》

FO 17/1540. Consuls General at Hankow, Shanghai, Tientsin. 1902

《驻汉口、上海及天津总领事(1902 年)》

---

① 该文件为贾礼士就天津—大沽地区的形势所作的汇报。

② 该文件包含英国驻北京军事顾问中校 G. 特布朗(George Fitzherbert Browne,1851～1935)签署的一份备忘录——北京可采取的行动备忘录(1900 年 8 月 10 日)。

FO 17/1541. Consuls at Amoy, Chefoo, Chinkiang, Chungking, Foochow, Ichang, Kinkiang, Kiungchow, Kiukiang, Nanking, Newchwang, Ningpo, Pakhoi, Samshui, Swatow, Tainan, Tamsui, Wenchow, Wuchow, Wuhu, Yunnan-fu. 1902

《驻厦门、烟台、镇江、重庆、福州、宜昌、晋江、琼州、九江、南京、牛庄、宁波、北海、三水、汕头、台南、淡水、温州、梧州、芜湖及云南府领事(1902年)》

FO 17/1608. Consuls General at Canton, Hankow, Shanghai, Tientsin. 1903

《驻广州、汉口、上海及天津总领事(1903年)》

②FO 93. Foreign Office. Protocols and Treaties

《外交部;协议和条约》

FO 93/23/20: Final Protocol. Terms of Reconciliation between China and the Powers, etc., with annexes. 7 September 1901

《协议书定本;中国与西方列强和解条款及附件(1901年9月7日)》

③ FO 228. Consulates in China: General Correspondence to and from Legation, Series I

《驻华公使馆:与英国驻华使馆往来的普通信件》①系列 I

FO 228/1350. To and From Chinese Authorities (official). English text. 1900

《与中国政府(官方)的往来信件之英语文本(1900年)》

FO 228/1351. To and From Chinese Authorities (semi-official). English text. 1900

《与中国政府(半官方)的往来信件之英语文本(1900年)》

FO 228/1365. To Chinese Authorities. 1901

《发往中国政府的信件(1901年)》

FO 228/1374. To Canton, Hankow and Tientsin. 1901

《发往广州、汉口和天津的信件(1901年)》

FO 228/1379. From Chinese Authorities. English text. 1901

《来自中国政府的信件之英语文本(1901年)》

FO 228/1395. To and From Chinese Authorities (semi-official). English text. 1901

《与中国政府(半官方)的往来信件之英语文本(1901年)》

FO 228/1416. Chinese Enclosures (Chungking, Hankow, and Nanking). 1901-1903

---

① 该系列包含英国驻华公使馆领事馆的一般信件。这些信件除了公使馆、领事馆和外交部之间的信件以外,还包括与中国政府、殖民地政府、港口、船队、印度、英国驻华最高法院及外交部等的信件。

《中国附件(重庆、汉口和南京)(1901～1903 年)》

FO 228/1418. Dean Series—from Chinese plenipotentiaries (peace negotiations). 1901

《中国全权大臣(和谈)(1901 年)》

FO 228/1420. To Chinese Authorities (semi-official). 1902

《发往中国政府(半官方)的信件(1902 年)》

FO 228/1431. From Chinese Authorities (official). English text. 1902

《来自中国政府(官方)的信件之英语文本(1902 年)》

FO 228/1432. From Chinese Authorities (semi-official). English text. 1902

《来自中国政府(半官方)的信件之英语文本(1902 年)》

FO 228/1466. To and From Chinese Authorities. (Dean Series). 1902-1904

《与中国政府的往来信件(1902～1904 年)》

④Records of British Consulates in China

英国驻华领事馆档案

FO 671. Consulate General, Shanghai: General Correspondence (1845-1955)

《上海总领事馆普通函件(1845～1955 年)》

FO 674. Consulate General, Tientsin: General Correspondence, Various Registers and Supreme Court Records (1860-1952)

《天津总领事馆普通函件:普通通信,各种登记和最高法院纪录(1860～1952 年)》

FO 674/79. Correspondence. In-letters Miscellaneous (to 19 July 1900) Boxer Rising

《通信;杂件(截至 1900 年 7 月 19 日);义和团运动》

FO 674/80. Correspondence. In-letters Miscellaneous (from 20 July 1900 onwards) Boxer Rising

《通信;杂件(1900 年 7 月 20 日以后);义和团运动》

FO 674/81. Correspondence. In-letters Official. Boxer Rising. 1900

《通信;官方来信;义和团运动(1900 年)》

FO 674/82. Correspondence. In-letters Official. Boxer Rising (August to December 1900)

《通信;官方来信;义和团运动(1900 年 8～12 月)》

FO 674/83. Correspondence. In-letters from Peking, Boxer Rising. 1900

《通信;北京来信;义和团运动(1900 年)》

FO 674/84. Correspondence. Out-letters to Officials. Boxer Rising.

1900
《通信;官方去信;义和团运动(1900 年)》
FO 674/85. Correspondence. In-letters from Foreign Office. Boxer Rising. 1900
《通信;外交部来信;义和团运动(1900 年)》
FO 674/86. Correspondence. Out-letters to Foreign Office. Boxer Rising. 1900
《通信;外交部去信;义和团运动(1900 年)》
FO 674/87. Correspondence. Out-letters to Peking. Boxer Rising. 1900
《通信;北京去信;义和团运动(1900 年)》
FO 674/88. Correspondence. Out-letters to Officials. 1901
《通信;官方去信(1901 年)》
FO 674/89. Correspondence. In-letters Miscellaneous. 1901
《通信;其他来信(1901 年)》
FO 674/90. Correspondence. Out-letters Miscellaneous. 1901
《通信;杂件(1901 年)》

⑤ FO 233. Consulates and Legation, China: Miscellaneous Papers and Reports. Chinese Secretary's Office
驻华公使馆和领事馆:杂件和报告(中文秘书处)①
FO 233/124/34. Anti-foreign Movements in China: Decree: *Jingbao*. GX26/6/6. 11 July, 1900
《中国的排外运动——摘自《京报》上谕(光绪二十六年六月六日)(1900 年)》②
FO 233/124/35A. Boxer Rebellion: Yu-lu: Memorial on Fighting at Tientsin. *Jingbao*. GX26/6/15. 11 July, 1900
《拳民"暴乱":裕禄的天津之战回忆录——摘自《京报》(光绪二十六年六月十五日)(1900 年)》
FO 233/124/48. Boxer Rebellion: Edict of 13 Nov., 1900 on Additional Punishments for Pro-Boxer Officials. 1900.
《拳民"暴乱":1900 年 11 月 13 日对亲义和团官员加重惩罚的谕旨(1900 年)》
FO 233/124/50. Boxer Rebellion: List of Pro-Boxer Provincial Officials. 1900
《拳民"暴乱":亲义和团省级官员名单(1900 年)》

---

① 该系列包含了英国驻华公使馆和领事馆的杂类文件和报告,其中有中文文献。
② 该文件的大致内容是:放弃基督教信仰的人可以逃过一劫。义和团的旗号是"忠君爱国"。

FO 233/124/51A. Boxer Rebellion: Convention to Suspend Examinations, Civil and Military, in Pro-Boxer Districts. 1900
《拳民"暴乱":在亲义和团地区暂停文武科举考试的会议(1900 年)》
FO 233/124/53. Boxer Rebellion: Full Powers for Prince Ch'ing and Li Hung-chang GX26/10/18. 1900
《拳民"暴乱":全权大臣庆亲王和李鸿章(光绪二十六年十月十八日)(1900 年)》
FO 233/125/1. Boxer Rebellion: Yuan Ching-Ch'ing Ch'ing Chiao ch'uan-fei. Facsimile Print (yu-yin) of Yuan Shih-k'ai's Draft Proposal to Extirpate Boxers. 1901
《拳民"暴乱":袁世凯上书镇压义和团的复制本(1901 年)》
FO 233/125/6. Central Government: Emperor, Court, Administration, Diplomacy: Assent of Emperor to Collective Note. 1901
《清政府:皇帝,法院,行政,外交:皇帝批注集体照会(1901 年)》
FO 233/125/7. Boxer Rebellion: Governor of Chekiang and Sheng Hsuan-huai to Prince Ch'ing and Li Hung-chang on Ch'u-chou massacre. 1901
《拳民"暴乱":浙江巡抚和盛宣怀向庆亲王和李鸿章禀报处州惨案(1901 年)》
FO 233/125/11. Boxer Rebellion: Governor of Chekiang and Sheng to Prince Ch'ing and Li on Ch'u-chou massacre. 1901
《拳民"暴乱":浙江巡抚和盛宣怀向庆亲王和李鸿章禀报处州惨案(1901 年)》
FO 233/125/12. Boxer Rebellion: Governor of Zhejiang and Sheng to Prince Ch'ing and Li on Chuzhou massacre. 1901
《拳民"暴乱":浙江巡抚和盛宣怀向庆亲王和李鸿章禀报处州大屠杀(1901 年)》
FO 233/125/13. Boxer Rebellion: Secret Edict GX26/12/8 on Punishment of Tung Fu-hsiang. 1901
《拳民"暴乱":惩处董福祥密旨(光绪二十六年十二月八日)(1901 年)》
FO 233/125/20. Antiforeign Movements in China. Proclamation of Shuntian Prefect and Others Denouncing Boxers and Antiforeign Activities. 1901
《中国的排外运动:顺天府尹和其他官员谴责义和团和仇洋活动的公告(1901 年)》
FO 233/125/21. Anti-foreign Movements in China: Letter from Ch'eng Wen-chin, Ex-Taotai of Guihuacheng, Disavowing Responsibility for Murder of Captain William Allan Watts-Jones RE at Guihuacheng in November 1900

《中国的排外运动:前归化城道台否认承担威廉舰长 1900 年 11 月遇害之责任》

FO 233/125/23. Anti-foreign Movements in China: From Tsao-ch'iang Magistrate on Boxers and Jameson case. 1901

《中国的排外运动:杰姆逊教案(1901 年)》

FO 233/125/24. Boxer Rebellion: Boxer Proclamation, and List of Leaders in Weng-shui Hsien. 1901

《拳民"暴乱":义和团通告以及文水县拳民头领名单(1901 年)》

FO 233/125/27. Anti-foreign Movements in China: Names of Gang Who Murdered Stonehouse, at Wang-ho-lou. 1901

《中国的排外运动:在望河楼谋杀斯通豪斯的帮会名单(1901 年)》①

FO 233/125/29. Antiforeign Movements in China. Shouyang Magistrate on Protection of Foreign Missionaries. 1901

《中国的排外运动:寿阳县令向外国传教士提供庇护(1901 年)》

FO 233/125/31. Railways: Complaint against Russians on Railway Property near Tientsin, with Rescripts by Yang Taotai and Hu Yu-fen. 1901

《铁路:对俄国人占有天津附近铁路所有权的投诉(1901 年)》

FO 233/126/31. Antiforeign Movements in China. From Litton, Consul, Chungking or Fleming Murder, enclosing Two Proclamations Prohibiting Bandits, 1898. (1902). See also FO 881/7231

《中国的排外运动:1898 年明鉴光被杀案(1902 年)》②

FO 233/126/35. Boxer Rebellion: Postbook. Letters in, Nos. 89-125, 1900. 1902

《拳民"暴乱":1900 年的邮簿、来信(1902 年)》

FO 233/126/36. Central Government: Emperor, Court, Administration, Diplomacy: Hong Kong Christians to Empress on her 50th Birthday, 1899. 1902

《清政府:皇帝,法院,行政,外交:1899 年香港基督徒祝贺女王五十寿辰(1902 年)》

FO 233/126/38. Boxer Rebellion: Confidential Decree on Shantung Boxers. 1902

《拳民"暴乱":关于山东义和团民密旨(1902 年)》

FO 233/193. Boxer Rising, 1900. 1900-1902

《1900 年义和团运动(1900～1902 年)》

① 斯通豪斯(Joseph Stonehouse,1854～1901),英国人,伦敦会传教士,1886 年来北京传教,1901 年 3 月 23 日在义和团运动余波中被土匪杀害。

② 明鉴光(William S. Fleming, 1867～1898),出生于苏格兰的澳大利亚籍内地会教士,在贵州清平地区遇害。

FO 233/218. Minutes of Provisional Government Council Meetings at Tientsin. Volume 1-2. 1 vol. 1900-1902

《临时政府理事会天津会议纪要(1900～1902 年)》(第 1～2 卷)

FO 233/219. Minutes of Provisional Government Council Meetings at Tientsin. Volume 2. 1 vol. 1900-1902

《临时政府理事会天津会议纪要(1900～1902 年)》(第 2 卷)

FO 233/242. Original 1901 Protocol (Chinese Acceptance of 12 Articles for Resumption of Friendly Relations with Foreign Powers). 11 January 1901

《1901 年条约原件(1901 年 1 月 11 日)》

FO 233/243. Chinese Indemnity Board. 1901

《中国赔款委员会(1901 年)》

⑥FO 682. Foreign Office: Chinese Secretary's Office. Various Embassies and Consulates. China: General Correspondence

外交部中文秘书处：各大使馆和领事馆普通函件①

FO 230. Foreign Office: Consulates and Legation, China: Letter Books

《外交部・中国公使馆与领事馆・信件誊录簿》②

FO 230/138. Entry Book of Letters to Yamen. Chinese text. 1897

《给衙门去信登记簿条目之中文文本(1897 年)》

FO 230/139. Entry Book of Letters from Yamen. Chinese text. 1897

《衙门来信登记簿条目之中文文本(1897 年)》

FO 230/140. Entry Book of Letters to Yamen. Chinese text. 1898

《给衙门去信登记簿条目之中文文本(1898 年)》

FO 230/141. Entry Book of Letters from Yamen. Chinese text. 1898

《衙门来信登记簿条目之中文文本(1898 年)》

FO 230/142. Entry Book of Letters to Yamen. Chinese text. 1899

《给衙门去信登记簿条目之中文文本(1899 年)》③

FO 230/143. Entry Book of Letters to Yamen. Chinese text. 1900

《给衙门去信登记簿条目之中文文本(1900 年)》

FO 230/144. Entry Book of Letters from Yamen. Chinese text.

---

① 该系列包含 1834～1939 年间驻华英国代表与中国政府之间尚存的中文通信。该系列的主体是外交和商业通信，此外还有一小部分其他文件。这些记录由中国秘书处收集。然而应当注意的是，有关义和团运动时期(1897～1902 年)的大量中文资料缺失。在有些情况下，相关通信可以由 FO 228 系列的英语文本进行补充。有关登记表和信件誊录簿可以帮助确定中国通信的性质(FO 230，FO 231 和 FO 932)。

② 该系列包含英国驻华公使馆和领事馆的信件誊录簿。

③ 该卷本丢失。

1900

《衙门来信登记簿条目之中文文本(1900 年)》

FO 230/145. Entry Book of Letters to Yamen. Chinese text. 1901

《给衙门去信登记簿条目之中文文本(1901 年)》

FO 230/146. Entry Book of Letters from Yamen. Chinese text. 1901

《衙门来信登记簿条目之中文文本(1901 年)》

FO 230/147. Entry Book of Letters to Chinese authorities. (Doyen series). Chinese text. 1901

《给中国政府去信登记簿条目之中文文本(1901 年)》

FO 230/148. Entry Book of Letters from Chinese authorities. (Doyen series). Chinese text. 1901

《中国政府来信登记簿条目之中文文本(1901 年)》

FO 230/149. Entry Book of Letters to Yamen. Chinese text. 1902

《给衙门去信登记簿条目之中文文本(1902 年)》

FO 230/150. Entry Book of Letters from Yamen. Chinese text. 1902

《衙门来信登记簿条目之中文文本(1902 年)》

FO 230/151. Entry Book of Letters to and from Chinese authorities. (Doyen series). Chinese text. 1902-1904

《与中国政府往来信件登记簿条目之中文文本(1902～1904 年)》

FO 231/57. China: Registers of Correspondence. Chinese Correspondence. 1878-1900

《中国:通信登记簿之中国信件(1878～1900 年)》

FO 932/18. Chinese Registers of Correspondence. Notes: Inward. 1894-1903

《中国通信登记簿(1894～1903 年)(收到)》

FO 932/19. Chinese Registers of Correspondence. Notes: Outward. 1894-1903

《中国通信登记簿(1894～1903 年)(寄出)》

FO 932/22. Chinese Registers of Correspondence. Letters: Inward. 1897-1902

《中国通信登记簿之收到信件(1897～1902 年)》

FO 932/23. Chinese Registers of Correspondence. Letters: Outward. 1897-1902

《中国通信登记簿之寄出信件(1897～1902 年)》

FO 932/47. Notes, Letters, Memoranda: Dean of the Peking Diplomatic Body and Chinese Authorities: in and out. 16 December 1900-1912

《便签、信件、备忘录：北京外交机构和中国政府负责人收到与寄出(1900年12月16日至1912年)》

FO 682/1968/15. SECTION 1. Inward Letter Suggesting ＄500 Compensation for Indian Soldier. 1900

《提议向印度士兵补偿500美元的来信(1900年)》

FO 682/2228. SECTION 3. In-Notes. Chinese Register FO 932/18; English Register FO 231/57. Numeration of registered documents: 1-65. Registered documents: Nos. 41 and 55 (also No. 41A, entered only in the English register). Copies in FO 230 complete—except: 144: No. 41 missing at transfer. English versions complete—except: FO 228/1350: Nos. 12 & 55 missing at transfer. 1900

《收到便签(1900年)》[中文登记簿FO 932/18，英文登记簿FO 231/57。登记档案编号：1～65号。登记档案：卷41和55(同见No. 41A，只有英文登记簿)。FO 230仅缺144：No. 41，移交过程中丢失。英文版仅缺FO 228/1350卷12和卷55，移交过程中丢失]

FO 682/2229. SECTION 3. In-letters. Chinese Register FO 932/22; English Register FO 231 missing at transfer. Numeration of registered documents: 1-136; No. 65 not used. Registered documents: Nos. 22, 31 & 37 missing at transfer English versions Complete—except: FO 228/1351: selection only. 1900

《收到信件(1900年)》。中文登记簿FO 932/22，英文登记簿FO 231在移交过程中丢失。登记档案编号：1～136号，No. 65未用。登记档案：卷22、31和37移交过程中丢失。英文版本仅缺FO 228/1351精选部分)

FO 682/2230. SECTION 3. In-memoranda. 1900

《收到备忘录(1900年)》

FO 682/2231. SECTION 3. Out-Notes. Chinese Register FO 932/19; English Register FO 231/57. Numeration of registered documents: 1-53. Registered documents: Nos. 40 & 43 Copies in FO 230 complete—except: 143. English versions complete—except: FO 228/1350: Nos. 6, 18, 35 & 38 missing at transfer. No. s 40, 41, 43 and 55 (The register entry records that no. 41 was held by the Spanish minister (as dean); texts of no. s 40 and 43 may be found in FO 230/143). 1900

《寄出便签(1900年)》[中文登记簿FO 932/19，英文登记簿FO 231/57。登记档案编号：1～53号。登记档案：卷40和卷43。FO 230仅缺143号。英文登记簿仅缺FO 228/1350，卷6、18、35和38移交过程中丢失。卷 40、41、43 和 55(登记条目记录显示第 41 号被西班牙公使占有;卷 40 和 43 文本可能在 FO 230/143 中)]

FO 682/2232. SECTION 3. Out-letters. Chinese Register FO 932/23; English Register FO 231 missing at transfer. Numeration of registered documents: 1-151. Registered documents: All missing at transfer. English versions complete—except: FO 228/1351: selection only. 1900

《寄出信件(1900 年)》(中文登记簿 FO 932/23,英文登记簿 FO 231 移交过程中丢失。登记档案编号:1～151 号。登记档案:所有档案均在移交过程中丢失。英文版本仅缺 FO 228/1351 精选部分)

FO 682/2233. SECTION 3. Out-memoranda. 1900

《寄出备忘录(1900 年)》

FO 682/2234. SECTION 3. In-Notes. Chinese Register FO 932/18; English Register FO 231 missing at transfer. Numeration of registered documents: 1-94. Registered documents: Complete. Copies in FO 230 Complete—except: 146 English versions Complete—except: FO 228/1379: Nos. 1, 11, 12, 24, 26, 27, 46, 50, 59, 65, 87, 91 & 92 missing at transfer. No. 1 missing at transfer; text of no. 1 in FO 230/146. 1901

《收到便签(1901 年)》。中文登记簿 FO 932/18,英文登记簿 FO 231 移交过程中丢失。登记档案编号:1～91 号。登记档案:FO 230 仅缺卷 146。英文版本仅缺 FO 228/1379,卷 1、11、12、24、26、27、46、50、59、65、87、91 和 92 移交过程中丢失。FO 230/146 No. 1 在 FO230/146 中》

FO 682/2235. SECTION 3. In-letters. Missing at transfer. Chinese Register FO 932/22; English Register FO 231 missing at transfer. Numeration of registered documents: 1-121, incl. 19A. Registered documents: Complete English versions Complete-except: FO 228/1395: selection only. 1901

《收到信件(1901 年)》(移交过程中丢失。中文登记簿 FO 932/22,英文登记簿 FO 231 移交过程中丢失。登记档案编号:1～121 号,包括 19A. 登记档案:英文版本仅缺 FO 228/1395 精选部分)

FO 682/2236. SECTION 3. In-memoranda. 1901

《收到备忘录(1901 年)》

FO 682/2237. SECTION 3. Out-Notes. Chinese Register FO 932/19; English Register FO 231 missing at transfer. Numeration of registered documents: 1-54: no Chinese version of No. 3 made. Registered documents: Complete. Copies in FO 230 complete—

except: 145. English versions complete—except: FO 228/1365: Nos. 1, 4, 25, 30 & 31 missing at transfer. Including a No. 3A not in Chinese register. 1901

《寄出便签(1901 年)》(中文登记簿 FO 932/19,英文登记簿 FO 231 移交过程中丢失。登记文献编号:1～54 号,3 号没有中文版。登记档案:FO 230 除 145 之外是完整的,英文版仅缺 FO 228/1365。卷 1、4、25、30 和 31,移交过程中丢失。中文登记簿缺少 No. 3A)

FO 682/2238. SECTION 3. Out-letters. Chinese Register FO 932/23; English Register FO 231 missing at transfer. Numeration of registered documents: 1-131. Registered documents: All missing at transfer English versions complete—except: FO 228/1395: selection only. 1901

《寄出信件(1901 年)》(中文登记簿 FO 932/23,英文登记簿 FO 231 移交过程中丢失。登记档案编号:1～131 号。登记档案:所有档案均在移交过程中丢失。英文版仅缺 FO 228/1395 精选部分)

FO 682/2239. SECTION 3. Out-memoranda. 1901

《寄出备忘录(1901 年)》

FO 682/2240. SECTION 3. In-Notes. Chinese Register FO 932/18; English Register FO 231 missing at transfer. Numeration of registered documents: 1-124: No. 56 cancelled. Registered documents: Complete. Copies in FO 230 complete—except: 150 (including text of No. 56). English versions complete—except: FO 228/1431: Nos. 18, 22, 33 & 121 missing at transfer. 1902

《收到便签(1902 年)》(中文登记簿 FO 932/18, 英文登记簿 FO 231 移交过程中丢失。登记档案编号:1～124 号,56 号档案被取消。登记档案:FO 230 的所有资料是完整的,仅缺 150 号(包含 No. 56 的文本)。英文版仅缺 FO 228/1431。卷 18、22、33 和 121 移交过程中丢失》。

FO 682/2241. SECTION 3. In-letters. Chinese Register FO 932/22; English Register FO 231 missing at transfer. Numeration of registered documents: 1-246, incl. 161A & 223A. Registered documents: Complete, but No. 9 damaged & partly missing. English versions complete—except: FO 228/1432: selection only. 1902

《收到信件(1902 年)》(中文登记簿 FO 932/22, 英文登记簿 FO 231 移交过程中丢失。登记档案编号:1～246 号,包括 161A 和 223A。登记档案:完整,但是 9 号被损坏且部分丢失。英文版本完整,仅缺 FO 228/1432 精选部分)

FO 682/2242. SECTION 3. In-memoranda. 1902
《收到备忘录(1902 年)》
FO 682/2243. SECTION 3. Out-Notes. Chinese Register FO 932/18; English Register FO 231/57. Numeration of registered documents: 1-65. Registered documents: Nos. 41 and 55 (also No. 41A, entered only in the English register). Copies in FO 230 complete—except: 144: No. 41 missing at transfer. English versions complete—except: FO 228/1350: Nos. 12 & 55 missing at transfer. 1902
《寄出便签(1902 年)》(中文登记簿 FO 932/18,英文登记簿 FO 231/57。登记档案编号:1～65 号。登记档案:卷 41 和 55(41A 号,只记录在英文登记簿中)。FO 230 的档案完整,仅缺 144: No. 41 移交过程中丢失。英文版完整,仅缺 FO 228/1350。卷 12 和 55 移交过程中丢失)
FO 682/2244. SECTION 3. Out-letters. Chinese Register FO 932/23; English Register FO 231 missing at transfer. Numeration of registered documents: 1-252. Registered documents: All missing at transfer. English versions complete—except: FO 228/1420: selection only. 1902
《寄出信件(1902 年)》(中文登记簿 FO 932/23,英文登记簿 FO 231 移交过程中丢失。登记档案编号:1～252 号。登记档案:所有文献均在移交过程中丢失。英文版完整,仅缺 FO 228/1420 精选部分)
FO 682/2245. SECTION 3. Out-memoranda. 1902
《寄出备忘录(1902 年)》
FO 682/2383. SECTION 3. In-Notes, letters & memoranda. Chinese Register FO 932/47. Numeration of registered documents: 1-85, incl. No. 29A. Registered documents: All missing at transfer except enclosure to No. 9 and some enclosures to No. 52. Copies in FO 230 complete—except: 148: enclosures to No. 9 missing at transfer. English versions complete—except: FO 228/1418: Nos. 1-6, 25, 38, 39, 50, 56, 63, 64, 66-69, 79 & 80 missing at transfer (Many versions in French). 1900-1901
《收到便签、信件和备忘录(1900～1901 年)》[中文登记簿 FO 932/47。登记档案编号:1～85 号,包括 29A 号。登记档案:除 9 号和 52 号的附件以外所有档案均在移交过程中丢失。FO 230 档案完整,仅缺 148:No. 9 附件,在移交过程中丢失。英文版完整,仅缺 FO 228/1418 卷 1～6、25、38、39、50、56、63、64、66～69、79 和 80,在移交过程中丢失(很多法文版)]

FO 682/2384. SECTION 3. Out-Notes, letters & memoranda. Chinese Register FO 932/47. Numeration of registered documents/1-67, incl. Nos. iA & B, 25A & 60A. Registered documents: All missing at transfer except No. 59, but see FO 230. Copies in FO 230 complete—except: 147: Nos. 1A & 1B missing at transfer. English versions complete—except: FO 228/1417: Nos. 1A, 1B, 4, 16, 21, 22, 26, 35, 40, 44, 54, 58, 60A, 63 & 67 missing at transfer (Many versions in French) FO 228/1418: No. 25A only. 1900-1901

《寄出便签、信件和备忘录(1900～1901 年)》[中文登记簿 FO 932/47。登记档案编号:1～67 号, 包括 iA、iB、25A 和 60A。登记档案:除 59 号外所有档案均在移交过程中丢失。FO 230 的档案完整,仅缺147: Nos. 1A & 1B,移交过程中丢失。英文版完整,仅缺 FO 228/1417 卷 1A、1B、4、16、21、22、26、35、40、44、54、58、60A、63 和 67,移交过程中丢失(很多法文版)FO 228/1418 只有 No. 25A]

FO 682/2385. SECTION 3. In-Notes, letters & memoranda. Chinese Register FO 932/47. Numeration of registered documents/1-35, incl. No. 22A. Registered documents: All missing at transfer, but see FO 230. Copies in FO 230 complete—except: 151: Nos. 4, 29 & 31 missing at transfer. English versions complete—except: FO 228/1466: Nos. 6, 17, 25 & 26 missing at transfer (Many versions in French). 1902

《收到便签、信件和备忘录(1902 年)》[中文登记簿 FO 932/47。登记档案编号:1～35 号,包括 22A 号。登记档案:所有档案均在移交过程中丢失,但可参考 FO 230。FO 230 档案完整,仅缺 151: Nos. 4, 29, &31,移交过程中丢失。英文版完整,仅缺 FO 228/1466 卷 6、17、25 和 26,移交过程中丢失(很多法文版)]

FO 682/2386. SECTION 3. Out-Notes, letters & memoranda. Chinese Register FO 932/47. Numeration of registered documents/1-12, incl. No. 6A. Registered documents: All missing at transfer, but see FO 230. Copies in FO 230 complete—except: 151: No. 12 mising at transfer. English versions complete—except: FO 228/1466 (in French): Nos. 5 & 6A missing at transfer. 1902

《寄出便签、信件和备忘录(1902 年)》(中文登记簿 FO 932/47。登记档案编号:1～12 号,包括 6A 号。登记档案:均在移交过程中丢失,但可参考 FO 230。FO 230 档案完整,仅缺 151: No. 12,移交过程中丢失。英文版完整,仅缺 FO 228/1466(法文版)卷 5 & 6A,移交过程中丢失)

⑦FO 1080. Chinese Secretary's Office, Embassy and Legation, Peking, China: Miscellanea.

中文秘书处:驻华公使馆和领事馆

FO 1080/217. Boxer troubles: Commissariat accounts for purchases of provisions for British forces. 1900

《义和团之乱:英国军队粮食供应采购账目(1900 年)》

FO 1080/219. Boxers: Proclamation by Yu Hsien. 1900

《义和团:毓贤的公告(1900 年)》

FO 1080/220. Boxers: Intelligence reports from Chinese about Chinese and foreign actions subsequent to siege of the Legations. 1900-1901

《义和团:关于使馆被围后中国和外国行动的中国情报报告(1900~1901 年)》

FO 1080/221. Boxers: Chinese account of the death of Hsu Ch'eng-yu. 1901.

《义和团:徐澄玉(音)之死的中方陈述(1901 年)》

FO 1080/222. Boxers: Proclamation by magistrate named P'eng. 1901

《义和团:彭县令的告示(1901 年)》

FO 1080/224. Proclamation issued by the Beijing diplomatic body about the upshot of the Boxer rising. 2 copies. 1 August 1901

《北京外交机构就义和团运动结局发布的公告两份(1901 年 8 月)》

FO 1080/226. Italian minister to Prince Ch'ing: Reversion of Summer Palace to Chinese control. 1901

《意大利公使写给庆亲王:颐和园交还中国(1901 年)》

FO 1080/227. Reports by Hopei officials into British allegation of renewed Boxer attacks on Christians. 1901

《河北官员就英国指控义和拳民再次袭击基督徒事件的报告(1901 年)》

FO 1080/231. Rumoured Russian terms in negotiations with China. 1901

《传言的俄国与中国的和谈条款(1901 年)》

FO 1080/232. Proposed terms of speeches by emperor and empress dowager at audience on 28 January 1902

《为光绪皇帝和慈禧太后 1902 年 1 月 28 日发布诏谕起草的讲话稿》

⑧英国国家档案馆也保存着从德国、意大利和日本政府处缴获的 1839~1945

年间的档案记录副本(缩微胶卷)①

(2) Admiralty—Records of the Admiralty, Naval Forces, Royal Marines, Coastguard, and Related Bodies

海军部——海军部、海军部队、皇家海军陆战队,海岸警卫队以及相关机构档案

① ADM 50. Admirals Journals. Formal daily journals of navigation, weather, orders, signals, manoeuvres, and other official business

《海军将领日志:日常导航、气象、命令、信号、演习,以及其他公务的正式日志》

ADM 50/379. China Station

《中国站》②

ADM 50/380. China Station. Admiral Sir Edward H. Seymour, G. C. B. 1898-1901

《中国站:海军上将爱德华・霍巴特・西摩(1898～1901年)》③

ADM 50/381. China Station

《中国站》④

② ADM 53/12632. Ships Logs. Barfleur. 15 September 1899-6 September 1900

《军舰日志:"巴弗勒尔"号(1899年9月15日至1900年9月6日)》

③ ADM 116. Record Office: Cases

《档案办公室:案件》

ADM 116/114. China-Boxer Rising. Vol. 1. 1900

《中国义和团运动(1900年)》(卷1)

---

① 与中国有关的德文档案(原文件保存在柏林的德国外交部档案馆)主要包括GFM 10编号的如下档案:GFM 10/42/3 to GFM 10/58/1. China No. 20 No. 1 Secreta. Beabsichtigte Erwerbungen der Grossmächte anlässlich des orientalisch [sic: chinesich]-japanischen Krieges. 1894-1912. 75 vols. 内有三部分内容:(1)GFM 13/36 to GFM13/54. China No. 1. Schriftwechsel mit der Kaiserlichen Gesandtschaft... über die inneren Zustände und Verhältnisse Chinas. 1879-1917. 118 vols. (2)GFM 13/84 to GFM 13/88. China 22. Klautschou und die deutschen Interessen in Shantung. 1899-1919. 31 vols. (3)GFM 13/142 to GFM 13/147. China 6. Stellung der chinesischen Regierung zur christlichen Kirche. 1885-1914. 51 vols. 这份内容庞杂的缩微胶卷辑,在世界其他几大档案馆、图书馆都有收藏,包含了与义和团战争有关的档案资料。请参见:*A Catalogue of Files and Microfilms of the German Foreign Ministry Archives, 1867-1920*. Washington, D. C.: American Historical Association, Committee for the study of war Documents, 1959.

② 该档案中有英国皇家海军少将C. C. P. 菲茨杰拉德(C. C. P. Fitzgerald)1897～1899年的档案;海军少将J. A. T. 布鲁斯)1900～1901年的档案。布鲁斯少将(1846～1921)曾是英国皇家海军的一名军官,义和团运动期间他是英国舰队中国站排名第二位的指挥官。他所在的旗舰是战列舰"巴弗勒尔"号,该船船长是乔治・沃伦德(George Warrender,1860～1917)。"巴弗勒尔"号在1899年和1900年参加了在华北的联合行动。

③ 英国舰队海军上将爱德华・霍巴特・西摩(1840～1929),1897年12月被任命为英国驻华舰队总司令。1900年6月中旬,西摩指挥由2000余人组成的国际部队企图解救北京被围使馆,但最终失败。

④ 该档案涉及海军中将C. 布里奇(Cyprian Arthur George Bridge,1839～1924)。此人曾在英国皇家海军担任军官,1901年被任命为英国驻华舰队总司令 。

ADM 116/115. China-Boxer Rising. Vol. 2. 1900
《中国义和团运动(1900 年)》(卷 2)
ADM 116/116. China-Boxer Rising. Vol. 3. 1900
《中国义和团运动(1900 年)》(卷 3)
ADM 116/117. China-Boxer Rising. Vol. 4. 1900
《中国—义和团运动(1900 年)》(卷 4)
ADM 116/118. China-Boxer Rising. Vols. 5, 6, 7. 1900
《中国义和团运动(1900 年)》(卷 5、6、7)

④ADM 125. Admiralty: China Station: Correspondence. Records of the China Station including the East Indies, Japan, Korea, Australasia, Pacific Islands and the Behring Sea. 1828-1946
《海军部中国站通信(包括东印度群岛、日本、朝鲜、澳大利亚、太平洋群岛和白令海在内的中国站档案记录)(1828～1946 年)》

ADM 125/49. China Station: Correspondence. General. List of Contents. 1897-1901
《中国站:普通函件内容列表(1897～1901 年)》
ADM 125/50. China Station: Correspondence. General. List of Contents. 1894-1901
《中国站:普通函件内容列表(1894～1901 年)》
ADM 125/51. China Station: Correspondence. General. List of Contents (damaged). 1895-1900
《中国站:普通函件内容列表(受损)(1895～1900 年)》
ADM 125/52. China Station: Correspondence. General. List of Contents. 1896-1901
《中国站:普通函件内容列表(1896～1901 年)》
ADM 125/53. China Station: Correspondence General. List of Contents. 1898-1901
《中国站:普通函件内容列表(1898～1901 年)》
ADM 125/54. China Station: Correspondence. General. General. List of contents. 1899-1903
《中国站:普通函件内容列表(1899～1903 年)》
ADM 125/55. China Station: Correspondence. General. Lists of Contents (in two parts). 1901-1902
《中国站:普通函件内容列表(分两部分)(1901～1902 年)》
ADM 125/56. China Station: Correspondence. General and Coal. List of contents (in two parts). 1900-1903
《中国站:普通函件内容列表(分两部分)(1900-1903 年)》
ADM 125/109. China Station: Correspondence. British Trade and

Relations with the Chinese Governments. Disturbances in China. (The Boxer Rebellion). List of contents. 1900

《中国站:函件——英国对华贸易与对华关系、中国动荡(拳民"暴乱")内容列表(1900 年)》

ADM 125/110. China Station: Correspondence. British Trade and Relations with the Chinese Governments. Disturbances in China; Ching wang tao Pier; Wei-Hai-Wei; the wintering of H. M. S. Algerine at Newchwang. List of Contents. 1900-1901

《中国站:函件——英国对华贸易与对华关系、中国动荡、秦皇岛码头、威海卫、在牛庄过冬的"阿尔及利亚"号内容列表(1900～1901 年)》

ADM 126/6. China Station: Indexes to Correspondence. Index to: ADM 125/ 48-51, 52, 53, 54-56, 57, 58, 59, 60-62, 87-89, 90, 91, 109, 110, 124, 125, 126, 127, 128, 143. 1897-1914

《中国站:通信索引(索引号:ADM 125/ 48-51, 52, 53, 54-56, 57, 58, 59, 60-62, 87-89, 90, 91, 109, 110, 124, 125, 126, 127, 128, 143)(1897～1914 年)》

⑤ ADM 171. Admiralty, and Ministry of Defence, Navy Department: Medal Rolls

《海军部、国防部、海军部门的勋章名册》①

ADM 171/52. Sea Transport Medal 1899-1902. Lists of claims for the medal and following clasps awarded to senior and certain other officers of the Mercantile Marine who served on vessels transporting troops to the South African War and to the Boxer Rebellion in China. "CHINA" (1st June-31st Dec. 1900)

《1899～1902 年间海运奖章。为南非战争和中国义和团战争运送部队荣获嘉奖的船队军官名单。"中国"(1900 年 6 月 1 日至 12 月 31 日)》

ADM 171/55. Medal roll of naval and marine personnel who were landed in China during the Boxer Rebellion and were eligible for the clasps: "RELIEF OF Peking" (17th June-14th Aug. 1900) "TAKU FORTS 1900" (17th June, 1900) "DEFENCE OF LEGATION" (22nd June-14th Aug. 1900). 1900

《义和团战争期间在中国登陆并荣获嘉奖的海军和海军陆战队人员名录:北京解围(1900 年 6 月 17 日至 8 月 14 日)、1900 年大沽炮台(1900 年 6 月 17 日)、使馆保卫战(1900 年 6 月 22 日至 8 月 14 日)(1900 年)》

⑥ ADM 201/42. Correspondence and Papers. Bound-up volumes of papers concerning overseas Battalions of Royal Marines. China

① 该档案是关于英国皇家海军和皇家海军陆战队获奖军官和士兵的名录。

Battalion. 1900-1902
《通信和报纸——关于英国皇家海军陆战队海外战队的海量报道;中国战队(1900~1902年)》

⑦ MT 23. Admiralty, Transport Department: Correspondence and Papers
《海军部、交通部门的通信和报纸》

MT 23/117/10. China Expedition. List of transports taken up by the Indian Government for conveyance of Indian Troops to China
《中国远征军:印度政府向中国输送印度军队的交通档案列表》

MT 23/118/1. China Expedition. Telegraphing movements of transports conveying the Indian Expeditionary Force to China
《中国远征军:关于印度对华远征军输送行动的电报》

MT 23/118/12. China Expedition. Appointment of two additional Transport Officers for China Force from the Royal Indian Marine. 1900
《中国远征军:为皇家印度海军陆战队对华作战部队增加两名运输军官的任命书(1900年)》

(3) War Office
战争部

①WO 28. War Office. Records of Military Headquarters
《军事总部档案》

WO 28/302. Correspondence and Papers. China: Boxer rebellion
《通信和报纸:中国拳民"暴乱"》①

②WO 32. War Office and Successors: Registered Files (General Series). OVERSEAS: China [Code 0(J)]
《战争部及其继任者登记文件(一般系列);海外:中国[代码0(J)]》

WO 32/6059. Reports on French Balloon Section at Peking and Employment of 4th Balloon Section, Royal Engineers in China. 1900-1902
《法国驻京兵团、驻华皇家工程师(1900~1902年)》

WO 32/6144. China Expedition; 1900: Appointment of Lieut General Gaselee to command Expedition: Instructions concerning maintenance and control of the Force
《1900年中国远征军:任命海军上尉盖斯利为远征军指挥官的命令:关

---

① 该档案涉及以下内容:大英军团指挥官海军上尉A. 盖斯利(Alfred General Gaselee)与印度大臣、印度副师长、在华德军等就有关事件和行动的通信(1900年5月7日至1901年7月13日);各类行动,军官奖章、日志,神户市长的友好致辞,国际区域图(1900年);义和团运动场景照片(1901年1月1日至1901年12月31日)。

于维护和控制部队的指令》

WO 32/6145. China Expedition; 1900: Reports on operations to relieve Tientsin and Peking by naval and land forces. Taking of Taku Forts, with map

《1900 年中国远征军:海军和陆军解除天津和北京之围的行动报告;攻占大沽炮台,附作战地图》

WO 32/6146. China Expedition; 1900: Distribution of forces during Winter. 01 January 1900-31 December 1900

《1900 年中国远征军:冬季的兵力分布(1900 年 1 月 1 日至 1900 年 12 月 31 日)》

WO 32/6147. China Expedition; 1900: Report on capture of Tientsin by allied forces. 1900

《1900 年中国远征军:联军攻陷天津的报告(1900 年)》

WO 32/6148. China Expedition; 1900: Diary of Tientsin-Peking operations. Japanese reports on operations with maps and plans

《1900 年中国远征军:天津—北京行动日记;日本行动报告,附作战地图和计划书》

WO 32/6149. China Expedition; 1900: Report on housing of troops in Tientsin with map, plans. 01 January 1901-31 December 1902

《1900 年中国远征军:天津部队住房报告,附作战地图和计划书(1901 年 1 月 1 日至 1902 年 12 月 31 日)》

WO 32/6150. Report on transport of the Allies in China, 1900-1901 by Major H. D. McIntryre, Divisional Transport Officer, British Contingent, China Field Force, with photographs. 1901

《1900～1901 年间驻华联军交通运输报告——麦金泰尔少校、交通运输部门军官、大英军团、中国野战军,附照片(1901 年)》

WO 32/6151. Pensions: Gratuities [Code 4(F)]: China Expedition; 1900-1901: Extension of gratuity to all troops who embarked for China, including Hong Kong. 1901-1902

《养老金:遣散金[代码 4(F)]:1900～1901 年中国远征军:向所有赴华作战的部队(含香港)发放遣散金的说明(1901～1902 年)》

WO 32/6152. Field operations in China. 1902

《在华野战行动(1902 年)》

WO 32/6153. Legal and Judicial: General [Code 67(A)]: Question of forces in occupation of a foreign country being liable to jurisdiction of British Consul General. Case in China. Law Officers Opinion. 1901-1903

《法律和司法:一般[代码 67(A)]:英国总领事在占领国的部队管辖问题,以中国为案例。法律官员的意见(1901～1903 年)》

WO 32/6410. Appointment of Field Marshal Count Waldersee as supreme commander over international forces in Northern China. Instructions for Lieutenant General Sir A Gaselee, British commander. 1900
《任命瓦德西元帅为华北联军最高统帅的命令;对英军指挥官盖斯利将军的命令(1900 年)》
WO 32/6411. Staff Diary of Colonel J. M. Grierson, RFA., British representative on Field Marshal's Staff. 15 August 1900-01 October 1900
《陆军元帅的英国代表上校格里尔森的日记(1900 年 8 月 15 日至 1900 年 10 月 1 日)》
WO 32/6412. Staff Diary of Colonel J. M. Grierson, RFA., British representative on Field Marshal's Staff. 02 October 1900-12 October 1900
《陆军元帅的英国代表上校格里尔森的日记(1900 年 10 月 2 日至 1900 年 10 月 12 日)》
WO 32/6413. Staff Diary of Colonel J. M. Grierson, RFA., British Representative on Field Marshal's Staff. Reports by Lieut. Colonel C. H. Powell regarding occupation of Shan-Hai-Kwan. 13 October 1900-31 October 1900
《陆军元帅的英国代表上校格里尔森的日记;上校波维尔关于占领山海关的报告(1900 年 10 月 13 日至 1900 年 10 月 31 日)》
WO 32/6414. China Expedition, 1900: Staff Diary of Colonel Grierson. 01 November 1900-19 November 1900
《1900 年中国远征军:上校格里尔森的日记(1900 年 11 月 1 日至 1900 年 11 月 19 日)》
WO 32/6415. China Expedition, 1900: Staff Diary of Colonel Grierson. 20 November 1900-16 December 1900
《1900 年中国远征军:上校格里尔森的日记(1900 年 11 月 20 日至 1900 年 12 月 16 日)》
WO 32/6416. China Expedition, 1900: Staff Diary of Colonel Grierson. 17 December 1900-08 January 1901
《1900 年中国远征军:上校格里尔森的日记(1900 年 12 月 17 日至 1901 年 1 月 8 日)》
WO 32/6417. China Expedition, 1900: Staff Diary of Colonel Grierson. 09 January 1901-23 January 1901
《1900 年中国远征军:上校格里尔森的日记(1901 年 1 月 9 日至 1901 年 1 月 23 日)》
WO 32/6418. China Expedition, 1900: Staff Diary of Colonel Grierson. 24 January 1901-06 February 1901
《1900 年中国远征军:上校格里尔森的日记(1901 年 1 月 24 日至 1901 年 2 月

6日)》

WO 32/6419. China Expedition, 1900: Staff Diary of Colonel Grierson. 07 February 1901-20 February 1901

《1900年中国远征军:上校格里尔森的日记(1901年2月7日至1901年2月20日)》

WO 32/6420. China Expedition, 1900: Staff Diary of Colonel Grierson. 21 February 1901-06 March 1901

《1900年中国远征军:上校格里尔森的日记(1901年2月21日至1901年3月6日)》

WO 32/6421. China Expedition, 1900: Staff Diary of Colonel Grierson. 07 March 1901-13 March 1901

《1900年中国远征军:上校格里尔森的日记(1901年3月7日至1901年3月13日)》

WO 32/6422. China Expedition, 1900: Staff Diary of Colonel Grierson. 14 March 1901-20 March 1901

《1900年中国远征军:上校格里尔森的日记(1901年3月14日至1901年3月20日)》

WO 32/6423. China Expedition, 1900: Staff Diary of Colonel Grierson. 21 March 1901-01 April 1901

《1900年中国远征军:上校格里尔森的日记(1901年3月21日至1901年4月1日)》

WO 32/6424. China Expedition, 1900: Staff Diary of Colonel Grierson. WO 32/6424-6428 were attached when in use at the War Office. 02 April 1901-10 April 1901

《1900年中国远征军:上校格里尔森的日记;WO 32/6424-6428另存附于战争部(1901年4月2日至1901年4月10日)》

WO 32/6425. China Expedition, 1900: Staff Diary of Colonel Grierson. WO 32/6424-6428 were attached when in use at the War Office. 11 April 1901-20 April 1901

《1900年中国远征军:上校格里尔森日记;WO 32/6424-6428另存附于战争部(1901年4月11日至1901年4月20日)》

WO 32/6426. China Expedition, 1900: Staff Diary of Colonel Grierson. WO 32/6424-6428 were attached when in use at the War Office. 21 April 1901-29 April 1901

《1900年中国远征军:上校格里尔森的日记;WO 32/6424-6428另存附于战争部(1901年4月21日至1901年4月29日)》

WO 32/6427. China Expedition, 1900: Staff Diary of Colonel Grierson. WO 32/6424-6428 were attached when in use at the War Office. 30 April 1901-17

May 1901

《1900年中国远征军：上校格里尔森的日记；WO 32/6424-6428另存附于战争部(1901年4月30日至1901年5月17日)》

WO 32/6428. China Expedition, 1900: Staff Diary of Colonel Grierson. WO 32/6424-6428 were attached when in use at the War Office. 18 May 1901-02 June 1901

《1900年中国远征军：上校格里尔森的日记；WO 32/6424-6428另存附于战争部(1901年5月18日至1901年6月2日)》

WO 32/6660. General and Warlike Stores: Guns [Code 45(H)]: Disposal of guns including Krupp guns, by China Expedition, 1900-1901; register of captured ordnances, ammunition, etc. 1901

《通用和军事仓库・枪支[代码45(H)]：中国远征军对包括克房伯大炮在内的枪支的处置(1900～1901年)；缴获枪支、弹药等的登记册(1901年)》

WO 32/7033. General and Warlike Stores: Guns [Code 45(H)]: Distribution to Colonies and to Units and authorities at home of trophy guns etc. of South African War and China Expedition. 1901-1905

《通用和军事仓库・枪支[代码45(H)]：向英属殖民地和本国机关单位分配南非战争和中国远征中缴获的枪支等(1901～1905年)》

WO 32/7034. General and Warlike Stores: Guns [Code 45(H)]: Report of Committee on Distribution of Trophies of South African War and China Expedition; claims by units and Colonies. 1903

《通用和军事仓库・枪支[代码45(H)]：南非战争和中国远征战利品分配委员会的报告；各单位和殖民地的要求(1903年)》

WO 32/8246. Employment of Chinese Regiment on police duties. WO32/8244-8246 were attached when in use at the War Office. 1901

《雇佣中国军团承担警务工作；WO32/8244-8246另存附于战争部(1901年)》

WO 32/8504. Decorations and Medals. China Medal [Code 50 (AJ)]: Suggested award of special medal or China Medal for garrison of Legation at Peking. WO32/8504-8519 were attached when in use at the War Office. 1900

《装饰及奖章・中国奖章[代码50(AJ)]：向驻京使馆警卫队颁发特别奖章或中国奖章的建议；WO32/8504-8519另存附于战争部(1900年)》

WO 32/8505. Decorations and Medals. China Medal [Code 50 (AJ)]: Suggested award of special medal or China Medal for garrison of Legation at Peking. 1900

《装饰及奖章・中国奖章[代码50(AJ)]：向驻京使馆警卫队颁发特别奖章或中国奖章的建议(1900年)》

WO 32/8506. Decorations and Medals. China Medal [Code 50 (AJ)]: Suggested award of special medal or China Medal for garrison of Legation at

Peking Question of international medal. 1900-1901
《装饰及奖章·中国奖章[代码 50(AJ)]:向驻京使馆警卫队颁发特别奖章或中国奖章;国际奖章问题(1900～1901 年)》
WO 32/8507. Decorations and Medals: China Medal [Code 50(AJ)]: Grant of medal and clasps for operations, 1900. 1900-1901.
《装饰及奖章·中国奖章[代码 50(AJ)]:为 1900 年的行动颁发奖牌和勋章(1900～1901 年)》
WO 32/8508. Decorations and Medals: China Medal [Code 50(AJ)]: Grant of medal and clasps for operations, 1900. Eligibility for awards. 1901
《装饰及奖章·中国奖章[代码 50(AJ)]:为 1900 年行动颁发奖牌和勋章;获奖资格(1901 年)》
WO 32/8509. Decorations and medals: China Medal [Code 50(AJ)]: Grant of medal and clasps for operations, 1900. Eligibility for awards. 1901
《装饰及奖章·中国奖章[代码 50(AJ)]:为 1900 年的行动颁发奖牌和勋章;获奖资格(1901 年)》
WO 32/8510. Decorations and Medals: China Medal [Code 50(AJ)]: Approval for style of medal. 1901
《装饰及奖章·中国奖章[代码 50(AJ)]:批准奖章样式(1901 年)》
WO 32/8511. Decorations and Medals: China Medal [Code 50(AJ)]: Discussions concerning conditions under which medal should be awarded. 1901-1902.
《装饰及奖章·中国奖章[代码 50(AJ)]:关于何种情况下应该授予奖章的讨论(1901～1902 年)》
WO 32/8512. Decorations and Medals: China Medal [Code 50(AJ)]: Application on behalf of Tientsin Volunteer Corps. 1901-1902
《装饰及奖章·中国奖章[代码 50(AJ)]:天津志愿团的申请(1901～1902 年)》
WO 32/8513. Decorations and Medals: China Medal [Code 50(AJ)]: Suggested additional clasp for Tientsin. 1902
《装饰及奖章·中国奖章[代码 50(AJ)]:关于对天津另行嘉奖的提议(1902 年)》
WO 32/8514. Decorations and Medals: China Medal [Code 50(AJ)]: Terms of grant of the medal. 1902
《装饰及奖章·中国奖章[代码 50(AJ)]:勋章授予的相关规定(1902 年)》
WO 32/8515. Decorations and Medals: China Medal [Code 50(AJ)]: Grant of medals to volunteers for defence of Legations. 1902
《装饰及奖章·中国奖章[代码 50(AJ)]:向参加使馆保卫战的志愿者颁发奖章(1902 年)》

WO 32/8516. Decorations and Medals: China Medal [Code 50(AJ)]: Medal Rolls of Tientsin Volunteer Corps. 1902

《装饰及奖章·中国奖章[代码 50(AJ)]:天津志愿团获奖名录(1902年)》

WO 32/8517. Decorations and Medals: China Medal [Code 50(AJ)]: Issue of clasp "Relief of Peking" to Tientsin Volunteer Corps. 1903

《装饰及奖章·中国奖章[代码 50(AJ)]:向天津志愿团颁发"北京解围"勋章(1903 年)》

WO 32/8518. Decorations and Medals: China Medal [Code 50(AJ)]: Grant of medal to Hankow Volunteers. 1903

《装饰及奖章·中国奖章[代码 50(AJ)]:向汉口志愿团颁发奖章(1903年)》

WO 32/8519. Decorations and Medals: China Medal [Code 50(AJ)]: Grant of medal to Newchwang Volunteers. 1903

《装饰及奖章·中国奖章[代码 50(AJ)]:向牛庄志愿团颁发奖章(1903年)》

③WO 33. War Office: Reports, Memoranda and Papers (O and A Series)

《战争部:报告、备忘录和报纸(O 和 A 系列)》

WO 33/181. Report on the organization of the German contingent, China Expeditionary Force. 1900

《中国远征军:德国军团组织报告(1900 年)》

WO 33/182. Notes on the organization of the French contingent, China Expeditionary Force. 1901

《中国远征军:法国军团组织笔录(1901 年)》

WO 33/183. Report on the organization of the Italian contingent, China Expeditionary Force. 1900

《中国远征军:意大利军团组织报告(1900 年)》

WO 33/184. Notes regarding the French, German and American Cavalry in China. 1901

《在华法国、德国和美国骑兵笔录(1901 年)》

WO 33/185. Report on the medical services of the Allied contingents (French, German, American, Japanese and Italian units) in China. 1901.

《在华联军(法、德、美、日意军团)医疗服务报告(1901 年)》

WO 33/186. Report on the engineering equipment, etc., of troops of foreign armies in China. 1901

《在华外国联军机械装备报告(1901 年)》

WO 33/187. Report on the veterinary departments of foreign Armies

(Japanese, American, German, Italian and French units) serving in China. 1901

《在华外国联军(日、美、德、意、法军团)兽医部门报告(1901 年)》

WO 33/284. "Official Account of the Military Operations in China, 1900-1901", compiled by Major E. W. M. Norie, Middlesex Regiment. Also in printed India Office material

《努瓦尔河少校编〈在华军事行动官方报告(1900～1901 年)〉》

WO 33/285. Official account of the military operations in China. 1900-1901

《在华军事行动官方报告(1900～1901 年)》

WO 33/288. Military report on the imperial railways of North China. 1903

《华北帝国铁路军事报告(1903 年)》

WO 33/297. Report on land forces of North East China. 1902

《中国东北陆军报告(1902 年)》

WO 33/2823. Notes on Russian troops in China. 1901

《在华俄国军队笔录(1901 年)》

WO 33/2892. Report of committee on distribution of trophies of the South African War and China Expedition. 1903

《南非战争和中国远征兵力布置委员会报告(1903 年)》

④WO 100. Campaign Medal and Award Rolls (General Series)

《作战勋章和获奖名录(普通系列)》①

WO 100/94. Staff, Cavalry, Royal Horse and Royal Field Artillery, Royal Garrison Artillery 10687. China 1900

《工作人员、骑兵、皇家马队、皇家野战炮兵、皇家驻地炮兵 10687(1900 年中国)》

WO 100/95. Royal Engineers, Infantry, Army Service Corps, Army Ordnance Corps. China 1900

《皇家工程兵、步兵、陆军服务团、陆军军械兵团(1900 年中国)》

WO 100/96. Royal Army Medical Corps and IndianMedical Staff, Army Pay Department, Army Veterinary Department. China 1900

《皇家陆军医疗队和印度医务人员、陆军薪酬部、陆军兽医部(1900 年中

---

① 该记录主要涉及大英军团，对印度军队也略有提及。1900 年中国战争勋章是 1901 年批准的英国作战勋章，用于表彰 1900 年参战义和团战争的英国陆军和海军。银牌勋章用于奖励作战人员，铜牌勋章用于奖励土著人，即印度籍挑夫、司机和仆人。勋章可能没有搭扣，也可能配合以下一种或几种颁发:(1)大沽炮台——颁发给参与白河河畔大沽炮台战役的国际联军大英军团海军;(2)使馆保卫战——颁发给 80 名皇家海军和数名英国使馆保卫"奇人"，他们协助保卫北京使馆长达 55 天;(3)北京解围——颁发给北京使馆解围战中瓦德西元帅指挥的国际联军或西摩尔海军部队中的英国和印度军队官兵以及皇家海军。

国)》

WO 100/97. Chinese Regiments and Volunteers, Interpreters, War Correspondents, Civilians. China 1900

《中国兵团和志愿者、翻译、战地记者、平民(1900 年中国)》

WO 100/98. Sappers and Miners, Supply and Transport, Indian Ordnance (British) Miscellaneous, Miscellaneous Native. China 1900

《工兵和矿工、供应和运输、印度军械(英国)杂务、其他土著居民(1900 年中国)》

WO 100/99. Indian Cavalry and Infantry. China 1900

《印度骑兵和步兵(1900 年中国)》

⑤WO 106. Directorate of Military Operations and Military Intelligence: Correspondence and Papers

《军事行动和军事情报局:通信和文章》

WO 106/72. China Expedition—troops in the China Command on 1 June 1900

《中国远征军——1900 年 6 月 1 日中国司令部的部队》

WO 106/6261. China expedition troop embarkations

《中国远征军启程》

WO 106/6265. Telegrams: China expedition 1900-1901

《电报:中国远征(1900～1901 年)》

WO 106/6266. Despatches, reports etc: China expedition 1900-1901

《急件、报告等:中国远征(1900～1901 年)》

(4)PRO 30. Domestic Records of the Public Record Office, Gifts, Deposits, Notes and Transcripts

《公共事务档案馆的国内记录、礼品、存款、笔记及稿件》

PRO 30/40/22/1. Major General Sir John Charles Ardagh: Papers. China. Correspondence and papers. Memoranda of John Charles Ardagh, Director of Military Intelligence: question of Wei Hai Wei; Chinese government and foreign powers; Boxer uprising. Peking military expedition. 1900-1901

《少将阿德在中国的文件·通信和文件。军事情报十局局长阿德备忘录:威海卫问题;中国政府和西方列强;义和团战争。北京军事远征(1900～1901 年)》

PRO 30/67/5. William St John Fremantle Brodrick, 1st Earl Midleton: Papers. Under-Secretary of State for Foreign Affairs: Correspondence with Lords Salisbury and Lansdowne, George Wyndham, Sir Michael Hicks-Beach, etc., concerning the Boer War and the Boxer Rebellion. ff. 187-271. 01 February 1900-27 October 1900

《罗德里克文件;外交副国务秘书:与上议院诸议员关于布尔战争和义和团运动的通信(1900 年 2 月 1 日至 1900 年 10 月 27 日)》

PRO 30/69/99. James Ramsay MacDonald and predecessors and successors:

Papers. OFFICIAL. 1924 Government Papers: Foreign Secretary's Papers (Alphabetically arranged according to country concerned). Boxer Indemnity: article on its relation to Chinese education. 01 November 1924-30 November 1924

《麦克唐纳德及其前任与继任的官方文件:1924 年的政府文件:外长的文章(按国家的字母顺序排列);庚子赔款:论庚子赔款与中国教育的关系(1924 年 11 月 1 日至 1924 年 11 月 30 日)》

PRO 30/69/278. James Ramsay MacDonald and predecessors and successors: Papers. OFFICIAL. 1929-1935 Government Papers: Private Office Papers. Foreign: Boxer Indemnity. 01 January 1930-28 February 1930

《麦克唐纳德及其前任与继任的官方文件;1929～1935 年的政府文件:私人办公文件;涉外:庚子赔款(1930 年 1 月 1 日至 1930 年 2 月 28 日)》

PRO 30/33/9/18. Sir Ernest Mason Satow: Papers. Correspondence and papers (private) Chinese mission Military authorities. Major General Sir A. Gaselee (commanding British contingent, China Field Force). 01 November 1900-31 July 1901

《萨道义的文件;中国特派团军事当局的通信和文件(私人)。少将盖斯利(指挥大英军团、中国野战部队)(1900 年 11 月 1 日至 1901 年 7 月 31 日)》

PRO 30/33/9/19. Sir Ernest Mason Satow: Papers. Correspondence and papers (private) Chinese mission Military authorities. Major General O. M. Creagh (commanding British contingent, China Field Force). 01 August 1901-30 June 1903

《萨道义的文件;中国特派团军事当局的通信和文件(私人)。少将克雷(指挥大英军团、中国野战部队)(1901 年 8 月 1 日至 1903 年 6 月 30 日)》

(5)Records of the Cabinet Office

《内阁办公室档案》

①CAB 24. War Cabinet and Cabinet: Memoranda (GT, CP and G War Series). "C. P." Series. Memorandum

《战争内阁和内阁:备忘录(GT、CP 和 G 战争系列);"C. P."系列备忘录》

②CAB 24/198/43. Former Reference: CP 343 (28). Title: The China Boxer Indemnity. Author: Lord Cushendun. 13 November 1928-13 November 1928

《先前参考:CP 343 (28);标题:庚子赔款;作者:欣敦主教(1928 年 11 月 13 日至 1928 年 11 月 13 日)》

③CAB 24/199/9. Former Reference: CP 359 (28). Title: The China Boxer Indemnity. Author: Leopold S Amery. 20 November 1928-20 November 1928

《先前参考:CP359 (28);标题:庚子赔款; 作者:利奥波德・埃墨里(1928 年 11 月 20 日至 1928 年 11 月 20 日)》

④CAB 24/199/59. Former Reference: CP 411 (28). The China Boxer Indemnity. Author: Austen Chamberlain. 17 December 1928-17 December 1928

《先前参考:CP 411 (28);庚子赔款;作者:张伯伦(1928 年 12 月 17 日至 1928 年

12 月 17 日)》

⑤CAB 24/199/60. Former Reference: CP 412 (28). Title: The China Boxer Indemnity. Author: Austen Chamberlain. December 1928-18 December 1928

《先前参考:CP 412 (28);标题:庚子赔款;作者:张伯伦(1928 年 12 月至 1928 年 12 月 18 日)》

⑥CAB 37/53/62. Cabinet Office: Photographic Copies of Cabinet Papers. Diary of the principal events in China during the Boxer Insurrection, 1900. 24 pp. Adm. 01 July 1900-31 July 1900

《内阁办公室:内阁文件复印件;1900 年义和团运动期间中国大事记(1900 年 7 月 1 日至 1900 年 7 月 31 日)》

(6)Colonial Office

殖民部

①CO 1069. Colonial Office and successors: Photographic Collection. ASIA

《殖民部及其继任者:亚洲摄影集》

②CO 1069/422. CHINA 2. Boxer Rebellion 1900: military operations in and around Peking. 1900

《中国 2——1900 年拳民暴乱:北京及其周边地区的军事行动(1900 年)》

③CO 1069/423. CHINA 3. European, American and Japanese troops engaged in putting down Boxer Rebellion, 1900

《中国 3——参与镇压拳民暴乱的欧洲,美国和日本军队(1900 年)》

④CO 1069/424. CHINA 4. Views of European forces in Peking during Boxer Rebellion, 1900

《中国 4——拳民暴乱期间驻北京的欧洲部队观点(1900 年)》

⑤CO 1069/425. CHINA 5. Siege of Peking, Boxer Rebellion, 1900

《中国 5——北京之围、拳民暴乱(1900 年)》

(7)Records of the successive Works departments, and the Ancient Monuments Boards and Inspectorate

《继任工作部、古迹委员会和督查档案》

WORK 10/33/1. Peking: Legation and the Summer Residence at Western Hills. Boxer Rising. Damage caused to the buildings by the siege. 1900-1904

《北京:使馆和西山颐和园。义和团运动。使馆被围导致的建筑破坏(1900～1904 年)》

4. National Army Museum 国家陆军博物馆①

(1)上校罗伯特(Robert Francis Gartside-Tipping,1852～1926)的信件、文件、简报和照片;第一孟加拉国枪骑兵;北京之围;第三次中国战争(义和团战争)(1900～1901 年)。

① 地址:Royal Hospital Road, Chelsea, London SW3 4HT, UNITED KINGDOM.

(2)有关英国公使1900年8月6日于北京发出的急件代码及编码手册；向使馆解围联合行进军介绍行军的最佳途径；北京之围，第三次中国战争(义和团战争)(1900～1901年)。

(3)普尔(Francis Garden Poole，1870～1950)船长的日记；中国北京东约克兵团(1900年)；第三次中国战争(义和团战争)(1900～1901年)；缩微胶卷正片日记之北京之围(1900年5月至1901年12月)。

(4)1900年10月13日由报务员J. W. Mitchell Mily写给"亲爱的赫伯特"的一封手稿信(中国远征军，中国天津)；第三次中国战争(义和团战争)(1900～1901年)。

(5)阿尔伯特·菲利普斯(Albert Phillips，1880～1968)的一生；阿尔伯特·菲利普斯的曾孙梅尔·约翰逊为其撰写的装订版打字稿传记；菲利普斯曾在布尔战争和义和团运动期间服役于英国皇家驻地炮兵；关于布尔战争(1899～1902年)、第三次中国战争(义和团战争)(1900～1901年)和第一次世界大战。

(6)1858年和1900年两度去过中国的英国皇家海军陆战队员F帕里的回忆录；关于第二次中国战争(1857～1860年)；关于第三次中国战争(义和团战争)(1900～1901年)。

(7)有关中国远征军的命令(1900年)；指挥部下达的命令手册打印版(1900年7月24日至1900年8月2日)；关于第三次中国战争(义和团战争)(1900～1901年)。

5. Royal Engineers Museum, Library and Archive 皇家工程师博物馆、图书馆和档案馆[①]

(1)Royal engineers unit war diaries: China—Boxer Rebellion (2 folders)
《皇家工程师部门战争日记：中国义和团运动(2个文件夹)》

(2)C. A. R. Browne, R. E.: Railways and the Boxer Rebellion. 1902
《C. 布劳恩：铁路和义和团运动(1902年)》[②]

(3)China 1900-02 together with some views of Japan and the Straits Settlements: 1900-1902.
《1900～1902年的中国，以及对日本和海峡殖民地的若干看法(1900～1902年)》[③]

(4)Colonel Fredrick Thomas Nelson Spratt-Bowring C. B. (1847-1934), "MS account of work of the RE in the China or 'Boxer' War of 1900-01" (lecture)
《上校C. B.："MS关于RE在中国工作的报告或1900～1901年的义和团战争"(讲座)》

6. Royal Naval Museum 皇家海军博物馆[④]

2009. 36. Anonymous account of actions of naval brigade landed from HMS

---

① 地址：Prince Arthur Road, Gillingham, Kent ME4 4UG, UNITED KINGDOM.

② 内含：(1)作者1902年12月1日至6月20期间的日记；(2)义和团运动期间中国铁路管理部门的文件。

③ 该档案是一本包含中国、日本和新加坡私人和商业照片的影集。影集上半册包括义和团运动期间的场景、风景、建筑、军事事件以及高级军官和国际部队，影集的开头是关于战争的手写版陈述。

④ 地址：HM Naval Base (PP66), Portsmouth PO1 3NH, UNITED KINGDOM.

Barfleur during the Boxer Rebellion, believed to be kept by a signalman from the ship. 1900

《义和团运动期间由巴弗勒尔号登陆的海军旅的行动匿名陈述,被认为由船上的一名信号员所留(1900年)》

(二)Missionary & Non-official Archives 传教士和非官方档案①

1. Archives, Manuscripts and Rare Books Division, The Library, School of Oriental and African Studies (SOAS) 伦敦大学亚非学院图书馆的档案、手稿和珍本分部②

(1)Archives of the Council for World Mission (London Missionary Society)

《世界传道会(伦敦会)档案》

①Archives, dated 1795-1970

《档案(1795~1970年)》③

②Archives of the Methodist Missionary Society

《循道公会档案》④

③Archives of the Overseas Missionary Fellowship

《海外基督使团档案》⑤

④Swire, John (John Swire & Sons Ltd.)

《英国太古集团有限公司档案》

Tientsin JSSII 1/15 1894-1906, includes: letters from B & S agent W. Fisher Tientsin covering routine B & S and CNCo business and trade, including May-September 1900 concerning the Uprising and bombardment of Tientsin and British naval actions

---

① 参见:Rosemary Seton & Emily Naish (comps.), *A Preliminary Guide to the Archives of British Missionary Societies*. London: School of Oriental and African Studies, 1992. 有关英国传教士档案的一个不甚详细但更新最快的在线指南是"MUNDUS:Gateway to Missionary Collections in the United Kingdom",网址:http://www.mundus.ac.uk.

② 地址:Thornhaugh Street, Russell Square, London WC1H 0XG, UNITED KINGDOM. 英国几家主要教会的手稿文献和几名前传教士的私人文件已被收藏于亚非学院档案馆。亚非学院是英国差会研究的重地。

③ 该档案涉及伦敦会在中国以及东南亚的传教事业,由备忘录、通信、报告和个人文件组成。相关内容参见:C. Stuart Craig, *The Archives of the Council for World Mission (incorporating the London Missionary Society): An Outline Guide*, SOAS, 1973.

④ 主要是大英循道会的收藏。参见:Elizabeth Bennett, *Guide to the Archives of the Methodist Missionary Society*, 1979.

⑤ 海外基督使团又称"前中国内地会"。该收藏包括1872~1951年间的中国内地会备忘录、内地会伦敦委员会和法国委员会备忘录;中国委员会1886~1947年和1951年的备忘录;传教士花名册、通信、私人文件;和包括《中国百万英镑:1875~1964年》在内的各种出版物(请注意,中国内地会上海总部的记录似乎已经丢失或在撤离中国时被毁)。内地会创始人戴德生(James Hudson Taylor,1832~1905)的大量文件被单独收藏。也可参见美国海外传教士联谊会(中国内地会)的档案:the United States Home Council of Overseas Missionary Fellowship (China Inland Mission)—Collection 215, Billy Graham Center, Wheaton, IL, U. S. A. ;也可见 The Records of the Australian Home Council, Library, Bible College of Victoria, Lilydale, Victoria, Australia; and Archives of the Overseas Missionary Fellowship, OMF International, Singapore.

《天津 JSSII 1/15(1894～1906 年),包含:B&S 机构天津代表费舍尔关于 B&S 和 CNCo 商业和贸易的常规通信,其中涉及 1900 年 5～9 月期间的义和团运动、天津轰炸和英国海军行动》

Newchang JSSII 1/16 1894-1901, includes: letters from B & S agent D. Nesbitt on relations with the Russians and June 1900 effect of Boxer Uprising on trade in the area and Nesbitt's own reactions to the dangers of revolution in Newchwang

《牛庄 JSSII 1/16(1894～1901 年),包含:B&S 机构代表内斯比特关于英国与俄国关系的来信,1900 年 6 月义和团运动对该地区贸易的影响,以及内斯比特对牛庄革命危险的个人反映》

2. Archives of the Presbyterian Church in Ireland 爱尔兰长老会档案馆①

爱尔兰长老会在华传教始于 1869 年。其主要在满洲南部,今辽宁省进行传教活动。

3. Archives of the United Society for the Propagation of the Gospel 外邦福音传教协会档案馆②

外邦福音传教协会(SPG,又称"大英安立甘会")于 1701 年在皇家特许下成立,从而为英属殖民地提供圣公会牧师。1874 年,外邦福音传教协会传教士来到中国,开始在山东和直隶(今河北)地区传教。现改称为"外邦福音传教联合会"。

义和团运动期间,外邦福音传教协会中有三名传教士被害:卜克斯(Sydney Malcolm Wellbye Brooks,1874～1899)于 1899 年 12 月 31 日死于山东肥城,孟鹤龄(Harry Vine Norman, 1868～1900)和查尔斯·罗宾逊(Charles Robinson,?～1900)于 1900 年 6 月初在直隶永清被害。

4. Baptist Missionary Society Collection 大英浸信会藏馆③

大英浸信会(BMS,最初被称为"浸信会异域广传福音会",2000 年起改称"大英浸信会")成立于 1792 年。它是第一个专门为海外传教而成立的新教教会。1860 年,首批传教士来华传教。1893 年起与塞纳那女子宣教差会(EBZM)一同向中国女性传教。

还需要注意的是,大英浸信会在义和团运动之后吸收了寿阳宣教会余部。毕翰道夫妇开始时与中国内地会合作,1892 年 5 月起,他们打着"独立差会"的旗号进行传教。毕翰道夫妇非常富有,为传教不惜血本,并在寿阳(山西)购置了高档地产。13 名共工随后加入他们的行列。1900 年,这其中的 11 人被义和拳民

---

① 地址:The Presbyterian Historical Society, Church House, Belfast, Northern Ireland, UNITED KINGDOM.

② 地址:Bodleian Library of Commonwealth and African Studies at Rhodes House, Rhodes House, South Parks Road, Oxford OX1 3RG, UNITED KINGDOM.

③ 地址:Library and Archives (Angus Library), Regent's Park College, Pusey Street, Oxford OX1 2LB, UNITED KINGDOM 大英浸信会 1860～1914 年间的档案资料已被制成缩微胶卷,并被几大主要图书馆收藏。该档案的一份旧指南:Baptist Missionary Society, *Papers Relating to China 1860-1914*, catalogued by Mary M. Evans. London: Baptist Missionary Society, 1965.

所杀，另有2名儿童，包括毕翰道夫妇唯一的儿子。21名中国教民中有10人被杀。幸存的外国传教士(1900年休假的Eben Henry Edwards博士及其妻子)于义和团运动之后加入大英浸信会。①

5. Hatfield House Library and Archives 哈特菲尔德图书馆和档案馆②

Private Foreign Office Correspondence of Robert Arthur Talbot Gascoyne-Cecil, 3rd Marquess of Salisbury

《外罗伯特·西塞尔函件》

Includes: Bax-Ironside, Memorandum, "Local Situation in Peking", Hatfield House Papers, 3M/A/106/30

《艾伦赛备忘录;"北京地区局势";哈特菲尔德家族文件》③

6. Liddell Hart Centre for Military Archives, King's College London 伦敦大学国王学院利德尔·哈特军事档案中心④

Boxer Rebellion, China, 1900-1901

《中国拳民暴乱(1900～1901年)》

(1)CAMPBELL, Major General Lorn Robert Henry Dick (1846-1913)

《少将劳恩·迪克(1846～1913年)》⑤

(2)DORWARD, Major General Sir Arthur Robert Ford (1848-1934)

《少将阿瑟·福特(1848～1934)》⑥

(3)WOODS, Lieutenant Colonel George Greville (1870-1947)

《中校乔治·格雷维尔(1870～1947)》⑦

7. National Library of Scotland, Manuscripts Division 苏格兰国家图书馆手稿分馆⑧

Archives of the Church of Scotland Board of World Mission

《苏格兰福音会教会档案》

苏格兰外方传教会档案收藏了1929年以前外国差会的幸存文献。1929年

---

① 参见：C. A. Pigott, *Steadfast unto Death; or, Martyred for China. Memorials of Thomas Wellesley and Jessie Pigott*. London: Religious Tract Society, 1903.

② 地址:Hatfield House, Hatfield, Hertfordshire AL9 5NF, UNITED KINGDOM.

③ 艾伦赛(Henry George Outram Bax-Ironside, 1859～1929)于1897～1900年间任驻京英国公使馆秘书，1907年被封为子爵米德尔顿。参见The National Archives: PRO 30/67/5.

④ 地址:King's College London Archives, S3. 02 Strand Building, Strand, London WC2R 2LS, UNITED KINGDOM.

⑤ 资料包含:劳恩·迪克1900～1901年间在中国的服役经历、指挥交通线、远征保定府等有关的剪报和照片;中国总兵李安堂就中国军队交出炮台事宜写给海军少将詹姆斯·布鲁斯(James Andrew Thomas Bruce, 1846～1921年)信件的翻译打字稿(1900年9月)。

⑥ 内容包括:1900年的中国;1900年7月攻陷天津;威海卫专员(1899～1901年);上海军队指挥官(1901～1902年)。

⑦ 该影集包含84张照片，涉及1902年4～5月间远征蒙古、向情报副总军需官提交的打字稿版报告(题为"游览喇嘛庙和路遇围场(清代皇家猎苑)而归的一般报告"，时间是1902年8月，以及由少将克雷(O'Moore Creagh)和中国军队指挥官提交的题为"中国远征——急件"的打印版报告(1902年9月24日)(发表在1903年1月1日的《英国皇家工程师杂志》)。另外两本影集收录了72张带有文字说明的照片，涉及1904年的天津和长江。

⑧ 地址:George IV Bridge, Edinburgh EH1 1EW, Scotland, UNITED KINGDOM.

各教会整合成立了苏荷兰福音会，即（获得承认的）苏格兰福音会和苏格兰联合自由长老会，后者本身就是1900年苏格兰自由教会和联合长老会联合的产物。

苏格兰长老会于1865年开始在华传教，最初在宁波传教数年，后到山东东部，最后转移至东北。“老的”苏格兰福音会最早于1878年开始在湖北宜昌传教。

8. Queen's University Belfast 贝尔法斯特女王大学特殊藏馆①
Sir Robert Hart Collection (MS15)
《赫德爵士集》②

十四、美国

（一）Official Archives 官方档案

1. Library of Congress, Manuscript Division 国会图书馆手稿部③
(1) Adee Family papers, 1824-1966. MMC-28981
《艾迪家族文件（1824～1966年）》④
(2) T. Emerson Collection, 1900. 6 v.
《艾默森收藏（1900年）》⑤
(3) Francis Dunlap Gamewell (1857-1950) Papers, 1900-1937. MMC-0556
《贾腓力文件》⑥
(4) Bowman Hendry McCalla. "Memoirs of a Naval Career". Santa Barbara Calif., 1910; typescript; approx. 1, 000 pp. MMC-3458
《麦考尔：海军生涯回忆录（1910）》⑦

---

① 地址：The McClay Library, University Road, Belfast, BT7 1NN, Northern Ireland, UNITED KINGDOM.

② 赫德爵士（Robert Hart, 1835～1911），出生于爱尔兰北部，1863～1908年在清朝海关总任税务司。在外国使馆被围事件中，他用日记记录了义和团运动。《赫德日记集》（MS15/1）已被数字化：http://cdm15979.contentdm.oclc.org/cdm/landingpage/collection/p15979coll3.《赫德爵士集》还包括赫德对北京义和团运动的亲身经历及与其有关的笔记和文件。

③ 地址：Thomas Jefferson Building, 10 First Street SE, Washington, DC 20540, U. S. A.

④ 包含曾主管美国国务院外交事务且是国务卿助理的艾迪（Alvey Augustus Adee, 1842～1924）的文件。1900年义和团运动期间，艾迪是美国国务院的实际掌权人，因为当时国务卿海约翰（John Hay）患病，助理国务卿戴维·希尔（David Jayne Hill）不在华盛顿。该文集还包括一篇硕士论文：George Sheppard Hunsberger, The Diplomatic Career of Alvey Augustus Adee with Special Reference to the Boxer Rebellion, Master's thesis, American University, 1953.

⑤ 该档案是义和团运动时北京之围（1900年）期间西方人的传记汇编，作者艾默森疑为新闻记者。

⑥ 该档案是主要包括传教士贾腓力在义和团运动期间的相关信件、照片、剪报和纪念品（1900～1906年）。

⑦ 该手稿没有被发表，其第四部分有涉及麦考尔在义和团运动期间的在华服役经历。该收藏已有若干份副本，其中一份保存于美国海军学院。参见：The United States Naval Academy, Special Collections & Archives, 589 McNair Road, Annapolis, Maryland 21402-5029, U. S. A. 麦考尔（Bowman Hendry McCalla, 1844～1910）曾是一名美国海军军官，义和团运动期间担任美舰“纽瓦克”号（USS Newark）舰长。他带领一支水手武装力量参加了英国海军上将西摩尔将军的部队，在解救北京使领馆之围战役中表现得异常英勇，曾在天津附近的西沽堡垒和军火库战役中受伤。

(5) Charles Mason Remey Family Papers, 1778-1949 (bulk 1855-1932). MSS37580

《查尔斯家族文件(1778～1949 年,主要为 1855～1932 年间)》①

(6)Charles Dudley Rhodes Papers, 1885-1940 (bulk 1885-1919)

《查尔斯·罗兹文件(1885～1940 年,主要为 1885～1919 年间)》②

(7)Clarence Edwin Sutton Papers, 1900. 4 items

《克拉伦斯·萨顿文件(1900 年)》③

(8)Rounsevelle and Edwin Wildman Papers, 1896-1923. MMC-3173

《怀尔德曼文件(1896～1923 年)》④

(9)James Harrison Wilson Papers, circa 1862-1923. MSS45997

《魏礼森文件(1862～1923 年前后)》⑤

2. National Archives and Records Service (NARA—Archives II) 国家档案与文件署⑥

Records of the State Department in the National Archives

《国家档案与文件署收藏的国务院档案》

(1)Central File. Record Group 59

《中央档案》⑦

①Despatches from United States Ministers to China, 1843-1866. Vols. 1-23 (Microcopy 92)

《美国国务卿致华急件(1843～1866 年)》

该缩微本复制了 131 卷文件,大部分都是美国驻华外交代表于 1843 年 6 月 27 日至 1906 年 8 月 14 日期间发给美国国务院的文件。第一卷复制了从美国国务院 13 个通信登记簿中挑选出来的若干页,它们一起构成

---

① 在这个庞大的档案集中,乔治·乐默迪(George Collier Remey,1841～1928)义和团运动期间在美国海军服役的经历特别引人关注。乔治·乐默迪为美国海军军官,1898 年 11 月被任命为海军少将,1900 年 4 月被任命为亚洲站指挥官。他所指挥的军舰"布鲁克林"(USS Brooklyn)号于 1900 年 7～10 月离开大沽向北京进发。

② 美国陆军军事历史研究所卡莱尔兵营也藏有该档案的副本,其馆藏地址 the U. S. Army Military History Institute Carlisle Barracks, Pa. 17013-5008. 也可见"Overview of the Charles Dudley Rhodes diary extracts" (typescript) at the Hoover Institution Archives, 434 Galvez Mall, Stanford University, Stanford, CA, 94305-6010, U. S. A. ; Collection No. XX157. 查尔斯·罗兹(Charles Dudley Rhodes,1865～1948) 曾是一名美国陆军军官,1900 年中国救援远征期间担任骑兵指挥。

③ 该档案包含四份未署名的手稿、一份关于一个海军小分队参与天津战役的铅笔版报告草稿。克拉伦斯·萨顿(Clarence Edwin Sutton, 1871～1916),美国海军陆战队中士,因在义和团战争中表现出色而获得过荣誉勋章。

④ 该文件包括通信、手稿、法律文件、主题文件、印刷品和杂志。该文件涉及 R. 怀尔德曼(Rounsevelle Wildman,1864～1901)担任美国驻香港总领事期间的服务经历以及菲律宾动乱期间的相关事件。其弟弟 E. 怀尔德曼(Edwin Wildman,1867～1932)为外交官和战地记者,与其相关的文件主要涉及义和团运动。

⑤ 该大宗档案包含魏礼森 19 世纪 80 年代和 1900 年在中国生活的有关资料(魏礼森当时任中国救援远征军第二指挥官)。

⑥ 地址:8601 Adelphi Road, College Park, MD 20740-6001, U. S. A.

⑦ 系国务院综合档案(有缩微胶卷)。《中央档案》包括国务院与美国驻外外交和使领馆机构、国务院与驻美外国外交和使领馆机构之间的全部通信,以及国务院的几乎全部其他通信和备忘录。

了 1843 年 6 月 27 日至 1906 年 12 月 31 日中国文件的一个记录。美国驻华外交代表于义和团运动期间发给美国国务院的文件在缩微胶卷上的分布如下：

胶卷	卷本	日期
001	登记本	1843 年 6 月 27 日至 1906 年 12 月 31 日
103	102	1896 年 11 月 2 日至 1897 年 6 月 28 日
104	103	1897 年 7 月 2 日至 1898 年 3 月 31 日
105	104	1898 年 4 月 1 日至 8 月 28 日
106	105	1898 年 9 月 1 日至 12 月 30 日
107	106	1899 年 1 月 1 日至 7 月 28 日
108	107	1899 年 8 月 1 日至 1900 年 2 月 26 日
109	108	1900 年 3 月 1 日至 9 月 30 日
110	109	1900 年 10 月 1 日至 12 月 15 日
111	110	1900 年 12 月 16 日至 1901 年 1 月 31 日
112	111	1901 年 2 月 5 日至 3 月 29 日
113	112	1901 年 4 月 1 日至 5 月 30 日
114	113 和 113A	1901 年 6 月 1 日至 7 月 31 日
115	114	1901 年 8 月 1 日至 10 月 9 日
116	115	1901 年 10 月 10 日至 12 月 31 日
117	116	1902 年 1 月 2 日至 3 月 31 日
118	117	1902 年 4 月 2 日至 6 月 16 日
119	118	1902 年 6 月 17 日至 8 月 30 日
120	119	1902 年 9 月 2 日至 10 月 6 日
121	120	1902 年 10 月 7 日至 11 月 6 日
122	121	1902 年 11 月 8 日至 29 日

除了以上外交文件之外，该档案还包括 1843～1906 年间美国国务院对美国驻华外交部长下达的指令副本（缩微胶卷 77 号卷 38～43）。与此相关的还有中国驻美使馆于 1868～1906 年间写给美国国务院的笔记（缩微胶卷 98 号），以及美国国务院于 1868～1906 年间写给中国驻美使馆的笔记（缩微胶卷 99 号卷 13～14）。

② Diplomatic Instructions of the Department of State, 1801-1906. (Microcopy 77)

《美国国务院下达的外交指令（1801～1906 年）》

义和团运动期间向美国驻华大使下达的指令在缩微胶卷上的分布如下：

胶卷	卷本	日期
42	5	1893 年 6 月 5 日至 1899 年 6 月 23 日
43	6～7	1899 年 6 月 24 日至 1904 年 10 月 25 日 1904 年 11 月 1 日至 1906 年 8 月 14 日

③Notes from the Chinese Legation in the United States to the Department of State, 1868-1906. (Microcopy 98)

《中国驻美大使馆致美国国务院照会(1868～1906 年)》

该档案在缩微胶卷上的分布如下：

胶卷	卷本	日期
3	3	1892 年 1 月 25 日至 1897 年 12 月 22 日
4	4	1898 年 1 月 1 日至 1901 年 12 月 31 日
5	5	1902 年 1 月 1 日至 1903 年 12 月 22 日

④Notes to the Chinese Legation in the United States from the Department of State, 1868-1906. (Rolls 13-14 of Microcopy 99)

《美国国务院致中国驻美大使馆照会(1868～1906 年)》

⑤ Despatches to the Department of State from United States Consular Officals in the following places

《下列地区的美国领事官员呈送美国国务院的急件》

Chefoo, 1863-1906 (Microcopy 102)

《芝罘(即烟台)(1863～1906 年)》

Chinkiang, 1864-1902 (Microcopy 103)

《镇江(1864～1902 年)》

Chungking, 1896-1906 (Microcopy 104)

《重庆(1896～1906 年)》

Hankow, 1861-1906 (Microcopy 107)

《汉口(1861～1906 年)》

Newchwang, 1865-1906 (Microcopy 115)

《牛庄(1865～1906 年)》

Shanghai, 1847-1906 (Microform 112)

《上海(1847～1906 年)》

Tientsin, 1868-1906 (Microcopy 114)

《天津(1868～1906 年)》

该档案在缩微胶卷上的分布如下：

胶卷	日期
43	1895 年 8 月 3 日至 1897 年 12 月 31 日
44	1898 年 1 月 3 日至 12 月 28 日
45	1898 年 10 月 13 日至 1899 年 6 月 30 日
46	1899 年 7 月 5 日至 1900 年 7 月 31 日
47	1900 年 8 月 1 日至 1901 年 5 月 29 日
48	1901 年 6 月 3 日至 1902 年 9 月 30 日
49	1902 年 10 月 3 日至 1903 年 10 月 31 日

(2)Record Group 84. Records of the Foreign Service Posts of the Department of State

《美国国务院驻外事务处公告档案》[①]

United States Legation in China, 1843-1945

《美国驻华使馆(1843～1945 年)》

Consular Records for Chefoo, 1854-1942

《芝罘领事档案(1854～1942 年)》

Consular Records for Chungking, 1896-1949

《重庆领事档案(1896～1949 年)》

Consular Records for Dairen1897-1944

《大连领事档案(1897～1944 年)》

Consular Records for Hankow, 1861-1915

《汉口领事档案(1861～1915 年)》

Consular Records for Kiukiang, 1862-1877

《九江领事档案(1862～1877 年)》

Consular Records for Mukden, 1897-1936

《奉天领事档案(1897～1936 年)》

Consular Records for Newchwang, 1862-1915

《牛庄领事档案(1862～1915 年)》

Consular Records for Shanghai, 1851-1949

《上海领事档案(1851～1949 年)》

Consular Records for Tientsin (Tianjin), 1862-1949

《天津领事档案(1862～1949 年)》

Consular Records for Tsingtao, 1897-1948

《青岛领事档案(1897～1948 年)》

(3)Record Group 242. National Archives Collection of Foreign Records Seized

《国家档案馆收藏的缴获的外国档案集》

Captured German Records Microfilmed at Whaddon Hall, U. K

《缴获的德国档案》[②]

3. National Archives and Records Service (NARA—Archives I) 国家档案与文件署[③]

(1)RG24. Records of the Bureau of Naval Personnel

---

① 此类档案最初保存在美国大使馆、公使馆和领事馆。美国使领馆的所有档案并没有全部从中国转运到美国，部分可能已经遗失。以下领事馆的档案或多或少涉及义和团运动。

② 该档案在英国哈登霍尔被制作成缩微胶卷，原为德国外交部档案缩微胶卷出版物(1867～1945 年)。该缩微胶卷涉及内容广泛，包含与德国在华传教事业有关的档案，已被若干大馆收藏。另外，英国国家档案馆也收藏了这一档案。详情参见：*American Historical Association*, *Committee for the Study of War Documents*, *A Catalogue of Files and Microfilms of the German Foreign Ministry Archives*, *1867-1920*. Oxford: Oxford University Press, 1959.

③ 地址：700 Pennsylvania Avenue, NW, Washington, DC 20408-0001, U. S. A. 位于华盛顿特区的国家档案馆(NAB)收藏了一战前的陆军以及二战前的海军档案。义和团运动期间的评论可见当时公布的海军部长、海军陆战队指挥官以及战争部在 1900 年和 1901 年的年度报告。这些出版物包含许多驻华官员的官方报告。

《海军人事局档案》

该日志以船舰的名称为目录记录了该船舰的日常状况。义和团运动期间参战的海军舰艇包括：Brooklyn，Buffalo，Iris，Monocacy，Nashville，New Orleans，Newark，Oregon，Solace，Wheeling，Yorktown，and Zafiro.

(2) RG 45. Area Files of the Naval Records Collection of the Office of Naval Records and Library

《美国海军档案和图书馆收藏的海军档案馆区档案》①

微胶卷第376～390号涉及1900年3～4月至1901年10～12月间第10区(太平洋西180°等)的有关档案。其中，第376号(1900年3～4月)、第377号(1900年5月)、第378号(1900年6月1～20日)、第379号(1900年6月21～30日)、第380号(1900年7月1～15日)、第381号(1900年7月16～31日)、第382号(1900年8月1～15日)、第383号(1900年8月16～31日)、第384号(1900年9月)、第385号(1900年10月)、第386号(1900年11～12月)、第388号(1901年4～6月)、第389号(1901年7～9月)、第390号(1901年10～12月)与义和团运动有关。

(3) RG 80. General Records of the Department of the Navy，1798-1947

《海军部综合档案(1798～1947年)》②

RG 127. Records of the United States Marine Corps

《美国海军陆战队档案》③

(4) RG 395. Records of United States Army Overseas Operations and Commands，1898-1942

《美国陆军海外行动和命令档案(1898～1942年)》

395. 4 Records of the China Relief Expedition. 1900-1901

《中国救援远征档案(1900～1901年)》

①395. 4. 1 Records of headquarters

《总部档案》④

②395. 4. 2 Records of field organizations

① 这些档案已被国家档案与文件署制成缩微胶卷出版物M625，参见Area File of the Naval Records Collection，1775-1910 (414 rolls).

② 最值得关注的部分是“普通通信(1897～1915年)”。

③ 特别注意条目26——海军陆战队人员参与菲律宾和中国战争的有关报告(1899～1901年)。

④ 该档案包括：1900～1901年间寄出的带有目录的信件辑，1900～1901年间收到的带有登记簿和目录的信件辑，1900～1901年间发出的带有目录的电报和海外电报辑，1900～1901年间收到的带有目录的电报和海外电报辑，1900～1901年间的命令、通告和备忘录辑，1900～1901年间带有目录的报告辑，1900～1901年间的月度报告辑，1900～1901年间总检察长、军法官和军需官寄出和收到的信件、报告、命令和其他记录辑。

《野战部队档案》[1]

③Some items mentioned specifically in the literature

《其他特别文献》[2]

RG 112. Records of the Office of the Surgeon General (Army)

《军医署档案(陆军)》

4. United States Army Heritage and Education Center 美国陆军遗产和教育中心[3]

(1) Barkey, Hans G., "Resistance Begins with the First Foreign Footstep: China and Nicaragua"

《汉斯·巴基:抵抗以外人入侵为始——以中国和尼加拉瓜为例》

(2) Charles H. Martin Papers, 1898-1959

《查尔斯·马丁的文件(1898～1959年)》

(3) Frank C. Wood Collection, 1898-1933

《弗兰克·伍德的收藏(1898～1933年)》

(4) Groves-Griffith-Chafin Family Papers.

《格罗夫家族的文件》

(5) Kawano Teruaki, "Allied military cooperation in the Boxer Rebellion and Japan's policy". [S. l.]: Korean Commission of Military History, 1986. 16 pp

《川野辉明:义和团叛乱中联军的军事合作与日本的政策》

(6) Leland S. Smith Papers, 1899-1969

《利兰·史密斯的文件(1899～1969年)》

(7) Raymond F. and Charles P. Wafer Collection, 1896-1970.

《雷蒙德与韦弗兄弟的收藏(1896～1970年)》

(8) Spanish American War Veterans Survey collection, 1861-1998, undated (bulk 1898-1904, 1968-1970).

《美西战争老兵调查集(1861～1998年)》

5. United States Marine Corps. Archives and Special Collections Branch

---

① 该档案包括:第一旅档案,包含1900年寄出的带有登记簿的信件和签注辑、1900年收到的带有登记簿的信件辑、1900年的命令和通告、1900年的野战军反馈记录;第二旅档案,包含1900年寄出和收到的带有登记簿和目录的信件辑,1900年的命令,1900年的日报表、野战和岗哨反馈,以及各单位的描述性清单;Liscum兵营(天津)档案,包含寄出和收到的信件、1900～1901年间带有登记簿和目录、1900～1901年间收到的电报(缩微胶卷出版物M-617,卷号1520);1900～1901年间的命令和通告;1900～1901年间的岗哨和野战反馈;1900～1901年间的日报表;1900～1901年间的法庭诉讼摘要、雷利营(北京)档案,包含寄出和收到的信件、1900～1901年间的登记簿和目录、1900～1901年间的命令(M-617,卷号1536)、1900～1901年间的通告和备忘录、1900～1901年间的岗哨和特别野战反馈。

② 该档案包含如下内容:(1)条目898:《驻京德国军队总指挥查飞少将的函件(1900年9月2日)》;条目918:《北京城市管理委员会备忘录(1900年10月12日)》;条目919:《北京城市管理委员会,"联军(不含法国)指挥官颁布的警察条例"》。

③ 地址:950 Soldiers Drive, Carlisle, PA 17013, U. S. A. 艾伦赛(Henry George Outram Bax-Ironside, 1859～1929)于1897～1900年间任驻京英国公使馆秘书,1907年被封为米德尔顿子爵。参见:The National Archives: PRO 30/67/5.

美国海军陆战队档案馆特藏处

(1)Personal Papers of Major General Smedley D. Butler

《少将巴特勒的个人文件》

(2)Henry Clay Cochrane (1842-1913) Personal Papers. P. C. 1

《亨利· 科克伦的个人文件》

(3)Ben Hebard Fuller (1870-1937) Collection. P. C. 164

《本·富勒的收藏》

(4)Herbert J. Hirshinger (1874-1916) Personal Papers. P. C. 84

《赫伯特·西斯辛格的个人文件》

(5)Frank Keeler (1877-1962) Personal Papers. P. C. 86

《弗兰克·基勒的个人文件》

(6)Henry Leonard (1876-1945)Personal Papers. P. C. 147

《亨利·伦纳德的个人文件》

(7)Oscar Jefferson Upham (1871-1948) Personal Papers. P. C. 504

《奥斯卡·厄珀姆的个人文件》

(8)Littleton Waller Tazewell Waller, Jr. (1856-1926) Personal Papers. P. C.

《小利特尔顿·沃勒的个人文件》

6. United States Military Academy Library (Jefferson Hall) 美国军事科学院图书馆

(1)Annie Allender Gould Papers, 1889-ca. 1900

《安妮·古尔丁的文件》

(2)Harrison Hall Letters

《哈里森·豪尔的信件》

(3)Calvin Pearl Titus (1879-1966) Papers

《卡尔·泰特斯的订单文件》

(4)John Charles Fremont Tillson (1856-1941) Papers, 1900-1905. 36 items

《约翰·蒂尔森的文件(1900～1905 年)》

(二)Missionary & Non-official Archives 传教士和非官方档案

1. American Bible Society Archives 美国圣经会档案馆

美国圣经公会(ABS)在 1816 年成立于纽约。1833 年,美国圣经公会开始资助翻译和出版基督教《圣经》的工作,虽然完成在华传播工作的传教士并未得到美国圣经公会的任何资助。即便如此,美国圣经公会档案馆收藏了跟义和团运动有关的若干档案:通信秘书办公室的部分通信涉及“义和团叛乱”;华北代表贾璘(Frederick Gammon,1870～1926)义和团运动期间的工作驻地是天津。圣经公会的首席代表海格思(John Reside Hykes,1852～1921)将工作驻地设在上海。

2. Archives of the American Board of Commissioners for Foreign Missions 美国公理会档案馆

美国公理会是美国首个来华传教的基督教差会。华南教区由裨治文开辟于

1830 年；福建教区开辟于第一次鸦片战争之前；华北教区开辟于 1860 年。义和团运动期间，在山东西北、直隶（今河北）和山西的公理会传教士受到严重影响。在临清和庞庄的传教士是首批提及“原拳民”和山东一直隶交界地带拳民活动的新教传教士。“义和团”这个术语也是他们最早使用的。

应当指出的是，山西太古和汾州两处传教站的传教工作是在美国公理会的支持下由“奥伯林团”具体开展的。1900 年 7 月 31 日，太古传教士和许多中国助手及皈依者都被杀害。1900 年 8 月 15 日，汾州传教士也遭遇了同样的厄运。孔祥熙当时是太古教会学校的一名学生，他成功逃脱并留下了有关该袭击的一篇描述。有关该事件的其他资料请参考欧柏林学院档案馆馆藏文件。

(1) ABC：16. 3. 12. North China Mission，Incoming Letters and Reports (NCM)

《公理会华北教区的来信与报告》241

①v. 14. North China mission，1890-1899. v. 1. Reports，1890-1894. [544]. Microfilm A467：Reel 282

《华北教区（1890～1899 年）：报告（1890～1894 年）》卷 1

②v. 15. North China mission，1890-1899. v. 2. Reports，1894-1898. [545]. Microfilm A467：Reel 283

《华北教区（1890～1899 年）：报告（1894～1898 年）》卷 2

③v. 16. North China mission，1890-1899. v. 3. Reports，1898-1899，and other documents. [546]. Microfilm A467：Reel 284

《华北教区（1890～1899 年）：报告（1898～1899 年）》卷 3

④v. 17. North China mission，1890-1899. v. 4. [Letters] A-B. [547]. Microfilm A467：Reel 285

《华北教区（1890～1899 年）：信件 A～B》卷 4

⑤v. 18. North China mission，1890-1899. v. 5. C-G. [548]. Microfilm A467：Reel 286

《华北教区（1890～1899 年）：C～G》卷 5

⑥v. 19. North China mission，1890-1899. v. 6. H-M. [549]. Microfilm A467：Reel 287

《华北教区（1890～1899 年）：H～M》卷 6

⑦v. 20. North China mission，1890-1899. v. 7. M-R. [550]. Microfilm A467：Reel 288

《华北教区（1890～1899 年）：M～R》卷 7

⑧v. 21. North China mission，1890-1899. v. 8. S. [551]. Microfilm A467：Reel 289

《华北教区（1890～1899 年）：S》卷 8

⑨v. 22. North China mission，1890-1899. v. 9. T-W，and Natives. [552]. Microfilm A467：Reel 290

《华北教区(1890～1899 年):T～W 和当地人》卷 9

⑩v. 23. 1. North China mission, 1900-1909. v. 1. Documents, Minutes, Tabular Views, Reports. [691]. Microfilm A467: Reel 291

《华北教区(1890～1899 年):文档、备忘录、表格、报告》卷 1

⑪v. 23. 2. North China mission, 1900-1909. v. 2. Documents, Minutes, Tabular Views, Reports[692]. Microfilm A467: Reel 292

《华北教区(1890～1899 年):文档、备忘录、表格、报告》卷 2

⑫v. 24. North China mission, 1900-1909. v. 2. Documents, Reports. Microfilm A467: Reel 293

《华北教区(1890～1899 年):文档、报告》卷 2

⑬v. 25. North China mission, 1900-1909. v. 3. [Letters] A-C. [693]. Microfilm A467: Reel 294

《华北教区(1890～1899 年):信件 A～C 》卷 3

⑭v. 26. North China mission, 1900-1909. v. 4. D-G. [694]. Microfilm A467: Reel 295

《华北教区(1890～1899 年):D～G》卷 4

⑮v. 27. North China mission, 1900-1909. v. 5. H-Peck. [695]. Microfilm A467: Reel 296

《华北教区(1890～1899 年):H～Peck》卷 5

⑯v. 28. North China mission, 1900-1909. v. 6. Per-R. [696]. Microfilm A467: Reel 297

《华北教区(1890～1899 年):Per～R》卷 6

⑰v. 29. 1. North China mission, 1900-1909. v. 7. S. [697]. Microfilm A467: Reel 298

《华北教区(1890～1899 年):S 》卷 7

⑱v. 29. 2. North China mission, 1900-1909. v. 7. S. [697]. Microfilm A467: Reel 299

《华北教区(1890～1899 年):S》卷 7

⑲v. 30. North China mission, 1900-1909. v. 8. T-Z. [698]. Microfilm A467: Reel 300

《华北教区(1890～1899 年):T～Z 》卷 8

(2) ABC 76: Personal Papers

《个人文件》

Ewing, Charles E. and Bessie (N. China, 1894-1927). Papers, 1894-1927. 4 boxes. [NS 2] Miner, Luella (N. China, 1887-1935). Letters and papers, 1884-1935. 4 boxes

《玉嘉利夫妇档案(1894～1927 年)》

3. Archives of the American Presbyterian Missions (North and South) 美国长老会档案馆(北方和南方)①

Presbyterian Church in the U. S. A. Board of Foreign Missions, Mission correspondence and reports microform, 1837-1911 (Call number MF 10 F761a)《美国长老会外方传教会差会通信与报告缩微胶卷(1837～1911 年)》②

(1)RG 226. Killie Family Papers

《纪力宝家庭文件:纪力宝私人信件》③

(2)RG 431. Presbyterian Church in the U. S. China Mission Records. 1868-1969

《美国长老会中国差会档案(1868～1969 年)》④

4. Archives, Burke Library, Union Theological Seminary 协和神学院档案馆⑤

(1)Elwood G. and Donald G. Tewksbury Papers, 1890-1959

《都春圃及其家人的文件(1890～1959 年)》⑥

(2) Hunter Corbett and Harold F. Smith Papers, 1862-1948. Missionary Research Library Archives: Section 6

---

① 地址:Archives and Library, 425 Lombard St, Philadelphia, PA 19147-1516, U. S. A. 1983 年,美北长老会(PCUSA),即所谓的“北支”(美国北长老会)与美南长老会(PCUS)即所谓的“南支”(美国南长老会),联合成立了美国长老会。美南长老会主要在江南一带活动,后来这一带被称为“华中教区”。长江北岸以南的江北教区开辟了以下传教站:镇江(江苏)(1883 年)、徐州(1896 年)、宿迁(1893 年)、清江浦(江苏)(1887 年)。这些传教站并未受到义和团运动的直接冲击。但是,确有传教士报告该地区普遍弥漫的目无法纪和日益高涨的排外主义,并间接提到了大刀会。

② 该收藏只有缩微胶卷版。美国长老会中国差会的档案被存储在 53 个缩微胶卷 189～218、232～237 和 244～261 号上。该收藏包含与义和团运动有关的档案。在中国北部传教的长老会差会位于义和团运动影响的区域,即直隶(保定和北京)和山东(包括济南、济宁和潍县)。

③ 该档案曾发表于《克拉克县先驱报》(*Clark County Herald*),之后被重新打印并保存于长老会历史学会。纪力宝牧师的首个任务是去山东沂州府传教。1899 年,他和夫人被派到北京传教站,在北京传教期间正赶上 1900 年的义和团运动,他利用这个机会报道和拍摄了整个事件。长老会历史学会的馆藏收录了由纪力宝拍摄的 50 张照片所组成的影集,其中 26 张大图均是应英国公使和围困安抚总务委员会之请所拍摄,部分照片可以在线浏览:http://hpc.vcea.net/Database/Photographers? ID=59. 由于在北京被围期间的“出色表现”,纪力宝被美国陆军和海军分别授予“龙之师”铜牌和金牌。纪力宝家族文件指南:http://history.pcusa.org/collections/research-tools/guides-archival-collections/rg-226.

④ 该档案包括美国长老会中国差会的备忘录、报告、出版物和相关记录文档(包括具体传教站、学校和医院的工作)。此外,还包括中华基督教会和其他基督教组织的档案。江北教区的档案涵盖了 1899～1940 年。箱号 9 文件夹号 23“中国的传教士危机(1901 年)”。RG 431 指南:http://www.history.pcusa.org/collections/research-tools/guides-archival-collections/rg-431.

⑤ 地址:3041 Broadway, New York, NY 10027, U. S. A. 相关手稿来源于传教士研究图书馆,该馆在 1910 年爱丁堡世界宣教大会之后由约翰·莫特(John R. Mott)创建于 1914 年。中国专辑包括机构和个人两类文件,部分内容涉及晚清时期。

⑥ 都春圃(Elwood G. Tewksbury,1865～1945),美国公理会牧师,1890 年来华传教。都春圃与其妻(Grace Holbrook)和他们的两个儿子(Malcolm Gardner,Donald George Tewksbury)在义和团叛乱中被围困于英国公使馆。都春圃参与了守卫藏身之处的组织工作,收集了与北京之围过程有关的各种剪报和通信。该档案包括一份利用手绘地图为被困人员发出求救信息的副本、英国使馆防卫的说明和图表,以及都春圃与美国使馆及军方人员的往来通信。该档案还收录了一份清朝官员商讨战事准备、逮捕和处死外国人和信徒的中文版咨文,英文译文也在其中。档案还包括一份义和团运动期间集结起来的地方武装中文列表。

《郭显德夫妇的文件(1862～1948年)》①

①Hunter Corbett Notes (Box 7 Folder 1) includes a manuscript on the Boxer Uprising, dated 14 July 1900, 17 pp; Chinese Christians under persecution, 10 pp; Transcript of Proclamation, 16 July 1900, 2 pp; Chinese Christians during the Crisis, 18pp. (Item 26)

《郭显德笔记:义和团起义手稿、遭受迫害的中国基督徒、危机中的中国基督徒》

②Boxer Uprising 1900 (Box 7 Folder 18): Military proclamation of Kuang Hsu 26-27 July 1900, insisting on peace and order in Fu Shan County. Taken from a temple where it was posted, ms copy in Chinese (Item 82). Translation of Boxer Placard in West City-Peking forwarded to Lord Salisbury by Sir Claude McDonald, 29 April 1900, 3 pp. (Item 83)

《1900年的义和团运动:光绪帝军事公告(1900年7月26～27日,维持浮山县的和平与秩序告示》

③(Box 7 Folder 19): A Day and Night in Peril (Escape from Honan) by John Griffith, Canadian Presbyterian Mission (North Henan), Chefoo, 1900, 8 pp. Copy of manuscript prepared for publication. FRAGILE (Item 84)

《约翰·格里菲斯:危机笼罩的一天一夜(从河南逃生)》

④(Box 7 Folder 20) Letter: W. O. Elterich to Arthur J. Brown, Chefoo. 20 June 1900, 4 pp. copy. (Item 85)

《伊维廉写给白朗的信》

⑤Letter: H. Corbett to friends, Chefoo, [21 June]1900, 1p. copy. FRAGILE (Item 86)

《郭显德写给朋友的信》

⑥Letter from W. O. Elterich to Arthur J. Brown, Chefoo, 29 June 1900 3 pp. copy. FRAGILE (Item 87)

《伊维廉写给白朗的信》

⑦Letter: George Cornwell to John Fowler, US Consul (on board the) Japanese ship Kwanko Maru, 29 June 1900, 6 pp. copy. FRAGILE (Item 88)

《韦丰年写给法勒的信》

⑧Letter: W. O. Elterich to Arthur J. Brown, Chefoo, 4 July 1900, 2 pp. copy. FRAGILE (Item 89)

《伊维廉写给白朗的信》

⑨(Box 7 Folder 21) Plan illustrating the siege of Peking, Supplement to North China Daily News, 17 September 1900 (Item 90)

---

① 该文件涉及19世纪末20世纪初郭显德在华多年的传教和教育工作。在这些文件中最具特殊价值和历史意义的就是郭显德日记,其中包含了对义和团运动的描述。

《北京之围演示》

⑩Sketch map of the country between Taku and Peking: Supplement to North China Daily News, 13 August 1900 (Item 91)

《大沽与北京之间的农村草图》

5. Billy Graham Center Archives 葛培理中心档案馆①

(1)Records of the Woman's Union Missionary Society-Collection 379

《妇女传教联合会档案》②

(2) Records of the United States Home Council of Overseas Missionary Fellowship (China Inland Mission), BGC Collection 215, Billy Graham Center

《美国海外传教士联谊会(中国内地会)档案》③

(3) A substantial collection of private papers, including the correspondence, diaries, manuscripts and oral histories of former China missionaries

《私人文件专辑,包括通信、日记、手稿和前中国传教士的口述史》

(4) Major microfilm collections (Archives of the Baptist Missionary Society; Archives of the Council for World Mission, including the LMS collection; Methodist Missionary Society Archives)

《大的缩微胶卷集[大英浸信会档案馆、世界传道会档案馆(含伦敦会专辑)、循道公会档案馆相关档案]》

(5)Jonathan and Rosalind Bellsmith Goforth Papers (CN 188), 1888-1991. The Folder of correspondence, 1893-1942, covers the Boxer Uprising. The collection includes the following manuscripts: "Escape of the Canadian Presbyterian Missionaries from North Henan during the Boxer Uprising of 1900", by Jonathan Goforth, ca. 1901; "Who Caused the Boxer Rebellion (China 1900)", by Jonathan Goforth, 1901

《古约翰夫妇文件(1888~1991 年)》④

---

① 地址:Wheaton College, Wheaton, IL 60187, U. S. A. 该档案馆主要收藏了与北美非教派新教差会事业有关的未发表的档案资料。

② 妇女传教联合会于 1869 年以在北京开办一家女孩寄宿学校为标志开始在中国传教。1880 年,该校与上海布里奇曼纪念学校合并。1891 年,伊丽莎白·罗夫施耐德(Elizabeth Reifsnyder)博士在上海成立了上海西门妇孺医院(The Margaret Williamson Hospital),后来资助了基督教女子医学院。

③ 中国内地会的北美理事会成立于 1901 年,是在美国和加拿大的招募和支持机构。更多北美理事会档案收藏在以下机构:英国伦敦大学亚非学院海外基督使团档案馆,澳大利亚家庭委员会图书馆、维多利亚圣经学院,以及新加坡海外基督使团档案馆、国际海外基督使团档案馆。

④ 该专辑包含以下手稿:《加拿大长老会豫北传教士庚子逃难记》(古约翰,1901 年前后)、《谁发动了义和团叛乱(中国 1900 年)》(古约翰,1901 年)。以上专辑的更多细节特别是私人文件,请见柯乐智《中国基督教》第 106～115 页,更多信息可登陆 BGC 网站查询。

6. Christian and Missionary Alliance 基督徒与宣教士联会档案馆①

出生于加拿大的宣信博士(Dr. Albert Benjamin Simpson)在 1887 年成立了福音宣道联合会,1889 年改称“国际宣道联合会”。1897 年,国际宣道联合会与基督徒联合会合并成立了基督徒与宣教士联会,该联会的在华传教事业始于 19 世纪 90 年代,主要在华南、华中和甘肃省活动。该差会还在华北的山西北部(长城以外)和蒙古东平原开辟了事工,由一队瑞典传教士负责传教,其中一些人在义和团运动中遇难。

7. Evangelical Lutheran Church in America (ELCA), Region 3 Archives 美国鸿恩会第三区档案馆②

(1)RG 4. Hauge's Norwegian Evangelical Lutheran Church Mission Papers
《挪威鸿恩会文件》③

(2)RG 5. United Norwegian Lutheran Church (or American Lutheran Church) Papers, 1890-1917
《美路德会文件(1890～1917 年)》④

(3)RG 11. Personal Papers
《个人文件》⑤

8. General Commission on Archives and History 卫理公会档案馆和历史档案中心⑥

9. Oberlin College Archives 欧柏林神学院档案馆⑦

1881 年 1 月,12 名学生,主要是欧柏林神学院的研究生,向美国公理会提出申请,志愿以“欧柏林团”的名义开展传教事业,最好是前往中国。公理会批准了这一计划,并于 1882～1900 年间把他们陆续派往山西太古和汾州。义和团运动发展到高潮时,这些传教士和很多中国助手、信徒都被杀害了。

除大量个人文件以外,欧柏林学院档案馆还收藏了《欧柏林山西纪念协会档案》(1890～1991 年)(档案组 15)。

10. Archives of the Scandinavian Alliance Mission of North America 北美瑞挪会档案馆⑧

1890 年,跨宗派教会北美瑞挪会(SAM)的成立受到瑞典—美国布道家法兰信的推动。1891 年 1 月,首批 35 名传教士来华传教。北美瑞挪会在甘肃和

---

① 地址:C & MA National Archives, 8595 Explorer Drive, Colorado Springs, CO 80935-3500, U. S. A.

② 地址:Luther Seminary Archives, 2481 Como Avenue, St. Paul, MN 55108, U. S. A.

③ 义和团运动期间鸿恩会的传教站有湖北樊城和太平店两处。

④ 义和团动乱期间,美路德会的传教站有河南汝宁(后称“汝南”)和信阳两处。

⑤ 此处指《希勒访谈录》(第 292 页)。希勒介绍了其父伍礼德牧师(Oscar Rudolph Wold,1874～1928)和其母(Clara Sophia Simonsen,1875～1920)在樊城的传教工作,包括他们在 1900 年义和团动乱期间的经历。

⑥ 地址:The United Methodist Church, United Methodist Archives and History Center Archives, 36 Madison Avenue, Madison, NY 07940, USA. 关于该档案的电子资源,见 http://www.gcah.org/inventory.htm.

⑦ 地址:420 Mudd Center, 148 West College Street, Oberlin, Ohio 44074-1532, U. S. A.

⑧ 地址:370 W. Front Street, Wheaton, IL 60187, U. S. A.

陕西的传教事业隶属于中国内地会，差会的中文名字是“北美瑞挪会”。蒙古差会是独立开展工作的，没有从属内地会，称为“协同会”，蒙古差会受到义和团运动的影响较严重。1900 年夏，有 6 名传教士在蒙古传教，2 名早期传教士 David Stenberg 和 Carl Suber 已在内蒙古和外蒙地区频繁巡回传教，苏博尔和其他几名传教士在义和团动乱中死亡，只有费安河一人在一位蒙古王子的干预下逃生，成为瑞挪会蒙古差会唯一的幸存者。1949 年，瑞挪会改名为“协同会”。该档案资料尚未编制目录，且不易查询。

相关布道站有：泾（原泾州）（甘肃）（1895 年）、镇原（甘肃）（1897 年）、平凉（1895 年）、静宁（1896 年）、西安（陕西）（1893 年）、兴平（陕西）（1893 年）、千县（原千州）（陕西）（1894 年）、泾阳（陕西）（1897 年）、陇县（原陇州）（陕西）（1893 年）、桑家庄（陕西）（1894 年）。

蒙古差会：百灵庙、扒子补隆。

11. Library and Archives, Southern Baptist Convention Historical Commission 美南浸信会历史委员会①

来自美国南部的浸信会传教士早在 1836 年就开始在华南传教（叔未士和罗孝全）。这些传教士在 1845 年美南浸信会成立之后被以美南浸信会的名义派出。美南浸信会后来成为在华最大的基督新教差会之一，在很多地方都建立了自己的教区。

华北（或山东）差会：烟台（1860 年）、登州（1861 年）、黄县（1885 年）、平度（1888 年）。

12. Getty Research Institute Library 盖蒂研究所图书馆②

Peking 1900

《北京（1900 年）》③

13. Herbert Hoover Presidential Library and Museum 胡佛总统图书馆和博物馆④

(1)0. 7967—LOU HENRY HOOVER PAPERS

《胡佛文件》

①Box 13 contains material on the “Boxer Rebellion”, including accounts by participants (typescript Tianjin siege diaries of Mr. and Mrs. W. E. Bainbridge and Mrs. Anna Drew) as well as correspondence with literary agents, 1899-1901

---

① 地址：901 Commerce Street, Suite 400, Nashville, TN 37203-3260, U. S. A.

② 地址：1200 Getty Center Drive, Suite 1100, Los Angeles, CA 90049-1688, U. S. A.

③ 该档案为有关中国义和团运动的文件汇编，包括 Graphic 报道（1900 年 6 月 23 日和 30 日，7 月 21 日和 28 日，8 月 4 日，10 月 6 日、13 日和 20 日）；Sphere 报道（1900 年 6 月 23 日和 30 日，7 月 7 日、21 日和 28 日，9 月 1 日，1902 年 7 月 5 日）和一期《伦敦新闻画报》（1900 年 7 月 28 日）。这些报道描述了 1900 年初日益动荡的中国形势和义和团活动、使领馆被围和脱围、天津问题及善后事宜。

④ 地址：210 Parkside Dr, West Branch, IA 52358, U. S. A. 采矿工程师和此后当选美国总统的赫伯特·胡佛（1874～1964）及妻子卢·亨利（1874～1944）在中国反对外国侵略的义和团运动爆发之前来到中国。在与 800 名左右的欧洲人和一些美国人被困于天津时，胡佛夫妇参与建立路障和护理伤员。获救不久之后，他们合作了一本书，讲述亲身经历，但迫于商业压力和其他阻碍因素，这本几近完成的书未能出版。

《义和团运动相关档案,包括亲历者陈述(1899～1901年)》

②Box 14 contains early drafts, with chapter headings: Preface, Admiral Seymour's Relief Expedition, the Chinese Army, Courtland and Fu, Courtland's Boy—Boxer Time, Events in Tientsin City, First Bombardment, History: May 28-June 17; June 17-23, History of the Inside Circle, Lewes Escape, Merritt, Taking the Taku Forts, Underlying Causes and Boxers, Waiting, Yuen at Tong Shan

《西摩尔救援远征、中国军队、义和团运动期间天津要闻、攻占大沽炮台等》

(2)0. 7742—LOU HENRY HOOVER PAPERS—Personal Correspondence, 1874-1920

①《胡佛文件——个人通信(1874～1920年)》

Box 1 holds correspondence with Mary Bainbridge, 1900-1910

《与玛丽·班布里奇的通信(1900～1910年)》

②Box 28 holds correspondence with Anna Drew (Mrs. Edward B. Drew) 1929-1931 and her daughter Lucy Drew 1932-33 & undated

《与安娜·德鲁(爱德华·德鲁夫人)及其女儿的通信》

(3)0. 8169—PRE-COMMERCE—SUBJECT FILE, Box 30

《商业活动文件》

China—Hoover notes of Boxer Rebellion—Received from Allan Hoover(8-15-67)

《中国——胡佛有关义和团运动的手记》

14. Jean S. and Frederic A. Sharf Collection at The Wolfsonian-FIU Library 华夫索尼亚—佛罗里达国际大学图书馆 ①

(1)Edward Henry Bayly Collection. XC2012. 08. 1. 428

《爱德华·贝利文集》②

(2)Bernard Frederick Roper Holbrooke Letters. XC2011. 08. 2. 132

《伯纳德·霍尔布鲁克信件》③

(3)The Journal of Jasper Whiting. Vol. 1: XC2013. 08. 3. 1. 1. ; Vol. 2: XC2013. 08. 3. 1. 2

---

① 地址:The Wolfsonian-Florida International University, 1001 Washington Avenue Miami Beach, FL 33139, U. S. A. 该档案馆收藏了包括北京之围亲历者或义和团运动参与者的原始信件、报告以及作品手稿。其中一些资料的摘录可见:Sharf, Frederic A. & Peter Harrington. *China, 1900: The Eyewitnesses Speak*(2000).

② 爱德华·贝利(Edward Henry Bayly,1849～1904)出生于爱尔兰米斯郡特里姆,曾是一名英国海军军官,1899年2月至1902年4月期间担任"奥罗拉"(HMS Aurora)号舰长。该文集包括通信、照片和长达90页的日志手稿,其中日志记录了他所在的"奥罗拉"号船舰在义和团战争初期的行动,部分内容已出版。

③ 该专辑收录了新罕布什尔州安多弗附近的金普顿教区的副主教伯霍尔布鲁克(Frederick George Holbrooke)牧师写给父亲的三封信,其中的两封已出版。伯纳德·霍尔布鲁克(Bernard Frederick Roper Holbrooke,1871～1948)曾是印度军队的一名英国军官。他随第二十六俾路支军团于1900年8月4日抵达大沽,直到1901年春才离开中国。

《槐丁日记》①

15. San Diego State University, Special Collections and University Archives 圣地亚哥州立大学特藏馆和大学档案馆②

Chinese Relief Expedition Collection, 1900

《中国救援远征专辑(1900 年)》③

16. Yale Divinity School Library Special Collections 耶鲁神学院图书馆特藏馆④

耶鲁神学院是收藏与美国在华传教士活动相关资料的最主要资料库。馆藏档案包括组织、家庭文件、中国档案项目、涉及传教士档案的缩微胶卷和缩微胶片,以及其他资料库馆藏副本的原件。⑤

(1)Arthur Judson Brown Papers (RG 2), 1900-1958

《布朗文件 (1900~1958 年)》⑥

(2)China Records Project Miscellaneous Personal Papers Collection, Record Group No. 8 (RG 8), Special Collections, Yale Divinity School Library

《中国档案项目各类私人文件专辑》⑦

①Irenius J. Atwood. (RG 8 Box 5). Material regarding the Shanxi Mission of the American Board of Commissioners for Foreign Missions

---

① 槐丁(Jasper Whiting,1868~1941)是一名美国工程师。1900 年春,他决定周游世界,取道伦敦来到中国,成功获聘伦敦《威斯敏斯特公报》特约记者之后于 1900 年 10 月跟随联军部队从天津到达保定。另外,关于该日记的其他版本,可见:Jasper Whiting, *The Journal of Jasper Whiting*. Boston: Napoleon Tennyson Hobbs Jr, 1902; The Massachusetts Historical society archives, 1154 Boylston Street, Boston, MA02215-3695, U. S. A. 包括照片在内的《槐丁日记》的部分内容,可浏览华夫索尼亚—佛罗里达国际大学图书馆网站:http://wolfsonianfiulibrary. wordpress. com/2013/08/13/the-year-of-the-rat-the-journal-of-jasper-whiting-a-recent-gift-to-the-wolfsonian-library.

② 地址:Library and Information Access 5500 Campanile Drive, San Diego, California, 92182-8050, U. S. A.

③ 该档案似乎是一种个人叙事,涉及 1900 年 7 月 15 日至 1900 年 11 月 15 日期间国际联军的一支部队在镇压 1899~1901 年间义和团运动的行动。它详细记录了每日被杀、受伤、被俘的人数,扎营地点,盟友状况以及常规活动。

④ 地址:409 Prospect Street, New Haven, CT. , U. S. A.

⑤ 耶鲁神学院图书馆的档案和手稿收藏指南:Smalley, Martha Lund (comp.), *Guide to Archives and Manuscript Collections at the Yale Divinity School Library* (Yale Divinity School Library, Occasional Publications, No. 7), New Haven: Yale Divinity School Library, 1995. 其网络档案和手稿详情见 http://www. library. yale. edu/div/colgpers. htm (个人文件); http://www. library. yale. edu/div/colgarch. htm (组织文件)。

⑥ 阿瑟·布朗(Arthur Judson Brown,1856~1963 年),美国长老会秘书长。1901~1902 年,在世界各国巡回考察各地长老会差会,包括中国。其巡回考察的日记(17 卷)记录了新教和天主教传教士的利益冲突、长老会保定传教站、袁世凯新军及义和团运动差会工作的恢复。他的这份文件专辑还包含一张在山东地区张贴的义和团揭帖(1900~1901 年)。《布朗文件》已被英国亚当·马修出版公司(Adam Matthew Publications)制成缩微胶卷,并列入"商人、游历家、传教士和外交官的手稿档案,1792~1942 年"专辑出版,胶卷号 77~80。最令人感兴趣的是 78 号胶卷上的《布朗日记》,写于义和团起义之后的保定和北京。

⑦ 《中国档案项目各类私人文件专辑》是一个开放的专辑,目前包含的档案资料收集自 325 多人,主要是来华的新教传教士,涵盖的时间段大约从 1834~1998 年。该项目 1968 年由美国全国基督教协进会发起,旨在存储来华传教士的个人档案,并利用这一中央资料库为历史学家的研究提供方便。1969 年,耶鲁大学神学院图书馆被选为该资料库驻地,并继续征集和接受与中国有关的资料。除了原中国传教士的个人文件之外,该项目还包括口述史文本。详情可参阅:*Guide to the China Records Project Miscellaneous Personal Papers Collection*, compiled by Nungshitula Jamir and Martha Lund Smalley, Yale University Library, 2004; 电子资源: //webtext. library. yale. edu/xml2html/divinity. 008. con. html#seriesN1340.

and the Boxer Uprising. Includes the "Journal of Miss Susan Rowena Bird (Martyred at Taiku, July 31st, 1900)"

《文阿德文件;美国公理会山西差会和义和团运动相关档案资料,包含〈贝如意(1900 年 7 月 31 日殉道于太谷)日记〉》①

② The material has been microfilmed by Adam Matthew Publications and is included in the "Manuscript Records of Traders, Travellers, Missionaries & Diplomats, 1792～1942" collection, Reel 48

《商人、游历家、传教士和外交官的手稿档案(1792～1942 年)》

③Courtenay Hughes Fenn (RG8 Boxes 68-69). Includes a Scrapbook on the siege of Beijing

《芳泰瑞文件,包含与北京之围有关的剪贴簿》②

17. Personal Papers in other U. S. Repositories 美国资料库的其他个人文件

(1)Mary Elizabeth Andrews. Diary Typescript and Manuscript Copy, 1900

《安美瑞的日记打字稿及手稿副本(1900 年)》③

(2)William E. Bainbridge and Mary Bainbridge Diaries, 1900-? Manuscripts B16

《威廉・班布里奇和玛丽・班布里奇日记(1900～?)》④

(3)John Mott Boswell Memoirs, 1899-1901

《约翰・博斯韦尔回忆录(1899～1901 年)》⑤

(4)Gerow D. Brill Papers, 1884-1924. Collection No.: 1379

---

① 文阿德(Irenius J. Atwood,1850～1913),美国人,公理会华北差会医疗传教士,义和团运动期间他在美国休假。贝如意(Susan Rowena Bird,1865～1900),美国人,公理会传教士,被杀于山西太谷。

② 该档案已被英国亚当・马修出版公司(Adam Matthew Publications)制成缩微胶卷,并列入"商人、游历家、传教士和外交官的手稿档案,1792～1942 年"专辑出版,胶卷号 49。

③ 储藏场馆地址:Phillips Library, Peabody Essex Museum, East India Square, 161 Essex Street, Salem, MA 01970-3783, U. S. A. 该档案系义和团运动中被围困在英国驻京使馆的一名美国传教士撰写的日记草稿,时间是 1900 年 6～8 月。日记绘声绘色地描述了使馆受到的攻击的情形、拥挤不堪的环境、祈祷、宗教服务、食物和住所。第二个文件夹包含了打字稿版录音文本以及安美瑞的背景信息。安美瑞 (Mary Elizabeth Andrews,1840～1936) ,美国人,公理会传教士,1868 年起在华北地区传教。

④ 储藏场馆地址:State Historical Library and Archives Collections, 600 East Locust, Des Moines, Iowa 50319, U. S. A. 该档案包括威廉・班布里奇(1861～1909) 一本题为"困于北京"的评论义和团运动的日记,玛丽・班布里奇(1852～1916)写于 1900 年 5 月 6 日至 8 月 18 日期间的日记,以及由亨利・波佐(Henry Borzo)编辑发表的玛丽日记复印件。这些日记的打字稿版副本也见于:The Herbert Hoover Presidential Library and Museum, 210 Parkside Dr, West Branch, IA 52358, U. S. A.

⑤ 储藏场馆地址:Harvard-Yenching Library, 2 Divinity Ave, Cambridge, MA 02138, U. S. A. 约翰・博斯韦尔(John Mott Boswell,1875～1952)的回忆录是一份 66 页的手稿附打字稿,记录了美西战争之后 1899 年后期至 1900 年中期的古巴重建,以及 1900 年义和团运动中他在美国陆军军需兵团的亲身经历。

《杰罗・布里尔文件(1884～1924年)》①

(5)Walter Throop Kendall Brown Papers

《沃尔特・布朗文件》②

①GLC04545. 01-13. Letters to his mother (Mrs. S. W. K. Brown) and brother (Harvey L. Brown), describing affairs in northern China from March to the end of June 1900.

《写给母亲和哥哥的函件，描述1900年3～6月底中国北部的形势》

②Narrative of USS Monocacy Participation in the Defence of Tientsin by W. T. Kendall Brown

《"莫诺卡西号"参与天津防卫战的始末》③

③Robert Henry Chandless Collection (Photographs). No. 214

《罗伯特・钱德勒斯文集(影集)》④

④Edward Bangs Drew Papers, 1865-1908

---

① 储藏场馆地址：Division of Rare and Manuscript Collections, 2B Carl A. Kroch Library, Cornell University, Ithaca, NY 14853, U. S. A. 杰罗・布里尔(Gerow Dodge Brill,1864～1931)的传教站位于中国武昌，他是湖北农学院与实验农场的负责人，同时也是美国农业部委派的科学探险家(1897～1901年)。应当注意的是他于1897～1901年间写给其姑姑(Statia Dodge)的函件，部分内容如下：1899年3月5日，叛乱；法国神父事件。1899年6月30日，排外骚乱；罗马天主教徒；法国在北京周边地区的影响力。1900年5月8日，乡村之旅；日本和德国军官之间的摩擦；汉口至北京铁路的工人暴动。1900年7月6日，准备撤离，如有必要。1900年7月30日，可能疏散重庆传教士；英法争夺中国西部。1900年8月7日，进一步的撤离准备，重庆。1900年8月29日，妇女和儿童已经离开汉口、宜昌等；安然无事；100名罗马天主教徒和神父被杀，10天内陆行；离开汉口之前等待更多的传教士从内地过来集合。1900年10月1日，宜昌；解释取消重庆之外的旅行(传教士撤离)；中国上下增加俄国威望；法国对慈禧太后的政策；对中国方面反应的评论。1900年10月21日，汉口；总督自5月起有了新难民营和更多的士兵；新政府非常亲义和团。1900年11月4日，汉口；皇太后派系；筹备和平谈判；南方叛乱在蔓延；俄国表面与中国交好实却染指满洲；认为西方媒体夸大了暴行事件。美国农业部的一份档案提到他："美国农业部一位官员负责调查中华帝国长江流域的有用植物"。

② 储藏场馆地址：The Gilder Lehrman Institute of American History, 49 W. 45th Street, 6th Floor, New York, NY 10036, U. S. A.

③ 沃尔特・布朗(Walter Throop Kendall Brown,1874～1932)于1899～1903年间是一名美国海军船员。在"莫诺卡西"号船舰上服役，1900年6月作为"莫诺卡西"号分遣队志愿者协助守卫天津的外国租界。档案的原标题是"1900年6月15～21日美国参与中华帝国天津防卫战始末，附被围笔录"。该档案发表于 *The Military Engineer* 24 (May-June 1932)。手稿原文本已被"老中国通项目"放在网上，网址：http://www. oldchinahands. org/1900wtkendallbrown. htm。另外，这篇文章的打字稿版本最近已在eBay上线。船员沃尔特・布朗的"义和团运动档案"收集了包括手稿、照片和遗物在内的115多件物品，几年之前在俄亥俄州辛辛那提的考恩拍卖行售出，目前这些物品的下落尚不可知。还应注意《沃尔特・布朗文件(1902～1935)》，其中部分内容涉及中国；地点：the Connecticut Historical Society, 1 Elizabeth St, Hartford, CT 06105, U. S. A. 电子资源：http://www. chs. org/finding_aides/finding_aids/brown. html.

④ 罗伯特・钱德勒斯(Robert Henry Chandless,1880～1951)，父亲是英国人，他本人出生于美国费城。1903年从纽约来到上海，进入英国普尔・兰德进出口公司。

储藏场馆地址：Special Collections Division, University of Washington Libraries, Allen Library South (Basement), BOX 352900. Seattle, WA 98195-2900, U. S. A.

该档案的照片是由不同的摄影师拍摄的，作者收藏了由照片和底片组成的九个影集，涉及义和团运动进行时的场景，包括国际部队的士兵和水兵影像。其中，33张单独照片和9本影集其中之一的176张照片被选中制成了电子版：http://content. lib. washington. edu/chandlessweb.

《杜德维文件(1865～1908 年)》①

⑤Harley Bascom Ferguson Papers，1892-1941. Collection No.：02970

《哈利·弗格森文件(1892～1941 年)》②

⑥E. L. (Eli Lundy) Huggins papers，1862-1929. BANC MSS 81/51 c Box 1

《艾力·哈金文件(1862～1929 年)》③

⑦John Inglis Papers. Collection No.：73085

《约翰·英格里斯文件》④

⑧Charles Davis Jameson Papers

《詹梅生文件》⑤

⑨Charles F. Johnson Papers 1879-1944. Ax 268

《查尔斯·约翰逊文件(1879～1944 年)》⑥

⑩Joaquin Miller Collection. BANC MSS 84/102 c

---

① 储藏场馆地址：Harvard-Yenching Library，2 Divinity Ave，Cambridge，MA 02138，U. S. A. 该档案包含中英文通信、照片、文件、手稿和剪报。杜德维在天津海关税务司任职期间的文件与义和团运动有关。杜德维(Edward Bangs Drew，1842～1924)是在中国海关税务司工作的美国人。他和妻子安娜·艾比·戴维斯(1851～1932)在 1900 年的天津之围中幸免于难。

请注意，杜德维的妻子《天津之围日记》打字稿版现存于胡佛总统图书馆和博物馆所藏之《胡佛文件》。

② 储藏场馆地址：Southern Historical Collection，Wilson Special Collections Library，University of North Carolina，200 South Road，Chapel Hill，NC 27515-8890，U. S. A. 哈利·弗格森(Harley Bascom Ferguson，1875～1968)服役于美国陆军军团，1939 年以少将身份退休。该文件包括与他有关的国内和国外军事任务文件，特别是 1900～1901 年的中国救援远征。他因在杨村和北京战役中作战勇敢荣获“布雷维特队长”称号。

③ 储藏场馆地址：University of California，Berkeley，The Bancroft Library，Berkeley，California 94720-6000，U. S. A. 箱号 1：《信件(1862～1929 年)》大部分是哈金写给家人介绍其 1861～1903 年间在美国陆军的服役经历的。有些信件涉及 1900 年的中国，详细评论了义和团运动之后的政治混乱和传教士活动。艾力·哈金(Ely Lundy Huggins，1842～1929)曾是一名美国陆军军官，随美国第六骑兵营参加了义和团战争。

④ 储藏场馆地址：Hoover Institution Archives，434 Galvez Mall，Stanford University，Stanford，CA，94305-6010，U. S. A. 与义和团运动和北京之围有关的回忆录、通信和剪报，包括约翰·英格里斯之妻的文件。约翰·英格里斯 (1869～1943)和妻子(Martha Theodora Marshall，1871～1949)于 1898～1900 年工作于美国长老会安定门医院。他们在传教过程中目睹了 1900 年的北京之围，并且他的一篇文章《北京与围困》被收录于《美国大百科全书》。

⑤ 储藏场馆地址：John Hay Library，Brown University，20 Prospect Street，Provicence，RI 02912，U. S. A. 詹梅生(1855～1927)是一名美国工程师，义和团运动爆发前夕来到北京福公司工作。

这份材料包括作为义和团运动亲历者的詹梅生的评论，内含一份手稿，题为“从天津经由德州、张店、黄河、南阳、樊城、安陆和汉口抵达上海；义和团运动期间”。该文件还包括一封写给古约翰等人的信件，可以发现不少加拿大长老会传教士在从河南北部到汉口的旅途中均在一定程度上得到了詹梅生的保护。如要了解传教士对该旅途的描述，请参见：T. Craigie Hood，The “Exodus” from North Honan，*Chinese Recorder*，31(9) (1900)，pp. 458-463.

《詹梅生文件》的部分内容已被出版，标题为“美国采矿工程师詹梅生的陈述”。

⑥ 储藏场馆地址：Special Collections & University Archives，Knight Library | North Wing | 2nd Floor，Paulson Reading Room，University of Oregon，1501 Kincaid，Eugene OR 97403-1299，U. S. A. 查尔斯·约翰逊的这份材料主要包括他用凸版印刷机保存的写给别人的书信，主要讲述义和团运动之后三年间他在中国的经历。信件第 1 卷(1900 年 9～12 月)始于义和团运动不久后的青岛来信，该卷大部分话题都与义和团运动有关(包括外交政策、当地居民的持续受难、山西汾州大屠杀的口述笔录)。第 2 卷(1901 年 1～12 月)包含一份义和团运动中医务传教站受损情况的目录清单。查尔斯·约翰逊(Charles Fletcher Johnson，1857～1931)，美国人，北长老会医疗传教士，传教站设在山东沂州(今临沂)。

《华金·米勒文件》[①]

⑪Grace Newton Papers, China, 1887-1915

《格瑞斯·牛顿文件(中国,1887～1915年)》[②]

⑫Friedrich Carl Peetz photographs (1900)

《弗里德里希·培兹影集(1900年)》[③]

⑬Edward H. Seymour Collection. 951. 025 S521

《西摩尔文件》[④]

⑭Wilbur Fisk Walker Papers, 1873-1921

《韦伯·沃克文件(1873～1921年)》[⑤]

18. Microfilm and microfiche collections held by various libraries in the United States 美国图书馆所藏缩微胶卷和缩微胶片文献[⑥]

(1)American Board of Commissioners for Foreign Missions (ABCFM)

《美国公理会:美国公理会档案资料缩微胶卷索引》[⑦]

(2)Baptist Missionary Society Archives—Film Ms56; missionary journals and correspondence to 1914

《大英浸信会档案——胶卷 Ms56;1914年之前的传教士日志和通信》[⑧]

(3)China Inland Mission (Microfilm: Film Ms 397)

《中国内地会》

(4)Church Missionary Society, Microfilm: Film Ms. 109

---

① 储藏场馆地址:University of California, Berkeley, The Bancroft Library, Berkeley, California 94720-6000, U. S. A. 涉及义和团的材料名为"来自中国的文件,1900年7～8月",是华金·米勒写于义和团运动期间的三份文件的打字稿版,带有他的亲笔校订。华金·米勒(Joaquin Miller,1837～1913)曾受聘于《旧金山观察家报》,对义和团运动进行了现场报道。

② 储藏场馆地址:Firestone Library, Dept. of Rare Books and Special Collections, Manuscripts Division, Princeton University, One Washington Road, Princeton, New Jersey 08544, U. S. A. 该档案包括:义和团运动评论(未注日期);北京之围军事簿(未注日期);北京之围平民簿(未注日期);与义和团叛乱有关的信件(1900年5月30日至8月15日);与义和团运动有关的日记(1900年6月20日);穿越山西的恐怖之旅——桑德斯(Alex R. Saunders)对义和团运动的个人陈述,牛顿代笔(手写)。格瑞斯·牛顿(Grace Newton,1860～1915),美国人,北长老会传教士,在北京和保定传教。

③ 储藏场馆地址:David M. Rubenstein Rare Book & Manuscript Library, 411 Chapel Drive, Durham, NC 27708, U. S. A. 该文件包括装裱在22块板上的127张黑白玻璃底片的照片,照片可能属于弗里德里希·培兹,此人乃德国海军军官,义和团战争期间在"赫拉"号(S. M. S. Hertha)上服役。照片大多是在1900年的义和团战争中拍摄于青岛、芝罘(烟台)、香港、北京和山海关。

④ 储藏场馆地址:Peabody Essex Museum, East India Square, 161 Essex Street, Salem, MA 01970-3783, U. S. A. 关于1900年6月中国国际海军联队总指挥西摩尔海军上将的,包含一组极为重要的手稿和印刷版资料。

⑤ 储藏场馆地址:迪堡大学。韦伯·沃克(Wilbur Fisk Walter,1846～1932),美国卫理公会传教士。

⑥ 其中一些文献亦被香港浸会大学图书馆收藏。

⑦ 电子资源:www. library. yale. edu/div/fa/ABCFM. htm. ;美国公理会传教士文献在线索引(附胶卷目录),见 http://microformguides. gale. com/Data/Download/3097000R. pdf.

⑧ 更多详情,可参见:http://www. library. yale. edu/div/fa/BMS. htm.

《圣公会差会》①

(5)Council for World Mission (Microfiche: Fiche Ms. 59)

《世界传道会》②

(6)Methodist Church (U. S.), Board of Missions (Microfilm: Film Ms. 171, Film Ms. 186)

《美国卫理公会海外传教委员会》③

(7)Methodist Episcopal Church, Board of Foreign Missions (Microfilm: Film Ms. 170, Film Ms. 184)

《美以美会海外传教委员会》④

(8)Methodist Missionary Society (Microfiche: Fiche Ms. 69)

《循道公会》⑤

(9)Presbyterian Church in the U. S. A., Board of Foreign Missions (Microfilm: Film Ms. 11)

《美国长老会海外传教委员会》⑥

(10)Presbyterian Church of England, Foreign Missions Committee/Women's Missionary Association (Microfiche: Fiche Ms. 91)

《英国长老会海外传教委员会/妇女宣教会》⑦

---

① 该文件是利用存于伯明翰大学和大英教会总部的原稿制成的胶卷，包含与塞纳那女子宣教差会(Zenana Missionary Society)和印度与中华女性教育促进会(The Society for Promoting Female Education in China)有关的幸存资料。

② 该档案为与伦敦会和英联邦传道会在非洲、亚洲和南美洲的传教事业(1795～1970年)相关的档案。IDC指南：http://www.idcpublishers.com/pdf/137_guide.pdf.

③ 该档案为来自中国、日本、朝鲜、墨西哥、南美、西印度群岛/波多黎各(1912～1949年)(美以美会和监理会1939年合并为卫理公会)的传教士通信；原稿保存于德鲁大学卫理公会档案和历史总务委员会

④ 该档案为来自中国、日本、朝鲜、墨西哥、南美、西印度群岛/波多黎各(1846～1915年)的传教士通信；原稿保存于德鲁大学卫理公会档案和历史总务委员会(160卷)。

⑤ 英国循道公会整合了卫斯理传教会、妇女工作和初始循道会在非洲、亚洲、澳大利亚、欧洲和北美(1749～1948年)传教的资料(包括8700多张缩微胶片)。

⑥ 该档案为美国长老会在非洲、亚洲和南美洲进行传教(1833～1911年)的相关档案(298卷)。网络资源：http://www.history.pcusa.org/finding/phs%2082.xml.

⑦ 该档案为英国长老会在中国、新加坡、马来西亚和印度(1847～1950年)进行传教的档案资料(包括2841张胶片)。

第二部分　政府出版物和官方文件

一、奥匈帝国

1. *Chronologische und alphabetische Zusammenstellung der im Jahre 1900 während der Wirren in China stattgehabten Affairen, an welchen Abtheilungen und einzelne Personen der bewaffneten Macht theilgenommen haben*, Dienstbuch A-35. c. (Praes. Nr. 419 zum Jahre 1902—Normalverordnungsblatt für das k. u. k. Heer, 5. Stück; Vienna: Hof- und Staatsdruckerei, 1902)
《1900年中国"动乱"文献》(以时间和字母为排列顺序)
2. *Stenographische Sitzungs-Protokolle der Delegation des Reichsrathes*, 35. -37. Session. (Wien: Aus der k. -k. Hof- und Staatsdruckerei, 1900-1901)
《议会外交文选(1900～1901年)》
3. *Stenograpische Protokolle über die Sitzungen des Hauses der Abgeordneten des österreichischen Reichsrathes im Jahre 1901, 17*. Session, Vol. 1-3. (Wien: Aus der kaiserlich-Königlichen Hof- und Staatsdruckerei, 1901)
《议会外交文选(1901年)》

二、法国

1. Ministère des Affaires Etrangères. *Documents diplomatiques du Ministère des Affaires Etrangères*. ("Livre jaune")
《外交部外交资料》(黄皮书)
   (1) *Affaires de Chine (1894-1898)*
   《中国事务(1894～1898年)》
   (2) *Affaires de Chine (1898-1899)*. Paris: Imprimerie nationale, 1900
   《中国事务(1898～1899年)》
   (3) *Affaires de Chine (1899-1900)*. Paris: Imprimerie nationale, 1900
   《中国事务(1899～1900年)》
   (4) *Affaires de Chine (1900-1901)*. Journal du siège de Pékin. Paris: Imprimerie nationale, 1901

《中国事务(1900～1901 年)》——关于北京之围的报纸①

(5) *Affaires de Chine* (*juin-octobre 1901*). Paris: Imprimerie nationale, 1901

《中国事务(1901 年 6～10 月)》②

(6) *Evacuation de Shanghai 1900-1903*

《从上海的撤退 1900～1903 年》

2. France. Pélacot, Charles Balthazar de, *Expédition de Chine de 1900 jusqu'à l'arrivée du général Voyron*. Paris: Henri-Charles-Lavauzelle, [1903]. 285 pp. Also 1905

《从 1900 年中国远征至华伦将军的到达》③

3. France. Voyron, [Émile-Jean-François-Régis] (général), *Rapport sur l'Expédition de Chine 1900-1901*. (Extrait de la Revue des Troupes coloniales). Paris: Henri Charles-Lavauzelle, [s. a.]. 514 pp

《1900～1901 中国远征军报告》(《殖民军期刊》摘要)④

4. France. *Organisation et fonctionnement des services administratifs du corps expéditionnaire français en Chine* (*1900-1901*)/*rapport du commissaire en chef de 1re classe de la marine*, *Amédée Sainte-Claire Deville*. Nancy: Impr. de Berger-Levrault (Nancy) 1902. vi+219 pp

《中国远征军的行政组织和运作服务(1900～1901 年)/(海军一级主任特派员的报告)》

5. France. *Rapport médical sur le corps expéditionnaire de Chine* (*1900-1901*), par M. André-Émile-Henri-Marius-Bienvenu Jacquemin (1845-1938) et M. Georges-Marie-Michel Bouras, (Dr). Paris: Impr. nationale (Paris) 1902. 143 pp

《中国远征军的医疗报告(1900～1901 年)》⑤

6. France. French Parliamentary Debates

法国议会辩论

(1) *Journal officiel de la République française*. Débats parlementaires. Sénat. Session ordinaire de 1900. (Paris: imprimerie des Journaux officiels)

《法兰西共和国报》——议会辩论;参议院 1900 年日常会议⑥

(2) *Journal officiel de la République française*. Débats parlementaires. Sénat. Session ordinaire de 1901. (Paris: imprimerie des Journaux officiels)

《法兰西共和国报》——议会辩论;参议院 1901 年日常会议⑦

(3) *Journal officiel de la République française*. Débats parlementaires. Chambre des Députés (Assemblée nationale). 1900. (Paris: imprimerie des Journaux

---

① 电子资源:http://gallica.bnf.fr/ark:/12148/bpt6k5613277.

② 电子资源:http://gallica.bnf.fr/ark:/12148/bpt6k5613195g.

③ 电子资源: http://gallica.bnf.fr/ark:/12148/bpt6k6492502t. r=d%C3%A9cor+de+th%C3%A9%C3%A2tre.langEN.

④ 电子资源: http://gallica.bnf.fr/ark:/12148/bpt6k64718628.

⑤ 电子资源: http://gallica.bnf.fr/ark:/12148/bpt6k5618804m. 也可参见: *Archives de médecine navale* (*Publié par ordre du Ministre de la Marine*) 77 (Paris 1902), pp. 161-226, 241-313.

⑥ 电子资源: http://gallica.bnf.fr/ark:/12148/cb34363182v/date1900.

⑦ 电子资源: http://gallica.bnf.fr/ark:/12148/cb34363182v/date1901.

officiels)

《法兰西共和国官方报》——1900 年议会辩论(众议院会议/全国会议)①

(4) *Journal officiel de la République française*. Débats parlementaires. Chambre des Députés (Assemblée nationale). 1901. (Paris: imprimerie des Journaux officiels)

《法兰西共和国官方报》——1900 年议会辩论(众议院会议/全国会议)②

7. France. Serial Publications of the French Armed Forces

军队期刊

(1) *Annuaire de l'armée française pour 1900*, Paris, Berger-Levrault, 1900

《1900 年法国军队年鉴》

(2) *Annuaire de l'armée française pour 1901*, Paris, Berger-Levrault, 1901

《1901 年法国军队年鉴》

(3) *Annuaire de la marine pour 1901*, Paris, Imprimerie nationale, 1901

《1901 年法国海军年鉴》

(4) *Revue du Génie militaire*

《工兵期刊 》

三、德国

1. Germany. Bavarian War Ministry. *Auszug aus dem Kriegstagebuch des II. Bat., 4. Ostasiatischen Infanterieregiments, von München nach China Boxeraufstand*. Munich: Königlich Bayerisches Kriegsministerium, 1901. 90 pp

《第四东亚步兵团二营战地日志摘录:从慕尼黑到中国义和团运动》

2. Germany. *Die Große Politik der europäischen Kabinette 1871-1914. Sammlung der diplomatischen Akten des Auswärtigen Amtes*. Im Auftrage des Auswärtigen Amtes hrsg. von Johannes Lepsius, Albrecht Mendelsohn-Bartholdy, and Friedrich Thimme. Berlin: Deutsche Verlagsgesellschaft für Politik und Geschichte, 1922-1927. 40 vols

《(1871～1914 年欧洲内阁的大政方针)》③

3. Germany. Inspektion der Verkehrstruppen. *Geschichte des Ostasiatischen Eisenbahn-*

---

① 电子资源: http://gallica.bnf.fr/ark:/12148/cb328020951/date1900.

② 电子资源: http://gallica.bnf.fr/ark:/12148/cb328020951/date1901.

③ 该资料为德国外交文件汇编,主要讲述欧洲列强在东亚的行动,选自"1871～1914年欧洲内阁的大政方针"。与中国有关的卷本及其大致内容包括:第 9 卷第 57 章:"东亚三国同盟:1894～1895 年德国、俄国和法国的协作";第 14 卷第 90 章:"欧洲列强在东亚的行动";第 16 卷第 104 章:"义和团运动与列强。最高统帅部问题,1900～1901 年和平到来前的谈判",第 106 章:"俄中满洲条约与列强,1901 年",第 107 章:"1901 年战争赔偿问题",第 108 章:"从上海撤军,1900～1902 年"。1940 年该书再版后更名为:*Die Sammlung der deutschen diplomatischen Akten, über die Vorgehen der europäischen Mächte in Ostasien, gewählt aus "Die grosse Politik der europäischen Kabinette 1871-1914"*.

Bataillons. Bearbeitet im Auftrag der Inspektion der Verkehrstruppen Berlin: Mittler, 1907. 107 pp
《东亚铁路营的历史》

4. Germany. Kriegsmarine. Oberkommando. *Die kaiserliche Marine während der Wirren in China, 1900-1901*. Herausgegeben vom Admiralsstabe der Marine. Berlin: Ernst Siegfried Mittler, 1903. 271 pp
《1900～1901 年中国"动乱"中的帝国海军》①

5. Germany. Reichstag. "*China Debatte*". *1900-1901*. 10. Legislatur-Periode. II. Session. 1900-1901. 3. bis 6. u. 49 Sitzung. Berlin: Druck und Verlag der Norddeutschen Buchdruckerei und Verlagsanstalt, [1901]
《"中国辩论"(1900～1901 年)》②

6. Germany. Prussia. Kriegsministerium. *Beobachtungen und Untersuchungen über die Ruhr (Dysenterie). Die Ruhrepidemie auf dem Truppenübungsplatz Döberitz im Jahre 1901 und die Ruhr im Ostasiatischen Expeditionskorps*. (Veröffentlichungen aus dem Gebiete des Militär-Sanitätswesens, 20). Zusammengestellt und Hrsg. von der Medizinal-Abtheilung des Königlich Preussischen Kriegsministeriums. Berlin: August Hirschwald, 1902. 160 pp.
《对痢疾的观察和研究》③

四、意大利④

1. Ministero degli Affari Esteri. Documenti Diplomatici presentati al Parlamento Italiano dal Ministro degli Affari Esteri (Prinetti)
   外交档案
   (1) *Avvenimenti di Cina (dal gennaio al dicembre 1900)*, presentati alla Presidenza della Camera il 10 luglio 1901. Rome: Tipografia della Camera dei Deputati, 1901 (Atti Parlamentari. Legislatura XXI-Sessione 1900-1901. Camera dei Deputati N. XXXI)

---

① 该官方政府刊物概括介绍了义和团战争中德国海军的行动。一名评论家赞许地用"德式彻底"来形容西摩远征和攻占大沽炮台过程中展现出来的"模范德式出演"。该卷还提及发生在北京的"面对强大中国势力的一场硬战",并分部分总结了攻占山海关和秦皇岛的经验。相关评论有:G. W. in *Literarisches Centralblatt* (1904), pp. 11-12.

② 节选自:*Stenographische Berichte über die Verhandlungen des Reichstages*. 参见:Chinapolitik und Sozialdemokratie vor dem Reichstag. *Reden der Regierungsvertreter und von Bebel und Singer in the Reichstagssitzungen vom 19., 22. und 23. XI. 1900, mit einer Einleitung: Die Kaiserreden. Aus den amtlichen stenographischen Berichten*. Berlin: Buchhandlung Vorwärts, 1900. 80 pp.

③ 该资料涉及 1901 年在多贝利兹军事训练场的流行痢疾和东亚远征军中的痢疾,其中有一部分(第 42～61 页)提及在德国东亚远征军中观察和检查痢疾的事宜。

④ 关于义和团运动的官方档案文献,可参见 Ludovica De Courten and Giovanni Sargeri, *Regie truppe in Estremo Oriente, 1900-1901*. Roma: Stato maggiore dell'esercito, Ufficio storico, 2005. 571 pp.

《在华活动(1900 年)》

(2) Avvenimenti di Cina (dal gennaio al settembre 1901), presentati all Presidenza della Camera l'8 settembre 1901. Rome: Tipografia della Camera dei Deputati, 1901 (Atti Parlamentari. Legislatura XXI-Sessione 1900-1901. Camera dei Deputati N. XXXIbis)
《在华活动(1901 年)》

2. Ministerio degli Affari Esteri; Commissione per la Pubblicazione dei Documenti Diplomatici. *I documenti diplomatici italiani*. Terza Serie (1896-1907)
《意大利外交档案(1896～1907 年)》

(1) Vol. 1: *10 March 1896-30 April 1897*. Roma: Istituto poligrafico e Zecca dello Stato, Libreria dello Stato, 1953.
《1896 年 3 月 10 日至 1897 年 4 月 30 日》

(2) Vol. 2: *1 May 1897-23 June 1898*, Roma: Istituto poligrafico e Zecca dello Stato, Libreria dello Stato, 1958.
《1896 年 5 月 1 日至 1898 年 6 月 23 日》

(3) Vol. 3: *24 June-29 July 1900*. Roma: Istituto poligrafico e Zecca dello Stato, Libreria dello Stato, 1962.
《1900 年 6 月 24 日至 1900 年 7 月 29 日》

(4) Vol. 4: *26 July 1900-15 February 1901*. Roma: Istituto poligrafico e Zecca dello Stato, Libreria dello Stato, 1972.
《1900 年 7 月 26 日至 1901 年 2 月 15 日》

(5) Vol. 5: *16 February-31 December 1901*. Roma: Istituto poligrafico e Zecca dello Stato, Libreria dello Stato, 1979.
《1901 年 2 月 16 日至 1901 年 12 月 31 日》

(6) Vol. 6: *1 January 1902-30 June 1902*. Roma: Istituto poligrafico e Zecca dello Stato, Libreria dello Stato, 1985.
《1902 年 1 月 1 日至 1902 年 6 月 30 日》

(7) Vol. 7: *1 July 1902-2 November 1903*. Roma: Istituto poligrafico e Zecca dello Stato, Libreria dello Stato, 2000.
《1902 年 6 月 1 日至 1903 年 11 月 2 日》

五、英国

1. Great Britain. India Office Library and Records, *British Military Intelligence on China and the Boxer Rising: c. 1880-1930: Guide to the Microform Collection*. Edited by Anthony Farrington [Leiden:] IDC, 2004

《英国对华军事情报和义和团运动(1880～1930年)缩微文献指南》①

(1) *Official Account of the Military Operations in China, 1900-1901*. Compiled by Major Evelyn William Meadows Norie (1862～1915), Middlesex Regiment; revised and edited by the War Office Intelligence Department, September 1903. Confidential. File No. L/MIL/17/20/12
London: [Eyre & Spottiswode], 1903. viii+521 pp. 15 maps & plans
《对华军事行动的官方报道(1900～1901年)》②

(2) *Amalgamated Scheme for the Despatch of an Expeditionary Force to China*. Adjutant General's Department, June 1901. Confidential. File No. L/MIL/17/20/13. Simla: Government Central Press, July 1901. 41 pp
《派遣对华远征军的综合方案》

(3) *Report on the Engineer Operations of the British Contingent, China Field Force*. July to October 1900 and 1900-1901. Confidential. File No. L/MIL/7/16774 Military Collection 402 File 108. Calcutta: Office of the Superintendent of Government Printing, India, 1901. 46 pp. ; 10 plans
《大英军团工程行动报告,中国野战军(1900年7～10月和1900～1901年)》

(4) *Miscellaneous Reports Regarding the China Expeditionary Force (Foreign Contingents)*. [Colonel James Moncrieff Grierson, R. A., & Captain Beauchamp Tyndal Pell]. Intelligence Branch, Quarter Master General's Department. Confidential. File No. L/MIL/17/20/14. Simla: Printed at the Government Central Printing Office, 1901. 69 pp
《关于中国远征军(外国军团)的其他报告》

(5) *Note on the Organization of an Indian Railway Corps*, by Lieutenant Colonel C. A. R. Browne, R. E., Director of Railways, China Force. File No. L/MIL/17/2015. Tientsin: Printed at the "China Times" Press, 1902. 6 pp
《印度铁路兵团组织报告》

(6) *China Expedition 1900: Memoranda by War Office Intelligence Division, July-August 1900*. Secret. L/MIL/7/16713, Military Collection 402 File 48. Includes: "Operations against Peking", 26 July. "Memorandum on Course Affairs May Take in Peking", 10 August. [This memorandum is by Lieutenant-Colonel George Fitzherbert Browne]. Position summaries, 14 & 15 August. 32 ff typescript

---

① 可见于IDC出版社的两套缩微胶卷。其中,BIC-2涵盖了对华军事情报,涉及1900～1903年间的中国远征。

② 原为米德萨斯营上校伊夫林·努瓦尔(Evelyn William Meadows Norie,1862～1915)主编,后由战争部情报局修订和编辑,1903年9月印刷,乃机密文件,共521页(另有15页地图和规划),文件编号:L/MIL/17/20/12。其他再刊刊本:Tenn Nashville, *Battery Press in association with Articles of War, 1995*. East Sussex: Naval & Military Press, 2014.

《1900 年中国远征：战争部情报处备忘录(1900 年 7～8 月)》①。

(7) China Expedition. Printed Correspondence. Mobilization Tables, June-August 1900. File No. L/MIL/7/16707 Military Collection 402 File 42
中国远征；通信印刷稿；动员表(1900 年 6～8 月)》

(8) China Expedition 1900. Divisional Staff diary, forwarded by Lieutenant-General Alfred Gaselee, commanding the force. Secret. File No. L/MIL/7/16740 Military Collection 402 File 74. 4 parts, covering 3 July to 23 August 1900. 35 ff
《1900 年中国远征日记》

(9) China Expedition 1900. Weekly/periodic intelligence diaries, compiled in the Intelligence Branch, China Field Force HQ, Tientsin, and forwarded to the India Office by Major-General O'Moore Creagh, commanding the British Contingent. Secret. File No. L/MIL/7/16772 Military Collection 402 File 106. 65 issues, with related correspondence, covering 19 August 1901 to 16 February 1903. 815 ff typescript
《1900 年中国远征》

2. Great Britain. China Field Force. *Report on Signalling Operations of the British Contingent, China Field Force, 1900-1901: With Notes on Signalling in the United States, French, German, Italian and Japanese Armies*. Office of Quarter Master General in India, Army Head Quarters, India, 1901. 53 pp
《大英军团中国远征军信令行动报告(1900～1901 年)：美国、法国、德国、意大利和日本军队信令报告》

3. Great Britain. Foreign Office. Chinese Indemnity Advisory Committee. *Report of the Advisory Committee, together with other Documents Respecting the China Indemnity Presented by the Secretary of State for Foreign Affairs to Parliament by Command of His Majesty*. London: H. M. Stationery Office, 1926. 197 pp. Reprinted San Francisco: Chinese Materials Center, 1975
《咨询委员会报告，以及外交部长应女王之命向议会提交的有关中国赔偿的其他文件》

4. Great Britain. Foreign Office. *Exchange of Notes between His Majesty's Government in the United Kingdom and the Chinese Government Regarding the Disposal of the British Share of the China Indemnity of 1901*. London: H. M. Stationery Office, 1931. 9 pp
《英国政府和中国政府就庚子赔款英国份额处理问题交换意见的报告》

5. Great Britain. Foreign Office. China and Taiwan Confidential Prints

① 包括："北京行动"(7 月 26 日)、"可对北京采取的行动备忘录"(10 月 10 日)。另外，该备忘录的作者是中校 George Fitzherbert Browne。

英国外交部:有关中国大陆和台湾地区的机密文件①

(1) FO 405. Foreign Office. China and Taiwan Confidential Prints [1898-1903]

《外交部:有关中国大陆和台湾地区的机密文件(1898～1903 年)》②

① FO 405/76. Affairs of China. Further Correspondence Part III. 01 January 1898-31 March 1898

《中国事务:进一步的通信(1898 年 1 月 1 日至 1898 年 3 月 31 日)》(第三部分)

② FO 405/77. Affairs of China. Further Correspondence Part IV. 01 April 1898-30 June 1898

《中国事务:进一步的通信(1898 年 4 月 1 日至 1898 年 6 月 30 日)》(第四部分)

③ FO 405/78. Affairs of China. Further Correspondence Part V. 01 July 1898-30 September 1898

《中国事务:进一步的通信(1898 年 7 月 1 日至 1898 年 9 月 30 日)》(第五部分)

④ FO 405/79. Affairs of China. Further Correspondence Part VI. 01 October 1898-31 December 1898

《中国事务:进一步的通信(1898 年 10 月 1 日至 1898 年 12 月 31 日)》(第六部分)

⑤ FO 405/81. British Protection to Anglo-Chinese in China. Correspondence Part II. 01 January 1886 -31 December 1898

《英国政府对在华英国人的保护:通信(1886 年 1 月 1 日至 1898 年 12 月 31 日)》(第二部分)

⑥ FO 405/82. Anti-Foreign Riots in China. Further Correspondence Part IX. 01 January 1898-31 December 1898

《中国的排外暴乱:进一步的通信(1898 年 1 月 1 日至 1898 年 12 月 31 日)》(第九部分)

⑦ FO 405/84. Affairs of China. Further Correspondence Part VII. 01 January 1899-31 March 1899

《中国事务:进一步的通信(1899 年 1 月 1 日至 1899 年 3 月 31 日)》(第七部分)

⑧ FO 405/85. Affairs of China. Further Correspondence Part VIII. 01 April 1899-30 June 1899

《中国事务:进一步的通信(1899 年 4 月 1 日至 1899 年 6 月 30 日)》(第八部分)

⑨ FO 405/86. Affairs of China. Further Correspondence Part IX. 01 July 1899-30 September 1899

① 从 19 世纪 20 年代后期起,一些特别重要的通信开始被打印出来并被分发给外交部、内阁、英国驻外使领馆及其他部门的官员,这些就是所谓的机密文件。这些文件可以帮助我们在阅读浩如烟海的普通通信系列之前快速了解外交部政治通信概要。这些机密文件是按照印刷时间进行顺序编号的,它们包括:(1)外交部和英国海外外交和使领馆之间的急件和电报;(2)外交部和其他政府部门之间的通信;(3)外交部和英国组织与个人之间的交流;(4)外交部和外国驻英外交机构之间的通信;(5)由外交部内部员工或外聘人员编制的备忘录;(6)其他文件,比如会议纪要和照会、执法人员报告、领事通知、枢密令、声明公告以及其他行政文件。

② 该系列包含与中国有关的机密文件,时间范围是 1848 年 1 月 1 日至 1957 年 12 月 31 日。

《中国事务:进一步的通信(1899 年 7 月 1 日至 1899 年 9 月 30 日)》(第九部分)

⑩ FO 405/87. Affairs of China. Further Correspondence Part X. 01 October 1899-31 December 1899

《中国事务:进一步的通信(1899 年 10 月 1 日至 1899 年 12 月 31 日)》(第十部分)

⑪ FO 405/89. Affairs of South-West China. Correspondence Part I. 01 January 1899-31 December 1899

《中国西南事务:通信(1899 年 1 月 1 日至 1899 年 12 月 31 日)》(第一部分)

⑫ FO 405/91. Affairs of China. Further Correspondence Part XI. 01 January 1900-31 March 1900

《中国事务:进一步的通信(1900 年 1 月 1 日至 1900 年 3 月 31 日)》(第十一部分)

⑬ FO 405/92. Affairs of China. Further Correspondence Part XII. 01 April 1900-30 June 1900

《中国事务:进一步的通信(1900 年 4 月 1 日至 1900 年 6 月 30 日)》(第十二部分)

⑭ FO 405/93. Affairs of China. Further Correspondence Part XIII. 01 July 1900-31 July 1900

《中国事务:进一步的通信(1900 年 7 月 1 日至 1900 年 7 月 31 日)》(第十三部分)

⑮ FO 405/94. Affairs of China. Further Correspondence Part XV. 01 August 1900-31 August 1900

《中国事务:进一步的通信(1900 年 8 月 1 日至 1900 年 8 月 31 日)》(第十五部分)

⑯ FO 405/95. Affairs of China. Further Correspondence Part XV. 01 September 1900-30 September 1900

《中国事务:进一步的通信(1900 年 9 月 1 日至 1900 年 9 月 30 日)》(第十五部分)

⑰ FO 405/96. Affairs of China. Further Correspondence Part XVI. 01 October 1900-31 October 1900

《中国事务:进一步的通信(1900 年 10 月 1 日至 1900 年 10 月 31 日)》(第十六部分)

⑱ FO 405/97. Affairs of China. Further Correspondence Part XVII. 01 November 1900-30 November 1900

《中国事务:进一步的通信(1900 年 11 月 1 日至 1900 年 11 月 30 日)》(第十七部分)

⑲ FO 405/98. Affairs of China. Further Correspondence Part XVIII. 01 December 1900-31 December 1900

《中国事务:进一步的通信(1900 年 12 月 1 日至 1900 年 12 月 31 日)》(第十八部分)

⑳ FO 405/102. Affairs of China. Further Correspondence Part XIX. 01 January 1901-31 January 1901

《中国事务:进一步的通信(1901 年 1 月 1 日至 1901 年 1 月 31 日)》(第十九部分)

㉑ FO 405/103. Affairs of China. Further Correspondence Part XX. 01 February 1901-

28 February 1901
《中国事务:进一步的通信(1901 年 2 月 1 日至 1901 年 2 月 28 日)》(第二十部分)

㉒ FO 405/104. Affairs of China. Further Correspondence Part XXI. 01 March 1901-31 March 1901
《中国事务:进一步的通信(1901 年 3 月 1 日至 1901 年 3 月 31 日)》(第二十一部分)

㉓ FO 405/105. Affairs of China. Further Correspondence Part XXII. 01 April 1901-30 April 1901
《中国事务:进一步的通信(1901 年 4 月 1 日至 1901 年 4 月 30 日)》(第二十二部分)

㉔ FO 405/106. Affairs of China. Further Correspondence Part XXIII. 01 May 1901-31 May 1901
《中国事务:进一步的通信(1901 年 5 月 1 日至 1901 年 5 月 31 日)》(第二十三部分)

㉕ FO 405/107. Affairs of China. Further Correspondence Part XXIV. 01 June 1901-30 June 1901
《中国事务:进一步的通信(1901 年 6 月 1 日至 1901 年 6 月 30 日)》(第二十四部分)

㉖ FO 405/108. Affairs of China. Further Correspondence Part XXV. 01 July 1901-31 July 1901
《中国事务:进一步的通信(1901 年 7 月 1 日至 1901 年 7 月 31 日)》(第二十五部分)

㉗ FO 405/109. Affairs of China. Further Correspondence Part XXVI. 01 August 1901-31 August 1901
《中国事务:进一步的通信(1901 年 8 月 1 日至 1901 年 8 月 31 日)》(第二十六部分)

㉘ FO 405/110. Affairs of China. Further Correspondence Part XXVII. 01 September 1901-30 September 1901
《中国事务:进一步的通信(1901 年 9 月 1 日至 1901 年 9 月 30 日)》(第二十七部分)

㉙ FO 405/111. Affairs of China. Further Correspondence Part XXVIII. 01 October 1901-31 October 1901
《中国事务:进一步的通信(1901 年 10 月 1 日至 1901 年 10 月 31 日)》(第二十八部分)

㉚ FO 405/112. Affairs of China. Further Correspondence Part XXIX. 01 November 1901-30 November 1901
《中国事务:进一步的通信(1901 年 11 月 1 日至 1901 年 11 月 30 日)》(第二十九部分)

㉛ FO 405/113. Affairs of China. Further Correspondence Part XXX. 01 December 1901-31 December 1901
《中国事务:进一步的通信(1901 年 12 月 1 日至 1901 年 12 月 31 日)》(第三十部分)

㉜ FO 405/115. Affairs of South-West China. Further Correspondence Part III. 01 January 1901-31 December 1901
《中国西南事务:进一步的通信(1901 年 1 月 1 日至 1901 年 12 月 31 日)》(第三部分)

㉝ FO 405/117. Affairs of China. Further Correspondence Part XXXI. 01 January 1902-31 January 1902
《中国事务:进一步的通信(1902 年 1 月 1 日至 1902 年 1 月 31 日)》(第三十一部分)

㉞ FO 405/118. Affairs of China. Further Correspondence Part XXXII. 01 February 1902-28 February 1902
《中国事务:进一步的通信(1902 年 2 月 1 日至 1902 年 2 月 28 日)》(第三十二部分)

㉟ FO 405/119. Affairs of China. Further Correspondence Part XXXIII. 01 March 1902-31 March 1902
《中国事务:进一步的通信(1902 年 3 月 1 日至 1902 年 3 月 31 日)》(第三十三部分)

㊱ FO 405/120. Affairs of China. Further Correspondence Part XXXIV. 01 April 1902-30 April 1902
《中国事务:进一步的通信(1902 年 4 月 1 日至 1902 年 4 月 30 日)》(第三十四部分)

㊲ FO 405/121. Affairs of China. Further Correspondence Part XXXV. 01 May 1902-31 May 1902
《中国事务:进一步的通信(1902 年 5 月 1 日至 1902 年 5 月 31 日)》(第三十五部分)

㊳ FO 405/122. Affairs of China. Further Correspondence Part XXXVI. 01 June 1902-30 June 1902
《中国事务:进一步的通信(1902 年 6 月 1 日至 1902 年 6 月 30 日)》(第三十六部分)

㊴ FO 405/123. Affairs of China. Further Correspondence Part XXXVII. 01 July 1902-31 July 1902
《中国事务:进一步的通信(1902 年 7 月 1 日至 1902 年 7 月 31 日)》(第三十七部分)

㊵ FO 405/124. Affairs of China. Further Correspondence Part XXXVIII. 01 August 1902-31 August 1902
《中国事务:进一步的通信(1902 年 8 月 1 日至 1902 年 8 月 31 日)》(第三十八部分)

㊶ FO 405/125. Affairs of China. Further Correspondence Part XXXIX. 01 September 1902-30 September 1902
《中国事务:进一步的通信(1902 年 9 月 1 日至 1902 年 9 月 30 日)》(第三十九部分)

㊷ FO 405/126. Affairs of China. Further Correspondence Part XL. 01 October 1902-31 October 1902

《中国事务:进一步的通信(1902 年 10 月 1 日至 1902 年 10 月 31 日)》(第四十部分)

㊸ FO 405/127. Affairs of China. Further Correspondence Part XLI. 01 November 1902-30 November 1902
《中国事务:进一步的通信(1902 年 11 月 1 日至 1902 年 11 月 30 日)》(第四十一部分)

㊹ FO 405/128. Affairs of China. Further Correspondence Part XLII. 01 December 1902 -31 December 1902
《中国事务:进一步的通信(1902 年 12 月 1 日至 1902 年 12 月 31 日)》(四十二部分)

㊺ FO 405/130. Affairs of South West China. Further Correspondence Part IV. 01 January 1902-31 December 1902
《中国西南事务:进一步的通信(1902 年 1 月 1 日至 1902 年 12 月 31 日)》(第四部分)

㊻ FO 405/133. Affairs of China. Further Correspondence Part XLIII. 01 January 1903-31 March 1903
《中国事务:进一步的通信(1903 年 1 月 1 日至 1903 年 3 月 31 日)》(第四十三部分)

㊼ FO 405/134. Affairs of China. Further Correspondence Part XLIV. 01 April 1903-30 June 1903
《中国事务:进一步的通信(1903 年 4 月 1 日至 1903 年 6 月 30 日)》(第四十四部分)

㊽ FO 405/135. Affairs of China. Further Correspondence Part XLV. 01 July 1903-30 September 1903
《中国事务:进一步的通信(1903 年 7 月 1 日至 1903 年 9 月 30 日)》(第四十五部分)

㊾ FO 405/136. Affairs of China. Further Correspondence Part XLVI. 01 October 1903-31 December 1903
《中国事务:进一步的通信(1903 年 10 月 1 日至 1903 年 12 月 31 日)》(第四十六部分)

㊿ FO 405/138. Affairs of Corea and Manchuria Correspondence Part I. “Affairs of Corea and Manchuria Part I” is in continuation of "Affairs of Corea Part XVI". 01 July 1903-30 September 1903
《朝鲜和东北事务之通信部分(1903 年 7 月 1 日至 1903 年 9 月 30 日)》

51 FO 405/140. Affairs of South West China Further Correspondence Part V. 01 January 1903-31 December 1903
《中国西南事务:进一步的通信(1903 年 1 月 1 日至 1903 年 12 月 31 日)》(第五部分)

㊾ FO 405/172. British Protection to Anglo-Chinese in China. Further Correspondence Part III. 01 January 1903-31 December 1906
《英国政府向在华英国人的保护:进一步的通信(1903 年 1 月 1 日至 1906 年 12 月 31 日)》(第三部分)

(2) FO 881. Foreign Office. Confidential Prints (Numerical Series) [1898-1903]
《外交部机密文件(数字序列)(1898～1903 年)》

① FO 881/7060. CHINA: Memoranda. Railway Concessions in China. Bound: Memoranda. 20 October 1898
《中国回忆录:中国铁路特许权(1898 年 10 月 20 日)》

② FO 881/7112. CHINA: Further Correspondence. Affairs of China. Part 3. Bound: China 30. 01 January 1898-31 March 1898
《中国进一步的通信:中国事务(1898 年 1 月 1 日至 1898 年 3 月 31 日)》(第三部分)

③ FO 881/7118. CHINA: Further Correspondence. Affairs of China. Part 4. Bound: China 30. 01 April 1898-30 June 1898
《中国进一步的通信:中国事务(1898 年 4 月 1 日至 1898 年 6 月 30 日)》(第四部分)

④ FO 881/7129. CHINA: Further Correspondence. Affairs of China. Part 6. Bound: China 30. 01 October 1898-31 December 1898
《中国进一步的通信:中国事务(1898 年 10 月 1 日至 1898 年 12 月 31 日)》(第六部分)

⑤ FO 881/7139. CHINA: Further Correspondence. Affairs of China. Part 5. Bound: China 30. 01 July 1898-30 September 1898
《中国进一步的通信:中国事务(1898 年 7 月 1 日至 1898 年 9 月 30 日)》(第五部分)

⑥ FO 881/7186. CHINA: Further Correspondence. Affairs of China. Part 7. Bound: China 30. 01 January 1899-31 March 1899
《中国进一步的通信:中国事务(1899 年 1 月 1 日至 1899 年 3 月 31 日)》(第七部分)

⑦ FO 881/7203. CHINA: Further Correspondence. Anti-Foreign Riots. Part 9. Bound: China 27. 01 January 1898-31 December 1898
《中国进一步的通信:中国事务(1898 年 1 月 1 日至 1898 年 12 月 31 日)》(第九部分)

⑧ FO 881/7226. CHINA: Further Correspondence. Affairs of China. Part 8. Bound: China 30. 01 April 1899-30 June 1899
《中国进一步的通信:中国事务(1899 年 4 月 1 日至 1899 年 6 月 30 日)》(第八部分)

⑨ FO 881/7231. CHINA: Memoranda. Murder of Mr. Fleming at Ching Ping,

in the Province of Kweichow. Bound: Memoranda. 01 January 1899-31 December 1899
《中国备忘录:明鉴光于贵州清平被害案(1899 年 1 月 1 日至 1899 年 12 月 31 日)》

⑩ FO 881/7241. CHINA: Further Correspondence. Affairs of China. Part 9. Bound: China 30. 01 July 1899-30 September 1899
《中国进一步的通信:中国事务(1899 年 7 月 1 日至 1899 年 9 月 30 日)》(第九部分)

⑪ FO 881/7255X. CHINA & COREA & JAPAN: O. in C. China and Corea. (Supreme Court.)(Reading out Japan.) (L. G., Mar. 9, 1900). 03 March 1900
《中国、朝鲜和日本:中国和朝鲜的最高官员(最高法院)(1900 年 3 月 3 日)》

⑫ FO 881/7279. CHINA: Further Correspondence. Affairs of S. W. China. Part 1. Bound: China 37. 01 January 1899-31 December 1899
《中国进一步的通信:中国西南事务(1899 年 1 月 1 日至 1899 年 12 月 31 日)》(第一部分)

⑬ FO 881/7280. CHINA: Further Correspondence. Affairs of China. Part 10. Bound: China 30. 01 October 1899-31 December 1899
《中国进一步的通信:中国事务(1899 年 10 月 1 日至 1899 年 12 月 31 日)》(第十部分)

⑭ FO 881/7363. CHINA & JAPAN & RUSSIA: Notes. Military Situation in the Far East. (Lieut. -Col. G. F. Browne). Bound: China 30. 01 June 1900
《中国、日本和俄国的照会:远东军事形势(1900 年 6 月 1 日)》

⑮ FO 881/7368X. CHINA: Proclamation. Prohibition of Export of Arms to China. (L. G., Aug. 7, 1900). Bound: China 6. 07 August 1900
《关于中国的声明:禁止向中国出售武器(1900 年 8 月 7 日)》

⑯ FO 881/7440. GENERAL: Memoranda. Questions in China Department. 10 November 1900
《普通备忘录:中国方面的问题(1900 年 11 月 10 日)》

⑰ FO 881/7442. CHINA: Correspondence. and Memoranda. Loans to Viceroy of Wuchang. Bound: China 30. 01 October 1900-30 November 1900
《中国通信和备忘录:向武昌总督提供贷款(1900 年 10 月 1 日至 1900 年 11 月 30 日)》

⑱ FO 881/7443. CHINA: Memoranda. Loans to Viceroy of Wuchang. Bound: Memoranda. 13 November 1900
《中国备忘录:向武昌总督提供贷款(1900 年 11 月 13 日)》

⑲ FO 881/7445. CHINA: Papers and Memoranda. Chinese Northern Railways. Bound: Memoranda 01 January 1899-31 December 1900
《中国文件和备忘录:中国北方铁路(1899 年 1 月 1 日至 1900 年 12 月 31 日)》

⑳ FO 881/7446. CHINA: Correspondencepondence. Railways in China. Bound: China 30. 01 October 1900-30 November 1900
《中国通信:中国铁路(1900 年 10 月 1 日至 1900 年 11 月 30 日)》

㉑ FO 881/7447. CHINA: Memoranda. Chinese Northern Railways. Bound: Memoranda. 2 November 1900-21 November 1900
《中国备忘录:中国北方铁路(1900 年 11 月 2 日至 1900 年 11 月 21 日)》

㉒ FO 881/7456X. CHINA: Letter. Russian and Japanese Relations with China. (Mr. M. Bredon). Missing at transfer. Bound: China 6. 09 October 1899
《中国信件:俄国和日本与中国的关系(1899 年 10 月 9 日)》

㉓ FO 881/7464. CHINA: Further Correspondence Affairs of China. Part 11. Bound: China 30. 01 January 1900-31 March 1900
《中国进一步的通信:中国事务(1900 年 1 月 1 日至 1900 年 3 月 31 日)》(第十一部分)

㉔ FO 881/7465. CHINA: Further Correspondence. Affairs of China. Part 12. Bound: China 30. 01 April 1900-30 June 1900
《中国进一步的通信:中国事务(1900 年 4 月 1 日至 1900 年 6 月 30 日)》(第十二部分)

㉕ FO 881/7467. CHINA: Memoranda. Recent Events in China. (Mr. L. Mallet). Bound: Memoranda. 1 February 1901-12 February 1901
《中国备忘录:中国近期大事记(1901 年 2 月 1 日至 1901 年 2 月 12 日)》

㉖ FO 881/7469. CHINA & RUSSIA: Memoranda. Assurances given at different times by Russia. China. (Mr. W. Erskine). Bound: Memoranda. 19 February 1901
《中国和俄国备忘录:俄国不同时期作出的保证(1901 年 2 月 19 日)》

㉗ FO 881/7470. CHINA: Further Correspondence. Affairs of China. Part 13. Bound: China 30. 01 July 1900-31 July 1900
《中国进一步的通信:中国事务(1900 年 7 月 1 日至 1900 年 7 月 31 日)》(第十三部分)

㉘ FO 881/7471X. CHINA: O. in C. Weihaiwei. (L. G., July 26, 1901). 24 July 1901
《中国:威海卫行政长官(1901 年 7 月 24 日)》

㉙ FO 881/7474. CHINA: Memoranda. Indemnities Claimed from China. Questions raised in German Memoranda. (Mr. L. Mallet). Bound: Memoranda. 15 March 1901
《中国备忘录:中国索赔;德国备忘录中的问题(1901 年 3 月 15 日)》

㉚ FO 881/7476X. CHINA: Notice. Indemnities. (L. G., Mar. 19 1901). Missing at transfer. Bound: China 6. 15 March 1901

《中国通知:赔偿(1901 年 3 月 15 日)》

㉛ FO 881/7482. CHINA: Minutes, & c. Committee for consideration of Indemnities Question. Bound: China 6. 01 January 1901-31 December 1901
《中国纪要:审议赔偿问题委员会(1901 年 1 月 1 日至 1901 年 12 月 31 日)》

㉜ FO 881/7485. CHINA: Statement. Indemnities to be Claimed by Foreign Powers. Bound: China 6. 16 March 1901
《中国声明:外国列强索赔(1901 年 3 月 16 日)》

㉝ FO 881/7485X. CHINA: Journal. Principal Events connected with China. (W. O.). Bound: China 69. Missing at transfer. 01 March 1900-31 December 1900
《中国期刊:与中国有关的重大事件(1900 年 3 月 1 日至 1900 年 12 月 31 日)》

㉞ FO 881/7487. CHINA: Further Correspondence. Affairs of China. Part 14. Bound: China 30. 01 August 1900-31 August 1900
《中国进一步的通信:中国事务(1900 年 8 月 1 日至 1900 年 8 月 31 日)》(第十四部分)

㉟ FO 881/7487X. CHINA: Notice. Claims for Indemnities. (L. G., April 9, 1901). Bound: China 6. 06 April 1901
《中国通知:索赔主张(1901 年 4 月 6 日)》

㊱ FO 881/7505. CHINA: Further Correspondence. Affairs of China. Part 15. Bound: China 30. 01 September 1900-30 September 1900
《中国进一步的通信:中国事务(1900 年 9 月 1 日至 1900 年 9 月 30 日)》(第十五部分)

㊲ FO 881/7506. CHINA: Further Correspondence. Affairs of China. Part 16. Bound: China 30. 01 October 1900-31 October 1900
《中国进一步的通信:中国事务(1900 年 10 月 1 日至 1900 年 10 月 31 日)》(第十六部分)

㊳ FO 881/7514X. CHINA: Report. Relief of Peking Legations. Operations of Japanese Contingent. Bound: China 69. 01 July 1900-31 August 1900
《关于中国的报告:北京使馆解围;日本军队的行动(1900 年 7 月 1 日至 1900 年 8 月 31 日)》

㊴ FO 881/7519. CHINA: Correspondence. Northern Railways of China. Proceedings of Russian Military Authorities. Bound: China 30. 01 January 1900-31 December 1901
《中国通信:中国北方铁路;俄国军事当局的行动(1900 年 1 月 1 日至 1901 年 12 月 31 日)》

㊵ FO 881/7520. CHINA: Memoranda. Northern Railways of China. Question with Russia. (Mr. F. L. Bertie). Bound: Memoranda. 12 February 1901
《中国备忘录:中国北方铁路;与俄罗斯的问题(1901 年 2 月 12 日)》

㊶ FO 881/7521. CHINA: Papers. Northern Railways of China. Russian Proceedings, & c. Bound: China 38. 01 January 1900-31 December 1901
《中国文件:中国北方铁路;俄国行动等(1900 年 1 月 1 日至 1901 年 12 月 31 日)》

㊷ FO 881/7530. CHINA: Further Correspondence. Affairs of China. Part 17. Bound: China 30. 01 November 1900-30 November 1900
《中国进一步的通信:中国事务(1900 年 11 月 1 日至 1900 年 11 月 30 日)》(第十七部分)

㊸ FO 881/7531. CHINA: Further Correspondence. Affairs of China. Part 18. Bound: China 30. 01 December 1900-31 December 1900
《中国进一步的通信:中国事务(1900 年 12 月 1 日至 1900 年 12 月 31 日)》(第十八部分)

㊹ FO 881/7538. CHINA: Further Correspondence. Affairs of China. Part 19. Bound: China 30. 01 January 1901-31 January 1901
《中国进一步的通信:中国事务(1901 年 1 月 1 日至 1901 年 1 月 31 日)》(第十九部分)

㊺ FO 881/7540. CHINA: Further Correspondence. Affairs of S. W. China. Part 2. Bound: China 37. 01 January 1900-31 December 1900
《中国进一步的通信:中国西南事务(1900 年 1 月 1 日至 1900 年 12 月 31 日)》(第二部分)

㊻ FO 881/7548. CHINA: Further Correspondence. Affairs of China. Part 20. Bound: China 30. 01 February 1901-28 February 1901
《中国进一步的通信:中国事务(1901 年 2 月 1 日至 1901 年 2 月 28 日)》(第二十部分)

㊼ FO 881/7549. CHINA: Further Correspondence. Affairs of China. Part 21. Bound: China 26. 01 March 1901-31 March 1901
《中国进一步的通信:中国事务(1901 年 3 月 1 日至 1901 年 3 月 31 日)》(第二十一部分)

㊽ FO 881/7620X. CHINA: Short Report. Province of Hunan. (Capt. A. W. S. Wingate). Bound: China 18. Missing at transfer. 01 January 1899-31 December 1899
《中国短篇报告:湖南省(1899 年 1 月 1 日至 1899 年 12 月 31 日)》①

㊾ FO 881/7650. CHINA: Further Correspondence. Affairs of China. Part 22. Bound: China 30. 01 April 1901-30 April 1901

---

① 该报告的作者 Alfred Woodrow Stanley Wingate(1861～1938)是一名英国军官,服役于第十四穆雷骑兵营(印度)。1899 年担任英国驻威海卫总督参谋,1900 年参加了天津和北京"解围"行动,1901～1906 年间任英国华北情报部总参谋长。

《中国进一步的通信:中国事务(1901年4月1日至1901年4月30日)》(第二十二部分)

㊿ FO 881/7668. CHINA: Further Correspondence. Affairs of China. Part 23. Bound: China 30. 01 May 1901-31 May 1901

《中国进一步的通信:中国事务(1901年5月1日至1901年5月31日)》(第二十三部分)

51 FO 881/7670X. CHINA: Report. The Yangtze. Defences. Treaty Ports and Adjacent Provinces. (I. O) Missing at transfer. Bound: China 39. 01 January 1900-31 December 1900

《中国报告:长江;军事防御;条约口岸及邻近省份(1900年1月1日至1900年12月31日)》

52 FO 881/7672X. CHINA: Report. Province of Kweichou. (Capt. Wingate). Missing at transfer. Bound: China 18. 01 January 1900-31 December 1900

《中国报告:贵州省(1900年1月1日至1900年12月31日)》

53 FO 881/7673X. CHINA: Military Report. Shanghai. (Lt. -Col. G. Browne). Bound: China 39. Missing at transfer. 01 January 1900-31 December 1900

《中国军事报告:上海(1900年1月1日至1900年12月31日)》

54 FO 881/7675X. CHINA: Military Report. Kuangtung and Kuangsi Provinces. (Capt. M. Ray). Bound: China 62. Missing at transfer. 01 January 1900-31 December 1900

《中国军事报告:广东省和广西省(1900年1月1日至1900年12月31日)》

55 FO 881/7676X. CHINA: Memoranda. Railway Extension from India into China. (Major A. Wingate) Bound: China 6. Missing at transfer. 01 January 1900-31 December 1900

《中国备忘录:印度至中国的铁路(1900年1月1日至1900年12月31日)》

56 FO 881/7705. CHINA: Further Correspondence. Affairs of S. W. China. Part 3. Bound: China 37. 01 January 1901-31 December 1901

《中国进一步的通信:中国西南事务(1901年1月1日至1901年12月31日)》(第三部分)

57 FO 881/7792. CHINA: Further Correspondence. Affairs of China. Part 24. Bound: China 30. 01 June 1901-30 June 1901

《中国进一步的通信:中国事务(1901年6月1日至1901年6月30日)》(第二十四部分)

58 FO 881/7793. CHINA: Further Correspondence. Affairs of China. Part 25. Bound: China 30. 01 July 1901-31 July 1901

《中国进一步的通信:中国事务(1901年7月1日至1901年7月31日)》(第二十五部分)

⑤⑨ FO 881/7794. CHINA: Further Correspondence. Affairs of China. Part 26. Bound: China 30. 01 August 1901-31 August 1901
《中国进一步的通信:中国事务(1901 年 8 月 1 日至 1901 年 8 月 31 日)》(第二十六部分)

⑥⓪ FO 881/7795. CHINA: Further Correspondence. Affairs of China. Part 27. Bound: China 30. 01 September 1901-30 September 1901
《中国进一步的通信:中国事务(1901 年 9 月 1 日至 1901 年 9 月 30 日)》(第二十七部分)

⑥① FO 881/7796. CHINA: Further Correspondence. Affairs of China. Part 28. Bound: China 30. 01 October 1901-31 October 1901
《中国进一步的通信:中国事务(1901 年 10 月 1 日至 1901 年 10 月 31 日)》(第二十八部分)

⑥② FO 881/7797. CHINA: Further Correspondence. Affairs of China. Part 29. Bound: China 30. 01 November 1901-30 November 1901
《中国进一步的通信:中国事务(1901 年 11 月 1 日至 1901 年 11 月 30 日)》(第二十九部分)

⑥③ FO 881/7824. CHINA: Further Correspondence. Affairs of China. Part 30. Bound: China 30. 01 December 1901-31 December 1901
《中国进一步的通信:中国事务(1901 年 12 月 1 日至 1901 年 12 月 31 日)》(第三十部分)

⑥④ FO 881/7825. CHINA: Further Correspondence. Affairs of China. Part 31. Bound: China 30. 01 January 1902-31 January. 1902
《中国进一步的通信:中国事务(1902 年 1 月 1 日至 1902 年 1 月 31 日)》(第三十一部分)

⑥⑤ FO 881/7826. CHINA: Further Correspondence. Affairs of China. Part 32. Bound: China 30. 01 February 1902-28 February 1902
《中国进一步的通信:中国事务(1902 年 2 月 1 日至 1902 年 2 月 28 日)》(第三十二部分)

⑥⑥ FO 881/7870. CHINA: Further Correspondence. Trade in China. Part 3. Bound: China 36 01 April 1901-31 December 1901
《中国进一步的通信:在中国的贸易(1901 年 4 月 1 日至 1901 年 12 月 31 日)》(第三部分)

⑥⑦ FO 881/7873. CHINA: Further Correspondence. Trade in China. Part 4. Bound: China 36. 01 January 1902-30 June 1902
《中国进一步的通信:在中国的贸易(1902 年 1 月 1 日至 1902 年 6 月 30 日)》(第四部分)

⑥⑧ FO 881/7883. CHINA: Further Correspondence. Affairs of China. Part 33. Bound: China 30. 01 March 1902-31 March 1902

《中国进一步的通信:中国事务(1902 年 3 月 1 日至 1902 年 3 月 31 日)》(第三十三部分)

(69) FO 881/7884. CHINA: Further Correspondence. Affairs of China. Part 34. Bound: China 30. 01 April 1902-30 April 1902
《中国进一步的通信:中国事务(1902 年 4 月 1 日至 1902 年 4 月 30 日)》(第三十四部分)

(70) FO 881/7884X. CHINA: O. in C. Weihaiwei. 12 March 1903
《中国:威海卫行政长官(1903 年 3 月 12 日)》

(71) FO 881/7889. CHINA: Further Correspondence. Affairs of China. Part 35. Bound: China 30. 01 May 1902-31 May 1902
《中国进一步的通信:中国事务(1902 年 5 月 1 日至 1902 年 5 月 31 日)》(第三十五部分)

(72) FO 881/7901. CHINA: Further Correspondence. Affairs of China. Part 36. Bound: China 30. 01 June 1902-30 June 1902
《中国进一步的通信:中国事务(1902 年 6 月 1 日至 1902 年 6 月 30 日)》(第三十六部分)

(73) FO 881/7906. CHINA: Further Correspondence. Affairs of China. Part 37. Bound: China 30. 01 July 1902-31 July 1902
《中国进一步的通信:中国事务(1902 年 7 月 1 日至 1902 年 7 月 31 日)》(第三十七部分)

(74) FO 881/7907. CHINA: Further Correspondence. Affairs of China. Part 38. Bound: China 30. 01 August 1902-31 August 1902
《中国进一步的通信:中国事务(1902 年 8 月 1 日至 1902 年 8 月 31 日)》(第三十八部分)

(75) FO 881/7908. CHINA: Further Correspondence. Affairs of China. Part 39. Bound: China 30. 01 September 1902-30 September 1902
《中国进一步的通信:中国事务(1902 年 9 月 1 日至 1902 年 9 月 30 日)》(第三十九部分)

(76) FO 881/7955. CHINA: Further Correspondence. Affairs of China. Part 40. Bound: China 30. 01 October 1902-31 October 1902
《中国进一步的通信:中国事务(1902 年 10 月 1 日至 1902 年 10 月 31 日)》(第四十部分)

(77) FO 881/7956. CHINA: Further Correspondence. Affairs of China. Part 41. Bound: China 30. 01 November 1902-30 November 1902
《中国进一步的通信:中国事务(1902 年 11 月 1 日至 1902 年 11 月 30 日)》(第四十一部分)

(78) FO 881/7957. CHINA: Further Correspondence. Affairs of China. Part 42. Bound: China 30. 01 December 1902-31 December 1902

《中国进一步的通信：中国事务(1902 年 12 月 1 日至 1902 年 12 月 31 日)》(第四十二部分)

⑦⑨ FO 881/7960. CHINA: Further Correspondence. Affairs of S. W. China. Part 4. Bound: China 37. 01 January 1902-31 December 1902

《中国进一步的通信：中国西南事务(1902 年 1 月 1 日至 1902 年 12 月 31 日)》(第四部分)

⑧⓪ FO 881/7988X. CHINA: Proclamation. Removing Prohibition on Export of Arms, &c., to China. (L. G., Aug. 7, 1903). Bound: China 6. 10 August 1903

《关于中国的公告：解除向中国出售武器的禁令等(1903 年 8 月 10 日)》

⑧① FO 881/8031X. CHINA: Report. Organization of German Contingent of China Expeditionary Force. (Col. Grierson). Missing at transfer. Bound: China 32. 11 December 1900

《关于中国的报告：中国远征军德国军队组织(1900 年 12 月 11 日)》

⑧② FO 881/8032X. CHINA: Report. Relief of Peking Legations. Operations of Japanese Contingent. Missing at transfer. Bound: China 32. 01 March 1901-31 March 1901

《关于中国的报告：北京使馆"解围"；日本军队的行动(1901 年 3 月 1 日至 1901 年 3 月 31 日)》

⑧③ FO 881/8050. CHINA: Further Correspondence. Affairs of China. Part 43. Bound: China 30. 01 January 1903-31 March 1903

《中国进一步的通信：中国事务(1903 年 1 月 1 日至 1903 年 3 月 31 日)》(第四十三部分)

⑧④ FO 881/8059. CHINA: Memoranda. Engagements of Russia as to respecting Independence and Integrity of Chinese Empire. (Mr. W. Langley). Bound: Memoranda. 26 October 1903

《中国备忘录：俄国为保持中华帝国的独立与完整进行的努力(1903 年 10 月 26 日)》

⑧⑤ FO 881/8244. CHINA: Further Correspondence. Affairs of S. W. China. Part 5. Bound: China 37. 01 January 1903

《中国进一步的通信：中国西南事务(1903 年 1 月 1 日)》(第五部分)

⑧⑥ FO 881/8257. CHINA: Further Correspondence. Affairs of China. Part 44. Bound: China 30. 01 April 1903-30 June 1903

《中国进一步的通信：中国事务(1903 年 4 月 1 日至 1903 年 6 月 30 日)》(第四十四部分)

⑧⑦ FO 881/8258. CHINA: Further Correspondence. Affairs of China. Part 45. Bound: China 30. 01 July 1903-30 September 1903

《中国进一步的通信：中国事务(1903 年 7 月 1 日至 1903 年 9 月 30 日)》(第四

十五部分)

⑧⑧ FO 881/8259. CHINA: Further Correspondence. Affairs of China. Part 46. Bound: China 30. 01 October 1903-31 December 1903
《中国进一步的通信:中国事务(1903 年 10 月 1 日至 1903 年 12 月 31 日)》(第四十六部分)

⑧⑨ FO 881/8324X. CHINA: Military Report. Imperial Railways of North China, 1902. (WO). Missing at transfer. See WO 33/288. Bound: China 6. See No. 9618X. 01 January 1903-31 December 1903
《中国军事报告:1902 年中国华北的帝国铁路(1903 年 1 月 1 日至 1903 年 12 月 31 日)》

⑨⓪ FO 881/8390. CHINA: Correspondence. Affairs of Corea and Manchuria. Part 1. Bound: Corea 2. 01 July 1903-30 September 1903
《中国通信:朝鲜和东北事务(1903 年 7 月 1 日至 1903 年 9 月 30 日)》(第一部分)

⑨① FO 881/8391. CHINA & COREA: Further Correspondence. Affairs of Corea and Manchuria. Part 2 Bound: Corea 2. 01 October 1903-31 December 1903
《中国和朝鲜进一步的通信:朝鲜和东北事务(1903 年 10 月 1 日至 1903 年 12 月 31 日)》(第二部分)

⑨② FO 881/8643X. CHINA: Telegrams. China Expedition. (I. O.). Bound: China 43. Missing at transfer 01 January 1901-31 December 1903
《中国电报:中国远征(印度事务部)(1901 年 1 月 1 日至 1903 年 12 月 31 日)》

⑨③ FO 881/8643Z. CHINA: Précis. Précis of Telegrams respecting China. Missing at transfer. Part of this document is in CAB 37/54/138. 01 June 1900-30 June 1900
《中国内容提要:与中国有关的电报内容提要(1900 年 6 月 1 日至 1900 年 6 月 30 日)》

⑨④ FO 881/8753Z. CHINA: Military Report. Yünnan. (Capt. L. D. Fraser). Bound: China 31. Missing at transfer. 01 January 1901-31 December 1901
《有关中国的军事报告:云南(1901 年 1 月 1 日至 1901 年 12 月 31 日)》

⑨⑤ FO 881/8766X. CHINA: Military Report on Ssu-Ch'uan Province. (Lt. -Col. C. G Manifold and Capt. C. G. W. Hunter). Bound: China 40. 01 January 1903-31 December 1903
《中国:四川省军事报告(1903 年 1 月 1 日至 1903 年 12 月 31 日)》①

⑨⑥ FO 881/8969X. CHINA: Military Report. Province of Chili. (W. O.).

① 早在作者 Courtenay Clarke Manifold(1864～1957)对四川进行调查之前,他所在的孟加拉国医疗服务队就参与了北京使馆的解围行动。

Bound: China 41. See No 9489X. 01 January 1902-31 December 1904
《中国军事报告:直隶省(1902 年 1 月 1 日至 1904 年 12 月 31 日)》

⑰ FO 881/9496X. CHINA: Account. Official Account of the Military Operations in China. (Major E. W. M. Norie). (W. O.). Bound: China 54. 01 January 1900-31 December 1901
《中国报告:在华军事行动官方报告(1900 年 1 月 1 日至 1901 年 12 月 31 日)》

⑱ FO 881/9497X. CHINA: Military Report. Manchuria. (W. O.). Bound: China 55. 01 January 1902-31 December 1904
《中国军事报告:东北(1902 年 1 月 1 日至 1904 年 12 月 31 日)》

⑲ FO 881/9507X. CHINA: Military Report. Province of Chekiang. (Major F. R. Rennick.) (I. O.). Bound: China 59. 01 January 1901-31 December 1901
《中国军事报告:浙江省(1901 年 1 月 1 日至 12 月 31 日)》

⑳ FO 881/9508X. CHINA: Military Report. Province of Shanhsi. (Major A. W. S. Wingate.)(I. O.). Bound: China 60. Missing at transfer. 01 January 1902-31 December 1902
《中国军事报告:山西省(1902 年 1 月 1 日至 12 月 31 日)》

(101) FO 881/9511X. CHINA: Military Report. Province of Kiangsu. (I. O.). Bound: China 63. Missing at transfer. 01 January 1902-31 December 1902
《中国军事报告:江苏省(1902 年 1 月 1 日至 1902 年 12 月 31 日)》

(102) FO 881/9512X. CHINA: Military Report. Province of Chili. Supplement (IO). Bound: China 64 Missing at transfer. 01 January 1900-31 December 1900
《中国军事报告:直隶省(1900 年 1 月 1 日至 1900 年 12 月 31 日)》

(103) FO 881/9618X. CHINA: Military Report. Imperial Chinese Railways under British Administration Bound: China 67. See No. 8324X. Missing at transfer. See WO 33/288. 01 January 1902-31 December 1902
《中国军事报告:英国管治下的中华帝国铁路(1902 年 1 月 1 日至 1902 年 12 月 31 日)》

(104) FO 881/9619X. CHINA: Military Report. Imperial Railways of North China. Shanhaikuan to Tingk'ou (Niuchuang) Section. Bound: China 67. Missing at transfer. 01 January 1902-31 December 1902
《中国军事报告:华北的帝国铁路;山海关至营口段(1902 年 1 月 1 日至 1902 年 12 月 31 日)》

(105) FO 881/10296X. CHINA: Convention. Germany and China Lease of Kiaochau. 06 March 1898
《中国国际公约:德国租借中国胶州湾(1898 年 3 月 6 日)》

6. Great Britain. Foreign Office. Papers Regarding the Disposal of the British Share of the China Indemnity of 1901. London: H. M. Stationery Office, 1930. 15 pp.
《英国外交部:1901 年庚子赔款关于英国份额的处理意见》

7. Great Britain. Parliament. House of Commons. Parliamentary Papers ("Blue Books")

英国议会文件蓝皮书[①]

(1) China. No. 3 (1891). Correspondence Respecting Anti-Foreign Riots in China. c. 6431

《与中国排外暴乱有关的通信》

(2) China. No. 1 (1892). Further Correspondence Respecting Anti-Foreign Riots in China. c. 6585

《与中国排外暴乱有关的进一步通信》

(3) China. No. 1 (1899). Further Correspondence Respecting the Affairs of China. c. 9131

《中国事务有关的通信》

(4) China, No. 3 (1900). Correspondence Respecting the Insurrectionary Movement in China. (Command Paper 257). London: H. M. Stationery Office, 1900

《与中国暴乱有关的通信(奉女王之命向议会提交的文件)(1900年)》

(5) China, No. 4 (1900). Reports from Her Majesty's Minister in China, Respecting Events at Peking. Command Paper 364. London: H. M. Stationery Office, 1900

《女王钦命驻华公使有关北京事变的报告(奉女王之命向议会提交的文件)(1900年)》

(6) China, No. 1 (1901). Correspondence Respecting the Disturbances in China. (Command Paper 436). London: H. M. Stationery Office, 1901

《与中国暴乱有关的通信(奉女王之命向议会提交的文件)(1901年)》

(7) China, No. 3 (1901). Further Correspondence Respecting Events at Peking. London: H. M. Stationery Office, 1901

《与北京事件有关的进一步通信(1901年)》

(8) China, No. 4 (1901). Plans of Defence of British Legation. London: H. M. Stationery Office, 1901

《英国使馆的防御计划(1901年)》

(9) China, No. 5 (1901). Further Correspondence Respecting the Disturbances in China. (Command Paper 589). London: H. M. Stationery Office, 1901

《与中国暴乱有关的通信(奉女王之命向议会提交的文件)(1901年)》

---

① 关于下列相关文件的信息,可参见:Lo Hui-min, *Foreign Office Confidential Papers Relating to China and Her Neighbouring Countries, 1840-1914; with an additional list 1915-1937*. The Hague & Paris: Mouton, 1969.

(10) China, No. 6 (1901). Further Correspondence Respecting the Disturbances in China. (Command Paper 675). London: H. M. Stationery Office, 1901
《与中国暴乱有关的进一步通信(奉女王之命向议会提交的文件)(1901 年)》

8. Great Britain. China. Expedition, 1900-1. Correspondence Relating to Evacuation of Summer Palace at Peking by British Troops. London: H. M. Stationery Office, 1902
《1900～1901 年中国远征:英国军队撤出北京圆明园的相关通信(1902 年)》①

六、美国②

1. China. Treaties. 1901. *Final Protocol between China and the Powers Represented at Peking*. Washington: Government Printing Office, 1924. 29 pp.
《1901 年中国条约:中国与西方列强代表在北京签订的最终议定书》
2. United States of America. Department of State. *Foreign Relations of the United States*. Washington DC. (annual volumes for the years 1898-1901)
《美国外交关系》(1898～1901 年度卷本)③
3. United States of America. Department of State. *American Diplomatic and Public Papers: The United States and China*. Edited by Jules Davids. Series III: *The Sino-Japanese War to the Russo-Japanese War 1894-1905*. Vol. 5: Boxer Uprising; Vol. 6: Boxer Uprising: The Indemnity Settlement Wilmington, DE: Scholarly Resources, Inc., 1981. xxvi+363 pp. and xxi+301 pp.
《美国外交与公共文件:美国与中国》(系列三)《甲午战争到日俄战争 1894～1905 年》(卷 5——义和团运动;卷 6——义和团运动之赔偿协议)

---

① 与英国参与义和团战争有关的军事文件已在《伦敦公报》(*The London Gazette*)上发表。此外,该官方文件还发表了陆军和海军的晋升与调动公告,以及勋章和其他军事荣誉嘉奖情况。中国地区总司令和海军少将西摩尔的有关文件,包括(西摩尔远征军)试图营救北京使馆、攻占大沽炮台、天津行动等,见 *The London Gazette* (5 October 1900), pp. 6093-6115. 战争部收到的少将威廉·加斯科因(William Julius Gascoigne)发送于 1900 年 7 月 5 日的文件、驻华北英国野战军指挥官准将阿瑟·福沃德(Arthur Robert Ford Dorward, 1848～1934)发送于 1900 年 7 月 11 日和 7 月 19 日的文件、印度事务部收到的大英军团中国远征军指挥官中将盖斯利爵士(Sir Alfred Gaselee)发送于 1900 年 8 月 19 日的文件,均见:*The London Gazette Issue*, 27244 (6 November 1900)。海军部收到的主要是来自英国驻华使馆卫队指挥、上校埃德蒙·雷(Edmund Wray)写于 1900 年 8 月 26 日的文件,该文件报告了 1900 年 6 月 13 日至 8 月 14 日使馆被围的经过。另外,埃德蒙·雷是英国皇家海军陆战队轻步兵的军官,1900 年英国驻华使馆被围期间他担任使馆卫队指挥,1926 年,他杀死妻儿后自杀。

印度事务部收到的来自中将盖斯利(Sir Alfred Gaselee KCB)的文件,见:Sir Alfred Gaselee KCB, *Despatch*, 198 S, Headquarters, British Contingent, China Field Force, Peking, 17 January 1901; *The London Gazette Issue*, 27313 (14 May 1901), pp. 3273-3280.

② 注意,很多美国政府文件的印刷稿都有电子版,可通过网络下载。

③ 1901 年卷包括一份独立装订的附录,其与中国事务有关: *Affairs in China: Report of William W. Rockhill, Late Commissioner to China. With Accompanying Documents*. Washington D. C., 1901. Reprinted as *Affairs in China*, China, 1941.

4. United States Congress. House of Representatives. Papers Relating to the Foreign Relations of the United States. (FRUS). Washington, U. S. Government Printing Office. Published annually since 1868

美国外交关系相关文件 (FRUS)①

(1) *Papers relating to the foreign relations of the United States, with the annual message of the president transmitted to Congress December 5, 1898.* Washington DC: U. S. Government Printing Office, 1898

《美国外交关系相关文件,含总统转交给国会的年度信息(1898 年 12 月 5 日)②

(2) *Papers relating to the foreign relations of the United States, with the annual message of the president transmitted to Congress December 5, 1899.* Washington DC: U. S. Government Printing Office, 1899

《美国外交关系相关文件,含总统转交给国会的年度信息(1899 年 12 月 5 日)》③

(3) *Papers relating to the foreign relations of the United States, with the annual message of the President transmitted to Congress December 3, 1900.* Washington DC: U. S. Government Printing Office, 1900

《美国外交关系相关文件,含总统转交给国会的年度信息(1900 年 12 月 3 日)》④

(4) *Papers relating to the foreign relations of the United States, with the annual message of the president transmitted to Congress December 3, 1901.* Washington DC: U. S. Government Printing Office, 1901

《美国外交关系相关文件,含总统转交给国会的年度信息(1901 年 12 月 3 日)》⑤

(5) *Foreign relations of the United States, 1901-Affairs in China.* Appendix. Washington DC: U. S. Government Printing Office, 1901

《1901 年美国外交关系:中国事务》附录⑥

(6) *Papers relating to the foreign relations of the United States, with the annual message of the president transmitted to Congress December 2, 1902.* Washington DC: U. S. Government Printing Office, 1902

《美国外交关系相关文件,含总统转交给国会的年度信息(1902 年 12 月 2 日)》⑦

---

① FRUS 系列是对美国主要外交政策决议和重大外交活动的官方历史记录,该系列自 1861 年起由国务院历史学家办公室编纂出品。一些印刷版卷本包含了与传教士有关的报告,特别是在中国义和团运动期间。

② 该卷网址:http://digital. library. wisc. edu/1711. dl/FRUS. FRUS1898;与中国有关的部分,见第 128～217 页。

③ 该卷网址:http://digital. library. wisc. edu/1711. dl/FRUS. FRUS1899;与中国有关的部分,见第 128～217 页。

④ 该卷网址:http://digital. library. wisc. edu/1711. dl/FRUS. FRUS1900;与中国有关的部分,见第 77～403 页。

⑤ 该卷网址:http://digital. library. wisc. edu/1711. dl/FRUS. FRUS1901;与中国有关的部分,见第 39～133 页。

⑥ 该卷网址:http://digital. library. wisc. edu/1711. dl/FRUS. FRUS1901b.

⑦ 该卷网址:http://digital. library. wisc. edu/1711. dl/FRUS. FRUS1902;与中国有关的部分,见第 129～283 页。

5. United States of America. Congress. House. *Bombardment of the Taku Forts in China: Letter from the Secretary of the Navy, Transmitting in Response to the Inquiry of the House, Copies of Communications Between the Navy Department and Rear-Admiral Kempff in Relation to the Bombardment of the Taku Forts in China*. 57th Congress, 1st Session, 1902. Issued as House Document No. 645. Washington DC: Government Printing Office, 1902. 32 pp. and map
《炮击中国大沽炮台:海军部长来信;对众议院问询的答复;海军部与海军少将刘易斯·肯普夫之间有关炮击中国大沽炮台的通信副本》①
6. United States of America. Congress. House. *Claims of American citizens, sufferers from Boxer uprising in China. Letter from the Secretary of the Treasury, transmitting a copy of a communication from the Secretary of State submitting an estimate of appropriation for claims of American citizens who suffered from the Boxer uprising in China*. December 13, 1901. — Referred to the Committee on Appropriations and ordered to be printed. Washington, DC: December 13, 1901. 2 pp.
《中国义和团运动中受害美国公民索赔;财政部长来信,国务卿提交为回应中国义和团运动中受害美国公民索赔而预估拨款数额的通信副本》
7. United States of America. Congress. House. Committee on Foreign Affairs. *Chinese Indemnity*. China and Japan Trading Company, Limited, New York. Washington: Government Printing Office, 1908. 24 pp.
《中国赔偿》
8. United States of America. Congress. House. Committee on Foreign Affairs. *Chinese Indenmnity*. Washington DC: Government Printing Office, 1908. 6 pp.
《美国国会众议院外交事务委员会:中国赔偿》
9. United States of America. President. 1901-1909 (Roosevelt), *Remission of a Portion of the Chinese Indemnity. Message from the President... transmitting copy of an executive order signed on the 28th day of December, 1908, in execution of the joint resolution of May 25, 1908*. Washington. Government Printing Office, 1909. 11 pp.
《减免中国部分赔款;总统批示……1908 年 12 月 28 日签署的一份执行命令副本,执行 1908 年 5 月 25 日达成的一项联合决议》
10. United States of America. Congress. Senate. Committee on Foreign Relations. *Remission of Chinese Indemnity... Report*. Washington: Government Printing Office, 1924. 8 pp.
《减免中国赔款……报告》

① 刘易斯·肯普夫(Kempff,1841～1920),在义和团战争中担任美国海军少将。

11. United States of America. Marine Corps. *Annual report of the Brigadier-General Commandant of the United States Marine Corps to the Secretary of the Navy for the Year 1900*. Washington DC：Government Printing Office，1900
《美国海军陆战队准将指挥官向海军部长所作的 1900 年年度报告》
12. United States of America. Navy Department. *Annual Reports of the Navy Department for the Year 1900*. Washington DC：Government Printing Office，1900. 1258 pp.
《海军部 1900 年年度报告》
13. United States of America. Navy Department. *Annual Reports of the Navy Department for the Year 1901*. Washington DC：Government Printing Office，1901
《海军部 1901 年年度报告》①
(1) Report of the Secretary of the Navy [John D. Long]. Navy Department, Washington, D. C., 17 November 1900
《海军部部长的报告》②
(2) The Marine Corps in Tientsin and Peking
《在天津和北京的海军陆战队》③
(3) Tientsin：The Allies Advance；Initial Attack Repulsed，21 June 1900
《天津："盟军"进展；击退首次"进攻"(1900 年 6 月 21 日)》④
(4) Tientsin：Relief of the Beseiged [sic] Europeans，24 June 1900
《天津：解救被"围困"的欧洲人(1900 年 6 月 24 日)》⑤
(5) Tientsin：The Chinese Reinforce；Allied Assault Delayed
《天津：中国援兵；延迟联合进攻》⑥
(6) Tientsin：The Capture of Tientsin，13 July 1900
《天津：攻陷天津(1900 年 7 月 13 日)》⑦

---

① 海军历史中心与美国海军历史和遗产指挥部已经对 1900 年和 1901 年年度报告中的相关文献进行了汇总，并以"中国救援远征军(义和团运动)"为题制成了数据资源并上传到网络。

② 来源：*Report of the Secretary of the Navy* (*1900*)，pp. 3-6. 该报告包含两部分内容：(1)《领航局局长报告》：Report of the Chief of the Bureau of Navigation，Bureau of Navigation，Navy Department，Washington，D. C.，1 October 1900；pp. 448-450. (2)《军医署署长报告》：Department of the Navy，Bureau of Medicine And Surgery，Washington，D. C.，1 October 1900；pp. 1059-1060. 电子资源：http://www.history.navy.mil/docs/boxer/boxer1.htm.

③ 来源：*Report of the Secretary of the Navy* (*1900*)，pp. 1116-1132. 电子资源：http://www.history.navy.mil/docs/boxer/boxer2.htm.

④ 来源：*Report of the Secretary of the Navy* (*1900*)，pp. 1148-1150. 电子资源：http://www.history.navy.mil/docs/boxer/boxer3.htm.

⑤ 来源：*Report of the Secretary of the Navy* (*1900*)，pp. 1150-1152. 电子资源：http://www.history.navy.mil/docs/boxer/boxer4.htm.

⑥ 来源：*Report of the Secretary of the Navy* (*1900*)，pp. 1152-1155. 电子资源：http://www.history.navy.mil/docs/boxer/boxer5.htm.

⑦ 来源：*Report of the Secretary of the Navy* (*1900*)，pp. 1155-1165. 电子资源：http://www.history.navy.mil/docs/boxer/boxer6.htm.

(7) Tientsin: Report of Major Littleton W. T. Waller, Headquarters First Regiment, U. S Marines, Tientsin, China, July 30, 1900
《天津:美国海军陆战队总部第一团少校沃勒的报告(1900 年 7 月 30 日)》①

(8) Tientsin: Allied Proclamation to the Inhabitants; Battle Participants and Commendations
《天津:居民联合宣言;参战者及表彰》②

(9) Tientsin: Captured Silver Bullion
《天津:缴获的银条》③

(10) Peking: Reports from the U. S. Consulate
《北京:美国领事馆报告》④

(11) Peking: Report of Captain John T. Myers, Captain, U. S. Marine Corps, Commanding United States Detachment, Guarding United States Legation, Peking, China, dated Tianjin, China, September 26, 1900
《北京:美国海军陆战队分队指挥官约翰·迈尔斯舰长的报告(中国天津,1900 年 9 月 26 日)》⑤

(12) The Siege of Peking: The March on Peking
《北京之围:向北京进军》⑥

(13) Peking: Operational Reports of Marine Commanders
《北京:海军指挥官作战报告》⑦

(14) Report of the Commandant of the Marine Corps
《海军陆战队指挥官报告》⑧

---

① 来源:*Report of the Secretary of the Navy (1900)*, pp. 1273-1175. 电子资源:http://www.history.navy.mil/docs/boxer/boxer7.htm.

② 来源:*Report of the Secretary of the Navy (1900)*, pp. 1165-1167. 电子资源:http://www.history.navy.mil/docs/boxer/boxer8.htm.

③ 来源:*Report of the Secretary of the Navy (1900)*, pp. 1167-1174. 电子资源:http://www.history.navy.mil/docs/boxer/boxer9.htm.

④ 来源:*Report of the Secretary of the Navy (1900)*, pp. 1174-1175. 电子资源:http://www.history.navy.mil/docs/boxer/boxer10.htm.

⑤ 来源:*Annual Report of the Navy Department for the Year 1900*; no pp. Indicated. 电子资源:http://www.history.navy.mil/docs/boxer/boxer11.htm;附件包括美国海军陆战队豪尔(Newt T. Hal)舰长的报告,以及由助理外科医生 G. 郎(G. A. Lung)记录的伤亡人员名单。这些报告提供了北京使馆被围期间的大事年表。

⑥ 来源:Navy Department. *Annual Report of the Navy Department for the Year 1901*, Washington: Government Printing Office, 1901, pp. 1276-1277. 电子资源:http://www.history.navy.mil/docs/boxer/boxer12.htm. 该报告由威廉·比德尔(William Phillips Biddle,1853～1923)所作,该人为美国海军陆战队少校,参与了"中国救援远征军"。他主要报告了 1900 年 8 月 4 日由天津向北京进发的概况以及美国部队的构成。

⑦ 来源:*Annual Report of the Navy Department for the Year 1901*, pp. 1278-1280. 电子资源:http://www.history.navy.mil/docs/boxer/boxer13.htm.

⑧ 来源:*Annual Report of the Navy Department for the Year 1901*, pp. 1231-1234. 电子资源:http://www.history.navy.mil/docs/boxer/boxer14.htm. 美国海军陆战队总部于 1901 年 10 月 1 日所作的报告,内附驻京美国公使康格向美国国务卿提交的一个长篇报告,标注日期为 1900 年 8 月 17 日。

(15) China Relief Retrospective: Miscellaneous Reports for 1901
《中国“救援”回顾:1901 年的其他报告》①

14. United States. Surgeon-General's Office Washington DC: U. S. Government Printing Office, 1901. 354 pp.
美国华盛顿特区军医署
该卷第 150～165 页包含以下内容:
(1) Report of Major William B. Banister, Surgeon, United States Volunteers, Chief Surgeon, China Relief Expedition. Peking, China, October 15, 1900
《中国救援远征军外科主任医师威廉·巴尼斯特报告(北京,1900 年 10 月 15 日)》
(2) Report of Major Frank J. Ives, Surgeon, United States Volunteers, Chief Surgeon, China Relief Expedition. Pekin, China, April 5, 1901
《中国救援远征军外科主任医师医生弗兰克·艾夫斯的报告(北京,1901 年 4 月 5 日)》②

15. United States of America. War Department. Adjutant General's Office. Military Information Division. *Notes on China, August 1900*. (Publication No. 30.) Washington DC: Government Printing Office, 1900. 90 pp.
《中国札记(1900 年 8 月)》③

16. United States of America. War Department. Adjutant General's Office. *Reports on Military Operations in South Africa and China*. (Publication No. 33.); Document (United States War Department) No. 143. Washington D. C.: Government Printing Office, 1901
《对南非和中国军事行动的报告》④

---

① 该资料包含以下英文报告: Report of the Chief of the Bureau of Navigation, Department of the Navy, Bureau of Navigation, Washington, D. C., 1 October 1901; Report on the Service Performed in China, Office of the Commander in Chief, United States Naval Force on Asiatic Station, Flagship Brooklyn, Cavite, P. I., 13 August 1901; Report of the Surgeon-General, U. S. Navy, Department of the Navy, Bureau of Medicine and Surgery, Washington, D. C., October 1, 1901. 来源:*Annual Report of the Navy Department for the Year 1901*, pp. 508, 1173-1174. 电子资源:http://www.history.navy.mil/docs/boxer/boxer15.htm#surgeon.

② 来自中国的报告可浏览美国陆军医学部医学史办公室网站,网址为:http://history.amedd.army.mil/booksdocs/spanam/AMEDDinCRE/AMEDDINCRE.html.

③ 该文件除了描述中国的环境、气候、港口、城市、军队、要塞、兵工厂,以及外国军队之外,还记录了国际联军为解使馆之围而占领的沿海地区与北京之间的通道。

④ 电子资源:http://archive.org/details/reportsonmilitar00unit;该资料内含少将查飞报告附件的部分摘录、保卫使馆的详细摘要、地图和统计图表(见第 447～459 页);以及有关整个华北行动的概述(见第 523～600 页)。也可参见 J. R. Lindsey, "Report on the Siege of Peking".

美军第十五骑兵团中尉(后任上尉)、查飞将军的下属林赛(Julian Robert Lindsey, 1871～1948)分析了义和团运动的起源,描述了使馆外国人的自卫过程。该报告包含与使馆区及其防御工事有关的两张精确图表。另外,查飞将军在华军事行动报告也已经被陆续出版。

中国救援远征军总部 1900 年 11 月 30 日在北京向美国陆军军务局报告,见该报告第 327～600 页。电子资源:http://cgsc.contentdm.oclc.org/cdm/singleitem/collection/p4013coll7/id/599/rec/5.

17. United States of America. War Department. *Annual Reports of the War Department for the Fiscal Year Ended June 30, 1900*. Report of the Lieutenant-General Commanding the Army. In Seven Parts. Part I. Washington D. C.: Government Printing Office, 1900

《截至 6 月 30 日的财政年度报告(1900 年)》

(1) Volume 1, Part 1.: An Appendix to Inspector-General Joseph Cabell Breckinridge's Annual Report, provides information on foreign troops in China; pp. 194-205

《总监察长约瑟夫·布雷肯里奇年度报告附录(涉及在华外国军队)》①

(2) Volume 1, Part 2.: Reports of Bureau Chiefs. This volume has several references to affairs in China

《局长报告(该卷多处涉及中国事务)》②

(3) Volume 1, Part 9.: Report of the Lieutenant-General Commanding the Army—Continued. Military Operations in China, includes a report by Maj.-Gen. Adna R. Chaffee to Adjutant-General, USA, 1 September 1900, pp. 31-43; etc.

《中将指挥官的报告(在华军事行动,含查飞的报告)》

18. United States of America. War Department, *Annual Reports of the War Department for the Fiscal Year Ended June 30, 1901*. Report of the Lieutenant-General Commanding the Army. In Five Parts. Part IV. Washington, D. C.: Government Printing Office, 1901. Volume 1, Part 6: Reports of Military Operations in China for the Year Ending June 30, 1901; pp. 433-546

《截至 1901 年 6 月 30 日的年度财务报告之截至 1901 年 6 月 30 日的年度中国军事行动报告》

(1) Report of Major George Percival Scriven (1854-1940), U. S. Volunteers, chief signal officer China Relief Expedition; operations of the U. S. Signal Corps during the advance from Tientsin to Peking in August 1900

《中国"救援"远征军首席通信官少校乔治·斯克里文的报告;美国通信兵 1900 年 8 月由天津向北京进发的军事行动》

(2) Report of Major Eli Lundy Huggins (1842-1929), Sixth U. S. Cavalry; investigation into the burning of Chinese villages, 30 October 1900. Also a Report of Lieutenant Charles Dudley Rhodes (1865-1948), Sixth U. S. Cavalry

《美军第六骑兵副官伊莱·哈金斯少校关于中国村庄被烧的调查报告(1900 年 10 月 30 日);美国第六骑兵中尉查尔斯·罗兹的报告》

---

① 电子资源:http://archive.org/stream/annualreportswa47deptgoog#page/n7/mode/2up.

② 电子资源:http://archive.org/stream/annualreportswa36deptgoog#page/n13/mode/2up.

(3) Extracts from report of Major General Adna R. Chaffee, U. S. Volunteers, commanding United States troops in China, 30 November 1900
《美军在华总指挥查飞将军的报告摘抄(1900 年 11 月 30 日)》①

(4) Roster of the allied troops in the province of Pechili, China, December 1900
《驻直隶的联军花名册(1900 年 12 月)》

(5) Report of Lieutenant Colonel Theodore Jonathan Wint (1845-1907), Sixth U. S. Cavalry; expedition from Peking to Hiang Ho and San Ho districts, 28 December 1900 to 1 January 1901
《美军第六骑兵队西奥多·温特的报告(1900 年 12 月 28 日至 1901 年 1 月 1 日)》

(6) Report of Lieutenant William Lee Karnes (1879-), Sixth U. S. Cavalry; expedition to Hsan Ho to investigate the killing of native Christians, 12-19 March 1901
《美军第六骑兵队的威廉·卡恩茨的报告(1901 年 3 月 12～19 日)》

(7) Petition of the Chinese residents of the American district, Peking, for the retention of American troops, 29 March 1901
《驻京美国使馆区的中国居民要求留下美国军队的请愿书(1901 年 3 月 29 日)》

(8) Roster of all expeditions made by the allied forces, 12 December 1900 to 10 May 1901
《联军所有远征行动登记簿(1900 年 12 月 12 日至 1901 年 5 月 10 日)》

(9) Report of Major General Adna R. Chaffee, U. S. A., commanding United States forces in China, 19 May 1901
《驻华美军总指挥查飞的报告(1901 年 5 月 19 日)》②

(10) General orders and circulars issued by the China Relief Expedition
《中国"救援"远征军颁布的一般命令和通知》

19. United States of America. United States Army. Adjutant-General's Office. *Correspondence Relating to the War with Spain and Conditions Growing out of the Same, Including the Insurrection in the Philippine Islands and the China Relief Expedition, between the Adjutant-General of the Army and Military Commanders in the United States, Cuba, Porto Rico, China, and the Philippine*

---

① 该资料另有四项次级目录,包括三部分内容:(1)美军第十骑队兵中尉朱利安·林赛(Julian Robert Lindsay, 1871～1948)关于使馆解围的报告;(2)美军第六骑兵上尉格罗特·哈奇森(Grote Hutcheson, 1862～1948)关于远征保定府及美国传教士被杀事宜的报告;(3)美军第十步兵队副官加斯东·特纳(Gaston Soulard Turner, 1877～?)中尉关于参加保定府远征的队伍行动的报告》;(4)美军第二十六步兵队约瑟夫·迪克曼中尉 (Joseph Theodore Dickman, 1857～1927)的报告,以及事件记录及当前评论。

② 该资料包括四部分内容:关于裁减驻华军事力量的通信;中国救援远征军首席外科医师欧文·班尼特(Irvin Edmund Bennett, 1866～1918)上尉的报告;美军第六骑兵队上尉格罗特·哈奇森的报告;美军第六骑兵队上尉格罗特·哈奇森的报告。

Islands, from April 15, 1898, to July 30, 1902. With an Appendix Giving the Organization of Army Corps and a Brief History of the Volunteer Organizations in the Service of the United States during the War with Spain. Washington: Government Printing Office, 1902. 2 vols.
《美国军务局与驻美国、古巴、波多黎各波尔图、中国和菲律宾群岛军事指挥官之间自1898年4月15日至1902年7月30日之间关于美西战争及发展战情的有关通信,涉及菲律宾群岛暴动和中国"救援"远征军。附录介绍了各军团的组织情况以及美西战争中向美国提供服务的志愿者组织简史》①

20. United States of America. War Department. Adjutant General's Office. *Correspondence Relating to the War with Spain and United States of America.* Congress. Senate. Committee on Foreign Relations. *Remission of Chinese Indemnity. Hearing before the Committee on Foreign Relations, United States Senate, Sixty-third Congress, Second Session, on S. J. Res, 33, to Amend the Joint Resolution of May 25, 1908, Providing for the Remission of a Portion of the Chinese Indemnity, Monday, June 1, 1914.* Washington D. C.: Government Printing Office, 1914. 41 pp.
美国军务局陆军部《有关西班牙和美国之战的通信》
国会参议院外交关系委员会《减免中国赔款;第63届国会美国参议院外交关系委员会前的,修正1908年5月25日的联合解决方案暨减免部分中国赔款(1914年6月1日)》

七、罗马天主教会出版物

1. Santa Sede. *Congregazione per le cause dei santi. Compendium vitae, martyrii ac famae signorum necnon actorum in causa canonizationis beatorum Augustini Tchao sacerdotis dioecesani, Petri Tchou viri laici, Annae Wang puellae, Francisci Fernández de Capillas sacerdotis professi ex Ordine Fratrum Praedicatorum, Gabrielis Taurin Dufress Ep. tit. Tabracen. ex Societate Parisiensi Missionum ad Exteras Gentes, Gregorii Grassi Ep. tit. Orthosien. in Phoen. ex Ordine Fratrum Minorum, Leonis Ignatii Mangin sacerdotis professi ex Societate Iesu et CXIII Sociorum, Martyrum in Sinis (+1648-1930)*/e tabulario Congregationis de Causis Sanctorum. Romae: in typ. Guerra, 2000. -63 pp.
《殉教者名录及其简介》

① 《关于中国"救援"远征军的通信,1900年5月30日至1901年6月1日》(Correspondence Relating to the China Relief Expedition, May 30, 1900, to June 1, 1901),可见卷1,第407~506页;电子资源:http://www.mocavo.com/Correspondence-Relating-to-the-War-With-Spain-and-Conditions-Growing-Out-of-the-Same-2/412465/504 # 11;1993年美国军事历史中心重新印刷该卷,编号为CMH出版物70-28。

2. Congregatio de Propaganda Fide, *Collectanea S. Congregationis de Propaganda Fide seu Decreta instructiones rescripta pro apostolicis missionibus*. Rome: Ex Typographia Polyglotta S. C. de Propaganda Fide, 1907. 2 vols. Reprint: Farnborough: Gregg International, 1971 Vol. 1: 1622-1866. Nos. 1-1299; Vol. 2: 1867-1906. Nn. 1300-2317
《教廷传信部档案文献》
3. Glazik, Josef (ed.), *Päpstliche Rundschreiben über die Mission: von Leo XIII. bis Johannes XXIII.*, Münsterschwarzach: Vier-Türme-Verlag, 1961
《天主教会档案》

第三部分　西文专著、期刊、学位论文及其他

Ackerman, Carl Frederick, "Li Hung Chang's Forecast of China's Future", *Everybody's Magazine*, 6(1) (January 1902), pp. 84-87.

C. F. 阿克曼:《李鸿章对中国未来之预测》①

"Acta Martyrium Vicariatus Apost. Shantung sept. Anno 1900 pro Fide Catholica interfectorum", *Communicationes pro missionariis Vicariatus Shantung*, Sept, 4 (1925), pp. 14-15, 25-37, 54-61, 72-75; 5 (1926), pp. 3-8, 29-32.

《山东宗教代牧区殉教者》②

"Action in Tientsin: Russians and Marines vs. Boxers", *Leatherneck*, 25 (September 1942), p. 42, 69.

《天津行动:俄国人、海军与拳民之战》

"L'activité du maréchal comte Waldersee en Chine", *Internationale Revue über die gesamten Armeen und Flotten*, Supplement No. 26 (1901), pp. 711-718.

《瓦德公元帅在中国的活动》

Adam, Juliette, "Lettres sur la politique extérieure", *Nouvelle Revue*, 5(1) n. s. (1 July 1900), pp. 147-157.

亚丹夫人:《外交政策信函》③

Adler, "Der China-Jammer, die wahre Schuld und die rechte Sühne", *Die Kritik des öffentlichen Lebens*, 15 (Berlin, 1900), pp. 495-500.

M. 阿德勒:《中国苦难:真正的罪与赎罪》

Affaires de Chine: négociations de Pékin, 1900-1902. See Négotiations de Pékin. 1900-1902.

《中国事件:北京谈判(1900～1902 年)》

---

① C. F. 阿克曼(1873～1938),美国人,新闻记者,义和团战争之后曾来华拍摄影片,1901 年底曾采访李鸿章。

② 该记录主要调查了鲁西北天主教殉难者的状况。直到 1904 年,鲁北代牧区乃由意大利方济各会管理,之后转交给德国方济各会。

③ 该函标注日期是 1900 年 6 月 25 日,地点是巴黎,主要关于中国事务。亚丹夫人又以其婚前姓名朱丽叶・朗伯(1836～1936)闻名,是一名法国作家以及女权主义者。作为 *La Nouvelle Revue* 的创立者及前拥有者,此人从法国民族主义的视角评述了外国政治。

Afflerbach, Holger, *Falkenhayn: politisches Denken und Handeln im Kaiserreich.* München: R. Oldenbourg Verlag, 1994. xii+586 pp.

霍尔格·阿夫勒巴赫:《法尔肯海恩:帝国政治思想和行动》①

Agasso, Renzo, Alberto Comuzzi and Augusto Luca, "*Con Loro, sempre*": *Missionari saveriani martiri della carità pastorale; a cura del Centro Studi Confortiani Saveriani.* Parma: CSAM, 2001. 367 pp.

R. 阿加西等:《在华天主教会殉教者》②

Agnew, James B., "Coalition Warfare-Relieving the Peking Legations, 1900", *Military Review*, 56(10) (October 1976), pp. 58-70.

J. B. 阿格钮:《联合作战:1900年解除北京使馆之围》③

Agnius, Paul, *Un Missionnaire Mandchou. Le Père Agnius (1874 à 1900).* Roubaix: Imprimerie G. Delannoy-Flipo, 1924. 163 pp.

《满洲传教士事略》④

Ahrens, Margarete (comp.), *Für Kaiser und Reich: Kriegstage in China und Südwestafrika; Christian Ahrens—Oberleutnant & Regiments-Adjutant; ein Lebensbild.* Windhoek: Glanz-&-Gloria-Verlag, 2009. 121 pp.

玛格丽特·阿伦斯编:《为了皇帝和帝国:在中国和西南非的战斗岁月——中尉兼团副官克里斯蒂安·阿伦斯的生平》⑤

Ales, Stefano, *Il Corpo di spedizione italiano in Cina 1900-1905: Organizzazione, uniformi e distintivi.* Roma: Commissione Italiana di Storia Militare, 2012.

S. 阿莱斯:《在华远征的意大利军(1900~1905年)》⑥

Allard, David H. (ed.), *Uncle Clayton: A Soldier's Life in Letters, 1898-1901.* Pittsburgh, PA: RoseDog Books, 2006. xii+250 pp.

D. H. 克莱顿编:《克莱顿叔叔:从书信看一个士兵的一生(1898~1901年)》⑦

---

① 该文作为博士论文提交给德国杜塞尔多夫大学。文中所提法金汉曾参与解除北京使馆之围,并镇压义和拳民,参见该文第35~47页。法金汉(1861-1922),曾担任德军将领。1899~1901年间,受军事指派随联军侵华。义和团运动期间,在德国远东军参谋部供职,经历了联军解除北京使馆之围。

② 包括方济各沙勿略会意大利教士C. 拉斯泰利(Caio Rastelli, 1872~1901)之记述。此人于1899年抵达山西,内蒙古闹拳时与工友O. 曼尼尼(Odoardo Manini, 1878~1929)一同逃到带有军事防卫的堂口小桥畔。其英文版本可参见美国沙勿略会网站:http://www.xaviermissionaries.org/M_Stories/Martyrs.htm.

③ 作者主要关注了联军的相关决定;主要研究了查飞的角色,高度赞扬了他在在华美国远征军中的作用。

④ 关注了法国巴黎外方传教会的美国传教士安民惠(Edouard-Eugène-Joseph Agnius, 1874~1900),此人于1900年7月11日在满洲辽东地区与其教友约瑟夫·巴亚尔特(Jules-Joseph Bayart, 1877~1900)和卫若望(Jean-Marie Viaud, 1864~1900)一道被杀。

⑤ 克里斯蒂安·阿伦斯(Christian Ahrens, 1873~1905),曾是一名德国军官,在德国东亚兵工厂任职,军衔为陆军上尉。之后前往德国驻东非部队,后在一次战斗中死亡。

⑥ 电子资源:http://www.difesa.it/Area_Storica_HTML/editoria/2012/Ales/Pagine/default.aspx.

⑦ 克莱顿·克拉克(Clayton Clark Allard, 1880~1901),是一名美国士兵,义和团战争期间曾服役于中国远征军。该书的早期版本收录了克拉克家族的简报及影像,另有悼念主人公克莱顿·克拉克逝世的唁电。杰斐逊社区学院的麦维尔·杜威图书馆收藏2本,地址是:1220 Coffeen Street, Watertown, New York 13601, U.S.A.

Alfen, Herm P. J. van, *Kracht des geloofs: Feestuitgave bij de onthulling van het standbeeld voor den Bisschop-martelaar mgr. Ferdinandus Hubertus Hamer*. Amsterdam: De Haas, 1902. 56 pp.

韩默理:《信仰的力量》[①]

Allen, Clement F. R., "China's Needs", *East & West*, 1 (1903), pp. 24-42.

阿连壁:《中国之所需》[②]

Allen, Clement F. R., "A Layman's Defence of Missions in China," *The Mission Field*, 46 (1901) pp. 24-28.

阿连壁:《差会在中国之生拙自卫》[③]

Allen, Roland, "Of Some of the Causes Which Led to the Preservation of the Foreign Legations", *The Cornhill Magazine*, n. s. 9 no. 54 (December 1900), pp. 754-776.

连若兰:《"保卫"北京使馆之原因》[④]

Allen, Roland, "Of Some of the Causes Which Led to the Siege of the Foreign Legations at Peking", *The Cornhill Magazine*, n. s. 9 no. 53(November 1900), pp. 669-680.

连若兰:《北京外国使馆被围之原因》[⑤]

Allen, Roland, "Of Some of the Conclusions Which May Be Drawn from the Siege of the Foreign Legations in Peking", *The Cornhill Magazine*, n. s. 10 no. 56 (February 1901), pp. 202-212.

连若兰:《北京外国使馆被围之总结》[⑥]

Allen, Roland, *The Siege of the Peking Legations, Being the Diary of the Rev. Roland Allen*. London: Smith, Elder, 1901. x+304 pp.

---

① 韩默理(Herm P. J. van Alfen, 1840~1900),荷兰人,圣母圣心会会士,天主教西南蒙古教区主教,于1900年7月23日在托城被杀。

② 阿连壁(1844~1920),曾任英国驻华使节。作者在文中提到了女性之溺婴、缠足以及普遍低下的社会地位,指出中国需要基督教义,而且拳乱为福音传播提供了适宜的环境。

③ 阿氏虽是英国前外交官员,但在《传教阵地》撰文捍卫传教事业。《传教阵地》为月刊,主要记录海内外福音传播协会的工作进展情况。

④ 该刊 1900 ~ 1901 年之全文网络资源,见: http://ia700400. us. archive. org/15/items/cornhillmagazine82londuoft/cornhillmagazine82londuoft. pdf. 连若兰认为,保护公使馆保乃是因为存在"意外的环境条件":没有海军陆战队,我们应该毫无防御;没有当地的基督徒,我们面对中国人当下对我们的攻击时应该孤立无援。我们没有劳力,没有线人,也没有佣人。战争中到处都是路障。增援部队到达时,发现我们周遭建有良好的防御工事,但多是砖头和沙土。我们夜以继日地从事这个工作,特别是在晚上进行完善修补,这样可以抵御中国人白天的攻势(第757页)。上述记录还重刊在: *Living Age*, 228(1 January, 1901), pp. 26-41. 连若兰(1868~1947),大英安立甘会传教士,北京使馆被围时身处北京,同时,他还是英国驻华使馆的代理牧师。

⑤ 连若兰的描述在观点上同情中国一方。他提及干旱及洪涝以及外国列强与传教士所触发的不平等现象,并认为这些均是背后的原因。

⑥ 连若兰在文中指出,在中文文本中,基督教往往与不良影响纠缠在一起,且容易引起中国人的憎恨,并且异教徒认为这是自然、正确且爱国的。

连若兰:《北京使馆之被围日记》[1]

Allier, Raoul, "Le fanatisme en Chine", *Revue universelle*, 11 (16 March 1901).

劳尔·阿利耶:《中国的狂热》

Allier, Raoul, *Les troubles de Chine et les missions chrétiennes*. Paris: Librairie Fischbacher, 1901. 281 pp.

劳尔·阿利耶:《中国动乱和基督教使命》

Alier, Raoul, "Les alliés en Chine", *Revue britannique, revue internationale publiée sous la direction de M. Pierre-Amédée Pichot*, April 1901.

劳尔·阿利耶:《在华联军》

Amelung, Iwo, "Gegen die ausländischen Barbaren. Die 'Boxer' und ihr Mythos", in Hans-Martin Hinz & Christoph Lind (eds.), *Tsingtau. Ein Kapitel deutscher Kolonialgeschichte in China*. Berlin: Deutsches Historisches Museum, 1998, pp. 165-172.

伊沃·阿梅龙:《抵抗洋鬼子:"义和团成员"及其传奇》

Ament, William Scott, "A Bishop's Loot", *The Independent*, 53 (19 September 1901).

梅威良:《一件主教的掠夺物》[2]

Ament, William Scott, "The Boxer Uprising: The Present Status and the Outlook in China", in Student Volunteer Movement Convention (ed.), *World-wide Evangelization: The Urgent Business of the Church*.

梅威良:《义和团暴动:当下态势与中国前景》[3]

Ament, William Scott, "Charges Against the Missionaries", *The Independent*, 53 (19 May 1901), pp. 1051-1052.

梅威良:《针对传教士的控诉》

Ament, William Scott, "The Chinese Settlement, Once More", *The Independent*, 53 (12 September 1901), pp. 2147-2149.

梅威良:《中国的又一次和解》

The American Troops in Peking. By an American soldier. Shanghai, 1901. 17 pp.

某美国士兵:《美国军队在北京》

Anasagasti, Pedro, *Héroes del apostolado católico. ¿Apostar? ¡Jamas! La revolución de los Boxers en la China del siglo XX*. Bilbao: Editorial "El Siglo de las

---

① 全文网络资源见:http://ia600407.us.archive.org/9/items/cu31924023145299/cu31924023145299.pdf.连若兰简要描述了北京使馆的围攻、炮击和解围。按照当时评论人的意见,该书对中国人的不满及传教士的麻木之描述最具洞察力,然而却过多指责天主教而不是安立甘会。相关评述见:*Contemporary Review*, 79(1901), p. 751; *Literature*, 8(1901), p. 315; *The Academy*(1901), p. 441.

② 梅威良(1851~1909),美国公理会传教士,1877年来华传教。该文章控诉了主教樊国梁在北京公使馆及北堂教堂解围之后窃取、掠夺财物的行径。

③ 此文系梅威良在1902年2月25日至3月2日加拿大多伦多举办的第四届学生志愿海外传教运动上的演讲。

Misiones", 1951. 335 pp.

P. 阿纳萨格斯蒂:《天主教殉教者传》

Anderson, Emma, "*Persecuted but not Forsaken*", *Being an Account of the Journey of Three Swedish Missionaries from Ho-nan to the Coast*. London: China Inland Mission, 1901. 30 pp.

艾玛·安德森:《三位瑞典传教士从河南到沿海行记》①

Andrews, Mary Elizabeth, "Journal of Mary E. Andrews, American Missionary", in Frederic A. Sharf & Peter Harrington (eds.), *China, 1900: The Eyewitnesses Speak*. Mechanicsburg: Stackpole Books, 2000, pp. 171-201.

玛丽·伊丽莎白·安德鲁斯:《美国传教士安德鲁斯之旅行》

Angée, Michel, *Les massacreurs*. Rouen: imprimerie de Ch. Charlet, 1905. 308 pp.

A. 迈克尔:《凶手》②

Angell, James Burrill, "The Crisis in China", *Atlantic Monthly*, 86 (October 1900), pp. 433-437.

安吉立:《中国之危机》③

"Die Anklage gegen Mgr Favier und die Lazaristen in Peking", *Katholische Missionen*, 30 (February 1901), pp. 111-112.

《控诉樊国梁主教阁下和北京遣使会成员》

Annand, A[rchibald] McK[enzie] (ed.), "A Report on the Tientsin Volunteer Corps in 1900", *Journal of the Society for Army Historical Research*, 39 (1961). John Boyce Kup authored the original report.

A. M. 安纳德:《天津志愿团报告》

Annand, A[rchibald]. McK[enzie], "The Tientsin Volunteer Corps in the Boxer Rising, 1900", *Journal of the Society for Army Historical Research*, 36, No. 148 (December 1958), pp. 179-181.

A. M. 安纳德:《1900年义和团动乱期间的天津志愿团》④

Anthouard, baron d', *La Chine contre l'étranger. Les Boxeurs*. Paris: Plon, 1902. xi +361 pp.

---

① 该书主要讲述了瑞华会的艾玛·安德森(Emma Anderson,1863~?)、玛利亚·彼得森(Maria Pettersson,1873~?)和西格莉德(Sigrid Engström,1864~?)的经历。

② 电子资源:http://gallica.bnf.fr/ark:/12148/bpt6k5814109h. 历史小说。

③ 安吉立(James Burrill Angell,1829~1916),美国人,学者,1880~1881年间任美国驻华公使。

④ 1898年,英国侨民成立天津志愿团。义和团运动期间,该志愿团归在香港出生的名为J. B. 库普(逝世于1939年)的商人率领。本文作者的父亲A. S. 安纳德(Archibald Stewart Annand,1862~1951)为苏格兰圣经公会华北地区的代表,当时为代表团的"下士"。

安图阿男爵:《中国反洋人——义和团》①

Apeciti, Ennio, *Martirio e speranza-testimonianza di Santa Maria della Pace*, fmm, edito a cura delle Francescane Missionarie di Maria. [Roma]: Francescane Missionarie di Maria, 2000. 117 pp.

A. 恩尼奥:《修女巴溪小传》②

Appia, Georges, *Souvenirs des martyrs de Chine*. Paris: Société des missions évangéliques, 1901. 125 pp. Appia, born in Frankfurt a. M. in 1827, was "pasteur de l'Église de la confession d'Augsbourg à Paris". Contents: Avant-propos-Légende des saints-Sont-il de vrais martyrs? —Déclaration d'un ambassadeur-Journal d'un employé des douanes-Causes du mouvement chinois-Nos responsabilités-Missions protestantes en Chine-Débuts de la persécution-Préparation-Martyrs du Petchili-Lettre du Dr Morrison-Martyrs de Paotingfou-Martyrs du Chansi-Massacre de Tai-yuan-fou-Dernières informations sur le massacre-Massacre de Hsin-Chou-Dix martyrs suédois-Noms & citations-Lettre de Mme Atwater-Martyr aveugle de Mandchourie-Accusation contre les missionnaires & contre les chrétiens indigènes-Valeur des convertis-Peuple, missionnaires & autorités chinoises-Délivrance de la famille Guinness-Délivrance de la famille Green-Conclusion.

G. 阿皮亚:《在华殉教者》

"Après la lutte. —Misère et ruines", *Chine et Ceylan*, 2 (March 1901), pp. 315-320.

《苦难与牺牲》③

Arckens, Joseph, "Une visite après les troubles chez les chrétiens du T'ou-met [Mongolie Centrale]", *Missions en Chine et au Congo*, 14 (1902), pp. 113-116.

桂广仁:《蒙古中部的拳乱》④

[Argento, Alphonso], "*I faror bland hedningar*": *Missionär Argentos berättelse om sin flykt från Honan*. Trans. Efr. Sbm. Jönköping: Alg. Rendahls tryckeri, 1900.

艾牧师:《艾牧师河南拳乱逃难记》⑤

Arturi, F., "Una vecchia imperatrice guidò i boxers in rivolta", *Historia*, 158 (January

---

① 相关评述见:*Westminster Review*, 157 (1902), pp. 343-344; *Questions diplomatiques et coloniales*, 13 (1902), pp. 574-575; by Joseph Desmarquest SJ in *Etudes*, (20 July 1902), pp. 275-277.

安图阿男爵(Albert-François-Ildefonse, baron d'Anthouard de Wasservas, 1861～1944),是法国公使的一等秘书,1900年二三月间代理主管使馆事务。在天津时,他为租界受到的攻击而吃惊,此后,随着联军进攻北京并参与解除使馆之围。

② M. 吉乌里安尼,宗教名为巴溪(Maria della Pace),意大利人,玛利亚方济各传教女修会修女,1900年7月9日在太原被杀。

③ 包括耶稣会传教士罗泽溥(Victor Lomüller, 1852～1902)、范迪吉(Auguste Finck, 1844～1911)和马泽轩(Henri Maquet, 1843～1919)的信函,当时他们身处直隶东南代牧区。

④ 信函标注日期为1901年11月7日,地点是舍必崖。桂广仁(Jozef Arckens, 1874～1955),比利时人,天主教圣母圣心会传教士。

⑤ 艾牧师(Alphonso Argento, 1873～1917),出生于西西里岛,内地会传教士,曾在河南光州、光山一带传教。1900年7月8日布道站遭受围困后侥幸逃脱。英译版:Argento, Alphonso, "In Perils by the Heathen", *Being the Account of Mr. Argento's Flight from Ho-nan, told by himself*. London: China Inland Mission, 1901. 31 pp.

1971).

F. A. :《北京拳乱》

Ascher, Barbara Lazear, "The Boxer Rebellion. China, 1900", in Susan Bergman (ed.), *Martyrs*. Maryknoll, NY: Orbis Books, 1996, pp. 310-319.

B. L. 阿谢尔:《1900年中国的义和团"叛乱"》

Ashmore, William, "The Missionary Question", *Chinese Recorder*, 32(10) (October 1901), pp. 484-492.

耶士谟:《传教士问题》

Ashmore, William, "The Troubles in China and Christian Missions", *Chinese Recorder*, 34 (1903), pp. 78-82.

耶士谟:《中国动乱与基督教差会》

Ashton, Susanna, "Compound Walls: Eva Jane Price's Letters from a Chinese Mission, 1890-1900", *Frontiers: A Journal of Women's Studies*, 17(3) (1996), pp. 80-94.

苏珊娜·艾什顿:《中国差会简·普赖斯1890～1900年间的信函》①

Asiaticus [pseud.], *Die Kämpfe in China. In Militärischer und politischer Beziehung dargestellt von Asiaticus 3 Vols*. Berlin: Richard Schröder, 1900-1901. Digitized by Staatsbibliothek Berlin-preußischer Kulturbesitz:

1. Heft: (1) Einleitung; (2) China von 1895 bis zum Frühjahr 1900; (3) Die Streitkräfte Chinas; (4) Die Streitkräfte der Mächte in Ostasien im Juni 1900; (5) Uebersicht des Schauplatzes des Aufstandes und der kriegerischen Ereignisse; (6) Rückblick auf den Feldzug gegen China 1900. http://digital.staatsbibliothek-berlin.de/dms/werkansicht/?PPN=PPN654807124&PHYSID=PHYS_0005.

2. Heft: Vorwort; (1) die unmittlebare Vorgeschichte der Erhebung; (2) Die Einnahme von Taku durch die Truppen der Mächte; (3) Die Besetzung von Tiëntsin durch die Truppen der Mächte und der Vormarsch des Admirals Seymour auf Peking; (4) Die Kämpfe um Tiëntsin http://digital.staatsbibliothek-berlin.de/dms/werkansicht/?PPN=PPN654807787&PHYSID=PHYS_0007.

3. Heft: Die Vorgange in Peking. Ereignisse von Mitte Juli bis Mitte September 1900. Die Kämpfe in der Mandschurei. Vorwort. (1) Die Vorgänge in Peking von Ende Mai 1900 bis zur Einnahme der Stadt durch die Verbündeten am 14. August 1900; (2) Der Entsatz von Peking; (3) Die Rüstungen der Mächte; (4) Die Frage des Oberkammandos; (5) Die Kämpfe in der Mandschurei bis zur Einnahme von Mukden am 2. Oktober 1900; (6) Ueberblick über die Militärische und politische Lage Mitte September 1900 http://digital.staatsbibliothek-berlin.de/dms/werkansicht/?PPN=PPN65480897X&PHYSID=PHYS_0007.

① 简·普赖斯(Eva Jane Price,1855～1900)及其丈夫查理·普赖斯(1847～1900)是美国公理会传教士，也是欧柏林帮的成员，曾在山西传教。作者于1900年8月15日在汾州被害。详见其书《中国日志》。

亚希亚提库斯(笔名):《在中国的战斗:亚希亚提库斯联系军事和政治关系的论述》①

Aspinall-Oglander, Cecil Faber, *Roger Keyes: Being the Biography of Admiral of the Fleet Lord Keyes of Zeebrugge and Dover, G. C. B., K. C. V. O., C. M. G., D. S. O.* London: Hogarth Press, 1951. xv+478 pp.

C. F. 艾斯宾诺奥格兰德:《基思勋爵传记》②

Asprey, Robert B., "The Court Martial of Smedley Butler", *Marine Corps Gazette*, 43 (December 1959).

R. B. 阿斯普雷:《斯梅德利·巴特勒的军事法庭》

Asprey, Robert B., "Waller", *Marine Corps Gazette*, 45 (May 1961), pp. 36-41; (June 1961), pp. 44-48.

R. B. 阿斯普雷:《沃勒》③

Atkinson, James J., *Australian Contingents to the China Field Force, 1900-1901.* Kensington: New South Wales Military Historical Society, 1976. 69 pp.

J. J. 艾特金森:《中国战场上的澳大利亚派遣队》

Atlier [i. e. Allier], Raoul, "The True Cause of Chinese Fanaticism", *Missionary Review of the World*, 24(7) (July 1901), pp. 534-537.

劳尔·阿利耶:《中国人盲从之真正原因》④

Atwood, Irenaeus J., "Triumphal Reëntrance of Shansi", *Missionary Review of the World*, 24(12) (December 1901), pp. 832-834.

文阿德:《再入山西的胜利》⑤

Au, Simon, "War Crimes of Convenience and Circumstance", Bachelor of Arts Honors Thesis, Wesleyan University, 2007. iii+73 pp.

西蒙·埃:《方便情况下的战争罪行》⑥

"Aufruhr gegen fremde Teufel", *Der Spiegel*, 50 (10 December 1979), pp. 146-154 ; 51 (17 December 1979), pp. 126-138; 52 (24 December 1979), pp. 134-145; 53 (31 December 1979), pp. 74-82; 1 (7 January 1980), pp. 92-102.

《反抗洋鬼子》

Aulagnon, Claudius, "Lettre de Chine" (dated Kiakhta, 10/23 August 1900), *Nouvelle Revue Internationale*, 33 (September 1900), pp. 424-426.

克劳迪亚斯·奥拉尼翁:《中国来函》

---

① 相关评论: F. D. [i. e. Friedrich Düsel], *Westermanns illustrierte deutsche Monatshefte*, 89 (1901), *Militär-Zeitung*, (1901), column 1360-1361; *Jahrbücher für die deutsche Armee und Marine*, 122 (1902), pp. 285-286.

② 罗杰·约翰·布朗洛·凯斯(基斯勋爵)(Roger John Brownlow Keyes, 1872～1945),英国人,海军官员。

③ 沃勒(Littleton Waller Tazewell Waller,1856～1926),曾指挥美国海军分遣队参与解除天津之围。

④ 主要是从《差会杂志》(*Journal des Missions*)中简编而来。

⑤ 文阿德(Irenaeus J. Atwood,1850～1913),医疗传教士,隶属于欧柏林山西差会和山西美国公理会。

⑥ 电子资源:http://wesscholar.wesleyan.edu/etd_hon_theses/12.

Aure, Jean d', *Aux mains des Boxers*. Abbeville: G. Paillart, [1902]. 285 pp.

J. 艾于勒:《拳民》①

Aurora, [pseud.], "Bluejackets versus Boxers: A Naval Diary of the Advance on Peking in 1900", *National Review*, Special supplement (January 1912). 40 pp.

奥罗拉:《水兵与拳民:1900 年前往北京的海军日记》

"Autour de Notre Dame de Tong-lu: Tong-lu sous les Boxers", *Le Bulletin catholique de Pékin*, 16ême Année, (1929), pp. 16ff, 65ff, 133ff, 202ff.

《东闾的义和团运动》②

"Aux tombes des martyrs", *Chine, Ceylan, Madagascar*, 4 (December 1902), pp. 245-259.

《在殉教者墓前》③

Babcock, Maltbie D[avenport], *A Day of Testing. What Shall It Bring Out in Us?* Address delivered at Memorial Service for Martyred Missionaries in China, Fifth Avenue Presbyterian Church, New York, Oct. 28th 1900. (Leaflet No. 4.). New York: Board of Foreign Missions of the Presbyterian Church in the U. S. A. 16 pp.

M. D. 柏考克:《一天的考验,我们从中得到了什么?》

Baecker, P., "Das chinesische Problem", *Akademische Blätter*, 16 (1901), pp. 81-84, 100-104.

P. 柏克:《中国问题》

Bainbridge, Emerson (M. P.), "China and the Powers", *The Contemporary Review*, 78 (August 1900), pp. 172-182.

艾默生・班布里奇:《中国与列强》

Bainbridge, Mrs. William E., "Diary of an Iowan under Fire in Peking", *Annals of Iowa*, 36 (1963), pp. 613-640.

艾默生・班布里奇夫人:《战火北京下的一位衣阿华州人的日记》④

Baker, Kevin, *The Siege that Never Was, Beijing 1900: The Journal and Photographs of Lancelot Giles*. Yass, N. S. W.: Military Research Press International, 2009. 285 pp.

凯尔・贝克:《北京 1900,从未有过的占领:翟兰思的旅行及照片》⑤

---

① 历史小说。

② 主要关注天主教村直隶保定的东闾,即义和团运动期间圣母"显灵"之处。

③ 主要关注直隶东南被拳民所杀教民的坟墓。

④ 艾默生・班布里奇的夫人名为 M. A. 西姆斯(Mary Ann Sims,1852~1916),1900 年北京被占期间为美国使馆的二等秘书。

⑤ 内容提要:1900 年北京到底发生了什么;1900 年 5 月之前的翟兰思与北京;6 月 4~20 日乌云密集;6 月 21~28 日风暴爆发;6 月 29 日至 7 月 15 日持续暴乱;7 月 16~31 日勇气与希望;8 月 1~14 日军队来临;1901 年骚乱之后。

Balconi, Lorenzo Maria, *Le martiri di Taijuen. Madre Maria Ermellina di Gesù e compagne uccise a Taiyuenfu il 9 luglio 1900*. Milano: Pontificio Istituto Missioni Estere, 1945. 199 pp.

L. M. 巴尔科尼:《1900 年 7 月 9 日牺牲的玛利亚方济各会传教士》①

Balconi, Lorenzo Maria, *Vita del beato Alberico Crescitelli, martirizzato in Cina il 21 luglio 1900*. Milano: Pontificio Istituto delle Missioni Estere, 1950. xi+238 pp. 2nd ed., 1950, xi+246 pp.

L. M. 巴尔科尼:《郭西德传》②

Banister, W. B., "Surgical Notes on the China Relief Expedition", *Cavalry Journal*, 13 (April 1903), pp. 616-635.

W. B. 白内斯特:《中国远征军的手术记录》③

Banzemont, A., "Les Missionnaires et les Boxers", *Revue des Revues*, 35(22) (15 November 1900), pp. 385-399.

A. 庞士孟:《传教士和义和团》

Barascud, Alphonse-Clément, *Campagne de Chine, 1900-1901. Service vétérinaire du corps expéditionnaire français et dans les armées alliées*. Illustré de nombreuses gravures. Vannes: Lafolye frères, 1903. 269 pp. Gallica online.

A. 巴拉斯居:《中国之战,1900～1901 年》④

Baraude, Henri, "De Paris à Pékin", *Revue Bleue: la revue politique et littéraire* IVe série, 16(2) (13 July 1901), pp. 51-56.

亨利·巴拉德:《法国驻华公使馆政治信函》

Barbé, Émile, "Une conférence européenne des affaires d'extrême Orient", *Revue Bleue: la revue politique Eet littéraire* IVe série, 14(7) (1900), pp. 209-212.

E. 巴贝:《欧洲关于远东事务的会议》⑤

Barnes, A. A. S., *On Active Service with the Chinese Regiment: A Record of the Operations of the First Chinese Regiment in North China from March to October 1900*. London: Grant Richards, 1902. xv+225 pp.; 2nd ed., rev. & enl.,

---

① 其中牺牲的埃明纳(宗教名为 Marie-Hermine de Jésus,1866～1900)为法国人,玛利亚方济各传教女修会修女,1900 年 7 月 9 日在太原被害。

② 简略的英文版本:Balconi, Lawrence, *In God's Hands: The Life of Blessed Alberic Crescitelli*, trans. from the Italian by Elio Gasparetti. Detroit: Missionaries of St. Peter and Paul, P. I. M. E. [1955]. 86 pp. 郭西德(Alberico Crescitelli,1863～1900),意大利人,罗马圣伯铎与圣保禄外方传教会(1926 年并入宗座外方传教会)传教士。1900 年 7 月 21 日,在山西宁强县阳平关镇燕子砭被杀。

③ W. B. 白内斯特(William Brodnax Banister,1861～1935),美国对华远征军的主刀外科医生,曾检查义和团战争及其他斗争中伤员的伤口类型。

④ 作者曾在法国远征军和联军中从事兽医服务。

⑤ 这篇文章主要讲述了义和团运动及其余波的影响。为应对这种可以预知的威胁,作者认为欧洲国家应该团结一致来捍卫欧洲文明。1883 年,作者曾作过类似评述,见 péril jaune: "La lutte ethnographique et économique des Blancs et des Jaunes", *Revue Scientifique*, Tome LII Numéro 17 (22 Octobre 1893), pp. 513-520.

London: Grant Richards, 1902. xvi+282 pp.; Reprint: Uckfield, East Sussex: Naval & Military Press, 2009. 228 pp.

A. A. S. 巴恩斯:《对中国远征军的积极服务:1900 年 3～10 月中国华北首支远征军的行动记录》①

Barrett, John, "America's Duty in China", *North American Review*, 171 (August 1900), pp. 145-157.

约翰·巴雷特:《美国在中国的职责》②

Barrett, John, "Manchuria Bone of International Contention", *Harper's Weekly*, 45, No. 2313 (20 April 1901), p. 414.

约翰·巴雷特:《满洲里孕育国际竞争》

"Die Barrikaden von Peking", *Vom Fels zum Meer. Spemann's illustrirte Zeitschrift für das deutsche Haus*, 20 (1900), pp. 429-440.

《北京的路障》

Barrow, E., "Note on the Relief of the Legations at Peking on August 14th, 1890 [sic]", *Journal of the Royal United Service Institution*, 59 (1914), pp. 47-48.

E. 巴罗:《1900 年 8 月 14 日解救北京使馆的记录》③

Barry, Peter, "Who Were the Boxers?", *Tripod*, 20(119) (September-October 2000), pp. 32-37.

皮特·巴里:《谁是义和团民》

Barzini, Luigi, *Avventure in Oriente*. A cura di Luigi Barzini, Jr. Milano: A. Mondadori, 1959. 570 pp.

巴兹尼爵士:《东方历险记》④

Barzini, Luigi, *Nell'Estremo Oriente*. Milano: Libreria Edictrice "Nazionale", 1904.; Later ed., Milano: Madella, 1915.

巴兹尼爵士:《东方历险记》

Bashford, James Whitford, *China and Methodism*. Cincinnati: Jennings & Graham, 1906. 118 pp.

---

① 对山东威海卫的首支中国军团的战争记述。关于此中国军团,可参考以下网站:http://www.kaiserscross.com/304501/306501.html. 作者巴恩斯(1867～1937),英国官员,曾率领首支中国远征军进攻北京,并参与解除 1900 年北京使馆之围。

② 该文指出:"美国应当始终坚持门户开放的首要贸易原则……使用慈善与公平而不是复仇的方式……在此危急时刻,我们必须记住我们是基督教国家且是一个商业民族……现在来说,盎格努—萨克逊体系或者说其社会及政府正濒于险境……毫无疑问,帝国主义及其扩张不仅仅是一场拯救,而且能够扩大我们的民族及其影响"。约翰·巴雷特(1866～1938),美国驻暹罗大使,在泛美联盟中具有广泛的影响力。该文电子资源:http://www.unz.org/Pub/NorthAmericanRev-1900aug-00145.

③ 巴罗爵士(Edmund George Barrow,1852～1934),英国人,陆军军官。1900 年义和团战争期间曾是中国远征军联合最高长官之一。

④ 巴兹尼爵士(Luigi Barzini,1874～1947),意大利人,记者,随意大利中国远征军来华,作为意大利《晚邮报》(*Corriere della Sera*)的记者。他的儿子小巴兹尼(Luigi Barzini Jr.,1908～1984)也是记者出身。

柏锡福:《中国与卫理公会》①

Bassetti, Sandro, *Colonia italiana in Cina*. Vignate (MI): Lampi di Stampa, 2014. 400 pp.

S. 巴塞蒂:《意大利在华殖民地》②

Bastid-Bruguière, Marianne, "Currents of Social Change", in John K. Fairbank & Kwang-Ching Liu (eds.), *The Cambridge History of China*. Vol. 11: *Late Ch'ing, 1800-1911*, Part II. Cambridge: Cambridge University Press, 1980, pp. 535-602.

巴斯蒂夫人:《社会变化的潮流》

Bataille, Jules, "Siège de Fan-kia-kata par les Boxeurs (juin-septembre 1900)", *Études*, 38e année, tome 87 (20 May 1901), pp. 433-456. Also published in *Chine et Ceylan*, 2 (September 1901), pp. 381-411, incl. illustrations.

巴鸿动:《义和团围攻范家疙瘩》③

Baudoux, Clotaire, "Un mandarin au temps des Boxeurs", *Chine, Ceylan, Madagascar*, 70 (December 1925), pp. 248-255.

C. 博杜:《一位官吏在义和团时期》④

Bayly, C. A., "The Boxer Uprising and India: Globalizing Myths", in Robert Bickers & R. G. Tiedemann (eds.), *The Boxers, China and the World*. Lanham, Md.: Rowman & Littlefield, 2007, pp. 147-155.

C. A. 贝利:《义和团动乱与印度:全球化的神话》

Bayly, Edward Henry, "Journal of Edward Henry Bayly, Royal Navy", in Frederic A. Sharf & Peter Harrington (eds.), *China, 1900: The Eyewitnesses Speak*. Mechanicsburg: Stackpole Books, 2000, pp. 101-118. This is followed by "General Notes by Captain Edward H. Bayly", pp. 119-123.

爱德华·贝利:《皇家海军爱德华·贝利的日记》⑤

Bazin, René, *L'Enseigne de vaisseau Paul Henry, défenseur de la mission de Pékin*. Tours: Mame et fils, 1902. 286 pp.

勒内·巴赞:《海军少尉保罗·亨利:北京教会的保护者》⑥

---

① 该书还讨论了四川省的排外情绪以及华西拳民的仪式。相关评述见:*Bulletin of the American Geographical Society*, 39 (1907), p. 310. 柏锡福(1849～1919),1904年来华,卫理公会传教士。

② 主要描述了义和团运动之后意大利在天津获得的租界,其中涉及义和团拳民。

③ 记述了1900年夏直隶东南地区的教民村范家疙瘩。巴鸿动(Jules Bataille,1856～1938),法国人,耶稣会士,1882年在直隶东南代牧区传教。

④ 关注了直隶任丘时任知县。

⑤ 主要节选自贝利未刊的手稿,该手稿载于 the Jean S. and Frederic A. Sharf Collection at The Wolfsonian-FIU Library: "Early Proceedings in North China in 1900" and "General Notes as Regards Tientsin".

⑥ 主要关注了保罗·亨利(Concerns Paul-Charles-Joseph-Martin Henry,1878～1900)来华后在法国海军巡洋战舰当特尔卡斯托(d'Entrecasteaux)的上尉。1900年7月30日,他在"保卫"北京北堂教堂时被害。勒内·巴赞(René Bazin,1853～1932),法国人,小说家。这部作品多次出版,有各种版本。

Beach, Harlan P. (Rev.), "The Anti-Foreign Uprising in China", *Missionary Review of the World*, 23(9) (September 1900), pp. 657-668.

毕海澜:《中国的排外动乱》①

Beals, Z. Charles, *China and the Boxers. A Short History of the Boxer Outbreak, with Two Chapters on the Sufferings of Missionaries and a Closing One on the Outlook*. New York: M. E. Munson, 1901. 158 pp.

毕竟成:《中国与拳民:义和团爆发简史》②

Beaufays, Ignace, *Éloge funèbre du R. P. Victorin Delbrouck, frère mineur, mis à mort pour la foi à She-Keou-Shan (Chine) le 21 décembre 1898* [Texte imprimé]/ prononcé à l'église de Boirs, sa paroisse natale le 21 mars 1899 par Ignace Beaufays. Saint-Trond: H. Vanwest-Dubois, 1899.

R. P. 布发:《韦克多-戴乐布胡克的葬礼赞美词,矿工兄弟,为信仰死于 1898 年 3 月 21 日》

Béchard (médecin-major de 1re classe), "L'Ambulance de la bridgade des troupes de la guerre pendant l'expédition de Chine", *Archives de médecine et de pharmacie militaires*, 39 (May 1902), pp. 394-409.

贝沙(一等军医官):《中国远征军第一纵队战争期间的急救》

Beck, Wilhelm von, *Auf dem Kriegszuge nach China. Erlebnisse und Kriegsabenteuer des Matrosen Martin Scharfschütz*. Für die deutsche Jugend bearbeitet. Berlin: A. Weichert 1901. 252 pp.

威廉·冯·贝克:《远征中国:水兵马丁·沙尔夫许茨的经历和战争历险》③

Becker, Emile, "Une nouvelle insurrection au Tche-li S. -E. en mai 1902", *Études*, (5 January 1903), pp. 111-119.

葛光被:《1902 年 5 月直隶东南的新"暴动"》④

Becker, Otmar, *Gengzi riji: das Tagebuch des Hua Xuelan aus dem Beijing des Boxeraufstands. Mit einer Einführung zum Tagebuch in der chinesischen Tradition*. (MOAG-Mitteilungen der Gesellschaft für Natur- und Völkerkunde Ostasiens e. V., 109). Hamburg: Gesellschaft für Natur- und Völkerkunde Ostasiens, 1987. ii+289 pp.

---

① 检视了"动乱"之因并思考中国宗教前景。毕海澜 (Harlan Page Beach, 1854～1933), 1883～1889 年间为美国公理会传教士,在华北传教。1900 年任美国学生志愿运动教育总干事。

② 毕竟成 (Zephaniah Charles P. Beals, 1861～1946),生于加拿大,后归化美国,成为传教士,加入宣导会,1892 年起在安徽宣道。1900 年,毕竟成辞职,成为李鸿章的幕僚,并教导其儿子。1901 年,他在安徽芜湖建立来复会 (the American Advent Mission Society of the Advent Christian Church)。

③ 历史小说,针对的读者群是德国年轻人。

④ 作者描述了 1902 年在直隶东南魏县附近的"动乱",认为反政府武装发源于 1862 年在农村地区兴起的团民,当时主要是为了抵御白莲教的侵扰。义和团运动期间,这些团民起来反教,逐渐演变为义和拳民。袁世凯的军队镇压了这起"动乱",且军队显示出非凡的纪律约束性,因此被平民指责为"二毛子",即"二等欧洲人"。葛光被 (Émile Becker, 1836～1918),法国人,耶稣会士,1878 年在直隶东南代牧区宣道。

奥特马尔·贝克尔:《庚子日记:北京义和团运动时期的华学澜日记,附中国传统日记简介》①

Beckmann, Johannes, "Martyrs in Heilungkiang", *Bethlehem*, [English ed.] 31 (Immensee 1926), pp. 303-306.

约翰内斯·比克曼:《黑龙江的殉道者》

Beede, Benjamin R., *The Small Wars of the United States, 1899-2009: An Annotated Bibliography*. Revised 2nd ed. ; London: Routledge, 2010.

本杰明·比德:《美国的小规模战争:1899~2009 年》②

Beede, Benjamin R., *The War of 1898, and U. S. Interventions, 1898-1934: An Encyclopedia*. New York and London: Garland Pub., 1994.

本杰明·比德:《1898 年战争与美国介入(1898~1934 年)》③

Beelen, Staf, *Remi Van Merhaeghe, C. I. C. M., Waregem 1869—Xiayingzi 1901: Zendeling in de Ordos en martelaar van de Bokseropstand*. Leuven: Ferdinand Verbiest Stichting, 2001. 226 pp.

梅柏华:《彭寿年传》④

Beelen, Staf, *Tentoonstelling [Exhibition]: Mei da Ren: Remi Van Merhaeghe C. I. C. M., Waregem, 1869—Xiayingzi, 1901*. n. s., s. l., s. d. 38 pp.

梅柏华:《彭寿年传》

Bégin, Louis Nazaire (archbishop), *Life of Mother Marie-Hermine of Jesus: Massacred in Shan-si (China) July 9th 1900*. Quebec: s. n., 1910. 89 pp.

《耶稣会埃明纳的一生》

"Die Belagerung von Peking," *Evangelisches Missions-Magazin*, 44 (1900), pp. 497-519.

《围攻北京》

Bellairs, Carlyon, "The Responsibility of the Rulers for the Disturbances in China", *North American Review*, 171 (August 1900), pp. 158-170.

凯莱恩·贝莱尔斯:《中国统治者对"动乱"的责任》⑤

Bellucci, Gualtiero, *Sant'Antonio Fantosati. Per crucem ad lucem*. S. Maria degli

---

① 同时于 1987 年作为博士论文提交给汉堡大学,该文分析了华学澜所著之《庚子日记》。

② 第五部分:义和团动乱(1898~1901 年)。

③ 内容提要:"1899~1901 年中国的义和团动乱",大部分由路易斯·伯恩斯坦撰写,包括"义和团动乱"章节(第 66~70 页);"中国北京的战斗(1900 年)"(第 46~48 页);"中国北京公使馆被占(1900 年)"(第 48~51 页);"查飞(1842~1914 年)"(第 98~99 页);"中国远征军"(第 101~102 页);"中国大沽炮台的战斗(1900 年)"(第 155~156 页);"亨里·约瑟夫·赖利",(第 465~466 页);"西摩尔在中国(1900 年)"(第 506 页);"中国天津:战争与占领(1900 年)"(第 539~542 页);"威尔逊(1837~1925 年)"(第 596~597 页)。

④ 梅柏华(Staf Beelen,1869~1901),比利时人,天主教传教士,与彭寿年(Remi Van Merhaeghend Henri Bongaerts,1874~1901)于 1901 年 12 月 13 日在其住所宁夏平罗县下营子被杀。

⑤ 电子资源见:http://www.unz.org/Pub/NorthAmericanRev-1900aug-00158. 凯莱恩·贝莱尔斯(Carlyon Wilfroy Bellairs,1871~1955),英国政客,海军军官,曾为中国提出了一个相当激进的改革计划。

Angeli (PG): Ed. Porziuncola, 2000. 124 pp.

G. 贝鲁奇:《范怀德传》[1]

Beltrami, Silvio, *La Voce del Sangue. P. Giuseppe Maria Gambaro.* (Bibliotechina Missionaria Anno XIX—Giugno 1941 XIX—Serie Biografica, No. 38). Milano: Istituto delle Missioni Estere, 1941. 82 pp.

S. 贝尔特拉米:《安守仁传》[2]

Benjamin, A. N., "Peking on the Eve of Anarchy", *The Outlook*, 65 (14 July 1900), pp. 638-640.

A. N. 本杰明:《无政府状态下的北京》[3]

Benkner (Ober-Postinspektor), "Die deutsche Feldpost und Telegraphie während der Ostasiatischen Expedition 1900/01", *Archiv für Post und Telegraphie.* Beihefte zum Amtsblatt des Reichs-Postamts 31(19) (Berlin, 1903); final part in 31(20) (Berlin, 1903).

本科讷(高级邮政检查员):《1900/1901 年远征东亚期间的德军邮政和电报》[4]

Bensacq-Tixier, Nicole, *Dictionnaire du corps diplomatique et consulaire français en Chine, 1840-1911.* Paris: Indes savantes, 2003. 769 pp.

N. 邦萨克-提西:《法国外交使团和领事在中国的字典(1840~1911 年)》

Bensacq-Tixier, Nicole, *Histoire des diplomates et consuls français en Chine, 1840-1911: histoire des relations avec le gouvernement impérial et les puissances présentes en Chine, évolution des postes, des carrières et des conditions de vie.* Paris: Indes savantes, 2008. 730 pp.

N. 邦萨克-提西:《法国与中国的外交和领事历史(1840~1911 年):在中国与清朝朝廷和其他在华列强的关系史、职务更替和工作生活条件》

Bentley, W. P., *Illustrious Chinese Christians.* Biographical Sketches. Cincinnati, OH: The Standard Publishing Company, 1906. 284 pp.

W. P. 本特利:《出色的中国教民》[5]

Berg, August, *Bär missionen skuld till förvecklingarna i Kina? Föredrag hållet den 7 november 1900.* Stockholm: Kommitten för Svenska Missionen i Kina, 1900.

伯牧师:《差会应该为中国事端负责吗?》[6]

Berg, August, "Kinakrisen, dess orsaker och verkningar", in *God Jul! Hälsning från*

---

① 范怀德(Antonio Fantosati,1842~1900),意大利人,方济各会主教,1900 年 7 月 7 日在湖南衡阳被害。

② 安守仁(Concerns Giuseppe Maria Gambaro,1869~1900),意大利人,方济各会传教士,1896 年抵达湖南,1900 年 7 月 7 日在衡阳附近的黄沙湾被害。

③ 安娜·诺斯恩德·本杰明(Anna Northend Benjamin,1874~1902),美国人,新闻记者,首位女性战地记者。曾在菲律宾报道该国的残酷叛乱,后经《纽约论坛报》(*New York Tribune*)派遣到中国北京。

④ 描述了义和团期间德国东亚远征军的军事邮政与电报系统。

⑤ 包括义和团运动期间中国拳民的自传。

⑥ 伯牧师(Georg August Gustaf Berg,1861~1940),瑞华会教友,同时为内地会工作。1890 年抵华,1900 年在山西同州建立传教基地。

kristliga Föreningen af Unge Män i Stockholm. Stockholm: Hälsovännens expedition, 1900.

伯牧师:《中国的危机及其原因、影响》

Bergen, Paul D., "Rêmarks on the Subject of Securing Indemnity for Losses in Connection with Mission Work", *Chinese Recorder*, 31(11) (November 1900), pp. 548-550.

柏尔根:《关于差会的工作索赔》①

"Der Bericht des französischen Gesandten in Peking, Mr. Pichon, über die Belagerung der fremden Gesandtschaften vom 20. Juni bis zum 14. August 1900", *Mittheilungen aus dem Gebiete des Seewesens*, 29(5)(1901), pp. 438-444.

《法国驻北京公使毕盛先生关于1900年6月20日至8月14日围攻外国使馆的报告》②

"Berichte der deutschen Gesandtschaft in Peking über den Boxeraufstand und die Ermordung des deutschen Gesandten", *Das Staatsarchiv. Sammlung der officiellen Actenstücke zur Geschichte der Gegenwart*, 64 (1900), pp. 266-298.

《德国驻北京公使馆关于义和团运动和德国公使被杀事件的报告》

Bermyn, Alphons [Alfons Bermijn], "Les détails du martyre [de Monseigneur Ferdinand Hamer]", *Missions en Chine et au Congo*, 13 (1901), pp. 243-248.

A. 贝尔明:《韩默理主教的殉教经过》

Bernhard, Georg, "Der Chinataumel in Deutschland", *Die Zeit*, 23(302) (14 July 1900), pp. 20-21.

格奥尔格·伯尔尼哈德:《在德国的中国热》

Bernstein, Lewis, "After the Fall: Tianjin under Foreign Occupation, 1900-1902", in Robert Bickers & R. G. Tiedemann (eds.), *The Boxers, China and the World*. Lanham, Md.: Rowman & Littlefield, 2007, pp. 133-146.

刘易斯·伯恩斯坦:《崩溃之后:1900～1902年外国占领下的天津》

Bertinelli, Roberto, "La presenza italiana in Cina dal 1900 al 1905", *Rivista degli Studi Orientali*, 57 (1983), pp. 185-229.

罗伯托·贝尔蒂内利:《在华的意大利军(1900～1905年)》

Bertrand, Pierre, *Les atrocités de la guerre de Chine*. Publication du «Comité d'Action Socialiste contre la Campagne de Chine». Paris: Soc. nouvelle de librairie et d'édition, 1901. 43 pp.

P. 贝尔郎:《中国战争之残酷》③

---

① 柏尔根(Paul David Bergen,1860～1915),美国北长老会传教士,1883年来山东传教,主张对华索赔。

② 主要解读了毕盛1899～1900年的外交报告(中国事务),同时从奥地利的角度阐释了北京公使馆被占事件。毕盛(Stephen-Jean-Marie Pichon,1857～1933),又名毕动,法国人,激进的社会主义政治家和外交官,1897～1900年间任法国驻北京使馆全权代表。

③ 相关评论见:Karl Kautsky in *Die Neue Zeit*, 19(41) (1901), pp. 473-474.

Die Betheiligung der Deutschen Marine an den Kämpfen in China im Sommer 1900. Nach amtlichen Quellen mit Skizzen und einem Plan von Tientsin. Berlin: E. S. Mittler & Sohn, 1901. 58 pp.

《德国海军参加 1900 年夏的中国战争,根据附草图和天津地图的官方材料》①

"Die Betheiligung der Marine an der Seymourschen Entsatzexpedition und an den Kämpfen in und um Tientsin Juni/Juli 1900" (Nach amtlichen Quellen.), *Marine-Rundschau*, 11(11) (November 1900), pp. 1155-1177; 11(12) (December 1900), pp. 1317-1340.

《海军参与西摩尔救援远征及 1900 年 6~7 月天津及周边地区的战斗》

Bevan, James A., "From Filipinos to Boxers in 1900", *Leatherneck*, 18 (April 1935), pp. 5-7, 65-66.

杰姆斯·贝文:《从菲律宾人到 1900 年的拳民》②

Bevan, James A., "With the U. S. Marines on the March to Peking, China, 1900", *Leatherneck*, 18 (June 1935), pp. 5-7, 55-56; (July 1935), pp. 14-15, 50.

杰姆斯·贝文:《1900 年美国海军前往中国北京》③

Bewicke, Alicia Ellen Neva (Mrs Archibald Little), *Out in China*! London: A. Treherne & Co., 1902.

A. E. N. 比伊克:《逃出中国》④

Beyschlag, "Die chinesischen Wirren und die Mission", *Deutsch-evangelische Blätter*, 25(8) (1900). Republished from *Evangelisch-protestantisches Kirchenblatt*.

贝施拉格:《中国的动乱与传教活动》

Bickers, Robert, "Chinese Burns: Britain in China 1842-1900", *History Today*, 50(8) (August 2000), pp. 10-17.

毕可思:《英国与中国(1842~1900 年)》

Bickers, Robert and R. G. Tiedemann (eds.), *The Boxers, China and the World*. Lanham, Md.: Rowman & Littlefield, 2007.

毕可思、狄德满编:《拳民、中国与世界》⑤

Bienheureux André-Joseph de Guébwiller, martyr des Boxers (1866-1900). Paris, 1946. 24 pp.

① 收集了 1900 年夏德国海军参与中国事务的情况,首次出版于《海军评论》(*Marine-Rundschau*)。

② 讲述了美国海军陆战队第二营的某士兵从菲律宾战场到中国后的转变。该文还提及美国在天津战斗中的损失,以及为进军北京所作的准备工作。

③ 该文描述了前往北京所遇到的困难。

④ 历史小说。艾丽西亚·艾伦[Alicia Ellen (有时写为 Helen) Neva Bewicke,1845~1926],为阿奇博尔德(Archibald Little,1838~1907)之妻,长期旅居中国,经商经验颇丰。

⑤ 相关评述见:J. Y. Wong in *The China Journal*, 59 (January 2008), pp. 144-145; Jennifer Rudolph in *The Journal of Asian Studies*, 67(4) (November 2008), pp. 1409-1410.

《幸运的安德烈-约瑟夫·德·盖布维年埃:义和团殉教者(1866～1900年)》①

Bigelow, Poultney, "Missions and Missionaries in China", *North American Review*, 171 (July 1900), pp. 26-40.

P. 比奇洛:《在华差会与传教士》

Biggs, Chester M., Jr., *The United States Marines in North China, 1894-1942*. Jefferson: McFarland & Conpany. Inc., 2003. 280 pp.

小比格斯:《在华北的美国海军陆战队(1894～1942年)》②

Bigham, Clive, *A Year in China, 1899-1900*. London: Macmillan, 1901. xii+234 pp.

碧阁衔:《在华一年记(1899～1900年)》③

Binder-Krieglstein, Eugen, *Die Kämpfe des deutschen Expeditionskorps in China und ihre Militärischen Lehren*. Berlin: E. S. Mittler und Sohn, 1902. x+273 pp.

欧根·宾得-克里格施坦:《德国远征军在中国的战斗及其军事学说》④

"Bischof Anzer und seine Verteidiger im evangelischen Gericht", *Protestant*, (1900)

《主教安治泰及其辩护人在基督教新教法庭上》

Bismarck, Hermann, "Die Belagerung von Peking. Auszüge aus dem Tagebuch des Herrn Hermann Bismarck, Beamten im kaiserl. Chinesischen Zolldienst", *Ostasiatische Rundschau*, 1(5) (1900), pp. 93-143.

赫尔曼·俾斯麦:《围攻北京:中国皇家海关官员赫尔曼·俾斯麦先生的日记摘录》⑤

Bland, J. O. P. and Edmund Trelawny Backhouse, *China under the Empress Dowager: Being the History of the Life and Times of Tzu Hsi*. Compiled from State Papers and the Private Diary of the Comptroller of Her Household. London: William Heinemann, 1911. xv+525 pp. Reprinted Taibei, 1970; New and revised cheaper [abridged] edition. London: William Heinemann, [1914]. xxvi+322 pp; Rev. ed., Beijing: Henri Vetch, 1939. xxvi+525 pp.

---

① 主要关注方济各会修士安德烈(Andreas Bauer,1866～1900)。安德烈来自于法国阿尔萨斯,1899年到山西传教,1900年7月9日在山西被杀。

② 该书大部分篇幅涉及义和团战争,其主要章节包括:1900年的义和团叛乱;1900年:在北京公使馆区的海军陆战队;西摩尔之解围纵队;沃勒尔之纵队;占领天津;占领北京公使馆区;解围。附录详情:附录A:编年史;附录B:1900年北京公使馆之护卫;附录C:R. 米德与L. W. T. 沃勒尔之报告(1900年8月18日的《纽约时报》亦有报道);附录D:窦纳乐与慈禧及其他人之通函;附录E:义和团叛乱期间的美国海军陆战队;附录F:义和团"叛乱"时期海军陆战队收获的荣誉晋升;附录G:传教士对美国海军陆战队护卫之感谢;附录H:天津英国官员关于海军陆战队的行动与沃勒尔之通函;附录I:美国海军陆战队解救北京公使馆之围的行动报告。

③ 碧阁衔(Charles Clive Bigham,1872～1956),英国人,游历者,曾随西摩尔参与在华行动。

④ 尤金(Reichsfreiherr Binder von Krieglstein Eugen,1873～1914),奥地利人,战地记者,旅行作家,曾为柏林《十字报》(*Kreuz-Zeitung*)报道义和团运动。

⑤ 经德国Deutsche Druckerei und Verlagsanstalt出版,在上海及青岛两地发行。德国外交署政治档案中心曾藏有该日记的手稿。赫尔曼·俾斯麦(Hermann Max Alexander Bismarck,1875～?),生于天津,1897年入清海关工作。

J. O. P. 布兰德:《慈禧太后统治下的中国》①

Blarer, M. T. de, *La Bienheureuse Marie Hermine de Jésus et ses Compagnes: Franciscaines Missionaires de Marie, Massacres le 9 Juillet 1900 a Tai-Yuan-Fou (Chine)*. Vanves: Imp. Franciscaine Missionaire, 1947. 162 pp. ; Québec: Impr. franciscaine missionnaire, [1948?]. 186 pp.

M. T. B:《1900 年 7 月 9 日太原府殉教者埃明纳传》

Een blik in Zuid-Chan-Si tijdens de jongste Vervolging. Verslag van eenige Missionarissen aan Mgr J. Hofman, Vic. Ap. Met Toelichtingen. Cuyk a. d. Maas: Jos. J. van Linderf, [1901]. 183 pp.

《义和团动乱期间的山西南部的荷兰方济各会》

Bloch, Jean de, "L'état présent de la question chinoise", *Revue scientifique*, 37(2) (1900), pp. 618-628.

J. 布洛赫:《中国问题之现状》②

Bloch, Jean de, "Les illusions de la conquête chinoise", *La revue des revues*, 34 (15 August 1900), pp. 339-356. Published as offprint: Jean [de] Bloch, *Les illusions de la conquête chinoise*. Paris: Librairies-Impriméries Réunies, [1900]. 18 pp.

J. 布洛赫:《中国问题之现状》

Bloch, Johann von, *Zur gegenwärtigen Lage in China. Eine politisch-wirtschaftliche Studie*. Berlin: Dr. John Edelheim, 1900. 40 pp.

约翰·冯·布洛赫:《论中国当前的局势:一个政治经济研究》

Bodin, Lynn E., *The Boxer Rebellion. Colour Plates by Chris [topher] Warner*. (Men-at-Arms Series, 95). London: Osprey, 1979. 40 pp.

L. E. 博丹:《义和团运动》

Boell, Paul [Paul Victor Boell], *Le protectorat des missions catholiques en Chine et la politique de la France en Extrême Orient*. Paris: Institut Scientifique de la Libre-

① 该书内容涵盖了义和团运动以及所谓的满洲旗人景善之日记。在 1939 年的修订版中,出版商试图修订日记中的伪造内容。在修订版的评述中,高罗佩(1910～1967)指出通过注释修订原文实在是"糟糕至极"。相关评述见:R. H. van Gulik, review in *Monumenta Serica*, 5 (1940), pp. 486-492. 也可参阅戴闻达(J. J. L. Duyvendak,1889～1954)的相关著述。法文版本:John Otway Percy Bland & Edmund Trelawny Backhouse, *Tseu-Hi Impératrice douairière (la Chine de 1835 à 1909) d'après les Papiers d'État, les Mémoires secrets, les Correspondances*. Translated from the English by E. Buisson. Paris: Hachette, 1912. vii+349 pp. 德文版本: China unter der Kaiserin-Witwe. *Die Lebens- und Zeitgeschichte der Kaiserin Tsu Hsi. Zusammengestellt aus Staats-Dokumenten und dem persönlichen Tagebuch ihres Oberhofmarshalls. Ins Deutsche übertragen von Fedor v. Rauch*. Berlin: Siegismund, 1912. xvi+503 pp. 埃德蒙·巴恪思爵士,第二代从男爵(Sir Edmund Backhouse, 2nd Baronet,1873 年 10 月 20 日至 1944 年 1 月 8 日),英国东方学学者及语言学家,1899 年抵达中国。关于对景善日记之伪造,见 Hui-min Lo, "The Ching-shan Diary: A Clue to its Forgery", *East Asian History*, 1 (1991), pp. 98-124. 布朗德(John Otway Percy Bland,1863～1945 年),英国人,曾在大清海关工作,后在上海公共租界任行政官,之后从事写作及新闻记者工作。

② J. 布洛赫(Jan Gotlib Bloch,1836～1902),通常被称为 Jean de Bloch、Ivan Stanislavovich Bloch 或 Johann von Bloch,波兰人,金融家,实业家。他本是犹太人,后皈依喀尔文教派,推崇和平理念。1899 年参与了首届海牙和平会议。

Pensée, 1899. vii+71 pp.

P. 布埃尔:《中国基督教会保护制度和法国在远东的政策》

Bonardi, Giovanni, "L'avanguardia dei Martiri cinesi sale alla gloria del Bernini", *Le Missioni Illustrate*, 21(3) (March 1943), pp. 34-36.

G. 培佳斯:《中国教会的殉教者》

Bonardi, Giovanni, "Le Glorie della Chiesa cinese nella persecuzione del 1900", *Le Missioni Francescane*, 3(7) (1 July 1925), pp. 211-217.

G. 培佳斯:《1900 年教会受到的迫害》

Bonardi, Giovanni, "La rivoluzione cinese del 1900 ed i martiri cristiani", *Il Pensiero Missionario*, 15(2) (April-June 1943), pp. 111-141.

G. 培佳斯:《1900 年义和团运动中的殉教者》

Bongaerts, Henri, "Les assiégés de Kleinbrugge", *Missions en Chine et au Congo*, 13 (1901), pp. 6-10.

包葛寿:《小桥畔教堂被围》①

Bonsal, Stephen, "The Chinese Revolution", *The American Monthly Review of Reviews*, 22(2) (August 1900), pp. 166-175.

S. 邦索尔:《中国革命》②

Bonsal, Stephen, "What the Chinese Think of Us", *The North American Review*, 171 (September 1900), pp. 411-432.

S. 邦索尔:《中国人眼中的美国人》

Boot, Max, "Red Summer: Boxer Uprising, 1900", in Max Boot, *The Savage Wars of Peace: Small Wars and the Rise of American Power*. New York: Basic Books, 2002, pp. 69-98.

马克思・布特:《红色夏日:1900 年的义和团运动》③

Bordukow, Michael, "Diplomatischer Verkehr zwischen den Großen Mächten aus Anlaß der chinesischen Wirren in den Jahren 1900-1901 auf Grund der diplomatischen Akten dargestellt", Ph. D. dissertation, University of Bern, 1907. 96 pp.

米夏埃尔・波杜科夫:《1900 年至 1901 年间中国动荡之际列强之间的外交》④

Borel, Henri, "De chineesche kwestie", *De Gids*, 64 (August 1900), pp. 195-218.

---

① 信函标注日期为 1900 年 9 月 30 日,地点为蒙古西南鄂尔多斯之小桥畔。荷兰语版本见:*Missiën in China en Congo*, 13 (Scheut 1901), pp. 6-10. 包葛寿(Henricus Bongaerts,1874～1901),比利时人,天主教圣母圣心会传教士。1901 年 12 月 13 日在宁夏平罗县下营子被杀。

② S. 邦索尔(Stephen Bonsal,1865～1951),为《纽约论坛报》的特别通信员,19 世纪 90 年代初期为美国驻华公使秘书。

③ 有评论指出:该书强调联军之间的不统一,且过多关注巴特勒的经历及其功绩,因此忽视了该故事的其他方面。

④ 此文系博士论文,追溯了中国动乱期间列强对华的外交变化,其材料主要基于当时的外交记录。

亨利·波莱尔:《中国问题》①

Borghese, Rodolfo, *In Cina contro i Boxer* (Collana di Diari e Memorie di Guerra e della Rivoluzione, 6). Rome: Ardita, 1936. 223 pp.

鲁道夫·贝佳斯:《中国义和团》②

Borgius, Walter, "Eine wissenschaftliche Prophezeiung der chinesischen Wirren aus dem Jahr 1879" [based on E. Sasse], *Vom Fels zum Meer. Spemann's illustrirte Zeitschrift für das deutsche Haus*, 20 (1900), pp. 575-578.

瓦特·博尔吉乌斯:《1879 年关于中国动乱的科学预言》③

Borne, Hermann von dem, *Ein Jahr als FeldJäger beim Armee-Ober-Kommando in Ostasien. Nach Tagebuchnotizen der Leutnants Pogge, Wallmann und Graf Wintzigerode sowie nach eigenen Aufzeichnungen.* Neudamm: Naumann, 1902. 61 pp.

赫尔曼·冯·博纳:《在东亚驻军司令部的一年宪兵生涯:根据博格、沃曼少尉与温茨格罗德伯爵的日记及自己的记录》④

Bornemann, Fritz, *As Wine Poured Out: Blessed Joseph Freinademetz SVD. Missionary in China 1879-1908*. Trans. by John Vogelsang. Rome: Divine Word Missionaries, 1984. 485 pp.

弗里茨·博纳曼:《福若瑟传》⑤

Bornemann, Fritz, *Der selige P. J. Freinademetz 1852-1908. Ein Steyler China-Missionar. Ein Lebensbild nach zeitgenössischen Quellen.* Bozen: Freinademetz-Haus, 1977.

弗里茨·博纳曼:《圣福若瑟(1852~1908 年):一个圣言会中国传教士;根据当时资料勾勒的生平事略》⑥

Borsa, Giorgio, "La crisi italo-cinese del Marzo 1899 nelle carte inedite del Ministro Canevaro", *Il Politico*, 34(4) (1969), pp. 618-643.

G. 伯尔萨:《1899 年的意大利在华危机》⑦

Bottomore, Stephen, "Filming, Faking and Propaganda: The Origins of the War Film, 1897-1902", Ph. D. dissertation., Utrecht University, 2007.

---

① 亨利·波莱尔(Henri Jean François Borel, 1869~1933),生于荷兰多德雷赫特,中国学研究者,曾在荷兰东印度群岛教授汉语 20 载。其关于中国问题的公众演讲与著述在中国人中间颇受欢迎。

② 鲁道夫·贝佳斯(Rodolfo Borghese, 3° Principe di Nettuno, 1880~1963),意大利人,在华海军军官。

③ 瓦特·博尔吉乌斯(Walter Borgius, 1870~1932),德国人,经济学家,个人无政府主义支持者。

④ 赫尔曼·冯·博纳(Hermann Gotthelf Kreuzwendedich von dem Borne, 1850~1923),普鲁士人,陆军军官。

⑤ 翻译自德文,其原文本:Der selige P. J. Freinademetz *1852-1908*. 福若瑟(Josef Freinademetz, 1852~1908),来自蒂罗尔省南部(曾属于奥斯马加帝国)的拉登语区。

⑥ 该书是关于鲁南圣言会的传记,综合且细致,且涉及不少义和团运动前发生的教案。1900 年夏,福若瑟已预测到了义和团运动的爆发,于是加强了山东省阳谷县坡里堂口的防御工事。

⑦ 同时载于 Giorgio Borsa, *Europa e Asia: tra modernità e tradizione* (Centro studi per i popoli extraeuropei Cesare Bonacossa dell'Università di Pavia 7). Milano: Angeli, 1994, pp. 292-326.

史蒂芬・波特莫:《1897～1902 年间战争电影的起源:拍摄、伪装和宣传》[①]

Botty, Albert, "Heldentijden. Een verhal uit den tijd der christenvervolging in China", *Annalen van Sparrendaal*, 15 (1915), pp. 195-198, 217-226.

艾尔伯特・波蒂:《中国基督教徒殉教者传》

Botty, Albert, "Les martyrs de Tsing-yeul et de Ta-sou-tai. Episodes de la persécution des Boxeurs", *Missions Catholiques*, 51 (1919), pp. 309-311, 322-323, 332-334.

艾尔伯特・波蒂:《太原府殉教者传》

Boulger, Demetrius C., "Peking—and After", *Fortnightly Review*, 74 (August 1900), pp. 198-207.

D. C. 布尔杰:《北京事件及其余波》

Boulger, Demetrius C., "The Scramble for China", *The Contemporary Review*, 78 (July 1900), pp. 1-10.

D. C. 布尔杰:《争夺中国》

Boulger, Demetrius C., "Who Is Who in China", *The Contemporary Review*, 78 (August 1900), pp. 255-265.

D. C. 布尔杰:《中国人面面观》

[Boumans, H. J.], *Missiën van Scheut. Bisschop [Ferdinand] Hamer.* Vught (N.-Br.): Uitgave van het Missiehuis "Sparrendaal"; Utrecht: Bisschop-Hamerhuis, [1920]. 68 pp.

《韩默理主教传》

Bourgerie, Raymond and Pierre Lesouef, *La guerre des Boxers (1900-1901). Tseu-Hi évite le pire.* (Collection Campagnes & Stratégies. Les Grandes Batailles, 24). Paris: Economica, 1998. 220 pp.

R. 布尔热力等:《义和团之战(1900～1901 年);慈禧避难记》

Bourlès, Jean-François, "Mandchourie septentrionale: Six mois de persécution", *Annales de la Société des Missions-étrangères*, (Paris 1901), pp. 189-202.

J-F. 布贺莱:《满洲北部:六个月的迫害》[②]

"Die Boxer in Südost-Tscheli", *Katholische Missionen*, 29 (January 1900), pp. 28-34.

《东南直隶的义和团成员》

"Die Boxer", *Die Zukunft*, 31 (16 June 1900), pp. 457-463.

《义和团成员》[③]

"Die Boxer, von einem Augenzeugen der letzten Kämpfe in China", *Daheim. Ein deutsches Familienblatt*, 37(7) (17 Nobember 1900), pp. 22-23.

---

① 第 12、13 章讨论义和团战争电影的真伪。

② J-F. 布贺莱(Jean-François-Louis-Marie Bourlès, 1873～1911),法国人,巴黎外方传教会传教士,1899 年在满洲里活动。

③ 关于李鸿章的信函。

《义和团成员:在华最后几场战斗的目击者述》

"Der Boxer-Aufstand in China", *Militär-Wochenblatt*, 85 (1900), No. 71, col. 1714-1719; No. 73, col. 1754-1762; No. 79, col. 1924-1930; No. 83, col. 2020-2024; No. 88, col. 2183-2188; No. 92, col. 2291-2297; No. 94, col. 2338-2344; No. 102, col. 2527-2533; No. 104, col. 2568-2572; No. 112, col. 2773-2779; 86 (1901) No. 1, col. 20-24; No. 9, col. 274-279; No. 11, col. 318-324.

《中国义和团运动》

"The Boxers and What to Do with China", *The Contemporary Review*, 78 (September 1900), pp. 305-317.

《拳民以及如何应对中国》

"The Boxers, Tuchuns and Anti-foreignism", *Chinese Student Monthly*, 20 (1925), pp. 14-20.

《全民、督军与排外主义》

"Les Boxeurs dans le Midi de la Chine en 1907", *Annales de la Propagation de la Foi*, 80 (1908), pp. 177-186.

《1907 年中国南部的义和团》

"Les Boxeurs dans le Tché-li sud-est", *Études* 37e année, tome 85 (20 November 1900), pp. 544-566.

《义和团在直隶东南》①

"Les Boxeurs dans le Tché-li sud-est. Dernières nouvelles du Tché-li", *Études* 37e année, tome 84 (1900), pp. 836-840.

《1900 年夏直隶东南的义和团》

"Les Boxeurs dans le Tché-li sud-est. Lettres des missionnaires", *Études* 37e année, tome 84 (1900), pp. 690-698.

《直隶东南的义和团;传教士信函》②

Boy-Ed (Oberleutnant), *Peking und Umgebung*. Tianjin: Verlag der Brigade-Zeitung, 1906. 46 pp. Rev. and expanded ed.: *Peking und Umgegend, nebst einer kurzen Geschichte der Belagerung der Gesandtschaften (1900)*. Wolfenbüttel: Heckner, 1908. 160 pp.

① 来自于法国耶稣会士马泽轩 (Henri Maquet,1843～1919)的信函,标注日期为 1900 年 9 月 8 日,地点为赵家庄。同时,本文涉及耶稣会士约瑟夫·赫费尔(1900 年 8 月 17 日,上海)评述直隶东南义和团活动的内容。

② 关于直隶东南的义和团活动的相关报告见如下传教士写的信函:任德芬(Ignace Mangin) (1900 年 6 月 10 日,朱家河)、鄂铎宣(Jules Gouverneur)(1900 年 6 月 10 日,献县附近)、林道昌 (Alfred Séneschal)(1900 年 6 月 13 日,献县附近的张家庄)、苗履 (Paul du Cray)(1900 年 7 月 2 日,天津)。

波伊-艾德(中尉):《北京及周边地区》①

Braisted, William R., "The Open Door and the Boxer Uprising", in Paolo Coletta (ed.), *Threshold to American Internationalism: Essays on the Foreign Policy of William McKinley*. New York: Exposition Press, [1970], pp. 177-220.

W. R. 布雷斯特德:《门户开放与义和团运动》

Braisted, William R., *The United States Navy in the Pacific, 1897-1909*. Austin TX: University of Texas Press, 1958.

W. R. 布雷斯特德:《美国海军在太平洋(1897~1909年)》②

Brand, Wilhelm F., "Die chinesischen 'Boxer'", *Die Zeit*, 23(298)(16 June 1900), pp. 161-162.

威廉 F. 布兰特:《中国义和团成员》

Brandt, Max von, "China and the Missionaries", *Independent*, 53 (14 March 1901), pp. 605-608.

巴兰德:《中国与传教士》③

Brandt, Max von, "Die chinesische Frage", *Deutsche Rundschau*, 104 (September 1900), pp. 457-460.

巴兰德:《中国问题》

Brandt, Max von, "Die chinesische Frage vom deutschen wirtschaftlichen Standpunkte aus", *Zeitschrift für Sozialwissenschaft*, 3(11) (November 1900), pp. 757-765.

巴兰德:《从德国经济立场看中国问题》④

Brandt, Max von, "Die chinesische Krisis. Mahnwort zum Frieden", *Die Woche*, 4(44) (3 November 1900), p. 1956.

巴兰德:《中国危机:维护和平的告诫书》

Brandt, Max von, "Die Diplomatie der Großmächte und die Wirren in China", *Deutsche Revue*, 25(3) (July 1900), pp. 102-106.

巴兰德:《列强的外交与中国的动乱》

Brandt, Max von, "Die gelbe Gefahr", *Zeitschrift für Sozialwissenschaft*, 4 (1901),

---

① 第二版:[Walter] Boy-Ed & Maximilian Krieger, *Peking und Umgegend. Nebst einer kurzen Geschichte der Belagerung der Gesandtschaften, 1900*. Wolfenbüttel: Heckner, 1910. 182 pp. 本版的作者 B. 沃特(Walter Boy-Ed,1874-1914),是作家 B. 伊达之子。其曾在德国东亚远征军做志愿服务,义和团战争期间曾主管重型野战榴弹炮。此后,他被分派到德国使馆进行护卫工作,一战期间,在西部战线阵亡。请注意,一些图书馆目录将其兄长卡尔(Karl Boy-Ed,1872~1930)视为该书作者。实际上卡尔是德国海军少尉,曾短期来华从事秘密使命,主要是衡量义和团爆发之前的中国海军力量。

② 该书第75~114页("海军与拳民")调查了美国海军在义和团运动中的角色。有评述指出:"该书尝试评估美国外交政策发展阶段时期的海军影响……主要关注重大事件且关键时期的海军和外交政策之间的关系,比如义和团运动期间中国的门户开放政策……",详见 *Annals of the American Academy of Political and Social Science* (1959)。

③ 巴兰德(Maximilian August Scipio von Brandt,1835~1920),曾于1875~1893年任德国对华全权公使。

④ 对J. 布洛赫(Johann von Bloch's)文章的答复。布洛赫的文章见:*Zeitschrift für Sozialwissenschaft*, 3(9) (September 1900).

pp. 28-33.

巴兰德:《黄祸论》

Brandt, Max von, "In Sachen der chinesischen Mission", *Die Christliche Welt*, 14(31) (2 August 1900), pp. 721-724.

巴兰德:《在华传教事宜》①

Brandt, Max von, *Ostasiatische Fragen. China. Japan. Korea. Altes und Neues.* Berlin: Gebrüder Paetel, 1897. 359 pp.

巴兰德:《东亚问题:中国、日本和朝鲜的过去与现在》②

Brandt, Max von, "Der Ursprung der Boxerbewegung und Ereignisse bis zur Eroberung Pekings", *Die Nation*, 18(6)(10 November 1900), pp. 84-86.

巴兰德:《义和团运动溯源与占领北京前的一系列事件》

Brandt, Max von, "Die Wirren in China und die Missionar-Frage", *Die Nation* 18(9) (1 December 1900), pp. 131-132; 18(10) (8 December 1900), pp. 147-149; 18(11) (15 December 1900), pp. 165-167.

巴兰德:《中国的动乱与传教士问题》

Brandt, Max von, *Zeitfragen. Die Krisis in Südafrika. China; Commercielles und Politisches. Kolonial-Fragen.* Berlin, 1900. vi+394 pp.

巴兰德:《时代问题:南非和中国的危机;殖民地的商业和政治问题》③

Brandt, Max von, *Die Zukunft Ostasiens. Ein Beitrag zur Geschichte und zum Verständnis der ostasiatischen Frage.* 3rd rev. and augmented ed. Stuttgart: Strecker und Schöder, 1903. iv+118 pp.

巴兰德:《东亚的未来:东亚问题的历史与相关观点》④

Brandt, Max von, "Zur chinesischen Frage", *Die Nation*, 18(1) (6 October 1900), pp. 4-6; 18(4) (27 October 1900), pp. 50-51.

巴兰德:《论中国问题》

Brandt, Max von, "Zur Lage in China. Die Kaiserregentin, der Hof, die Regierung, das Heer und die Bevölkerung", *Die Woche*, 2(26) (30 June 1900), pp. 1105-1107.

巴兰德:《论中国的局势:太后、宫廷、政府、军队和国民》

Brandt, Max von, "Zur Missionsfrage in China", *Deutsche Revue*, 25(4) (October 1900), pp. 79-88.

巴兰德:《论在华传教问题》

Brandt, Nat, *Massacre in Shansi*. Syracuse, NY: Syracuse University Press, 1994. xiv

---

① 作者批判了在华传教士。

② 第六章"Ostasiatische Probleme"(第 137～191 页),大篇幅讨论了传教士问题,原文刊载于:*Deutsche Rundschau*, 81 (1894).

③ 包括"中国的义和团运动",原文初载于:*Neue Freie Presse* (10 June 1900)。

④ 第三版涉及义和团运动的起因及其后果。

+336 pp.

N. 巴兰德:《山西大屠杀》

Brasme, Pierre, "Les tribulations d'un Messin en Chine: le capitaine Charles de Lardemelle dans la guerre des Boxers (1900)", *Chroniques du Graoully: Revue annuelle de la Société d'Histoire de Woippy*, 16 (November 2006), pp. 42-49.

B. 皮尔斯:《查尔斯·拉德梅尔在华的磨难》①

Brass, Emil, *Sturm und Drang in Tientsin und andere Ostasiatische Küstengeschichten. Persönliche Erlebnisse*. Verlag Leo Korach, Berlin 1906. 149 pp.

埃米尔·布拉斯:《天津的狂飙突进运动和其他东亚海岸的故事:个人经历》②

Braud, Emmanuelle, "The International Expedition in China, 1900-1901: The Concept of a Sole Command", in Robert S. Rush & William W. Epley (eds.), *Multinational Operations, Alliances, and International Military Cooperation: Past and Future: Proceedings of the Fifth Workshop of the Partnership for Peace Consortium's Military History Working Group, Vienna, Austria, 4-8 April 2005*. Washington, D. C.: Center for Military History, U. S. Army, 2006, pp. 53-58.

E. 布劳德:《1900～1901 年在华的国际联军》

Braun, Erich, *China-Fahrt und China-Geschichten*. Königsberg i. Pr.: OstPreußische Druckerei und Verlagsanstalt, 1901. 225 pp.

埃里希·布劳恩:《中国之行与中国故事》③

Bredon, Juliet, "A Lady in Besieged Peking", *The World Wide Magazine*, (August 1901), pp. 452-457.

裴丽珠:《北京被围时的女士》④

[Bremen, Walter von (Oberstleutnant)], "An Bord mit unseren Ostasiaten", *Daheim. Ein deutsches Familienblatt*, 36(50) (15 September 1900), pp. 19-23; 36(51) (22 September 1900), pp. 14-18. This is followed in the same number by the author's "Von Tientsin bis Peking", p. 23.

[布莱门·瓦尔特·冯(中校)]:《与我们东亚人在船上》⑤

Bremen, Walter von, "Unsere Streitkräfte in Ostasien", *Daheim. Ein deutsches Familienblatt*, 36(42) (Leipzig, 1900).

[布莱门·瓦尔特·冯(中校)]:《我们在东亚的军队》

---

① 查尔斯·拉德梅尔(Charles de Lardemelle, 1867～1935),生于梅斯,法国陆军军官。1900 年作为对华法国远征军的一员参与"解救"北京使馆之围。

② E. 布莱斯(Emil Brass,1856～1936),德国人,从事生皮贸易。义和团危机时期,曾在华活动,1902 年回到德国。第一章主要关于是其个人在天津拳民起事高潮时的经历。

③ 埃里希·布劳恩(Erich Braun),德国人,教会学生,曾在华工作一年,协助红十字会工作 。

④ 裴丽珠 (Juliet Bredon,约 1881～1937),赫德的外甥女。

⑤ 作者曾跟随德国东亚远征军乘运输船来华,并跟随军队前往天津与北京。

Brereton, Frederick Sadleir, *The Dragon of Peking: A Tale of the Boxer Revolt*. London: Blackie and Son, 1902. Also later editions.

F. S. 布里尔顿:《北京之龙:拳民"暴动"的故事》

Brewster, William N., "The Warlike Policy of the Empress Dowager of China", *American Monthly Review of Reviews*, 21(4) (April 1900), pp. 462-463.

蒲鲁士:《中国慈禧太后的好战政策》①

Bricco, Giovanni, "Una relazione sull'assedio di Kinkiakan da un testimone oculare" [A Report of the siege of Jinjiagang by an eye-witness], *La Illustrazione Italiana*, (31 March 1901). The report was republished as "La difesa di Kinkiakan nel racconto di P. Bricco" [The defence of Jinjiagang in Fr. Bricco's report], *Infor-PIME*, (July 2004), pp. 63-69.

姬天爵:《靳家岗教堂被围纪实》②

Bridge, Cyprian Arthur George (Sir), "China and the International Questions", *Edinburgh Review*, 192 (October 1900), pp. 450-477.

C. A. G. 卜瑞吉:《中国和国际问题》③

Brizay, Bernard, *La France en Chine: du XVIIe siècle à nos jours*. [Paris]: Perrin, 2013. 556 pp.

B. 布里泽:《法国在中国》④

Brockhausen, Terence Eldon, "The Boxer Indemnity: Five Decades of Sino-American Dissension", Ph. D. dissertation, Texas Christian University, 1981. iv + 453 folios.

T. E. 布鲁克豪森:《义和团赔款:中美关系五十年》

[Brodrick, William St. John], "The Problem of China", *Edinburgh Review*, (July 1899), pp. 244-266.

W. F. 布罗德里克:《中国的问题》⑤

Brooks, Elbridge Streeter, *Under the Allied Flags: A Boy's Adventures in the International War Against the Boxers and China*. Illustrated by W[illiam] F[rederick] Stecher. Boston: Lothrop, 1901. 322 pp.

E. S. 布鲁克斯:《在联军旗帜下:一位少年在中国及其拳民的国际战争之历险》⑥

---

① 蒲鲁士 (William Nesbitt Brewster, 1862~1916),美国人,福建圣公会传教士。

② 姬天爵 (Giovanni Bricco, 1868~1943),意大利人,米兰外方传教会传教士,1926 年该会更名为"宗座外方传教会";19 世纪 90 年代末,得到河南巡抚准许,在其中心堂口位于南阳附近的靳家岗加固防事,抵御匪患。义和团运动期间,其对拳民的抵御,也可参见宗座外方传教会档案: AG-PIME, tit. 17, scat. 25, pp. 1321-1339.

③ C. A. G. 卜瑞吉(Cyprian Arthur George Bridge, 1839~1924),英国人,皇家海军军官。

④ 该书中有两章是关于义和团运动。一些义和团运动的情节,也可参见: Bernard Brizay, Le roman de Pékin. Monaco: Le Rocher, 2008. 327 pp.

⑤ W. F. 布罗德里克(William St John Fremantle Brodrick, 1856~1942),英国人,保守党政客。1898~1900 年间任分管外交事务的副国务卿。1900~1903 年间任陆军大臣。

⑥ 针对青少年读者的小说。

Brooks, Richard, *The Long Arm of Empire: Naval Brigades from the Crimea to the Boxer Rebellion*. London: Constable, 1999. xii+330 pp.

R. 布鲁克斯:《德国之手:从克里米亚到义和团运动的海军部队》

Broomhall, Alfred James, *Hudson Taylor and China's Open Century*. Book Seven: *It is not Death to Die*! Sevenoaks: Hodder & Stoughton and the Overseas Missionary Fellowship, 1989. Part 4: "The Boxer Madness 1898-1900".

A. J. 布鲁姆霍尔:《戴德生与中国的开放世纪》

Broomhall, Marshall (ed.), *Last Letters and Further Records of Martyred Missionaries of the China Inland Mission*. London: Morgan & Scott, 1901. 106 pp.

海恩波编:《中国内地会殉难教士绝笔及其他资料》①

Broomhall, Marshall (ed.), *Martyred Missionaries of the China Inland Mission, with a Record of the Perils and Sufferings of Some Who Escaped*. London: Morgan & Scott, 1901. 354 pp.

海恩波编:《中国内地会殉难教士录》②

Broomhall, Marshall, *W. W. Cassels, First Bishop in Western China*. London: China Inland Mission, 1926. xxii+378 pp.

海恩波:《盖士利: 华西第一主教》③

Brouwers, Florian (ed.), "Die Eroberung der Taku-Forts im Juni 1900—Beschreibung einer frühen 'amphibischen Operation'" (Voss), *Fortifikation*. Fachblatt des Studienkreises für Internationales Festungs-, Militär- und Schutzbauwesen e. V. 18 (2004), pp. 93-109.

弗洛瑞安·布罗乌斯编:《1900 年 6 月占领大沽炮台——一次早期"两栖作战"介绍》

Brown, Arthur Judson, "Future Missionary Policy in China. A Notable Conference of Missionary Secretaries", *Missionary Review of the World*, 23 (November 1900), pp. 852-858.

A. J. 布朗:《在华传教士的未来政策》④

Brown, Arthur Judson, *New Forces in Old China: An Unwelcome but Inevitable Awakening*. New York: F. H. Revell, 1904. 382 pp.

A. J. 布朗:《旧中国的新力量》

---

① 海恩波(Marshall Broomhall,1866～1937),英国人,中华内地会传教士,1890～1899 年在华活动。

② 这卷记录虽限于在义和团运动丧生的中国内地会教士,但同样涉及其他差会。前言部分"中国危机的介绍,其原因和问题"除涉及天主教徒和德国人之外,均考虑周详且符合客观。作者认为指责英国传教士的行为实则荒谬。

③ 其中一章名为"穿越战火与洪水",涉及四川拳民及反教风潮。盖士利(William Wharton Cassels,1858～1925),英国人,中国内地会传教士,为"剑桥七杰"之一。1885 年抵达山西,之后被指派到四川传教。1895 年,盖士利被擢升为英国圣公会会主教。义和团运动兴起时,他正在四川。

④ 在美加传教士代表大会上,与会人员重新评估了义和团动乱之后的问题及其可能性。与会代表还讨论了赔款问题、大多数人认为该主张代表了多数贫困家庭。A. J. 布朗(Arthur Judson Brown,1856～1963),美国人,长老会神职人员,1901 年以长老会总干事的身份访华。

Brown, Arthur Judson, *Report of a Visitation of the China Missions, May 22—Sept. 19, 1901*. (3rd ed.). New York: Board of Foreign Missions of the Presbyterian Church in the U. S. A., 1902. 162 pp.

A. J. 布朗:《中国差会之旅报告》

Brown, Fred R[adford], *History of the Ninth U. S. Infantry, 1799-1909*. Chicago: R. R. Donnelley & Sons Co., 1909. xiii+842 pp.

F. R. 布朗:《美国第九步兵旅史(1799~1909年)》①

Brown, Frederick (Rev.), *"Boxer" and Other China Memories*. London: A. H. Stockwell, 1936. 141 pp.

宝复礼:《拳民及其他中国记忆》②

Brown, Frederick (Rev.), *Boxers, Blunders and Bullets: or, The crisis in China*. A lecture deliverd by "Rev. F. Brown (Intelligence officer on the March to Peking)". Leicester : A. G. Wood, s. a. 20 pp.

宝复礼:《中国危机》

Brown, Frederick (Rev.), *China's Dayspring after Thirty Years*. With forewords by the late Sir Robert Hart and Rev. F[rederick] B[rotherton] Meyer. London: Murray and Evenden, [1913]. 263 pp.

宝复礼:《三十年后中国之黎明》③

Brown, Frederick (Rev.), *The Chinese Christians under Fire*. Leicester: The Author, 51 St. Peter's Road, [1901ä]. 11 pp.

宝复礼:《战火下的教民》

Brown, Frederick (Rev.), *From Tientsin to Peking with the Allied Forces*. London: Charles H. Kelly, 1902. 126 pp. Reprinted by Arno Press, 1970.

宝复礼:《跟随联军从天津到北京》

Brown, Louise C., "Missionaries and Government", *Contemporary Review*, 408 (December 1900), pp. 870-876.

L. C. 布朗:《传教士与政府》

Brown, G. Thompson, "Through Fire and Sword: Presbyterians and the Boxer Year in North China", *Journal of Presbyterian History*, 78(3) (Fall 2000), pp. 193-206.

G. T. 布朗:《穿越火与剑:华北拳民起事时期的长老会》

Bruce, J. Percy, "Massacre of English Baptist Missionaries and Others in Shansi", *Chinese Recorder*, 32(3) (March 1901), pp. 132-137.

---

① 关于解除北京使馆之围,见第452~498页。

② 宝复礼(Frederick Brown,1860~?),英国人,美国圣公会传教士,主要在天津活动。1900年7月20日入英国远征军情报部,担任随军牧师及翻译。

③ 电子资源:http://ia700300.us.archive.org/12/items/chinasdayspringa00browiala/chinasdayspringa00browiala.pdf.相关评述见 *The Academy*, 87 (London 1914), pp. 12-13; *Times Literary Supplement*, 646 (4 June 1914), p. 269.

卜道成:《山西对英国浸信会及其他教友的屠杀》①

Bruce, J. Percy, "The Story of a Recantation", *Chinese Recorder*, 32(4) (April 1901), pp. 191-198.

卜道成:《改变宗教信仰的故事》

Brühl, Reinhard, "Aufbau und Verlegung von Streitkräften für den überseeischen Einsatz am Beispiel des deutschen 'Ostasiatischen Expeditionskorps', 1900-1901", in *Records of the 4th International Colloquy on Military History*, (1979), pp. 94-112.

莱因哈特·布吕尔:《为执行海外任务进行军队建设和调动,以1900～1901年德国"东亚远征军"为例》②

Brun, Jean-François, "Intervention armée en Chine: l'expédition internationale de *1900-1901*", *Revue historique des armées*, 259 (2010), pp. 14-45.

J-F.布函:《对中国的干预》③

Brun, Jean-François, *Journal d'un soldat français en Chine (1900-1901)*. Paris: Riveneuve éditions, impr. 2013; cop. 2014. 296 pp.

J-F布函:《一名法国士兵在中国的日记(1900～1901年)》

Bryant, Mark, "Knocking out the Boxers", *History Today*, 58(12) (December 2008).

马克·布莱恩特:《击倒拳民》

Bryson, Mary Isabella, *Cross and Crown: Stories of the Chinese Martyrs*. London: London Missionary Society, [1904?]. 207 pp.

M. I. 布莱森:《十字架与皇冠:中国殉道者的故事》④

Buck, David D. (guest ed.), *Recent Chinese Studies of the Boxer Movement*. *Chinese Studies in History*, 20(3-4) (Spring-Summer 1987). Armonk, NY: M. E. Sharpe, 1987. 223 pp.

鲍德威编:《关于中国义和团运动的新近研究》⑤

Buck, David D., "The 1990 International Symposium on the Boxer Movement and Modern Chinese Society", *Republican China*, 16(2) (April 1991), pp. 113-120.

鲍德威:《1990年义和团运动与现代中国社会国际学术研讨会》

Buhite, Russell D., *Lives at Risk: Hostages and Victims in American Foreign Policy*.

① 卜道成(Joseph Percy Bruce,1861～1934),英国人,浸信会传教士,1887年来山东传教。

② 电子资源:www.cmp-cpm.forces.gc.ca/dhh-dhp/his/docs/coll_4th_1978.pdf. 该文同时刊载于*Militärgeschichte*, 18 (1979), pp. 193-205.

③ 2010年3月16日本文被传到网上,本文获取于2014年7月2日,电子资源见:http://rha.revues.org/6914.该期刊由某参加过义和团战争的法国士兵(François Deloin,1877～1938)主编。

④ 关于伦敦会传教士托马斯·布(Thomas Bryson,1843～1936)的经历,其活动基地在天津。

⑤ 内容提要:鲍德威《编者前言》;丁名楠《关于评价义和团运动的一些问题》;路遥《义和团的起源》;金冲及《义和团与白莲教的关系》;李金奎《如何评价义和团宗教的迷信色彩》;戚其章《义和团运动的发展阶段及其特征》;林华国《关于义和团运动高潮的一些问题》;胡滨《义和团运动时期帝国主义列强的矛盾与斗争》;廖一中《义和团运动的显著特征》;孙祚民《义和团运动评价的一些问题》。

Wilmington, DE: Scholarly Resources, 1995.

R. D. 布海特:《生命危险:美国外交政策中的人质和受害者》①

Buis, Jan, "Vor dem Sturme", *Kleiner Herz-Jesu-Bote*, 24(3) (December 1896), pp. 20-23.

伯义思:《暴风雨前夜》②

Bülow, Bernhard von, *Denkwürdigkeiten*. Vol. 1: *Vom Staatssekretariat bis zur Marokko-Krise. Edited by Franz von Stockhammer*. Berlin: Verlag Ullstein, 1930.

伯尔尼哈德・冯・布洛:《回忆录:从国务秘书处到摩洛哥危机》第1卷③

Bundy, Robert Emmett, "The United States and the Boxer Rebellion in China, 1900", M. A. Dissertation. San Francisco: University of San Francisco, 1962. v+144 pp.

R. E. 邦迪:《美国与1900年中国义和团运动》

Bunge, M., *In Kriegs- und Friedenszeiten beim III. Seebataillon 1898-1901. Erinnerungen eines ehemaligen Seesoldaten*. Vorwort von Oberstleutnant von Kessinger. Tsingtau: Haupt in Kommission, 1914. viii+102 pp.

M. 本格:《1898～1901年在第三海军陆战队度过的战争与和平时期:一个前水兵的回忆录》④

Buret, Maurice, "La santé des troupes alliés en Chine", *Revue Indo-chinoise*, (1 September 1902), pp. 803-807.

毛里斯・比雷:《在华联军的健康》

Burke, Frances, *Dragon Wind Rising*. London: Robert Hale, 2007. 224 pp.

佛兰西斯・布奇:《龙风渐起》

Burmeister, Helmut, "Der geheimnisvolle Tod des Werner Rabe von Pappenheim", in Helmut Burmeister & Veronika Jäger (eds.), *China 1900. Der Boxeraufstand, der Maler Theodor Rocholl und das "alte China"*. Hofgeismar: Verein für hessische Geschichte und Landeskunde e. V. 1834-Zweigverein Hofgeismar, 2000.

赫尔穆特・布尔麦斯特:《维尔纳・拉贝・冯・帕本海姆的神秘死亡》⑤

---

① 第二章"性格之问题:19世纪的武力"涉及义和团运动。该章内容很有趣味性,通过列举美国人生命处于危险或丧命的个案时,提出了民族荣誉的问题。在这些个案中,华盛顿的政客及军事官员秉承19世纪关于勇气和荣誉的标准,在处理非文明化民族问题时坚持务实的原则。

② 伯义思(Jan Buis, 1866～1935),又名伯德禄,荷兰人,圣言会传教士,曾对鲁南大刀会的早期活动作过观察。

③ 第二十二至二十三章是一些自传体的回忆,涉及:被谋杀的德国公使克林德、德国总理冯・比洛及德国政府的反应、德国东亚远征军的派遣、占领北京。

④ 此后的版本:Bunge, M., *Kiautschou 1898/1901. Erinnerungen eines ehemaligen Soldaten*. Oldenburg: Sigurd Heimlands Verlag, 1920. M. 本格(Max Bunge, 1881～1964),作为德国海军步兵营第三军团士兵来华。义和团战争期间,参加德国东亚远征军。

⑤ 维尔纳・拉贝・冯・帕本海姆(Werner Rabe von Pappenheim, 1877～1915),德国人,陆军军官,1900年志愿服务德国东亚远征军,1915年执行秘密任务时,在蒙古被害。

Burmeister, Helmut, "Theodor Rocholl-ein Maler im Boxeraufstand", in Helmut Burmeister & Veronika Jäger (eds.), *China 1900. Der Boxeraufstand, der Maler Theodor Rocholl und das "alte China"*. Hofgeismar: Verein für hessische Geschichte und Landeskunde e. V. 1834-Zweigverein Hofgeismar, 2000, pp. 73-86.

赫尔穆特·布尔麦斯特:《泰奥多·罗彻尔——义和团运动时期的一位画家》①

Burmeister, Helmut and Veronika Jäger (eds.), China 1900. Der Boxeraufstand, der Maler Theodor Rocholl und das "alte China". Hofgeismar: Verein für hessische Geschichte und Landeskunde e. V. 1834-Zweigverein Hofgeismar, 2000. viii+184 pp.

赫尔穆特·布尔麦斯特、维罗妮卡·耶格尔编:《中国 1900 年:义和团运动、画家泰奥多·罗彻尔和"旧中国"》

Butler, Glen G., "The Boxer Rebellion: Coalition Expeditionary Operations in China", *Marine Corps Gazette*, (October 2003).

G. G. 巴特勒:《义和团运动:在华联合远征军》

Busch, Paul, *Im Fernen Osten: Erlebnisse und Erfahrungen während der deutschen China-Expedition*. (Veröffentlichungen aus dem Gebiete des Heeres-Sanitätswesens, 96.) Berlin: Mittler, 1935. 68 pp.

保罗·布什:《在远东:德军远征中国期间的经历和经验》

Butler, Smedley D., *General Smedley Darlington Butler: The Letters of a Leatherneck, 1898-1931*. Edited by Anne Cipriano Venzon. New York: Praeger, 1992.

S. D. 巴特勒:《巴特勒将军:海军陆战队的信函(1898～1931 年)》②

Butz, Herbert, "Kniefall und Geschenke: Die Sühnemission des Prinzen Chun in Deutschland", in Hans-Martin Hinz & Christoph Lind (eds.), *Tsingtau. Ein Kapitel deutscher Kolonialgeschichte in China*. Berlin: Deutsches Historisches Museum, 1998, pp. 173-180.

赫伯特·布兹:《下跪与礼品:醇亲王在德国的赔罪使命》

C. B. A., "The Crisis in China and Its Causes", *Sunday Strand*, 2(8) (August 1900), pp. 182-187.

C. B. A.:《中国危机及其成因》

C. R., "Le Livre jaune sur la Chine", *Revue française de l'étranger et des colonies et exploration*, 26(272) (August 1901), pp. 478-484.

C. R.:《中国黄皮书》③

---

① T. R. 罗乔利(Theodor Rudolf Rocholl,1854～1933),随军画家,1900 年加入德国东亚远征军。

② 第二章"在世的最幸福的人"(第 13～29 页),其中巴特勒信函提及了自己参加的天津战斗。S. D. 巴特勒(Smedley Darlington Butler,1881～1940),美国人,海军军官,曾参加天津战斗及解救北京使馆之围。

③ 摘编自法国外务大臣关于华北事务之黄皮书,并对云南局势有所评论。

Cabell, De R. C., "Troop 'M' Sixth Cavalry in the Chinese Relief Expedition of 1900", *Cavalry Journal*, 15 (July 1904), pp. 48-71.

De R. C. 卡贝尔:《1900年中国远征军的"M"军团》①

Calligaro, Amadio (SX), *Sulle rive del Fiume Giallo: episodio della rivoluzione cinese del 1900*. Parma: Istituto Missioni Estere, 1927. 119 pp.

A. 卡利加罗:《黄河沿岸的传教团》②

"La campagne de Chine 1900-1901", par U. C., *Revue française de l'étranger et des colonies*, (November 1901), pp. 645-650.

《出征中国(1900~1901年)》

Campbell, Isabella C. MacLeod, *Through the Gates into the City: Memorials of Stewart and Kate McKee, Martyred Missionaries of the China Inland Mission*. London: Morgan & Scott, [s. a.], vii+29 pp.

伊萨贝尔 C. M. 坎贝尔:《通过大门进入城市:内地会殉道者纪牧师及其夫人回忆录》③

Campiche, Paul, "Notes sur la carriere d'Auguste Chamot" (hotelier à Pékin, heros de la defense des légations lors de la revolte des Boxers en 1900), *Revue historique vaudoise*, 63 (1955), pp. 21-38.

P. 康丕史:《沙孟的工作笔记(北京旅馆老板,1900年义和团"暴动"时保卫使馆的英雄)》④

Candlin, George T., "The Associated Fists. The Society which Caused the Riots, and Led to War in China", *The Open Court*, 14(9) (September 1900), pp. 551-561.

甘淋:《联合的力量:导致中国骚乱走向战争的社团》⑤

Candlin, George T., "Coming out of the Fire. A Personal Narrative", *Gleanings from Harvest Fields*, 5(2) (December 1900), pp. 18-24.

甘淋:《浴火重生》

Carcano, Fiorella Mattioli, *Giuseppe Maria Gambaro. Martire francescano in Cina (1859-1900)*. Ornavasso (Verbania): Frati Minori Piemonte, 2000. 91 pp.

F. M. 卡尔卡诺:《安守仁传》⑥

---

① De R. C. 卡贝尔(De Rosey Carroll Cabell,1861~1924),美国人,骑兵军官,曾率领美国骑兵营"M"军团。作者描述了前往北京参加战斗的情景。

② 该书1934年再版。

③ 纪牧师(Stewart McKee)及其夫人(Catherine Jones McWatters),苏格兰人,中华内地会传教士。1900年7月12日在山西大同被杀。

④ 沙孟(Auguste-François Chamot,1867~1909),瑞士人,北京宾馆经理。他与其美国籍妻子(Annie Elizabeth McCarthy,1871~1951)在北京使馆被围之时发挥了"积极"的作用。

⑤ 甘淋(George Thomas Candlin, 1853~1924),英国人,圣道会传教士,1878年来华活动。

⑥ 安守仁(Giuseppe Maria Gambaro,1869~1900),意大利人,方济各会传教士,1900年7月7日在湖南衡阳被害。

Cardano, Roberto, "Documenti e testimonianze sul martirio di san Giuseppe Maria Gambaro (7 luglio 1900)", *Novarien*, 29 (2000), pp. 43-63.

罗伯特・卡尔卡诺:《安守仁档案文献》①

Cardano, Roberto, *Un martire in Cina: lettere e testimonianze*. (Passio, 14). Novara: Interlinea, 1997. 93 pp.

罗伯特・卡尔卡诺:《中国殉教者》

Carlisle, Carris, *Party in Peking*. London: Hale; New York: St. Martin's Press, 1987. 192 pp.

C. 卡莱尔:《京师会》②

Carter, William Giles Harding, *The Life of Lieutenant General Chaffee*. Chicago, IL: The University of Chicago Press, [1917]. vii+296 pp.

W. G. H. 卡特:《查飞将军的一生》③

Cary, Arthur Deering Lucius & Stouppe McCance, *Regimental Records of the Royal Welch Fusiliers (Late of the 23rd Foot)*. London: Forster Groom & Co., for the Royal United Service Institution, 1923. 2 vols.

A. D. L. 卡利、S. M. 斯图佩:《皇家韦尔奇步兵记》④

Caspers, Charles M. A., "The Living on of Marie-Adolphine of Ossendrecht (July, 9, 1900), One of the 120 Martyrs of China", in Johan Leemans (ed.), with the collaboration of Jürgen Mettepenningen, *More than a Memory: The Discourse of Martyrdom and the Construction of Christian Identity in the History of Christianity*. (Annua nuntia Lovaniensia 51). Leuven (Belgium): Peeters, 2005, pp. 395-418.

C. M. A. 凯斯博:《圣雅都斐纳修女的一生》⑤

Casserly, Gordon, *The Land of the Boxers; or, China under the Allies. London*, New York and Bombay: Longmans, Green, and Co., 1903. xiv+307 pp.

戈登・卡塞利:《拳民之乡》⑥

---

① 分开出版,各部分详情是:Roberto Cardano, *Il martirio di san Giuseppe Maria Gambaro: immagini, documenti, testimonianze*. Novara: Associazione di storia della Chiesa novarese; Interlinea, 2001. 61 pp.

② 历史小说。

③ 该书"包括与查飞有关的往来指令与信函,当时查飞是中国远征军的统帅(详情见该书第 XXII 至 XXVI 章节)。该书大部分涉及北京被占及联军内部在合作上的困难。对于北京被占,其中专有一章进行了详细描述,但是对于北京陷落之后的小冲突却着墨不多。查飞将军(Lieutenant General Adna Romanza Chaffee,1842~1914),美国远征军总司令,详情见该书第 175-235 页。

④ 该书第 257~270 页主要记录了 1900 年的华北战役。

⑤ 圣雅都斐纳(Anne Catherine Dierks,宗教名 Marie Adolphine,1866~1900),荷兰人,玛利亚方济各会传教修女会修女,1900 年 7 月 9 日在山西太原被害。

⑥ 相关评述见:*Max von Brandt in Petermanns Mitteilungen*, 50(7) (1904), p. 124; E. H. Parker, *Imperial Asiatic Quartlerly Review*, *3* (1903), p. 201. *The Academy*, 64 (1903), p. 483; *United Services Magazine*, 27 (1903), p. 340. 戈登・卡塞利(James Henry Casserly,1869~1937),生于爱尔兰都柏林,英属印军舰长。电子资源见:http://archive.org/stream/landboxers00cassgoog#page/n18/mode/2up.

Boniface-Marie-Ernest-Paul, Count de Castellane, "Boxeurs et sociétés secrètes en Chine", *Revue des Deux Mondes*, 160 (1 August 1900), pp. 689-700.

伯尼:《义和团与中国秘密教会门》①

Caubrière, Alfred-Marie, "Mandchourie Méridionale: la lutte à San-Tai-Tze", *Annales de la Société des Missions-étrangères*, (1900), pp. 271-275.

A-M. 考布黑埃:《满洲南部:三台泽(san-tai-tze)的抗争》②

Cerone, Francesco, "Le associazioni lecite e le società secrete in Cina", *Nuova antologia di lettere, scienze et arti*, 172-No. 686 (16 July 1900), pp. 249-272.

F. 切洛内:《在华律师协会与秘密会社》

[Cesari, Cesare], *La concessione italiana di Tien-Tsin*. Rome: Istituto coloniale fascista, 1937. 23 pp.

《意大利天津租界》③

Chailley-Bert, Joseph, "Les affaires de Chine", *La Quinzaine coloniale 8*, 85 (10 July 1900), pp. 401-403; 86 (25 July 1900), pp. 433-435.

J. 查理-白贺:《中国事件八》

Chalfant, Frank H., "An Argument for Indemnity", *Chinese Recorder*, 31 (11) (November 1900), pp. 540-542.

方法敛:《关于赔款之争议》④

Chamberlin, Wilbur J., *Ordered to China. Letters of Wilbur J. Chamberlin Written from China while under Commission from the New York "Sun" during the Boxer Uprising of 1900 and the International Complications which Followed*. New York: F. A. Stokes; London: Grant Richards, 1903. viii + 340 pp. London: Methuen & Co., 1904.

W. J. 钱伯林:《奉命入华:1900 年义和团"暴乱"期间的书信》⑤

Chan Lau Kit-ching, "Kwangtung during the Boxer Crisis of 1900", *Papers on Far Eastern History*, 20 (September 1979), pp. 105-136.

陈刘洁贞:《1900 年义和团危机下的广东》

---

① 本文提及中国出现的秘密会社。作者试图从英德报纸的记录中发现拳民这个奇怪的团体与秘密会社之间的联系。伯尼(Boniface-Marie-Ernest-Paul, Count de Castellane,1867～1932),法国议会副议会主席。

② 本文描述了在 1900 年 7 月末与 8 月上旬期间天主教村与拳民、民团与清军之间的武装冲突。A-M. 考布黑埃 (Alfred-Marie Caubrière,1876～1948),法国人,天主教巴黎外方传教会传教士,1899 年在满洲南部宗族代牧区传教。

③ 因为签署了《中国与十一国关于赔偿 1900 年"动乱"的最后协定》,加之镇压义和团运动,意大利人在天津获得一处租界。

④ 方法敛提出以下理由主张赔偿:维护国家荣誉和尊严之责任,对死难者的正义原则,对支持者(比如基督教传教士)的公平原则,保证侵犯不再复发,清廷对其暴行应负的责任,义和团运动的排外(不仅是反教)特征。方法敛(Frank Herring Chalfant,1862～1914),美国北长老会传教士,1887 年来山东活动。

⑤ 该书由 W. J. 钱伯林的妹妹 G. L. 钱伯林主编。钱伯林(Wilbur Johnson Chamberlin,1866～1901),美国人,新闻记者。他最先报道赔款电文,结果在马克·吐温和梅威良之间发生了关于赔款与否的争执。

Chan Lau Kit-ching, "Li Hung-chang and the Boxer Uprising", *Monumenta Serica*, 32 (1976), pp. 55-84.

陈刘洁贞:《李鸿章与义和团的兴起》

Chapin, Franklin M., "How the Boxer Uprising Has Affected Mission Work in China", *Missionary Herald* (May 1904), pp. 190-192.

金发兰:《义和团兴起对传教工作的影响》①

Chappell, Gordon, "A Comparative View of Military 'Chic' in 1900", *Military Collector and Historian*, 22(3)(Fall 1970), pp. 98-101.

高登·查普尔:《比较视角下的1900年的军事力量》

Charbonnier, Jean, "Canonisation de martyrs de l'Eglise en Chine", *Eglise d'Asie*, Supplement EDA No. 315 (September 2000), Dossier, pp. 1-33.

J. 夏庞尼:《中国教堂殉教者的封圣仪式》

Charbonnier, Jean, *Les 120 martyrs de Chine canonisés le 1er octobre 2000*. (Archives des Missions Étrangères. Études et documents, 12). Paris: Églises d'Asie, 2000.

J. 夏庞尼:《2000年10月1日120名中国殉教者的封圣仪式》

Charbonnier, Jean, "120 Martyrs de Chine canonisés pour l'année jubilaire", *Le Christ au Monde*, 45 (2000), pp. 402-418.

J. 夏庞尼:《大赦年120名中国殉教者的封圣仪式》

Charpentier, A., "Die christlichen Missionäre in China", *Die Zeit*, 23(300) (30 June 1900), pp. 193-195.

A. 夏朋蒂尔:《在华基督教传教士》

Charpentier, A., "Die Greuel in Peking und die Mächte", *Die Zeit*, 23(300)(14 July 1900), pp. 17-18.

A. 夏朋蒂尔:《北京暴行与列强》②

Charpentier, Léon, "L'initiation de la société secrète des Boxers", *La Revue Blanche*, 22 (15 August 1900), pp. 595-604.

L. 夏庞蒂埃:《加入义和团秘密社团的仪式》③

Chausse, Augustin, "Canton pendant la guerre de Chine", *Annales de la Société des Missions-étrangères*, (1901), pp. 129-134.

邵斯:《广东在中国战争期间》④

Chavannes, Édouard, "La Socieétee des Boxeurs en Chine au commencement du XIXe sieècle", *Journal Asiatique*, (1901), pp. 164-168.

① 金发兰(Franklin Munroe Chapin, 1853～1940),美国人,美部会传教士,1880年来华活动。

② 对北京恐慌及外国力量的简短记述。

③ 本文描述了中国秘密会社的入会仪式,作者错误地推断说义和团是三合会组织。

④ 简短描述了华北闹拳时广州的情形。邵斯(Augustin Chausse, 1838～1900),法国人,巴黎外方传教会传教士,1862年来华,1886年起任广东主教。

沙畹:《19 世纪初中国的义和团会社》①

Chavigny, G. de, La guerre en Chine. Paris, 1901.

G. 肖雅尼:《中国之战》②

Chayrou, (sous-intendant militaire), *L'Administration en Chine des corps de troupe et des isolés (1900-1901)*. Paris: Charles-Lavauzelle, 1905.

谢鲁(副军需官):《在中国的军队的行政情况和独立事件(1900～1901 年)》③

Cheminon, J. and G. Fauvel-Gallais, *Les événements militaires en Chine*. Publié sous la direction du 2e Bureau de l'État-Major de l'Armée. Paris: R. Chapelot & Cie., 1902. 196 pp.

J. M. 谢米侬、G. 福韦尔-加雷:《中国军事事件》④

Chen Changbin, "La presse française et les questions chinoises (1894-1901). Étude sur la rivalité des puissances étrangères en Chine", Thèse pour le doctorat, Faculté des lettres, Université de Paris Lettres, 1941.

陈常斌:《法国媒体和中国问题(1894～1901 年):外国列强在中国竞争的研究》

Chen Chi, *Die Beziehungen zwischen Deutschland und China bis 1933*. (Mitteilungen des Instituts für Asienkunde Hamburg, Nr. 56). Hamburg: Institut für Asienkunde, 1973. 341 pp.

陈琦:《1933 年之前的中德关系》⑤

Chen Fangchung, "Documents, Interviews, and Facts: The Case Study of the Yihetuan Movement in the Connection Between History and Memory", in Macau Ricci Institute (ed.), *History and Memory: Present Reflections on the Past to Build Our Future*. (Macau Ricci Institute Studies 5). Macau: Macau Ricci Institute, 2008, pp. 107-143.

陈方中:《档案、采访与事实:历史与记忆之间关于义和团运动的个案研究》

Chen Xiaochun, *Mission und Politik. Studie über die deutsche katholische Mission in Süd-Shandong*. Hamburg: Verlag Dr. Kovaĉ, 1992. 317 pp.

陈晓春:《传教与政治:德国天主教在山东南部传教活动研究》

Ch'en, Jerome, "The Nature and Characteristics of the Boxer Movement A Morphological Study", *Bulletin of the School of Oriental and African Studies*,

---

① 主要基于耶稣会刊载于《汇报》的两份中文文件(1900 年 6 月 11、14、18 和 21 日)。作者认为义和团的秘密会社早在 19 世纪初就已存在。沙畹(Édouard Chavannes, 1865～1918),法国人,汉学家,1889～1893 年间依托法国公使馆从事科学调查工作。

② 该书被列在法国国家图书馆的一份旧书单上,还没发现其他相关信息。

③ 本书摘编自 *Revue du service de l'intendance*,法国军需部门军官谢鲁(Pierre-Roger Chayrou, 1866～?)思考了在华联军及分散军事力量的管理 。

④ 电子资源:http://gallica.bnf.fr/ark:/12148/bpt6k375460z. J. M. 谢米侬(Jules-Marcel Cheminon, 1857～1940)和 G. 福韦尔-加雷(Gustave-Lucien-Clovis Fauvel-Gallais, 1863～1952)均是炮兵队长,曾在法国参谋学院求学。在撰写此本关于中国军事事件的著作时,他们均是法国陆军总参谋部第二局的随员。

⑤ 该著作主要研究了 1933 年之前的中德关系。

23(2) (1960), pp. 287-308.

陈志让:《义和团运动的本质与特征》

Ch'en, Jerome, "The Origin of the Boxers", in Jerome Ch'en & Nicholas Tarling (eds.), *Studies in the Social History of China and South-East Asia: Essays in Memory of Victor Purcell (26 January 1896-2 January 1965)*. Cambridge: Cambridge University Press, 1970, pp. 57-84.

陈志让:《义和团运动的起源》

Chen, K. C., "A Structuralist Reading of History: Reflection of the Boxer Historiography", *Thought and Word: Journal of the Humanities and Social Sciences*, 24(6) (1987), pp. 636-661.

K. C. 陈:《历史的结构主义阅读:关于义和团史的反思》

Chen, Kuang-Chung, "A Semiotic Phenomenology of the Boxers' Movements: A Contribution to a Hermeneutics of Historical Interpretation", Ph. D. Dissertation, University of Illinois, 1985. 319 pp.

陈光中:《符号现象学下的义和团运动》

Chen, Shiwei, "Change and Continuity: The Political Mobilization of Shanghai Elites in 1900", *Papers on Chinese History*, 3 (1994), pp. 95-115.

陈时伟:《改变与延续:1900 年上海精英的政治动员》

Chen Shih-Wen, *Representations of China in British Children's Fiction, 1851-1911*. Farnham, Surrey; Burlington, VT: Ashgate Pub., 2013.

陈时伟:《英国儿童小说里的中国象征(1851～1911 年)》①

Cheng Huanwen & Donald G. Davis, Jr., "Loss of a Recorded Heritage: Destruction of Chinese Books in the Peking Siege of 1900", *Library Trends*, 55(3) (Winter 2007), pp. 431-441.

程焕文、唐纳德 G. 戴维斯:《档案遗产的损毁》

Ch'eng Ming-chou, "The Case of the Ching-Shan Diary", *Occasional Papers*, 2.

程明洲:《景善日记个案研究》

Chesneaux, Jean (ed.), *Popular Movements and Secret Societies in China, 1840-1950*. Stanford: Stanford University Press, 1972.

谢诺:《中国的民众运动与秘密会社(1840～1950 年)》

Chesneaux, Jean, "The Modern Relevance of Shui-hu Chuan: Its Influence on Rebel Movements in Nineteenth and Twentieth Century China", *Papers on Far Eastern History*, 3 (March 1971), pp. 1-25.

谢诺:《水浒传的现代意义:它对 19 和 20 世纪中国"叛乱"运动的影响》

Chesneaux, Jean, *Le Mouvement paysan chinois, 1840-1949*. Paris: Éditions du Seuil, 1976. 189 pp.

① 其中一章名为"中国与联军之战:义和团运动(1899～1901 年)的解析"。

谢诺:《中国农民运动(1840～1949年)》①

Chesneaux, Jean, *Les Sociétés secrètes en Chine (19e et 20e siècles)*. Paris: René Julliard, 1965.

谢诺:《中国秘密教会门(19世纪和20世纪)》②

Chiang, Ying-ho, "Literary Reactions to the Keng-tzu Incident (1900)", Ph. D. Dissertation, University of California, Oriental Languages, 1982. x+342 leaves.

蒋英豪:《文化界对庚子事变的反应》

Chiasson, Blaine, "Chinese Savages and Chinese Saints: Russians and Chinese Remember and Forget the Boxer Uprising in 1920s China", in James Flath & Norman Smith (eds.), *Beyond Suffering: Recounting War in Modern China*. Vancouver, BC: University of British Columbia Press, 2011, pp. 223-243.

柴国松:《中国蛮夷与中国圣人》

Chiminelli, Eugenio, *Nel paese dei draghi e delle chimere*. Città di Castello: Casa tipografico-editrice S. Lapi, 1903. viii+660 pp.

E. 基米内利:《中国的义和团》③

China against the World. New York: The North American Review Publishing Co., [1900]. [66] pp.

《中国对抗世界》④

China and Japan Trading Company, New York, *Claim of the China and Japan Trading Company*. United States. 60th Congress, 1st Session, 1907-1908. Senate. Washington: Government Printing Office, 1908. 15 pp.

中日贸易公司:《中日贸易公司的主张》

China National Defence League in Europe, le Comité démocratique chinois en France, the Central Union of the Chinese Students in Great Britain. *The Boxers Indemnity and Education: Why China Claims to Cancel the Outstanding Indemnity, and How She Will Use It*. London: St. Clements Press, [1919?]. 12 pp.

《义和团赔款与教育》

① 荷兰语译本: Jean Chesneaux, *Boerenopstanden in China, 1840-1949*. Trans. by N. H. Fuchs-van Maaren. Leiden: Sijthoff. 1977. 112 pp. ;西班牙语译本: Jean Chesneaux, *Movimientos campesinos en China, 1840-1949*. Madrid: Siglo Veintiuno, 1978. 156 pp. 英语译本: Jean Chesneaux, Peasant Revolts in China: 1840-1949. Trans. from the French manuscript by C. A. Curwen. (Library of World Civilization). London: Thames and Hudson; New York: Norton, 1973. 180 pp.

② 英文译本: Jean Chesneaux, *Secret Societies in China: In the Nineteenth and Twentieth Centuries*. London: Heinemann Educational Books, 1971 ;德文译本: Jean Chesneaux, *Weisser Lotus, Rote Bärte. Geheimgesellschaften in China zur Vorgeschichte der Revolution*. Trans. and comp. by Walle Bengs and Uli Laukat. (Wagenbachs Taschenbücherei, 15). Berlin: Klaus Wagenbach, 1976. 191 pp.

③ 第二版:Città di Castello: Casa Ed. S. Lapi, 1909.

④ 重载于《北美评论》(*The North American Review*),包括:施美志的《中国排外情绪探因》;C. 约翰斯顿的《为中国改革所作的斗争》;P. 比奇洛的《在华教会及其传教士》;C. F. 赫尔德尔的《美国如何对待中国人》;J. 巴雷特的《美国在中国的职责》。也可参见: *The Crisis in China*. New York & London: Harper & Bros., 1900.

"China of To-Day", *Church Quarterly Review*, 52 (April-July 1901), pp. 50-69.
《今日中国》①

"China und kein Ende", *Historisch-politische Blätter für das katholische Deutschland*, 126(8) (1900), pp. 597-604.
《中国没有结束》

"China: A Survival of the Unfittest. Illustrated", *Frank Leslie's Popular Monthly*, 50 (6) (October 1900), pp. 556-565.
《中国:适者生存》②

"Chinas Kräfte in Peking und der Provinz Petschili", *Deutsche Heereszeitung*, 33 (1900).
《中国在北京和北直隶省的兵力》③

"Chine. Les Massacres", *Annales des Missions Etrangères de Paris*, 3 (1900), pp. 210-224.
《中国大屠杀》④

Chine et Ceylan: lettres des missionnaires de la Compagnie de Jesus; notices sur les Martyrs du Tche-li Sud-Est: Modeste Andlauer, Remi Isore, Paul Denn, Leon Ignace Mangin. Abbeville: C. Paillart, 1901. 442 pp.
《中国和锡兰:耶稣会传教士信件;直隶东南殉教者备注》

Chinese Association for the Promotion of Education, *Boxer Indemnity and Chinese Education: The Question on the Remission and Allocation of the British Share*. London: Chinese Association for the Promotion of Education, 1924. 45 pp.
中华教育会:《义和团赔款与中国教育》

"The Chinese Reign of Terror", *Catholic Missions*, 15 (July 1900) and subsequent issues in 1900 and 1901.
《中国的恐怖统治》

"Die chinesische Frage", *Nauticus: Jahrbuch für Deutschlands Seeinteressen*, 3 (1901), pp. 136-163.
《中国问题》

"Die chinesische Krise und die evangelische und römisch-katholische Mission", *Deutsch-evangelische Blätter*, 25 (1900), pp. 555-563.
《中国危机和基督教新教及天主教的传教活动》

"Die Christenverfolgung in Shansi zur Zeit des Boxeraufstandes 1900", *Antonius von Padua*, 34 (1927), pp. 131-134.

---

① 关于庄延龄和司米德的著作。

② 电子资源:http://catalog.hathitrust.org/Record/006062044。

③ 书中包括从空中拍摄的照片,拍摄者为跟随法国远征军来华的三位军队工程师,其法文名分别是:Louis-Simon-Henri Tissier (1863～1947), Jean-Bernard Calmel (1865～1939), Gustave-Henri Plaisant (1873～1937)。

④ 总结了满洲里事件,亦提及广东、广西、四川和云南的义和团活动。

《1900 年义和团运动时期山西的基督徒大迫害》

Christie, Dugald, *Thirty Years in Moukden, 1883-1913: Being the Experiences and Recollections of Dugald Christie*. London: Constable and Co., 1914. xiv+303 pp. The American version is entitled: *Thirty Years in the Manchu Capital in and around Moukden in Peace and War: Being the Recollections of Dugald Christie*. New York: McBride, Nast & Co., 1914. xvi+303 pp.

司督阁:《奉天三十年 (1883~1913 年)》①

Chuan Sen, "Chinese Account of the Siege of the Legations", *The Independent: A Weekly Magazine*, 52 (22 November 1900), pp. 2776-2781.

全森:《中国人对使馆被围的描述》

"Claims against China", *The Chautauquan: A Monthly Magazine for Self-Education*, 32(6) (March 1901), pp. 571-574.

《针对中国的要求》

Clark, Anthony E., *China's Saints: Catholic Martyrdom during the Qing (1644-1911)*. Bethlehem, Pa.: Lehigh University Press, 2011.

A. E. 克拉克:《中国圣人:清朝的天主教殉教者(1644~1911 年)》②

Clark, Anthony E., *Heaven in Conflict: Franciscans and the Boxer Uprising in Shanxi*. Seattle: University of Washington Press, 2014. 236 pp.

A. E. 克拉克:《冲突中的天主:方济各会与山西拳难》

Clark, Francis E., "The Empire of the Dead", *The North American Review*, 171 (September 1900), pp. 375-388.

F. E. 克拉克:《逝者之帝国》③

Clark, Francis E., "Righteous Harmony Fisters of China", *The Independent: A Weekly Magazine*, 52 (9 August 1900), pp. 1910-1913.

F. E. 克拉克:《中国义和拳》

Clark, George B[ransfield], *Treading Softly: U. S. Marines in China, 1819-1949*. Westport, Conn.: Praeger, 2001. xviii+207 pp.

---

① 中文译本于 2007 年出版。该书部分章节涉及义和团运动:误导的爱国主义;1900 年的拳难;沉重的代价。对概述的评述见:*Times Literary Supplement*, 643 (14 May 1914), p. 235; *East & West*, 12 (London 1914), pp. 351-352; *Scottish Geographical Magazine*, 30 (1914), pp. 442-443; *R. M. Brown in the Bulletin of the American Geographial Society*, 47 (1915), p. 711. 司督阁(Dugald Christie,1855~1936),苏格兰长老会医疗传教士,在奉天传教。

② 第四章"河北的天主教殉教者"以及第五章"湖南和山西的方济各会殉教者"主要关注义和团运动时期的死难者。

③ F. E. 克拉克(Francis Edward Clark,1851~1927),生于加拿大,美国公理会牧师,曾任世界基督教联盟之教派与国际联合团体主席。

G. B. 克拉克:《美国海军陆战队在中国(1819～1049 年)》①

Clark, George B[ransfield], *The United States Marines in the Boxer Rebellion*: (*or the China Relief Expedition*). Pike, N. H.: The Brass Hat, 2002. 167 pp.

G. B. 克拉克:《义和团运动中的美国海军陆战队》②

Clark, George Ramsay, "On Other Duty", *Proceedings of the United States Naval Institute*, 35(1) (March 1909), pp. 127-136.

G. R. 克拉克:《关于其他责任》

Clark, George R[amsay], "When the Navy Railroaded in China", *Proceedings of the United States Naval Institute*, 53(8) (August 1927), pp. 846-852.

G. R. 克拉克:《海军何时在中国乘坐铁路》③

Clements, P. H. *The Boxer Rebellion*: *A Political and Diplomatic Review*. New York: Columbia University; Longmans, Green & Co., agents; London: P. S. King & Son, 1915. 245 pp.

克莱门森:《义和团运动:政治与外交评论》④

Clementson, William Arthur Blakeney, *The Red Dragon*. *A Story of the Boxer Rebellion*. Illustrated by F. J. Seez. London: Society for the Propagation of the Gospel, 1949. ix+118 pp.

克莱门森:《红龙:义和团记事》

Cleve, Bertil, *De sju drakarna*: *äventyrsberättelse för pojkar från boxarupproret i Kina*. (B. Wahlströms ungdomsböcker, 190). Stockholm, 1933. 156 pp.

《七条龙的冒险故事》

Cleveland, Harold Irwin, *Massacres of Christians by Heathen Chinese*, *and Horrors of the Boxers*; *containing a complete history of the Boxers*; *the Tai-Ping insurrection and massacres of the foreign ministers*; *manners*, *customs and peculiarities of the Chinese*; *oriental splendors*; *superstitions*; *secret societies*, *the*

---

① 内容提要:开端(1819～1899 年);义和团运动;20 世纪初期(1905～1929 年);中国海军陆战队(1930～1941 年);重回中国(1945～1949 年)。附录:A. 义和团运动;B. 义和团运动、报告;C. 第三旅;D. 第二旅的兵舍(1937 年);E. 护卫北京的变迁史(1905～1934 年)。初版:*Few Scars of Violence*, *Few Wounds to Heal*: *U. S. Marines in China*, *1819-1949*. Pike, N. H.: Brass Hat, 2000. ix+243 pp.

相关评述指出,本书相当细致地描述了海军陆战队的行动,还对当时主要军官的性格有着细微的描写。除涉及海军陆战队的事迹之外,还提到诸多个案人物,并讨论了清兵与乡团的战斗力 。

② 有评论指出,本书大部分内容摘选自官方文献,实际上从其宽泛的内容来看超过了作者的论说范围。本书按照时间顺序,主要描述了梅尔斯及其海军陆战队对北京使馆区的守卫,并且讲述了联军从大沽到北京的艰辛行程。

③ 涉及义和团战争期间美国海军炮轰大沽炮台。

④ 这是西方首部真正研究义和团史的著述,并且是一篇博士论文。该研究主要关注北京事件及外交问题,并用一半篇幅探讨了拳乱之后的秩序重塑及协议谈判。针对义和团运动爆发的原因,作者认为瓜分利益狂潮、百日维新以及传教士的干预,特别是黄河水涝及日本战争索赔均是其中的动因。但正如评论者所指,该书并没有引用德文和法文资料。相关评论见:S. K. Hornbeck, *American Historical Review*, 21 (1915-1916), pp. 601-603; Maurice Courant, *Revue historique*, 121 (1916), pp. 374-375; *Journal of the North China Branch of the Royal Asiatic Society*, 47 (1916), pp. 136-139; *Nation*, 102 (1916), p. 143.

opium habit; *idol worship*; *industries*; *great cities*; *natural scenery*, *etc.* Philadelphia: National Publishing Company, [1900]. 612 pp.

H. I. 克利夫兰:《中国异教徒对教民的屠杀》①

Clowes, William Laird, *The Royal Navy: A History from the Earliest Times to the Death of Queen Victoria*. London: Sampson Low, Marston & Co., 1897-1903. 7 vols.

W. L. 克洛斯:《英国皇家海军史》②

Cochrane, Jane Elizabeth, "America's Part in the Boxer Rebellion", M. A. dissertation, Columbia University, 1947.

J. E. 科克伦:《义和团运动中的美国角色》

Coerper, Heinrich Wilhelm, *China und die Missionare. Eine wahre Beantwortung der Fragen: Wie hat Europa sich an China verschuldet? und Was ist Europa China schuldig? Nach einem Vortrag*, gehalten in Hamburg. Hamburg-Uhlenhorst, 1900. 42 pp.

海因里希・威廉・科珀:《中国与传教士——问题的真正答案:欧洲是如何负疚于中国? 欧洲欠中国什么?》

Coerper, Heinrich Wilhelm, *China's Märtyrer. Aus der Christenverfolgung in China im Jahre 1900*. Dinglingen: St. Johannis-Druckerei, 1902. iv+276 pp.

海因里希・威廉・科珀:《中国的殉教者:1900 年中国的基督徒大迫害》

Cofell-Dwyer, Brittany Marie, "The 1898 Reform Movement, Britain, and China: An Examination of Four British Writers on British-Chinese Relations 1895-1900", M. A. dissertation., University of Missouri-Columbia, 2012.

B. M. 科维尔-德怀尔:《1898 年百日维新,英国与中国》③

Cohen, Paul A., "The Boxer Uprising", in Thomas M. Buoye (ed.), *China: Adapting the Past, Confronting the Future*. Ann Arbor: Center for Chinese Studies, University of Michigan, 2002, pp. 63-74.

柯文:《义和团运动》④

Cohen, Paul A., "Boxers, Christians, and the Gods: The Boxer Conflict of 1900 as a Religious War," in Vincent Goossaert, (ed.), *Critical Readings on Religions of China*, 4 vols. Leiden: Brill, 2012, vol. 4 pp. 1451-1480.

---

① 电子资源:http://babel.hathitrust.org/cgi/pt?id=loc.ark:/13960/t00z81m3d. H. I. 克利夫兰(Harold Irwin Cleveland,1864～1915),芝加哥《时代先驱者报》编辑部成员。

② 该书第 7 卷(第 520～558 页)涉及义和团运动。

③ 该书尽管没太多涉及义和团运动,但利用以下四位英国作者有关义和团的论述,分别是:中国学研究者庄延龄(Edward Harper Parker,1849～1926);英国公使道格斯(Robert Kennaway Douglas, 1838～1913);支持修建印度—缅甸—中国铁路项目的土木工程师 H. S. 哈里特(Holt Samuel Hallett,1841～1911);《北华捷报》的记者及前编辑盖德润(Richard Simpson Gundry, 1838～1924)。

④ 该部分内容重印于:Cohen, *History in Three Keys*, pp. 42-56.

柯文:《拳民、教民以及上帝:1900年作为宗教战争的义和团冲突》

Cohen, Paul A., *China Unbound: Evolving Perspectives on the Chinese Past*. London: Routledge Curzon, 2003. 256 pp.

柯文:《变动中的中国历史研究视角》①

Cohen, Paul A., "Christian Missions and Their Impact to 1900", in John K. Fairbank (ed.), *The Cambridge History of China*. Vol. 10: *Late Ch'ing, 1800-1911*. Part I. Cambridge: Cambridge University Press, 1978, pp. 543-590.

柯文:《基督教会及其对1900年的影响》

Cohen, Paul A., "The Contested Past: The Boxers as History and Myth", *Journal of Asian Studies*, 51(1) (February 1992), pp. 82-113.

柯文:《一段有争议的历史:作为历史和神话的义和团》

Cohen, Paul A., *History in Three Keys: The Boxers as Event, Experience, and Myth*. New York: Columbia University Press, 1997. xviii+428 pp.

柯文:《历史三调:作为事件、经历与神话的义和团》②

Cohen, Paul A., "Humanizing the Boxers", in Robert Bickers & R. G. Tiedemann (eds.), *The Boxers, China and the World*. Lanham, Md.: Rowman & Littlefield, 2007, pp. 179-197.

柯文:《教化拳民》

Cohen, Paul A., "Imagining the Red Lanterns", *Berliner China-Hefte: Beiträge zur Gesellschaft und Geschichte Chinas*, 12 (May 1997), pp. 83-97.

柯文:《对红灯会的想象》

Cohen, Warren I., "The Open Door Policy and the Boxer War: The US and China".

孔华润:《门户开放政策与义和团战争:美国与中国》③

Colby, Elbridge, "Tientsin and the Boxer Rebellion", *Military Engineer*, 29(165) (May-June 1937), pp. 191-199.

E. 科尔比:《天津与义和团运动》

Colby, Scott [Dearborn], "The Boxer Crisis as Seen Through the Eyes of Five Chinese Officials", Ph. D. dissertation, Columbia University, 1976. 423 pp.

S. D. 科尔比:《五个清朝官员眼中的拳难》

Colby, Scott Dearborn, "Li Hsi-Sheng: A Reformer's Response to the Boxer

---

① 第三章"义和团的新视角";第四章"拳民、教民及上帝:1900年作为宗教战争的义和团冲突";第八章"了解历史的三条途径"。

② 相关评述见:*Revue Bibliographique de Sinologie* (1998), pp. 145-146; *China Review International*, 5(2) (1998), pp. 396-399; *Journal of Social History*, 32(1) (1998), pp. 227-228; *The Journal of Asian Studies*, 57(2) (May 1998), pp. 484-486; *The International History Review*, 20(1) (March 1998), pp. 203-205; *Berliner China-Hefte*, 13 (October 1997), pp. 108-109.

③ 电子资源:http://www.gilderlehrman.org/history-by-era/empire-building/essays/open-door-policy-and-boxer-war-us-and-china.

Uprising", *Chinese Studies in History*, 10(3) (Spring 1977), pp. 35-72.

S. 科尔比:《李希圣:一个改革者对义和团运动的回应》①

Coletta, Paolo E., *Bowman Hendry McCalla: A Fighting Sailor*. Washington DC: University Press of America, 1979. 208 pp.

P. E. 科莱塔:《B. H. 麦卡拉:一位勇敢的海员》②

Collin, Victor, *Un reportage belge en Extrême-Orient* (*guerre internationale de 1900-1901*). (Édition du "Matin", illustré.) Antwerp: imprimerie de C. de Cauwer, 1901. 379+viii pp.

V. 科兰:《远东比利时的报道(1900～1901 年的国际战争)》

Collum, Richard Strader, *History of the United States Marine Corps*. New York: L. R. Hamersley, 1903. 454 pp.

R. S. 柯乐卜:《美国海军陆战队史》③

Colmant, Fl., "Des Congolais agréés à la légion chinoise de 1900", *Les Vétérans Coloniaux* (*Revue Congolaise Illustrée*), 21(3) (March 1949), pp. 30-31.

FL. 考乐芒:《刚果人让 1900 年的中国军队满意》④

Cólogany González-Massieu, Jorge, "El papel de España en la revolución de los Bóxers de 1900: un capítulo olvidato en la historia de las relacionens diplomáticas", *Boletin de la Real Academia de la Historia*, 205(3) (September-December 2008), pp. 493-535.

葛络干:《西班牙与 1900 年的义和团运动》⑤

Colquhoun, Archibald Ross, "The Chinese Crisis", *Quarterly Review*, 192 (October 1900), pp. 542-564.

柯乐洪:《中国危机》

Colquhoun, Archibald Ross, *The Problem in China and British Policy*. London: P. S. King, 1900. 50 pp.

柯乐洪:《中国问题与英国政策》

Coltman, Robert, Jr. (M. D.), *Beleaguered in Peking; the Boxer's War against the Foreigner*. Philadelphia: F. A. Davis Co., 1901. iv+248 pp.

---

① 《庚子国难记》是一部重要的历史文献,因为其作者李希圣(1864～1905)收录了有关义和团运动的大量文献并描述了清廷中支持和反对拳民的派系。

② B. H. 麦卡拉(Bowman Hendry McCalla,1844～1910),美国人,海军军官。曾指挥美国军舰"纽瓦克"号参加西摩尔远征军。该书第七章论及菲律宾人与义和团运动。

③ 该书第 383～427 页描述了美国海军陆战队在义和团运动中的行动。

④ FL. 考乐芒(Florent Colmant,1861～1951),比属刚果陆军军官。曾率包括 45 名将官在内的 791 人的远征军于 1900 年夏来华。

⑤ 该文主要研究了 19 世纪末的中国与西班牙的关系,以及中西交往史中被人所忽略的北京公使馆被占领期间的葛络干(Bernardo Jacinto Juan del Sacramento de Cólogan y Cólogan,1847～1921)。当时,此人是外交使团的首席且在北京外交使节中年龄最长。

满乐道:《北京被围记》①

"Le combat de Langfang, dans l'après-midi du 18. Juin 1900", *Internationale Revue über die gesammten Armeen und Flotten*, Supplément 30 (1901), pp. 870-875.

《廊坊战役,1900 年 6 月 18 日下午》

Compilation Group for the "*History of Modern China*" Series, *The Yi Ho Tuan Movement of 1900*. Beijing: Foreign Languages Press, 1976. 133 pp.

《中国近代史》编写组:《1900 年的义和团运动》②

Conforti, Guido Maria, *Servizio Eccesiale e Carisma missionario*. Introduzione, note e indici di Franco Teodori. 4 vols. *Volume IV*: *Missione in Cina-Olocausto*; presentazione di Giuseppe Caprio. Città del Vaticano: Libreria editrice vaticana, 1988. xxxii+775 pp.

G. M. 孔福尔蒂:《天主教在华事工》

Conger, Sarah Pike, *Letters from China*: *With Particular Reference to the Empress Dowager and the Women of China*. Chicago: A. C. McClurg; London: Hodder & Stoughton, 1909. xv+392 pp.

S. 康格:《来自中国的信函》

Coomans, Thomas & Wei Luo, "Exporting Flemish Gothic Architecture to China: Meaning and Context of the Churches of Shebiya (Inner Mongolia) and Xuanhua (Hebei) Built by Missionary-Architect Alphonse De Moerloose in 1903-1906", *Relicta*: *Heritage Research in Flanders*, 9 (2012), 219-262.

高曼士、罗薇:《弗兰哥特式建筑输入中国:1903~1906 年传教士建筑学家和羹柏在(内蒙古)舍必崖与(河北)宣化所建教堂之意义与背景》③

Cora, Guido, "Il conflitto cinese e l'Italia", *Rivista Marittima*, 33(7) (July 1900), pp. 5-20.

G. 科拉:《中国和意大利的冲突》④

Cora, Guido, "L'Italia in China. La Baia di San-Mun", *Nuova antologia*, 164-No. 654 (16 March 1899), pp. 341-353.

G. 科拉:《意大利在中国》⑤

---

① 电子资源:http://hdl. handle. net/2027/uc2. ark:/13960/t81j9b63h. 本书已再版重印且 G. 鲍威尔为其撰写了序言。满乐道的上述文章自 1901 年 4 月 11 日起连载于《米尔福德邮报》。满乐道 (Robert Coltman Jr. ,1862~1931),美国北长老会医疗传教士,1885 年来山东传教,1898 年脱离差会,在清朝海关工作,同时在北京同文馆担任解剖学和物理学教习。

② 德文版本:Kollektiv für die Serie der Geschichte des modernen China, *Die Yihotuan-Bewegung von 1900*. Peking: Verlag für Fremdsprachige Literatur, 1978. 136 pp. 法文版本:Comité de rédaction de la Collection "Histoire modern de Chine", *Le Mouvement des Yi Ho Touan*, (*1900*). Pékin: Ed. en langues étrangères, 1980. 158 pp.

③ 该文主要研究了在华所修建之欧式建筑,涉及被拳民所捣毁的内蒙古舍必崖和河北宣化的两处建筑。和羹柏 (Alphonse De Moerloose,1858~1932),比利时人,天主教圣母圣心会传教士、建筑学家。

④ G. 科拉(Guido Cora,1851~1919),意大利人,地理学家,绘图家。

⑤ 涉及意大利试图谋取浙江三门之权益。

Corbach, Christian Paul, *Von Kiel bis Peking. Der Boxeraufstand vor 25 Jahren. Nach Tagebuchaufzeichnungen*. [s. l.]: published by the author, 1926. 52 pp.

克里斯蒂安・保罗柯・巴赫:《从基尔到北京:25 年前的义和团运动——根据日记的记录》

Corbett, Hunter (Rev.), "The Persecution of Chinese Christians", *Missionary Review of the World*, 24(1) (January 1901), pp. 8-16.

郭显德:《对中国教民之迫害》①

Cordier, *Henri*, *Histoire des relations de la Chine avec les puissances occidentales 1860-1902*. Vol. III: *L'Empereur Kouang-siu. Deuxième partie: 1888-1902*. Paris: Félix Alcan, 1902. Republished Taibei: Ch'eng-wen Publishing Company, 1966.

高弟爱:《1860～1902 年中国与西方列强关系史》②

Cordier, Henri, "Martyrologe de Peking", *T'oung Pao* 2nd ser., 1(5) (December 1900), pp. 494-497.

高弟爱:《北京殉教者名录》

Cordier, Henri, "La Révolution en Chine. Les Origines", *T'oung Pao* 2nd ser., Vol. 1 (1900), pp. 407-450.

高弟爱:《中国革命的起源》

Corfield, Justin J., *The Australian Illustrated Encyclopaedia of the Boxer Uprising: 1899-1901*. McCrae, Vic.: Slouch Hat Publications, 2001. 256 pp.

J. J. 科菲尔德:《澳大利亚百科全书下的义和团运动(1899～1901 年)》

Cornaby, William Arthur (Rev.), "Chinese Riots and Reparations", *Missionary Review of the World*, 23(8) (August 1900), pp. 620-623.

高葆真:《中国的骚乱与平复》③

Cornaby, William Arthur (Rev.), "Forty Facts from China", *Missionary Review of the World*, 23(11) (November 1900), pp. 849-852.

高葆真:《来自中国的四十个事实》④

Corniot, Christine, "La guerre des Boxeurs d'après la presse française", *Études Chinoises*, 6(2) (1987), pp. 73-99.

C. 高尼奥:《根据法国报纸看义和团战争》

Corniot, Christine, "L'opinion française et la guerre des boxeurs: d'après la presse quotidienne parisienne".

① 郭显德(Hunter Corbett,1835～1920),美国人,北长老会传教士,1863 年来山东传教。

② 该书第 22～27 章涉及义和团运动。

③ 高葆真(William Arthur Cornaby,1869～1921),英国人,卫斯理监理会传教士,1885 年来华传教,曾任上海《传教士评论》的编辑。

④ "四十个事实"主要是关于义和团运动。该文把慈禧太后视为"拳首",并坚持认为该运动是"官方发起"且主要是"保守派"。

C. 高尼奥:《法国舆论和义和团战争:根据巴黎日报》①

Corradini, Piero, "Luigi Barzini e la guerra dei Boxers", *Cina*, 4 (1958), pp. 70-80.

P. 科拉迪尼:《巴尔齐尼与义和团》

Corstjens, Jo, "*Ik wil als martelaar sterven*". *Het tragische levensverhaal van scheutist Hendrik Bongaerts (1874-1901)*. Groot-Bree: Geschied- en heemkundige kring, 2002. 96 pp.

J. 科斯特因斯:《彭葛寿传》②

Cothonay, Bertrand, "A Missionary's View of the Chinese Question", *Catholic World*, 73 (July 1901), pp. 415-426.

郭驼鼎:《一位传教士对中国问题的观点》③

Coup, [Étienne], capitaine, *Notes sur la compagnie montée du corps expéditionnaire de Chine*, par le capitaine Coup de l'infanterie coloniale. Paris: H. Charles-Lavauzelle, 1903. 16 pp.

库普上尉:《殖民步兵突击队上尉的远征军团笔记》

Courant, Maurice, "En Chine—Les effets de la crise, intentions de réformes", *Annales des Sciences politique*, 16 (November 1901), pp. 708-717.

古恒:《在中国——危机的后果,改革之意图》

Courant, Maurice, "La situation dans le Nord de la Chine", *Annales des Sciences politique*, 15 (July 1900), pp. 523-539.

古恒:《中国北方的形势》

Courant, Maurice, "Les événements de Chine (1900) d'après les récits de quelques témoins", *Annales des Sciences politiques*, (15 May 1903), pp. 369-382.

古恒:《中国事件(1900 年)根据几位见证人的叙述》

Craig, George Cathcart, "Chinese Anti-foreign Rebellion", *Journal of the Military Service Institution*, 27 (July-December 1900), pp. 235-241.

G. 克雷格:《中国的排外动乱》④

Cranmer-Byng, John Launcelot, "The Old British Legation at Peking, 1860-1959", *Journal of the Hong Kong Branch of the Royal Asiatic Society*, 3 (1963), pp. 60-87.

---

① 电子资源:http://www.sudoc.abes.fr/DB=2.1/SET=1/TTL=68/CLK? IKT=63&TRM=Me%CC%81moire http://www.sudoc.abes.fr/DB=2.1/SET=1/TTL=68/CLK? IKT=63&TRM=de maîtrise sous la direction de Monsieur Maurice Agulhon, Université Panthéon-Sorbonne (Paris-I), 1984. 231 f.

② 彭葛寿于 1901 年 12 月 13 日在平罗县下营子被杀。

③ 郭驼鼎(Marie-Bertrand Cothonay,约 1855～1926),法国多明我会传教士,1898 年 3 月来华传教。起初,他在福建福州任法国殖民者的随军牧师。该人曾在加勒比海传教。1900 年 6 月离开福州,此后前往纽约任牧师。曾出版法文著作《在华两年日记》(*Deux ans en Chine*, extrait du journal d'un missionaire dominicain. P. Bertrand Cothonay. Tours: Alfred Cattier, 1902),在该书第 571～595 页"结语"部分中,作者提到了北京拳难,并引述了主教樊国梁的著述。

④ 作者为澳大利亚作家,材料参考自澳大利亚《水星日报》。

J. L. 克莱默·宾:《在华的老英国大使馆(1860～1959 年)》①

Crescitelli, Luigi, *Vita del servo di Dio padre Alberico Crescitelli del Pontificio Seminario dei SS. AA. Pietro e Paolo... missionario apostolico nello Scen-si meridionale in Cina*. Avellino: Ferrara, 1914. xxiii+155 pp.

L. 克雷希泰利:《中国山西的天主教传教士》

"The Crisis in China. Notes about the Celestials and the Flowery Land", *Black and White Budget*, 3(40) (14 July 1900), pp. 450-456; 3(41) (21 July 1900), pp. 482-489.

《中国危机》

The Crisis in China. New York & London: Harper & Bros., 1900. v+271 pp.

《中国危机》②

The Crisis in China, *The Chautauquan*, (August 1900), pp. 443-447; (September 1900), pp. 545-548.

《中国危机 》

Criveller, Gianni, *The Martyrdom of Alberico Crescitelli: Its Context and Controversy*. Hongkong: Holy Spirit Study Centre, 2004. 50, IV, 49 pp.

G. 克里韦利耶:《郭西德殉难:其背景与争议》

"La Croix rouge en Chine", *Revue de Paris*, 9th year, Vol. 1 (1 January 1902), pp. 143-154.

《中国红十字会》

Croix-Rouge française, *La Société de secours aux blessés militaires des armées de terre et de mer en Chine: 1900-1901: (Croix-Rouge francçaise)*. Paris: Siège central de la Société, 1901. 136 pp.

《中国红十字会》

Crowe, George, *From Portsmouth to Peking via Ladysmith with a Naval Brigade*. Hongkong: "Hong Kong Daily Press" Office, 1901. 151 pp.

G. 克劳:《随海军从朴次茅斯经莱迪史密斯到北京》③

Crowe, George, *The Commission of H. M. S. "Terrible" 1898 1902*. London: George Newnes, 1903. xvi+370 pp. Reprint: Uckfield, East Sussex: Naval & Military Press, 2003.

---

① 研究了英国在华大使馆的变迁史。该使馆原是镇国公奕梁王府,1860 年被英国人占领后改建为使馆,1959 年 9 月,英国人撤离。该书从一些日记中摘录了义和团运动时使馆被围的描述。

② 对《北美评论》(*North American Review*)一些文章的汇编,主要包括如下文章:《中国排外情绪的原因》(G. B. Smyth);《中国的列强及分割》(G. Reid);《中国改革的斗争》(C. Johnston);《中国政治发展的可能性》(J. Barrett);《暴风云集》(R. E. Lewis);《远东危机》(A. R. Colquhoun);《远东西伯利亚铁路》(M. Mikhailoff);《中国与列强》(Lord C. Beresford);《中美之间的互相帮助》(伍廷芳);《美国对分割中国的分享》;《美国的在华利益》(J. H. Wilson);《美国对华政策》(Sir C. W. Dilke)。

③ 作者为英国皇家海军的卫兵士官。

G. 克劳:《英舰“恐怖”号之委任》①

Crozier, William, “Some Observations on the Peking Relief Expedition”, *North American Review*, 172 (1901), pp. 225-240.

W. 克鲁瓦齐耶:《解救北京之围的一些见解》②

Cucchi, G., “Una bandiera italiana in Cina”, *Rivista Militare*, 6 (1986).

G. 库基:《意大利人在中国》

Cunliffe-Owen, Fritz, “The Crime of the Powers”, *Munsey's Magazine*, 23 (September 1900), pp. 731-735.

F. 坎利夫·欧文:《列强之罪行》

Curey, M. C., *Russie et Chine en 1900*. Paris & Nancy: Berger-Levrault, 1901. 39 pp.

M. C. 居莱:《1900 年俄国在中国》

Cuzzi, Marco, “La partecipazione italiana alla spedizione internazionale contro i Boxer-le reazioni politiche italiane all'impegno militare in Cina”, in Romain H. Rainero & Paolo Alberini (eds.), *Missioni militari italiane all'estero in tempo di pace (1861-1939): Atti del Convegno di studi tenuto a Milano presso la Scuola Militare dell'Esercito nei giorni 25-26 ottobre 2000*. (Commissione Italiana di Storia Militare). Roma: [s. n.], 2001; pp. 215-242.

M. 库齐:《干涉义和团运动联军中的意大利》

Dabringhaus, Sabine, “An Army on Vacation? The German War in China, 1900-1901”, in Manfred Boemeke, Roger Chickering & Stig Förster (eds), *Anticipating Total War: The German and American Experiences, 1871-1914*. Washington DC: German Historiccal Institute; Cambridge: Cambridge University Press, 1999; 459-476.

萨宾娜·达布林豪斯:《德国在中国的战争(1900～1901 年)》

Dabringhaus, Sabine, “Die Boxer: Motivation, Unterstützung und Mobilisierung”, in Mechthild Leutner & Klaus Mühlhahn (eds.), *Kolonialkrieg in China: Die Niederschlagung der Boxerbewegung 1900-1901*. Berlin: Ch. Links Verlag, 2007; pp. 60-68.

萨宾娜. 达布林豪斯:《义和团成员:动机、支持和动员》

Dabringhaus, Sabine, “Der Boxeraufstand 1898-1900: Zurück zur Harmonie des Himmels”, *Damals*, 8 (2000), pp. 67-73.

萨宾娜·达布林豪斯:《1898～1900 年的义和团运动:回归天之和谐》

Dabringhaus, Sabine, “Der Boxeraufstand in China (1900/1901): Die Militarisierung eines kulturellen Konflikts”, in Eva-Maria Auch & Stig Förster (eds.),

① 附录(第 357～370 页)包括:“恐怖”号委任期间被授权的下级军官名录;随海军登陆南非与中国的“恐怖”号船员与军官名录;在紧急派遣中提到的“恐怖”号船员与军官名录。

② W. 克鲁瓦齐耶(William Crozier,1855～1942),美军某军舰舰长,为查飞将军手下的上尉兼军械长。

"Barbaren" und "Weiße Teufel". Kulturkonflikte und Imperialismus in Asien vom 18. bis zum 20. Jahrhundert. Paderborn: Schöningh, 1997; pp. 123-144.

萨宾娜・达布林豪斯:《中国义和团运动(1900/1901年):一次文化冲突的军事化》

Dabringhaus, Sabine, *Grundkurs neuzeitliches Asien.* Kurseinheit 7. Der Boxer-Aufstand in China. Hagen: Fernuniversität, Gesamthochschule, 1992. 71 pp.

萨宾娜・达布林豪斯:《近代亚洲基础教程》①

Dabringhaus, Sabine, "Mündliche Quellen zur chinesischen Volkskultur. Der Boxer-Aufstand (1898-1901) als Thema für Oral History", BIOS. *Zeitschrift für Biographieforschung und Oral History*, 5(2) (1992), pp. 173-187.

萨宾娜・达布林豪斯:《中国民俗文化的口头资料:义和团运动(1898~1901年)作为口述历史的主题》

Daggett, Aaron Simon, *America in the China Relief Expedition: An Account of the Brilliant Part Taken by United States Troops in that Memorable Campaign in the Summer of 1900, for the Relief of the Beleaguered Legations in Peking.* Kansas City: Hudson-Kimberley Pub. Co., 1903. xii+267. Reprinted Nashville, TN: Battery Press, Inc. ; Skokie: Articles of War, Inc., 1997 (The Battery Press Wars of America Series, Vol. 1.).

A. S. 达格特:《中国"救援"行动中的美军》②

Dal Verme, Luchino, "La guerra in Manciuria", *Nuova antologia*, 173-No. 689 (1 September 1900), pp. 140-162.

L. D. 威尔姆:《满洲战争》③

Dalotel, Alain, *De la Chine a la Guyane. Mémoires du bagnard Victor Petit 1879-1919.* Paris: La boutique de l'Histoire, 1996. 325 pp.

A. 达劳戴:《从中国到圭也那》④

Damenez, Louis, *Histoire de trois enfant pendant la guerre de Chine.* F. Didot, 1903. 159 pp.

L. 达默内:《中国战争时期三个儿童的故事》

Dandolo, Ignazio, "A Modern Analysis: The Official Diary of Colonel Garioni, the Commander of the Italian Contingent in China (1900-1901)", *Bulletin de l'École française d'Extrême-Orient*, 78 (1991), pp. 317-335.

I. 丹多洛:《一份现代的分析:意大利在华远征军温琴佐上校的日记》⑤

---

① 本书中涉及义和团运动的内容为"第七单元:中国义和团运动"。

② A. S. 达格特(Colonel Aaron Simon Daggett,1837~1938),解救北京之围时任美军第十四步兵团指挥。

③ L. D. 威尔姆(Luchino Dal Verme,1838~1911),意大利人,陆军军官,政客。

④ V. 佩蒂特(Victor Petit,1879~1919),法国人,步兵。后在中国战争中藏匿于中国百姓中逃亡,此后,被当作罪犯押往法国圭亚那。

⑤ 温琴佐・加廖尼(Vincenzo Garioni,1856~1929),意大利人,陆军军官,曾率领意大利远征军特种步兵营,于1900年8月29日抵达大沽。

Daoulas, Alexis-Marie, Le Siège de Tien-tsin, 15 juin-15 juillet 1900. Paris: Berger-Levrault, 1903. 400 pp.

A-M. 达欧拉:《天津之围,1900 年 6 月 15 日至 7 月 15 日》①

Darcy, Eugène, *La défense de la légation de France*. 3rd ed. Paris: A. Challamel, 1903. viii+242 pp. An extract was published as "La défense de la légation de France à Pé-king", *Revue des Deux Mondes*, (15 June 1901), pp. 799-839.

E. 达尔西:《保卫法国公使馆》②

Daugherty, Leo J., III, *The Marine Corps and the State Department: Enduring Partners in United States Foreign Policy, 1798-2007*. Jefferson, N. C.: McFarland & Co., 2009.

利奥·多尔蒂:《海军陆战队与美国国务院:美国外交政策中的长期搭档(1789～2007年)》③

Davidson, William C., "Operations in North China", *Proceedings of the United States Naval Institute*, 26(4) (December 1900), pp. 637-646.

W. C. 戴维森:《华北军事行动》④

Davies, Llewellyn James, "Chinese Boxers", *National Geographic Magazine*, 11 (July 1900), pp. 281-287.

德位思:《中国义和团》⑤

Davies, Llewellyn James, "The Church and Chinese Indemnities", *Missionary Review of the World*, 24(9) (September 1901), pp. 672-676.

德位思:《教会与庚子赔款》

Davies, Llewlellyn James, "The Taming of the Dragon", *Forum*, 30(3) (November 1900), pp. 352-363.

德位思:《训龙》

Davis, Donald G., Jr. & Cheng Huanwen, "The Destruction of a Great Library: China's Loss Belongs to the World", *American Libraries*, (October 1997), pp. 60-62.

D. G. 戴维斯、程焕文:《一个伟大图书馆的毁坏》⑥

Davis, Donald G., Jr. & Cheng Huanwen, "Destruction of Chinese Books in the

---

① 电子资源:http://archive.org/details/lesigedetientsi00unkngoog。A. M. 杜拉斯(Alexis-Marie Daoulas, 1864～1924),于义和团战争期间在法国军舰"帕斯卡"号上任海军上尉。

② 参考如下法文著述:Pierre Loti, *Les derniers jours de Pékin. Précédé de La ville en flammes par Stephen Pichon et de La défense de la légation de France par Eugène Darcy*. Suivi de Journal d'un bourgeois de Pékin. Paris: Julliard, 1991. 322 pp. E. 达西(Eugène Darcy, 1868～1928),法国人,海军军官。任"让·恩特卡斯特克斯"号法舰海军上尉,1900 年 5 月末被派往中国海域,前往北京护卫法国使馆同船搭乘 78 名海员。

③ 该书第 40～47 页涉及义和团战争时美国海军陆战队对公使馆的保护。

④ 此为参加过义和团战争的美国海军上尉的回忆。

⑤ 德位思(Llewellyn James Davies,1865～1950),美国人,北长老会传教士,在山东传教。

⑥ 主要涉及拳民所捣毁的翰林院。

Peking Siege of 1900", *62nd IFLA General Conference Booklet*, 7 (25-31 August 1996), pp. 46-52; also published in: *IFLA Journal*, 23(2) (March 1997), pp. 112-116.

D. G. 戴维斯、程焕文:《1900 年被占时所损毁的中文图书》①

Davis, Oscar King, "The Looting of Tientsin", *Harper's Weekly*, 44 (15 September 1900), pp. 863-864.

O. K. 戴维斯:《洗劫天津》②

Davis, Oscar King, "Reporting a Cosmopolitan War", *Harper's Weekly*, 45 (27 July 1901), pp. 748-749; (3 August 1901), p. 772; (10 August 1901), p. 796.

O. K. 戴维斯:《世界战争的报道》

Davis, Oscar King, "The Taking of Peking", *Harper's Weekly*, 44 (3 November 1900), pp. 1036-1037.

O. K. 戴维斯:《占领北京》

De Courten, Ludovica, & Giovanni Sargeri, *Regie truppe in Estremo Oriente, 1900-1901*. Roma : Stato maggiore dell'esercito, Ufficio storico, 2005. 571 pp.

L. 库尔唐:《在远东的皇家军队》③

De la Peyre, Jean, "Le Livre Jaune sur la Chine", *Questions Diplomatiques et Coloniales*, 10(91) (1 December 1900), pp. 695-704.

J. 培贺:《中国黄皮书》④

De la Peyre, Jean, "Le règlement de l'indemnité chinoise", *Questions Diplomatiques et Coloniales*, 11 (1 June 1901), pp. 650-662.

J. 培贺:《中国赔款的章程》⑤

De Lichtervelde, baron Baudouin, "Il ya cinquante ans... Comment l'envoi d'un bataillon belge en Chine ne fut qu'une velléité sans suite", *Bulletin de l'Institut*

---

① 电子资源: http://www. museum-security. org/destruction-of-chinese-books-in-the-peking-siege-of-1900. htm. 法文版本: Donald G. Davis, Jr., & Cheng Huanwen, "La destruction d'ouvrages chinois pendant le siège de Pékin en 1900", *Bulletin d'informations de l'Association des bibliothecaires français*, No. 173 (4 trimestre, 1996), pp. 101-105.

② O. K. 戴维斯(Oscar King Davis,1866～1932),美国人,新闻记者,战地记者。曾跟随乔治·杜威(George Dewey)前往马尼拉,此后前往中国报道义和团战争,并评论战地记者所遇到的奇怪问题。

③ 第一部分: Ludovica De Courten, "L'intervento italiano in Cina. Politica ed opinione pubblica"; 第二部分: Giovanni Sargeri, "La spedizione internazionale";该书第 363～531 页包括"档案文献"。关于本书目录的详情以及所列举的档案文献,可参见电子资源: http://catdir. loc. gov/catdir/toc/casalini04/06251382. pdf. 相关评论见: Andrea Francioni, *Rivista di studi politici internazionali*, 73(3) (2006), p. 460; Francesco Surdich, *Archivio storico italiano*, 164, no. 610 (2006), p. 789.

④ 本书是法国外务大臣讨论关于华北事务的黄皮书。电子资源: http://gallica. bnf. fr/ark: /12148/bpt6k5731302p/f39. image.

⑤ 电子资源: http://gallica. bnf. fr/ark:/12148/bpt6k5658834v/f652. image. 本文研究缜密且专业,作者关注了中国是否具有能力满足庚子赔款以及如何监管这笔赔款的问题。作者建议,中国的财政需要外国监管,然后依次分析了各种赔偿和有关赔款的来源和收集。

Royal Colonial Belge, 21(4) (1950), pp. 883-886.

De L. 布端男爵:《50年前在中国运送一支比利时军队只是一个无法实现的愿望》①

De Luca, Luigi, *L'Assedio di Pechino* (*20 giugno-14 agosto 1900*).

L. 卢卡:《北京之围》②

De Maesschalck, Louis, "La fin tragique d'un persécuteur", *Missions en Chine et au Congo*, 13 (1901), pp. 182-185.

L. 德·马斯沙克:《一个迫害者的悲惨结局》③

De Schaepdryver, E., *De Boksers 1899-1900*. (Xaveriana: No. 40; April 1927: 4e Reeks., No. 4). [Leuven], [1927]. 32 pp.

E. S. :《1899~1900年的义和团运动》

Debroas, L., *Le drame de Pékin en 1900*. (Société de Saint-Augustin). Paris and Lille: Desclée, DeBrouwer et Cie, 1903. 289 pp.

L. 德布罗阿:《1900年北京的悲惨事件》④

"Déclaration des évêques et chefs des Missions catholiques françaises en Chine", *Le Correspondant*, 204(1) (10 July 1901), pp. 4-10.

《大主教和法国天主教会在中国的首领的宣言》⑤

Dee, Moreen, "Mishap and Misadventure: Australians in the Boxer Rebellion", *Wartime*: *official magazine of the Australian War Memorial*, 14 (2001), pp. 27-33.

德摩尔因:《事故和意外事故:义和团运动中的澳大利亚人》

"La défense des chrétiens dans le Nord de la Mission [de Tcheu-li sud-est]", *Chine et Ceylan*, 2 (December 1900), pp. 142-153.

《保护北方(直隶东南部教会)的基督徒》

Deiuri, Claudio Maria, "I rapporti italo-cinesi tra la rivolta dei boxers e la 1. guerra mondiale (1900-1914)". Ph. D. dissertation. University of Venice, 1990. 179+11+12 pp.

C. M. 德乌里:《意大利与中国的关系,从义和团运动到第一次世界大战(1900~1914年)》

Delines, Michel, "Les assiégés de Pékin, d'après le journal du médecin de la légation Russe", *Bibliothèque Universelle et Revue suisse année 107*, 25(73) (January

---

① 描述了比利时远征军从刚果到中国与义和团作战的经过,但内容简短且不甚准确。

② 该文摘选自:*Marco Polo*, 2 (1940), pp. 57-69. 作者(Luigi de Luca)是意大利人卢嘉德之子。卢嘉德起初是传教士,后于1898年10月加入大清海关。

③ 信函报告了毓贤的迫害,标注日期为1901年3月6日,地址是莱州。荷兰语版本:*Missiën in China en Congo*, 13 (Scheut 1901), pp. 182-188. 马恒德(Louis De Maesschalck,1868~1911),比利时人,圣母圣心会传教士,于1897~1903年间建立莱州基地。

④ 该书图文并茂,主要讲述了1900年夏天北京拳难。作者主要站在一位天主教传教士的角度论述了这一事件。

⑤ 本文主要回应了西方媒体对于传教士的指责,主教呼吁继续维持法国的保教权。

1902), pp. 5-35; No. 74 (February 1902), pp. 299-335.

M. 德利纳:《北京之围——俄国使馆医生的日记》①

Delorme, Alain, *Merveilleux Compagnons de Marcellin Champagnat*. Roma: C. S. C. Grafica, 2011.

阿兰·德劳姆:《玛瑟兰·尚帕涅的奇妙伙伴》②

Delorme, H., "A Pékin", *Le Correspondant*, 201 (10 October 1900), pp. 59-70.

H. 德罗姆:《在北京》

Denby, Charles, "The Defense of the Pei-tang", *Independent*, 53 (23 May 1901), pp. 1178-1181.

田贝:《守卫北塘》③

Denby, Charles, "The Future of China and of the Missionaries", *Forum*, 30(2) (October 1900), pp. 166-171.

田贝:《中国与传教士之未来》

Denby, Charles, "The Missionary Question in China", *Missionary Review of the World*, 23(10) (October 1900), pp. 769-774.

田贝:《中国的传教士问题》④

Denby, Charles, Jr., "The Capture and Government of Tientsin", in Charles Denby (ed.), *China and Her People*, 2 vols. Boston: L. C. Page & Co., 1906.

田夏礼:《天津的被占及其统治》⑤

Denby, Charles, Jr., "Loot and the Man", *Harper's Weekly*, 44 (27 October 1900), pp. 1008-1009.

田夏礼:《掠夺与人力》

Dening, Greg, "Enigma Variations on History in Three Keys: A Conversational Essay", *History and Theory*, 39(2) (May 2000), pp. 210-217.

G. 丹宁:《历史三调之谜团变奏曲》⑥

Denis, Pierre, "La Chine et l'Europe", *Nouvelle Revue Internationale*, 33 (July 1900), pp. 103-114.

---

① 主要参考了俄国使馆医生的日记,详见 Vladimir Viktorovich Korsakov, *Pekinskija sobytija "ličnyja vospominanija učastnika ob osade v Pekine, maj-avgust 1900 goda"*. S.-Peterburg: Tip. A. S. Suroniva, 1901. xvi+394 pp. 捷克语版本: V. V. Korsakov, *Pekinske udalosti! Osobni vzpominky z oblehani vyslanectev v Pekine. Kveten-srpen 1900*. (Die Pekinger Ereignisse. Persönliche Erinnerungen.) V Praze: Beaufort, 1901.

② 在这部小传记中,作者除提及圣母小昆仲会(the Institute of the Marist Brothers of the Schools)之外,还提到两位法国人也在北京拳难中丧生:Marie-Auguste Brun(宗教名 Brother Jules-André, 1863～1900),第179～195页;Joseph Planche(宗教名 Brother Joseph-Félicité, 1872～1900),第197～213页。

③ 田贝(Charles Harvey Denby,1830～1904),于1885～1898年任美国驻华公使。

④ 文章标注日期为1900年9月5日,地址是印第安纳埃文斯维尔。

⑤ 田夏礼(Jr. Charles Denby,1861～1938),美国驻华公使田贝之子,曾在华从事外交工作。1900年当选天津临时政府秘书长,1902～1905年为直隶总督袁世凯的首席外国顾问。

⑥ 此系柯文《历史三调》的评论文章。

P. 德尼:《中国和欧洲》

Dennis, James S., "Missions in China. A Defense and an Appreciation", *American Monthly Review of Reviews*, 22(3) (September 1900), pp. 302-308.

J. S. 丹尼斯:《中国差会:自辩与评价》[①]

Denton, Kit, *For Queen and Commonwealth* (Australians at War, 5). Sydney: Time-Life Books Australia in association with John Ferguson, 1987. 168 pp.

K. 登顿:《为女王和英联邦》

Depincé, Ch., "Les affaires de Chine", *La Quinzaine coloniale* 8, No. 88 (25 August 1900), pp. 497-499; No. 91 (10 October 1900), pp. 593-595.

Ch. 德班斯:《中国事件》

[Desmarquest, Joseph (ed.)], "Nos Matryrs de Chine (juin-juillet 1900)", *Chine et Ceylan*, 7bis(June 1901), pp. 3-23 (Notices sur les Pères Andlauer et Isoré); No. 8bis(December 1901), pp. 25-112 (Les PP. Denn et Mangin).

J. 德马盖编:《我们在中国的殉教者(1900 年 6 月至 7 月)》

Desmet, Léon, "Chrétiens contre païens; batailles, succès et revers", *Missions en Chine et au Congo*, 13 (1901), pp. 76-89.

J. 德马盖编:《天主教徒反抗异教徒;战斗、胜利和挫折》[②]

Desprez, Louis, *Les transports et débarquements en Chine en 1900*. [S. l.: s. n.], 1926. 37+2 pp.

L. 德斯培:《1900 年中国的运输和装卸》[③]

"Deutsche Gebirgsartillerie in China", *Militär-Wochenblatt*, 88 (1903) No. 28, col. 772-776.

《德国山地炮兵在中国》

"Deutschland in China", *Die Zukunft*, 31 (27 April 1901), pp. 129-133.

《德国在中国》

"Deutschlands erster weltpolitischer Krieg", *Koloniale Zeitschrift*, (1900), pp. 197-199.

《德国的第一次世界政治大战》[④]

"Devoirs funèbres et réparations", Chine, Ceylan, *Madagascar*, 4 (June 1902), pp. 17-33.

---

① 电子资源:http://babel.hathitrust.org/cgi/pt? id=uc1.32106019607016;view=1up;seq=308. J. S. 丹尼斯(James Shepard Dennis,1842～1914),美国人,曾作为传教士在中东传教,撰写了大量传教学主题的文章。他相信外国差会所宣扬的基督宗教是各民族的社会希望。在其演讲及著述中,他是一名乐观的基督宗教护教者。

② 该信函的标注日期为 1900 年 10 月 20 日,地址是蒙古东马架子。里奥·德斯梅特(Leo Desmet, 1870～1926),比利时人,圣母圣心会传教士,曾在蒙古东部传教。

③ 本书的内容包括:起义的开始和各国列强所作的首要措施;实施部队的登陆;夺取大沽炮台;运送法国远征军;海军部队;在大沽和上海登陆。

④ 本文提及一个重要事件,即参与义和团运动是德国参与世界政治的首次军事冲突。

《葬礼和谢罪》①

Dicey, Edward, "Vengeance and Afterwards", *Nineteenth Century*, 48 (August 1900), pp. 339-344.

E. 黛西:《复仇及其后》②

[Dickinson, Goldsworthy Lowes], *Letters from John Chinaman*. London: R. Brimley Johnson, 1901. 63 pp.

G. L. 迪金森:《一位中国人的来函》③

Dickman, J[oseph] T[heodore] (Captain), *Experiences in China*. [Leavenworth], Kansas, 1901. 32 pp. First published in: *Cavalry Journal*, 13 (July 1902), pp. 5-40.

J. T. 迪克曼:《中国经历》④

Dickson, F. Thorold, "The Missionary in China", *Macmillan's Magazine*, 83 (December 1900), pp. 95-102.

F. T. 迪克森:《在华传教士》⑤

Dietzsch, E. H., "Der chinesische Boxeraufstand", *Die Kritik des öffentlichen Lebens*, 15 (1900), pp. 446-449.

E. H. 迪茨施:《中国义和团运动》

Dieu, Léon, *Le Christ chez les centaures*. Namur: Grand Lacs, [194-?]. 1974 pp.

L. 迪奥:《1900 年在直隶的中国殉教者》

Dieu, Léon, *Les martyrs chinois de 1900 dans le Tchely*. (Xaveriana, 152). Louvain: Xaveriana, 1936. 39 pp.

L. 迪奥:《在蒙古义和团的大刀下》

Dieu, Léon, *Sous les sabres des boxeurs en Mongolie*. Louvain: Xaveriana, 1937. 36 pp.

---

① 在耶稣会士出版物上刊印的这篇文章,提及直隶东南因义和团运动遇到的一个问题:教民遇难者的葬礼和赔偿问题。

② E. 黛西(Edward Dicey,1832～1911),英国人,新闻记者,作家,强烈支持英德友好关系。

③ 该函名义是来自于中国官员,实际上却是由狄更斯撰写的。作者谴责了英国的对华政策,特别是其抢占中国领土的行径,并对比了西方现代性与儒学的中庸之道。然而,正如一位评论者指出的,这种批评性观点并不为英国读者所认同。该文指出:"作者坚持中国人的信条,竭尽自己所能且打着公平的幌子。但却忽略了自身的危害一面,并注重西方立场的软弱,于是作者勾画了一幅虚幻和误导的图景。该人声称是一名中国人,其真实性暂且不论。不过能写出此等著作的中国人,非清朝驻英公使罗丰禄莫属。"(*Athenæum*, 30 November 1901, p. 734)。英文版本:*Letters from a Chinese Official: Being an Eastern View of Western Civilization*. New York: McClure, Phillips & Co., 1903. xiv+75 pp. 德文版本:*Chinabriefe. Übers. v. H[einrich] Molenaar*. Leipzig: Rudolf Uhlig, 1902. 39 pp; *Briefe eines chinesischen Gelehrten. Aus dem Englischen von G. L. Dickinson ins Deutsche übertragen von Albert Malata*. Celle: R. Kampmann, 1925. 58 pp. G. L. 迪金森(Goldsworthy Lowes Dickinson,1862～1932),英国人,剑桥大学政治学家、哲学家,反对基督宗教,坚持自由社会主义,受东方人文主义、哲学、神秘宗教及经典思想的影响,形成了关于文明的新概念。

④ J. T. 迪克曼(Joseph Theodore Dickman,1857～1927),美国人,骑兵军官,1900 年解救北京使馆之围时担任查飞麾下的联合指挥官。1900 年 8 月中旬抵华,这时候大部分战争已经结束。

⑤ F. T. 迪克森(Frederick Thorold Dickson,1864～1941),英国人,律师,曾在东南亚担任殖民地官员,对中国人持有负面观点。对于传教士的工作也持有反对意见。

L. 迪奥:《在东亚撤销最高统帅》

Dillon, E. J., "The Chinese Wolf and the European Lamb", *The Contemporary Review*, 79 (January 1901), pp. 1-31.

E. J. 狄龙:《中国狼与欧洲羊》①

Dillon, E. J., "Micawberism in Manchuria", *The Contemporary Review*, 79 (May 1901), pp. 649-665.

E. J. 狄龙:《满洲里的空想乐天主义》②

Ding Mingnan, "Germany and the Yi He Tuan Movement", *Bulletin Faschismus/Zweiter Weltkrieg*, (1989), Supplement, pp. 91-118.

丁明楠:《德国与义和团运动》

Ding Mingnan, "Some Questions Concerning the Appraisal of the Boxer Movement", in David D. Buck (guest ed.), *Recent Chinese Studies of the Boxer Movement*. [*Chinese Studies in History*, 20(3-4) (Spring-Summer 1987)]. Armonk, NY: M. E. Sharpe, 1987, pp. 24-41.

丁明楠:《关于义和团运动评价的一些问题》

"Dissolution du commendement supérieur en Asie orientale", *Internationale Revue über die gesammten Armeen und Flotten*, Supplément 29 (1901), pp. 839-843.

《远东事宜》

Dix, Charles Cabry, *The World's Navies in the Boxer Rebellion*, *China 1900*. London: Digby, Long & Co., 1905. viii+319 pp.

C. C. 迪克斯:《1900 年中国义和团运动中的各国海军》

Djang Feng-djen, *The Diplomatic Relations between China and Germany since 1898*. Shanghai: The Commercial Press, 1936. 281 pp.

张凤桢:《1898 年以来的中德外交关系》

Doar, Bruce, "The Boxers and Chinese Drama: Questions of Interactions", *Papers on Far Eastern History*, 29 (March 1984), pp. 91-118.

B. 杜尔:《中国戏剧与义和团相互影响问题》③

"Documenti inediti e editti di persecuzione contro le missioni francescane e cattoliche in Cina (1900-1903)", *La Voce di S. Antonio*, 12 (August 1907), pp. 10-14.

《天主教方济各会在华受迫害档案(1900～1903 年)》

Donato, Maria Clara, "Italiani in Cina contro i boxers", *Rivista di storia contemporania*, 14(2) (1985), pp. 169-205.

M. C. 多纳托:《与义和团对抗的在华意大利人》

---

① 令人印象深刻地且震惊地见证了义和团战争期间及其后欧洲国家(法国、德国、俄罗斯)和日本对中国平民犯下的战争暴行。狄龙(E. J. Dillon,1854～1933),英裔爱尔兰人,作家,《每日电讯报》(*The Daily Telegraph*)的俄语通信员。

② 考察了俄国对满洲里的兴趣。

③ 作者讨论了华北乡村地区普遍流行的戏曲表演对大刀会及义和团运动等的影响。

Donnet, Gaston, *En Chine 1900-1901*. Paris: Société d'éditions littéraires et artistiques, 1902. 380 pp. 4th ed., Paris: Ollendorff, 1902. 380 pp.

G. 多内:《1900～1901 年在中国》①

Donnet, Gaston, "En Chine: Souvenirs de campagne", *Revue Bleue: la revue politique et littéraire 4e* série, 16(24) (14 December 1901), pp. 741-744.

G. 多内:《1900～1901 年在中国》②

Dornseif, Golf, "Admiral Seymour 1900: GERMANS TO THE FRONT".

高尔夫·多恩塞夫:《1900 年西摩尔远征军:在前线的德国军队》

Dornseif, Golf, "Als der chinesische Sühne-Prinz Kaiser Wilhelm II. huldigte".

高尔夫·多恩塞夫:《当中国赔罪亲王向德皇威廉二世致敬时》

Dornseif, Golf, "Die Belagerung der Gesandtschaften in Peking 1900".

高尔夫·多恩塞夫:《1900 年围攻驻北京使馆》

Dornseif, Golf, "III. See-Bataillon Tsingtau im Boxer-Aufstand".

高尔夫·多恩塞夫:《义和团运动时期的青岛第三海军陆战队》③

Dose, Henry, *Erlebnisse eines China-Kämpfers vom 4. März 1899 bis Weihnacht 1900*. Briefe und Tagebuchblätter des Ober-Lazaretgastes Henry Dose. With a preface by Wilhelm Müller-Weilburg. Hamburg: Karl Thomsen, 1901. 66 pp.

亨利·多泽:《1899 年 3 月 4 日至 1900 年圣诞节期间一个在中国的战士的经历:野战医院高级护理员亨利·多泽的信件和日记》④

Dowding, H. H., "The Russian Campaign in Manchuria, 1900", *Journal of the United Service Institution in India*, 30 (July 1901), pp. 213-236.

H. H. 道丁:《1900 年满洲里的俄国战役》

Doyle, A. P., "Crisis in China and the Missions", *Catholic World*, 71 (July 1900), pp. 548-554.

A. P. 多伊尔:《中国危机与差会》⑤

Drabbe, [J. G.], "Economische aanteekeningen: Boxer schadeloosstellingen", *China*, 3 (1927/28), pp. 203-224, 307-319.

J. G. D. :《拳难的经济赔偿》

---

① 作者虽然在其报告中生动描述了联军对中国平民的暴行,但却对中国人及其文明缺乏同情及理解。相关评述见:Henry Frichet, *Revue Bleue* 4th series, 16(18) (2 November 1901), pp. 572-573; Edouard Chavannes, *Revue Critique*, NS 53 (1902), pp. 277-278; Max von Brandt, *Petermanns Mitteilungen*, 48 (1902). G. 唐尼特(Gaston Donnet, 1867～1908),法国人,义和团战争期间《时代》(*Le Temps*)的通信员。

② 作者暗示了联军士兵对当地人的暴行。

③ 电子资源:http://www.golf-dornseif.de/artikel/Kiautschou-Tsingtau.

④ 该书主要收集了亨利·多泽前往青岛以及义和团占领北京使馆期间寄给其父母的信函。在该书前言中,W. M. 威尔堡(Wilhelm Müller-Weilburg, 1857～1906)对信函的客观性表示欣赏,认为其不同于其他关于中国战役的诸多出版物所流露出来的狂热爱国主义和暴行。

⑤ 电子资源:http://quod.lib.umich.edu/m/moajrnl/bac8387.0071.424/568:15? cite1=China;cite1restrict=title;g=moagrp;rgn=full+text;view=image;xc=1;q1=Doyle.

Dreyer, F. C. H., *The Boxer Rising and Missionary Massacres in Central and South Shansi, North China, with an Account of a Missionary Band's Escape to the Coast*. Toronto: China Inland Mission, [s. a.]. 80 pp.

丁良才:《山西中部和南部的义和团兴起与屠杀传教士》①

Du Bois, A., "L'échec du projet de corps expéditionnaire belge contre les Boxeurs", *Les cahiers Lesvoriques*, 37 (1968), pp. 71-78.

A. 迪布阿:《比利时远征义和团计划的失败》

Du Cray, Paul and Eugène Bosch, "A Tien-tsin pendant et après le siège", *Chine et Ceylan*, 2 (December 1900), pp. 115-124.

苗履、卜致中:《天津围攻前后》②

Dua, YaKov Kopl, *Di foyst fun Khine*: (*der boksern-oyfshtand*). Varshe: Farlag "Groshn-Bibliyotek", "Wiedza", 1933.

Y. K. D. :《义和团运动》③

DuBose, Hampden C., "Are Missionaries in Any Way Responsible for the Present Disturbances in China?", *Chinese Recorder*, 31 (December 1900), pp. 606-617.

杜步西:《传教士该为中国目前的动乱负责吗?》④

Dubarbier, Georges, "La question de l'indemnitè des 'Boxeurs'", *La Revue pacifique*, 3(2) (February 1924), pp. 139-142.

G. 杜巴毕:《义和团赔款的问题》⑤

Duchène (médecin chef de la brigade), "Le service de santé de la brigade de l'armée de terre (2e brigade) au cours de l'expédition de Chine en 1900-1901", *Archives de médecine et de pharmacie militaires*, 39 (May 1902), pp. 359-393.

杜塞那(纵队医官):《1900～1901 年远征中国期间陆军纵队的医疗服务(第二纵队)》⑥

Duchesne, Albert, "La dissolution de la légion belge en Chine (1900)", *Carnet de la Fourragère*, 3 (1950), pp. 193-216.

A. 杜歇纳:《在中国约比利时军团的解散(1900 年)》

Duchesne, Albert, "Les aspects diplomatiques du projet d'expédition belge en Chine en 1900", *Revue Belge de Philologie et d'Histoire*, 32(1) (1954), pp. 77-96.

A. 杜歇纳:《1900 年在中国的比利时远征计划的外交概况》

Duchesne, Albert, "Quand les Belges devaient partir pour la Chine. Un projet d'expédition contre les Boxeurs (1900)", *Carnet de la Fourragère*, 1 (1948), pp.

---

① 丁良才(Frederick Charles Henry Dreyer, 1872～1953), 1896 年作为中华内地会美国成员到山西传教。

② 主要记录了法国耶稣会士苗履(Paul du Cray)和卜致中(Eugène Bosch)在天津被占期间及以后的经历。

③ 本书是在波兰华沙出版的用意第绪语写作的有关义团和运动的著作。

④ 杜步西(Hampden Coit DuBose, 1845-1910), 美国南长老会传教士, 1872 年来华, 后成立中华禁烟联盟。

⑤ 电子资源: http://gallica.bnf.fr/ark:/12148/bpt6k5545004h/f144.image.

⑥ 电子资源: http://archive.org/stream/archivesdemdeci08santgoog#page/n365/mode/2up/search/Chine.

24-48, 62-82. See also "Quand les Belges devaient partir pour la Chine. Un projet d'expédition contre les Boxeurs", in *Collection d'histoire militaire belge*, No. 7. Brussels: Editions Avenir, 1948, pp. 1-45.

A. 杜歇纳:《比利时军人何时去中国:反义和团远征计划》

Ducrocq, Louis, *Représailles en temps de paix—Blocus pacifique suivi d'un étude sur les affaires de Chine (1900-1901)*. Paris: A. Pedone, 1901. 237 pp.

L. 杜克罗克:《和平时期的报复》①

Duiker, William J., *Cultures in Collision: The Boxer Rebellion*. San Rafael, CA: Presidio Press, 1978. xvii+226 pp.

W. J. 杜伊克:《碰撞的文化:义和团运动》②

Dumolard, Henry, "Séoul, Tientsin-Péking (sept. -oct. 1900)", *Revue Bleue*, 4th ser., 15 (1901), pp. 5-12, 36-42, 65-71, 107-113.

H. 杜莫拉尔德:《汉城,天津—北京(1900 年 9~10 月)》③

Dunnell, Mark Boothby, "The Settlement with China", *Forum*, 32(6) (February 1902), pp. 643-661.

邓内尔:《与中国的和解》④

Dunstheimer, G. G. H., "Le mouvement des Boxeurs. Documents et études publiés depuis la deuxième Guerre mondiale", *Revue Historique* 88e année, tome 231 (April-June 1964), pp. 387-416.

杜斯泰梅:《义和团运动,二战以来发表的涉及义和团运动中的宗教和法术的研究与文献》

Dunstheimer, G. G. H., "Religion et magie dans le mouvement de Boxeurs d'après les textes chinois", *T'oung Pao*, 47(3-5) (1959), pp. 323-367.

杜斯泰梅:《谈中国的文章中的义和团运动中的宗教和法术》⑤

"Duo documenta ex tempore boxerorum", *Communicationes pro missionariis vicariatus Tsinanfu Shantung*, 13 (1934), pp. 74-76.

《义和团运动中的两份文献》⑥

---

① 1901 年 3 月 20 日作者将本书作为博士论文提交给校方,书中主要讨论了和平时期特别是国际法视野下所谓的"太平洋封锁"时期。在附录第 175~232 页"关于中国事务(1900-1901 年)"中,作者在探讨义和团冲突中援引了上述概念。

② 周锡瑞曾对此有评述,参见:Joseph W. Esherick, *Journal of Asian Studies* 40(1) (November 1980), pp. 108-109.

③ 此文系亲历者的描述。作者对联合远征军有着特别的兴趣。H. 杜莫拉尔德(Henry Dumolard, 1871~1954),法国人,法学家,曾在东京大学教授法学,1900 年夏末从韩国到天津和北京。

④ 电子资源:http://docs.google.com/viewer?url=http://64.62.200.70/PERIODICAL/PDF/Forum-1902feb/1-20/. 邓内尔(1864~1940),曾是美国驻沪副总领事。

⑤ 收集了 1950 年代末关于义和团运动之宗教与巫术的著述。这些著述还对西文书籍、报刊及档案文献作了对比研究。其内容包括:义和团的历史与神话、成员、领导、同情者、降神附体,以及占卜、咒语、刀枪不入、上法和仪式等。

⑥ 此两份文献均来自于义和团运动时期。其中一封信函是邓牧师在青岛写给方济各会主教马天恩;另外一封信函是高牧师在青岛写给马天恩的。

Dupuy, Richard Ernest and William Henry Baumer, *The Little Wars of the United States*. New York: *Hawthorn Books*, 1968.

D. 理查德德、W. H. 鲍默:《美国的小战争》①

Durand, Louis, *Souvenirs de la campagne de Chine, 1900-1902: comment on exporte la civilisation*. Preface by Marianne Bastid-Bruguière; introduction by Michele Fatica. Naples: Cittaà del Sole; Paris: Librairie philosophique J. Vrin, 2007. 241 pp.

L. 杜杭:《回忆中国之征(1900~1902 年):我们怎样传播文明》②

Dürbig, F. C., "Christliche Missionen in China", *Die Nation*, 18(3) (20 October 1900), pp. 37-38.

F. C. 杜比希:《基督教在华传教团》

Duyvendak, J. J. L., "*Ching-Shan's Diary*: A Mystification", *T'oung Pao*, 33(1937), pp. 268-294.

戴文达:《〈景善日记〉考述》③

Duyvendak, J. J. L., *The Diary of His Excellency Ching-shan*. Lugduni Batavorum [Leiden]: E. J. Brill, 1924. viii + 85 + 48 pp. Also in: *Acta Orientalia*, 3 (Copenhagen 1925), Supplement. Reprinted Arlington, Va.: University Publications of America, 1976. viii+134 pp.

戴文达:《景善日记》④

Duyvendak, J. J. L., "Note on *The Diary of His Excellency Ching-shan*", *Acta Orientalia*, 16 (1938), p. 221.

戴文达:《关于〈景善日记〉的注释》

Duyvendak, J. J. L., "Once More: The so-called Diary of Ching-shan", *T'oung Pao*, 34 (1942), pp. 85-86.

戴文达:《所谓的"景善日记"》⑤

Dyé, Henry, "La situation de la Chine 1900-1901, le soulèvement Boxer et l'expansion française", Bulletin de la Société de Géographie commerciale, 23 (1901), pp. 530-552.

H. 戴耶:《中国形势(1900~1901 年):义和团起义和法国的扩张》

Eberspächer, Cord, "Die Operationen der Kaiserlichen Marine im Yangzigebiet während

---

① 第四章"1900 年远征军"(第 100~122 页)概览了义和团的背景,重新解读了北京被占以及各种解救行动。

② 本书的相关评述见:Lionello Lanciotti, *East and West*, 57(1/4) (December 2007), pp. 415~416. L. 杜龙多(Louis Durand,1874~1962),法国人,海军步兵军官,1900 年 9 月抵达中国,参加了发生在杨村、北塘的战役;此后,他驻扎在耶稣会士的据点献县、马房、秦皇岛;1902 年初回法。

③ 荷兰汉学家戴文达(Jan Julius Lodewijk Duyvendak)对《景善日记》真伪的考察。根据 1924 年其他学者的最新研究,戴文达认为日记乃是伪造,不过却是一份杰出的文学作品。

④ 研究了《景善日记》的真伪,现在该日记被广泛认为是巴恪思(Edmund Backhouse)伪造的。1924 年,戴文达就得出结论说该日记乃是伪造。

⑤ 本文主要解析了程明洲的《所谓〈景善日记〉者》、(《燕京学报》1940 年第 27 期,第 141~169 页)。程的文章为《景善日记》系伪造提供了进一步证据,认为其目的是洗脱荣禄在义和团运动兴起中的罪行。

des Boxeraufstandes", in Susanne Kuß & Bernd Martin (eds.), *Das Deutsche Reich und der Boxeraufstand*. (ERGA. Erfurter Reihe zur Geschichte Asiens, Vol. 2). Munich: IUDICIUM Verlag, 2002; pp. 123-144.

柯德·埃伯施拜希:《义和团运动期间德国海军在长江流域的活动》

Eberspächer, Cord, " Ein Ohmstedter in China. Aus einem Bericht über den Boxeraufstand 1900～1901", *Oldenburger Jahrbuch*, 98 (1998); pp. 107-119.

柯德·埃伯施拜希:《一个在中国的沃姆斯提特人:摘自关于1900～1901年义和团运动的一篇报道》①

"Les 'échappés'", *Chine et Ceylan*, 2 (December 1900), pp. 161-184.

《逃亡者》②

Eckl, Andreas E. (ed.), "*Man wird wohl später sich schämen müssen, in China gewesen zu sein*". *Tagebuchaufzeichnungen de Assistenzarztes Dr. Georg Hillebrecht aus dem Boxerkrieg 1900-1902*. Essen: Eckl, 2006. 347 pp.

A. E. 埃克尔编:《人们以后也许会为在中国的所作所为感到羞愧》③

Ed. Agnius, Missionnaire, massacré en Mandchourie, 1874-1900. Notes et Souvenirs avec Portrait. Lille: Imprimerie de la Croix du Nord, [1900]. vi+120 pp.

《阿格纽斯传教士在满洲里被杀害(1874～1900年):笔记、回忆和画像》④

Eddy, George Sherwood, *Horace Tracy Pitkin: Missionary, Advocate, and Martyr*. [S. l.: s. n., 19—]. 32 pp. At Yale Divinity School Library, Day Missions Room. MR7 P682 Xed24.

艾德:《毕得经:传教士、宣传家、殉教者》⑤

Edgerton, Robert B., *Warriors of the Rising Sun: A History of the Japanese Military*. Boulder, Colo.: Westview Press; New York: W. W. Norton, 1997.

R. B. 埃杰顿:《朝日武士:日本军事史》⑥

Edkins, Joseph, *The Recent Changes at Peking, and Recollections of Peking*.

---

① 关注了H. 哈斯林德(Heinrich Haslinde,1879～1926)。此人来自德国北部的一个小村长,义和团战争时期志愿参加德国远征军,任士官。他的日记及信函汇编,出版于1900年,详见:digital. lb-oldenburg. de/ihd/content/pageview/230217.

② 关注了从直隶东南耶稣会逃脱的卜致中(Eugène Bosch,1850～1903)、毕如春(Emile Japiot, 1849-1902)、贺乐耽(Joseph Hoeffeand,1839～1905)、杨印溪(Joannes Yang,1863～1944)。

③ 安德烈亚斯E. 埃克尔(Georg Michael Ferdinand Hillebrecht, 1874～1944),德军外科助理医师。本书记述了德国远征军在直隶的活动。编者选用此标题,也暗示出格底斯的怀疑,即"我们以后会为对在中国的所作所为感到羞愧。"

④ 关注了巴黎外方传教会的阿格纽斯斯(Concerns Edouard-Eugène-Joseph Agnius,1874～1900)。此人于1900年7月11日在满洲里被害。

⑤ 毕得经(Horace Tracy Pitkin,1869～1900),1896年毕业于耶鲁大学,美国北长老会传教士。1900年7月1日在保定因保护两名女性传教士而被砍头。艾德(George Sherwood Eddy,1871～1963)是毕得经在纽约联合神学院时的同班同学,此人此后成为亚洲的主要福音传道者。

⑥ 描述了日本的士兵从骑士精神到二战暴行的转变。其中有一章"义和团运动:世界眼睛下的日本",指出日本在西方中庆祝其骑士在20世纪初的胜利。

Shanghai: Shanghai Mercury, 1902. 15 pp.

艾约瑟:《北京近来的变化和关于北京的回忆》①

Edwards, E. H., "Boxer Massacres in Taiyuenfu", *The East of Asia Magazine*, 3(4) (June 1904), pp. 100-102.

叶守真:《义和团在太原府的屠杀》②

Edwards, E. H., *Fire and Sword in Shansi: The Story of the Martyrdom of Foreigners and Chinese Christians*. With introductory note by Alexander Maclaren. Edinburgh and London: Oliphant Anderson & Ferrier; New York: Fleming H. Revell, 1903. 325 pp. New ed., with additional chapter: Edinburgh: Oliphant Anderson & Ferrier, 1907. 334 pp. Reprint of the 1903 ed.: New York: Arno Press, 1970. 325 pp.

叶守真:《山西的火与剑:外国人与中国教民的殉难》

[Edwards, Eben Henry], Further News of the Massacres in Shansi. Shanghai: Shanghai Mercury, Ltd., [1900]. 13 pp.

叶守真:《有关山西屠杀的其他信息》

Edwards, E. H., "The Sheo-Yang and Tai-Yüen-fu Medical Mission. An Attempt to Reach the Surviving Native Christians" (Extracts from the Diaries of Dr. E. H. Edwards), *All Nations: An Illustrated Monthly Missionary Magazine*, 1(4) (February 1901), supplement, pp. 63-64; 1(5) (March 1901), supplement pp. 79-80; 1(7) (May 1901), supplement p. 111; 1(9) (July 1901), supplement p. 144; 1(11) (September 1901), supplement p. 176; 1(12) (October 1901), supplement, p. 192.

叶守真:《寿阳和太原府的医疗差会》③

Edwards, Neville, *The Story of China, with Description of the Events Relating to the Present Struggle*. London: Hutchinson; Philadelphia: J. B. Lippincott, 1900. 128 pp.

N. 爱德华兹:《中国故事,当前斗争有关事情之描述》④

Edwards, Samuel (pseud.), *55 Tage in Peking*. 2nd German ed. (Heyne-Buch, 238). Munich: Heyne, 1963. 170 pp.

S. 爱德华兹:《在北京的 55 天》⑤

Edwards, Susannah Florence, "Shanxi Converts", *All Nations: An Illustrated*

---

① 艾约瑟(Joseph Ekins,1823～1905),英国人,伦敦会传教士,1848 年来华,1880 年任清海关译员。

② 叶守真 (Eben Henry Edwards,1854～1945),内地会传教士。1882 年作为医疗传教士来华,在太原传教;1896 年调往寿阳差会(加入浸信会)。

③ 提到了叶守真曾于 1902 年回到英国,详见:*All Nations* 2, No. 18 (April 1902), pp. 85-86.

④ N. 爱德华兹(Neville Perrin Edwards,1866～1956),英国人,旅行作家,曾出版关于军事战争的著述。

⑤ 德文翻译主要是参考了 P. 约旦和 B. 高登的版本。S. F. 爱德华兹(Susannah Florence Edwards,1856～1916)为叶守真之妻。

Monthly Missionary Magazine, 1(10) (August 1901), pp. 155-156.

S. F. 爱德华兹:《山西皈依者》

Edwards, Susannah Florence, "Valiant Saints; or Martyrs of Jesus. Sketches of Soldiers of Christ Who Laid Down Their Lives in Tai-yuen-fu, Shanxi", *All Nations: An Illustrated Monthly Missionary Magazine*, 1(5) (March 1901), pp. 67-68; 1(6) (April 1901), pp. 89-90.

S. F. 爱德华兹:《勇敢的圣徒或殉道者;山西太原牺牲教士概览》

Efler, Gert, *Der Feldzug in China 1900/01 (Boxeraufstand). Betrachtungen zur politischen Lage und zu den Aktivitäten des deutschen Expeditionskorps einschliesslich seiner Gliederungen in Ostasien; Hintergründe der Stiftung einer Denkmünze für kriegerische Ereignisse in China sowie deren zugehörige Gefechtsspangen*. (Orden-Militaria-Magazin, 43, 10. Jahrgang). Steinau: Bund Deutscher Ordenssammler; Munich: Förderkreis Deutsches Ordensmuseum, 1991. 44 pp.

盖特·艾弗勒:《1900/1901年中国远征(义和团运动):观察政治局势和德国远征军活动包括其在东亚地区的划分;捐赠一枚中国军事冲突纪念章及其附属战斗勋章别针的背景》

Eichler, E. Reinhard, "Ein Beitrag zur Aufklärung in Sachen der chinesischen Mission", *Die Christliche Welt*, 14(34) (23 August 1900), pp. 794-200.

E. 莱因哈特·艾希勒:《中国传教事宜的说明》

Eickhof-Metzing, Petra, *Sai Jin-Hua (1874-1936). Eine bemerkenswerte Frau der ausgehenden Qing-Zeit*. Hamburg, 1998. xiii+180 pp.

佩特拉·艾克霍夫-迈岑:《赛金花(1874～1936年):清朝末年的传奇女子》①

The Eight-Power Allied Forces through Foreigners' Camera: 1900-1901. Beijing: Foreign Languages Press, 2001. 216 pp.

《外国人镜头下的八国联军(1900～1901年)》②

"Einige Angaben über die Infanteriebewaffnung der in China beteiligten Mächte", *Streffleur's Österreichische Militärische Zeitschrift*, IV (1900), pp. 51-55.

《关于在华列强步兵装备的说明》

"Einige Bemerkungen über Transportmittel, Unterkunft und Pferdematerial in China", *Militär-Wochenblatt* 85, No. 81 (1900), col. 1965-1970.

《关于在华运输工具、住宿和马匹的意见》

[Elets, IUlii Lukianovich], Conférence du Capitaine Eletz, Chef d'escadron de la Garde impériale russe faite à la Société Royale de Géographie d'Anvers le 9 octobre 1903.

---

① 作者曾将其作为博士论文于1990年提交给汉堡大学,共180页。

② 本书分为中英版本,由中国人权发展基金会和中国第一历史档案馆共同编辑出版,主要收集外国人拍摄的照片。1996年从克里斯蒂拍卖行拍得之后捐赠给北京的中国国家档案馆。

"La Mongolie orientale et les Missions belges pendant la révolte de ce pays en 1900", *Bulletin de la Société Royale de Géographie d'Anvers*, 27 (1903), pp. 335-355.

埃尔茨上尉:《1900 年这个国家"造反"时期的东蒙古和比利时传教团》

Elleman, Bruce A., "The Boxer Anti-Foreign Uprising", in idem, *Modern Chinese Warfare, 1795-1989*. London: Routledge, 2001, pp. 116-137.

B. A. 艾乐曼:《义和团排外运动》

Elli, Eugenio (PIME), *"Rospo" e "Fior di loto": recconto cinese del tempo della rivolizione dei Boxers. 1900*. Milano: Istituto Missioni Estere, 1924. 126 pp.

E. 艾利:《义和团运动中的中国故事》

Elliott, Jane E., "American Photographs of the Boxer Rising", *History of Photography*, 21(2) (Summer 1997), pp. 162-169.

甄爱廖:《美国人照片下的义和团运动》

Elliott, Jane E., "Who Seeks the Truth Should Be of No Country: British and American Journalists Report the Boxer Rebellion, June 1900", *American Journalism*, 13(3) (Summer 1996), pp. 255-285.

甄爱廖:《英美记者关于义和团运动的报道》

Elliott, Jane E., *Some Did It for Civilisation, Some Did It for Their Country: A Revised View of the Boxer War*. Hongkong: Chinese University Press, 2002. xliii +610 pp.

甄爱廖:《义和团运动的再解读》①

Elm, Ludwig, "Die Sozialdemokratische Partei Deutschlands und der antiimperialistische Volksaufstand (Boxeraufstand) in China im Jahre 1900", *Wissenschaftliche Zeitschrift der Friedrich-Schiller-Universität Jena. Gesellschaft und sprachwissenschaftliche Reihe*, 7 (1957/1958), pp. 307-316.

路德维希·艾尔姆:《德国社会民主党和 1900 年中国的反帝人民起义(义和团运动)》

Elterich, W. O., "Causes of the Troubles in China", *Missionary Review of the World*, 23(8) (August 1900), pp. 631-635.

伊威廉:《中国动乱的一些原因》②

Elvin, Mark, "Mandarins and Millenarians: Reflections on the Boxer Uprising of 1899-1900", *Journal of the Anthropological Society of Oxford*, 10(3) (1979), pp. 115-138. Reprinted in Hugh D. R. Baker & Stephan Feuchtwang (eds.), *An Old State in New Settings: Studies in the Social Anthropology of China in Memory*

① 相关评述见:David D. Buck, *The China Quarterly*, 173 (March 2003), pp. 234-237; Nicholas Clifford, *The American Historical Review*, 108(3) (June 2003), p. 807; Klaus Mühlhahn, *China Review International*, 9(2) (2003), pp. 402-405.

② 伊维廉(William Otto Elterich, 1865～1929),生于瑞士,后加入美国籍,美国北长老会传教士,1889 年到鲁东传教。该文系从《长老会旌旗》(*The Presbyterian Banner*)摘编而来。

of Maurice Friedman (JASO Occasional Papers, 8). Oxford: JASO, 1991; pp. 223-247. Also reprinted as Chapter 7 in: Mark Elvin, *Another History: Essays on China from a European Perspective* (The University of Sydney East Asian Series, 10). Broadway, NSW: Wild Peony 1996, pp. 197-226.

伊懋可:《官员与千禧年运动:1899～1900年义和团运动的反思》

"L'emprunt et les indemnités chinoises", *Bulletin du Comité de l'Asie française*, (December 1901), pp. 384-395.

《中国借款和赔偿》

Engström, Sigrid, *Flykten eller " För Gud är ingenting omöjligt ". Tre missionssystrars resa från det inre af Kina till kusten* (The Flight or "For God nothing is impossible". The journey of three Mission sisters from inland China to the coast). Stockholm: Svenska Tryckeribolaget Ekman & Co., 1900.

《义和团运动期间瑞华会三位女修从河南跑到海岸线的经历》①

Enzberg, Eugen von, *Drachenbrut. Anteilnahme Deutschlands an den Kämpfen in China*. Berlin: W. Dünnhaupt, 1901. 240 pp.

欧根·冯·恩茨贝克:《暴徒:德国在中国参战》②

Enzberg, Eugen von, *Krieg in China: Land und Leute in China und die Expeditionen der vereinigten Mächte 1900/1901*. Der reiferen Jugend erzählt von Eugen von Enzberg. Mit zahlreichen illustrationen zum Teil nach Momentaufnahmen und einer Karte des Kriegsschauplatzes. Berlin: Globus-Verlag, 1901.

欧根·冯·恩茨贝克:《在中国的战争:中国和中国人民以及1900～1901年列强联军的远征》

Erbar, Ralph, "Kein Pardon! Die 'Hunnenrede' Wilhelms II. und ihre Geschichte", *Praxis Geschichte*, 20(6) (2007), pp. 14-17.

拉尔夫·艾尔巴:《不饶恕!威廉二世的"匈奴演讲"及其历史》

Erbar, Ralph, "'Peking muß rasiert werden'. Die europäischen Großmächte und der 'Boxeraufstand' in China 1900/01", *Praxis Geschichte* Heft 4: "China im 20. Jahrhundert" (Braunschweig: Westermann, 1994), pp. 12-16.

R. 艾尔巴:《"须把北京夷为平地":欧洲列强与1900～1901年中国的"义和团运动"》③

---

① 记述了三位瑞华会传教士在义和团运动期间从河南跑到海岸线之经历,其外文名分别是:Misses Emma Anderson (1863～?), Maria Pettersson (1873～?), Sigrid Engström (1864～?)。

② 历史小说。E. 冯恩茨贝格(Eugen von Enzberg, 1858～1908),历史冒险小说家,其读者群主要是青少年。小说反映了德国参与义和团战争的狂热爱国主义 。在前言中,他指出:"这是1870年(普法战争)结束之后德国之外的爱国主义特质之表现,其贯穿始终且令人耳目一新。"该段的其他内容,实际上与另外一部著作类同。详见:*Alfred von Müller, Unsere Marine in China*.

③ 简要介绍了义和团运动时期的欧洲列强,其中提到"北京已被夷为平地" 乃是德国皇帝1900年6月19日给外交大臣冯比洛伯恩哈德的指示。

"Die Ergebnisse des chinesischen Feldzugs", *Die Grenzboten*, 60(28) (11 July 1901), pp. 49-53.

《中国远征的结果》

"Erhebung des Nationalismus in China", *Historisch-politische Blätter für das katholische Deutschland*, 126 (Munich 1900), pp. 292-305.

《中国民族主义的兴起》

Ernst, Jakob, *Zur "gelben Gefahr" nebst Schlussbemerkungen zur Missionsfrage.* (Zeitfragen des christlichen Volkslebens 19, Heft 7). Stuttgart: Belser, 1904. 52 pp.

雅各布布·恩斯特:《关于"黄祸"及传教问题》①

"Eroberung der Takuforts am 17. Juni 1900", *Militär-Wochenblatt*, 85 No. 77 (1900), col. 1871-1877.

《1900 年 6 月 17 日占领大沽炮台》

Esherick, Joseph W., *The Origins of the Boxer Uprising*. Berkeley: University of California Press, 1987. xix+451 pp.

周锡瑞:《义和团运动的起源》②

Eskridge-Kosmach, Alena, "The Boxer Rebellion and the Standpoint of the Russian Press", *Journal of Slavic Military Studies*, 26(3) (July-September 2013), pp. 414-438.

阿莱纳:《义和团运动与俄国媒体的立场》

Eskridge-Kosmach, Alena N., "Russia in the Boxer Rebellion", *Journal of Slavic Military Studies*, 21 (2008), pp. 38-52.

阿莱纳:《义和团运动中的俄国人》

Estournelles de Constant, baron d', "Le problème chinois", *Revue Politique et Parlementaire*, 26 (10 November 1900), pp. 217-241.

① 作者不同意"黄祸论"这个概念,相反,他批评了解除北京使馆被围之后外国士兵令人遗憾的所作所为。雅各布·恩斯特(Ernst Jakob,1836～1904)来自于爱沙尼亚,德文记者及作家,其笔名为 Freiherr von Ungern Sternberg。

② "作者令人信服地论证了拳民乃是清廷的支持者而不是叛军,其排外暴乱只能通过社会经济关系和民众文化习俗进行考察。同时,对于中国的西方帝国主义这个长期的争论,周书强调了对拳民传统世界的外力因素。特别是强行进入中国的基督教和外国消费品,以及 1895 年甲午战争中国失败所带来的灾难性影响。"[参见: H. R. Chauncey, *Choice*, 25 (November 1987), p. 530.]相关评述见: Kwang-Ching Liu, *Modern China* 15(1) (January 1989), pp. 102-116; Daniel H. Bays, *American Historical Review*, 94(1) (February 1989), pp. 195-196; Philip A. Kuhn, *The Journal of Asian Studies*, 47(3) (August 1988), pp. 592-593; Michael R. Godley, *The Australian Journal of Chinese Affairs*, No. 21 (January 1989), pp. 212-213; Mary Backus Rankin, *Journal of the American Oriental Society*, 109(1)(January-March 1989), pp. 107-108; Donald MacInnis, *Missiology: An International Review*, 18(1) (1990), pp. 98-99; Prasenjit Duara, *The International History Review*, 10(1)(1988), pp. 150-153; William T. Rowe, *Journal of Asian History*, 21(2) (1987), pp. 201-202; Susan Mann, *Agricultural History*, 63(4) (1989), pp. 91-92.

埃斯图内勒·德·贡斯当男爵:《中国问题》①

Estrange, Gabriel d', *Les Boxeurs chinois, ou les mystères de la Chine sanglante.* Grand roman historique et de mœurs. Brussels: J. Hoste, 1900.

G. 埃斯当日:《中国义和团,或血腥中国的秘密》②

"L'Europe en Chine", *Revue de Paris* Année 7, Tome 5 (1 September 1900), pp. 1-17.

《欧洲在中国》

"Die evangelische Mission in der Provinz Tschili", *Die evangelischen Missionen*, (1900), pp. 200-204.

《基督教新教在直隶省的传教活动》

"Les Événements militaires en Chine (1900-1901)", *Revue Militaire des armées étrangères*, 57(879) (February 1901), pp. 134-149; 57(880) (March 1901), pp. 221-246; 57(881) (April 1901), pp. 337-349; 57(882) (May 1901), pp. 395-408; 57(883) (June 1901), pp. 475-481; 58(884) (July 1901), pp. 47-54; 58(885) (August 1901), pp. 108-117; 58(886) (September 1901), pp. 190-196; 58(887) (October 1901), pp. 247-260; 58(888) (November 1901), pp. 318-337; 58(889) (December 1901), pp. 401-412; 59(890) (January 1902), pp. 49-66; 59(891) (February 1902), pp. 150-178; 59(892) (March 1902), pp. 256-263.

《中国的军事事件(1900～1901年)》③

"Expédition de Chine", *Bulletin international des Sociétés de la Croix-Rouge*, 125 (January 1901); 126 (April 1901).

《中国的远征》

"Die Expedition Viceadmirals Seymour gegen Peking", *Neue Militärische Blätter*, 57 (1900), pp. 464-475.

《海军中将西摩尔向北京进军》

"Expulsion de Tai-ming-fou. Tribulations et vie errante de six missionnaires", *Chine et Ceylan*, 2 (March 1901), pp. 239-274.

《逐出大名府;六名传教士的磨难和流浪生活》

Fan Wön-lan [Fan Wenlan], *Neue Geschichte Chinas*. Vol. I: *1840-1901*. Berlin (East): Deutscher Verlag der Wissenschaften, 1959. xii+575 pp.

---

① 作者认为,受拳民之挑衅,外国列强必须继续保持联合,且必须通过国际会议这种最佳途径来解决中国问题。与其前期著述观点一致,作者继续提到了中国的经济潜力。他认为,欧洲实际上已经开始组织开展对中国的攻击,延缓后者从防御到进攻的过程。埃斯图内勒·德·贡斯当男爵(Paul-Henri-Benjamin Balluet d'Estournelles, Baron de Constant de Rebecque,1852～1924),法国人,外交官员,政治家,作家。此人宣扬国际仲裁,并于1900年获诺贝尔和平奖。

② 历史小说。其作者的真正名字是G. 埃克豪德(Georges Eekhoud, 1854～1927)。编者在说明中声称,义和团抵御了殖民者、传教士、欧洲实业家,并将当前的事件与欧洲长时期以来在黄土地制造的持续黑暗及残忍悲剧联系起来。

③ 关于外国军队的定期报告,由法国军队总参谋部发布,时间上从俄军在东北的活动为始,涵盖了1900～1901年中国发生的事件。第888号报告开始于联军炮轰大沽炮台,接着提及天津战役,最后是进攻并占领北京。

范文澜:《中国近代史(1840～1901年)》第1卷[①]

Fanego, Justina, *Dar vida: ¡una comunidad que se entrega a la muerte para dar vida!* Roma: Franciscanas misioneras de María; [Saint-Maur]: Sépia éd., 2000. 85 pp.

J. 法内戈:《传教团体之死》[②]

Fasil, Tommaso, *Una pagina dalla Cina. Cause ed effetti della rivoluzione del 1900.* Udine: Tipografia del "Crociato", 1903. xxi+395 pp.

范遵师:《1900年义和团运动的原因及其影响》[③]

Fatica, Michele, "The Boxer Uprising Seen through the Reports Sent by Guido Amedeo Vitale to the Italian Newspapaer La Tribuna", in Antonino Forte & Federico Masini (eds.), *A Life Journey to the East: Sinological Studies in Memory of Giuliano Bertuccioli (1923-2001).* Italian School of East Asian Studies Essays: Vol. 2. (Kyoto: Scuola Italiana di Studi sull' Asia Orientale, 2002), pp. 263-278.

威达雷:《义和团战争:以威达雷寄往意大利的〈画廊杂志〉为视角》[④]

Fatica, Michele, "Les massacres de Tianjin et de Pékin en 1900 recontés par Guido Amedeo Vitale", in Louis Durand, *Souvenirs de la campagne de Chine, 1900-1902: comment on exporte la civilisation.*

威达雷:《1900年天津和北京的屠杀》[⑤]

Fattore, Fabio, *Gli italiani che invasero la Cina: cronache di guerra 1900-1901.* Milano: Sugarco, 2008. 220 pp.

F. 法托雷:《意大利人入侵中国(1900～1901年)》[⑥]

Faucher, Béatrice, "Etude des mouvements paysans en Chine dans l'historiographie soviétique". *Thèse de 3e* cycle sous la direction de Jean Chesneaux, Université

---

① 翻译自L. E. 贝尔辛(Lydia E. Behrsing)所编之俄文版本,并审校了S. 贝尔辛(Siegfried Behrsing)所翻译范文澜1954年出版的《中国近代史》。关于义和团运动这一章节,名为"Die 'I-ho-twan'—eine Bewegung gegen die Aufteilung Chinas durch die Imperialisten, 1895-1901 (21. bis 27. Jahr Gwang-ssü)"。

② 英文译本:Fanego, Justina, *In Order to Give Life!: A Community that Delivered Itself up to Death.* Clamecy: Nouvelle Imprimerie Laballery, 2000. 85 pp. 法文译本:Fanego, Justina, *Donner sa vie: une communauté présente jusqu'à la mort.* Saint-Maur: Sepia, 1997, 2000. 85 pp. 意大利语译本:Fanego, Justina, *Dare la vita: una comunità fedele fino alla morte.* Roma: Francescane missionarie di Maria, 2000 (Clamecy: Nouvelle imprimerie Laballery). 85 pp. 荷兰语译本:Fanego, Justina, *Zij gaven hun leven: een gemeenschap getrouw tot in de dood.* Oestgeest: Colomba, cop. 2000. 88 pp. 斯洛文尼亚语译本:Fanego, Justina, *Dati življenje: skupnost navzoĉa do konca.* Lesce: Inštitut franĉiškank Marijinih misijonark, 2000. 79 pp. 主要描述了玛利亚方济各传教女修会的七名传教士。她们1899年来华传教,主要是照顾穷人;1900年被害;1946年被行宣福礼;2000年10月1日被正式宣布为殉教者。

③ 范遵师(Tommaso Fasil,宗教名 Cherubino da Sappada,1867～1922),意大利人,方济各会传教士,1890年在山西北部传教。

④ 威达雷(Baron Guido Amedeo Vitale,1872～1918),意大利人,杰出的汉学家。1894年任翻译秘书;1914年与其中国妻子返回意大利。在北京使馆被围时逃脱活命;在那不勒斯,因围观两个罪犯争执而被杀死。

⑤ 巴斯蒂为该书作序,樊米凯(Michele Fatica)撰写前言。相关信息见:Naples: Cittàdel Sole. Paris: Librairie philosophique J. Vrin, 2007; pp. 17-33.

⑥ 目录可见:http://catdir.loc.gov/catdir/toc/casalini07/0809876X.pdf.

Paris Diderot-Paris 7, 1977. 363 f.

B. 福色:《苏联史书中的中国农民运动研究》

"Faux témoins contre les missionnaires", *Études* 38e année, tome 89 (20 December 1901), pp. 721-738.

《反传教士的假见证》①

Favier, Alphonse, "Answering to the Charges of Looting", *Catholic World*, 74 (December 1901), pp. 387-390.

樊国梁:《回应北京掠夺的指控》②

Favier, Alphonse, *Assedio in Pechino*; *Morte di mons. Fogolla e dei suoi cristiani*; *Rovine di Tai-yuen-fu*. Bologna: Tipografia arcivescovile, 1902. 63 pp.

樊国梁:《围攻北堂》

Favier, Alphonse, "Die Belagerung des Petang", *Katholische Missionen*, 29 (Freiburg i. Br. 1901), pp. 73-76, 98-103.

樊国梁:《围攻北堂》

Favier, Alphonse, "Les derniers événements de Chine. Conférence de Mgr Favier", *Bulletin de la Société de Géographie de Marseille*, 25 (1901), pp. 41-46.

樊国梁:《中国最近的事件》

Favier, Alphonse, "Dopo l'assedio del Petang", *Le Missioni Cattoliche*, 31 (1902), pp. 182-185.

樊国梁:《北堂教堂被占》

Favier, Alphonse, "Due mesi di assedio di Pechino", *Le Missioni Cattoliche*, 30 (1901), pp. 7-9, 20-22, 30-32, 40-44, 56-58.

樊国梁:《北京被围两月记》

Favier, Alphonse, "Origine de la crise des Boxeurs", *Revue Française de l'étranger et des colonies et exploration*, 25 (August 1900), pp. 464-471.

樊国梁:《义和团危机的起源》

Favier, Alphonse, *Péking: histoire et description*. Paris: Desclée, de Brouwer, 1902. 416 pp.

樊国梁:《北京:历史与描写》

Favier, Alphonse, "La persécution en Chine", *Annales de la Propagations de la Foi*, 73 (1901), pp. 16-22.

樊国梁:《在中国的迫害》③

---

① 两位天主教传教士 Joseph Desmarquest 和 Jérôme Tobar 驳斥了法媒对传教事业的敌意。也可参见: Joseph Desmarquest, Faux témoins contre les missionnaires, *Chine*, *Ceylan*, *Madagascar*, 4 (June 1902), pp. 57-63.

② 作者名字被误标注为 Adolph Favier。樊国梁(Pierre-Marie-Alphonse Favier,1837～1905),法国人,遣使会传教士,北京被围之时负责北堂教堂的保卫工作。

③ 绘制了北堂教堂被占之后的地址,并附有主教樊国梁的信函,标注日期为 1900 年 9 月,地址为天津,该函总结说北堂教堂遭受到很大破坏。

Favier, Alphonse, "Siège de la mission catholique du Pé-tang", *Annales de la Congrégation de la Mission*, 66 (1901), pp. 55-124.

樊国梁:《天主教北堂之围》

Favier, Alphonse, "La situation politique et religieuse en Chine et ses causes", *Missions Catholiques*, 31 (1899), pp. 97-101. Italian version in: *Le Missioni Cattoliche*, 28 (Milan 1899), pp. 121-125.

樊国梁:《中国的政治和宗教形势及其原因》

Favier, Alphonse, "Sur l'avenir de la Chine", *Annales de la Propagation de la Foi*, 74 (1902), pp. 15-25.

樊国梁:《中国的未来》

"The Feast of the Chinese Martyrs", *The Censer* (the Monthly Newsletter of the Orthodox Metropolitanate of Hong Kong and Southeast Asia), 2(6), pp. 5-7. Reprinted in *OCMC Magazine*, 15(2) (Orthodox Christian Mission Center).

《中国殉道者的盛宴》①

Fehl, Julius, *The Germans to the Front? Mit einer Batterie schwerer Haubitzen im "Boxerkrieg". Ein Tagebuch der deutschen Expedition nach China 1900-1901*. Hrsg. von Gerhard und Renate Fehl. (Schriftenreihe Lebenserinnerungen, 44). Hamburg: Verlag Dr. Kovač, 2002. 204 pp.

尤里乌斯·费尔:《德国人上前线? 随一支重榴炮连参与"义和团战争":一本德国1900～1901年远征中国时的日记》②

Feigl, Hermann, "Der Aufstand der Boxer", *Oesterreichische Monatsschrift für den Orient*, 26(7) (July 1900), pp. 73-76; 26(8) (August 1900), pp. 85-87.

赫尔曼·费格尔:《义和团运动》

Feilitzsch, Heribert von, *In Plain Sight: Felix A. Sommerfeld, Spymaster in Mexico, 1908-1914*. Amissville, VA: Henselstone Verlag, 2012.

H. 法伊利奇:《F. A. 索末菲在墨西哥(1908～1914年)》③

Felber, Roland, "Die Kriegserklärung der Kaiserinwitwe vom 21. Juni 1900 und die Belagerung des Gesandtschaftsviertels", in Susanne Kuß & Bernd Martin (eds.), *Das Deutsche Reich und der Boxeraufstand*. (ERGA. Erfurter Reihe zur Geschichte Asiens, Vol. 2). Munich: IUDICIUM Verlag, 2002; pp. 59-75.

罗兰·费尔伯:《1900年6月21日太后的宣战和对使馆区的围攻》

Felber, Roland & Horst Rostek, *Der "Hunnenkrieg" Kaiser Wilhelms II*:

---

① 概述了义和团运动期间中国教民殉道的情况,详见:http://www.angelfire.com/va/ALLSAINTS/martyrs/nmchina.html and 4 subsequent parts.

② 尤里乌斯·费尔(Julius Fehla, 1868～1947),英国巴伐利亚军军官,曾赴中国参加德国东亚远征军,并留下日记记述义和团战争,其中包括重型榴弹炮战役。

③ 第三章名为"在中国服务"。F. A. 索末菲(Felix Abraham Sommerfeld, 1879～?),采矿工程师,在墨西哥的德国特工,1900～1902年在德国东亚远征从事军志愿服务。

imperialistische Intervention in China 1900/1901. (Illustrierte historische Hefte, 45). Berlin (Ost): Deutscher Verlag der Wissenschaften, 1987. 43 pp.

罗兰·费尔伯、霍斯特·罗斯泰克:《德皇威廉二世的"匈奴战争":1900～1901 年帝国主义国家对中国的干涉》

"Feldpostbriefe aus China", *Daheim. Ein deutsches Familienblatt*, 37(14) (5 January 1901), pp. 13-14; 37(17) (26 January 1901), p. 14; 37(18) (2 February 1901), pp. 14-15; 37(24) (16 March 1901), pp. 20-23; 37(28) (13 April 1901), pp. 14-16; 37(37) (15 June 1901), pp. 19-20; 37(38) (22 June 1901), pp. 20-23.

《来自中国的战地邮件》

Feldt, Alexander, "Feldpostbriefe von Alexander Feldt aus China an seine Mutter Emma Feldt (11. 5. 1900-21. 8. 1901)", in Dietlind Wünsche, *Feldpostbriefe aus China-Wahrnehmungs- und Deutungsmuster deutscher Soldaten zur Zeit des Boxeraufstandes 1900/1901*. Berlin: Christoph Links Verlag, 2008. Appendix 1, pp. 371-452.

亚历山大·费尔特:《亚历山大·费尔特从中国寄给母亲艾玛·费尔特的战地邮件(1900 年 5 月 11 日至 1901 年 8 月 21 日)》①

Felsing, Otto, *Gert Janssens China-Fahrten. Reise- und Kriegserlebnisse eines jungen Deutschen*. (Julius Lohmayer's Vaterländische Jugendbücherei für Knaben und Mädchen, 14.) Munich: J. F. Lehmanns Verlag, 1901. xv+464 pp.

奥托·费尔兴:《盖特·杨森的中国之行:一个德国年轻人的游历和战争经历》

Fenn, Courtenay H., "American Marines in the Siege of Peking", *Independent*, 52 (29 November 1900), pp. 2845-2849.

芳泰瑞:《北京被围期间的美国海军陆战队》②

Fenn, Courtenay H., "Food Supply during the Siege", *Independent*, 52 (6 December 1900), pp. 2917-2920.

芳泰瑞:《被围期间的食品供应》

Fenn, Courtenay H., "In the Matter of Loot", *The Presbyterian Banner*, (11 April 1901).

芳泰瑞:《关于掠夺的问题》

Fenn, Courtenay H., *The Marvelous Providence of God in the Siege of Peking*. New York : Board of Foreign Missions of the Presbyterian Church in the U. S. A., [n. d.]. 30 pp.

芳泰瑞:《北京被围期间的美国海军陆战队》

---

① H. E. V. A. 菲尔特(Hans Erich Victor Alexander Feldt,1869～?),德国军官,1900～1901 年为德国东亚远征军成员。

② 作者高度褒扬了美国海军陆战队,认为其保护了诸多中国教民,并抵御义和团的猛烈攻击,防止后者逼近公使馆。芳泰瑞(Courtenay Hughes Fenn,1866～1927),美国人,北长老会传教士,曾在华北传教。

Ferguson, Harley Bascom, *Report on the Engineer Equipment of the Allied Troops: Serving with the China Relief Expedition, 1900-1901*. (Professonal Papers of the Corps of Engineers, U. S. Army, 30). Washington: Government Printing Office, 1901. 42 pp.

H. B. 费尔居松:《八国联军赴华救援中的机械装备》①

Ferioli, Alessandro, "La rivolta dei boxers", *I Bersaglieri*, periodico della Associazione Bersaglieri della Regione Autonoma Friuli-Venezia Giulia (Nos. 4/2000, 1/2001, 2/2201, 3/2001).

亚历山德罗·费廖利:《义和团起义》②

Ferrando, Luigi, *L'Opera della R. Marina in Cina: dall'assedio delle Legazioni nel 1900 al 1930*. Firenze: Vallecchi, 1935. 582 pp.

L. 费兰多:《在中国的意大利海军》

Ferrante, Carmine, "Le operazioni italiane fuori dal territorio nazionale nel corso delle storia: l'intervento italiano nella Rivolta dei Boxer-Un caso di studio". Tesi di Laurea in Geografia Politica, Università degli Studi di Trieste Facoltà di Scienze Politiche, 2002-2003. iii+100 pp.

C. 费兰特:《意大利与义和团运动》

Fesser, Gerd, "'Pardon wird nicht gegeben!' Die 'Hunnenrede' Kaiser Wilhelms II. Eröffnete einen blutigen Rachefeldzug des deutschen Militärs in China". *Die Zeit*, (27 July 2000), p. 68.

盖特·费瑟尔:《"不饶恕!"——德皇威廉二世的"匈奴演讲"开启了德军在华的血腥复仇之战》

Fevyer, W. H. and J. W. Wilson (comps.), *The China War Medal 1900 to the Royal Navy and Royal Marines*. London: London Stamp Exchange, 1985. 164+34 pp. Reprinted: Uckfield, England: Naval & Military Press, 2001.

W. H. 法维尔、J. W. 威尔逊编:《授予皇家海军和皇家海军陆战队的1900年中国战争勋章》③

Fiamingo, G. M., "Christian Missions and European Politics", *The Open Court*, 14 (11) (November 1900), pp. 689-693.

G. M. 费尔明格:《基督教会与欧洲统治》

---

① H. B. 费尔居松(Harley Bascom Ferguson,1875～1968),美国人,1900～1901年随中国救援军来华时任工程兵上尉。

② 电子资源:http//itcleopardi. scuolaer. it/page. asp? Tipo=GENERICO&IDCategoria=1994&IDSezione=7831&IDOggetto=5051.

③ 精心整理了皇家海军和皇家海军陆战队在1900年义和团战争期间获得的各种勋章,同时还收录了如下部队的介绍:使馆卫队、南威尔士国防军、维多利亚国防海军、南澳大利亚国防军、印度皇家海军以及威海卫英国皇家海军。书中对这些勋章作了分析,并按照条目排列。另包括从各种资料搜集而来的完整详细的伤亡记录,以及英国皇家海军在1900年中国战争中所扮演的角色。

Fiebig, "Deutschlands größte Übersee-Expedition", *Wehr und Waffen*, 25 (24 June 1930).

费比希:《德国最大的一次海外远征》

Field, Cyril, *Britain's Sea Soldiers: A History of the Royal Marines and Their Predecessors and of Their Services in Action, Ashore and Afloat, and Upon Sundry Other Occasions of Moment*. Liverpool: Lyceum Press, 1924. 2 vols.

C. 菲尔德:《不列颠的海上战士》①

Fielding, Marcus, "Battling in Peking", *Wartime: Official Magazine of the Australian War Memorial*, 56 (2011), pp. 54-57.

P. 弗莱明:《北京的战斗》②

Filipiak, Kai, "Geschichtliche Hintergründe und inhaltliche Ausprägung der 'Boxer-Kampfkunst'", in Mechthild Leutner & Klaus Mühlhahn (eds.), *Kolonialkrieg in China: Die Niederschlagung der Boxerbewegung 1900-1901*. Berlin: Ch. Links Verlag, 2007; pp. 81-86.

费凯:《义和团武术的历史背景和内容表现》

Findeiss, Heinz, "Vor 100 Jahren: der Boxeraufstand in China", in Walter Gabriel (ed.), *WÜBA 2000. Briefmarken-Wettbewerbs-Ausstellung im Rang 2, 29. April bis 1. Mai 2000, Würzburg. Jubiläumsausstellung des Vereins für Briefmarkenkunde Würzburg von 1880 e. V.* [Ausstellungskatalog]. Würzburg: Verein für Briefmarkenkunde Würzburg von 1880, 2000, pp. 91-99.

海因茨·芬戴斯:《一百年前:中国义和团运动》

Fischer, G., "Le service de santé allemand pendant la campagne de Chine", *Archives de médecine et de pharmacie militaires*, 39(1) (January 1901), pp. 74-77.

G. 菲舍尔:《中国战役中的联军卫生服务》

Fischer, Hermann, *P. Joseph Freinademetz. Steyler Missionar in China 1879-1908. Ein Lebensbild*. Steyl: Missionsdruckerei, 1936. 204 pp.

赫尔曼·菲舍尔:《福若瑟生平:1879～1908年在中国的圣言会传教士》

Fischer, Per, "Chinas geopferter Freund Clemens von Ketteler", in Kurt Schleucher (ed.), *Bis zu des Erdballs letztem Inselriff: Reisen und Missionen*. (Deutsche unter anderen Völkern, 6). Darmstadt: Turris-Verlag, 1975. pp. 170-223.

派尔·菲舍尔:《在中国捐躯的朋友克莱门斯·冯·克林德》

Fischer, Per, "Clemens von Ketteler—Ein Lebensbild aus amtlichen und privaten deutschen Quellen", in: Kuo Heng-yü and Mechthild Leutner (eds.), *Deutschland und China: Beiträge des Zweiten Internationalen Symposiums zur*

① 该书第2卷(第250～291页)分析了义和团运动期间英国皇家海军陆战队的行动。

② 评价了翟兰思(Lancelot Giles, 1878～1934)在1900年外国使馆被围时的日记。电子资源: http://mhhv.org.au/? p=1849.

Geschichte der deutsch-chinesischen Beziehungen, *Berlin 1991*. (Berliner China-Studien, 21.) Munich: Minerva-Publikation, 1994; pp. 333-357.

派尔·菲舍尔:《克莱门斯·冯·克林德——用德国官方和私人材料勾勒的生平事略》

Fitchett, William Henry (Dr.), "The Fighting of the Month in China and in the Transvaal", *Review of Reviews* (Australian edition), (August 1900).

W. H. 菲切特:《在中国及德兰士瓦的一个月的斗争》

"Fleet of the Allied Powers in Chinese Waters", *Scientific American*, 50 (15 September 1900), Supplement, pp. 20658-20659.

《在中国水域的联军海军战队》

Fleming, Peter, *The Siege at Peking*. London: Rupert Hart-Davis, 1959. 273 pp.

P. 费莱明:《北京的围困》①

Fleury, François, "La persécution au Su-Tchuen et ma captivité", *Annales de la Société des Missions étrangères*, 3 (Paris 1900), pp. 1-51.

华方济:《苏村的迫害和我的被俘》②

Floridy, "L'ambulance pendant le siège de Pékin par Miss Jersie (i. e. Jessie) Ransome", *Université catholique*, n. s. 38 (October 1901), pp. 202-222.

福劳迪:《杰西·杭索姆小姐在北京之围期间的紧急救护》

"Die Flucht aus dem Innern Chinas", *Evangelisches Missionsmagazin*, 44 (1900), pp. 519-526.

《逃出中国内地》

Foord, John, "The Root of the Chinese Trouble", *North American Review*, 171 (October 1900), pp. 401-410.

J. 福尔德:《中国动乱的根源》③

Ford, Andrew Thomas, "The Diplomacy of the Boxer Uprising, with Special Reference to American Foreign Policy", Ph. D. dissertation, University of Wisconsin, 1971. 310 pp.

A. T. 福特:《义和团运动时期的外交:以美国外交政策为特别参考》

---

① 亦刊载于: Grey Arrow Books series, No. G38, London: Arrow Books, 1962. 274 pp. Reprinted, with an introduction by David Bonavia. Oxford: Oxford University Press, 1984. xiii+273 pp. ; Edinburgh: Birlinn, 2001. 272 pp. Center of Military History as CMH publication 70-28 in 1993. 德文译本: Peter Fleming, *Die Belagerung zu Peking. Zur Geschichte des Boxer-Aufstandes*. Trans. from the English by Alfred Günther and Till Grupp. Nachwort von Petra Kolonko. (Die andere Bibliothek, 155). Frankfurt a. M. : Eichborn, 1997. 367 pp. 意大利语译本: Peter Fleming, *La rivolta dei Boxers*. Trans. from the English by Giovanna Young and Carlo Jovine. Milan: Dall'Oglio, 1965. 380 pp.

② 英文译本: François Fleury, My Captivity with Chinese Rebels, *Catholic Missions*, (1900), in several numbers. 华方济(François Fleury, 1851~1918),巴黎外方传教会传教士,1898 年在四川东北的反教潮流中被余栋臣(绰号余蛮子)所俘 。

③ J. 福尔德(John Foord,1842~1922),美国亚洲协会秘书长,曾在多家期刊担任编辑。

Forman, Ross G., *China and the Victorian Imagination: Empires Entwined*. Cambridge: Cambridge University Press, 2013.

R. G. 弗曼:《中国与维多利亚的想象》①

Forman, Ross G., "Peking Plots: Fictionalizing the Boxer Rebellion of 1900", *Victorian Literature and Culture*, 27(1) (1999), pp. 19-48.

R. G. 弗曼:《密谋北京:1900 年义和团运动的叙事》

Förster-Streffleur, S. von, "Boxeraufstand. Selbsterlebtes aus den Sommertagen von 1900", *Wiener Magazin*, 4(9) (September 1930), pp. 8-15 and 90.

S. von. 菲尔斯特-施特莱福吕尔:《义和团运动:1900 年夏天的亲身经历》

Forsyth, Robert Coventry (comp. and ed.), *The China Martyrs of 1900: A Complete Roll of the Christian Heroes Martyred in China in 1900, with Narratives of Survivors*. London: Religious Tract Society; New York: Fleming H. Revell, 1904. xii+516 pp.

R. C. 法思远编:《庚子殉难录》②

Forsyth, Robert Coventry, *Narrative of Massacres in Shansi, July 1900*. With Introduction by E. H. Edward and Timothy Richard. Reprinted from the *North-China Daily News*. [Shanghai]: Printed at the "North-China Herald", November 1900. 6 pp.

R. C. 法思远:《1900 年 7 月山西屠杀叙事》

Forsyth, William Woods, "The American Cavalry in China", *Cavalry Journal*, 14 (July 1903), pp. 5-20.

W. W. 法思远编:《美国在华骑兵》③.

"The Fortifications of Peking During the Siege", *The Gospel in All Lands*. Missionary Society of the Methodist Episcopal Church 28 (February 1902), pp. 80-86.

《北京被围期间的防御工事》

Förtsch, Folker, "Crailsheimer im Boxeraufstand", *Hohenloher Tageblatt*, (27 August to 5 September 2002).

福尔克·菲尔驰:《义和团运动中的克赖斯海姆人》④

Foster, John Watson, *The Chinese Indemnity: Was It a Punitive Measure?* Washington: Beresford, 1908. 6 pp. From *The Washington Herald* (23 November

① 第三章名为"密谋北京:1900 年义和团运动的叙事"。

② 相关评述: G. M., *Chinese Recorder*, 35 (August 1904), pp. 426-428.

③ 作者叙述了骑兵在天津等待马匹到来的情形。当中国军队进入天津地区时,大部分联军主力已经离开,随之与剩余骑兵发生战斗。作者同时提到了北京地区的巡逻行动以及在中国使用的骑兵装备。W. W. 法思远(William Wood Forsyth,1856～1933),美国人,骑兵军官,曾率领美国骑兵第六部第三中队参加天津和北京的数次解救行动。

④ 作者是克赖尔斯海姆镇的档案管理员,分八期刊载了当地战士参与义和团战争的历史,其主要利用了当地报刊发表的信函以及档案馆所藏的照片。

1908).

J. W 福斯特:《中国赔款:是惩罚措施吗?》①

Fouquet-Lapar, Philippe, "Un engagement international en Chine: la guerre des Boxers (1900-1901), *Les Cahiers de mars*, 144 (1995), pp. 83-94.

P. 福凯-拉巴:《在中国的国际义务:义和团战争(1900~1901 年)》

Four Jesuits Martyred in China in the 20th Century: Leon Ignace Mangin, Paul Denn, Modeste Andlauer, Remi Isore. [S. l.: s. n.], 1987. vii+19 pp.

《20 世纪在华殉教的三位耶稣会士》

Fracchia, Cécile, "Le regard des militaires français sur la Chine et les Chinois à travers l'épopée du corps expéditionnaire de Chine 1900". Mémoire de maîtrise, section de Chinois, Université de Provence, Aix-en-Provence 1995.

C. 弗拉基亚:《法国海军陆战队与 1900 年中国远征》

France. Red Cross., *La Société de secours aux blessés militaire des armées de terre et de mer en Chine (1900-1901)*. Croix Rouge française. Paris: Hachette, 1902. x+156 pp.

法国红十字会:《中国陆军和海军伤员救援公司(1900~1901 年)》②

Francescane Missionarie di Maria, *Glorie purpuree: I ventinove Martiri cinesi del 1900 solennemente beatificati da Sua Santità il Papa Pio XII il 24 novembre 1946*. Rome: tip. Superstampa, 32 pp.

F. 玛利亚:《1900 年义和团运动中遇难的 29 名殉教者之授福礼》

Francioni, Andrea, *Il "banchetto cinese": l'Italia fra le treaty powers*. Siena: Nuova immagine, [2004]. 292 pp.

弗兰乔尼:《意大利的条约权利》③

Franke, Wolfgang, "Zur anti-imperialistischen Bewegung in China", *Saeculum*, 5 (1954), pp. 337-358.

傅吾康:《论中国的反帝运动》

Franke, Wolfgang, *Das Jahrhundert der chinesischen Revolution, 1851-1949*. 2nd, augmented ed. Munich and Vienna: Oldenbourg, 1980. 294 pp.

傅吾康:《中国革命一百年(1851~1949 年)》

Freemantle, E. A., *Prince Tuan's Treasure, and other Interesting Tales of the "Boxer Rebellion of 1900"*. Vellore: E. A. Freemantle, 1911. 31 pp.

E. A. 弗里曼特尔:《端王的财富及其他有关 1900 年义和团运动的传说》

Freri, Joseph (ed.), *The Heart of Peking: Bishop A. Favier's Diary of the Siege*,

---

① 电子资源: http://catalog. hathitrust. org/Record/100419993. J. W. 福斯特(John Watson Foster, 1836~1917)主要否认对中国惩罚赔偿的说法。作者是美国外交官、律师和记者,认为所谓的赔款是义和团运动期间所导致的实际损失。

② 电子资源: http://gallica. bnf. fr/ark:/12148/bpt6k6485906h.

③ 1870~1914 年的外交历史论文,涉及义和团运动。

May-August, 1900. Boston: Marlier, 1901. 59 pp.

J. 弗莱瑞:《北京之心:樊国梁主教北京被围日记(1900 年 5～8 月)》

Freri, Joseph, "Origin and Causes of the Chinese Crisis. 1900", *American Catholic Quarterly Review*, 27 (April 1902), pp. 228-238.

J. 弗莱瑞:《1900 年中国危机的根源与原因》

Frey, H[enri], "Au Pé-tchi-li: Français et Alliés (1900-1901)", *Revue des Deux Mondes* 5th ser., Vol. 16 (1 July 1903), pp. 83-117.

H. 弗莱:《法国人和联军在北直隶》①

Frey, Henri, *Français et Alliés au Pé-tchi-li. Campagne de Chine de 1900*. Paris: Hachette, 1904. xii+507 (Error in paging: pp. 507 numbered 407) pp.

H. 弗莱:《法国人和盟军在北直隶;1900 年的中国之征》②

Frick, Heike, "Die Boxer und die kaiserlichen Armeen der Qing-Regierung", in Mechthild Leutner & Klaus Mühlhahn (eds.), *Kolonialkrieg in China: Die Niederschlagung der Boxerbewegung 1900-1901*. Berlin: Ch. Links Verlag, 2007; pp. 92-99.

海克·弗里克:《义和团成员与清政府军队》

Frick, Heike, "Zwischen Abscheu und Bewunderung", in Mechthild Leutner & Klaus Mühlhahn (eds.), *Kolonialkrieg in China: Die Niederschlagung der Boxerbewegung 1900-1901*. Berlin: Ch. Links Verlag, 2007, pp. 212-221.

海克·弗里克:《在厌恶和钦佩之间》

Friede, Susanne, "'Il pericolo giallo'? Der China-Diskurs in der *Nuova Antologia* 1899-1901", in Ulrich Mölk & Heinrich Detering (eds.), *Perspektiven der Modernisierung: die Pariser Weltausstellung, die Arbeiterbewegung, das koloniale China in europäischen und amerikanischen Kulturzeitschriften um 1900*. Berlin and New York: Walter de Gruyter, 2010; pp. 139-153.

苏珊娜·弗里德:《"黄祸"? 1899～1901 年新闻选编中的中国争论》

Friederici, Georg, *Berittene Infanterie in China und andere Feldzugs-Erinnerungen*. Berlin: D. Reimer (E. Vohsen), 1904. 355 pp.

格奥尔格·弗里德里奇:《在中国骑马的步兵和其他远征回忆》③

Fugaccia, Luigi, *Una vittima dei Boxers: il beato Mons. Francesco Fogolla da Montereggio (1839-1900)*. Torino: Soc. editr. internazionale, 1952. 79 pp.

① H. 弗雷(General Henri-Nicolas Frey,1847～1933),1900 年 7～9 月担任直隶法国军队司令员。

② 法国远征军司令员的记述。此人描述了联军之间的关系以及他们的优缺点。相关评述见:*United Service Magazine*, 29 (1904), p. 107; *Times Literary Supplement*,124 (27 May 1904), pp. 161-162.

③ 主要记述了中国义和团战争中的骑马步兵。对该书的评述见:Max von Brandt, *Petermanns Mitteilungen*, 51 (1905), Literatur-Bericht No. 625; *Deutsche Kolonialzeitung*, 21 (1904), p. 199. G. 弗里德里西(Carl Georg Eduard Friederici,1866～1947),德国人,陆军军官,人种学者,1900～1901 年参加义和团运动。

L. 富加奇亚:《富格辣传》①

G. F. S., "China: The Outbreak and the Outlook", *Church Missionary Intelligencer*, 26 (February 1901), pp. 81-92; (March 1901), pp. 170-182; (April 1901), pp. 271-282.

G. F. S:《中国:暴动及前景》

G. M. A., "En Chine: Après la signature du protocole du sept septembre", *Revue Bleue: la revue politique et littéraire* 4e série, 16(13) (28 September 1901), pp. 391-393.

G. M. A. :《1901 年 9 月签署的庚子和约》②

Gaiga, Lorenzo, *Un amore grande grande: Beata Maria Chiara Nanetti martirizzata in Cina*. Bologna : EMI, 1990. 127 pp.

L. 吉咖:《嘉纳修女传》③

Gaillard, Louis, "Lettres de T'ien-tsin et de Pékin", *Études*, 84 (1900), pp. 5-23.

方殿华:《天津和北京的信件》④

Gallais, Denis, *La guerre des "Boxers": la marine française dans l'expédition de Chine, 1900-1901*. [Annecy-le-Vieux]: SRE Editions, 2013. 164 pp.

D. 伽莱:《义和团战争:法国海军在中国的远征(1900~1901 年)》

Galli, Mark, "Fury Unleashed: The Boxer Rebellion Revealed the Courage of Missionaries—and the Resentment They Sparked", *Christian History Magazine*, 15(4) (1996), pp. 31-33.

M. 加里:《从义和团运动看传教士抗议及其招致的怨恨》⑤

Galpin, Frederic, "Some Remarks upon the Crisis in China", *Journal of the Manchester Geographical Society*, 16 (July-September 1900), pp. 207-211.

阙斐迪:《对中国危机的几点评价》⑥

Gamba, Palmide, "Mission et martyre. 'Une témoignage d'amour'. Les martyrs Franciscaines Missionaires de Marie de Taiyuan", *Omnis terra*, 31 (1997), pp. 274-283; H. 277, pp. 161-160.

---

① 富格辣(Francesco Fogolla),方济各会传教士,1900 年 7 月 9 日在太原被害。

② 作者认为中国谈判者在 1901 年的庚子谈判中占据优势,中国人很依赖海关总税务司赫德的经验。

③ 嘉纳修女(Clelia Nanetti,宗教名 Maria Chiara,1872~1900),意大利人,玛利亚方济各传教女修会传教士,1900 年 7 月 9 日在太原被害。她是安怀珍(Silvio Nanetti,宗教名 Barnaba da Cologna,1867~1911) 之妹,安怀珍在山西拳难中幸存下来。

④ 方殿华(Louis Gaillard,1850~1900),法国耶稣会江南代牧区传教士。1900 年 5 月初在天津和北京(受樊国梁之邀)停留期间,提及义和团逐渐增强的威胁。当时方殿华拒绝进入光明殿,因为樊国梁告诉他说拳民在那里操练。同时,他还提到遣使会被迫武装起来保护其教民。1900 年 5 月 13 日在北堂被害。

⑤ 电子资源: http://www.christianitytoday.com/ch/1996/issue52/52h031.html。

⑥ 在 1900 年 12 月 5 日为曼彻斯特地理学会的讲演中,阙斐迪谴责中国官员应为反教运动负责。他还说统治阶级始终强烈反对新知识与新革新。阙斐迪 (Frederick Galpin,1842~1932),英国人,偕我公会传教士,1867~1896 年在华传教。

P. 刚巴:《传教与殉教;爱的证词》

Gamewell, F. D., "The Providence of God in the Siege of Peking", in Student Volunteer Movement (ed.), *World-wide Evangelization: The Urgent Business of the Church*. Addresses Delivered before the Fourth International Convention of the Student Volunteer Movement for Foreign Missions, Toronto, Canada, Februar 25-March 2, 1902. New York: Student Volunteer Movement for Foreign Mission, 1902, pp. 331-336.

贾腓力:《北京被围之下的上帝之天命》①

Gamewell, Mary Porter, *Mary Porter Gamewell and Her Story of the Siege in Peking*. Edited by Alexander Harrison Tuttle. New York: Eaton & Mains; Cincinnati: Jennings & Graham, 1907. vii+303 pp. Reprinted in: New York: Garland Publishers, 1987.

M. 波特:《波特及其北京被围记事》②

Gandolfi, Domenico, *Elia Facchini da Reno Centese: Missionario-Martire-Santo*. Bologna: Edizioni Conquiste, 2005. 107 pp.

D. 甘多尔菲:《雷体仁传》③

Gasperetti, Elio, *In God's Hands: The Life of Blessed Alberic Crescitelli of the Missionaries of Saints Peter and Paul, P. I. M. E.* Detroit: The Missionaries of Saints Peter and Paul, PIME, 1955. 87 pp.

E. 加斯佩雷蒂:《听天由命:圣伯多禄圣保禄教会传教士郭西德的一生》

Gasperment, Alphonse, "Anna Wang, vierge et martyre chinoise", *Les Missions Franciscaines*, 12 (Quebec 1935), pp. 24-28.

孟神父:《王安娜:中国的贞女和殉教者》④

Gasperment, Alphonse, "Le Martyre de Anna Wang", *Annales de la Propagation de la Foi* 99 (1927), pp. 73-80, 99-106.

孟神父:《殉教的王安娜》

Gaston, Adrien de, *Souvenirs de Chine*. Aire-sur-l'Adour (Ancienne école, quartier Subéhargues): Association la Ronde, 1990. 163 pp.

A. 伽斯东:《中国的殉道者》

Gaston, Adnien de, "Combats et prise de Tien-Tsin", rapport du colonel de Pélacot, 20

---

① 贾腓力(Francis Dunlap Gamewell,1857~1950),美国人,卫理公会传教士。在华北传教。其工程技能在北京被围时期发挥了作用。

② M. 波特(Mary Porter,1848~1906),美国人,卫理公会传教士。1871 年来华,1882 年在北京嫁给其同教工友贾腓力(Francis Dunlap Gamewell)。

③ 雷体仁(Elia Facchini,1839~1900),意大利人,方济各会传教士。1868 年来华,1900 年 7 月 9 日在太原被害。

④ 王安纳(Anna Wang,1886~1900),直隶威县马家庄天主教女信徒,1900 年 7 月 22 日在被害,时年 14 岁。作者孟神父(Alphonse Gasperment,1872~1951),法国人,耶稣会士,1906 年来华。

juillet 1900, et "Siège de l'évêché de Pékin", extr. du journal de Mgr Favier, 3 juin-16 août 1900.

A. 伽斯东:《中国记忆:激战和攻陷天津、北京主教区之围、樊国梁主教日记摘选》

Gates, Arthur G., "Out of the Dragon's Mouth: A Remarkable Deliverance from Shansi", *All Nations: An Illustrated Monthly Missionary Magazine*, 1(3) (January 1901), pp. 35-36.

A. G. 盖特:《虎口逃生:山西大逃亡》①

Gatrell, Thomas J. N., "Expedition to Paotingfu", *Independent*, 53 (17 January 1901), pp. 148-150.

T. J. N. 盖特拉尔:《出征保定府》②

Gaussen, Brig. Gen. "Under a German C. -in-C." [British] *The Cavalry Journal*, 30 (October 1940), pp. 523-542.

J. B. 高森:《在德国大元帅麾下》③

Gaza, Klaus von, *Der Sohn des Mandarins*. Munich: Lichtenberg, 1999. 636 pp. Another edition: München: Droemer Knaur, 2003. 813 pp.

克劳斯·冯·加沙:《清朝官员之子》

Gebsattel, Ludwig von, "Aus dem Boxeraufstand vom Jahre 1900", *Gelbe Hefte*, 7(8) (1931), pp. 516-524.

路德维希·冯·盖卜萨特尔:《1900年的义和团运动纪事》

Gebsattel, Ludwig von, "Erinnerungen an die ostasiatische Expedition 1900/01", *Gelbe Hefte*, 7(2) (1930), pp. 551-565.

路德维希·冯·盖卜萨特尔:《1900～1901年东亚远征回忆录》

"Das Gefecht bei Kuang tschang am 20. Februar 1901", *Militär-Wochenblatt*, 87 (1902), No. 47, col. 1275-1283.

《1901年2月20日矿场战斗》

"Das Gefecht bei Langfang am Nachmittage des 18. Juni 1900", *Militär-Wochenblatt*, 86 (1901), No. 52, col. 1370-1374.

《1900年6月18日下午廊坊战斗》

Der gelbe Krieg. Ein Selbstschriftenalbum hervorragender Männer der Gegenwart über die Ereignisse und Kämpfe in China. [The preface signed: B.]. Leipzig, 1900.

---

① 关注了女传教士 R. A. 盖特(Ruth A. Gates, 1866～1947)从山西逃亡汉口的行程。益特,英国人,中华内地会传教士,本文作者是其弟弟。也可参见:Archibald Edward Glover, *A Thousand Miles of Miracle in China*.

② T. J. N. 盖特拉尔(Thomas John Nalson Gatrell,1870～1920),英国传教士,执业医师,曾为美国圣经公会在华代表。1900～1901年间任英国远征军指挥官盖思利爵士(Alfred Gaselee)指挥所的中文秘书,并随军前往保定,当时中国官员因大屠杀而担心被审判或处决。

③ J. B. 高森(James Robert Gaussen,1871～1959),英国人,义和团战争中英属印军军官。

《黄色战争:当代杰出人物关于中国事件和战争的自书纪念专辑》①

Genähr, Immanuel Gottlieb, *Deren die Welt nicht wert war. Berichte über Verfolgungen chinesischer Missionare*. (Rheinische Missions-Traktate, Nr. 110). Barmen: Missionshaus, 1901. 31 pp.

叶道胜:《俗世对他们毫无价值:在华传教士遭受迫害的报告》②

Genähr, Immanuel Gottlieb, *Die Wirren in China in neuerer Beleuchtung. Ein Salongespräch über die Mission*. Gütersloh: C. Bertelsmann, 1901. 24 pp.

叶道胜:《重新解说中国的动乱:一次关于传教的沙龙会谈》③

Genschow, A., *Unter Chinesen und Tibetanern*. Rostock i. M.: C. J. E. Volckmann, 1905. vi+384 pp.

A. 根绍:《洋人入中国西藏》④

"German Responsibility for the Chinese Outbreak", *Independent*, 52 (20 December 1900), pp. 3059-3060.

《德国在中国暴乱中的责任》

Geroni, Giovacchino, *Dal mio diario*. Borgo S. Lorenzo: Mazzocchi officina tipografica mugellana, 1926. 451 pp.

G. 杰罗尼:《G. 杰罗尼日记》⑤

Gesammelte Denkschriften mit Photographien und Beilagen über die deutschen Posten. Tientsin: Verlag der Brigade-Zeitung, 1906. 35 pp.

《关于德国岗哨的带照片和附件的备忘录汇编》⑥

Giehrl, Rudolf, *China-Fahrt. Erlebnisse und Eindrücke von der Expedition 1900-01*. Mit 7 Karten-Skizzen, 92 Phototypien, 12 Zeichnungen von Kunstmaler Anton Hoffmann. Munich: J. Lindauersche Buchhandlung (Schöpping), 1903. vii+198 pp.

鲁道夫·吉尔:《中国之行:1900～1901年远征的经历和印象》⑦

---

① 该书反对当时德国的激进爱国主义,收录了手写的文本及诗作,并且其主题是"黄皮肤之战",意指中国发生的事件及冲突,即当事人普遍所知的"黄祸论"。一位介绍此卷书的匿名编辑指出,这是德帝国1871年建立以来,首次派遣士兵参与战争。这不是平定非洲部落的叛逆,而是能举起我们的战争旗帜,将我们的士兵跨越海洋。严格意义来说,这是场文明之战。身着紫色衣服的先知,几年前就高屋建瓴地指示这种战争是"黄皮肤之战"。

② 叶道胜(Immanuel Gottlieb Genähr, 1856～1937),德国人,礼贤会传教士,曾在广东传教,跟随其父叶纳清(1823～1864年)活动。

③ 作者用所谓的新视界解读了基督教差会在华遇到的"动乱"。

④ 电子资源:http://archive.org/details/bub_gb_tWC4AAAAIAAJ; http://digital.staatsbibliothek-berlin.de/werkansicht/? PPN=PPN610345796&DMDID=DMDLOG_0022. 相关评述见:*Bulletin of the American Geographical Society*, 38(3) (1906), p. 208. 作者曾任陆军中尉,以及德国东亚远征军的随军翻译。作者描述了从北京到中国西南的旅行。此次旅行初期,涉及义和团运动,特别是在保定停留期间。

⑤ G. 杰罗尼(Giovacchino Geroni, 1865～1926),方济各会化缘修士,1900年为意大利远征军在华随军神父。这本书主要以其日记为基础。

⑥ 包括德国军队在廊坊、杨村和塘沽以及上海关的位置。电子资源:http://archive.org/stream/gesammeltedenks00braugoog#page/n7/mode/2up.

⑦ 电子资源:http://digital.staatsbibliothek-berlin.de/werkansicht/? PPN=PPN618592849&LOGID=LOG_0005.

Giles, Herbert A., "Mr. Parker and the Mailed Fist", *China Review*, 25(6) (1901), pp. 288-290.

翟理斯:《庄延龄先生与暴力的拳民》①

Giles, Lancelot, *The Siege of the Peking Legations. A Diary*. Edited, with an introduction, "Chinese Anti-Foreignism and the Boxer Uprising", by L[eslie] R[onald] Marchant. Nedlands: University of Western Australia Press, 1970. xxvii+212 pp.

翟兰思:《北京使馆被围日记》②

Gillett, Mary C., *The Army Medical Department, 1865-1917*. Washington, D. C.: Center of Military History, United States Army, 1995.

M. C. 吉列:《陆军军医部》③

Gilson, Charles James Louis, *The Lost Column: A Story of the Boxer Rebellion in China, etc.* London: Henry Frowde; Hodder & Stoughton, 1909. 379 pp.

C. J. L. 吉尔森:《迷失的队伍:义和团运动记事》

Gilson, Charles James Louis, *Through the Boxer Lines: A Tale of the Boxer Rebellion*. (Arnold's Continuous Story Readers). London: E. Arnold & Co., [1938]. 126 pp.

C. J. L 吉尔森:《义和团起义的故事》

Gipps, George, *The Fighting in North China, up to the Fall of Tientsin City*. Shanghai: Kelly and Walsh, 1901; London: S. Low, Marston, 1902. 65 pp.

G. 吉普斯:《天津沦陷前在华北的战斗》④

Giunipero, Elisa, "The Boxer Movement Through the Eyes of European Missionaries", in Angelo S. Lazzarotto et al. (eds.), *Yihetuan yundong yu Zhongguo Jidu zongjiao* [*The Boxer Movement and Christianity in China*]. Taibei: Furen University Press, 2004, pp. 173-186.

朱丽:《欧洲传教士眼中的义和团运动》

Glasewald, Arthur Ernst (ed.), *Die Post im Kriege: Beiträge zur Geschichte der Feldpost*. Gößnitz (Sachsen-Altenburg): Selbstverlag, 1913. 240 pp.

亚瑟·恩斯特·格拉泽瓦尔德编:《战时邮政:战地邮政历史文集》

Glatfelter, Ralph Edward, "Russia in China: The Russian Reaction to the Boxer

---

① 翟理斯(Herbert Allen Giles, 1845~1935),英国人,外交官员,曾在剑桥大学担任教习。该文主要批判了庄延龄在《中国评论》上发表的《暴力的拳民》一文。

② 相关评述见:I. H. Nish, *Bulletin of the School of Oriental and African Studies*, 35(2) (June 1972), p. 405; Peter Fleming, *Modern Asian Studies*, 6(1) (March 1972), pp 99-100. 翟兰思(Lancelot Giles, 1878-1934),翟理思之幼子,1899年起为英国使馆翻译学生,曾身处使馆被围现场。

③ 关于义和团运动,详见本书第八章"Campaigns of the New Empire"。第八章可在线阅读,见:http://history.amedd.army.mil/booksdocs/spanam/gillet3/ch8.html.

④ G. 吉普斯(George Gipps, 1882~1916),英国人,海军军官。义和团战争期间为"奥兰多"号英舰的实习生,后死于第一次世界大战。

Rebellion", Ph. D. dissertation, Indiana University, 1975. 272 pp.

R. E. 格拉特费尔特:《在华俄国人:俄国对义和团运动的反应》

Gleason, Joseph M. (Rev.), "As Things Are in China", *Donahoe's Magazine*, 45 (January-June 1901), pp. 13-28.

J. M. 格列森:《中国实情》

Gleichauf, Justin Francis, "Siege By Righteous Fists", *Military History*, 2(1) (August 1985), pp. 35-41.

J. F. 格莱希奥夫:《拳民占领北京》

Gleim, Albert F. (comp.), *CRE Reference Data*. Arlington VA: Planchet Press, 1985. 41 pp.

F. 格莱姆:《中央侦查局相关资料》①

Glickert, Robert Winslow, "The Role of the United States Marine Corps in the Boxer Rebellion". M. A. dissertation, American University, 1962. 122 pp.

R. W. 格利克特:《美国海军陆战队在义和团运动中的作用》

Glorie serafiche: cenni biografici dei ven. servi di Dio: Mons. Gregorio Grassi, Mons. Francesco Fogolla, Padre Elia Facchini, martiri della minoritica Provincia Bolognese del Ss. Redentore, a cura del Ministro Provinciale dei Frati Minori di Parma. 2nd ed. Parma: Tip. Riunite Donati, 1927. 48 pp.

《艾士杰自传》②

Glover, Archibald E., [Archibald Edward Glover], *A Thousand Miles of Miracle in China. A Personal Record of God's Delivering Power from the Hands of the Imperial Boxers of Shan-si*. London: Hodder and Stoughton, 1904. xx+372 pp. Many subsequent reprints and editions. The most recent one is titled *A Thousand Miles of Miracle: The Tragic True Story of Persecution during the Boxer Rebellion in China*. Fearn, Scotland: Christian Focus, 2000. 336 pp.

A. E. 格洛佛:《神迹千里:山西拳难时期上帝救人脱难》③

Goforth, Rosalind, *Blind Chang—Missionary Martyr of Manchuria*. Toronto: Evangelical Publishers, n. d.. 35 pp.

---

① 该资料又被称为"中国远征军相关资料",内有军事人员名录,包括在义和团运动中获得勋章的非美籍人员。

② 艾士杰(Gregorio Maria Grassi,1833~1900),意大利人,方济各会传教士、主教。1900年7月9日在山西太原被害。

③ 瑞典文译本: Glover, Archibald E., *Genom dödsskuggans dal eller tusen mil af under in Kina: Ett personligt vittnesbörd om Guds frälsande makt ur de käjserliga Shansi-boxarnes händer*. Trans. from the English by J. Adolf Helldén. Gothenburg: N. P. Pehrsson, 1912. 271 pp. 德文译本: Archibald E. Glover, *Wunder über Wunder: Erlebnisse auf der Flucht vor den kaiserlichen Boxern der Provinz Schansi; rechtmässige Verdeutschung von P. K. Hohne*. Calw and Stuttgart: Verlag der Vereinsbuchhandlung, 1906. 295 pp. 德文译本第二版: Archibald Glover, *Tausend Meilen voller Wunder: Die dramatische Flucht von Chinamissionaren zur Zeit des Boxeraufstands*. 1. Auflage: Betanien Verlag: 2011. 286 pp.

R. 戈福思:《改变盲人:满洲里的殉道者》①

Gohier, Urbain, *La guerre de Chine: Dieu le veut! Assassinats, incendies, viols et pillages commis et ranconté par les officiers aux ordres des missionnaires*. (En avant-titre: *Les crimes du prêtre et du soldat*). Paris: Extrait de L'Aurore, Paris: Aurore, 1901. 98 pp.

U. 戈耶:《中国的战争:上帝的需要! 教士指示下官员的暗杀、强奸和抢劫(前标题:士兵和教士的犯罪)》②

Goldberger, Josef, "Das Chinabild in der deutschsprachigen Romanliteratur (1900-1930)", M. A. dissertation (Diplomarbeit), University of Vienna, 2002. 133 pp.

戈德贝格·约瑟夫:《德语小说中的中国形象(1900～1930 年)》

Goldmann, Paul, *Ein Sommer in China. Reisebilder*. 2nd rev. and augmented ed. Frankfurt a. M.: Rütten & Loening, 1900. 2 vols.

保罗·戈德曼:《在中国的那个夏天:旅行见闻》③

Goodrich, Chauncey, "Lessons to Missionaries from Recent Troubles in China", *Chinese Recorder*, 32(1) (January 1901), pp. 19-27.

富善:《传教士从近来中国麻烦中应得到的教训》④

Goodrich, Chauncey, "Memories of the Siege in Peking", *Missionary Herald*, 99 (1903), pp. 273-278.

富善:《关于北京被围的回忆》

Goodrich, Sarah Boardman [Mrs. Chauncey Goodrich], "Besieged in Peking", *The Youth's Companion*, 75(5) (31 January 1901), pp. 52-53.

富善夫人:《被围在北京》⑤

Goold, A., "An Argument Against Indemnity", *Chinese Recorder*, 31 (December 1900), pp. 617-619.

许德成:《关于赔款之争议》⑥

Gosa, Pierre, *Franchet d'Esperey: un maréchal méconnu: le vainqueur des Balkans, 1918*. Paris: Nouvelles Éditions Latines, 1999; Chapter 11: "L'expédition de

---

① 电子资源:http://archive.org/details/cihm_71. 该故事主要是关于四平街附近太平沟的张申。张是个盲人皈依者,满洲里拳难时死亡。R. 戈福思(Florence Rosalind Bell-Smith,1864～1942),加拿大人,长老会传教士,作家。她与丈夫古约翰 (Jonathan Goforth,1859～1936) 在豫北闹拳时逃亡汉口。此后,在吉林四平街建立坎阿大长老会。

② U. 戈耶(Urbain Gohier,1862～1951),以反黩武主义与反犹太主义知名。在这本书中,他谴责了外国军官犯下的暴力罪行及其以传教士名义进行抢劫之恶行。

③ 1898 年 4 月初,保罗·戈德曼(Paul Goldmann,1865～1935)被派往中国,担任《法兰克福汇报》通信记者。他以会话的形式记录了其旅行见闻。1899 年出版的首版第 2 卷包括名为"北京危机"的章节,时间上发生在义和团运动之前。本书第二版相当稀少,较难获得。

④ 富善(Chauncey Goodrich,1836～1925),美国人,美部会传教士,1865 年来华北传教。义和团占领使馆区时,他与妻子均身处北京。

⑤ 富善夫人(Sarah Boardman Clapp,1855～1923),美部会传教士,1883 年成为富善的第三任妻子。

⑥ 许德成(Athelstan Goold,1865～1943),英国人,中华内地会传教士,1891 年由中华内地会澳大利亚分会来华。

Chine".

P. 戈萨:《无名英雄巴尔干》①

Gourmont, Remy de, *Epilogues. Réflexions sur la vie. Deuxième Série: 1899-1901*. 6th edition. Paris: Mercure de France, 1923.

古尔蒙:《后记:对生命的思考(1899~1901年)》(第2卷)②

Governeur, Jules, "Correspondance des Missions. Troubles en Chine", *Études* 35 e année, tome 77 (1898), pp. 93-98.

鄂铎宣:《教会通信:中国的动乱》③

Goyau, Georges, "Martyrs franciscaines 1900", *Revue d'Histoire des Missions*, 12(1) (March 1935), pp. 1-40.

G. 高犹:《1900年方济各会的殉教者》

Gracey, J. T., "The Clash of Civilization in China", *Missionary Review of the World*, 23 (August 1900), pp. 623-626.

J. T. 格莱西:《中国的文明碰撞》④

Gracey, J. T., "Did the Boxer Movement Help or Hurt China?", *Missionary Review of the World*, 24(10) (October 1901), pp. 762-764.

J. T. 格莱西:《帮助还是祸害——义和团运动与中国》

Gracey, J. T., "Missionaries and 'Loot' in Peking", *Missionary Review of the World*, 24(3) (March 1901), pp. 206-208.

J. T. 格莱西:《传教士与"掠夺"北京》

Graham, J. Miller, *East of the Barrier: or, Side Lights on the Manchurian Mission*. Edinburgh: Oliphant Anderson and Ferrier, 1902. 237 pp.

J. M. 格雷姆:《满洲地区的传教工作》⑤

Grand-Carteret, John, *Chinois d'Europe et Chinois d'Asie. Documents illustrés pour servir à l'histoire des chinoiseries de la politique européenne de 1842 à 1900*, recueillis et mis en ordre par John Grand-Carteret. Paris: Montgredien & Cie., [1900]. 48 pp.

---

① 作者 Louis-Félix-Marie-François Franchet d'Espèrey(1856~1942),法国人,陆军军官。

② 传教士与义和团,见该书第166~174页。古尔蒙(Remy de Gourmont,1858~1915),法国人,诗人、作家,曾发起成立《法兰西信使报》(*Mercure de France*)。

③ 关于1898年直隶东南耶稣会代牧区的义和团活动。鄂铎宣(Jules Gouverneur,1859~1902),法国人,耶稣会传教士,1895年到直隶东南代牧区传教。

④ 作者问道:"传教士到底应该为中国目前状况负多大责任?"并断言欧洲文明并不能为之止步,传教士应该将之输入到中国这一代及下一代。J. T. 格莱西(John Talbot Gracey,1831~1912),美国人,传教士,曾在印度活动。此后在美国加入循道宗教堂,并发表关于传教士问题的著述。

⑤ 调查了满洲地区的传教工作。第七章涉及义和团运动。"对于义和团运动有着坚定的观点,拿出坚实证据来证明德国抢占胶州湾是其中的重要原因"。J. M. 格雷姆(James Miller Graham,1867~1950),苏格兰自由联合传教会传教士,曾在奉天传教。

J. 格杭-伽特海:《欧洲的中国人和亚洲的中国人》①

Grandin, Jacques, "Mes exploits pendant la guerre de Chine de 1901 (Journal d'un volontaire)", *La Revue*, 41 (1 May 1902), pp. 257-281; (15 May 1902), pp. 394-414.

J. 格杭单:《1901 年中国战争中我的英雄行为(一位志愿者的日记)》

Grasberger, Thomas, *Ins Fabelland mit der Waffe in der Hand: bayerische Soldaten im China-Krieg von 1900/01*. Munich: Bayerischer Rundfunk, 2008. 16 pp.

托马斯·格拉斯贝格:《持枪进入神话之国:1900～1901 年中国战争中的巴伐利亚士兵》

Gravina, Manfredi, *La Cina dopo il millenovecento*. Milano: Treves, 1907. viii+482 pp.

M. 格雷维纳:《19 世纪之后的中国》②

Gray, Frank, "James Williamson's 'Composed Picture': Attack on a China Mission—Bluejackets to the Rescue (1900)", in John Fullerton (ed.), *Celebrating 1895: The Centenary of Cinema*. Sydney: John Libbey, 1998; pp. 203-211.

F. 格雷:《威廉姆森的"影片":中国教会受袭记》③

Graydon, William Murray, *The Perils of Peking*. London: John F. Shaw & Co., 1904. 294 pp.

W. M. 格莱顿:《北京之祸》④

Grazzi, Luigi, *Sotto la furia dei Boxers: Caio Rastelli*. Parma: Missionari saveriani, [1979?]. 102 pp.

L. 格拉齐:《愤怒的拳民》

Green, Charles H. S., "*In Deaths Oft.*" *A Brief Account of the Lord's Gracious Dealings with the Missionaries of Hwai-luh, N. China... during the Troublous Times of 1900*. London: Morgan and Scott, 1901. viii+72 pp. 2nd ed.: London and Toronto: China Inland Mission, 1901. German version: C. H. S. Green, *Oftmals im Tode! (Psalm 107), Erlebnisse aus dem Boxer-Aufstand in China 1900*. Bermen: Verlag der Deutschen China-Allianz-Mission, 1901, Missionars-Geschichte, 56 pp.

---

① 电子资源:http://gallica.bnf.fr/ark:/12148/bpt6k63508640.该书包含了动漫图片,系西方出版物中刊载的法国新闻记者及艺术史家约翰·葛兰(John Grand-Carteret, 1850～1927)的相关作品,其中大部分关于义和团运动。

② M. 格雷维纳(Manfredi Conte di Ramacca Gravina,1883～1932),意大利人,海军军官,1905～1907 年为领事官员。其书主要关注义和团运动之后的状况。

③ J. 威廉姆森(James Williamson,1855～1933),英国人,早期电影制片人。他首次拍摄编辑了多镜头的叙事电影《中国教会被袭记》,实际上是其 1900 年在英格兰布莱顿的家中拍摄。也可参见:Frank Gray, "Frank Williamson's Rescue Narratives", in Andrew Higson (ed.), *Young and Innocent?: The Cinema in Britain, 1896-1930*. Exeter: Univesity of Exeter Press, 2002, pp. 28-41.

④ 针对青少年的小说。作者是威廉·默里拿(William Murray Graydon,1864～1946),生于美国,1896 年搬到英国。该故事首先于 1901 年 8～9 月连载于《青少年之友》(*The Boys' Friend*)。

青李连:《1900年华北获鹿传教士历险记》①

[Green, Charles H. S. and Mrs. Green], *Thrilling Experiences of Missionaries of the China Inland Mission in Chihli Province during the Boxer Troubles of 1900*. Shanghai: Presbyterian Mission Press, 1901. First published as *Thrilling Experiences of C. I. M. Missionaries in Chihli: A detailed account of the wanderings and marvellous escape of Mr. and Mrs. C. H. S. Green, their two children, Vera and John, aged respectively five and three years, and Miss J. G. Gregg*. 32 pp.

青李连:《1900年直隶拳难中华内地会传教士之震颤经历》

Green, Elisabeth, *The Flight of the Crane: Harry Vine Norman, 1868-1900*. London: Epworth Press, 1994. 216 pp.

E. 格林:《孟牧师的一生(1868～1900年)》②

Greenwood, Frederick, "The Chinese Revolt", *Nineteenth Century*, 48 (August 1900), pp. 330-338.

F. 格林纳达:《中国的反叛》

Greenwood, Frederick, "The Missionaries and the Empire: An Appeal to the Missionary Societies", *Nineteenth Century*, 50 (July 1901), pp. 21-30.

F. 格林纳达:《传教士与帝国:传教团体的呼吁》

Griffis, William Elliot, *China's Story in Myth, Legend, Art, and Annals*. Boston: Houghton Mifflin, 1922.

W. E. 格里菲斯:《中国的神话传说、艺术和编年史》③

Griffis, William Elliot, *In the Mikado's Service: A Story of Two Battle Summers in China*. Boston: W. A. Wilde, 1901. 361 pp.

W. E. 格里菲斯:《在中国的两个夏天的战斗》④

Griffith, Martin L., *Preserved Amid Great Danger through the Boxer Troubles*. London: Robinson Printing Company, 1901. 31 pp.

---

① 德文版本: C. H. S. Green, *Oftmals im Tode; ein kurzer Bericht von des Herrn gnädiger Bewahrung der Missionarsfamilie Hwai-luh, Nord-Chrina, Herrn und Frau Green mit ihren zwei Kindern, nebst Fräulein Gregg, während der Verfolgungszeit im Jahre 1900; zu Gottes Ehre allein*. Barmen: Verlag der Deutschen China-Allianz-Mission, 1914. 64 pp. 青李连(Charles Harry Stuart [Stewart] Green,1865～1958),英国人,中华内地会传教士,1892年来华。在义和团起事时,他与妻子E. 阿斯廷(Eliza Astin,1865～?)携带两个儿童从直隶获鹿逃走。贾贵安(Jessie Grace Gregg,1871～1942),英国人,中华内地会传教士,1895年来华,在直隶获鹿传教。

② 孟牧师(Harry Vine Norman,1868～1900),英国人,外国福音传教会传教士。1900年6月初与其工友C. 罗宾逊在直隶永清被害。

③ 电子资源见: http://archive.org/details/chinasstoryinmy01grifgoog. 本书是对中国的大致概述,其中两章涉及义和团运动,见该书第255～274页。W. E. 格里菲斯(William Elliot Griffis,1843～1928),美国人,东方学研究者,牧师,讲师,作家。

④ 关于义和团运动的小说。电子资源: http://babel.hathitrust.org/cgi/pt?id=uc2.ark:/13960/t71v5cb4h;view=1up;seq=9.

纪正纲:《义和团动乱的巨大麻烦》①

Grigoriantz, Alexandre, *Le Siège de Pékin, 1900. L'attaque des Occidentaux par les Boxers*. (Collection "Petite et grande histoire"). Lausanne: Favre, 1989. 264 pp.

A. 格黑高杭:《1900年北京之围,西方人被义和团攻击》②

Grimm, Tilemann, "Anti-imperialistische Bauernaufstände in China", *Geschichte in Wissenschaft und Unterricht*, 29 (1978), pp. 359-366.

葛林:《中国的反帝农民起义》

Grimm, Tilemann, "Die Boxerbewegung in China 1898-1901", *Historische Zeitschrift*, 224 (1977), pp. 615-634.

葛林:《1898～1901年的中国义和团运动》

Groot, Jan Jacob Maria de, *Sectarianism and Religious Persecution in China: A Page in the History of Religions*. (Verhandelingen der Koninklijke Nederlandse Akademie van Wetenschappen, Afdeling Letterkunde, new series 4. 1-2). Amsterdam: J. Müller, 1903. 2 vols. viii+595 pp. Reprinted Taibei: Literature House, 1963.

葛罗特:《中国的宗教教派和宗教迫害》

Grube, Wilhelm, "Peking und die 'Gesandtschaftsstraße'", *Koloniale Zeitschrift*, 1 (Leipzig, 1900), pp. 186-189.

葛禄博:《北京与"使馆街"》③

Grucza, Monika, "Bedrohtes Europa. Studien zum Europagedanken bei Alfons Paquet, André Suarès und Romain Rolland in der Periode zwischen 1890 und 1914", Ph. D. dissertation, Gießen, 2008. 302 pp.

莫妮卡·格鲁茨卡:《受威胁的欧洲:对1890～1914年期间阿尔方·帕克、安德烈·舒亚莱和罗曼·罗兰欧洲思想的研究》

Gründer, Horst, *Christliche Mission und deutscher Imperialismus. Eine politische Geschichte ihrer Beziehungen während der deutschen Kolonialzeit (1884-1914), unter besonderer Berücksichtigung Afrikas und Chinas*. Paderborn: Ferdinand Schöningh, 1982.

霍斯特·格伦德:《基督教传教活动和德国帝国主义:德国殖民时期(1884～1914年)二者的政治关系史,尤其是非洲和中国》④

Gründer, Horst, "Die Rolle der christlichen Mission beim Ausbruch des

① 纪正纲(Martin Luther Griffith,1864～1951),中华内地会传教士,1889年来华。义和团起事时,他在顺德传教。

② 该书主要针对大众读者,该书中引用了大量文献,但未标注出处。大量信息基于帛黎(Théophile Piry)的日记、个人文件以及通信,以及中国海关目击者的证言及帛黎所翻译的谕令与京报。帛黎(Alexandre-Théophile Piry [or Pirry], ?～1918),法国人,曾为清朝海关工作,使馆被围之时身处北京。

③ 葛禄博(Wilhelm Grube,1855～1908),德国人,中国学研究者,民族志学者。1897～1899年间,曾在中国进行民族学调查。

④ 第四章讨论了义和团运动时期在华的德国天主教会。

Boxeraufstandes", in Susanne Kuß & Bernd Martin (eds.), *Das Deutsche Reich und der Boxeraufstand*. (ERGA. Erfurter Reihe zur Geschichte Asiens, Vol. 2). Munich: IUDICIUM Verlag, 2002, pp. 25-34.

霍斯特·格伦德:《基督教传教活动对义和团运动爆发的作用》

Gstettenbauer, Erich, "Der Einsatz bayerischer Soldaten im Rahmen des Expeditionskorps zur Niederschlagung des Boxeraufstandes in China 1900/1901", *Zeitschrift für bayerische Landesgeschichte*, 57(3) (1994), pp. 787-814.

埃里希·盖施德腾鲍尔:《远征军中的巴伐利亚士兵参与镇压1900~1901年间的中国义和团运动》①

Guasco, Alexandre, "Les origines et les causes de la crise chinoise", *Revue générale de droit international public*, 8 (1901), pp. 28-48.

A. 瓜斯科:《中国问题的起源》②

Gubbels, Natalis Henricus [Noël Henri], "De causa martyrii in persecutione Boxerum anni 1900", *Nova et Vetera*, 17(1932), pp. 469-488. See also *Apostolicum*, 7 (Ji'nan 1936), pp. 67-68.

N. H. 古贝尔斯:《1900年义和团运动的殉教者》

Gubbels, Natalis Henricus [Noël Henri], "Iterum de causa Martyrii a. 1900", *Nova et Vetera*, 23 (1937), pp. 11-33. See also *Apostolicum*, 9 (1938), pp. 228-231.

N. H. 古贝尔斯:《1900年的殉教者》

Guillaumat, Paul, *La Chine à l'encan: Rapports et souvenirs d'un officier français du 2e bureau en Extrême-Orient, 1897-1901*. Paris: L'Harmattan, 2008. 263 pp.

P. 古由马:《拍卖中国:一位法国远东第二办公室官员的回忆和报告(1897~1901年)》③

Guillot, Marie-Joseph-Frédéric, *Pékin pendant l'occupation étrangère en 1900-1901*. Paris: Henri Charles-Lavauzelle, [1904]. 94 pp.

M. J. F. 吉约:《1900~1901北京被外国人占领》④

Guinness, G. Whitfield, "*A Great Deliverance*", *The Story of the Escape from She-k'i-tien, Ho-nan*. London: China Inland Mission, 1901. 31 pp.

金纯仁:《河南赊旗店大逃亡》⑤

Guinness, G. Whitfield, "The Riots at Shae-k'i-tien", *Regions Beyond*, 137

---

① 电子资源:http://periodika.digitale-sammlungen.de/zblg/kapitel/zblg57_kap27.

② 曾单独选印,见 Paris: A. Pedone, 1901. 23 pp. A. 瓜斯科(Alexandre Guasco, 1853~1922),法国人,天主教作家。

③ 也可参见:Rapports et souvenirs d'un officier français du 2e bureau en Extrême-Orient, 1897-1901. 主要收集了法国陆军军官 M. 吉约马(Marie-Louis-Adolphe Guillaumat)的报告及文章,由其孙子出版。此人曾在义和团战争中受伤。

④ M. J. F. 吉约(Lieutenant-Colonel Guillot,1851~?),法国远征军第一军团总指挥。

⑤ 金纯仁(Gershom Whitfield Guinness,1869~1927),英国人,中华内地会医疗传教士。义和团运动期间从河南赊旗店逃脱。

(November 1900), pp. 455-465.

金纯仁:《赊旗店的骚乱》

Gündell, Erich von, *General Erich von Gündell. Aus seinen Tagebüchern. Deutsche Expedition nach China 1900-1901; 2. Haager Friedenskonferenz 1907, Weltkrieg 1914-1918 und Zwischenzeiten*. Bearbeitet und hrsg. von Walther Obkircher. Hamburg: Hanseatische Verlags-Anstalt, 1939. vii+358 pp.

埃里希·冯·君德尔:《埃里希·冯·君德尔将军日记:1900～1901 年德国远征中国;1907 年第二次海牙和平会议,1914～1918 年第一次世界大战和战争间隔时期》①

Günther, Hugo, *Die Schreckenstage von Peking. Eigene Erlebnisse und Beobachtungen nebst Illustrationen und Situationsplan. Edited by Hermann Lunecke*. Hamm i. W.: E. Griebsch, 1902. 103 pp.

雨果·君特:《北京的恐怖岁月:附带插图和地图的亲身经历与观察》②

Haar, Barend J. ter, "Boksers als laatste kans? Rampjaar 1900", *Kleio*, 49(4) (2008), pp. 4-8.

田海:《1900 年的义和团运动》③

Haar, Barend J. ter, "Christenen in China als slachtoffer van geweld: de rol van traditionelle angsten", *Leidschrift: Historisch Tijdschrift*, 18 (3) (2004), pp. 75-88.

田海:《巫术和替罪羊:中国与基督教》

Haar, Barend J. ter, *Telling Stories: Witchcraft and Scapegoating in Chinese History*. Leiden: Brill, 2006.

田海:《传述故事:中国历史上的巫术和替罪羊》④

Haar, B[arend] J. ter, "The White Lotus Society and the White Lotus Teachings: Reality and Label", Ph. D. dissertation, Leiden: Rijksuniversiteit te Leiden, 1990. 409 pp.

田海:《白莲教及其教义:真实与标签》⑤

Haar, B[arend] J. ter, *The White Lotus Teaching in Chinese Religious History*. (Sinica Leidensia, 26). Leiden: E. J. Brill, 1992. ix+343 pp. Reprinted as paperback ed. Honolulu: University of Hawai'i Press, 1999.

田海:《中国宗教史上的白莲教义》

① 埃里希·冯·君德尔(Erich Gustav Wilhelm Theodor von Gündell, 1854～1924),德国人,陆军军官。1900 年被任命为德国东亚远征军总司令。该书主要基于其 1900～1901 年间写的日记。

② 作者为德国水师的下士。电子资源:http://digital. staatsbibliothek-berlin. de/werkansicht/? PPN=PPN618439579&LOGID=LOG_0001. 相关评述见:*Militär-Literatur-Zeitung* (1902), col. 133-134, Brandes.

③ 也可参见:"Rampjaar 1900: Boksers als laatste kans?" in Barend J. ter Haar(ed.), *Het hemels mandaat: de geschiedenis van het Chinese keizerrijk*. Amsterdam: Amsterdam University Press, 2009, pp. 488-492.

④ 作者在本书中专设一节讨论义和团运动。

⑤ 1992 年,该博士论文以另外一个标题出版。

Haddad, John, "The Laundry Man's Got a Knife! China and Chinese America in Early United States Cinema", in *Chinese America: History and Perspectives 2001*. San Francisco: Chinese Historical Society of America, 2001, pp. 31-46.

J. 哈达德:《美国早期电影中的中国人与美国华人》

Haddad, John R., "The Wild West Turns East: Audience, Ritual, and Regeneration in Buffalo Bill's Boxer Uprising", *American Studies*, 49(3-4) (Fall/Winter 2008), pp. 5-38.

R. 哈达德:《水牛比尔与义和团运动》

Hahn, Emily, *China only Yesterday, 1850-1950: A Century of Changes*. Garden City, N. Y.: Doubleday, 1963.

项美丽:《昨日烟云:中国百年变迁(1850～1950 年)》①

Halot, Alexandre, "Un article de Sir Robert Hart sur la Chine", *Questions Diplomatiques et Coloniales*, 11 (1 January 1901), pp. 38-44.

A. 哈罗:《赫德先生关于中国的一篇文章》

Ham, Claudia and M. Christian Ortner (eds.), *Mit S. M. S. Zenta in China. "Mich hatte auch diesmal der Tod nicht gewollt...". Aus dem Tagebuch eines k. u. k. Matrosen während des Boxeraufstands*. Vienna: Verlag Österreich; Hamburg: Mittler und Sohn, 2000. 159 pp.

克劳迪娅·哈姆、M. 克里斯蒂安·奥尔特纳编:《随皇家海军战舰"曾塔"号在中国的时光——"这次死神还不想把我带走……":一名奥匈帝国水兵在义和团运动期间的日记》②

Hamberger, Edwin & Norbert Stellner, "'Auf nach China, zu den Bezopften!' Der Boxeraufstand (1900/1901) aus der Sicht bayerischer Soldaten", *Bayerisches Jahrbuch für Volkskunde*, (2006), pp. 15-31.

埃德温·汉伯格、诺伯特·施泰尔纳:《"去中国吧,找有辫子的人去!"从巴伐利亚士兵视角看义和团运动(1900～1901 年)》

Hamm, M. A., "The Anti-foreign Movement [in China]", *Independent*, 52 (26 July 1900), pp. 1785-1788.

M. A. 哈姆:《中国的排外运动》③

Hamm, M. A., "Boxers and Other Chinese Secret Societies", *Independent*, 52 (28

---

① 第十五章关于义和团运动,见该书第 253～277 页。项美丽(Emily Hahn,1905～1997),美国人,新闻记者,作家,1935～1943 年在华旅居。相关评述见:K. C. Wu, "A Chinese History Admired More for Its Color than Its Accuracy", *Chicago Tribune*, (21 April 1963). 法文译本:Emily Hahn, *Chine d'hier et de toujours*. Traduit de l'anglais par Denise Van Moppès. Paris: Fayard (Mayenne, impr. Floch), 1964. 德文译本:Emily Hahn, *China gestern und heute: von der Ts'ing-Dyanstie zu Mao Tse-Tung*. (München): Desch (1966).

② 主要参考 A. 菲尔海利希(Anton Vierheilig,1879～?)的日记。此人来自波西米亚,义和团运动时期为奥匈帝国"巡洋舰津塔"号水手,曾参加西摩尔远征军。

③ M. A. 哈姆(Margherita Arlina Hamm,1867～1907),美国最早的一批女性新闻记者、战地记者,曾报道过甲午中日战争,在美西战争中支持美国的扩张。

June 1900), pp. 1534-1537.
M. A. 哈姆:《义和团与其他中国秘密团体》

Han Yelong, "Making China Part of the Globe: The Impact of America's Boxer Indemnity Remissions on China's Academic Institutional Building in the 1920s". Ph. D. dissertation, University of Chicago, 1999. 588 pp.
韩业龙:《中国融入世界:20 世纪 20 年代美国庚子赔款退款对中国学术体制建构之影响》

Hanstein, Otfrid von, *Die schwarzen Tage von Peking: der Boxeraufstand und die Ermordung des deutschen Botschafters in China*. (Erlebnis-Bücherei, 23). Berlin: Steiniger, [1941]. 31 pp.
奥特福里特·冯·汉施泰恩:《北京的黑暗岁月:义和团运动与德国公使在华被杀事件》

Harder, Agnes, *Wider den gelben Drachen. Abenteuer und Fahrten zweier deutscher Jünglinge im Lande der Boxer*. Bielefeld and Leipzig: Velhagen & Klasing, 1900. viii+531 pp.
艾格尼·哈尔德:《对抗黄龙:两名德国青年在拳民之国的冒险之旅》①

Harfeld, Ferdinand Joseph, *Opinions chinoises sur les barbares d'occident*. Paris: Plon-Nourrit; Brussels: Albert Dewit, 1909. viii+308 pp.
哈尔法:《汉人如何评论大西洋哈尔法》②

Hargreaves, Reginald, "Comrades in Arms", *Marine Corps Gazette*, 48 (October 1964), pp. 50-55.
R. 哈格里夫:《联合作战》③

Harlow, William C., "Logistical Support of the China Relief Expedition", M. A. dissertation, U. S. Army Command and General Staff College, Fort Leavenworth, Kansas, 1991. Xiii+220 pp.
W. C. 哈洛:《中国救援远征军的后勤支援》

Harper, H., *The Handy Man in China. The Expedition of the British Naval Brigade in China. From June to September, 1900*. Hongkong: Kelly & Walsh, [1901]. 88 pp
H. 哈珀:《英国海军官兵在华的远征(1900 年 6～9 月)》④

① 历史小说,在内容上支持战争,富有冒险精神,且有一定的真实性,其研究时段主要是义和团运动前夕。与其他同时代的军事小说不同,该书主要关注了列强对中国的干涉。整体上,中国被塑造为"拳民的老家",其文化"完全堕落",国人"狡猾、奸诈、迷信和残忍"。

② 电子资源:http://gallica. bnf. fr/ark:/12148/bpt6k6207453c/f11. image. r = mines. langEN. 哈尔法(Ferdinand Harfeld,1871～1939),比利时人,炮兵军官,1901～1906 年在华参与铁路建设,此后更名为(Prince) Ferdinand-Joseph d'Altora Colonna de Stigliano。

③ 回顾了美国海军陆战队和英国皇家海军之间在解救北京之围时的紧密合作,涉及英美俄联合攻击义和团所设置的路障,但对于西摩尔远征军却关注甚少。

④ 描述了英国海军军官在 1900 年夏义和团战争时的表现。作者是英国人,曾为英国皇家海军"巴夫勒尔"号海军军官。

Harrington, Peter, *Peking 1900: The Boxer Rebellion*. (Osprey Military Campaign Series, 85) Oxford: Osprey Military, 2001. 96 pp.

P. 哈林顿:《北京 1900:义和团运动》①

Harrison, Henrietta, "Justice on Behalf of Heaven", *History Today*, 50 (9) (September 2000), pp. 44-51.

沈艾悌:《替天行道》

Harrison, Henrietta, *The Missionary's Curse and Other Tales from a Chinese Catholic Village*. Berkeley: University of California Press, 2013.

沈艾悌:《天主教的诅咒及天主教村的其他故事》②

Harrison, Henrietta, "Village Politics and National Politics: The Boxer Movement in Central Shanxi", in Robert Bickers & R. G. Tiedemann (eds.), *The Boxers, China and the World*. Lanham, Md.: Rowman & Littlefield, 2007, pp. 1-15.

沈艾悌:《村落政治与国家政治:义和团运动在晋中》

Hart, Robert (Sir), "Die Boxer (1900)", *Deutsche Revue*, 26 (1901), pp. 257-267.

赫德:《1900 年的义和团运动》

Hart, Robert (Sir), "The Boxer Movement", *The Cosmopolitan*, 30(5) (March 1901), pp. 507-512.

赫德:《1900 年的义和团运动》

Hart, Robert (Sir), "China and Non-China", *Fortnightly Review*, 69 n. s. (February 1901), pp. 278-293.

赫德:《中国与他国》

Hart, Robert (Sir), "China and Reconstruction: November, 1900", *Fortnightly Review*, 69 n. s. (January 1901), pp. 193-206.

赫德:《中国与重建:1900 年 11 月》③

Hart, Robert (Sir), "China, Reform and the Powers", *Fortnightly Review*, 69 n. s. (May 1901), pp. 763-784.

赫德:《中国、改革与列强》

Hart, Robert (Sir), "National Uprising and International Episode", *The Cosmopolitan*, 30 (December 1900), pp. 121-139.

赫德:《国内起义与国际事件》

Hart, Robert (Sir), *The Peking Legations: A National Uprising and International*

---

① 内容包括:北京被围之背景;排外骚乱;中日战争;拳民出现;年表;拳民首领;拳民力量;中国军队;战斗命令;清军;联军;双方的计划;第一次解围行动;大沽炮台被占;天津被占;北京被占;北京被占第一阶段;北京被占第二阶段;解救北京之围;后果;当下的争论。

② 该天主教村名为"洞儿沟",临近山西太原。该文同时涉及义和团运动及其后果。

③ 分析了中国重建所面临的严重问题,指出当时的情况已陷入僵局:没有谈判,因外国侵略而动荡加剧;贸易处于停顿状态,在收入上无法再额外支出债务利息。作者指出归还司法权是进行谈判的必要条件,认为外国政府有必要解决这个问题。

Episode. Reprinted from “The Fortnightly Review”. Shanghai: Kelly & Walsh, 1900. 39 pp.

赫德:《北京公使馆:国内起义与国际事件》①

Hart, Robert (Sir), “*These from the Land of Sinim*”. *Essays on the Chinese Question*. London: Chapman and Hall, 1901. 254 pp. 2nd edition with additional chapter, “China, reform and the powers”. London: Chapman and Hall, 1903. 302 pp.

赫德:《这些自秦国来:中国论集》②

Hartmann, A., “Die Hinrichtung der Mandarinen”, *Der Lotse. Hamburger Wochenschrift für deutsche Kultur* 1(30) (1901), pp. 109ff.

哈特曼:《处决一名清朝官员》

Hartwich, Richard, *Steyler Missionare in China*. Vol. 1: *Missionarische Erschliessung Südshantungs 1879-1903*. (Studia Instituti Missiologici Societatis Verbi Divini, 36). St. Augustin: Steyler Verlag, 1983. 582 pp.

里夏德·哈特维希:《圣言会传教士在中国:1879~1903 年山东南部的传教活动》(第 1 卷)③

Haslinde, Heinrich, *Tagebuch aus China 1900/1901*. Edited by Marlis Ottmann. Munich: published by the editor, 1990. 97 pp.

海因里希·哈斯林德:《1900~1901 年在中国的日记》④

Haupt, Werner, “Die Kaiserliche Marine während des Boxeraufstandes”, *Deutsches Soldatenjahrbuch*, (1997)/*Deutscher Soldatenkalender*, 45, pp. 71-79.

维尔纳·郝普特:《义和团运动时期的德国海军》

---

① 该文首次发表于:*The Fortnightly Review*, 68(407)(November 1900), pp. 713-739 [dated “Peking, 22nd August, 1900”];同时也载于: *The Cosmopolitan*, 30(2) (December 1900), pp. 121-139. 关于文章的手稿及该文的证据见:“Manuscripts of Robert Hart”, The Second Historical Archives, Nanjing, file 679(9)/8794. 赫德从北京被围说起,但得出的结论却具有争议性。他批评西摩尔在北京使馆安全之前修复京津铁路。至于对“黄祸论”的担忧,他指出:“中国人乃是智慧、文明之种族,清醒、勤劳且拥有自己的文明,而且语言、思想及情感统一,人数约有四亿。他们在自己的国土里生活,土地肥沃,海域丰富,山地和平原多样,气候及环境各异,基本满足了民众需求,赋予了他们无尽的原始财富,而且从来不受外界之侵扰。经数千年的隐居生活及唯我独尊,这个民族被环境的力量所推动,同时受到世界上其他列强的影响,虽然说这被视之为屈辱,看似没有任何利益,但他们期待着总归有一天他们会击退外国列强的交往、干扰和入侵,最终回到了先前的生活状态。义和团运动无疑是官方刺激的产物,但它抓住了大众的想象,如同野火一样遍燃全国:简而言之,这是一场纯粹的爱国自愿运动,其目的是固化中国……”为降低中国在未来侵略的威胁,赫德提出了两种解决方案:或者分而治之,或者基督化中国。如果上述方案不能奏效,那么赫德认为“黄祸”会导致“可怕的碎裂”,五十年或一百年后“危及世界的未来”。对赫德言论之严峻批评,见 *The Spectator*, (3 November 1900), p. 20.

② 电子资源: http://archive.org/stream/thesefromlandofs00hart/thesefromlandofs00hart_djvu.txt. 内容提要:北京公使馆:国内起义与国际事件;中国及其对外贸易;1900 年 11 月中国重建;中国与外国;1900 年的义和团;中国,改革与列强;附录;总理衙门至中国驻外公使之通告;总税务司关于商业关系的备忘录。其中的几章节内容刊载于《双周评论》(*Fortnightly Review*),从 1900 年 11 月起连载。

③ 本书按照年代记述了鲁南圣言会的早期传教历史,其中涉及数起教案、1896 年大刀会动乱及义和团运动的影响。

④ 海因里希·哈斯林德(Heinrich Haslinde,1879~1926),义和团战争期间为德国东亚远征军士官。

Haupt, Werner, "Das Ostasiatische Expeditionskorps", *Deutsches Soldatenjahrbuch*, (2000/2001) and *Deutscher Soldatenkalender*, 48/49, pp. 184/190; *Deutsches Soldatenjahrbuch*, (2002) and *Deutscher Soldatenkalender*, 50, pp. 43-48.

维尔纳·郝普特:《东亚远征军》

Hawes, Charlotte E., *New Thrills in Old China*. New York: Hodder & Stoughton, George H. Doran Company, 1913. 272 pp.

贺乐迪:《旧华夏的新恐慌》①

Hays, Fanny Corbett (Mrs. George S.), "The 'Great Knife' Sect of Shantung", *Missionary Review of the World*, 23 (February 1900), pp. 112-114.

F. C. 海思:《山东大刀会》②

Hayter-Menzies, Grant, *The Empress and Mrs. Conger: The Uncommon Friendship of Two Women and Two Worlds*. Hong Kong University Press, 2011. 325 pp.

孟席斯:《慈禧太后与康格夫人》③

Headland, Isaac Taylor, *Chinese Heroes: Being a Record of Persecutions Endured by Native Christians in the Boxer Uprising*. New York: Eaton & Mains; Cincinnati: Jennings & Pye, 1902. 248 pp.

何德兰:《中国的英雄》④

Headland, Isaac Taylor, "Church Burning in China", *Missionary Review of the World*, 23(12) (December 1900), pp. 931-936.

何德兰:《燃烧着的中国教堂》

Headland, Isaac Taylor, "The Crisis in China", *Munsey's Magazine*, 24(1) (October 1900), pp. 3-19. With many photographs and illustrations.

何德兰:《中国的危机》

Headland, Isaac Taylor, "The Heroes of the Peking Siege", *The Junior Munsey: Magazine for Older Children*, 9(5) (February 1901), pp. 725-737. With photographs by the American Presbyterian missionary Charles A. Killie.

何德兰:《北京被围的英雄》

Headland, Isaac Taylor, "The Reform Movement in China", *Chinese Recorder*, 31(9) (September 1900), pp. 463-469.

---

① 该书第 88～108 页讨论了 1900 年美国北长老会潍县布道站遭受的破坏。贺乐迪(Charlotte Elizabeth Hawes,1859～1944),美国北长老会传教士,1897 年抵达潍县。

② 作者描述了一个新型反基督教教派——"大刀会"。该组织于 1899 年 3 月在即墨西成立,目标是杀害或驱逐所有外人。F. C. 海思(Fanny Culbertson Corbett, 1866～1955),郭显德(Hunter Corbett)之女,1886 年嫁给美国北长老会传教士海尔济(George Smith Hays,1861～1943),后夫妇二人在鲁东传教。

③ 作者描述了美国驻华外交公使夫人:"1898 年康格夫人来华,当时她是中年,来自爱荷华州,对中国人及其文化一无所知。但是七年之后,她成为这个民族最同情的辩护者。作为中西方碰撞之拳乱的幸存者,康格夫人反而与该起灾难的祸端慈禧太后有了情谊往来。"

④ 何德兰 (Isaac Taylor Headland,1859～1942),美国人,美以美会传教士, 1890 年来华北传教。义和团运动时正值其与家人归国度假,1901 年春返回中国。

何德兰:《中国的改革运动》①

Headland, Isaac Taylor, "A Review of the Situation in China", *Methodist Quarterly Review*, 5th ser. 16 (1900), pp. 888-897.

何德兰:《中国情况综述》②

Heck, Johannes, "Deutsche Militäreinsätze während des Boxerkrieges 1900-1901 in China", M. A. dissertation, Freiburg i. Br., 1999.

约翰内斯·海克:《1900～1901年中国义和团战争期间德军的军事行动》

Hector, Inegerd, *Den svenska missionen i Kina under boxarupproret år 1900*. Stockholm: Stockholms universitet, historiska institutionen, 1979. 24 fols.

君特·海多恩:《世纪之交德国帝国主义对中国的侵略》

Heidorn, Günter, "Die Aggression des deutschen Imperialismus gegen China um die Jahrhundertwende", *Wissenschaftliche Zeitschrift der Universität Rostock. Gesellschafts- und sprachwissenschaftliche Reihe*, 5 (1955/1956), pp. 259-267.

G. 海多恩:《德帝国主义对中国的侵略》

Heinl, Robert Debs, Jr., "Hell in China", *Marine Corps Gazette*, 43(11) (November 1959), pp. 55-68.

R. D. 海纳尔:《中国地狱》③

Heinl, Robert Debs, Jr., *Soldiers of the Sea: The United States Marine Corps, 1775-1962*. Annapolis, MD: United States Naval Institute, 1962. xxxiii+692 pp.

R. D. 海纳尔:《美国海军陆战队(1775～1962年)》④

Heinze, Wolfgang, *Die Belagerung der Pekinger Gesandtschaften. Eine völkerrechtliche Studie*. Heidelberg: Carl Winter's Universitätsbuchhandlung, 1901. 278 pp.

沃尔夫冈·海因泽:《围攻北京使馆;国际法研究》⑤

Hémon, Félix, et al., *Sur le Yang-Tse. Journal d'une double exploration pendent la campagne de Chine (1900-1901)*. Avec préfaces par A. Gerard et le commandant Baëhme. Paris: Delagrave, s. d. xv+346 pp.

---

① 作者认为义和团运动一定程度上是1898年百日维新的结果，并相信动乱的结果将会导致中国遭到瓜分或者是慈禧太后倒台。

② 何兰德将义和团运动的爆发与1898年列强蚕食中国相联系。列强蜂起，在中国划分势力范围，激起保守派及支持拳民的慈禧太后的强烈反对。"义和团自身本来没有什么武装及训练，只是一撮村民莽夫而已，不可能经受训练有素的军队的攻击。"

③ 电子资源：http://www.mca-marines.org/gazette/hell-china. 该文实际上是对作者对关于义和团运动时期海军的书籍之扩充，主要涉及北京使馆的护卫，特别是解救北京使馆之围。对攻击天津却相对较少涉及。

④ 该书第127～146页讨论了美国海军陆战队参与中国战争的情况，特别探讨了解救北京之围。

⑤ 相关评述见：*Deutsche Literatur-Zeitung*, (1901), col. 2798-2799; *Hochschulnachrichten*, No. 133 (München 1901); *Literarisches Centralblatt für Deutschland*, 1901, col. 1798.

F. 西蒙等:《扬子江上——在中国征战期间的两次探险日记》①

Henninghaus, Augustin, "Die Boxerbewegung im nördlichen China", *Alte und neue Welt*, 35 (1900), pp. 209-213.

韩宁镐:《中国北方的义和团运动》②

Henninghaus, Augustin, *P. Josef Freinademetz SVD. Sein Leben und Wirken. Zugleich Beiträge zur Geschichte der Mission Süd-Schantung*. Yanzhou: Verlag der Katholischen Mission, 1920.

韩宁镐:《圣言会福若瑟:生平和影响;兼论山东南部传教史》

Henry, Léon, *Le Siège du Pé-t'ang dans Pékin en 1900. Le Commandant Paul Henry et ses trente marins*. Niort, 1910. vi+414 pp. Reprinted in Beijing: Impr. des Lazaristes du Pé-t'ang, 1921. vi+366 pp.

L. 亨利:《1900 年在北京城里围攻北堂》③

Henry, G. A., *With the Allies to Peking: A Tale of the Relief of the Legations*. New York: Charles Scribner's Sons, 1906. ix+353 pp.

G. A. 亨利:《跟随联军去北京》④

Herhold, C[arl], "Bei der 2. Brigade des ostasiatischen Expeditions-Korps vorzugsweise vorgekommenen Krankheiten mit Bezug auf Klima und Boden der Provinz Petschili in China", *Deutsche militärärztliche Zeitschrift*, 30(12) (1901), pp. 641-655.

卡尔·海尔霍德:《由于在中国北直隶省水土不服而首先在东亚远征军第二旅出现的疾病》⑤

Herhold, C[arl], *Die Hygiene bei überseeischen Expeditionen nach den während der Expedition nach Ostasien gemachten Erfahrungen*. Berlin: Mittler, 1903. 40 pp.

卡尔·海尔霍德:《根据远征东亚期间积累的经验而采取的海外远征卫生措施》

Herhold, C[arl], "Ueber die Theilnahme eines Zuges des Feldlazaretts IV an der Expedition zum Ku-Kuan-Pass", *Deutsche militärärztliche Zeitschrift*, 30(10-11) (1901), pp. 635-639.

卡尔·海尔霍德:《第四野战医院某分队参与固关远征记》

---

① 电子资源:http://gallica.bnf.fr/ark:/12148/bpt6k56063700.r=.langEN. 相关评述见:Paul Pelliot *Bulletin de l'Ecole française d'Extrême-Orient*, 5(5) (1905), pp. 224-225. F. 西蒙(Félix Hémon,1875~1902),法国"海军元帅沙内"号装甲巡洋舰替补军官,1900 年 6 月末来华,在法国远征军深入华北时,他只身到天津和北京旅行,留有南京及汉口游记。

② 韩宁镐(Augustin Henninghaus,1862~1939),德国人,天主教传教士,圣言会传教士。1886 年到山东传教,后接替安治泰成为鲁南宗座代牧。

③ 电子资源:http://gallica.bnf.fr/ark:/12148/bpt6k58046252/f1.image. L. 亨利(Leo Henry,1878~1900),法国海军少尉,手下有 30 名法国人及 10 名意大利人,1900 年 6 月 30 日在北堂教堂阵亡。

④ 小说,读者对象为青少年,首版:London, Glasgow and Dublin: Blackie & Son, 1904. 384 pp.

⑤ 卡尔·赫霍尔德(Carl Herhold),保定德国东亚远征军第二旅野战医院院长,对直隶省的痢疾与水土之间的关联有所研究。

Herhold, C[arl], "Ueber die während der ostasiatischen Expedition im Feldlazarett IV (Paotingfu) beobachteten Schussverletzungen", *Deutsche militärärztliche Zeitschrift*, 30(10-11) (1901), pp. 603-621.

卡尔·海尔霍德:《远征东亚期间第四野战医院(保定府)的枪伤观察记录》

Herold, Heiko, *Reichsgewalt bedeutet Seegewalt. Die Kreuzergeschwader der Kaiserlichen Marine als Instrument der deutschen Kolonial- und Weltpolitik 1885 bis 1901*. Munich: Oldenbourg Wissenschaftsverlag, 2013.

海柯·赫罗尔德:《国权意味着海权:德国海军巡洋舰中队作为德国1885～1901年殖民地政策和世界政策的工具》

Hermann, Wolfgang and Dirk Schramm (eds.), Berliner Protokolle, Sonderheft H, *Frühe Post und Feldpost im Boxeraufstand bis 31. 8. 1900*, 2001, 51 pp.

沃尔夫冈·赫尔曼、迪尔克·施拉姆编:《柏林记录,特刊H,义和团运动期间至1900年8月31日的邮政早报和战地邮政报》

Herrings, Joseph, *Das erste Lorbeerreis des III. Seebataillons*. Shanghai, [s. a.].

约瑟夫·赫令斯:《第三海军陆战队的第一次胜利》①

Herrings, Joseph, *Taku—Die deutsche Reichsmarine in Kampf und Sieg*. Berlin: Hermann J. Meidinger, 1903. 160 pp.

约瑟夫·赫令斯:《大沽——德意志帝国海军的战斗与胜利》②

Hesse-Wartegg, Ernst von, "China gegen Europa", *Der Türmer*, (April 1901), pp. 39-47.

海司:《中国对抗欧洲》③

Hetze, Stefanie, "Feindbild und Exotik. Prinz Chun zur 'Sühnemission' in Berlin", in Kuo Heng-yu (ed.), *Berlin und China: Dreihundert Jahre wechselvolle Beziehungen*. (Wissenschaft und Stadt. Publikationen der Freien Universität Berlin aus Anlaß der 750-Jahr-Feier Berlins, 3) Berlin: Colloquium Verlag, 1987, pp. 79-88.

施提芬妮·海策:《敌人形象与异国情调:醇亲王在柏林的"赔罪使命"》

Hevia, James L., *English Lessons: The Pedagogy of Imperialism in Nineteenth-Century China*. Durham, N.C. and London: Duke University Press; Hongkong: Hong Kong University Press, 2003. xxi+387 pp.

何伟亚:《改造中国——19世纪帝国主义的教化大业》

Hevia, James L., "Krieg als Expedition: Die alliierten Truppen unter Alfred Graf von Waldersee", in Mechthild Leutner and Klaus Mühlhahn (eds.), *Kolonialkrieg in*

① 约瑟夫·赫令斯(Joseph Herrings,1865～?),在德国出生的美国人,新闻记者,对1898年青岛的德意志帝国海军有所研究。

② 研究了德意志帝国海军1900年在大沽炮台的行动。当时,作者作为《德文新报》的记者,身处德国海军"伊尔蒂斯"号上。该书褒扬且夸大了德国海军在大沽炮台战斗中的"英雄事迹"。

③ 海司(Ernst von Hesse-Wartegg,1851～1918),美国人,作家,旅行家,1898年曾访问山东及北京。

China: *Die Niederschlagung der Boxerbewegung 1900-1901*. Berlin: Ch. Links Verlag, 2007, pp. 123-134.

何伟亚:《远征作战:阿尔弗雷德·冯·瓦德西伯爵领导下的联军》

Hevia, James L., "Leaving a Brand on China: Missionary Discourse in the Wake of the Boxer Movement", *Modern China*, 18(3) (July 1992), pp. 304-331. The article was reprinted in Tani E. Barlow (ed.), *Formations of Colonial Modernity in East Asia*. Durham, NC: Duke University Press, 1997; pp. 113-140.

何伟亚:《烙印中国——传教士在义和团运动后之鼓说》

Hevia, James L., "Looting and Its Discontents: Moral Discourse and the Plunder of Beijing, 1900-1901", in Robert Bickers & R. G. Tiedemann (eds.), *The Boxers, China and the World*, Lanham, Md.: Rowman & Littlefield, 2007, pp. 93-113.

何伟亚:《抢劫及其话语:1900～1901 年间的道德话语与掠夺北京》

Hevia, James L., "Looting Beijing, 1860, 1900", in Lydia Liu (ed.), *Tokens of Exchange*: *The Problem of Translation in Global Circulation*. Durham, N. C.: Duke University Press, 1999; pp. 192-213.

何伟亚:《1860 年和 1900 年的掠夺北京》

Hevia, James L., "Loot's Fate: The Economy of Plunder and the Moral Life of Objects from the Summer Palace of the Emperor of China.", *History and Anthropology*, 6 (4) (1994), pp. 319-345.

何伟亚:《战利品的命运:紫禁城的经济掠夺与道德生活》

Hevia, James L., "Making China 'Perfectly Equal'", *Journal of Historical Sociology* 3(4) (December 1990), pp. 379-400.

何伟亚:《造就中国"完全平等"》

Hevia, James L., "Monument and Memory: The Oberlin College Boxer Memorial as a Contested Site", in Tao Feiya & Philip Yuen-Sang Leung (eds.), *Dong-Ya Jidujiao zaiquanyi* [Reinterpreting the East Asian Christianity] (Studies in Religion and Chinese Society, 9) Hongkong: Centre for the Study of Religion and Chinese Society, Chung Chi College, Chinese University of Hong Kong, 2004, pp. 487-506.

何伟亚:《遗址与记忆》

Hevia, James L., "The Photography Complex: Exposing Boxer-Era China (1900-1901)", in Rosalind C. Morris (ed.), *Photographies East*: *The Camera and Its Histories in East and Southeast Asia*. Durham: Duke University Press, 2009; pp. 79-119.

何伟亚:《复杂影像:曝光义和团时代的中国(1900～1901 年)》

Hevia, James L., "Ein 'Volksfest': Die Plünderung Pekings und ihre Folgen", in Mechthild Leutner & Klaus Mühlhahn (eds.), *Kolonialkrieg in China*: *Die Niederschlagung der Boxerbewegung 1900-1901*. Berlin: Ch. Links Verlag,

2007, pp. 147-152.

何伟亚:《"全民节日":北京掠夺及其后果》

Hewett, Julius W., *In a Chinese Prison. The Story of My Escape from "The Boxers" in Shan-si*. London, 1901. 39 pp.

许牧师:《在中国的监狱》①

Hewlett, William Meyrick (Sir), *Diary of the Siege of the Peking Legations, June to August, 1900*. London: Pub. for the Editors of the "Harrovian" by F. W. Provost, 1900. 97 pp. Published as a supplement to the *Harrovian* of November, 1900.

许立德:《北京使馆被围记(1900 年 6~8 月)》②

Hewlett, William Meyrick (Sir), *Forty Years in China*. London: Macmillan, 1943. ix +261 pp.

许立德:《在华四十年》③

[Hyking, Elisabeth von], *Briefe Die Ihn Nicht Erreichten*. Berlin: Paetel, 1903.

E. 海靖:《他没有收到的信件》④

Higgins, Charles Michael, *A Plea for Justice to China: An Explantion of the "Chinese Puzzle" and A Criticism of Our Diplomacy: An Open Letter to the Editior of the Brooklyn Eagle*. *New York*: C. M. HigginsI & Co., 1900. 32pp.

C. M. 希金斯:《在中国诉求正义》⑤

Hildebrandt (Vice-Admiral), "Capture of the Taku Forts by the Allied Forces, 17 June, 1900", "Ward Room" (trans.), *United Service Magazine*, 28 (October 1903), pp. 11-17.

希尔德布兰特:《联军攻陷大沽炮台》⑥

Hilliard, J. A. (comp.) and John U. Shroyer (ed.), *Commemorating the 50th anniversary of the war with Spain, China Relief Expedition, Philippine Insurrection*. Shamokin, Pennsylvania: Veterans of the Spanish-American War, 1949. 119 pp.

J. A. 希利亚德编:《西班牙战争五十周年记》

Hilt, François and Albert Vinchon, "La persécution. -Les chrétiens martyrs", *Chine et Ceylan*, 2 (September 1901), pp. 412-424.

---

① 许牧师(Julius W. Hewett,1867~1950),英国人,中华内会医疗传教士,曾在山西余吾传教。

② 许立德 (William Meyrick Hewlett,1876~1944),英国驻华公使馆翻译学生。

③ 该书第二、三章关于义和团及北京使馆被围。

④ E. 海靖(Elisabeth von Heyking,1861~1925),德国公使。该小说涉及义和团运动。

⑤ 电子资源:http://ia700400. us. archive. org/18/items/cu31924023150901/cu31924023150901. pdf. C. M. 希金斯(Charles Michael Higgins,1854~1929),美国著名的墨水厂商,布鲁克林伦理协会成员。

⑥ 从俄文翻译而来,主要翻译了俄军指挥官与联军之间的往来通信,对于攻陷大沽炮台之行动有着详细的描述。该书附表列出了参与攻击炮台的军备及炮艇,以及盟军损失、炮台受损、炮艇受损。

伊宅师、文思安:《天主教殉教者》①

Himle, Th., *Guds veie med et gjenstridigt folk: en historisk beretning*. Udgivet af Kinamissionsbestyrelsen. Red Wing, MN: [s. n.], 1902. 388 pp.

和明理:《在对立人群中的上帝之路》

Hirschfeld, Burt, *Fifty-five Days of Terror: The Story of the Boxer Rebellion*. New York, J. Messner, [1964], 191 pp. Folkestone: Bailey Bros and Swinfen, 1971. 191 pp.

B. 希尔施费尔德:《五十五天的恐慌:义和团运动记事》

Hirth, Friedrich, "Die chinesische Regierung und ihre Organe", *T'oung Pao*, NS 2 (1901), pp. 54-67.

夏德:《中国政府及其机构》②

Hirth, Friedrich, "Freund und Feind unter den Mandarinen", *T'oung Pao*, NS 2 (1901), pp. 68-75.

夏德:《清朝官员中的朋友和敌人》③

Hirth, Friedrich, "Die Strafuniversität des Herrn Eugen Wolf in Peking. —Die Reformpläne des Kaisers von China und sein Universitätsprojekt für Peking", *Hochschul-Nachrichten* Heft, 125 (February 1901).

夏德:《吴里福先生在北京的刑事大学——中国皇帝的改革计划和他的北京高校方案》④

Hoang, Michel, "L'été chaud de Pékin de 1900: le siège de Pékin", *L'Histoire*, 133 (May 1990), pp. 76-79.

M. 黄:《1900年热浪中的北京:北京之围》

Hoare, J. E., *Embassies in the East: The Story of the British and Their Embassies in China, Japan and Korea from 1859 to the Present*. Richmond, Surrey: Curzon, 1999. xvi+238 pp.

J. E. 霍尔:《东方大使:英国与其1858年至今的驻中日朝三国大使》

Hoe, Susanna, *Women at the Siege, Peking 1900*. Oxford: Holo Books, The Women's History Press, 2000. xxii+408 pp.

---

① 主要是耶稣会传教士伊宅师(François Hilt,1846～1923)、文思安(Albert Vinchon,1848～1929)对直隶东南甘宁县义和团对教民攻击的描述。

② 该段记述乃是作者在1900年10月17日的演讲,初刊于*Münchener Neueste Nachrichten*。夏德讨论了义和团运动之前的中国宫廷政治以及义和团运动,其中提到了山东和山西巡抚毓贤。夏德(Friedrich Hirth,1845～1927),德国人,中国学研究者,1870～1897年在大清海关工作,1902年被任命为纽约哥伦比亚大学中文教习。

③ 夏德讨论了义和团运动期间及其后主要中国官员的性格,其中既有满人,也有汉人,或是汉八旗、蒙古八旗,这些人对外人持友好或敌对态度。

④ 有关谔尔福利用庚子赔款在北京建造的一所大学。吴里福(Herrn Eugen Wolf,1850～1912),又名谔尔福,德国人,激进民族主义者,旅行家,殖民地宣传家。1898年在山东游历,当年4月造访过巨野磨盘张家庄。

S. 霍:《1900年北京围困中的妇女》①

Hoffmeister, Eduard von, *Meine Erlebnisse in China*. Ein Vortrag, gehalten in der Abteilung Karlsruhe der Deutschen Kolonial-Gesellschaft am 9. January 1903. Karlsruhe i. B.: Braun, 1903. 39 pp.

E. 霍夫迈斯特:《我在中国的经历:1903年1月9日在德国殖民协会卡尔斯鲁厄分部的一次报告》②

Hoh Yam-tong, "Boxer Indemnity Remissions and Education in China: being a historical and analytical study of the China Indemnity of 1901 as remitted to China by the United States of America, Great Britain, France, Italy, Soviet Russia and the Netherlands, and the application of these remissions to educational and cultural purposes (together with a chapter on Japan's use of her share 'for cultural work for China')". Ph. D. dissertation, Columbia University Teachers College, 1933.

何荫棠:《庚子赔款退款与中国教育》

Holbrook, Francis X., "Brave Hearts and Bright Weapons", *Marine Corps Gazette*, 53 (November 1973), pp. 56-65.

F. 霍尔布鲁克:《勇敢的心与耀眼的武器》③

Holcombe, Chester, *The Real Chinese Question*. New York: Dodd, Mead & Company; Toronto: Copp Clark, 1900. xxii+386 pp. London: Methuen, 1901. Reprinted New York: Young People's Missionary Movement, 1907, etc.

何天爵:《真正的中国问题》④

Holcombe, Chester, "The Missionary Enterprise in China", *Atlantic Monthly*, 98 (1 September 1906), pp. 348-354.

何天爵:《在华的传教事业》⑤

Holdstock, Pauline, *The Blackbird's Song*. Toronto: Simon & Pierre, 1987; London: Halban, 1990.

波林·胡德斯多克:《山鸟的歌声》⑥

---

① 首次研究了北京被围期间的中国、欧洲、日本及美国的女性。在这本书出版之前,女性的重要作用基本上为人们所忽视,幸运的是,有些人留下了书面记录且为作者使用。

② E. 霍夫迈斯特(Eduard von Hoffmeister,1852～1920),德国人,陆军军官。

③ 主要描述了美国海军陆战队在从天津进军北京解救使馆的过程,还评述了西摩尔远征军。

④ 修订版:*China's past & future*, by Hon. Chester Holcombe... Britain's sin & folly, by B[enjamin] Broomhall. London: Morgan & Scott, [1904]. xii+298 pp. 其他版本:Chester Holcombe, *China: past, present and future. The story of the land and its people, its millions, missionaries, and martyrs*. Kilmarnock, Scotland: J. Ritchie, [1904?]. xxii+298 pp. 何天爵(Chester Holcombe,1842～1912),美国公理会传教士,1869年来华北传教,之后为美国在华外交服务。

⑤ 电子资源:http://www. theatlantic. com/magazine/archive/1906/09/the-missionary-enterprise-in-china/306000/.该文为义和团运动辩护,指出基督教事业的真正特点与价值在于它是中国现代化的推动因子,并将中国与世界主要国家接轨,并认为这一点得到了普遍的认可和赞赏,至少对那些已深受影响的人们来说是如此。

⑥ 历史虚构小说,"山鸟的歌声"是指两种文化的冲突。该书涉及在河南传教的三位加拿大传教士于义和团运动期间的悲剧故事。

Hood, T. Craigie, "The 'Exodus' from North Honan", *Chinese Recorder*, 31(9) (September 1900), pp. 458-463.

T. 胡德:《豫北的"出埃及记"》①

Hooker, Mary, *Behind the Scenes in Peking: Being Experiences during the Siege of the Legations*. New York: Brentano's; London: J. Murray, 1910. viii+209 pp.; reprinted March 1911. Reprinted Hong Kong and Oxford: Oxford University Press, 1987. xvii, viii, 209 pp.

M. 胡克:《北京内幕:使馆被围期间的经历》②

Hoover, Herbert, *The Memoirs of Herbert Hoover*. Vol. 1: *Years of Adventure, 1874-1920*. New York: Macmillan; London: Hollis & Carter, 1951. Reprinted New York: Garland, 1979.

H. 胡佛:《胡佛的一生》

Hopman, Albert, *Das Logbuch eines deutschen Seeoffiziers*. Berlin: A. Scherl, 1924. 421 pp.

阿尔伯特·霍普曼:《一位德国海军军官的航海日志》③

Horbach, Philipp, *Anzer contra Anzer*. Sonder-Abdruck aus dem "Reichsboten". Gütersloh: C. Bertelsmann, 1901. 29 pp.

菲利普·霍巴赫:《自相矛盾的安治泰:"帝国使者"特刊》④

Horbach, Philipp, *Bischof von Anzers China-Mission in ihren Beziehungen zur Politik. Aktenmäßige Darlegungen nach den Aussagen des Bischofs und seiner Missionare*. Marburg: Moritz Spiess, 1901. 24 pp.

菲利普·霍巴赫:《政治关系中的安治泰主教在华传教活动:根据主教本人及其传教士的陈述所做的文件记录》

Horbach, Philipp, *Offener Brief an Herrn Bischof von Anzer über die Stellung der Mission zur Politik, zugleich eine Denkschrift an die deutsche Regierung*. Gütersloh: C. Bertelsmann, 1900. 90 pp.

菲利普·霍巴赫:《就传教活动的政治立场致安治泰主教先生的一封公开信,也是致德国政府的一份备忘录》⑤

Horbach, Philipp, "Zur jüngsten Missionsdebatte im deutschen Reichstag", *Christliche*

① 关于加拿大传教士1900年夏豫北拳难时的脱险经历。T. 胡德(T. Craigie Hood, 1868~1902),加拿大人,北长老会传教士,曾在豫北传教。

② 电子资源:http://archive.org/details/cu31924023151131. 相关评述见:*United Empire*, 2 (February 1911), p. 136; *Imperial and Asiatic Quarterly Review*, (April 1911), pp. 417-419.

③ 阿尔伯特·霍普曼(Albert Hopman, 1865~1942),德国人,海军军官,1901年来华。

④ 安治泰(Johann Baptist Anzer, 1851-1903),德国人,天主教传教士,鲁南宗座代牧、领衔主教。该书作者此后还出版了系列著作展示安治泰之鲜明矛盾的行动与声明。

⑤ 电子资源:http://digital.staatsbibliothek-berlin.de/werkansicht/? PPN=PPN610385305. 也可参见:Klotz, "Ein deutliches Wort über die römische China-Mission", *Neues sächsisches Kirchenblatt*, 49 (1900); "Mission und Politik", *Evangelische Kirchenzeitung*, 47(1900).

Welt, 11 (1901).

菲利普·霍巴赫:《关于最近德国帝国议会中有关传教的争论》

Hornsby, William L., "Mr. Michie and the Missionaries in China", *The Nation*, 73 (3 October 1901), pp. 263-264.

W. L. 霍恩斯比:《宓吉与中国传教士》①

Hoste, Dixon Edward, "Possible Changes and Developments in the Native Churches Arising out of the Present Crisis", *Chinese Recorder*, 31(10) (October 1900), pp. 509-515.

何斯德:《目前危机下中国本土教会可能出现的变化与发展》②

Houba, chanoine, *Eloge funèbre du R. P. Victorin Delbrouck: mis à mort pour la foi à Che-Keou-Chan (Chine) le dimanche 11 décembre 1898*. Namur: Imprimerie Douxfils, 1899. 31 pp.

乌巴:《董若望传》③

How to Read Chinese War News: A Vade-Mecum of Notes and Hints to Readers of Despatches and Intelligence from the Seat of War, with a Coloured War Map and a Glossary of Military Technical Terms, Local Titles, Places, Phrases, etc. London: T. Fisher Unwin, 1900. 142 pp.

《如何释读中国战争新闻》④

Hsu Shuhsi, "The Boxer Protocol and Japanese Aggression", *Information Bulletin (Nanking) Council of International Affairs*, 4 (1937), pp. 169-183.

徐淑希:《辛丑条约与日本侵略》

Hsu, Immanuel C. Y., "Late Ch'ing Foreign Relations, 1866-1905", in John K. Fairbank & Kwang-Ching Liu (eds.), *The Cambridge History of China*. Vol. 11: *Late Ch'ing*, 1800-1911. Part II. Cambridge: Cambridge University Press, 1980; pp. 70-141.

徐中约:《晚清外交关系(1866～1905年》

Hu Bin, "Contradictions and Conflicts Among the Imperialist Powers in China at the Time of the Boxer Movement", *Chinese Studies in History*, 20(3-4) (Spring-Summer 1987), pp. 156-174.

胡滨:《义和团运动时期列强在华的矛盾及冲突》

Hu I, "Did the Boxer Uprising Recur in 1925?", *Chinese Students' Monthly*, 21(3)

---

① 作者为天主教传教士,曾在澳门执教。为了回应时人对澳门传教事业的消极评价,其曾致函编辑部编辑,标注日期为1901年8与21日,地点为澳门。

② 何斯德(Dixon Edward Hoste,1861～1946),英国人,内地会传教士,"剑桥七杰"之一,1885年来山西传教。1901～1935年监管中华内地会上海事工。

③ 董若望(Jozef Jan Lambert Delbrouck,宗教名 Victorinus,1870～1898),比利时人,方济各会传教士,1898年12月11日在湖北省恩施巴东县蛇口山村被所谓的拳民所杀,事实上为哥老会所为。

④ 相关评述见:Henri Cordier, *T'oung Pao* (December 1900), pp. 502-503.

(January 1926), pp. 33-38.

胡义:《1925年义和团运动会卷土重来吗?》

Huber, Marcel, "Le soulèvement Boxeur et l'Europe". Mémoire: Cycle du diplôme : Paris, Ecole libre des sciences politiques, [1905?] No pagination.

M. 于百:《义和团起义和欧洲》

Hufer, Holger, *Deutsche Kolonialpolitik in der Ära des Wilhelminismus: Asien und der Boxeraufstand*. Munich: GRIN Verlag, 2008. 56 pp.

霍尔格·胡夫:《威廉主义时代的德国殖民政策:亚洲和义和团运动》

Huguenin, C. (Oberleutnant), *Geschichte des III. See-Bataillons*. Qingdao: Adolf Haupt, 1912. Reprint ca. 2005. xii+168 pp.

C. 胡格恩宁(中尉):《第三海军陆战队史》①

Huidekoper, Frederic Louis, *The Military Unpreparedness of the United States: A History of American Land Forces from Colonial Times until June 1, 1915*. New York: Macmillan Company, 1915.

F. L. 海德科珀:《美国军事的被动应对》②

Hulbert, H. B., "Crusade of the Powers against China", *The Outlook*, 66 (15 December 1900), pp. 926-928.

H. B. 赫尔伯特:《列强对中国的圣战》

Humbert, Jules, "Un officier de troupes en Chine—Le lieutenant Contal 1876-1900", *Bulletin. Société de Géographie commerciale de Bordeaux* (15 June 1903), pp. 221-232.

J. 亨伯:《一个军官在北京——1876～1900年的贡塔尔中尉》

Hunnex, W. J., "The Martyrs' Memorial", *East of Asia*, 2(3) (October 1903), pp. 274-278.

W. J. 赫奈科斯:《殉教者纪念》③

Hunt, Michael H., "The American Remission of the Boxer Indemnity: A Reappraisal", *Journal of Asian Studies*, 31(3) (May 1972), pp. 539-559.

M. H. 亨特:《美国与庚子赔款退款》

Hunt, Michael H., "The Forgotten Occupation: Peking, 1900-1901", *Pacific Historical Review* (1979), pp. 501-529.

M. H. 亨特:《被遗忘的占领:1900～1901年的北京》④

---

① 有一节内容涉及义和团战争时期的直隶省。

② 该书第242～252页讨论了义和团运动及中国远征军,特别提到了美国军队在华所遇到的补给困难问题。

③ 主要是纪念基督教传教士 J. R. 布鲁斯(James Robertson Bruce,1871～1902)与 R. H. 路易斯(R. H. Lowis)的,他们于1902年在湖南被害。W. J. 赫奈科斯(W. J. Hunnex,1853～1939),英国人,中华内地会传教士,1879年来华。

④ 利用中文文献及中国远征军档案描述了对北京的有效占领,大部分的讨论是关于为美国工作的中国人的。作者指出查飞将军反对传教士和商人对中国人提出的过于苛刻的要求。

Hustin, Arthur, "Les actes des martyrs en Chine", *Missions en Chine et au Congo*, 13 (1901), pp. 217-222.

A. 于旦:《中国殉教者们的文件》①

Hykes, John R., "The Martyr Missionaries in China", *Missionary Review of the World*, 24(2) o. s. (February 1901), pp. 81-93.

海格思:《在华殉教教士录》②

Hykes, John R., "Protestant Missionaries Known to Have Been Massacred", *Missionary Review of the World*, 23(12) o. s. (December 1900), p. 950.

海格思:《有记录的殉难新教教士》

Hykes, John R., "Some Thrilling Experiences in China", *Missionary Review of the World*, 24(3) o. s. (March 1901), pp. 196-202.

海格思:《在华的惊悚经历》

Ibler, Wolfgang, "Die Christenverfolgung in der Provinz Schansi", *Deutscher Hausschatz in Wort und Bild*, 27(26) (1901).

艾天佑:《山西省基督徒大迫害》③

Ignotus [pseud.], "Der chinesische 'Boxer'", *Die Wage. Eine Wiener Wochenschrift*, 26 (1900).

伊格诺图斯(笔名):《中国的"义和团成员"》④

Immanuel, Friedrich, "Die Mandschurei", *Geographische Zeitschrift*, 8(4) (1902), pp. 185-204.

弗里德里希·伊曼努埃尔:《满洲》⑤

Immanuel, [Friedrich], "Vom Heereszug nach China 1900/01", in: *Ruhmeshalle unserer alten Armee*. Hrsg. auf Grund amtlichen Materials mit freundlicher Unterstützung des Reichsarchivs in Potsdam und unter Mitarbeit bekannter Persönlichkeiten des Generalstabes, des Reichsarchivs und anderer leiternder Ämter. Berlin: Militär-Verlag, 1927; pp. 293-332. Note also also later editions.

弗里德里希·伊曼努埃尔:《1900～1901年进军中国》

Ingram, James Henry (M. D.), "The Defense of the Legations in Peking", *Independent*, 52 (13 and 20 December 1900), pp. 2979-2984, 3035-3040. Also in the issues of 3 and 10 December 1900.

---

① 该函标注日期为1901年4月25日,地点为蒙古中部。该文提到的"蓝城"指呼和浩特,在早期中文文献里其又被称为"归化城""归绥"。该函的荷兰语版本见:*Missiën in China en Congo*, 13 (Scheut 1901), pp. 217-223.

② 海格思(John Reside Hykes,1852～1921),1873年作为卫理公会传教士来华,此后为美国圣经公会工作。

③ 艾天佑(Wolfgang Ibler,1863～1919),又名怡百礼,德国人,天主教鲁南圣言会传教士。

④ 伊格诺图斯(Igntus),原名H.福格尔斯(Hugó Veigelsberg,1869～1949),匈牙利人,编辑,作家。

⑤ F.伊曼纽尔(Friedrich Immanuel,1857～1939),德国人,陆军军官,曾关注俄国在满洲的活动,并注意到义和团运动对铁路的破坏。

盈亨利:《保护北京公使馆》①

Ingram, James Henry (M. D.), "In Peking during and after the Siege", *Crampton's Magazine*, (March 1901).

盈亨利:《北京被围期间及此后》

"Das internationale Rothe Kreuz und seine Thätigkeit im Südafrikanischen Kriege und in China", *Internationale Revue über die gesammten Armeen und Flotten* Beiheft, 26 (January 1902), pp. 1-19.

《国际红十字会及其在南非战争中和在中国的活动》

Ion, Hamish, "The Idea of Naval Imperialism: The China Squadron and the Boxer Uprising", in Greg Kennedy (ed.), *British Naval Strategy East of Suez, 1900-2000: Influences and Actions*. New York: Routledge, 2003; London: Frank Cass, 2005, pp. 35-61.

H. 杨:《海军帝国主义的理念:在华中队与义和团运动》

Ireland, Alleyne, "Commercial Aspect of the Yellow Peril", *The North American Review*, 171 (September 1900), pp. 389-400.

A. 爱尔兰德:《黄祸论商业的一面》②

Iruarrízaga, José Maria, *Barbariey Triunfos modernos, o sea La Persecuión de los Boxers en el Shansi, China, en el año del Señor 1900*. Bilbao: Imp. Del Ave María, 1920. 244 pp. Part II: Bilbao: Impr. C. Dochao de Urigüen, 1924. 350 pp.

J. M. 伊路里扎葛:《野蛮与胜利:1900 年山西拳难》③

Irwin, Will, *Herbert Hoover A Reminiscent Biography*. New York and London: The Century Co., 1928. v+315 pp.

W. 埃尔文:《胡佛传》④

Isoré, Remi, "La Chrétienté de Tchao-kia-tchoang sur le pied de guerre. Journal du P. Isoré", *Chine et Ceylan*, 1(2) (April 1899), pp. 105-113.

赵席珍:《处于临战状态的赵家庄的基督教会》⑤

Ives, Francis J., "The Medical Department in China", *Journal of the Association of Military Surgeons of the United States*, 12 (1903), pp. 92-111.

---

① 盈亨利(James Henry Ingram,1858~1934),美国公理会医疗传教士,1887 年来华,后在北京西山外被匪徒杀害。

② A. 爱尔兰德(Alleyne Ireland, 1871~1951),出生在英国,作家。

③ 记述了山西的反教迫害,主要基于 G. 里奇(Giovanni Ricci)及 B. 纳内蒂(Barnaba Nanetti)的著述。

④ 电子资源: http://archive.org/details/herberthooverare007945mbp. 第九章涉及主人公在中国的旅居生活,涉及天津被拳民占领的经历。德文版本: Will Irwin, *Herbert Hoover. Biographische Erinnerungen*. Berlin: Verlag Reimar Hobbing, 1929. 280 pp.

⑤ 赵席珍(Remi Isoré,1852~1900),法国人,直隶东南耶稣会传教士。本文描述了 1899 年威县赵家庄天主教村的防御工事。

F. 艾夫斯:《中国的医疗部门》①

Ivoi, Paul d', *Cigale en Chine*. Paris: Furne, 1901. 462 pp.

P. 易瓦:《中国的蝉》②

Jacobi, Hugo, "Alfred Graf von Waldersee", in Anton Bettelheim (ed.), *Biographisches Jahrbuch und deutscher Nekrolog*, Vol. 9 (1 January to 31 December 1904). Berlin: Georg Reimer, 1906, pp. 3-23.

雨果·雅各布比:《阿尔弗雷德·冯·瓦德西伯爵》③

[Jacobson, Emil and Otto Öberg], *De Svenska Martyrerna i Kina år 1900. Jämta undkomna missionärers räddning och flykt*, af E. J. och O. E. Ö. Köping: J. A. Lindblads förlag, 1901. 194 pp.

雅各布森·艾米尔·奥托·奥伯格:《1900年在华殉教者》

Jacquin, Joseph, *La prise de Pékin: pièce comique d'ombres avec livret, musique, décor et personnages à découper*. Texte de J. Jacquin; illustrations de R. de la Nezière; musique de G. Meynard. Paris: Hachette et Cie., 1903. 34, 12 pp.

J. 雅坎:《攻占北京:具有句蹦、音乐、布景、剪影人物的皮影戏剧》

Jan, Cecilia Osteen, "The East Asian Diplomatic Service and Observations of Sir Ernest Mason Satow". Unpublished Ph. D. dissertation, Florida State University, 1976. ix+453 pp.

C. O. 简:《萨道义爵士在东亚的外交服务及其观察》④

Jansen, Marius B., "Opportunists in South China during the Boxer Rebellion", *Pacific Historical Review*, 20 (1951), pp. 241-250.

M. B. 约翰逊:《义和团运动时期华南的机会投机分子》⑤

"The Japanese View of the Situation in China", *North American Review*, 171 (1900), pp. 198-207.

《日本关于中国状况的观点》⑥

Jarlin, Stanislas-François, "Lettre pour le procès informatif des victimes des Boxeurs", *Bulletin Catholique de Pékin*, 1 (Beijing 1914), pp. 219-221.

---

① F. 艾夫斯(Francis J. Ives, 1857～1908),义和团运动时期美军在华的外科医师。

② 历史小说。作者(Paul d'Ivoi, pseudonym of Paul Deleutre,1856～1915),法国著名作家,其读者群多是青少年。

③ 涉及瓦德西在中国的活动。作者雨果·雅各比(Hugo Jacobi, 1842～1906),《柏林新闻报》(*Berliner Neueste Nachrichten*)总编,曾坚定地支持德意志帝国海军。

④ 萨道义(Ernest Mason Satow,1843～1929),英国钦差便宜行事全权大臣,主导谈判及索赔。

⑤ 1900年夏,中国革命家受中日《马关条约》刺激,准备在广州附近起义。日本政府这时已公然侵入华南地区,然后不得不有所收敛(第241页)。

⑥ 该文指出:"我们尽可能地搜集了义和团运动的动机,看起来他们是反基督教的秘密社团。他们到底是受清廷中央政府还是地方政府鼓励,目前尚不可知。但我更认同这是民众不满情绪的爆发……中国各个阶层针对外人的抵抗。"

林懋德:《关于义和团受害者情形报道的信》①

Jaunal, Jack W., "Bill Horton and the Boxer Rebellion", *Marine Corps Gazette*, 55 (November 1971), pp. 29-32.

J. W. 亚内尔:《比尔·霍尔顿与义和团运动》②

Jellicoe, George Patrick John Rushworth, Earl, *The Boxer Rebellion*. By the Rt Hon the Earl Jellicoe. (5th Wellington Lecture, [1993]). Southampton: University of Southampton, [1993]. 30 pp.

G. 杰利科:《义和团运动》③

Jellinek, Georg, "China und das Völkerrecht", *Deutsche Juristen-Zeitung*, 5(19) (1 October 1900), pp. 401-403.

格奥尔格·耶利内克:《中国与国际法》④

Jennings, Walter, "A Wonderful Preservation", *All Nations: An Illustrated Monthly Missionary Magazine*, 1(7) (May 1901), pp. 99-100.

W. 詹宁斯:《精妙的保存》⑤

Jerussalimski [Ерусалимский], A. S., "Der deutsche Imperialismus und die diplomatische Vorbereitung der internationalen Intervention in China im Jahre 1900", in Hans-Joachim Bartmuß, Hans Hübner, u. a. (eds.), *Die Volksmassen, Gestalter der Geschichte. Festgabe für Prof. Dr. Dr. h. c. Leo Stern zu seinem 60. Geburtstag*. Berlin (Ost): Rütten & Loening, 1962, pp. 237-288.

A. S. 耶鲁萨林姆斯基:《德国帝国主义与1900年对中国进行国际干预的外交准备》⑥

Jobst, Fritz, *Geschichte des Tempels Tjä Tai Tze*. Tianjin: Verlag der Brigade-Zeitung, 1905. vii+16 pp.

弗里茨·约普斯特:《戒台寺史》⑦

John, Griffith, "Anti-foreign Crusades in China", *Missionary Review of the World*, 24 (2) (February 1901), pp. 103-111.

杨格非:《中国反教运动》⑧

---

① 林懋德(Stanislas-Francol Jarlin,1856～1933),法国人,遣使会传教士,1886年来华,1889年晋升为北京及直隶北教区助理主教,曾组织抵抗拳民对北堂教堂的进攻,1905年晋升为北京郊区主教。

② 比尔·霍尔顿(William Charlie Horton,1876～1969),义和团战争期间参加美国海军陆战队,后因个人事迹获得荣誉奖章。这篇文章主要基于其1964年的自述。

③ 本文主要关注西摩尔远征军。作者的父亲John Rushworth Jellicoe RN(1859～1935)在战争中负伤。

④ 这篇文章主要在国际法的视野下研究"三大洲的文明列强与东方古老帝国之间的冲突"。格奥尔格·耶利内克(Georg Jellinek,1851～1911),德国著名的法律与政治学家,其父是知名希伯来语学者。19世纪末,此人发展了欧洲国际法的复杂理论。

⑤ 主要关注了义和团运动时期的许春光(Julius Winch Hewett,1867～1950)。许春光为中华内地会医疗传教士,1915年加入美国南长老会。

⑥ 作者(A. S. Jerussalimski,1901～1965),苏联人,历史学家,专长为德意志帝国主义史。

⑦ 作者为陆军军官,曾参与镇压义和团运动,并担任德国使馆翻译,对北京西的佛寺戒台寺甚有兴趣。

⑧ 杨格非(Griffith John,1831～1912),威尔士人,伦敦会传教士,1855年来华,1861年在汉口传教。

John, Griffith, "Prince Tuan's Peace Terms", *Missionary Review of the World*, 24(3) (March 1901), pp. 208-210.

杨格非:《端王的和平条款》

Johnson, Matthew David, "International and Wartime Origins of the Propaganda State: The Motion Picture in China, 1897-1955", Ph. D. dissertation, University of California at San Diego, 2008.

M. D. 约翰森:《国际和战时宣传国家的起源》①

"Joint Note Signed by the Diplomatic Representative at Peking of Germany, Austria-Hungary, Belgium, Spain, the United States, France, Great Britain, Italy, Japan, the Netherlands, and Russia, Embodying Conditions for Reestablishment of Normal Relations with China. Signed at Peking December 22, 1900; Handed to the Chinese Plenipotentiaries, Yi K'uang (Prince Ch'ing and Li Hung-chang, on December 24, 1900)" (Translation from French). *The American Journal of International Law*, 4(4) (October 1910) Supplement: Official Documents, pp. 300-303.

《外国公使代表的联合声明》

Jones, Benjamin S., *A Susquehanna Soldier: Memoirs of a 'Boxer War' Veteran*. [Bloomington, Ind.:] 1st Books Library, 1999. vi+134 pp.

本杰明·琼斯:《义和团战争的老兵回忆录》

Jones, Frederick, "After the Troubles in North China. An Account of the Shantung Missions," *The Mission Field*, 47 (1902), pp. 217-220.

周牧师:《华北事端之后》②

Joosten, Fr. (Wachmeister), *Kriegserinnerungen der 6. Batterie des ostasiatischen Feldartillerie-Regiments aus dem Feldzugnach China. 1900/01*. Mit einem Anhang: Reise nach Neu-Seeland und Rüchfahrt über Amerika nach Deutschland. Schwerin: E. Herberger, 1902. viii+136 pp.

Fr. 约斯腾(中士):《东亚野战炮兵团第六连1900～1901年远征中国的战争回忆录;附录:前往新西兰和借道美国返回德国》③

Jouclard, E., "Notes sur le fonctionnement des Services administratifs des troupes internationales pendent l'Expéditon de Chine de 1900-1901", *Revue du Service de l'Intendance Militaire*, 15 (Paris, January 1902), pp. 36-79.

E. 汝克拉:《在1900～1901年中国远征期间国际联军行政服务组织的笔记》

"Journal du siège de Tien-tsin", *Revue de Paris Année* 9, Tome 1 (15 January 1902), pp. 221-256.

---

① 第一章涉及义和团运动早期的照片。

② 周牧师(Frederick Jones),大英安立甘会传教士,曾在山东传教。

③ 关于义和团战争期间在德国东亚远征军的从军活动。

《天津之围的日记》

"Journal d'un bourgeois de Pékin. Du 29 mai au 16 août 1900", *Missions Catholiques*, 33 (1901), pp. 579-580, 591-593, 603-605, 620-621.

《北京一位富人的日记(1900 年 5 月 29 日至 8 月 16 日)》

"Journal d'un officier du corps expéditionnaire de Chine", *Tour du Monde*, 8(6) n. s. (8 February 1902), pp. 61-72; 8(7) (15 February 1902), pp. 73-84; 9(23) n. s. (6 June 1903), pp. 265-276; 9(24) (13 June 1903), pp. 277-288; 9(25) (20 June 1903), pp. 289-300.

《一位远征中国的军官的日记》

Józsa, Sándor, *Kína és az Osztrák-Magyar Monarchia*. (Kőrösi Csoma Kiskönyvtár 2.) Budapest: Akadémiai Kiadó, 1966. 205 pp.

S. J. :《中国与君主立宪制》

Ju Pe-Pè, "L'attitude du gouvernement français devant le soulèvement des Boxeurs". Thèse Doctorat sous la direction de Marianne Bastid-Bruguière; Etudes Asie orientale, Université Paris Diderot-Paris 7, 1995. 512 pp.

《法国政府对义和团的态度》

Julitta, Michele Maria & Geremia Pedroni, *Distruzione del Vicariato Apostolico di Hun-nan meridionale... e alla morte di Mons. Antonino Fantosati. Lettere del P. Michele Maria O. F. M. e del P. Geremia Pedroni O. F. M. al Cardinal Prefetto della S. C. di Propaganda*. Rome: Tipografia Poliglotta della S. C. de Propaganda Fide, 1900. 8 pp.

M. M. 朱丽达:《河南南部神父之死》①

Jullian, Élie Alphonse, *Souvenirs de l'expédition de Chine, 1900-1902. Avec deux croquis*. (Collection Les Clochers de France, 26). Paris: J. Peyronnet, 1928. 106 pp.

E. 朱利安:《远征中国的回忆》

Jung, Emil, "Die chinesischen Boxer", *Deutsche Rundschau für Geographie und Statistik*, 23 (1900), pp. 157-162.

埃米尔·荣格:《中国义和团成员》②

Jung, Paul, "Migration d'un village.—Quatre mois au Tcheu-li Ouest", *Chine et Ceylan*, 2 (March 1901), pp. 321-331.

雍居敬:《一个村子的迁移——在直隶西的四个月》③

Jung, Peter (ed.), *Sturm über China. Österreich-Ungarns Einsatz im Boxeraufstand*

---

① 关于湘南方济各会堂口的受损状况以及范怀德(Antonino Fantosati)的去世。

② 相关评述见:A. Depréaux, *Revue d'histoire moderne*, 5(28) (July-August 1930), p. 317. E. 朱利安(Élie Alphonse Jullian,1859～1941),法国人,炮兵军官。1900 年加入参谋部第二局。

③ 本文描述了直隶东南冀州冯家庄教民的生活,他们后来跑到直隶西南宁晋县唐邱。雍居敬 (Paul Jung,1863～1943),法国人,直隶东南耶稣会传教士,1896 年到该代牧区传教。

1900.（Österreichische Militärgeschichte，2000，1）. Vienna：Stöhr，2000. 141 pp.

彼得·荣格编:《席卷中国的风暴:奥匈帝国参与镇压1900年义和团运动》

Jung，Sang Su，*Deutschland und das Gelbe Meer. Die deutsche Weltpolitik in Ostasien 1897-1902*.（Europäische Hochschulschriften，Reihe 3：Geschichte und ihre Hilfswissenschaften，707）. Frankfurt：Peter Lang，1996. 203 pp.

桑克·苏·荣格:《德国与黄海:德国1897～1902年在东亚的世界政策》①

Jürgens，Hans and Peter Wacker，"Das Ostasiatische Expeditionskorps 1900-1901"，*Feldgrau*，3（1955），pp. 87-91.

汉斯·尤尔根斯、彼得·瓦克尔:《1900～1901年的东亚远征军》

Kaiser，Andrew T.，"A History of Protestant Missions in Shanxi"，Shanxi Evergreen Service，2000. 301 pp.

T. 凯撒:《山西基督教史》

Klauβmann，A. Oskar（ed.），*Kaiserreden：Reden und Erlasse，Briefe und Telegramme Kaiser Wilhelms des Zweiten，ein Charakterbild des deutschen Kaisers*. Leipzig：Weber，1902.

A. 奥斯卡:《皇帝的演讲:演讲和法令，德皇威廉二世的信件和电报，德国皇帝的人物形象》②

Kaminski，Gerd，*Der Boxeraufstand. Entlarvter Mythos*.（Berichte des Ludwig-Boltzmann-Instituts für China- und Südostasienforschung，38）Vienna：Löcker Verlag，2000. 248 pp.

盖德·卡明斯基:《义和团运动:剥蚀神话的真相》

Kaminski，Gerd and Else Unterrieder，*Von Österreichern und Chinesen*. Vienna，Munich and Zurich：Europaverlag，1980.

盖德·卡明斯基、艾尔泽·恩特里德:《奥匈帝国与中国》

Kaminski，Gerd & Else Unterrieder，*Wäre ich Chinese，so wäre ich Boxer：Das Leben an der k. und k. Gesandtschaft in Peking in Tagebüchern，Briefen und Dokumenten*.（Berichte des Ludwig-Boltzmann-Institut für China- und Südostasienforschung，28）. Vienna and Zurich：Europaverlag，1989. 163 pp.

盖德·卡明斯基、艾尔泽·恩特里德:《如果我是中国人，我将加入义和团:记录于日

① 本书在1995/1996年度作为博士论文提交给杜塞尔多夫大学，主要分析了德国20世纪初在东亚实施的世界政治政策。

② 英文版本：The Kaiser's Speeches，*Forming a Character Portrait of Emperor William II*. Translated and edited，with annotations，by Wolf von Schierbrand，based upon a compilation made by A. Oscar Klaussmann. New York and London：Harper & Brothers，1903. xxxi + 332 pp. 电子资源L：http://archive.org/details/kaisersspeechesf01will. 本书第十六章内容包括："凯撒与中国事端"：对其军队的演讲一鼓作气将德国军旗插到北京城上；一份来自上海德国商人的海底电报；"绝不宽恕，毫不留情"；"中西方战争之始"；凯撒对中国人性格的自相矛盾估计；告别瓦德西；答醇亲王。

记、信件和文件中的在奥匈帝国驻北京公使馆的生活》①

"Der Kampf um Tientsin. Die Einnahme der Taku-Forts und von Taku nach Peking", *Neue militärische Blätter* 57 (1900), pp. 315-333.

《天津周边的战斗:攻占大沽炮台和从大沽到北京的行军》

Die Kämpfe der russischen Truppen in der Mandschurei im Jahre 1900. Auf Grund der veröffentlichten Berichte des russischen Generalstabs zusammengestellt von v. C. -M., Major z. D. Leipzig: Zuckschwerdt, 1901. 46 pp. and appendices. ②

《俄国军队 1900 年在满洲的战斗:根据俄罗斯总参谋部公开发表的报告整理》

Kamphausen, Adolf, "Die christliche Mission und die jetzigen Wirren in China", *Deutsche Revue*, 26(1) (January 1901), pp. 80-91.

阿道夫・坎姆普豪森:《基督教传教活动和当前中国的动乱》

[Kang Youwei], "Kang Yu-wei's Open Letter to the Powers", *Fortnightly Review* 76 (July 1901), pp. 1-12.

康有为:《康有为致列强的信函》

Kaspary, Joachim, *The Humanitarian View of the British-Boer War, of The Chinese Question and of The Restoration and Maintenance of Peace*. London: The Humanitarian Publishing Association, 1901. 48 pp.

J. 卡斯珀里:《从人道主义观点看布尔战争、中国问题与中国和平的恢复与维持》③

Katscher, Leopold, "Die Christen- und Fremdenfrage in China", *Revue franco-allemande*, 4 (October 1900), pp. 199-205.

利奥波德・卡彻尔:《中国的基督徒和外国人问题》④

Kawano Teruaki., "Allied military Cooperation in the Boxer Rebellion and Japan's Policy", *Revue internationale d'histoire militaire*, 70 (1988), pp. 97-106.

T. 川野:《义和团运动时期联军的合作及日本的政策》

Kelly, John S., *A Forgotten Conference: The Negotiations at Peking, 1900-1901*. (Travaux de droit, d'économie et de sociologie, 5). Geneva: Librairie E. Droz, 1962 [i. e. 1963]. 192 pp. (Also submitted as Ph. D. dissertation to the University of Geneva).

J. S. 凯利:《被遗忘的会议:1900～1901 年的北京谈判》

Kent, Alexander [pseud. of Douglas Edward Reeman], *Die Faust der Marine. Hauptmann Blackwood im Boxer-Aufstand*. Frankfurt and Berlin: Ullstein, 1986. 221 pp.

---

① 第三章涉及奥地利外交官罗士恒(Arthur von Rosthorn)及其夫人在北京公使馆被围的情形。罗士恒(Arthur von Rosthorn, 1862～1945),奥地利人,汉学家,外交官,1900 年与夫人一起参加北京公使馆保卫战。

② 电子资源:http://archive.org/details/diekampfederruss00leip. 本书对俄国人在满洲的军事行动作了一个概览,其材料主要利用了已出版的俄国指挥官的军事报告。

③ J. 卡斯珀里(Joachim Kaspary,约 1838～1924),生于德国,英国国家牧师协会成员,慈善家。

④ 利奥波德・卡切尔(Leopold Katscher, 1853～1939),生于奥匈帝国,新闻记者,和平主义活动家。

亚历山大·肯特[道格拉斯·爱德华·瑞曼的笔名]:《海军的铁拳:义和团运动中的布莱克伍德上尉》

Keown-Boyd, Henry, *The Fists of Righteous Harmony: A History of the Boxer Uprising in China in the Year 1900*. London: Leo Cooper, 1991. xi+276 pp.

H. 基翁:《1900 年的义和团运动史》①

Kerval, Léon de [i. e. Célestin-Marie Sant OFM], *Deux martyrs français de l'Ordre des Frères Mineurs. Le R. P. Théodoric Balat et le Fr. André Bauer, massacré en Chine le 9 juillet 1900. Aperçus biographiques*. Rome, Vanves and Paris: Vic et Amat, 1903. 453 pp. A second edition was published in Canada: [Montréal]: Prime de la "Revue du Tiers-Ordre et de la Terre Sainte", 1906. A 3rd, augmented edition was published as: *Deux martyrs français de l'Ordre des Frères Mineurs. Le R. P. Théodoric Balat et le Fr. André Bauer, massacré en Chine le 9 juillet 1900. Aperçus biographiques*. 3è éd. revue et augm. par le R. P. Célestin-Marie Sant. Rome, Vanves and Paris: Vic et Amat, 1914. 367 pp. The 3rd edition contains a revised account of the execution of missionaries in Taiyuan, Shanxi, on 9 July 1900, based on new documentary evidence.

德奥理:《两个殉难的布雷兵兄弟》②

Ketler, Isaac C., *The Tragedy of Paotingfu: An Authentic Story of the Lives, Services, and Sacrifices of the Presbyterian, Congregational, and China Inland Missionaries Who Suffered Martyrdom at Paotingfu, China, June 30 and July 1, 1900*. New York: Fleming H. Revell, 1902. 408 pp.

I. C. 凯特勒:《保定府的悲剧》③

Keyes, Roger John Brownlow, *Adventures Ashore and Afloat*. With a Foreword by Winston S. Churchill. London: G. G. Harrap & Co., 1939. 372 pp. Reprinted London and New York: White Lion Publishers, 1973.

R. J. B. 基思:《海陆历险记》④

Kieser, Egbert, *Als China erwachte. Der Boxeraufstand*. Esslingen: Bechtle, 1984. 349 pp.

---

① 详述了北京使馆被围期间民众的经历。其中有一章讨论了义和团运动的发展,但大部分内容还是关注使馆本身。

② 德奥理(Théodoric Balat,1858~1900),法国人,方济各会传教士,1885 年到达上海,1900 年 7 月 9 日被害。

③ I. C. 凯特勒(Isaac Conrad Ketler,1853~1913),与他人合作成立宾夕法尼亚州格罗夫城市学院,是保定府遇害的美国长老会女传教士 M. 吉尔森(May Gilson Simcox,1863~1900)的叔叔。

④ 记述了作者 1906 年的生活。R. J. B. 基思(Roger John Brownlow Keyes,1872~1945),曾参加义和团运动,当时为英国皇家海军低级军官,退役时已是元帅。

艾格伯特·基瑟尔:《中国的觉醒:义和团运动》①

Kilbourne, C. E., *An Army Boy in Peking*; illustrated by R. L. Boyer. Philadelphia: Penn Pub. Co., 1912. 328 pp.

C. E. 基尔伯尔尼:《在北京的一位军队少年》②

King, Clifford J., *A Man of God: Joseph Freinademetz, Pioneer Divine Word Missionary*. Techny, IL: Divine Word Publications, 1959.

C. J. 金:《圣言会先辈福若瑟》

King, Frank H[enry] H[aviland], "The Boxer Indemnity-'Nothing but Bad'", *Modern Asian Studies*, 40(3) (2006), pp. 663-690.

C. J. 金:《义和团赔款》

Kingston, W. H. G., *Our Sailors; Gallant Deeds of the British Navy during Victoria's Reign*. A new edition, revised and brought down to the end of 1900. Illustrated. London: Griffith, Farran & Co. [1902].

W. H. G. 金士顿:《我们的水手:维多利亚女王时代英国海军之伟绩》③

Kiralfy, Imre, "*China*" *or* "*The Relief of the Legations*": *A Historical Dramatic Spectacle in Six Tableaux*. London: J. J. Keliher & Co., [1901]. 78 pp.

I. 奇拉菲:《解救使馆》

Klein, Fritz, "Zur China-Politik des deutschen Imperialismus im Jahre 1900", *Zeitschrift für Geschichtswissenschaft*, 8 (1960), pp. 817-843.

弗里茨·克莱恩:《论1900年德国帝国主义的对华政策》

Klein, Thoralf, "The Boxer War—The Boxer Uprising", *Online Encyclopedia of Mass Violence*, [online], published on 23 July 2008, accessed 4 March 2012.

孔正韬:《义和团战争——义和团运动》④

Klein, Thoralf, "Der Boxeraufstand als interkultureller Konflikt: zur Relevanz eines Deutungsmusters", in Susanne Kuß & Bernd Martin (eds.), *Das Deutsche Reich und der Boxeraufstand*. (ERGA. Erfurter Reihe zur Geschichte Asiens, Vol. 2). Munich: IUDICIUM Verlag, 2002, pp. 35-58.

孔正韬:《跨文化冲突的义和团运动:论一种解释模式的重要性》

Klein, Thoralf, "Criticizing the Eight-Power Intervention: Left-wing Newspapers in Germany and France, 1900-1901", in Zhongguo Yihetuan Yanjiuhui (ed.),

① 一位评论人指出该研究虽然缺少学术性的参考文献,但还是以漫谈的风格为读者呈现出了义和团运动的主要面貌。作者之描述极为详尽,且有时使用术语,给人印象深刻。但由于缺少基本的研究方法,因此使得读者有时不知所以然。此外,该书含有错误的判断及事实错误之处,不能为同情中国者所认同。比如作者相信,"中国本质上反对侵略"的反例在中国历史上不胜枚举。详见:Winfried Scharlau, *Die Zeit*, 15 (05 April 1985), p. 80.

② 本书为历史虚构小说,其读者对象是青少年。C. E. 基尔伯尔尼(C. E. Kilbourne, Jr., 1872~1963),在义和团战争和菲律宾战争期间为美国志愿兵的一员,他还是一位青少年读者作家,产量丰富。

③ W. H. G. 金士顿(W. H. G. Kingston, 1814~1880),英国青少年作品作家。最后一章"1900年在中国战斗"是在其死后再出版时增补的。

④ 电子资源:http://www.massviolence.org/The-Boxer-War-The-Boxer-Uprising.

Yihetuan yundong 110 zhounian guoji xueshu taolunhui lunwenji (Collected essays of the International Symposium Commemorating the 110th anniversary of the Boxer Movement). Jinan: Shandong University Press, 2012, pp. 820-834.

孔正韬:《对八国联军干涉之批评》

Klein, Thoralf, "Germans to the Front!", in Ulrich van der Heyden and Joachim Zeller (eds.), *Kolonialismus hierzulande. Eine Spurensuche in Deutschland* Erfurt: Sutton Verlag, 2008, pp. 381-385.

孔正韬:《在前线的德国人》①

Klein, Thoralf, "Die Hunnenrede (1900)", in Jürgen Zimmerer (ed.), *Kein Platz an der Sonne. Erinnerungsorte des deutschen Kolonialismus.* Frankfurt am Main: Campus Verlag, 2013, pp. 164-176.

孔正韬:《匈奴演讲(1900 年)》

Klein, Thoralf, "Protestant Missionary Periodicals Debate the Boxer War, *1900 – 1901*: Martyrdom, Solidarity, and Justification", in Felicity Jensz & Hanna Acke (eds.): *Missions and Media. The Politics of Missionary Periodicals in the Long Nineteenth Century.* Stuttgart: Franz Steiner Verlag, 2013, pp. 187-204.

孔正韬:《在前线的德国人》

Klein, Thoralf, "Media Events and Missionary Periodicals: The Case of the Boxer War, 1900-1901", *Church History*, 82 (2013), pp. 399-404.

孔正韬:《媒体事件与传教士期刊:以 1900～1901 年义和团战争为例》

Klein, Thoralf, "Propaganda und Kritik: Die Rolle der Medien", in Mechthild Leutner & Klaus Mühlhahn (eds.), *Kolonialkrieg in China: Die Niederschlagung der Boxerbewegung 1900-1901.* Berlin: Ch. Links Verlag, 2007, pp. 173-180.

孔正韬:《宣传和批判:媒体的角色》

Klein, Thoralf, "Straffeldzug im Namen der Zivilisation: Der 'Boxerkrieg' in China (1900-1901)", in Thoralf Klein & Frank Schumacher (eds.), *Kolonialkriege: militärische Gewalt im Zeichen des Imperialismus.* Hamburg: Hamburger Edition, 2006, pp. 145-181.

孔正韬:《以文明的名义兴师问罪:中国的"义和团战争"(1900～1901 年)》

Klein, Thoralf, "Sühnegeschenke: Der Boxerkrieg", in Ulrich van der Heyden & Joachim Zeller (eds), "... *Macht und Anteil an der Weltherrschaft". Berlin und der deutsche Kolonialismus.* Münster: Unrast-Verlag, 2005, pp. 208-214.

孔正韬:《赎罪的礼物:义和团战争》

Kleine, Friedrich, "Die Unterdrückung der Boxerunruhen in China 1900 nach ihrer völkerrechtlichen Bedeutung". Law dissertation, University of Breslau, 1913. 51 pp.

① 作者指出西摩尔远征军中德国军队的知名口号实际上遭到了错误的解读,而且被用于不当的宣传。

弗里德里希·克莱讷:《根据其在国际法上的重要性镇压1900年中国义和团"暴动"》

Kleist, Herbert von (ed.), *Die Kämpfe des III. Seebataillons während der Wirren 1900/01*. Herausgegeben vom Kommando des III. Seebataillons. Qingdao: Missionsdruckerei Tsingtau, s. a.

赫伯特·冯·克莱斯特编:《第三海军陆战队在1900/1901年动乱期间的战斗》①

Klitzing, Dietrich von, "Die Unterdrückung der Boxerunruhen in China 1900 in völkerrechtlicher Beleuchtung". Law dissertation, University of Breslau, 1912. 27 pp.

赫伯特·冯·克莱斯特编:《国际法视角下对1900年中国义和团暴动的镇压》

Knackstedt, Knut, *"Geheimbund"?: Yi He Ch'üan. Ein ethnologischer Beitrag zur Neubewertung des interdisziplinär relevanten Geheimbundbegriffs am Beispiel der "Boxer" in China (1774-1900)*. (Ethnologie, Vol. 2). Münster: LIT Verlag, 2002. viii+335 pp.

克努特·克纳克施泰特:《"秘密社团"? ——义和拳:以中国"义和团成员"为例,从人种学角度论对跨学科重要概念"秘密社团"的重新评价(1774~1900年)》

Knipschild, Harry, "Ferdinand Hamer 1840-1900. Missiepionier en martelaar in China. Een nieuwe kijk op de missiemethode van de Scheutisten in het noorden van China, en de reactie daarop van de Chinezen." Ph. D. dissertation, Leiden University, 2005.

H. 尼普齐尔德:《韩默理传(1840~1900年)》

Knipschild, Harry, "'*Het schijnt dat de Chinezen niet goed vooruit kunnen zonder hulp van de Europeanen.*' Ed van Kan, een Maastrichtse missionaris, belegerd door de Boksers in Klein Brugge (China)", *De Maasgouw: Tijdschrift voor Limburgs Geschied- en Oudheidkundig Genootschap*, 131(3) (2012), pp. 98-111.

H. 尼普齐尔德:《在华欧洲人》②

Knipschild, Harry, *Soldaten van God; Nederlandse en Belgische priesters op missie in China in de negentiende eeuw*, Uitgeverij Bert Bakker, 2007. 312 pp.

H. 尼普齐尔德:《上帝的士兵》③

Knüsel, Ariane, "'Western Civilization' against 'Hordes of Yellow Savages': British Perceptions of the Boxer Rebellion", *Asiatische Studien*, 62(1) (2008), pp. 43-83.

A. 克尼塞尔:《西方文明与黄种人部落之斗:英国人对义和团运动的认识》

Koĉvar, Jan, "Rakousko-uherské aktivity v Ĉíně, 1894-1914". Ph. D. dissertation, Univerzita Karlova v Praze, 2012. 285 pp.

① 作者是1900~1901年义和团运动时期德意志帝国海军的上尉。

② 甘英忠(Edward van Kan,1873~1929),荷兰人,圣母圣心会传教士,义和团运动期间在内蒙古小桥畔一带传教。电子资源:http://www.harryknipschild.nl/harryknipschild.nl/index.php/84-verhalen-over-de-missie/352-18-ed-van-kan-een-maastrichtse-missionaris-belegerd-door-de-boksers-in-klein-brugge-china.

③ 本书为大众读物,主要摘自作者的博士论文。

J. K.：《奥匈帝国人在华活动(1894～1914年)》

Ko, Walter, "The Boxer Movement", *Chinese American Forum*, 16(4) (April 2001), pp. 14-18.

W. 开欧：《义和团运动》

Kohr, Herbert O., *The Escort of an Emperor: A Story of China during the Great Boxer Movement*. Dictated by a blind man who lost both eyes in a dynamite explosion. Akron, Ohio: s. n., 1910. 268 pp.

H. O. 科尔：《皇帝的护卫：义和团运动时期的中国故事》①

Kohr, Herbert O., *With Uncle Sam; or Six Years in the United States Army. A True Story of Travel and Adventure by a Former Enlisted Man of the Ranks in the U. S. Army*. Akron, Ohio: The Commercial Printing Co., 1907. 197 pp.

Kohr, Herbert O.：《在美军服役六年》②

Koning, Christian te, *Der Boxeraufstand und seine Niederschlagung durch das internationale Expeditionskorps—Ein typisches Bündnis jener Zeit?* Munich: GRIN Verlag, 2007. 68 pp.

克里斯蒂安·特·科宁：《义和团运动和国际远征军对其的镇压——那个时代的典型联盟?》

Korbelius, Bo, "Patriotismus und die Boxerbewegung", M. A. dissertation, University of Vienna, 2010. 137 pp.

波·科伯里乌斯：《爱国主义与义和团运动》

Kosaka, Masataka, "Ch'ing Policy over Manchuria (1900-1903)", *Papers on China*, 16 (East Asian Research Center, Harvard University, 1962), pp. 126-153.

高坂佑顕：《清朝对满洲的政策(1900～1903年)》

Kranz, Paul, "Die evangelische Mission in China und Herr von Brandt", *Die Christliche Welt*, 14(42) (18 October 1900), pp. 993-995.

安保罗：《基督教新教在华传教活动与巴兰德先生》③

Kranz, Paul, "Der Krieg in China und die Mission", *Zeitschrift für Missionskunde und Religionswissenschaft*, 15 (1900), pp. 241-246.

安保罗：《中国战争与传教活动》

Kraus, Jürgen, "Uniformierung und Ausrüstung der Ostasiatischen Truppen des Deutschen Reiches 1900-1909", *Zeitschrift für Heereskunde*, 375 (1995), pp. 1-6; 378 (1995); 381 (1996); 386 (1997).

尤尔根·克劳斯：《1900～1909年德意志帝国东亚部队的制服和装备》

---

① 历史小说。H. O. 科尔(Herbert O. Kohr, 1875～1965)，美军士兵，曾来华参加义和团战争。1903年在爱荷华州的一场爆炸中他失去了一条胳膊及双眼，此后成为盲人作家，为俄亥俄州短文协会工作。

② 第八章"回到马尼拉，起航中国，天津之战"；第九章"占领北京，解救使馆"；第十章"中国之冬，回到菲律宾"。

③ 安保罗(Paul Kranz, 1866～1920)，德国人，基督教传教士，曾到过上海，为同善教会工作。

Kraus, Jürgen and Thomas Müller, *Die deutschen Kolonial- und Schutztruppen von 1889 bis 1918. Geschichte, Uniformierung und Ausrüstung*. Vienna: Verlag Militaria, 2009. 573 pp.

尤尔根·克劳斯、托马斯·穆勒:《1889～1918 年的德国殖民军和驻防军:历史、制服和装备》①

Krausse, Alexis Sidney, *China in Decay: The Story of a Disappearing Empire*. 3rd edition. London: Chapman & Hall, 1900. xiv+418 pp.

A. S. 克劳瑟:《腐朽的中国:一个正在消失的帝国》②

Krausse, Alexis Sidney, *The Story of the Chinese Crisis*. London: Cassell, 1900. vi+237 pp.

A. S. 克劳瑟:《中国危机记事》③

Der Krieg in China und unsere Ost-Asiaten (Neue Volksbücher, 68). Berlin: Schriftenvertriebsanstalt, 1901. 184 pp.

《在中国的战争和我们的东亚人》④

Kriget i Kina 1900: bilder från krigsskådeplatsen. Stockholm: Albert Bonniers Förlag, 1900. 48 pp.

《中国战争》

Kroiß, Hans-Andreas, "Pekinger Boxeraufstand—Bayern und die Gabelsberger Stenographie", *Bayerische Blätter für Stenographie*, 133(4) (2001), pp. 57-59.

汉斯-安德烈亚斯·克罗伊斯:《北京义和团运动——巴伐利亚和加贝尔斯贝格速记法》

Krosta, [Otto], "Ein Ueberblick uber die Thatigkeit der Sanitäts-Formationen beim Ostasiatischen Expeditionskorps", *Deutsche militärärztliche Zeitschrift*, 30(6) (1901), pp. 321-327.

O. 克罗斯塔:《东亚远征军卫生编队的活动简述》⑤

Krüger, Joachim, "Propaganda auf deutschen Postkarten", in Mechthild Leutner & Klaus Mühlhahn (eds.), *Kolonialkrieg in China: Die Niederschlagung der*

① 虽然该卷内容关注的是非洲殖民地,但对在华德国军队的历史、制服与装备问题亦有所涉及。1900 年,东亚远征军最初被派出时,只发配了临时制服,并且头戴草帽,看起来相当怪异。1901 年,军队发配了灰色的冬服和匹配头盔、遮阳帽、束腰外衣以及其他设备的夏服。实际上这些衣服不仅是德意志东亚远征军的标配,在此后经过多次实验也融进了德国军队的衣服式样。

② 第三版新增的章节名为"中国人的叛乱"。作者在追溯义和团运动起源时认为这是反对统治阶层的改革。A. S. 克劳瑟(Alexis Sidney Krausse,1859～1904),生于伦敦,新闻记者、作家,为多家新闻机构服务,善于评述国内外政治和时事。

③ 有评述这本小册子赞美有加,认为它给读者传递了中国现在正在经历的危机。该书"列强的到来""帝国的挣扎""事端的酿造""北京的谢幕"诸章节探讨了局势前景。参见:*Reviewed in The Academy*, 59 (London 1900), p. 404.

④ 相关评述:*Militär-Literatur-Zeitschrift*, (1901), col. 331.

⑤ O. 克罗斯塔(Otto Krosta,1844～1925),德国人,普鲁士军随军医疗军官,曾负责德意志东亚远征军的医疗服务工作。

Boxerbewegung 1900-1901. Berlin: Ch. Links Verlag, 2007; pp. 181-185.

约阿希姆·克吕格:《德国明信片上的宣传》

Krumbach, Josef H., Adolf Dresler, Georg Gilardone, Friedrich von Lossow & Fritz Maier-Hartmann (eds.), *Franz Ritter von Epp. Ein Leben für Deutschland*. Munich: Zentralverlag der NSDAP, F. Eher Nachf., 1939.

约瑟夫 H. 克鲁姆巴赫、阿道夫·德雷斯勒、格奥尔格·吉拉多纳、弗里德里希·冯·罗索夫、弗里茨·迈耶尔-哈特曼编:《弗朗茨·冯·埃普骑士:一生为了德国》[①]

Ku Hung-ming, *Papers from a Viceroy's Yamen: A Chinese Plea for the Cause of Good Government and True Civilization in China*. Shanghai: Shanghai Mercury, 1901. xvi+197, errata 3 pp.

辜鸿铭:《总理衙门文件:一个中国人对好政府和真文明的祈求》[②]

Kuepers, Jacobus Joannes Antonius Mathias, *China und die katholische Mission in Süd-Shantung 1882-1900. Die Geschichte einer Konfrontation*. Steyl: Drukkerij van het Missiehuis, 1974. 232 pp.

雅各布布布斯·约阿内斯·安东尼乌斯·马蒂亚斯·屈珀斯:《中国与1882～1900年天主教在山东南部的传教:一段对抗的历史》

Kuhlmann, Rüdiger, "'Vertreibt die fremden Teufel!' Der Boxeraufstand", *Geschichte lernen*, 74 (2000), pp. 50-55.

吕迪格·库尔曼:《"赶走洋鬼子!"——义和团运动》

Kuo Heng-yu, "Boxerbewegung", in Wolfgang Franke (ed.), *China-Handbuch*. Düsseldorf: Bertelsmann Universitätsverlag, 1974, pp. 175-178.

郭恒宇:《义和团运动》

Kürschner, Joseph (ed.), *China. Schilderungen aus Leben und Geschichte, Krieg und Sieg. Ein Denkmal den Streitern und der Weltpolitik*. Berlin: Deutsche Kriegerbund- Buchhandlung, 1901. xl+547, 444, 462 col., 7 pp.

约瑟夫·屈施讷编:《中国:生活和历史、战争和胜利纪实;一座战士和世界政治纪念碑》[③]

Kuß, Susanne, "Deutsche Soldaten während des Boxeraufstandes in China: Elemente und Ursprünge des Vernichtungskrieges", in Susanne Kuß & Bernd Martin

---

① 文中论及富有争议的德军军官 F. 克萨韦尔(Franz Xaver Epp,1868～1946),他志愿参加义和团战争,曾任巴伐利亚第九步兵团中尉。

② 辜鸿铭(Hung-ming Ku, 1857～1928),来自南洋英属马来西亚槟榔屿,其父为中国人而母为葡萄牙人,其曾在苏格兰接受高等教育,后成为总督张之洞的洋文案。发表在《日本邮报》的评述指出:"该书无论是从语气还是精神上,是一名中国知识分子对其祖国及其统治阶级的爱国辩护,而且这个知识分子曾学习过西方文明,但更倾向认同其本土文化。"(*The Nation*, 25 September 1902, p. 253)

③ 该书较为流行,带有鲜明的爱国主义色彩。该书由三部分组成:对中国历史、宗教、习俗及艺术等的介绍;援引大量文献分析义和团运动所引发的冲突;消极描述了中国、其文化与国人,为列强特别是德国军队发动战争提供合法性理由。相关评述见: M. Christlieb, *Literarisches Centralblatt*, 53 (1902), pp. 796-797. 纳瑟夫·屈施讷(Joseph Kürschner,1853～1902),德国人,作家、编辑 。

(*eds.*), *Das Deutsche Reich und der Boxeraufstand*. (ERGA. Erfurter Reihe zur Geschichte Asiens, Vol. 2). Munich: IUDICIUM Verlag, 2002, pp. 165-181.

苏珊娜・库斯:《中国义和团运动期间的德国士兵:歼灭战的因素和起源》

Kuß, Susanne, "Deutsche Strafexpeditionen im Boxerkrieg", in Mechthild Leutner & Klaus Mühlhahn (eds.), *Kolonialkrieg in China: Die Niederschlagung der Boxerbewegung 1900-1901*. Berlin: Ch. Links Verlag, 2007; pp. 135-146.

苏珊娜・库斯:《德国在义和团战争中兴师问罪》

Kuß, Susanne, *Deutsches Militär auf kolonialen Kriegsschauplätzen. Eskalation von Gewalt zu Beginn des 20. Jahrhunderts* (Studien zur Kolonialgeschichte, Vol. 3). Berlin: Christoph Links Verlag, 2010. 500 pp.

苏珊娜・库斯:《殖民地战场上的德国军队:20 世纪初暴力行为的升级》(《殖民史的研究》第 3 卷)

Kuß, Susanne, "Foreign Troops in the Boxer Rebellion, 1900-1901: Multinationalism and Violence", in Zhongguo Yihetuan Yanjiuhui (ed.), *Yihetuan yundong 110 zhounian guoji xueshu taolunhui lunwenji* (*Collected essays of the International Symposium Commemorating the 110th anniversary of the Boxer Movement*). Jinan: Shandong University press, 2012, pp. 797-819.

苏珊娜・库斯:《1900～1901 年义和团运动中的外国军队》

Kuß, Susanne and Bernd Martin (eds.), *Das Deutsche Reich und der Boxeraufstand*. (ERGA. Erfurter Reihe zur Geschichte Asiens, Vol. 2). Munich: IUDICIUM Verlag, 2002. 298 pp.

苏珊娜・库斯、贝恩德・马丁编:《德意志帝国和义和团运动》

Kwok, Chaak Man, "The Causes and Results of the Boxer Movement". B. A. dissertation, (old) Lingnan University, 1936. Available in digital format to members of Lingnan University. Paper 147.

郭泽文:《义和团运动的起因与其后果》

Kwong, Luke S. K., "Oral History in China: A Preliminary Review", *Oral History Review*, 20 (1-2) (1992), pp. 23-50.

邝兆江:《中国的口述历史》①

Kyle, Alice M. (ed.), *In Memory of Miss Mary S. Morrill and Miss Annie Allender Gould, Martyrs of Paoting-fu, North China, July 1, 1900*. Boston: Woman's Board of Missions, s. a. 116 pp.

A. M. 凯尔:《纪念 1900 年 7 月 1 日保定府殉教者 M. 莫丽尔与 A. 古尔德两位女

① 作者探讨了山东大学 1960 年、1965～1966 年及 1980 年代所从事的田野口述历史调查项目,当时项目成员主要调查了义和团运动的幸存者的口述证言。参见路遥主编:《山东大学义和团调查资料汇编》(两卷本),山东大学出版社 2000 年版。

士》①

Lamasse, Henri, "De Tie-ling à Khabarowska pendant la persécution de Mandchourie", *Annales de la Société des Missions-étrangères*, (Paris 1901), pp. 1-56.

H. 拉马斯:《在满洲的迫害时期从满洲铁岭逃亡到俄国伯力》②

Lamy, Étienne, "La Chine, l'Europe et le Saint-Siège", *Le Correspondant*, Tome 200 (25 July 1900), pp. 193-215.

E. 拉米:《中国、欧洲和罗马教廷》③

Landor, Arnold. Henry Savage, *China and the Allies*. London: William Heinemann; New York: Charles Scribner's Sons, 1901. 2 vols.

阿诺德:《中国和八国联军》④

Lange, Sven, *Revolt against the West: A Comparison of the Current War on Terror with the Boxer Rebellion in 1900-01*. Berlin: Carola Hartmann Miles-Verlag, 2006. 131 pp.

S. 兰格:《与西方斗争:1900～1901 年的义和团运动与当前恐怖战争的比较研究》⑤

Langellier, John Phillip, *Uncle Sam's Little Wars: The Spanish-American War, Philippine Insurrection, and Boxer Rebellion, 1898-1902*. (The G. I. Series, 15). London: Greenhill Books; Mechanicsburg, PA: Stackpole Books, 1999. 72 pp.

J. P. 朗格利耶:《美国的小型战争:美西战争、菲律宾起义与义和团运动(1898～1902 年)》

Langellier, John [Phillip], *US Armed Forces in China, 1856-1941*; illustrated by Mike Chappell. Oxford and New York: Osprey, 2009. 48 pp.

J. P. 朗格利耶:《在华的美国武装力量(1856～1941 年)》⑥

Langenscheid, Birgit and Viktoria von Schönfeldt, "'Märtyrer' des deutschen Imperialismus: Das Ketteler-Denkmal im Schloßgarten von Münster", in Heinrich

---

① M. 莫丽尔(Mary S. Morrill,1863～1900)与 A. 古尔德(Annie Allender Gould,1867～1900)均为美国公理会传教士,曾在直隶保定传教,义和团运动时期被杀。

② 描述了巴黎外方传教会、普照修女会以及中国教民从满洲铁岭逃亡俄国伯力的行程。H. 拉马斯(Henri Lamasse,1869～1952),法国人,巴黎外方传教会传教士,1894 年起在满洲传教。

③ E. 拉米(Etienne Lamy,1845～1919 年),法国人,天主教律师,作家,政客。

④ 阿诺德是北京城被八国联军占领时的目击者,当时他得到俄国指挥官尼可拉·连纳维奇的准许随俄军进入紫禁城。"曾将义和团运动定义为所谓的中国喇嘛,即中国佛教信徒。认为这些品质邪恶,并推卸屠杀基督教民的责任。"该书还提到了列强在北京的洗劫。其他提到此类行径的通信记者,多是将其母国同胞描述为无辜的形象,而与之不同,阿诺德则认为所有国家都犯下了无耻的罪行。事实上,他认为当时抢劫无处不在,理由多样,参与其中的还有些基督徒及日本人,这真是一大讽刺。法国人最青睐食品,日本和德国人则钟情古玩,俄国人任取所欲,英属印度人对精细纺织品和刺绣很感兴趣,而美国人则只选择金银。相关评述见:Wallace Rice, "Uncivilized 'Civilization'", *The Dial*, 31 (Chicago, 1 August 1901), pp. 73-74. 阿诺德(Arnold Henry Savage Landor,1865～1924),英国人,画家,探险家,人类学家。

⑤ 硕士论文,原名为"Revolt against the West a comparison of the Boxer Rebellion of 1900-1901 & the current war against terror",电子资源:http://hdl.handle.net/10945/1554.

⑥ 涉及义和团运动,作者谈到了北京使馆、占领北京、解救使馆之围、远征军、大沽炮台、天津、北仓、杨村等。

Avenwedde & Heinz-Ulrich Eggert (eds), *Denkmäler in Münster. Auf Entdeckungsreise in die Vergangenheit.* [preisgekrönte Beiträge für den Schülerwettbewerb Deutsche Geschichte um den Preis des Bundespräsidenten 1992/93]. Münster: Eigenverlag Schriftproben, 1996, pp. 247-314.

B. 兰根斯彻:《德帝国主义的烈士》

Langer, William L[eonard], *The Diplomacy of Imperialism, 1890-1902*. New York: A. A. Knopf, 1935. 2 vols. 2nd ed. in one volume, New York: Knopf, 1951; 1960. xii, 797+xxii pp.

B. 朗格:《帝国主义外交(1890~1902年)》

Lantoine, Albert, "L'Agonie d'un Monde: Le mouvement boxer et les Puissances européennes", *Revue franco-allemande*, 4 (10 July 1900), pp. 12-15.

A. 安东尼:《欧洲列强与义和团运动》

Lanzi, Luigi, "Due parmigiani reporters in Cina tra '800 e '900", *Parma negli anni-società civile e religiosa*, Quaderno N. 4: *Echi dall Cina e attese del secolo nuovo a Parma nel 1899* (1999), Chapter 4; pp. 84-94.

L. 兰资:《两位在华记者的报告》

Lanzi, Luigi, *Francesco Fogolla missionario e martire: 24 novembre 1996, nel 50. della Beatificazione*. Parma: Edito dai Frati minori, Convento SS. Annunziata, 1996. 205 pp.

L. 兰资:《方济各会殉教者》①

Lanzi, Luigi, "'Padre don Caio Rastelli vittima di fede e amore': la morte in Cina ed il pianto corale di Parma", *Parma negli anni-società civile e religiosa*, Quaderno N. 6: *1901: Parma celebra e commemora. Missione saveriana al tramonto?* (2001), Chapter 3; pp. 68-88.

L. 兰资:《在华传教士 C. 拉斯泰利》②

Lanzi, Luigi, "Saveriani e martiri in Cina nella rivolta dei Boxer", *Parma negli anni-società civile e religiosa*, Quaderno N. 5 (2000): *1900: orizzonti di sangue e di speranze*, Chapter 3; pp. 62-89.

L. 兰资:《义和团运动时期的殉教者》③

Lao She, "Suppressed Furor against Foreign Troops: An Unwritten Novel and a Play about the Boxer Uprising", trans. by Beata Grant, in Helmut Martin & Jeffrey Kinkley (eds.), *Modern Chinese Writers: Self-portrayals*. New York and London: M. E. Sharpe, 1992, pp. 267-271.

---

① 该书的另一版本: Luigi Lanzi, Francesco Fogolla e martiri cinesi: raccolta icononografica: anno giubilare 2000: centenario del martirio (9 luglio), canonizzazione (1 ottobre). Parma: Edito dai Frati minori, Convento SS. Annunziata, 2000. 93 pp.

② 电子资源: www. saveriani. com/conforti/parma/006/Parma%20negliAnni_6. pdf.

③ 电子资源: www. saveriani. com/conforti/parma/005/Parma%20negliAnni_5. pdf.

老舍:《神拳》

Larcher, Florent, "La guerre des Boxeurs: une expédition internationale 1900", *Revue historique des armées*, 1 (1991), pp. 115-123.

F. 拉贺史:《义和团战争:1900 年的一次国际远征》

Latzer, Barry, "The Constitutional Authority of the President to Commence Hostilities without a Congressional Declaration of War". Unpublished Ph. D. dissertation, University of Massachusetts, 1977. vii+523 pp.

B. 拉策:《宪法授权总统无需经国会宣战从而发动战事》①

Launay, Adrien, "Episodes de la persécution en Mandchourie", *Missions Catholiques*, 34 (1902), pp. 91-94, 100-105.

A. 洛奈:《满洲的迫害事件》

Laur, Francis (ed.), *Le Siège de Pékin. Récits authentiques des assiégés S. Pichon, d'Anthouard, C. Darcy, Matignon, Bartholin, Mathieu, Piot, etc. ; avec photographies de Piry prises pendant le Siège*. Paris: Société des Publications Scientifiques et Industrielles, 1904-1905. 442 pp.

F. 劳尔编:《北京之围:毕盛等被围者的叙述;丕黑所照的被围期间的照片》②

Laverrenz, Viktor, *Bei unseren China-Kriegern: Lustige Feldzugs-Erlebnisse in Ost-Asien*. (50-Fünfzig-Pfennig-Bibliothek, Illustrierte Humoristische, Bd. 4.) Berlin-Schöneberg: W. Sommer, [1901]. 119 pp.

维克多·拉维伦斯:《和我们在中国的战士同在:远征东亚趣闻》

Lazzarotto, Angelo S., PIME, "Alberico Crescitelli (Guo Xide): A Profile", in Angelo S. Lazzarotto et al. (eds.), *Yihetuan yundong yu Zhongguo Jidu zongjiao (The Boxer movement and Christianity in China)*. Taibei: Furen University Press, 2004, pp. 317-346.

A. S. 拉罗托:《郭西德档案》

Lazzarotto, Angelo S., PIME and Gianni Criveller PIME, *Alberico Crescitelli (1863-*

---

① 本文的第四章为"义和团远征"。

② 电子资源:http://gallica.bnf.fr/ark:/12148/bpt6k65409100. 该书的内容最先被刊载于《新中国报》(*La Chine nouvelle*)。与数家报刊所披露的毕盛北京被围时的经历不同,该文关注了与铁路建设与煤炭勘测相关的人物,比如与法国银行有关的 P. 巴托兰(Pierre Léon Bartholin,1871~1918)、京汉铁路公司的代理人 E. 马蒂厄(Edmond Mathieu,1868~1927)等。他们组成了志愿团体,在北京宾馆的瑞士经理 A. 查莫特(Auguste-François Chamot,1867~1909)及其美国妻子 A. 麦卡锡(Annie Elizabeth McCarthy,1871~1951)的组织下,营救被困在长辛店的铁路工程师。当时皮奥夫妇(Mr and Mrs Piot)还有其他 21 名铁路工程师及家眷受雇于京汉铁路,他们于 1900 年 5 月 31 日费尽周折从保定进入天津。然而,在德国出生的瑞士工程师 O. 奥森(Otto Ossent,1845~1900)与其姐姐阿思捷(Madame Astier)和两名意大利人在这次逃离时被拳民杀害。后来,想向中国索赔 49 万瑞士法郎补偿给奥森家族。参见:Feuille Fédérale Suisse, 55me année, Vol. II No. 12, 25 March 1903, p. 2. 关于奥森死亡,也可参见:the State Archives of Canton Valais, Sion, Switzerland: CH AEV, Henri Thurre, 2/4/4-Otto OSSENT, circonstance de sa mort tragique en Chine. 书中诸多照片由吊黎拍摄。吊黎(Alexandre Théophile Piry [or Pirry], ?~1918),法国人,曾为大清海关服务。该书相关评述,见 Bulletin du Comité de l'Asie française (April 1904). F. 劳尔(Francis Laur,1844~1934),法国人,采矿工程师,政客,期刊编辑。

1900): *martire in Cina*. Bologna: EMI, [2005]. 159 pp.

A. S. 拉罗托:《外方传教会柯毅霖》

Le Veux, J., "L'héroïne du Pé-Tang", *Revue Générale*, 82 (1905), pp. 452-468.

J. L. V. :《北堂英雄》

Lederer, André, *La mission du commandant A. Wittamer en Chine, 1898-1901*. (Mémoires. Académie royale des sciences d'outre-mer, Classe des sciences morales et politiques, nouv. sér., t. 48, fasc. 3 = Verhandelingen. Koninklijke Academie voor Overzee Wetenschappen, Klasse voor Morele en Politieke Wetenschappen; nieuwe reeks, book 48, afl. 3). Brussels: Académie royale des sciences d'outre-mer, 1984. 72 pp.

A. 莱德勒:《M. 维塔默在华传教(1898～1901 年)》①

Lee Kuo-chi, *Die chinesische Politik zum Einspruch von Shimonoseki und gegen die Erwerbung der Kiautschou-Bucht. Studien zu den chinesisch-deutschen Beziehungen von 1895 bis 1898*. Münster i. W.: C. J. Fahle, 1966.

李国祁:《中国抗议马关条约和反对获取胶州湾的政策:1895～1898 年的中德关系研究》

Legrand-Girarde, E., *Le Génie en Chine 1900-1901*. Paris and Nancy: Berger-Levrault, 1903. 278 pp.

E. 勒格朗-吉拉尔:《工兵在中国 1900～1901 年》②

Lehmpfuhl, H., "Die Verluste, die die Mission in Nord-China durch den Boxeraufstand erlitten hat", *Zeitschrift für Missionskunde und Religionswissenschaft*, (1901), pp. 46-47.

H. 雷姆福尔:《传教活动在中国北方因义和团运动遭受的损失》

Lehmpfuhl, H., "Zur Kontroverse über die Mission in China", *Zeitschrift für Missionskunde und Religionswissenschaft*: Organ d. Allgemeinen Evangelisch-Protestantischen Missionsvereins (1901).

H. 雷姆福尔:《论在华传教的争论》

Lehner, Georg, "Der 'Boxeraufstand' im Spiegel der Wiener humoristisch-satirischen Presse", *Wiener Geschichtsblätter*, 54 (1999), pp. 81-101.

格奥尔格·雷纳:《维也纳幽默讽刺式新闻机构审视下的"义和团运动"》

Lehner, Georg, "Österreich-Ungarn und der Boxeraufstand: Die Politik Österreich-Ungarns im Sommer 1900 und die Einsätze der k. u. k. Marinedetachements in China", in Susanne Kuß & Bernd Martin (eds.), *Das Deutsche Reich und der*

---

① A. 维塔默(A. Wittamer, 1854～1939),比利时人,炮兵队长,本来是作为经济探险队的医生到甘肃勘测。拳闹高潮之时,他去张家口附近的西湾子组织圣母圣心会的防守事工,抵御义和团的攻击。关于维塔默的这段旅行经历,该文作者主要利用了其自述。

② 涉及义和团战争期间法国军事工程师的活动。书中内容最先于 1901～1902 年刊载在 *Revue du Génie militaire* 上。E. 吉拉尔德(E. Legrand-Girarde, 1857～1924),义和团战争期间的法军工程兵上校。

Boxeraufstand. (ERGA. Erfurter Reihe zur Geschichte Asiens, Vol. 2). Munich: IUDICIUM Verlag, 2002, pp. 103-121.

格奥尔格·雷纳:《奥匈帝国与义和团运动:1900年夏奥匈帝国的政策和奥匈帝国在华海军分遣队的行动》

Lehner, Georg and Monika Lehner, *Österreich-Ungarn und der Boxeraufstand in China* (Mitteilungen des Österreichischen Staatsarchivs. Sonderband.) Wien: Österreichisches Staatsarchiv, Generaldirektion, 2002. 739 pp.

格奥尔格·雷纳:《奥匈帝国与中国义和团运动》

Lehner, Monika, "Österreich-Ungarn und der 'Boxeraufstand': Die Friedensverhandlungen aus der Sicht der k. u. k. Diplomatie und die Tätigkeit der Eskader in Ostasien im Jahr 1901", in Susanne Kuß & Bernd Martin (eds.), *Das Deutsche Reich und der Boxeraufstand*. (ERGA. Erfurter Reihe zur Geschichte Asiens, Vol. 2). Munich: IUDICIUM Verlag, 2002, pp. 203-228.

莫妮卡·雷纳:《奥匈帝国与"义和团运动":奥匈帝国外交人员眼中的和平谈判和1901年骑兵队在东亚的活动》

"Leiden und Verluste der Mission in Nordchina", *Katholische Missionen*, 29 (1900), pp. 142-150. See also: "Leiden und Verluste, China", in *ibid.*, pp. 85-90, 107-111, 132-135, 176-178, 202-207, 226-227, 268-272; & "Liste der bisher ermordeten Missionäre und Schwestern in China", in *ibid.*, pp. 63, 224-226.

《在中国北方传教的苦难与损失》

Leisner, [Georg], "Aus dem Tagebuch eines Chinakämpfers (Leutnant Georg Leisner der 8. Kompagnie 4. Ostasiatisches Infanterieregiments)", in K. B. Kriegsarchiv (ed.), *Darstellungen aus der bayerischen Kriegs- und Heeresgeschichte*, Heft 11. (1902), pp. 113-152.

G. 莱斯讷:《一位在华战士的日记(第四东亚步兵团第八连少尉格奥尔格·莱斯讷)》①

Leitenbauer, Matthias, "Szenen aus den Boxerwirren", *Katholische Missionen*, 60 (1932), pp. 95-97, 125-129, 157-160, 187-190.

马蒂亚斯·莱腾鲍尔:《义和团动乱中的场景》

Lenin, Vladimir Il'ich [Ul'ianov], "The War in China", in Lenin, *Collected Works*, Vol. 4. London: Lawrence and Wishart, 1960, pp. 372-377.

V. 列宁:《中国的战争》②

Lennhoff, Eugen, *Politische Geheimbünde im Völkergeschehen*. Neudurchgesehene, textlich ungekürzte Sonderausgabe. Berlin, Vienna and Leipzig: Paul Zsolnay, 1932.

① G. 莱斯纳(Georg Klaus Leisner,1870～1957),德国人,义和团战争时期为德国东亚第四步兵旅军官。一战后,从事考古及史前史研究工作。

② 本文为译稿,俄文原稿刊载于:*Iskra*, no. 1 (December 1900).

欧根·莱恩霍夫:《国际事务中的秘密政治社团》①

Lensen, George Alexander, *The Russo-Chinese War*. Tokyo: Sophia University, in cooperation with The Diplomatic Press, Talahassee, 1967. 315 pp.

G. A. 莱森:《中俄战争》

Lensing, Helmut, "Wilhelm Staehle und die Niederschlagung des chinesischen Boxeraufstandes—eine unbekannte Episode aus dem Leben des späteren Widerstandskämpfers", *Bentheimer Jahrbuch* (Das Bentheimer Land, Vol. 139). Bentheim: Heimatverein der Grafschaft Bentheim e. V., 1997, pp. 181-214.

赫尔穆特·伦辛:《威廉·施泰勒和对中国义和团运动的镇压——抵抗战士生活中一个不为人知的小插曲》

Leonard, Henry L., "The Visit of the Allies to China in 1900", *Military Historical Society of Massachusetts Papers*, 14 (1918), pp. 295-318.

H. 伦纳德:《1900 年对赴华联军的访问》②

Leonhard, Robert R., *The China Relief Expedition: Joint Coalition Warfare in China, Summer 1900*. Johns Hopkins University, Applied Physics Laboratory. 72 pp.

R. 伦纳德:《中国救援远征军》③

Leotin, L., "Une armée de coalition en Chine en 1900-1901", *Pallas*, 33 (March 1968), pp. 11-15.

L. 劳旦:《1900～1901 年在中国的同盟军》

Lepintre, Jean, *Le glorieux défenseur du Pé-t'ang, Paul Henry (1876-1900)*. (Éditions de l'Apostolat de la Prière). Toulouse, 1939. 16 pp.

J. 勒潘特尔:《北堂光荣的保卫——保罗·亨利(1876～1900 年)》④

Leroy, Henri-Joseph, "Les causes de l'insurrection en Chine", *Études religieuses*, 37e année, tome 84 (1900), pp. 145-159.

H. 勒罗伊:《中国起义的原因》⑤

Leroy-Beaulieu, Pierre, *Die chinesische Frage*. Translated by Albert Südekum.

---

① 该书第 431～455 页涉及中国义和团运动。法文版本: Eugen Lennhoff, *Histoire des sociétés politiques secrètes au XIXe et au XXe siècles : les Carbonari, les Decembristes, les Sociétés Irlandaises, la Société Houng en Chine, la Main Noire, le Ku-Klux-Klan. Trad. de l'allemand par Adrien F. Vochelle*. Paris: Payot, 1934.

② 作者为美国海军陆战队队员,1900 年 12 月 4 日曾在某协会演讲该文稿。作者目击了天津战役及西摩尔远征军的推进过程。

③ 电子资源: http://www.jhuapl.edu/ourwork/nsa/papers/China%20ReliefSm.pdf.

④ 该文的主人公(Paul-Charles-Joseph-Martin Henry,1878～1900)在北京北堂教堂被围时遇害。

⑤ 法国耶稣会传教士 H. 勒罗伊(Henri-Joseph Leroy)在义和团运动前夕曾走访直隶东南修会堂口,意识到该地即将发生反教冲突。该文主要基于贝钦明(Emmanuel de Becquevort)对义和团运动的政治、经济和宗教背景的评判。其中,他将德国 1897 年抢占胶州湾作为义和团运动兴起的原因。文章还大致概述了义和团运动的背景及本质,同时翻译了其反教揭帖。作者还认同天主教、基督教传教士所带来的破坏性影响。也可参见: Henri-Joseph Leroy, *En Chine: Au Tché-ly S. -E. Une mission d'après les missionnaires*. Lille: Desclée, de Brouwer & Cie. 1900. 贝钦明(Emmanuel de Becquevort, 1838～1926),法国人,耶稣会传教士,1877～1896 年在直隶东南代牧区传教,1900 年再赴天津传教。

Leipzig: G. H. Wiegand, 1904. iii+170 pp.

皮埃尔·勒鲁瓦-比隆:《中国问题》①

Leroy-Beaulieu, Pierre, "Le problème chinois. Le céleste empire et le monde civilisé", *Revue des Deux Mondes*, 162 (1 November 1900), pp. 61-96.

P. 雷华-布柳:《中国的问题:天朝和文明世界》

Paul Leroy-Beaulieu, "La situation de la Chine et l'indemnité de guerre", *L'Économiste français*, 29e année (11 May 1901), pp. 649-651.

P. 雷华-布柳:《中国的现状和战争赔款》②

Leroy-Beaulieu, Pierre, "La situation en Chine et les perspectives de la question chinoises", *La Semaine Politique et Littéraire*, (21 July 1900), pp. 689-697.

P. 雷华-布柳:《中国的现状和对中国问题的展望》

Leslie, Edwin, *Knights Who Fought the Dragon*. Philadelphia: Sunday School Times Company; Toronto: William Briggs, 1906. 297 pp.

E. 莱斯利:《与龙作战的骑士》

Lessel, Emil von, *Böhmen, Frankreich, China: 1866-1901. Erinnerungen eines preussischen Offiziers*. Introduced, explained and edited by Walther Hubatsch. (Studien zur Geschichte Preussens, 34). Cologne, Berlin: Grote, 1981. 323 pp.

埃米尔·冯·莱瑟尔:《波希米亚、法国与中国:一个普鲁士军官的回忆录(1866~1901年)》③

Leszkovich, Sylvia, "Die Donaumonarchie und der Boxeraufstand in China". Diplomarbeit zur Erlangung des Magistergrades der Philosophie eingereicht an der geisteswissenschaftlichen Fakultät der Universität Wien. Vienna, 1991.

西尔维亚·莱茨科维奇:《奥匈帝国与中国义和团运动》

[Letort, Aristide-Gustave-Marie], *La Mandchourie Méridionale et les Boxeurs*. Paris: Téqui, 1902. 82 pp.

A. 勒托尔《中国满洲南部的拳民》④

Leutner, Mechthild, "Die Belagerung der Gesandtschaften oder: Wie der Krieg begann", in Mechthild Leutner & Klaus Mühlhahn (eds.), *Kolonialkrieg in China: Die Niederschlagung der Boxerbewegung 1900-1901*. Berlin: Ch. Links Verlag, 2007, pp. 102-110.

罗梅君:《围攻使馆,或战争是如何开始的》

---

① 翻译自作者另外一部著作的第三部分:La rénovation de l'Asie, Sibérie, Chine, Japon. 皮埃尔·勒鲁瓦-比隆(Pierre Leroy-Beaulieu,1871~1915),法国人,评论家,政客。

② P. 雷华-布柳(Paul Leroy-Beaulieu,1871~1915),法国人,新闻记者,经济学家,政客。

③ 埃米尔·冯·莱瑟尔(Emil von Lessel, 1847~1927),德国人,陆军军官,义和团战争期间为德意志东亚远征军指挥官。

④ A. 勒托尔(Aristide-Gustave-Marie Letort,1844~1904),法国人,天主教巴黎外方传教会传教士,1872年抵达满洲。

Leutner, Mechthild, "'Bezopfte Heiden': Zeitgenössische Bilder von Boxern und Chinesen", in Mechthild Leutner & Klaus Mühlhahn (eds.), *Kolonialkrieg in China: Die Niederschlagung der Boxerbewegung 1900-1901*. Berlin: Ch. Links Verlag, 2007, pp. 186-191.

罗梅君:《"有辫子的异教徒":义和团成员乃至中国人当时的形象》

Leutner, Mechthild, "Das Boxerprotokoll", in Mechthild Leutner & Klaus Mühlhahn (eds.), *Kolonialkrieg in China: Die Niederschlagung der Boxerbewegung 1900-1901*. Berlin: Ch. Links Verlag, 2007, pp. 200-203.

罗梅君:《辛丑条约》

Leutner, Mechthild, "Die 'Leuchtenden Roten Laternen': Kämpfenden Frauen", in Mechthild Leutner & Klaus Mühlhahn (eds.), *Kolonialkrieg in China: Die Niederschlagung der Boxerbewegung 1900-1901*. Berlin: Ch. Links Verlag, 2007, pp. 87-91.

罗梅君:《"明亮的红灯笼":战斗中的女性》

Leutner, Mechthild (ed.), *"Musterkolonie Kiautschou". Die Expansion des Deutschen Reiches in China. Deutsch-Chinesische Beziehungen 1897 bis 1914. Ein Quellensammlung*. Bearbeitet von Klaus Mühlhahn. Berlin: Akademie Verlag, 1997. 568 pp.

罗梅君编:《"模范殖民地胶州湾";德意志帝国在中国的扩张;1897～1914年的中德关系》

Leutner, Mechthild, "Yihetuan: Für Gerechtigkeit und Frieden. Boxeraufstand und Kolonialkrieg in China", in Georg Fülberth & Gabriele Dietz (eds.), *Fin de siècle. Hundert Jahre Jahrhundertwende*. Berlin: Elefanten Press, 1988, pp. 146-149.

罗梅君:《义和团:为了正义与和平;义和团运动和在华殖民战争》

Leutner, Mechthild and Klaus Mühlhahn (eds.), *Kolonialkrieg in China. Die Niederschlagung der Boxerbewegung 1900-1901*. Berlin: Christoph Links Verlag, 2007. 270 pp.

罗梅君、余凯思编 :《在华殖民战争:1900～1901年对义和团运动的镇压》

"Leven van Mgr Ferdinand Hamer", *Annalen van Sparrendaal*, 34 (1934), pp. 4-10, 30-37, 53-57, 78-82, 105-109, 131-135, 149-153, 173-179, 196-200, 220-224, 245-249, 269-274; 35 (1935), pp. 7-11, 28-33, 52-58, 76-80, 100-104, 123-127, 149-151, 173-178, 196-199, 219-225, 243-247, 267-272; 36 (1936), pp. 32-34, 51-53, 71-73, 91-94, 111-114, 131-133, 151-153, 151-154 [*sic*!], 172-176, 191-194, 211-214; 37 (1937), pp. 9-13, 23-25, 44-47, 64-66, 83-87, 103-106, 125-127, 143-146, 165-168, 184-188.

《韩默理传》

Lewis, Charles Lee, *Famous American Marines, an Account of the Corps: The*

Exploits of Officers and Men on Land, by Air and Sea, from the Decks of the Bonhomme Richard to the Summit of Mount Suribachi. Boston: L. C. Page and Co., 1950.

C. L. 刘易斯:《出色的美国海军陆战队》①

Lewis, Robert Ellsworth, "The Gathering of the Storm in China", *North American Review*, 171 (August 1900), pp. 208-213.

R. E. 刘易斯:《中国风暴云集》②

Lewisohn, William, "Ching Shan's Diary Remains a Literary Fiction", *Monumenta Serica*, 5 (1940), pp. 419-427.

W. 赖魏松:《〈景善日记〉的文学虚构之处》

Lewisohn, William, "Some Critical Notes on the so-called 'Diary of His Excellency Ching-shan'", *Monumenta Serica*, 2 (1936-1937), pp. 191-202.

W. 赖魏松:《对所谓〈景善日记〉的批评》

Lezius, Martin, *Im Kampf für Freiheit und Vaterland. Ein Buch von Deutschen Soldaten*. Berlin: Steiniger, 1938.

马丁·雷奇乌斯:《为了自由和祖国而战:德国士兵的一本书》③

Li Hongshan, "From the Boxer Indemnity Remission to the Emergency Aid to Chinese Students: American Cultural Policy Toward China, 1905-1950". Ph. D. dissertation, University of Missouri-Columbia, 1992. 898 pp.

李洪山:从庚子赔款退款到资助中国学生:美国对华文化政策研究(1905～1950年)》

Li Hsi-sheng, "A Reformer's Response to the Boxer Uprising", trans. by Scott Colby, *Chinese Studies in History*, 10(3) (Spring 1977), pp. 35-72.

李希圣:《一名改革家对义和团运动的回应》

Li Teschun, "Der Aufstand der Boxer und die Lage in China", *Die Woche*, 24 (1900).

李德顺:《义和团运动与中国局势》④

Liebknecht, Wilhelm, *Weltpolitik, Chinawirren, Transvaalkrieg: eine Rede..., gehalten zu Dresden im "Trianon" am 28. Juli 1900*. Dresden: Kaden, 1900. 23 pp.

威廉·李卜克内西:《世界政策、中国动乱与德兰士瓦战争:1900年7月28日在德累斯顿"特里亚农"的一次演讲》

Limagne, Auguste, *Les Trappistes en Chine*. Paris: Librairie Générale Catholique, J.

---

① 介绍了美国海军陆战队营队指挥官沃勒(Littleton Waller)的生平、美海军陆战队驻北京护卫队指挥官迈尔斯(John Twiggs Meyers)的生平、天津战役连队指挥官巴特勒(Smedley Darlington Butler)的生平,分别见 pp. 161-165, 174-186, 205-209.

② R. E. 刘易斯(Robert Ellsworth Lewis,1869～1969),美国人,1898年作为基督教男青年会代表来到上海。在1900年5月的报告中,他提到了中国诸多地方的反教浪潮。

③ 该书第270～284页"1900年在前线的德军"涉及西摩尔远征军。马丁·莱齐厄斯(Martin Lezius,1884～1941),德国人,著名军事故事作家。

④ 李德顺(Li Teshun,1866～?),满洲人,大清驻德国使馆翻译及秘书。

de Gigord, 1911. viii+83 pp. plus illustrations.

A. 利马涅:《中国辩论》①

Lindbeck, John M. H., "American Missionaries and Policies of the United States in China, 1898-1901", Ph. D. dissertation, Yale University, 1948.

林德贝克:《美国传教士与美国对华政策(1898~1991年)》

Lindenberg, Paul, *Fritz Vogelsangs Kriegsabenteuer in China 1900*. Berlin: Ferd. Dümmers Verlagsbuchhandlung, 1901. 315 pp.

保罗·林登贝格:《弗里茨·福格桑1900年在中国的战争历险》②

Little, (Mrs) Archibald, "Peking Revisited. An Anniversary Study of August 1900", *Cornhill Magazine*, (August 1901), pp. 169-183.

阿基保尔夫人:《再访北京:1900年8月事件一周年研究》③

Litzinger, Charles A. "Rural Religion and Village Organization in North China: The Catholic Challenge in the Late Nineteenth Century", in Daniel H. Bays (ed.), *Christianity in China: From the Eighteenth Century to the Present*. Stanford: Stanford University Press, 1996, pp. 41-52.

李仁杰:《华北的乡村宗教与组织:19世纪末天主教所遭受的挑战》

Liu Tieh-yün, *The Travels of Lao Ts'an*. Trans. by Harold Shadick. Taibei: Book World Co., 1952.

刘鹗:《老残游记》

Liu, Kwang-Ching, "Imperialism and the Chinese Peasants: The Background of the Boxer Uprising", *Modern China*, 15(1) (January 1989), pp. 102-116.

刘广京:《帝国主义与中国农民:义和团起义的背景》

Liu Weijian, "Von der 'gelben Gefahr' zur Eroberung Chinas", in Alexander Honold and Klaus R. Scherpe (eds.), *Deutschland um die Welt. Eine Kulturgeschichte des Fremden in der Kolonialzeit*. Stuttgart and Weimar: J. B. Metzler Verlag, 2004, pp. 247-253.

柳维坚:《从"黄祸"到"征服中国"》

[Livingstone, Arthur James], "Diary of Arthur James Livingstone, Engine Room Artificer (Victorian Navy), for 31 July 1900-27 May 1901. Member of the China Contingent". Courtesy of Ken Booth. Digitised by *Friends of the Cerberus*

---

① 论文集,其中的多篇文章曾刊载于天主教期刊《传教区公报》(*Missions catholiques*)。其内容主要为直隶怀来县杨家坪的岩规熙笃会及教民与义和团对抗。最后,义和团因为该堂口坚不可摧之谣言而未对其进行攻击。电子资源:http://gallica.bnf.fr/ark:/12148/bpt6k375813m.r=trappistes.langFR.佛尔克(Alfred Forke,1867~1944)曾有评述,见:*Petermanns Mitteilungen*, 59 (1913), p. 147. A. 利马涅(Auguste Limagne,1872~1919),法国人,玛利亚会神父,法国穆兰主教教区大教堂教士。

② 历史小说,其读者对象为青少年。保罗·林登贝格(Paul Lindenberg,1859~1943),德国人,作家,擅长游记及战争小说写作,其读者群为年轻人。1899~1900年间环游世界,其作品很有宣传效应,能迎合德国政府的需求,原因是其支持海军与殖民地扩张。此外,其著述多从消极的视角描述中国。

③ 阿基保尔夫人,其闺名为Alicia Ellen (或 Helen) Neva Bewicke。

(2009). [41 pp.].

A. J. 利文斯敦:《A. J. 利文斯敦的日记(1900 年 7 月 31 日至 1901 年 5 月 27 日)》[①]

Lloyd, T., "The Chinese Crisis", *The Statist*, 45 (9 June 1900), pp. 878-879; (16 June 1900), pp. 910-911; followed on 23 June 1900 by an anonymous article entitled "The Crisis in China", pp. 947-948.

T. 劳埃德:《中国危机》

Lo Hui-min, "The Ching-shan Diary: A Clue to its Forgery," *East Asian History*, 1(1991), pp. 98-124.

骆惠敏:《景善日记》

Lo Hui-min (ed.), *Correspondence of G. E. Morrison 1895-1912*. Cambridge: Cambridge University Press, 1976. 2 vols.

骆惠敏编:《莫理循的信件(1895~1912 年)》

Löbbecke, Robert, *Ein Westfale in China. Briefe und Fotografien 1895-1900. Der Nachlass Robert Löbbecke, Iserlohn.* Bearbeitet von Götz Bettge. Eingeleitet und herausgegeben von Alfred Bruns (Westfälische Quellen und Archivverzeichnisse, 8). Münster: Landschaftsverband Westfalen-Lippe, 1982. 448 pp.

骆博凯:《19 世纪末南京风情录:一个德国人在南京的亲身经历》[②]

Loch, John Carysfort, "Pekin 1900—The Boxer Rising; Relief of the Legation", *The Army Quarterly and Defence Journal*, 89(1) (October 1964), pp. 42-45.

J. C. 洛克:《北京 1900——义和团运动;解救使馆之围》

Loch, Werner, "Die imperialistische deutsche Chinapolitik 1898-1901 und die militärische Intervention gegen den Volksaufstand der Ihotwan". Ph. D. Dissertation, Karl-Marx-Universität, 1960. 192 pp.

罗赫·维尔纳:《1898~1901 年帝国主义德国的对华政策及其对义和团起义的军事干涉》

Löffler, Otto, *Die China-Expedition 1900-1901. Unter besonderer Berücksichtigung der Thätigkeit des Armee-Oberkommandos und des deutschen Expeditionskorps.* Berlin: E. S. Mittler & Sohn, 1902. 48 pp.

奥托·吕夫勒:《1900~1901 年的中国远征,特别关注军队司令部和德国远征军的行动》[③]

---

① 电子资源:http://www.cerberus.com.au/manuals_printing.html#diaries. A. J. 利文斯敦(Arthur James Livingstone,1877~1959),澳大利亚人,1900~1901 年义和团战争期间曾在维多利亚海军服役。

② 骆博凯(Robert Löbbecke,1852-1910),1893 年在德国陆军服役,1895 年前往中国,1896 ~1900 年任江南陆师学堂总教习。他给其双亲的信函及照片,用比较消极的笔调论述了危机时代的中国的状况。

③ 原载于:"*Beiheft 1*" *zum Militär-Wochenblatt*, 87 (1902), pp. 29-74. 相关评述见:*Jahrbücher für die deutsche Armee und Marine*, 122 (1902), pp. 530-531. 作者 Otto Löffler (1864~?),德国人,陆军军官,曾发表不少军营文章。这篇文章主要探讨了德意志东亚远征军高级军官的活动。

Lombroso, Cesare, "La insufficienza diplomatica e la guerra in China", *Nuova Antologia*, 172-No. 685 (1 July 1900), pp. 131-134.

C. 龙勃罗梭:《对华外交和不足之和》①

"Looting of the Peking Observatory", *Scientific American*, Supplement 50 (29 December 1900), pp. 20895-20896.

《洗劫北京天文台》

Lorain, Pierre, "Les armes de la guerre des Boxeurs 1900-1901", *Gazette des Armes*, 75 (October 1979), pp. 20-25; 76 (November 1979).

P. 洛兰:《1900～1901 年义和团战争的武器》②

Lord, Walter, *The Good Years: From* 1900 *to the First World War*. London: Longmans; New York: Harper and Brothers, 1960. ix+369 pp.

W. 洛德:《黄金时代:1900 年至第一次世界大战》

Loti, Pierre [pseud. of Louis-Marie-Julien Viaud], *Les derniers jours de Pékin*. Paris: Calmann-Lévy, 1902. iv+464 pp. Several subsequent editions; The latest edition *Les derniers jours de Pékin: journal* (extraits du 19 octobre au 3 novembre 1900). [Paris]: Editions Findakly, 1996. 158 pp.

P. 罗蒂:《在北京最后的日子》③

Louis, Paul, "Affaires de Chine", *La Revue Blanche*, 23 (1900), pp. 69-71.

P. 路易:《中国的事物》

Louis, Paul, "Les puissances et la Chine", *La Revue Blanche*, 22 (1 August 1900), pp. 537-539.

P. 路易:《列强与中国》

Louis, Paul, "Sur les événements de Chine", *Revue Socialiste*, 32 (August 1900), pp. 196-201.

---

① 重载于: Cesare Lombroso, *Il Momento Attuale*. Milano: Casa Editrice Moderna, 1904 (1903 al frontespizio); *L'Italia in China*: Il pericolo giallo. La barbarie chinese ed il militarismo in China. 英文译本: Lombroso, C., "Diplomatic Ineptitude and the Chinese War", *Living Age*, 226 (8 September 1900), pp. 657-660. 相关评述见:Cesare Lombroso, "L'Italia in China: Il pericolo giallo", *Nuova Antologia*, 164-No. 654 (16 March 1899), pp. 335-341. C. 龙勃罗梭(Cesare Lombroso,1835～1909),意大利人,医生,精神病学家。

② 本文主要涉及义和团战争中使用的武器,其中第一部分是关于联军从大沽到天津的进攻。

③ 英文版本: Pierre Loti, *The Last Days of Pekin*. Trans. from the French by Myrta L. Jones. Boston: Little, Brown, and Company, 1902. xii+296 pp. 其他德文版本: Pierre Loti, *Die Schreckenstage von Peking*. Only authorized translation by J. von Immendorf. 3rd ed. Dresden and Leipzig: Heinrich Minden, 1903. 308 pp. Pierre Loti, *Die letzten Tage von Peking*. Übertr. von Friedrich von Oppeln-Bronikowski. Dresden: P. Aretz, 1924. 277 pp. Pierre Loti, *Die letzten Tage von Peking*. Aus dem Französischen von Friedrich von Oppeln-Bronikowski. Überarbeitet von Dirk Hemjeoltmanns. Nachwort von Susanne und Michael Farin. Bremen: Manholt Verlag, 1999. 271 pp. 其他意大利语版本: Pierre Loti, *I cinquantacinque giorni di Pechino: reportage della rivolta dei Boxer o Gli ultimi giorni a Pechino: un avventuroso viaggio nella Cina dei Boxer*. Trans. by Marco Bevilacqua. Padova: Franco Muzzio Editore, 1997. vii+247 pp. 另一意大利语版本:Gli ultimi giorni a Pechino. Reportage della rivolta dei Boxer. Roma: Editori riuniti, 2002. vii+247 pp. L. 维奥(Louis-Marie-Julien Viaud,笔名 Pierre Loti,1850～1923),法国人,作家,海军军官,1900 年随法国远征军来华。

P. 路易:《关于中国的事件》

Louzon-Benrekassa, Victor, "Paysans et médiums: le rôle de la possession dans le soulèvement des Boxeurs (Chine, 1899-1900)", Mémoire de master recherche 2e année dirigé par Guillaume Piketty: Histoire et théorie du politique. Histoire; Paris, Institut d'études politiques, 2009. 191 fols.

V. 鲁宗-本贺卡萨:《农民与巫师:邪术在义和团起义中的角色(中国,1899～1900年)》

Lowe, Alan C., "Foreign Devils and Boxers: A Concise History of Combined Interoperability during the Boxer Rebellion", M. A. dissertation, U. S. Army Command and General Staff College, v+115 pp.

A. C. 洛:《外国鬼子与义和团》

Lowrie, J. Walter, *The Mission Crisis in China: The Tragedy of Paotingfu*. (Leaflet No. 6.). New York: Board of Foreign Missions of the Presbyterian Church in the U. S. A. 12 pp.

路崇德:《中国差会危机:保定府的悲剧》①

Lowry, E. K. (Mrs.), "A Woman's Diary of the Siege of Peking", *McClure's Magazine*, 16(1) (November 1900), pp. 65-76.

E. K. 洛利:《一位女性在北京被围时的日记》②

Lowry, Hiram Harrison, "Chinese Resentment", *Harper's New Monthly Magazine* 101 (October 1900), pp. 740-747.

刘海澜:《中国的仇恨》③

Lü Yixu, "Die Boxerbewegung in der Popularliteratur", in Mechthild Leutner & Klaus Mühlhahn (eds.), *Kolonialkrieg in China: Die Niederschlagung der Boxerbewegung 1900-1901*. Berlin: Ch. Links Verlag, 2007, pp. 192-198.

吕一旭:《通俗文学中的义和团运动》

Lü Yixu, "The Boxers in Contemporary Chinese and German Fiction: Mo Yan and Gerhard Seyfried", *Comparative Critical Studies*, 11(1) (2014), pp. 69-88.

吕一旭:《当代中文和德文笔下的义和团》

Lü Yixu, "German Colonial Fiction on China: The Boxer-Uprising 1900-1901", *German Life and Letters*, 59(1) (January 2006), pp. 78-100.

---

① 路崇德(James Walter Lowrie,1856～1930),生于上海,出身传教士家庭,美国北长老会传教士,1894 年起在保定传教。保定府同工传教士遇难时,他正好身处天津。该人后来被形容为"坚定的原教主义者"。

② 电子资源:http://www.unz.org/Pub/McClures-1900nov-00065? View=PDF.该日记从 1900 年 5 月 28 日到 8 月 14 日讨论了外人集中的英国公使馆及美以美会差会的防御工事。K. C. 马利金(Katharine Clark Mullikin,1869～1942)为 E. K. 洛利(Edward Kingsley Lowry,1870～1943)的妻子,曾在华从事商业活动。马利金是传教士刘海澜(Hiram Harrison Lowry)的幼子。

③ 刘海澜(Hiram Harrison Lowry,1843～1924),美以美会传教士,1869 年在北京一带传教。

吕一旭:《德国殖民主义小说下的中国:1900～1901 年的义和团运动》①

Lü Yixu, "Germans and the Death-Throes of the Qing: Mo Yan's The Sandalwood Torture", in Nina Berman, Klaus Mühlhahn & Patrice Nganang (eds.), *German Colonialism Revisited: African, Asian, and Oceanic Experiences*. Ann Arbor: University of Michigan Press, 2014, pp. 271-283.

吕一旭:《德国与清朝的垂死挣扎:以莫言〈檀香刑〉为例》②

Lü Yixu, "Germany's war in China: Media Coverage and Political Myth", *German Life and Letters*, 61(2) (April 2008), pp. 202-214.

吕一旭:《德国在中国的战争:媒体报道与政治神话》③

Lü Yixu, "Geschichte und Fiktion: der Boxer-Aufstand in der zeitgenössischen deutschen Popularliteratur", in Jean-Marie Valentin (ed.), *Akten des XI. Internationalen Germanistenkongress Paris 2005: "Germanistik im Konflikt der Kulturen"* Vol. 8: *Universal-, Global- und Nationalkulturen-Nationalliteratur und Weltliteratur* (*Jahrbuch für Internationale Germanistik*, Reihe A: Kongressberichte; Bd. 84). Bern: Peter Lang, 2007, pp. 229-234.

吕一旭:《历史与虚构:德国当代通俗文学中的义和团运动》

Lü Yixu, "The War That Scarcely Was: The *Berliner Morgenpost* and the Boxer Uprising", in Michael Parraudin & Jürgen Zimmerer (eds.), *German Colonialism and National Identity*. New York: Routledge, 2010, pp. 45-56.

吕一旭:《〈柏林晨邮报〉与义和团运动》

Luca, Augusto, *Nella Cina dei boxers: la prima missione saveriana, 1899-1901*. Bologna: EMI, 1994. 253 pp.

A. 卢卡:《中国的义和团》④

Lung, Chang, *La Chine à l'aube du XXe siècle. Les relations diplomatiques de la Chine avec les puissances depuis la guerre sino-japonaise jusqu'à la guerre russo-japonaise*. Paris: Nouvelles Éditions Latines, 1962. 502 pp.

L. 张 :《20 世纪初的中国:从中日战争到日俄战争期间中国与列强的外交关系》

Luzeux, Alexandre-Charles, *Notre politique en Chine*. Paris: H. Charles-Lavauzelle, [1901]. 52 pp.

---

① 探讨了 1900～1902 年间的通俗小说。这些小说或是直接与义和团运动直接相关,或是与公众喜好有关,重点是其对比了德国军队镇压义和团运动的微小功绩与在国内的夸大的差异。

② 《檀香刑》的故事背景是义和团战争时期的高密。该文是对该书的评论。

③ 分析了 1900 年德国主流媒体对义和团运动的报道,以而彰显民众意见。作者对这些拥有不同读者的主流媒体作了对比分析,这些媒体有《科隆日报》《法兰克西汇报》《柏林晨邮报》,作者认为这些媒体通过其奇特的报道及充满爱国热情的叙述来吸引民众的关注。该文还强调了德国的道德责任感,以及惩罚野蛮国家的责任心。同时,该文对德国的殖民主义扩张还抱有乐观态度,并且将德国的地位与其新盟国法国相提并论。

④ 描述了巴尔玛圣沙勿略会在豫西北建立传教堂口的早期工作。意大利天主教的两位传教士 Caio Rastelli 和 Odoardo Manini 于 1899 年来华,后被拳民活捉。

A. C. 吕柔克斯:《我们在中国的政治》[1]

Lynch, George, *Impressions of a War Correspondent*. London: George Newnes, 1903. xiv+235 pp.

林奇:《一位战地记者的印象》[2]

Lynch, George, "Vae Victis! The Allies in Peking after the Siege", *The Independent*, 52 (8 November 1900), pp. 2681-2683.

林奇:《联军占领北京之后》

Lynch, George, *The War of the Civilisations, Being the Record of a "Foreign Devil's" Experiences with the Allies in China*. London and New York: Longmans, Green, 1901. xx+319 pp.

林奇:《文明的交锋:一个"洋鬼子"的八国联军侵华实录》

Lynch, Michael, "The Boxer Rebellion in China, 1898-1901", *New Perspective* 4. 2 (1998-1999).

M. 林奇:《1898～1901 年的中国义和团运动》

Lynkeus, "Der Chinesenkrieg", *Die Zukunft*, 31 (4 August 1900), pp. 214-216.

吕恩科斯:《中国人的战争》

M. S., *La Chine et les Alliés (1900-1901)*, 20 reproductions en simili-gravure. Paris: R. Chapelot et Cie., 1903. 33 pp.

M. S. :《在华联军(1900～1901 年)》

Ma Yeh Shiang, "Southeast China during the Boxer Movement: A Study of *Tung-Nan Hu-Pao*". Unpublished Ph. D. dissertation, The American University, 1976. v+333 pp.

马业湘:《东南互保研究》

Mabire, Jean, *L'été rouge de Pékin*. [Paris]: Fayard, 1978. v+455 pp.

J. 马比尔:《北京的红色夏天》[3]

MacCarthy, Michael John FitzGerald, *The Coming Power: A Contemporary History of the Far East 1898-1905*. London: Hodder and Stoughton, 1905. xv+400 pp.

M. J. F. 麦卡锡:《未来力量:远东当代史(1898～1905 年)》

MacCloskey, Monro, *Reilly's Battery: A Story of the Boxer Rebellion*. New York: R. Rosen Press, [1969]. 191 pp.

M. 麦克罗斯基:《莱利炮兵连:义和团运动的故事》

Macdiarmid, Duncan Stewart, *The Life of Lieutenant-General Sir James Moncrieff*

---

① 节选自:*La France militaire*, (December 1900).

② 该书第 79、91、107 页涉及义和团运动。林奇(George Lynch,1868～1928),英国人,战地记者,作家。

③ 涉及北京公使馆被围事件。德文译本:Mabire, Jean, *Blutiger Sommer in Peking. Der Boxeraufstand in Augenzeugenberichten*. Translated from the French by Greta Steinböck and Alfred Baumgartner. Vienna and Berlin: P. Neff Verlag, 1978. 398 pp. Also published at Bergisch-Gladbach: Lübbe, [1980]. (Bastei-Lübbe-Taschenbuch, Bd. 65030). 429 pp.

Grierson, *K. C. B.* Foreworded by Earl Haig. London: Constable & Company, 1923.

D. S. 麦克迪尔米德:《J. M. 格里尔森中将的一生》①

MacDonald, Claude Maxwell, "Some Personal Reminiscences of the Siege of the Peking Legations in 1900", *Journal of the Royal United Service Institution*, 59(437) (August 1914), pp. 1-46.

窦纳乐:《1900 年北京公使馆被围时的个人回忆》②

MacDonald, Claude Maxwell, "The Japanese Detachment during the Defence of the Peking Legations 1900", *Transactions of the Japan Society of London*, 12(1) (1913-1914).

窦纳乐:《1900 年保卫北京公使馆时的日本分遣队》

MacDonald, Ethel (Lady Macdonald), "Besieged in Peking", *The Lady*, (March 1901), pp. 246-256.

E. 麦克唐纳:《北京被围》③

MacDonnell, John, "Looting in China", *The Contemporary Review*, 79 (March 1901), pp. 444-452.

J. 麦克唐奈:《在中国的劫掠》④

"Die Mächte in Peking und die Frage des Friedens", *Historisch-politische Blätter für das katholische Deutschland*, 126(5) (1900), pp. 367-377.

《在京列强与和平问题》

Macoun, J[ohn] H[oratio], *The Siege of the Peking Legations 1900*. Belfast: Baird, 1913. 16 pp.

J. H. 麦康:《1900 年北京使馆之围》⑤

Màdaro, Adriano, *La rivolta dei Boxer*, *Pechino 1900*. Quinto di Treviso: Europrint; Beijing: China National Publications Import and Export Corporation, [2001]. 319 pp.

A. 马达罗:《义和团运动》⑥

Mahler, "Der Krieg in China und die Mission", *Evangelisches Kirchenblatt für Schlesien*, 11 (17 March 1901), p. 81.

马勒:《中国战争与传教活动》

Mainprise, B. W., "Reminiscences of China after the Recent Toubles", *Scottish*

---

① J. M. 格里尔森(James Moncrieff Grierson,1859～1914),英国人,陆军军官。1896 年,在柏林成为附庸兵,1900～1901 年参加义和团战争,为联军指挥官。其报告藏于英国战争办公室文件 (WO 32)。

② 窦纳乐(Claude Maxwell MacDonald,1852～1915),英国人,陆军军官,外交官员,1896 年为英国驻华公使。

③ 作者 Ethel MacDonald, née Armstrong(1857～1941)为窦纳乐之妻。

④ 作者评论了联军在天津及北京所犯下的残忍且毫无节制的劫掠罪行。作者还指出一个事实,即参与掠夺的不少国家是《海牙公约》的缔约国。

⑤ J. H. 麦康(John Horatio Macoun,1867～1948),英国人,曾为大清海关工作。

⑥ 英文译本: Adriano Màdaro, *The Boxer Rebellion*; translated by Elizabeth Tomlin. Quinto di Treviso: Europrint; Beijing: China National Publications Import and Export Corporation, 2001. 319 pp.

Geographical Magazine, 19(9) (1903), pp. 148-483.

B. W. M.:《关于中国近来事端的回忆》①

Mainzer, Hubert and Herward Sieberg (eds.), *Der Boxerkrieg in China 1900-1901. Tagebuchaufzeichnungen des späteren Hildesheimer Polizeioffiziers Gustav Paul*. (Quellen und Dokumentationen zur Stadtgeschichte Hildesheims, 11). Hildesheim: Gerstenberg, 2001. 135 pp.

胡伯特·美因泽、赫华德·希贝克编:《1900～1901 年的中国义和团战争:希尔德斯海姆军官古斯塔夫·保罗的日记》②

Malena, Giuseppina, *Un missionario campano in Cina: Alberico Crescitelli*. Naples: Orientalia Parthenopea, 2010. 75 pp.

G. 马莱纳:《在华的一个传教士:郭西德》

[Mallet, Joannes], "La dernière lettre d'un martyr", *Missions en Chine et au Congo*, 13 (1901), pp. 1-6, 25-31.

马赖德:《殉教者绝笔》③

Malone, Carroll B., "The First Remission of the Boxer Indemnity", *American Historical Review*, 32 (October 1926), pp. 64-68.

C. B. 马龙:《庚子赔款的首次退款》

Malozemoff, Andrew, *Russian Far Eastern Policy 1881-1904. With Special Emphasis on the Causes of the Russo-Japanese War*. Berkeley: University of California Press, 1958. 358 pp.

A. 马洛泽莫夫:《俄国的远东政策(1881～1904 年)》

"Mandchourie. Nouveaux Massacres. —Ruines", *Annales des Missions Etrangères de Paris*, 3 (1900), pp. 265-270.

《满洲里的新屠杀——废墟》

Mangin, Ignace, "Les Boxeurs dans le Tché-li sud-est (Juillet 1899-1900)", *Études* 37e année, tome 84 (1900), pp. 366-394. Followed by "Nouvelles complémentaires", pp. 395-398.

任德芬:《直隶东南部的义和团(1899 年 7 月至 1900 年)》④

Manini, Odoardo, "L'assedio di Kleimbragge. Ossia avventure di 15 Europei assediati nell'alta Mongolia nel 1900. Giornale di viaggio", *La Realtà*, (1902).

① 书中内容包括了天津及北京被联军占领期间的目击者描述,也记载了慈禧太后回到北京的经过。B. W. M. (B. W. Mainprise,1874～1916),英国人,皇家工程师。

② 古斯塔夫·保罗(Gustav Paul,1868～1953),德意志东亚远征军军士。

③ 荷兰语版本:*Missiën in China en Congo*, 13 (Scheut 1901), pp. 1-6, 25-30. 本文是玛利亚方济各会传教修女会马赖德(Joannes Mallet,1870～1900)的绝笔信,其于 1900 年 8 月 13 日被害。

④ 关于 1899～1900 年间直隶东南的义和团活动,对耶稣会已故传教士任德芬(Ignace Mangin)有所报道。1900 年 7 月 20 日,任德芬在景州被义和团杀害。这篇文章也刊载在:*Chine et Ceylan*, 2 (August 1900), pp. 11-53.

O. 曼尼尼:《1900 年北蒙古的欧洲人之围》①

Manini, Odoardo, *Episodi della rivoluzione cinese del 1900*. Per un missionario dell'Istituto Parmense S. Francesco Saverio per le Missioni Estere. Parma: Tipografia Rossi-Ubaldi, 1901. 254 pp.

O. 曼尼尼:《1900 年的中国革命》

Manley, H. B., "A Canadian in China during the War", *Canadian Magazine*, 17 (1901), pp. 99ff.

H. B. 曼利:《战争期间一个在华的加拿大人》

Manning, William R., "China and the Powers since the Boxer Movement", *American Journal of International Law*, 4(4) (1910), pp. 848-902.

W. R. 曼宁:《义和团运动之后的中国与列强》

Manzari, Giuliano (ed.), *Cina-1900: la rivolta dei boxers: l'opera della marina italiana*. Roma: Ufficio storico della marina militare, 2000. xii+282 pp.

G. M. :《中国之 1900 年》

Manzari, Giuliano, "La partecipazione italiana alla guerra contro i Boxers", *Informazioni della Difesa*, 4 (2008), pp. 46-51.

G. M. :《意大利与义和团》

Manzari, Giuliano, "La partecipazione italiana alla spedizione internazionale contro i Boxer-le operazioni del corpo di spedizione italiano e della Regia Marina", in Romain H. Rainero & Paolo Alberini (eds.), *Missioni militari italiane all'estero in tempo di pace (1861-1939): Atti del Convegno di studi tenuto a Milano presso la Scuola Militare dell'Esercito nei giorni 25-26 ottobre 2000*. (Commissione Italiana di Storia Militare). Roma: [s. n.], 2001, pp. 151-213.

G. M. :《意大利与义和团运动的国际干预》

Marcel, A., "La Croix Rouge Française pendant l'Expédition de Chine", *Revue de Géographie*, 50 (April 1902), pp. 357-360.

A. 马塞尔:《法国国际红十字会与中国》

"The March to Peking, 1900; with Comments by an Officer Who Served with the China Relief Expedition", *Quartermaster Review*, 11 (March-April 1932), pp. 35-41.

《1900 年进军北京》

Marchand-Volz, Gertrud, *Leutnant Werner Freiherr Schenk von Stauffenberg: von München nach Deutsch-Südwestafrika 1904*. Windhoek: Namibia Wissenschaftliche Gesellschaft, 1994. vii+251 pp. 2nd ed. 1998. 249 pp.

格特鲁德·马尔尚特-福尔茨:少尉维尔纳·申克·冯·施陶芬伯格男爵:1904 年

① 涉及蒙古东南小桥畔圣母圣心会的防御工事。O. 曼尼尼(Odoardo Manini,1878～1929),意大利人,巴尔玛圣沙勿略会传教士,1899 年与其工友 C. 拉斯泰利(Caio Rastelli,1872～1901)抵达山西,闹拳时逃往内蒙古小桥畔。

《从慕尼黑到德属西南非》①

Marchesi, Francesco, Patrizia Luppi and Patrizia Capozzi, *Sentieri di luce. Tre Frati martiri in Cina nel 1900*. Verucchio (RN): Pazzini Editore, 2000. 146 pp.

F. 马基西:《1900年在华的殉教者》②

Marinangeli, Giacinto, *San Cesidio Giacomantonio, martire in Cina, 4 luglio 1900*. L'Aquila: Gruppo Tipografico Editoriale, 2000. 88 pp.

董文学:《在华殉教者董文学》③

Marinelli, Maurizio, "Self-portrait in a Convex Mirror: Colonial Italy Reflects on Tianjin", *Transtext(e)s Transcultures: Journal of Global Cultural Studies*, 3 (2007), pp. 119-150.

M. 马里内利:《凸面镜中的自画像:意大利殖民者印象中的天津》④

"De marteldood van Mgr. Hamer", *Annalen van Sparrendaal*, 10 (1910), pp. 202-206.

《韩默理主教小传》⑤

Martens, F. de, "Europe, China, and the Peace Conference", *Monthly Review*, 1(2) (November 1900), pp. 32ff.

F. 马斯顿:《欧洲、中国与和平会议》⑥

Martin, Bernd, "Die Ermordung des deutschen Gesandten Clemens von Ketteler am 20. Juni 1900 in Peking und die Eskalation des 'Boxerkrieges'", in Susanne Kuß & Bernd Martin (eds.), *Das Deutsche Reich und der Boxeraufstand*. (ERGA. Erfurter Reihe zur Geschichte Asiens, Vol. 2). Munich: IUDICIUM Verlag, 2002, 77-102.

贝恩德·马丁:《1900年6月20日德国公使克莱门斯·冯·克林德在北京被杀事件与"义和团战争"的升级》

Martin, Bernd, "Soldatische Radikalisierung und Massaker. Das deutsche Erste und Zweite Seebataillon im Einsatz im 'Boxerkrieg' in China 1900", *Militärgeschichtliche Zeitschrift*, 69(2) (2010), pp. 221-241.

贝恩德·马丁:《士兵的极端化与大屠杀:1900年中国"义和团战争"中的德国第一和第二海军陆战队》

① 涉及施陶芬伯格(Werner Freiherr Schenck von Stauffenberg, 1878～1904)参与1900～1901年义和团战争的经历。

② 关于1900年7月9日在山西太原被害的三位方济各会传教士(Gregorio Grassi, Francesco Fogolla, Elia Facchini)。这三位传教士都来自于意大利博洛尼亚。

③ 董文学〔Cesidio (Angelo) Giacomantonio, 1873～1900〕又名董哲西,意大利人,方济各会传教士,1899年抵达湖南传教,1900年7月4日在衡阳附近的黄沙湾被害。

④ 电子资源:http://transtexts.revues.org/147? file=1.

⑤ 主教韩默理(Ferdinand Hame)在内蒙古西部被杀的事件。

⑥ F. 马斯顿(F. de Martens 或 Фёдор Фёдорович Мартенс, 1845～1909),爱沙尼亚人,曾在俄国服务,法学家,外交官。马斯顿认为可以通过牺牲中国来发展俄国,故而宣传俄国乃是中国的真正朋友。

Martin, Bernd, "Soldatische Sozialisation und Massaker. Das deutsche Erste und Zweite Seebataillon im Einsatz im 'Boxerkrieg' in China", in Zhongguo Yihetuan Yanjiuhui (ed.), *Yihetuan yundong 110 zhounian guoji xueshu taolunhui lunwenji* (Collected essays of the International Symposium Commemorating the 110th anniversary of the Boxer Movement) Jinan: Shandong University Press, 2012, pp. 768-796.

贝恩德·马丁:《士兵的社会化与大屠杀:中国"义和团战争"中的德国第一和第二海军陆战队》

Martin, Christopher [pseud. of Edwin Palmer Hoyt], *The Boxer Rebellion*. London, New York and Toronto: Abelard-Schuman, 1698. 175 pp.

C. 马丁:《义和团运动》

Martin, W. A. P., "Discussions—'We Will Do Our Best'", *United States Naval Institute Proceedings*, 55(4) (April 1929), p. 323.

丁韪良:《讨论——我们将竭尽全力》①

Martin, W. A. P., "The Fall of Peking", *Independent*, 52 (11 October 1900), pp. 2419-2421.

丁韪良:《北京的沦陷》

Martin, W. A. P., "The Siege in Peking: Its Causes and Consequences", *Bulletin of the American Geographical Society*, 33(1) (1901), pp. 19-30.

丁韪良:《北京的围困:其前因后果》

Martin, W. A. P., *The Siege in Peking: China against the World*. By an Eye Witness. London and Edinburgh: Oliphant, Anderson & Ferrier; New York: F. H. Revell, 1900. 190 pp. Reprinted Wilmington: Scholarly Resources; Shannon: Irish University Press, 1972.

丁韪良:《北京的围困:中国对抗全世界》②

Martiri del 1900. Bologna: s. n., 1973. 63 pp.

《1900 年的殉教者》③

"Martiri della Cina del 1900", *Le Missioni Francescane*, 22 (1946), pp. 145 176.

《1900 年的殉教者》④

① 对 O. P. 史密斯《我们将竭尽全力》文章的回应。该文主要讨论了联军保护下的北京公使馆区。丁韪良(William Alexander Parsons Martin,1827~1916),美国人,北长老会传教士,1850 年来华,1869 年任同文馆教习,北京被围期间身处公使馆区。

② 义和团围攻北京之后,丁韪良返回纽约,声称要以最快的速度用文字记述这段经历,并认为义和团民实际上并不是中国的外交代表,他们只是推翻帝国政府的暴徒而已。在结论中,丁韪良呼吁美国军队应抢占海南,并将该地视为香港地区与菲律宾之间的踏板。相关评述见:*Chinese Recorder*, 32 (1901), p. 206; *Critic*, 38 (1901), p. 280; *Imperial Asiatic Quarterly Review*, 3rd ser. 11 (1901), pp. 418-419; *Literature*, 8 (1901), p. 50; *Missionary Herald*, 97 (1901), p. 75; *Nation*, 72 (1901), pp. 56-57.

③ 该出版物由意大利方济各会出版。

④ 涉及被派往中国的天主教修会,特别是方济各会。

"I martiri della Manciuria", *Le Missioni Cattoliche*, 30 (1901), pp. 350-354.

《在满洲里的殉教者》①

"The Martyrdom at T'ai-yuen-fu on the 9th of July, 1900", by an Eyewitness. *Chinese Recorder*, 32 (April 1901), pp. 210-211.

《1900 年 7 月 9 日在太原府的殉教者》②

"Les Martyrs de la révolution des Boxers", *Le Bulletin catholique de Pékin*, 14ême Année (1927), pp. 143ff.

《义和团中的殉难者》

"Massacres by Christians in China", *The Nation*, 72 (24 January 1901), pp. 62-63.

《在中国牺牲的基督徒》

"Les massacres de missionnaires en Mandchourie", *Revue française de l'étranger et des colonies, et exploration*, 26(273) (September 1901), pp. 535-539.

《满洲地区对传教士的屠杀》

Mateer, Ada Haven, *Siege Days: Personal Experiences of American Women and Children during the Peking Siege*. New York: F. H. Revell Company, 1903. 411 pp. Reprinted in: San Francisco: Chinese Material Center, 1976.

狄爱德:《被围的日子: 北京被围期间美国妇女儿童的经历》③

Mathews, Henry, "Sidney Brooks' Martyrdom", *The Mission Field*, 45 (1900), pp. 167-170.

马修斯:《卜克斯的殉难》④

Matignon, Jean-Jacques, *La défense de la Légation de France (Pékin, du 13 juin au 15 août* 1900). Conférence de la Croix-Rouge de Bordeaux, le 3 mai 1901. Paris: Libraires Associés; Bordeaux: Feret et Fils, 1902. 47 pp. Offprint from *Revue Philomatique de Bordeaux et du Sud-Ouest*, 4e année, no. 8 (1 August 1901); pp. 337-357; no. 9 (1 September1901); pp. 398-413. The article can be accessed via Gallica (BnF).

---

① 关于巴黎外方传教会路平(André-Henri-Joseph Roubin, 1871～1935)、戴治达(Baptiste-Elie-Edouard-Jean-François Delpal, 1872～1911)拳闹时由满洲南的传教布道站逃往哈尔滨的经历。也可参见:"Un manifesto dei Boxer", pp. 541-542; Norbert Calmels, *Journal d'Élie Delpal Missionnaire en Chine*. Avignon: Aubanel père (impr. Aubanel père), 1965. 181 pp.

② J. A. 史密斯(J[ohn] A[rthur] Creasy Smith)口述,程云记录。史密斯为外国传教士,在太原传教 45 年,后被砍头。

③ 相关评述见: Chauncey Goodrich in *Chinese Recorder*, 35 (August 1904), pp. 425-426. 狄爱德(Ada Haven Mateer, 1850～1936),为美国北长老会传教士狄考文(Calvin Wilson Mateer, 1836～1908)的第二任妻子。

④ 马修斯质疑说卜克斯的遇难给中国在华差会带来了利益,因为它促使西方外交力量调整措施以来保护传教士。德文版本:"Die Unruhen in der Schantung-Provinz und die Ermordung des Missionars Sidney Brooks: Aus einem Briefe des Missionars H. Matheus [sic] in Ping-yin", *Die evangelischen Missionen*, 6 (1900): 154-156. 马修斯(Henry Mathews),英国人,大英安立甘会传教士,1897 年来山东传教。他的教友卜克斯(Sydney Malcolm Wellbye Brooks, 1874～1899),于 1899 年 12 月 31 日在山东肥城被反叛者杀害。

马丁荣:《捍卫法国使馆》①

Matignon, Jean-Jacques, *Dix ans aux Pays du Dragon*. Paris: A. Maloine, 1910. 359 pp.

马丁荣:《在龙的国度的十年》②

Matignon, Jean-Jacques, "L'Hystérie chez les Boxeurs", *La Revue d'Asie*, (1 December 1901), pp. 86-92. Extracted from the author's book: Superstition, crime et misère (1900).

马丁荣:《义和团中的歇斯底里》.

Matignon, Jean-Jacques, "Hystérie et 'Boxeurs' en Chine", *Revue scientifique*, (*9 March 1901*), pp. 302-304. See also the comments by Henri Mansuy in L'Anthropologie, 12 (1901), pp. 217-218.

马丁荣:《歇斯底里和中国义和团》

Matignon, Jean-Jacques, *L'Orient lointain*; *Chine*, *Corée*, *Mongolie. Impressions et souvenirs de séjour et de tourisme*. Lyon and Paris: A. Storck & Cie, 1903. xxiii+304 pp.

马丁荣:《远东地区:在中国,朝鲜,蒙古旅居时的印象和回忆》③

Matignon, Jean-Jacques, "Le service de la santé pendant le siège de la Légation de France", *Archives de Médecine militaire*, (March 1901).

马丁荣:《法国使团被围困的健康服务》

Matignon, Jean-Jacques, *Superstitions*, *crime et misère* (*souvenirs de biologie sociale*). Lyon and Paris: A. Storck, 1902. xxxvii+451 pp.

马丁荣:《迷信、犯罪和贫穷(社会生物的记忆)》④

Matuschka, Edgar Graf von, *Organisationsgeschichte des Heeres 1890 bis 1918*; containing: "Das Ostasiatische Expeditionskorps und die Ostasiatische Besatzungs-Brigade". Forming part of: Militärgeschichtliches Forschungsamt (ed.): *Handbuch zur deutschen Militärgeschichte 1648-1939*. Volume 3, Section V: Von der Entlassung Bismarcks bis zum Ende des Ersten Weltkrieges (1890-1918). München: Bernard & Graefe, 1979.

埃德加·冯·马图施卡伯爵:《1890～1918年军队机构的历史;包括"东亚远征军与东亚占领队"史》

Matzat, Wilhelm, *Neue Materialien zu den Aktivitäten des Chinesenkommissars*

---

① 马丁荣(Jean-Jacques Matignon,1866-1928),法军医疗医生,1895年来华,1899年为法国使馆医生,1900年参与保卫使馆之战。

② 相关评述见:Arnold Vissière in *Bulletin de l'Association Amicale Franco-Chinoise*, 2 (1910), pp. 190-192.

③ 该书第243～261页涉及义和团运动(Ense et Cruce! —Boxeurs et Missionnaires en Mongolie)。

④ 1899年初版。序言标注的日期为1899年,落款为莫涅(Marcel Monnier)。1900年使馆被围期间,莫涅为法国使馆医生。1900年出版的第三版中,删除了一章(Hystérie et "Boxeurs")。1902年的第四版中,该章节调整到第393～408页。其他版本:*La Chine hermétique. Superstitions*, *crime et misère* (*souvenirs de biologie sociale*). Nouvelle édition, ornée de quarante-deux planches hors texte. Paris: Librairie orientaliste Paul Geuthner, 1936. xx+397 pp.

Wilhelm Schrameier in Tsingtau. Zum 100jährigen Jubiläum der Tsingtauer Land- und Steuerordnung am 2. 9. 1998. (Studien und Quellen zu Geschichte Schantungs und Tsingtaus, Heft 14). Bonn, 1998

Online-Version 2008.

威廉·马扎特:《中国专员威廉·施拉迈尔在青岛活动的新史料》①

Maus, Carl, "Das grosse Leidensjahr 1900 der evangelischen Mission in China", *Geschichten und Bilder aus der Mission*, 19 (1901), pp. 1-14.

卡尔·毛斯:《1900 年,基督教新教传教团在中国悲惨的一年》

Maus, Carl, *Die Ursachen der chinesischen Wirren und die evangelische Mission.* Kassel: Ernst Röttger; Barmen: Missionshaus, 1900. 80 pp.

卡尔·毛斯:《中国动乱的原因与基督教新教的传教活动》

Max, Franz [pseud.], *Unsere China-Fahrt. Feldzugserinnerungen eines deutschen Offiziers*. (Jung-Deuschland Bücherei). Leipzig: Spamer, 1913. 240 pp.

弗朗茨·马克斯(笔名):《我们的中国之行:一个德国军官的远征回忆录》②

May, Karl, "Et in terra pax", in Joseph Kürschner (ed.), *China. Schilderungen aus Leben und Geschichte, Krieg und Sieg. Ein Denkmal den Streitern und der Weltpolitik*. Berlin: Deutsche Kriegerbund-Buchhandlung, 1901.

卡尔·梅:《安宁的大地》③

Mazeau, Henri, *L'héroïne du Pé-tang, Hélène de Jaurias, Sœur de Charité*. Paris: Victor Retaux, [s. a.]. 370 pp.

H. 马泽华:《北堂中的女英雄》④

Mazzetti, Adriano, *Una santa tutta missionaria. Maria Chiara Nanetti; con un testo di G. Fantinati*. (Quaderni 11). Ferrara: Centro Documentazione Santa Francescana Romana, 2009.

A. 马切蒂:《利亚方济各传教修会修女那达理》⑤

McClellan, Edwin N., "Battles of the American Marines: The Battle of Tientsin", *Marines Magazine*, 5(1) (January 1920), pp. 13-14, 26.

---

① 电子资源:http://tsingtau.org/wp-content/uploads/2010/06/neues_zu_schrameier_tsingtau_org.pdf. 第七章涉及单维廉对义和团战争及战后中德关系走向的看法,见"Schrameiers Gutachten zu den Ursachen des Boxeraufstandes und zur zukünftigen Gestaltung der deutsch-chinesischen Beziehungen (Okt. 1900)", pp. 45-63. 单维廉(Wilhelm Ludwig Schrameier,1859~?),德国人,官员,曾主管胶澳租界事务。

② 弗朗茨·马克斯(Franz Max)是一名参加过中国远征军的德国军官的笔名。作为一名讲述者,他不仅让读者熟悉了远征军的真实状况,而且对那里的土地、人们、风俗礼仪也作了生动的描述。

③ 虚构小说。作者(Karl May,1842~1912)为德国著名青少年读物作家,关于该书的讨论见:http://www.karl-may-gesellschaft.de/kmg/seklit/JbKMG/1972/93.htm.

④ 英文译本:Henry Mazeau, *The heroine of Pe-Tang: Hélène de Jaurias, Sister of Charity, 1824-1900*, translated from the French by an Ursuline, grandniece of Hélène de Jaurias. London: Burns Oates & Washbourne, 1928. xiii+252 pp. H. 尧里斯(Hélène de Jaurias,1824~1900),法国人,慈善会修女,北京北堂教堂被围后去世。

⑤ 电子资源://santafrancesca.altervista.org/materiali/quad11.pdf.

E. N. 麦克莱伦:《美国海军陆战队在天津战役中的斗争》

McClelland, James, *Names of Australians Who Died on Service with the Boxer Rebellion, China, 1900, the Boer War, South Africa, 1900-1901*... (James McClelland's Recording of the Past for the Future, Reference Books). Silverdale, NSW: James McClelland Research, 1992.

J. 麦克莱尔:《在义和团运动、布尔战争和南非战争中阵亡的澳大利亚人》

McIntosh, Gilbert, *The Chinese Crisis and Christian Missionaries: A Vindication*. London: Morgan & Scott, 1900. 90 pp.

金多士:《中国危机与基督教士》①

McIntosh, Gilbert, *Is there Anything in It?: Some After-Crisis Vindications*. London: Morgan & Scott (office of "The Christian"); Shanghai: American Presbyterian Mission Press, [1902?]. 79 pp.

金多士:《这样做有意义吗? 危机后的论证》②

McKee, Delbert, "The Boxer Indemnity Remission", *Society for Historians of American Foreign Relations Newsletter*, 23 (March 1992), pp. 1-19.

D. 麦基:《庚子赔款退款》

McLeish, William, *Tientsin Besieged and after the Siege. From the 15th of June to the 16th of July, 1900*. A daily record by the correspondent of the *North-China Daily News*. Shanghai: North-China Herald, 1900. 36 pp. 2nd ed. 1901. 45 pp.

马莱绪:《天津被围前后(1900 年 6 月 15 日至 7 月 16 日)》③

Meeussen, Cornelius Lodewijk, *Eerwaarde Pater Désiré Abbeloos 1871-1900—Opwijk-T'ie-Ko-Tan-Keou: de roman van een missionaris-martelaar*. Schoten: Lombaerts, 1937. 173 pp.

C. L. M. :《铁纥旦沟传教的殉教者罗义友》

Meeussen, Jan, "Pater Désiré Abbeloos, een Opwijkse martelaar in China", *HOM-tijdschrift*, 3 (1996), pp. 2-8.

J. M. :《在华殉教者罗义友》④

Mélotte de Lavaux, Adrien de, *Les derniers jours d'une légation: le siège des légations à Pékin en 1900*. Liège : Imprimerie nationales des militaires mutilés et invalides de la guerre, 1925. 87 pp.

A. D. 玫劳特·德·拉沃:《一个使团最后的日子:1900 年北京使团围困战》⑤

---

① 金多士(Gilbert McIntosh,1861～?),苏格兰人,美国北长老会传教士。

② 内容提要:补救;外交军事官员的信函;中国官员的评价;殉难者绝笔证明本国教徒的作证;外交家的其他证明;中国基督教传教士的言论。

③ 马莱绪(William McLeish,1851～1921),英国人,天津英国工部局秘书。

④ 罗义友(Abbeloos,1871～1900)是 1900 年 8 月 22 日在内蒙古铁纥旦沟被害的三名传教士之一,比利时奥普韦克人。

⑤ 关于 1900 年义和团运动期间比利时使馆被人纵火一事。A. D. 玫劳特·德·拉沃(Adrien de Mélotte de Lavaux,1874～1942)被围期间在比利时使馆。

Mencaglia, Gugliermo, *Il beato p. Alberico Crescitelli martire della Cina* (*Lorenzo Maria Balconi*), 2nd ed. Milano: Pontificio Istituto Missioni Estere, 1951. 77 pp.

G. M. :《在华殉教的传教士罗西德》

Mendoza, Antonio J. , "Blood of Martyrs, Seed of Christians: An Analysis of French Catholic Missionary Discourse after the Boxer Uprising, 1900-1910", Faculty Mentor: Dr. Guotong Li Department of History. California State University at Long Beach. Ronald E. McNair Scholars Program. McNair Scholars Research Journal Vol. 17. http://csulb-dspace.calstate.edu/handle/10211.14/32.

A. J. 门多萨:《殉教者的鲜血,基督教的种子》

Mertens, Pierre-Xavier, "De l'apostasie au martyr par le chapelet", *Revue Missionnaire des Jesuites Belges*, 37e année, Vol. 11 (May 1937), pp. 232-233.

P. 梅尔滕斯:《念珠对蒙难者的背叛》

Mertens, Pierre-Xavier, *Du sang chrétien sur le fleuve Jaune. Actes de martyrs dans la Chine contemporaine*. Paris: Editions Spes, [1936]. 192 pp.

P. 梅尔滕斯:《血染黄河——中国近代基督徒殉教者的事迹》①

Mertens, Pierre-Xavier, *Gerbes chinoises*. Lille: Procure des Missions "Chine, Ceylan, Madagascar", 1934; Paris: Casterman, 1935. 180 pp.

P. X. 迈赫丹:《中国之花》

Mertens, Pierre-Xavier, et al. , *La légende dorée en Chine. Scènes de la vie de mission au Tche-li sud-est*. Lille: Société Saint Augustin; Desclée, DeBrower & Cie. , 1920. ix+310 pp.

P. X. 迈赫丹:《中国的金色传说——直隶东南传教生活篇章》

Mertens, Pierre-Xavier, et al. , *La légende dorée en Chine. Scènes de la vie de mission au Tche-li sud-est* (*Vicariat Apostolique de Sienhsien*). Second series. Paris: Editions Spes, 1926. 246 pp.

P. X. 迈赫丹:《中国的金色传说——直隶东南传教生活篇章》(第二系列)

Mertens, Pierre-Xavier, "La légende dorée en Chine. Pour le 25e anniversaire de "la Boxe". Siège et martyre d'une petite chrétienté", *Études* 62e année, tome 183 (5 June 1925), pp. 546-565.

P. X. 迈赫丹:《中国的金色传说——纪念义和团运动 25 周年:记一位殉教的小天主徒和被围攻》②

---

① 英文译本: P. X. Mertens, *The Yellow River Runs Red: A Story of Modern Chinese Martyrs*. Trans. from the French by Beryl Pearson, with a preface by Rev. C. C. Martindale, SJ. St. Louis and London: B. Herder Book Co. , 1939. xv+181 pp. 意大利语译本: Pietro Saverio Mertens, *Sangue cristiano lungo il Fiume Giallo. Atti dei martiri nella Cina contemporanea*. Rome: Scuola Tipografica Missionaria Domenicana, 1940. 150+iii pp. 西班牙语译本: Pedro-Javier Mertens, *Sangre cristiana en el Río Amarillo. Actas de los mártires de la China contemporánea*. Bilbao: Editorial El Siglo de las Misiones, 1941. 168 pp.

② 关于直隶东南景县西 6 公里的朱家河教案。

Mertens, Pierre-Xavier, "La légende dorée en Chine. Une page du martyrologe chinois", *Études* 67e année, tome 202 (1930), pp. 57-70.

P. X. 迈赫丹:《中国的金色传说——中国"封圣"的篇章》

Mertens, Xavier [Pierre-Xavier], *Une petite martyre chinoise. Anne Wang de Ma-Kia-Tchoang*. (Collection "Parvuli", IX). Paris: P. Lethielleux, Éditeur, 1935. viii+54 pp. Reprinted as *Anna Wang. Une petite martyre chinoise (1886-1900)*. Paris: P. Lethielleux, 1946.

P. X. 迈赫丹:《殉教的中国女子——马家庄的黄安娜》

Meschwitz, Heinrich, *Boxer und Blaujacke. Eine Kriegsgeschichte aus China*. Dresden, Verlag Alexander Köhler, [ca. 1900]. 156 pp

海因里希·麦施威茨:《义和团成员和蓝色外套:一个中国的战争故事》

Messerotti Benvenuti, Giuseppe, *Un italiano nella Cina dei Boxer: Lettere e fotografie (1900-1901)*, edited by Paolo Battaglia and Nicola Labanca. Modena: Associazione Giuseppe Panini Archivi Modenesi, 2000. 2 vols.

G. M. B. :《义和团运动期间意大利人的信函》①

Metcalf, Clyde H., "The Marines in China", *Marine Corps Gazette*, 22(3) (September 1938), pp. 35-37, 53-58.

C. H. 梅特卡夫:《在华水兵》

Methfessel, Christian, "'Oxident gegen Orient'. Europabilder in der Berliner Morgenpost während des Boxerkriegs", in Themenportal Europäische Geschichte (2009),.

克里斯蒂安·迈特费瑟尔:《"西方对抗东方":义和团战争期间柏林邮政早报上的欧洲形象》②

"Mgr. Ferdinand Hamer", *De Katholieke Missiën*, 26 (1901/02), pp. 155-157, 166-167, 171-173, 182-183, 192, 197-198, 202-203; 27 (1902/03), pp. 21-22, 29-30, 45-46, 51-53.

《韩默理主教阁下》

Michael, M., "Zur Entsendung einer deutschen Expeditionstruppe nach China während des Boxeraufstandes", in Kuo Heng-yu (ed.), *Von der Kolonialpolitik zur Kooperation. Studien zur Geschichte der deutsch-chinesischen Beziehungen*. (Berliner China-Studien, 13). Munich: Minerva Publikation, 1986, pp. 141-161.

M. 米夏埃尔:《论义和团运动时期德国向中国派遣远征部队》

Michell, J. B. and O. M. Michell (comps.), *Duvals—of Geneva and Their Descendants: A Family History*. Privately circulated manuscript copy, 1993. 192 pp.

J. B. 米歇尔:《日内瓦的某个家庭史》

---

① 作者(Giuseppe Messerotti Benvenuti,1870~1935),意大利人,军官,曾参加义和团战争。

② 电子资源:http://www.europa.clioonline.de/2009/Article=425.

Michels, Eckard, "Eine deutsche Kolonialarmee? Reformansätze zur Stärkung der militärischen Schlagkraft in Übersee 1900 bis 1914", in Karl-Heinz Lutz, Martin Rink & Marcus von Salisch (eds.), *Reform, Reorganisation, Transformation: zum Wandel in deutschen Streitkräften von den preussischen Heeresreformen bis zur Transformation der Bundeswehr*. München: R. Oldenbourg, 2010, pp. 199-212.

艾卡特·米歇尔斯:《一支德国殖民军? 1900～1914 年加强海外军事力量改革的开端》①

Michels, Eckard, "Das 'Ostasiatische Expeditionskorps' des Deutschen Reiches in China 1900/01", in: Tanja Bührer, Christian Stachelbeck & Dierk Walter (eds.), *Imperialkriege von 1500 bis heute. Strukturen-Akteure-Lernprozesse*. Paderborn: Schöningh, 2011, pp. 401-416.

艾卡特·米歇尔斯:《1900～1901 年德意志帝国在中国的"东亚远征军"》

Middleton, Ben, "Scandals of Empire: The looting of North China and the Japanese Public Sphere", in: Robert Bickers & R. G. Tiedemann (eds.), *The Boxers, China and the World*. Lanham, Md.: Rowman & Littlefield, 2007, pp. 115-132.

B. 米德尔顿:《帝国的丑闻:在华北及日本租界区的洗劫》

Mielke, Otto, *Der Boxeraufstand in China. S. M. Kanonenboot "Iltis"* (II), (SOS, Schicksale deutscher Schiffe, 88). München: Moewig, 1956.

奥托·米尔克:《中国义和团运动:皇家海军炮艇"伊尔提斯"号》(II)

Mielke, Otto, "*Die Deutschen an die Front!" S. M. Großer Kreuzer 'Hertha' beim Boxeraufstand in China; 'Danzig', Preussens erste Dampfkorvette* (SOS, Schicksale deutscher Schiffe, 39). Rastatt: Pabel, 1977. 65 pp. Re-issued as *SM Kreuzer "Hertha" vor Tientsin: der "Boxeraufstand" in China.* (Schiffe, Menschen, Schicksale, 193). [2010]. 46 pp.

奥托·米尔克:《德国人上前线去! 皇家海军大巡洋舰"赫塔号"在中国义和团运动中;"但泽"号——普鲁士第一艘蒸汽轻型护卫舰》②

Military Order of the Dragon. China Battlefield Commission. *Bronze Tablets Erected to Commemorate the China Relief Expedition of 1900*. New York: Wynkoop, Hallenbeck, Crawford Co., Printers, 1906. 8 pp.

中国战事委员会:《龙之兵事》③

Military Order of the Dragon, 1900-1911. Washington DC: Press of B. S. Adams, 1912. 137 pp.

① 部分内容涉及义和团运动,见"Lernen für den Kolonialkrieg: Das 'Ostasiatische Expeditionskorps'".

② 初版:*The Germans to the front! S. M. Großer Kreuzer "Hertha"* (SOS Schicksale deutscher Schiffe, No. 157). München: Moewig, 1958. 32 pp.

③ 原载于:*Journal Military Service Institution*, 38 (1906), pp. 567-574.

《龙之兵事:1900～1901 年》①

Millard, Thomas F., "A Comparison of the Armies in China", *Scribner's Magazine*, 29 (1) (January 1901), pp. 77-87.

T. F. 米勒:《在华联军比较》②

Millard, Thomas F., "Punishment and Revenge in China", *Scribner's Magazine*, 29(2) (February 1901), pp. 187-194.

T. F. 米勒:《发生在中国的惩罚与复仇》③

Millard, Thomas F., "The Settlement in China", *Scribner's Magazine*, 29(3) (March 1901), pp. 370-377.

T. F. 米勒:《中国问题的解决》

Miller, Ian Matthew, "Rebellion, Crime and Violence in Qing China, 1722-1911: A Topic Modeling Approach", *Poetics: Journal of Empirical Research on Culture, the Media and the Arts*, 41(6) (December 2013), pp. 626-649.

I. M. 米勒:《清朝的叛乱、犯罪与暴力(1722～1911 年)》

Miller, J. Martin, *China, the Yellow Peril at War with the World: A History of the Chinese Empire from the Dawn of Civilization to the Present Time*. Illustrated with reproductions of original photographs, many of which were taken by the author. Chicago: Monarch Book Co., 1900. 490 pp.

J. M. 米勒:《黄祸中国与世界宣战》④

Miller, J. Michael, "Battle Atop Tartar Wall: Boxer Rebellion", *Leatherneck*, 83(8) (August 2000), pp. 28-36.

J. M. 米勒:《义和团运动》⑤

Miller, J. Michael, "Marines in the Boxer Rebellion", *Leatherneck*, 83(6) (June 2000), pp. 48-54.

J. M. 米勒:《义和团运动中的海军陆战队》⑥

Miller, J. Michael, "1900 Boxer Rebellion: Origins of Marines' Longtime North China Association", *Fortitudine: Bulletin of the Marine Corps Historical Program*,

---

① 纪念 1900 年赴华的军事救援行动,书中包含美国远征军军事人员名单、亡者名单及大量照片。电子资源:http://hdl.handle.net/2027/loc.ark:/13960/t6g16vg9c (includes *Bronze Tablets Erected to commemorate the China Relief Expedition of 1900*).

② T. F. 米勒(Thomas F. Millard,1868～1942),美国人,新闻记者、报刊编辑,曾在《纽约先驱报》报道义和团运动。

③ 作者反对联军的惩罚性复仇。"从 9 月到 11 月发生的事件,给中国带来了战争,将之带回到黑暗时代,并且会给下一代人留下道德污点。"

④ 电子资源:http://hdl.handle.net/2027/mdp.39015069412107. 其他版本:*The Story of China Past and Present: A History of the Chinese Empire from the Dawn of Civilization to the Present Time*. Chicago: A. B. Kuhlman, 1900. 490 pp. 本书第 19～28 章讨论了义和团运动。J. M. 米勒(J. Michael Miller,1859～1939),美国人,新闻通信记者,义和团运动期间,为英国《图表》(*The Graphic*)及伦敦《哈泼周报》(*Harper's Weekly*)工作。

⑤ 与美国海军陆战队的 D. 达利(Marine Daniel Joseph)有关。

⑥ 探讨了美国海军陆战队的成就。该陆战队在联军解救使馆之前独自保卫使馆近两个月之久。

Historical Bulletin, 18(1) (Spring-Summer 1988), pp. 18-20.

J. M. 米勒:《义和团运动:海军陆战队华北支会的起源》①

Miller, J. Michael, "Rescue the Legations-Boxer Rebellion", *Leatherneck*, 83(7) (July 2000), pp. 40-47.

J. M. 米勒:《拯救使馆——义和团运动》②

Miller, Stuart Creighton, "Ends and Means: Missionary Justification of Force in Nineteenth Century China", in John K. Fairbank (ed.), *The Missionary Enterprise in China and America*. Cambridge, MA: Harvard University Press, 1974, pp. 249-282.

S. C. 米勒:《目的与手段:19 世纪传教士对在华使用武力正当性的声辩》

Millett, Allan Reed, *Semper Fidelis: The History of the United States Marine Corps*, rev. and expanded edition. New York: Free Press; Toronto: Maxwell Macmillan Canada; New York: Maxwell Macmillan International, 1991. xviii+845 pp.

R. 米利特:《美国海军陆战队史》

Miln, Louise Jordan, *It Happened in Peking*. New York: Frederick A. Stokes, 1926.

L. J. 米尔恩:《北京事件》

Minarelli-Fitzgerald, Alexander, *Infanteristische Reflexionen über die Gefechte in Südafrika und Ostasien*. Vienna: Seidel, 1906. 35 pp.

亚历山大·米纳莱利-菲茨杰拉德:《从步兵角度思考南非和东亚的战斗》③

Minden, Stefan von, *Die merkwürdige Geschichte der Sai Jinhua. Historisch-philologische Untersuchung zur Entstehung und Verbreitung einer Legende aus der Zeit des Boxeraufstands*. Mit einer Übersetzung von Xia Yan: *Sai Jinhua*. (Münchener Ostasiatische Studien, 70.) Stuttgart: Franz Steiner Verlag, 1994. 350 pp.

施特凡·冯·明登:《赛金花的传奇故事:关于义和团运动时期一个传奇产生与传播的历史语言学研究》

Miner, Luella, "At the Graves of the Martyrs", *Missionary Review of the World*, 24 (9) (September 1901), pp. 676-682.

麦美德:《在殉教者墓前》④

Miner, Luella, *China's Book of Martyrs: A Record of Heroic Martyrdoms and Marvelous Deliverances of Chinese Christians during the Summer of 1900*.

---

① 特别介绍了美国海军陆战队博物馆的特别展出,即"The Eagle and The Dragon: Marines in the Boxer Rebellion"。

② 评述了解救使馆之围的各种努力,特别是美国海军陆战队在其中的贡献。

③ 亚历山大·米纳莱利-菲茨杰拉德(Alexander Minarelli-Fitzgerald, 1854～1934),奥地利将军,军事题材作家。

④ 麦美德(Luella Miner,1861～1935),美国会传教士,1887 年来华。拳民围困北京使馆时,她也是其中的外国人之一。

Philadelphia: Westminster Press; Cincinnati: Jennings and Pye; New York: Eaton and Mains, 1903. 512 pp. Reprinted New York: Pilgrim Press, [1930].

麦美德:《关于殉教者的中国图书》

Miner, Luella, "The Flight of the Empress Dowager", *Century Magazine*, 61(5) (March 1901), pp. 777-780.

麦美德:《西太后的出逃》

Miner, Luella, "Last Rites for the Pao-ting-fu Martyrs", *The Advance*, (1 August 1901).

麦美德:《为保定府的临终祈祷》

Miner, Luella, "Muscovite Designs on Manchuria", *The North American Review*, 174 (March 1902), pp. 315-328.

麦美德:《莫斯科对满洲里的设计》①

Miner, Luella, "A Prisoner in Peking. The Diary of an American Woman during the Siege", *The Outlook*, 66(11) (10 November 1900), pp. 641-649; 66(12) (17 November 1900), pp. 697-705; 66(13) (24 November 1900), pp. 734-741.

麦美德:《在北京的囚犯:一位美国妇人在北京被围时的日记》②

Miner, Luella, "Ti-to and the Boxers: A True Story of a Young Christian's Almost Miraculous Escape from Death at the Hands of Bold Cut-throats", *The Ram's Horn*. An International Social Gospel Magazine. Chicago: Fred'k L. Chapman & Co.

麦美德:《一位年轻教民脱险记》③

Miner, Luella (ed.), *Two Heroes of Cathay: An Autobiography and a Sketch*. New York, Chicago: Fleming H. Revell Company, 1903. 238 pp.

麦美德编:《华夏两英雄》④

The Mission Crisis in China. (Leaflet No. 1). New York: Board of Foreign Missions of the Presbyterian Church in the U. S. A. 12 pp.

《中国差会危机》

The Mission Crisis in China: The Missionary "Under Fire". (Leaflet No. 2). New York: Board of Foreign Missions of the Presbyterian Church in the U. S. A. 12 pp.

《中国差会危机:"炮火"下的传教士》

The Mission Crisis in China: The Persecuted Chinese Christians. (Leaflet No. 3). New

---

① 包括1900年7月"海兰泡惨案"中俄国人对中国人的屠杀,以及沙俄在东北的其他活动。

② 电子资源: http://www.unz.org/Pub/Outlook-1900nov10-00641? View = PDF. 该文重载于: Albert Bushnell Hart (ed.), *American History Told by Contemporaries*, vol. 5: *Twentieth Century United States 1900-1929*. New York and London: Macmillan, 1929, pp. 128-132.

③ 也可参见: *Luella Miner Papers*, box 4, file 1, American Board of Commissioners for Foreign Missions, Papers, Houghton Library, Harvard University.

④ 关于费迟浩(1879~1953)与孔祥熙(1880~1967)的传记式著作,涉及他们在义和团拳难时的经历。关于他们进入美国欧柏林学院学习的经历,参见: Luella Miner, "American Barbarism and Chinese Hospitality", *The Outlook*, 72(17) (27 December 1902), pp. 984-988.

York: Board of Foreign Missions of the Presbyterian Church in the U. S. A. 8 pp.

《中国差会危机:受迫害的中国教民》

The Mission Crisis in China: A Day of Testing. What Shall it Bring Out in Us? (Leaflet No. 4). New York: Board of Foreign Missions of the Presbyterian Church in the U. S. A. 1900.

《中国差会危机:磨炼一日》

The Mission Crisis in China: The Time to Act. (Leaflet No. 5). New York: Board of Foreign Missions of the Presbyterian Church in the U. S. A. (n. d.).

《中国差会危机:采取行动之时》

The Mission Crisis in China: The Tragedy at Paotingfu. (Leaflet No. 6). New York: Board of Foreign Missions of the Presbyterian Church in the U. S. A. (n. d.).

《中国差会危机:保定府的悲剧》

The Mission Crisis in China: Signs of the Dawn. (Leaflet No. 7). New York: Board of Foreign Missions of the Presbyterian Church in the U. S. A. (n. d.).

《中国差会危机:黎明的曙光》

"Mission Notes: News from China", *The Pilgrim of Our Lady of Martyrs*, 16(7) (July 1900), pp. 223-225; "Persecution in China", 16(10) (October 1900), pp. 321-322; 16(11) (November 1900), pp. 346-347; 16(12) (December 1900), pp. 376-378; 17(1) (January 1901), pp. 20-27; 17(2) (February 1901), pp. 57-61; "Sufferings of the Christians in China", 17(3) (March 1901), pp. 88-91; 17(4) (April 1901), pp. 112-115; 17(11) (November 1901), pp. 341-342, 344; 17(12) (December 1901), pp. 367-368.

《中国传教消息》①

"The Missionaries and the 'Boxers'", The Literary *Digest*, 20(26) (23 June 1900), pp. 789-790.

《传教士与义和团》②

"I missionarii cattolici ed i disordini in Cina", *La Civiltà cattolica*, 7th series, Vol. 12 (6 October 1900), pp. 35-51.

《骚乱的天主教传教士》③

"The Missionary in China", *Church Quarterly Review*, 52 (April-July 1901), pp. 413-433.

《在华传教士》④

"Die Missionen in China, insbesondere die katholischen", *Historisch-politische Blätter*

---

① 主要节选自法国天主教传教士刊物。

② 节选自义和团运动期间关于传教士的数份期刊。基督教传教士认为天主教传教士应为义和团动乱负责。

③ 中国本土传教士(L. T.)撰写,时间为1900年10月21日,地点为徐家汇。

④ 主要关于连若兰(Roland Allen)、海恩波(Jessie Ransome)和何天爵(Chester Holcombe)。

für das katholische Deutschland, 126(12) (1900), pp. 898-906.

《在华基督教传教团,尤其是天主教传教团》

Moireau, Auguste, "Les Allemands en Chine", *Revue Bleue: la revue politique et littéraire*, IVe série Tome 14 No. 23 (8 December 1900), pp. 705-709.

A. 穆瓦罗:《德国人在中国》①

Moireau, Auguste, "Les 'Boxeurs'", *Revue Bleue: la revue politique et littéraire* IVe série, Tome 13 No. 24 (16 June 1900), pp. 737-740.

A. 穆瓦罗:《义和团》②

Moireau, Auguste, "La Chine et les puissances", *Revue Bleue: la revue politique et littéraire*, IVe série Tome 14 No. 23 (8 December 1900), pp. 658-663.

A. 穆瓦罗:《中国与西方列强》③

Moireau, Auguste, "La crise chinoise", *Revue Bleue: la revue politique et littéraire*, IVe série Tome 14 No. 2 (28 July 1900), pp. 33-39.

A. 穆瓦罗:《中国的困境》④

Moireau, Auguste, "Un essai d'empire libéral en Chine", *Revue Bleue: la revue politique et littéraire*, IVe série Tome 13 No. 26 (30 June 1900), pp. 801-805.

A. 穆瓦罗:《自由帝国在中国的尝试》⑤

Moireau, Auguste, "L'imbroglio chinois", *Revue Bleue: la revue politique et littéraire* IVe série Tome 14 No. 5 (4 August 1900), pp. 129-135.

A. 穆瓦罗:《中国的混乱局面》

Moireau, Auguste, "Les vice-rois du Yang-tse", *Revue Bleue: la revue politique et littéraire* IVe série, 15(23) (8 June 1901), pp. 705-710; 16(4) (27 July 1901), pp. 97-103.

A. 穆瓦罗:《扬子江畔的总督们》⑥

Moisdon, Céline, *Propagande, émeutes et xénophobie chinoise autour de la révolte des Boxers 1890-1907*. Mémoire de Maîtrise sous la direction de Jacques Weber, 1996. 160 pp.

C. 冒斯登:《1890～1907年间围绕义和团事件的中国宣传、骚乱和排外主义》

Möltner, Zeno, "Aus stürmischen Tagen. Mittheilungen über die Fremden- und Christenverfolgungen in China", *St. Franzisci-Glöcklein*, 23 (Innsbruck, 1900/01), pp. 79-82, 111-115, 142-148.

---

① 主要研究了德皇威廉二世指示瓦德西占领胶州湾的指令,认为其深刻刺激了中国的骚乱及民族情绪。

② 论证了义和团为何在德国占领胶州湾之后出现。

③ 讨论了八国联军对华北地区的成功干预。A. 穆瓦罗(Auguste Moireau,1842～1919),法国人,新闻记者。

④ 1900年6月25日以后,关于北京冲突的消息及谣言四起。该文主要是关于欧洲人对中国危机传言的反应。

⑤ 本文将义和团运动与1898年戊戌变法失败相联系。

⑥ 作者特别提到两江总督刘坤一和湖广总督张之洞在义和团运动中扮演了重要角色,并分析了两人的性格,另外讨论了两人对外人及西方的态度及其在中国工业化方面的贡献。

梅泽民:《风雨飘摇的日子:关于外国人和基督徒在中国受迫害的报告》①

Monbart, K. von (ed.), *Geschichte der 2. Batterie ostasiatischen Feldartillerie-Regiments. Nach dem Batterie-Tagebuch*. Würzburg: Scheiner, 1901. 90 pp.

冯·蒙巴特编:《根据连队日志所作的东亚野战炮兵第二连史》②

Mombauer, Annika, "Wilhelm, Waldersee, and the Boxer Rebellion", in Annika Mombauer & Wilhelm Deist (eds.), *The Kaiser: New Research on Wilhelm II's Rule in Imperial Germany*. Cambridge: Cambridge University Press. 2003, pp. 91-118.

A. 蒙鲍尔:《威廉二世、瓦德西与义和团运动》

Monchamp, Georges, *Eloge funèbre du R. P. Victorin Delbrouck mis à mort pour la foi à Che-Keou-Chan (Chine) le dimanche 11 décembre 1898*; prononcé en l'église de Wihogne, le 14 mars 1899 par le Chanoine Georges Monchamp, Vicaire général. Liège: Demarteau, 1899.

G. 盟尚:《方济会维克多·德布胡克教父的生活和信件(1898 年 12 月 11 日,星期天)》③

Monchamp, Georges, *Vie et lettres du R. P. Victorin Delbrouck des Frères-mineurs*. Liege: Dessain, 1901. Dutch version: *Levensschets en Brieven van den E. P. Victorinus Delbrouck, Minderbroeder*, trans. by H. Voncken. Luik: Drukkerij H. Dessain, 1901. 200 pp.

G. 盟尚:《方济会维克多-德布胡克教父的生活和信件》④

Moneta, Ernesto Teodoro, *Orrori dell'invasione delle truppe alleate in Cina. Istruzioni di un parroco ai suoi populani [di Vittorio Guadagni]*. Milan: Società internazionale per la pace, 1900. 32 pp.

E. 莫奈塔:《联军恐怖侵略中国》⑤

"Mongolian vs. Caucasian", *The Arena*, 24(3) (September 1900), pp. 244-280.

《蒙古人与白种人》⑥

"Monitor", *Der Weltkrieg um China*. Berlin: Hermann Walther, 1900. 47 pp.

《争夺中国的世界大战》

---

① 大致概括了 1900 年夏的动乱,发表在一家方济各会通俗杂志上。梅泽民(Zeno Möltner,1852～1904),奥地利人,方济各会传教士,1879 年来山东传教,后死于平阴县白云峪。

② 德意志东亚远征军野战炮兵团第二炮兵连的历史,主要基于该连的行军志。

③ 德布胡克于 1898 年 11 月 11 日在湖北省恩施巴东县蛇口山村被害。

④ 英文版本:*A Sketch of the Life of Father Victorin Delbrouck, A Franciscan Martyr of Our Days*, trans. by Leo Heinrichs. 1910. 德文版本:*P. Viktorin Delbrouck ein Blutzeuge des Franziskanerordens aus unseren Tagen; nach dem französischen des Msgr. G. Monchamp, bearbeitet von Rembert Wegener*. Trier: Paulinus-druckerei, 1911.

⑤ E. 莫内塔(Ernesto Teodoro Moneta,1833～1918),意大利人,新闻记者,和平主义者。在书中,他提到了 1900 年联军入侵中国的暴行。

⑥ 该论文集在内容上虽然没有涉及义和团战争,却提供了该战争的背景及研究参考。电子资源:http://archive.org/details/ArenaMagazine-Volume24.

Monnier, Marcel, *Le drame chinois* (juillet-août 1900). Paris: Félix Alcan, 1900. 173 pp.

M. 莫尼埃:《1900年的中国事件》①

Monnier, Marcel, "De Tientsin à Pékin", Le Petit Parisien: *Supplément Littéraire illustré*, 600 (5 August 1900), pp. 243-245.

M. 莫尼埃:《从天津到北京》②

Mordrelle, Joseph-Jean-Marie (Commandant), *Notes sur le Japon, extrait des notes prises aux cours de la campagne de Chine, 1900-1901*. Paris: Charles-Lavauzelle, 1904. 21 pp

J. J. M. 莫德海勒(指挥官):《有关日本的记录,1900～1901年中国征战过程中随行记录的摘要》③

Morel, Aline, "Les Français en Chine pendant la révolte des Boxeurs, 1898-1902", Mémoire de Maîtrise sous la direction de Jacques Weber, Université de Nantes, département d'histoire, 1998. 198 pp.

A. 莫海勒:《1898～1902年在中国义和团运动中的法国人》

Morra, Luciano, "I Boxer e la Chiesa cattolica in Cina nei secoli XIX e XX". Unpublished ECCLD dissertation, Pontificia Universitas Gregoriana (Vatican), 1995. v+460 pp.

L. 墨朗:《19和20世纪之交的义和团与天主教会》④

Morrison, George E., *The Correspondence of G. E. Morrison, 1895-1912*, Cambridge: Cambridge University Press, 1976.

莫理循:《莫理循通函(1895～1912年)》⑤

Morrison, George E., "Siege of the Peking Legations", *Living Age*, 227 (17 November-15 December 1900), pp. 401-415, 471-485, 551-561, 642-648, 677-682.

---

① 原载于法国报刊《时代报》(*Le Temps*),作者坚定地认为清王朝已处于衰退时期。电子资源: http://gallica.bnf.fr/ark:/12148/bpt6k5460123z. 相关评论见: *Revue politique et parlementaire*, 26 (1900), pp. 675-676; *Questions Diplomatiques et Coloniales*, 10 (15 July 1900), p. 590; Albert-Auguste Fauvel, *Études*, 85 (1900), pp. 840-841; Max von Brandt, *Deutsche Literatur-Zeitung*, 22 (1901), pp. 295-296. M. 莫尼埃(Marcel Monnier, 1853～1918),法国人,旅行家,记者,曾为《时代报》工作,19世纪90年代走访了中国及其他东亚国家。

② 该文主要基于作者于义和团运动爆发之前的18世纪90年代从天津到北京的旅行日志。

③ J. J. M. 莫德海勒(Joseph-Jean-Marie Mordrelle,1863～1942),法国远征军参谋。关于天津及保定炮兵的报告,见:Ministère de la Défense, État-Major de l'Armée de Terre, Service Historique, Château de Vincennes FRANCE, Sous-série 11H(Chine): "Rapport du commandant Mordrelle, de l'état-major, sur l'artillerie, suivi de Tien-Tsin à Pao-Ting-Fou (2 novembre 1900)" (11H44).

④ 曾节选出版: *I Boxer e la chiesa cattolica in Cina nei secoli XIX e XX*. Roma: Tipografia Poliglotta della Pontificia Università Gregoriana, 1996. ii+150 pp.

⑤ 莫理循(George Ernest Morrison,1862～1920),澳大利亚人,冒险家,《泰晤士报》通信记者,使馆被围期间受了皮外伤。

莫理循:《北京使馆之围》①

Morse, Hosea Ballou, *The International Relations of the Chinese Empire*, Vol. 3: *The Period of Subjection, 1894-1911*. London: Longmans, Green; Shanghai: Kelly & Walsh, 1918.

马士:《中华帝国的对外关系史》

Moser, Michael J. and Yeone Wei-Chih Moser, *Foreigners within the Gates: The Legations at Peking*. Hong Kong: Oxford University Press, 1993. xiii+158 pp.

迈克尔·莫泽、奕瓦娜·莫泽:《城墙内的外国人:北京的使馆区》②

Moule, George Evans, "Should Missionary Societies Claim Indemnities?", *Chinese Recorder*, 31(11) (November 1900), pp. 537-540.

慕稼谷:《传教士团体应索取赔款吗?》③

Moynahan, Frank E., "An Escape from the Boxers", *National Magazine*, 12(6) (Boston, September 1900), pp. 437-441.

F. E. 莫伊纳汉:《从拳民手中逃脱》④

"Msgr. Ferdinand Hamer, Apost. Vikar der Südwest-Mongolei, ein Apostel und Märtyrer der Neuzeit", *Katholische Missionen*, 30 (Freiburg 1901/02), pp. 1-3, 37-40, 78-80, 124-127, 148-151.

《蒙古西南地区的韩默理主教》

Mu Hsin, "On the Reactionary Thought of the Play, *Sai Chin Hua*: Dissecting and Analyzing a So-Called "Famous Play" of the Thirties", *Current Background*, 786 (16 May 1966), pp. 15-36.

穆欣:《论剧本〈赛金花〉的反动思想》⑤

Mühlenfels, von (Major), *Die Erlebnisse des II. Bataillons 1. Ostasiatischen Infanterie Regiments in China, Sept. 1900 bis Juni 1901*. Shanghai: Deutsche Druckerei und Verlags-Anstalt, 1902. 140 pp.

---

① 电子资源: http://digital.library.cornell.edu/cgi/t/text/text-idx? c=livn;idno=livn0227-7 and subsequent issues -8, -9, -10, -11. 原文载于《泰晤士报》(1900年10月13日、15日,伦敦)。法文版本见:"Le siège des légations de Pékin", d'après le journal du Dr Morrison, was printed in: *Revue Française de l'étranger et des colonies et exploration* Vol. 25-No. 263 (November 1900), pp. 625-633.

② 内容提要:(1)在华外国人;(2)早期的使馆区;(3)19世纪北京与外国人的居住区;(4)使馆区被围;(5)后果;(6)《辛丑条约》;(7)重建使馆区;(8)使馆区及其世界(1901~1949年);(9)附笔。相关评论见:J. E. Hoare, *The China Quarterly*, 137 (March 1994), pp 228-229.

③ 在《教务杂志》(*Chinese Recorder*)关于赔款的讨论中,只有慕稼谷主教一人反对赔款。他质疑说,虽然国际法为要求赔款提供依据,但出于传教士政策及人道主义原则应采取另外的行动,这样才能赢得当地民众的支持。慕稼谷(George Evans Moule,1828~1912),英国人,大英教会传教士,1858年抵达浙江宁波,1880年晋升为华中教区主教,义和团运动排外动乱时期,慕稼谷从浙江搬到了相对安全的上海。

④ 涉及美国公理会传教士G. H. 尤因(George Henry Ewing,1868~1930),他与家人在保定闹拳前曾成功逃脱。同为美国公理会传教士的弟弟C. E. 尤因(Charles Edward Ewing,1869~1927)及弟妹E. G. 史密斯(Elizabeth Goodyear Smith,1870~1966)在北京使馆被围期间幸存。

⑤ 翻译自1966年3月12日《光明日报》的一篇文章。

冯·穆伦菲尔斯(少校):《第一东亚步兵团第二营1900年9月至1901年6月在中国的经历》①

Mühlhahn, Klaus, "Die Boxer in der Wissenschaft", in Mechthild Leutner & Klaus Mühlhahn (eds.), *Kolonialkrieg in China: Die Niederschlagung der Boxerbewegung 1900-1901*. Berlin: Ch. Links Verlag, 2007, pp. 222-225.

余凯思:《科学视角下的义和团成员》

Mühlhahn, Klaus, *Herrschaft und Widerstand in der "Musterkolonie Kiautschou". Interaktionen zwischen China und Deutschland*, 1897～1914. Munich: Oldenbourg, 2000, 474 pp.

余凯思:《"模范殖民地"胶州湾的统治与抵抗:1897～1914年中国与德国的相互作用》②

Mühlhahn, Klaus, "Kotau vor dem deutschen Kaiser? Die Sühnemission des Prinzen Chun", in: Mechthild Leutner & Klaus Mühlhahn (eds.), *Kolonialkrieg in China: Die Niederschlagung der Boxerbewegung 1900-1901*. Berlin: Ch. Links Verlag, 2007, pp. 204-209.

余凯思:《向德国皇帝磕头? 醇亲王的赔罪使命》

Mühlhahn, Klaus, "Zwischen Sühne und nationaler Schande: Die Sühnebestimmungen des Boxerprotokolls 1901 und der Aufstieg des chinesischen Nationalismus", in Susanne Kuß & Bernd Martin (eds.), *Das Deutsche Reich und der Boxeraufstand* (ERGA. Erfurter Reihe zur Geschichte Asiens, Vol. 2). Munich: IUDICIUM Verlag, 2002, pp. 245-270.

余凯思:《在赔偿和国家耻辱之间:1901年〈辛丑条约〉的赔偿规定和中国民族主义的兴起》

Müller, Alfred von, *Unsere Marine in China: eingehende Darstellung der Thätigkeit unserer Marine und der Seebataillone im ersten Abschnitt der "China-Wirren"*. Von Alfred von Müller, Oberleutnant im 1. Hanseatischen Infanterie-Regiment Nr. 75. Mit Originalberichten von Mitkämpfern und Augenzeugen: Kühne,

---

① 关于德意志东亚远征军步兵团第二营的经历。电子资源:Staatsbibliothek zu Berlin-Preußischer Kulturbesitz: http://digital.staatsbibliothek-berlin.de/werkansicht/? PPN=PPN618515445.

② 本书原为博士论文,1998年提交给柏林自由大学,内有一节涉及义和团运动。相关评论见:Franz-Josef Kos, Frankfurter *Allgemeine Zeitung*, 2(8) (2000); Jan Henning Boettger, *Zeitschrift für Genozidforschung*, 2(2) (2000); Thoralf Klein, *H-Soz-Kult*, (November 2000); Michael Epkenhans, *Archiv für Sozialgeschichte*, (41) (2001); Michael Salewski, *Das Historisch-Politische Buch*, 48 (1) (2001); Gregor Schöllgen, *Historische Zeitschrift*, 272 (2001); Rolf-Harald Wippich, *Nachrichten der Gesellschaft für Natur- und Völkerkunde Ostasiens*, 167-170 (2000-2001), S. 453-455; Sebastian Conrad, *Werkstatt Geschichte*, 30 (2001); Thomas Morlang, Militärgeschichtliche Zeitschrift, (2001); Bettina Gransow, *Asien* (2002), S. 116-118; Gienow-Hecht, J. C. E., *Diplomatic History*, 26 (3) (Summer 2002), S. 481-491; Georg Lehner, *Mitteilungen des Instituts für Österreichische Geschichtsforschung*, 111 (2003); Ulrich van der Heyden, *Neuere Politische Literatur*, 48 (3) (2003); Bernd Leupold, *Jahrbuch für europäische überseegeschichte*, Band 3 (2003); Harald Sippel, *Zeitschrift für Neuere Rechtsgeschichte*, 2004; Natascha Gentz, *Zhongguo xueshu*, 21 (2005).

Kapitänleutnant; Graf v. Soden, Oberleutnant; Lustig; v. Wolf; Hilmers, Oberleutnants z. S. ; Koslik, Marine-Oberzahlmeister (S. M. S. "Iltis"); Dose, Oberlazarettgast, u. a. m. Berlin: Liebel [1901]. vi + 290 pp. Reprint: Wolfenbüttel: Melchior, Historischer Verlag, 2011. 239 pp.

阿尔弗雷德·冯·穆勒:《我国海军在中国:深入介绍我国海军和海军陆战队在"中国动乱"第一阶段的活动》①

Müller, Gustav, "Ein Rückblick auf den Pressefeldzug gegen die chinesische Mission", *Monatsschrift für Stadt und Land*, (1901), pp. 502-509.

古斯塔夫·穆勒:《反对在中国传教的新闻战回顾》

Müller, Josef (ed.), *Die Erlebnisse eines deutschen China-Kriegers zur Zeit der letzten chinesischen Wirren; nach dessen Tagebuch und Briefen bearbeitet*. Vienna, 1903.

约瑟夫·穆勒编:《一个德国在华战士在中国动乱后期的经历:根据其日记和信件编写》

Mumm, Alfons, Freiherr von Schwarzenstein, *Ein Tagebuch in Bildern. Meinen Mitarbeitern in Peking zur freundlichen Erinnerung*. Berlin: Graphische Gesellschaft, 1902. 268 pp.

冯·施瓦岑斯坦男爵:《附带照片的日记:献给我在北京的同事作为纪念》

Mungello, D. E., "Fact and Fantasy in the Sexual Seduction of Chinese Converts by Catholic Priests: the Case of the 120 Martyrs", *Sino-Western Cultural Relations Journal*, 23 (2001), pp. 8-21.

孟德卫:《天主教神父对中国信徒性诱惑的事实与想象》

Muñoz Vidal, Agustín, "El origen de la revuelta de los Boxers", *Cuadernos de Historia Contemporánea*, 19 (1997), pp. 203-222.

V. M. :《义和团运动的起源》

Munroe, Kirk, *The Blue Dragon: A Tale of Recent Adventure in China*. New York and London: Harper & Brothers, 1904. viii+268 pp.

K. 芒罗:《蓝龙:近来在华冒险的故事》

Murai Tamekazu, "Tagebuch über die Belagerung von Peking vom 19ten Juni bis 14ten August", *Ostasien*, 3 (1900), pp. 353-362.

穆莱·塔梅卡祖:《记录6月19日至8月14日北京包围战的日记》②

---

① 阿尔弗雷德·冯·穆勒(Alfred von Müller,1869～1909),德国人,陆军军官。R. 库内(Robert Kühne,1868～1947),德国人,海军军官,义和团战争期间曾指挥登陆天津。A. 佐登(Alfred Anton Georg Ludwig von Soden,1866～1943),德国人,军官,北京被围期间曾指挥德意志东亚远征军步兵团第三营。其他版本:Alfred von Müller: *Die Wirren in China und die Kämpfe der verbündeten Truppen/dargestellt von Alfred von Müller. Zweite, verbesserte Ausgabe*. Berlin: Liebel, 1900-1902. 4 parts in 2 volumes. 相关评论见:*Militär-Literatur-Zeitung*, (1900), pp. 374-375; (1901), pp. 150-151; *Nord und Süd*, (1901), p. 423.

② 作者为日军42军团外科医生。其北京使馆被围期间的日记被翻译为德文,译者是日本编辑玉井喜作(Kisaku Tamai,1866～1906)。

Muramatsu Yūji, "The 'Boxers' in 1898-1899: The Origin of the 'I-ho-chuan' Uprising, 1900", *Annals of the Hitotsubashi Academy*, 3(2) (April 1953), pp. 236-261.

村松佑次:《1898～1899 年的义和团运动:1900 年义和拳运动的起源》

Murrell, Gary, "Perfection of Means, Confusion of Goals: The Military Career of Charles Henry Martin". Ph. D. dissertation, University of Oregon, 1994. xv+221 leaves.

G. 默雷尔:《完善的手段,混乱的目标:C. H. 马丁的军事生涯》

Mury, Francis, "L'évacuation de Pékin et la sécurité des étrangers en Chine", *Le Correspondant*, 62nd year, 200 (25 September 1900), pp. 1046-1057.

F. 莫雷:《撤离北京和外国人在中国的安全》

Musser, Ricarda, "Mehr als Macao: China in den portugiesischen Kulturzeitschriften *Brasil-Portugal* & *O Occidente* (*1899-1901*)", in Ulrich Mölk & Heinrich Detering (eds.), *Perspektiven der Modernisierung: die Pariser Weltausstellung, die Arbeiterbewegung, das koloniale China in europäischen und amerikanischen Kulturzeitschriften um 1900*. Berlin and New York: Walter de Gruyter, 2010, pp. 125-137.

利卡达·穆瑟尔:《不只是澳门:葡萄牙文化杂志〈巴西—葡萄牙和西方(1899～1901年)〉中的中国》

Myakishev, "The Capture of the Taku Forts", *Journal of the Royal United Service Institution*, 45 (June 1901), pp. 730-744.

米尔基谢夫:《攻占大沽炮台》①

Myers, John T., "Military Operations and Defenses of the Siege of Peking", *Proceedings of the United States Naval Institute*, 28(3) (September 1902), pp. 541-551.

J. T. 麦尔斯:《军事行动与北京防卫》②

[Nanetti, Barnaba], *Brevi cenni della persecuzione del San-Si sett. e dell'assedio di Siao Kiao Pan in Mongolia*. Diario del p. Barnaba da Cologna. Ferrara: Tipografia Commerciale, [1902]. 135 pp.

① 翻译自:*Morskoi Sbornik*, 2 (February 1901)。米尔基谢夫中尉当时是俄帝国海军太平洋中队海军将官、射击指挥所军官。

② 北京使馆被围期间美国海军陆战队驻北京防卫队指挥官的第一手材料。保卫北京公使馆的人员,包括美舰J. T. 麦尔斯(John Twiggs Myers,1871～1952)队长带领的 25 名海军陆战队队员,以及 N. H. 豪尔(Newt H. Hall)带领的 23 名海军陆战队队员及 5 名水手,另有美国海军助理外科医生 T. M. 利珀特(Thomas McCormick Lippett,1873～1925)。麦尔斯还说北京使馆实际上只发生了零星交火。

安怀诊:《在内蒙古小桥畔抵抗拳民的"迫害"》①

Naquin, Susan, *Peking: Temples and City Life*, 1400-1900. Berkeley and London: University of California Press, 2000.

韩书瑞:《北京:1400～1900 年间的寺庙与城市生活》②

Narbeth, Colin, *Admiral Seymour's Expedition and the Taku Forts, 1900*. Chippenham, Wiltshire: Picton Publishing, 1980. 88 pp.

C. 纳尔贝特:《1900 年西摩尔元帅的军事行动和大沽炮台》

Négotiations de Pékin. 1900-1902. Beijing: Imprimerie des Lazaristes, [1902]. 570 pp. Also listed as: *Affaires de Chine: négociations de Pékin, 1900-1902*, (Diplomatic Corps, Peking, China). 274, 211, lxii, [14] pp.

《北京和谈(1900～1902 年)》

Neuffen, H., "Chinesische Kriegsbeute und europäisches Völkerrecht", *Zeit*, (27 July 1901), No. 356.

H. 诺伊芬:《中国战利品和欧洲国际法》

Neuhaus, Friederike, "Geheimgesellschaften in China bis zum Boxeraufstand", in Helmut Burmeister & Veronika Jäger (eds.), *China 1900. Der Boxeraufstand, der Maler Theodor Rocholl und das "alte China"*. Hofgeismar: Verein für hessische Geschichte und Landeskunde e. V. 1834-Zweigverein Hofgeismar, 2000, pp. 23-32.

弗里德里克·诺伊豪斯:《义和团运动前的中国秘密社团》

Neumann, Ernst, *Auf der Flucht vor den Chinesen, Eine Geschichte aus Schantung und Deutsch China*, Leipzig: Schmidt & Spring, s. a. 139 pp.

恩斯特·诺依曼:《躲开中国人:一个来自山东和中国德占区的故事》③

Neumann, Ernst, *Im Kampfe mit China. Eine Darstellung der Chinesen-Wirren nach ihren Ursachen, Kämpfen und Zielen sowie die Niederwerfung des Aufstandes durch die Mächte*. Für die reifere Jugend. Reutlingen: Enßlin & Laiblin, s. a. [1901]. 208 pp.

恩斯特·诺依曼:《与中国的战争:中国动乱的原因、斗争和目标以及列强对起义的镇压》

Neville, Edwin L., Jr. (comp.), "The Diary of Pvt. Sullivan", *Marine Corps Gazette*, 52 (November 1968), pp. 68-74.

---

① 该描述主要基于拳难时期晋北意大利方济各会传教士的安怀珍(Barnaba Nanetti)的日记,同时也提到了内蒙古小桥畔堂口的防御工事。安怀珍(Silvio Nanetti,宗教名 Barnaba da Cologna,1867～1911),意大利人,方济各会传教士,曾在山西传教。义和团运动时期,他同巴尔玛圣沙勿略会传教士 C. 拉斯泰利(Caio Rastelli)及 O. 曼尼尼(Odoardo Manini)一同逃亡到带有军事防卫的堂口小桥畔。

② 在结语中作者提到了义和团运动对北京寺庙的破坏。

③ 历史小说,主要针对青少年读者。典型的西方思维小说,小说题目即反映了作者的态度,背景是山东青岛。

E. L. 内维尔:《P. 沙利文的日记》①

The Newly Canonized Martyr-Saints of China. Taiwan: Chinese Regional Bishops' Conference, 2000. 1+105 pp.

《中华殉道圣人的图像》②

Newman, Henry, *The Indian Contingent in China*. Calcutta: W. Newman, 1900. 90 pp.

H. 纽曼:《在中国的印军分队》③

Ng, Peter Tze Ming, "Building Bridges for Communication and Understanding: Remarks on the International Conference on the Boxer Movement and Christianity in China", *Ching Feng*, 4(2) (2003), pp. 242-247.

吴梓明:《建立交流与理解的桥梁:在义和团运动与中国基督宗教国际学术研讨会上的发言》④

Ng, Peter Tze Ming, "Some Scenarios of the Impact of Boxer Movement on the Work of Christian Education in China", in Angelo S. Lazzarotto et al. (eds.), *Yihetuan yundong yu Zhongguo Jidu zongjiao* (*The Boxer movement and Christianity in China*). Taibei: Furen University Press, 2004, pp. 201-224.

吴梓明:《义和团运动对中国基督教教育的影响》

Nicholls, Bob, *Bluejackets and Boxers: Australia's Naval Expedition to the Boxer Uprising*. Sydney: Allen & Unwin, 1986. 164 pp.

B. 尼克尔斯:《水手与拳民:澳大利亚海军在义和团运动中的作用》⑤

Nicholls, Bob, *Handy Men up Top: The New South Wales Navy in China 1900-1901*. Balmain, N. S. W.: Ditty Press, 1990. 24 pp.

B. 尼克尔斯:《新南威尔士海军在中国(1900～1901 年)

Nichols, Francis Henry, "Chinese Dislike of Christianity", *Atlantic Monthly*, 90 (December 1902), pp. 773-782.

F. H. 尼克尔斯:《中国人对基督教的厌恶》⑥

Nichols, [William] Gary, *American Leader in War and Peace: The Life and Times of WWI Soldier, Army Chief of Staff, and Citadel President General Charles P.*

---

① P. 沙利文隶属于美国海军陆战队第一兵团,他的日记记录了 1900 年进攻天津时的困难,他后来死于天津战役。

② 关注了在直隶朱家河和武邑被害的法国耶稣会传教士任德芬(Léon-Ignace Mangin,1857～1900)、汤爱玲(Paul Denn,1847～1900)、赵席珍(Remi Isoré,1852～1900)、路懋德(Modeste Andlauer,1847～1900)。

③ 书中的信函来自印度出生的新闻记者 H. 纽曼(Henry Newman,1870～1942)发往伦敦《每日电讯》(*Daily Telegraph*)、《印度时报》(*Times of India*)及《英国人》(*Englishman*)的稿件。1900 年,此人报道了义和团战争。关于中国、西藏及印度西北战线的展示报道见:Henry Newman, *A Roving Commission*. G. Bell and Sons, 1937。作者的这份描述起始于 1900 年,当时作者正跟随远征军解救北京使馆之围,不过他并没有详细记录这起事件。

④ 由中文翻译而来,译者为梁颂茵。这份英文译稿的选节版见:*Tripod*, 24(134) (Autumn 2004), pp. 32-35.

⑤ 相关评论见: D. P. Crook, *Victorian Periodicals Review*, 21(3) (1988), p. 128.

⑥ F. H. 尼克尔斯(Francis Henry Nichols,1868～1904),美国人,报刊记者,著有《穿越不为人知的陕西》(*Through Hidden Shensi*. New York: C. Scribner's sons, 1902)。

Summerall. Shippensburg, Pa.: White Mane Books, 2011. xii+454 pp.

G. 尼克尔斯:《战争与和平中的美国领导人》①

Niegisch, Gordon, *Das Deutsche Kaiserreich und der Boxeraufstand in China 1900*. München, GRIN Verlag, 2005. 28 pp.

戈登·尼基士:《德意志帝国和1900年中国义和团运动》②

Nihon Sekijūjisha, *Le service de secours de la Société de la croix-rouge du Japon pendant l'intervention des puissances en Chine (1900-1901)*. Paris, A. Pedone, 1902. 89 pp.

Sek. 尼翁 :《1900～1901年西方对中国介入期间日本红十字会的救助服务》

Nikola, Marion, *Das entführte Herz*. Munich: Schneekluth, 1997. 559 pp. Another edition: (Bastei Lübbe, Vol. 12993). Bergisch-Gladbach: Bastei-Verlag Lübbe, 1999. 606 pp.

马里昂·尼古拉:《被诱惑的心》

Nikola, Marion, *Im Bann des roten Drachen*. (Weltbild-Reader). Augsburg: Weltbild-Verlag, 1999. 559 pp.

马里昂·尼古拉:《对红龙着迷》

Nippold, Friedrich, *Bischof von Anzer, die Berliner amtliche Politik und die evangelische Mission*. Berlin: Schwetschke u. Sohn, 1905.

里德里希·尼泊德:《安治泰主教、柏林的官方政策和基督教新教的传教》

Nish, Ian H., "Japan's Indecision during the Boxer Disturbances", *Journal of Asian Studies*, 20(4) (August 1961), pp. 449-461.

I. H. 尼什:《义和团运动时日本的犹豫不决》

Nocentini, Lodovico, "Le società secrete e la dinastia cinese", *Nuova Antologia* 172—No. 685 (1 July 1900), pp. 123-130.

L. 诺琴蒂尼:《中国的民间秘密社团》③

Noecker, Wolfgang, "Kampf um die Taku-Forts vor 70 Jahren, eine marine-historisch-politische Betrachtung", *Marine Rundschau*, 67(6) (June 1970), pp. 349-361.

沃尔夫冈·诺艾克:《70年前争夺大沽炮台的战斗:一个海洋历史政治研究》

Nogues, A., "A propos des affaires de Chine", *Revue Française de l'étranger et des colonies et exploration*, 25—No. 261 (September 1900), pp. 505-518.

---

① C. P. 萨默罗尔(Charles P. Summerall,1867～1955),美国人,陆军军官,1900～1901年加入中国救援军,参加了攻占北京之役。该书有一章涉及义和团战争。

② 电子资源: http://www.grin.com/de/e-book/70546/das-deutsche-kaiserreich-und-der-boxeraufstand-in-china-1900.

③ L. 诺琴蒂尼(Lodovico Nocentini,1849～1910),意大利人,中国学研究者,曾在那不勒斯和罗马担任中文教授,曾在意大利驻北京大使馆及上海领事馆担任翻译。该书第八章讨论了中国秘密教门与义和团运动:"Le ultimi avvenimenti", *of his monograph L'Europa nell'Estremo Oriente e gli interessi dell'Italia in Cina*, Milano: Ulrico Hoepli, 1904.

A. 诺格:《关于中国事件的谈话》

Nold, Max, "Historian as Translator in the Historiography of the Boxer Rebellion", *The Earlham Historical Journal: An Undergraduate Journal of Historical Inquiry*, 2(2); n. p., n. d., accessed 4 March 2012.

M. 诺尔德:《历史学家对义和团运动历史的阐述》①

Northrop, Henry Davenport, *China; the Orient, and the Yellow Man: Containing a Full Account of the Great Insurrection in China; Atrocities of the Boxers; Massacre of Foreigners and Native Christians; Heroic Attempts to Recue the Foreign Ministers and Ambassadors, etc.; together with the Complete History of China down to the Present Time, Including the War with Japan; Manners, Customs and Peculiarities of the People; Superstitions; Idol Worship; Industries; Natural Scenery, etc.* Kansas City, MO: S. D. Knapp, 1900. vi+420 pp.

H. D. 诺斯罗:《中国、东方和黄种人》②

Nowak, Dominik, "Der Tod des deutschen Gesandten Clemens von Ketteler", in Mechthild Leutner & Klaus Mühlhahn (eds.), *Kolonialkrieg in China: Die Niederschlagung der Boxerbewegung 1900-1901*. Berlin: Ch. Links Verlag, 2007; pp. 111-117.

多米尼克·诺瓦克:《德国公使克莱门斯·冯·克林德之死》

Obst, Adolph et al., *Deutschland in China, 1900-1901*. Bearbeitet von Teilnehmern an der Expedition. Illustrationen von Schlachtenmaler [Theodor] Rocholl, mit Beiträgen von Adolph Obst und Anderen. Düsseldorf: August Bagel, 1902. 445 pp.

欧普斯特·阿道夫等:《德国在中国(1900--1901 年)》③

O'Connor, Richard, *The Spirit Soldiers: A Historical Narrative of the Boxer Rebellion*. New York: G. P. Putnam's Sons, 1973. 379 pp. Another edition is entitled: *The Boxer Rebellion*. London: Hale, 1974. 374 pp.

R. 奥康纳:《精神战士:对义和团运动的历史表述》④

Oestrich, O. von, "Der Feldzug der Alliierten im Jahre 1860 und die gegenwärtige Lage in China", *Velhagen und Klasing's Monatshefte*, 15 (September 1900), pp. 113-119

---

① 电子资源:http://legacy.earlham.edu/history/content/ehj/s10/issue.pdf.

② H. D. 诺斯罗(Henry Davenport Northrop,1836～1909),美国人,北长老会牧师,宗教及流行书籍作家。

③ 电子资源:http://digital.staatsbibliothek-berlin.de/dms/werkansicht/?PPN=PPN610196898&PHYSID=PHYS_0001. 相关评论见:*Militärwochenblatt*, 99(1901). G. 盖尔(Georg Gustav Baron von Gayl,1850～1927),俄国人,陆军军官,1900 年,随德意志东亚远征军来华,当时八国联军总元帅任命其为副元帅,1900 年 12 月初到 1901 年 4 月底,实际职责为北京城市管理委员会主席;曾参与山海关海军行动,以及保定、直隶获鹿 、黑岭、易州、张家口、安家庄等地的行动。作者 Adolph Obst (1869～1945),德国人,画家,义和团战争期间作为战地画家跟随瓦德西司令部。

④ 关于义和团运动的通俗历史著作。德文译本:O'Connor, Richard, *Der Boxeraufstand: Gewalt und Tragödie*. Trans. by Renate Zeschitz (Heyne-Geschichte, 36). Munich: Heyne, 1980. 334 pp.

冯·厄斯特里希:《1860 年联军的远征和当前中国的局势》①

Ogden, R., "The Deepening Difficulty in China", *The Nation*, 70 (28 June 1900), p. 492ff.

R. 奥格登:《中国逐步加深的困难》

Ögren, Olivia, *De sista flyktingaren från Shan-si: Berättelse*. Jönköping: Herman Halls Boktryckeri-Aktiebolag, 1901.

奥格任:《山西拳难脱险记》②

Oliphant, Nigel, *A Diary of the Siege of the Legations in Peking During the Summer of 1900*. With a Preface by Andrew Lang. London: Longmans, Green, 1901. ix+227 pp.

N. 奥利芬特:《1900 年夏北京使馆被围记》③

Olivieri, Angelo, *Relazione sull'assedio della missione del Petang a Pechino, 5 giugno-16 agosto 1900*. Genova: Stab. Tip. Novella e Ferrero, 1902.

A. 奥利维耶里:《北堂教堂之围》④

O'Neill, F. W. S. (Rev.), "A Study of an Incident in the Boxer Rising", *Chinese Recorder*, 33(4) (April 1902), pp. 181-185.

倪斐德:《对义和团运动中一起事件的研究》⑤

O'Neill, Mark, *Frederick: The Life of My Missionary Grandfather in Manchuria*. Hong Kong: Joint Pub. (H. K.) Co., 2012.

M. 奥尼尔:《我的传教士祖父在满洲的一生》

Ono Kazuko, *Chinese Women in a Century of Revolution, 1850-1950*. Edited by Joshua A. Fogel. Stanford: Stanford University Press, 1989, Chapter 3: "The Red Lanterns and the Boxer Rebellion".

小野和子:《百年革命中的中国妇女(1850~1950 年)》

Oppert, Ernst, "Die Wirren in China", *Die Zeit*, 23(304) (28 July 1900), pp. 49-50.

① 节选自:Tijdschrift van het Koninklijke Nederlandsch Aardrijkskundig Genootschap (September 1900). 作者叙述了1860 年英法联军的军事行动,并涉及 1900 年的中国状况。

② 英文译本:Olivia C. Ogren, *The Last Refugees from Shansi in the Hands of the Chinese Boxers (An Eyewitness Account)*, trans. by her son Samuel Ogren, Sr.; with a new introduction by Andrew T. Kaiser. Victoria, B. C.: Trafford Publishing, 2004. 75 pp. 奥格任(Olivia C. Ögren,1862~1932),瑞典人,传教士,其丈夫 P. 奥格任(Per Alfred Ögren,1874~1900)在义和团运动中被杀。

③ N. 奥利芬特(Nigel Oliphant,1874~1905),生于苏格兰安德鲁斯,在苏格兰及印度接受过军事训练,1899 年被赫德招募进入大清海关工作,到达北京之后便遭遇使馆被围事件,当时他与弟弟(David Oliphant,1876~1900)都待在使馆内,但其后弟弟遇害。

④ 对北京北堂教堂被围事件的描述。A. 奥利维耶里(Angelo Olivieri, 1878~1918),意大利海军少尉,北堂教堂被围时曾带领 12 名意大利海军进行护卫。

⑤ 该事件是指奉天烧毁基督教教堂时举城欢庆。作者相信,中国人仇恨外国传教士是可以理解的,部分原因是西方人在中国事务中发挥了主导作用。他强烈支持其同胞赫德提出的建议,即应该签署条约以废除治外法权条款。倪斐德(F. W. S. O'Neill,1855~1952),1897 到辽宁法库门,为爱尔兰长老会传教士,1917~1919 年因同法国与比利时的华工团体协同工作而被中国政府授予文虎勋章。

恩斯特·奥帕特:《中国动乱》①

Oppert, Ernst, "Was muß in China geschehen?", *Die Zeit*, 23(303) (21 July 1900), pp. 33-34.

恩斯特·奥帕特:《在中国必须发生什么?》

O'Quinlivan, Michael, *An Annotated Bibliography of the United States Marines in the Boxer Rebellion*. (Marine Corps Historical Bibliographies, No. 4). Washington: Historical Branch, G-3 Division Headquarters, U. S. Marine Corps, 1961. 9 pp.

M. 昆利文:《义和团运动中美国海军陆战队的传记》.

"Origine de la crise des Boxeurs", *Revue française de l'étranger et des colonies et exploration*, 25—No. 259 (1900), pp. 464-471.

《义和团运动的起源》②

Orléans, Henri d', "L'insurrection des Boxeurs et la politique de la France en Chine", *Questions Diplomatiques et Coloniales*, 10 no. 82 (15 July 1900), pp. 65-85.

H. 奥莱昂:《义和团起义和法国对中国的政策》③

Orloff, N. A. [Nikolai Aleksandrovich Orlov], *Die Eroberung der Mandschurei durch die Transbaikal-Kosaken im Jahre 1900*. Translated from the Russian by Richard Ullrich. Straßburg i. E.: Wolstein und Teilhaber, 1904. 203 pp.

N. A. 奥尔洛夫:《1900年满洲被贝加尔的哥萨克人占领》④

Otte, T. G., "The Boxer Uprising and British Foreign Policy: The End of Isolation", in: Robert Bickers & R. G. Tiedemann (eds.), *The Boxers, China and the World*. Lanham, Md.: Rowman & Littlefield, 2007, pp. 157-177.

T. G. 奥特:《义和团运动与英国对外政策》

Otte, T. G., "The Boxer Uprising and the Problem of Expeditionary Warfare", *RUSI Analysis*, (15 March 2010).

T. G. 奥特:《义和团运动与远征军的战事问题》⑤

Otte, T. G., *The China Question: Great Power Rivalry and British Isolation, 1894-*

---

① 恩斯特·奥帕特(Ernst Oppert,1832~1903),德国人,商人,1851年来华,在18世纪60年代因强行进入朝鲜而臭名昭著。

② 文中包括樊国梁及文德来的信函。文德来(Antoine-Claude Chavanne,1862~1900),法国人,遣使会传教士,1900年7月26日死于北堂教堂。

③ 电子资源:http://gallica.bnf.fr/ark:/12148/bpt6k5731276n.image.langFR.r=Questions%20Diplomatiques%20et%20Coloniales. 该文作者文采斐然,长篇大论,但实际上没能回答出题目所提出的两个问题。作者分析说完全从欧洲的角度来看中国是肤浅的,在评述外国列强的行动时又过多提及英国的攻击。该文还批评法国的优柔寡断导致其在过去50年对中国贡献不大,并预计中国会遭到瓜分,但中国暂时会得到西方列强和日本的联合保护。作者(Henri d'Orléans,1867~1901),法国人,作家,1889~1890年在新疆、四川和云南游历,后死于西贡。

④ 法文版本:Orlov, Nikolai Aleksandrovich, *Les Cosaques de Transbaïkalie en Mandchourie. Aperçu de la campagne du détachement de Khaïlar commandé par le général N. A. Orlov pendant les troubles de Chine en 1900. Avec une carte et plusieurs croquis*. Trans. from the Russian by A. Hippolitovich. Paris: Charles-Lavauzelle, 1905. 182 pp.

⑤ 电子资源:http://www.rusi.org/analysis/commentary/ref:C4B9E77BC6E04B/#.UxQLLfkZnEY.

1905. Oxford: Oxford University Press, 2007. x+363 pp.

T. G. 奥特:《中国问题:列强竞争与英国孤立政策(1894～1905 年)》①

Otte, T. G., "'Dash to Peking': The International Naval Coalition during the Boxer Uprising in 1900", in Bruce A. Elleman & S. C. M. Paine (eds.), *Naval Coalition Warfare: From the Napoleonic War to Operation Iraqi Freedom*. London: Routledge, 2008, pp. 86-97.

T. G. 奥特:《1900 年义和团运动时国际海军的合作》

Otte, T. G., "From 'Can-Can Diabolique' to 'Sitzkrieg': The International China Expeditionary Force, 1900-1901", *Journal of Military History*, 77(4) (October 2013), pp. 1277-1302.

T. G. 奥特:《国际中国远征军(1900～1901 年)》

Otte, T. G., "'Heaven knows where we shall finally drift': Lord Salisbury, the Cabinet, Isolation, and the Boxer Rebellion", in Gregory C. Kennedy & Keith Neilson (eds.), *Incidents and International Relations: People, Power and Personalities*. Westport, Conn.: Greenwood, 2002, pp. 25-45.

T. G. 奥特:《索尔兹伯里勋爵、英国内阁、孤立政策与义和团运动》

Ouellet, Eric, "Multinational Counterinsurgency: The Western Intervention in the Boxer Rebellion 1900-1901", *Small Wars & Insurgencies*, 20(3-4) (September-December 2009), pp. 507-527.

E. 韦莱:《西方对义和团运动的干涉(1900～1901 年)》

"Our Martyrs in China", *Missionary Herald*, 96 (1900), pp. 435-446.

《我们的在华殉教者》②

Le P. Ignace Mangin, de la Compagnie de Jésus, missionnaire au Tche-li sud-est (Chine), tué par les Boxeurs en haine de la foi. Abbeville: Paillart, 1902. 56 pp.

《耶稣会中国直隶东南传教士任德芬神父被仇教的义和团杀害》③

Le P. Paul Denn, de la Compagnie de Jésus, missionnaire au Tche-li sud-est (Chine), tué par les Boxeurs en haine de la foi. Abbeville: Paillart, 1902. 48 pp.

《中国直隶东南耶稣会汤爱玲神甫被仇视基督的义和团杀害》④

Pages libres, 11 (16 March 1901). Revue hebdomadaire. Numéro contre la guerre de Chine, pp. 211-254.

《无印花公文纸》

Paine, Ralph Delahaye, *The Dragon and the Cross*. New York: Scribner's Sons, 1912. 241 pp.

---

① 该书第四章与第五章涉及义和团运动。

② 本文概述了义和团运动期间美国公理会去世的 13 名传教士(保定 3 人,山西 10 人)的经历,另附有 13 张照片。

③ 耶稣会传教士任德芬(Ignace Mangin)于 1900 年 7 月 20 日在直隶景州朱家河被杀。

④ 耶稣会传教士汤爱玲(Paul Denn)在直隶西南武邑被杀。

R. D. 佩恩:《龙与十字架》①

Paine, Ralph Delahaye, *Roads of Adventure*. Boston and New York: Houghton Mifflin Company, 1922. xiii+452 pp. Popular edition: Boston and New York: Houghton Mifflin Company, 1925. 402 pp.

R. D. 佩恩:《冒险之路》

Paine, Sarah Crosby Mallory, *Imperial Rivals: China, Russia, and Their Disputed Frontier*. Armonk, NY: M. E. Sharpe, 1996.

S. C. M. 佩恩:《帝国竞争:中俄及其争议边界》②

Palmer, Frederick, "On to Peking!", *American Legion*, 15(1) (July 1933), pp. 22-25, 59-61.

F. 帕默:《向北京进发》③

Palmer, Frederick, "With the Peking Relief Column", *The Century Magazine*, 61(2) (December 1900), pp. 302-307.

F. 帕默:《解救北京专栏》④

Pandellé, Eugène-Marie, "Quelques souvenirs de la tourmente des Boxeurs dans le Chantong Oriental", *Echo de la Mission du Chan-Tong Oriental* 12, (1915), pp. 11-14, 47-50, 68-70, 88-92, 112-115, 135-139; 13 (1916), pp. 19-24, 39-44, 58-64, 79-84, 104-107, 122-125, 139-143, 155-159, 171-175, 186-190, 202-205, 216-220; 14 (1917), pp. 8-11, 43-45, 62-64, 75-78, 108-110, 127-128.

E. M. 潘代莱:《关于山东东部义和团风潮的几段回忆》⑤

Paoletti, Ciro, *La Marina italiana nelle operazioni di pace: 1823-2004*. Roma: Ufficio Storico dello Stato Maggiore della Marina, 2005.

C. 保莱蒂:《意大利海军与维持和平的行动(1823~2004 年)》⑥

Parès, Eugène, *Les Boxeurs. Aventures d'un jeune marin français en Chine*. Limoges: Ardant & Cie., 1901. Paris: Librairie nationale d'éducation et de recréation, [1903?]. 302 pp.

E. 帕雷斯:《义和团;法国青年水兵的中国历险记》

---

① 本书为历史小说,原载于: *The Youth's Companion*, beginning 85(49) (7 December 1911), pp. 661-663, concluding 86(6) (8 February 1912), pp. 72-73. R. D. 佩恩(Ralph Delahaye Paine,1871~1925),美国人,新闻记者,作家,曾报道八国联军侵华战争。

② 该书是在作者博士论文的基础上扩充而成的,涉及义和团运动及俄国侵略,详见第八章(Over-Extension: The Boxer Uprising and the Russian Invasion)(第 209~233 页)。该博士论文的题目为"A History of the Sino-Soviet Border, 1858-1924)"。

③ F. 帕默(Frederick Palmer,1873~1958),美国人,新闻记者,作家,曾报道 1900 年的义和团战争。关于义和团运动,也可参见: Nathan A. Haverstock, *Fifty Years at the Front: The Life of War Correspondent Frederick Palmer*. Washington, D. C.: Brassey's, 1996.

④ 电子资源: http://www.unz.org/Pub/Century-1900dec-00302. 主要基于其 1900 年 7 月 13~14 日,8 月 10~11 日、15 日及 20 日的日记,并评述了天津及北京的战斗,另提到了远征军与公使馆卫队之间的不和谐。

⑤ 关于鲁东法国方济各会宣教区内所谓的拳民活动。

⑥ 关于义和团战争的讨论,见该书第八章(第 155~164 页)。

Parker, E. H., "The Boxer Movement", *Asia Review*, 30, pp. 57ff.
庄延龄:《义和团运动》①

Parker, E. H., "The Chinese Imbroglio, and how to Get out of It", *Imperial and Asiatic Quarterly Review* 3rd ser., Vol. 10 (October 1900), pp. 252-277.
庄延龄:《中国动乱及其如何摆脱》

Parker, E. H., "The Forces Arranged against Us in North China", *United Service Magazine* 21 (August 1900), pp. 536-542.
庄延龄:《华北严阵以待的队伍》②

Parker, E. H., "Intimate Boxers", *The Contemporary Review*, 78 (September 1900), pp. 318-325.
庄延龄:《义和团》

Parker, E. H., "The Mailed Fist", *China Review*, 25 (1900-1901), pp. 47-48.
庄延龄:《义和拳》③

Parker, E. H., "The Revolt of the 'Boxers' in China", *Imperial and Asiatic Quarterly Review* 3rd ser., Vol. 10 (July 1900), pp. 57-62.
庄延龄:《中国动乱及其如何摆脱》

Pasquali, Pasquale, *Civiltà e martirio: Vita di monsignor Francesco Fogolla, martirizzato in Cina nel 1900*. (Collezione Pietro Marietti, 148). Torino: Marietti, 1913.
P. 帕斯奎尔:《文明和殉道》

Patterson, A[lfred] Temple, "A Midshipman in the Boxer Rebellion", *Mariner's Mirror*, 63(4) (November 1977), pp. 351-358.
A. T. 帕特森:《义和团运动中的海军学校学员》④

Pavé, François, "L'image des armées alliées à travers les journeaux des diaristes français de la guerre des Boxers", *Annales de Bretagne et des Pays de l'Ouest*, 115(4) (2008), pp. 127-144.
F. 巴维:《通过义和团运动中法国日记人的日记看联盟军队的形象》⑤

Pavé, François, *Le Journal de Jules Bedeau, un artilleur français dans la Chine des Boxers (1900-1901)*. Paris: Éditions You-Feng, 2007. 227 pp.

---

① 庄延龄(E. H. Parker,1849~1926),英国人,外交官,1895年退休。

② 对中国军队的人力和装备配置作了描述,并对如何与端郡王军队作战给出了一些建议。

③ 涉及义和团运动的起源、其名称及其与大刀会的关系。作者列举与义和团运动有关且应该为该事件负责的人物:慈禧太后、徐桐、端郡王、刚毅、毓贤、启秀。对外国人较有好感的人物:刘坤一、张之洞、鹿传霖、于荫霖、王之春、松寿、俞廉三。

④ 主要基于义和团运动期间英舰"巴尔勒尔"(Barfleur)号上的某海军学校学员(Hamilton Colclough Allen,1883~1964)的信函。

⑤ 电子资源:http://abpo.revues.org/223.

F. 巴维:《一个法国炮兵于联-伯都在中国义和团暴动中的日记》①

Pavé, François, "Le péril jaune à la fin du XIXe siècle, fantasme ou inquiétude légitime?" Ph. D. dissertation, Université du Maine, 2011. 295 pp.

F. 巴维:《19 世纪末期的黄祸——幻想还是合理担心》②

Payen, Cecile E., "Besieged in Peking. The Diary of a Visitor at the United States Legation", *Century Magazine*, 61(3) (January 1901), pp. 453-468.

C. E. 帕文:《被围在北京》③

Peill, Arthur Davies, *The Beloved Physician of Tsang Chou: Life-work and Letters of Dr. A. D. Peill, F. R. C. S. E.* Edited by Rev. Jeremiah Peill. London: Headley Bros., 1908. xvii+293 pp.

A. D. 皮尔:《潘尔德博士一生的工作及其信函》④

Peill, Arthur Davies, "Chinese Christian Martyrs", *Missionary Review of the World*, 26 (February 1903), pp. 109-112.

A. D. 皮尔:《中国的殉教基督徒》

"Pékin. Siège de la mission catholique du Pé-tang", *Annales de la Congrégation de la Mission*, 66(1901), pp. 55-124.

《北京北堂教堂之围》

"Das Pekinger Friedensprotokoll", *Ost-Asien. Monatsschrift für Handel, Industrie, Politik, Wissenschaft, Kunst* (1 September 1901).

《北京和平协定》

[Pélacot, Charles Balthazar de], "Corps Expéditionnaire du Petchili. Rapport du Colonel de Pélacot commandant le corps expéditionnaire sur les journées des 11, 12, 13 & 14 juillet 1900. Combats autour de T'ien-tsin et Prise de la Cité chinoise", *Revue Indo-Chinoise*, 111 (3 December 1900), pp. 1145-1156.

C. B. 佩拉科:《关于北直隶远征军团培拉考上校 1900 年 7 月 11、12、13 和 14 日指挥远征军的报告;天津周边的战斗和对中国人居住区的占领》⑤

[Pélacot, Charles Balthazar de], "La prise de Tien-tsin. (D'après le rapport du colonel de Pélacot)", *Revue Française de l'étranger et des colonies et exploration*, 25—No. 262 (October 1900), pp. 577-581.

---

① 于联·伯都(Jules Bedeau,1878～1954),法国人,炮兵,曾参加义和团战争。其日记全集出版于 1992 年,由法国地方历史杂志(*L'Oribus*)出版。

② 电子资源:http://tel. archives-ouvertes. fr/tel-00654273. 该文讨论了义和团运动与"黄祸"之间的关联。另可参见:*Le péril jaune à la fin du XIXe siècle. Fantasme ou réalité?* Paris: L'Harmattan, 2013. 302 pp.

③ C. E. 帕文(Cecile E. Payen),1862 年生于俄亥俄州,微景艺术家,1940 年去世。1900 年 4 月他受美国公使康格夫人邀请随 A. G. 伍德沃(Anna Graham Woodward)及其女儿(Ione Woodward)来到北京。

④ 电子资源:http://www27. us. archive. org/details/cu31924023221488. 该书的第二章(Among the Boxers. Letter Written in 1900)和第三章(Revisiting Ruined Stations)涉及义和团运动。潘尔德(Arthur Davies Peill,1874～1906),英国人,伦敦会医疗传教士,1896 年来华传教,1899 年在直隶沧州传教。

⑤ 作者(Charles Balthazar de Pélacot,1851～1940)为天津法军旅长。

CH. B. D. 倍拉考:《对天津的占领(根据倍拉考将军的报告)》

Pelet-Narbonne, Gerhard von (ed.), *V [on] Löbell's Jahresberichte über die Veränderungen und Fortschritte im Militärwesen*, 27 (1900), Berlin: Mittler, 1901, pp. 515-552; 28 (1901), Berlin: Mittler, 1902, pp. 497-529.

格哈德·冯·佩雷-纳博讷编:《吕贝尔关于军事方面的变化和进展的年度报告(1900年)》①

Pellier, A., *L'Europe et la Chine*. Limoges: Marc Barbou, [1901]. 324 pp.

A. 佩黎艾:《欧洲与中国》②

Pelliot, Paul, *Carnets de Pékin. 1899-1901*. Collected and published by Gérald Duverdier and Louis Hambis. Paris: Imprimerie Nationale, 1976. iii+74 pp.

伯希和:《北京记事(1899～1901年)》③

Pemberton, Margaret, *From China with Love*. Sutton, Surrey: Severn House, 2000. 192 pp.

M. 彭伯顿:《来自中国的爱》④

Pène-Siefert, Jocelyn, "La dynastie Mandchoue et les sociétés secrètes en Chine", *Nouvelle Revue Internationale*, 33 (December 1900), pp. 753-766.

J. 派讷-塞富:《中国的清朝和秘密宗教》

Perreau, Louis, "Mandchourie Méridionale: Ma vie pendant quatre mois", *Annales de la Société des Missions-étrangères*, (1901), pp. 134-142.

L. 倍候:《满洲南部:我四个月的生活经历》⑤

Perrett, Bryan, *Against All Odds! 13 Dramatic Last Stand Actions*. London: Arms and Armour, 1991.

B. 佩雷特:《13个富有戏剧性的最后一击》⑥

Perrine, David, "'Keep up the Fire': The 9th Infantry in Coalition Warfare", *Infantry*, 94(5) (September-October 2005), pp. 30-35.

D. 珀赖因:《联合作战中的第九步兵团》⑦

Perthes, Georg, *Briefe aus China*. Nebst 25 Bildern nach Originalaufnahmen. Gotha: Justus Perthes, 1903. vii+147 pp.

---

① 该卷涉及1900～1901年在华军事行动。

② 关于中欧相遇的概述。该书最后三章(第289～325页)涉及义和团运动,包括北京使馆及北堂教堂被围。

③ 伯希和(Paul Pelliot,1878～1945),人类学家,中国学研究者,其书涉及1900年夏北京使馆被围期间作者的观察及活动。

④ 历史小说。初版:*Party in Peking*. London: Hale, 1987. 再版:*Margaret Pemberton*, *Party in Peking*. Long Preston, North Yorkshire, England: Magna Large Print Books, 1993.

⑤ L. 倍候(Louis Perreau,1872～1921),法国人,巴黎外方传教会传教士,1896年来满洲传教。该文主要涉及义和团运动期间其在满洲南部地区四个月的经历。

⑥ 关于义和团运动,见第七章(Boxers and Bannermen: The Siege of the Peking Legations, June-August 1900)。

⑦ 描述了义和团运动中美国步兵团的活动。当时第九步兵团的指挥官为C. E. 莱斯坎(Colonel Emerson Hamilton Liscum,1842～1900),1900年7月13日他在天津战役中丧生。

格奥尔格·佩特斯:《来自中国的信件(附 25 张第一手的照片)》①

Petersson, Niels P., "Das Boxerprotokoll als Abschluß einer imperialistischen Intervention", in Susanne Kuß & Bernd Martin (eds.), *Das Deutsche Reich und der Boxeraufstand* (ERGA. Erfurter Reihe zur Geschichte Asiens, Vol. 2). Munich: IUDICIUM Verlag, 2002, pp. 229-244.

尼尔斯·彼得森:《帝国主义的干涉以〈辛丑条约〉的缔结而告终》

Pethick, William N., "The Struggle on the Peking Wall: An Episode of the Siege of the Legations", *The Century*, 61(2) (December 1900), pp. 308-313.

毕德格:《北京城墙上的斗争:使馆被围事件》②

Petter, Wolfgang, "Die deutsche Marine auf dem Weg nach China: Demonstration deutscher Weltgeltung", in Susanne Kuß & Bernd Martin (eds.), *Das Deutsche Reich und der Boxeraufstand*. (ERGA. Erfurter Reihe zur Geschichte Asiens, Vol. 2). Munich: IUDICIUM Verlag, 2002, pp. 145-164.

沃尔夫冈·佩特:《德国海军出征中国:显示德国的世界地位》③.

"Pferdetransport für die Expedition des deutschen Reiches nach China 1900/1901", *Neue militärische Blätter*, 58 (1901), pp. 184-188.

《1900～1901 年德意志帝国为远征行动向中国运送马匹》

Piacentini, Alberto, *Sguardo riassuntiro degli ultimi avvenimenti nell'Estremo Oriente (1894-1900)*. Roma: Tip. Enrico Voghera, 1901. 59 pp.

A. 皮亚琴剃尼:《远东近况》

Pichon, Stephen, *Dans la bataille*. Paris: A. Méricant, 1908. 314 pp.

毕盛:《在战斗中》

Pichon, Stephen, "La délivrance de Pei-Tang et l'occupation des jardins du palais impérial", *Revue du monde catholique* 7th series, 5(4) (15 November 1900), pp. 417-421.

毕盛:《北堂的解围和对皇宫花园的占领》④

Pichon, Stephen, "Le journal de M. Pichon, écrit au jour le jour durant le siège des légations de Pekin par les troupes chinoises", *Revue du monde catholique* 7th series, 5(4)(15 November 1900), pp. 391-416.

毕盛:《毕盛日记——写于中国士兵围困使馆期间》

Pichon, Stephen, *Siège de Pékin: Récits authentiques des assiégés*. Paris: Société des

① 格奥尔格·佩特斯(Georg Perthes,1869～1927),德国人,随军外科医生,1900～1901 年间到过天津、北京和青岛。

② 电子资源:http://www.unz.org/Pub/Century-1900dec-00308. 毕德格分析了使馆的防卫,并批评了美国海军陆战队中 N. H. 豪尔(Newt Hamill HalPethick)所指挥建造的防御工事。毕德格(William N. Pethick,1846～1901),生于纽约市,美国内战后抵达中国,曾任李鸿章外事幕僚多年。

③ 该文描述了德国海军进军中国的行程,并认为这显示出着德国的国际地位。

④ 也可参见:*Ministère des affaires étrangères*. Documents diplomatiques (1900).

publications scientifiques et industrielles, 1904-1905. 442 pp.

毕盛:《北京围困战:被围困者的真实写照》

Pichon, Stephen, "Le siège des légations de Pékin", *Revue française de l'étranger et des colonies et exploration*, 25(264) (Paris, December 1900), pp. 689-707.

毕盛:《北京使馆区围困战》

Pichon, Stephen, "Le siège des légations de Pékin, du 19 juin au 15 août 1900 (rapport de M. Pichon, ministre de France en Chine)", *Revue du monde catholique* 7th series, 5(4) (15 November 1900), pp. 385-390.

毕盛:《北京使馆之围》

Pichon, Stephen, "La ville en flammes", in the collection 'Les passants de l'histoire': Pierre Loti, *Les derniers jours de Pékin*. Précédé de *La ville en flammes* par Stephen Pichon et de *La défense de la légation de France* par Eugène Darcy. Suivi de *Journal d'un bourgeois de Pékin*. Paris: Julliard, 1991. 322 pp. Another edition of 297 pages by the same publisher, with a 'préface par Francis Lacassin', does not seem to include the "Journal d'un bourgeois de Pékin".

毕盛:《火光冲天之城》

[Pichon, Stephen and Alphonse Favier], "Le siège du Pei-tang", *Revue française de l'étranger et des colonies et exploration*, 26(266) (February 1901), pp. 77-87.

毕盛:《北堂围困战》

Pickering, W. A., *The Responsibility of Great Britain for the Present Crisis in China*. London: Irvine, 1900. 19 pp.

必麒麟:《英国为当前中国危机应负的责任》[①]

Pigott, C. A., *Steadfast unto Death or Martyred for China. Memorials of Thomas Wellesley and Jessie Pigott*. London: Religious Tract Society, 1903. 255 pp.

C. A. 皮格特:《宁死不屈或为中国牺牲》[②]

Pino, Giuseppe, "1900-1901: la rivolta dei Boxer: l'intervento dei militari italiani in Cina", *Rivista Militare*, 6 (2000), pp. 114-127.

朱塞佩·皮诺:《1900～1901年的义和团运动》

Piton, Charles, "Les troubles de Chine et les missionnaires", *Bibliothèque universelle et Revue suisse* 106 année, Tome 22(66) (June 1901), pp. 593-623.

朱塞佩·皮诺:《在华传教士的麻烦》[③]

Planchet, Jean-Marie (comp.), *Documents sur les martyrs de Pékin pendant la persécution des Boxeurs*. Beijing: Imprimerie des Lazaristes, 1920. 404 pp. Later

---

① 必麒麟(W. A. Pickering,1840～1907),英国人,曾为大清海关工作,先后任职于打狗子口海关、安平海关等。1870年回到英国,其后到海峡殖民地任职,1877年成为首任华人护民官。

② T. W. 皮格特(Thomas Wellesley Pigott, 1847～1900)及其妻(Jessie Kemp Pigott,1851～1900)于1900年在山西遇害。1892年,他们曾在山西成立寿阳宣教会 。

③ 朱塞佩·皮诺(Charles Piton,1835～1905)为巴塞尔宣教会成员,曾在广东传教。

edition: Beijing: Impr. des Lazaristes, 1922-1923. 2 vols.

包士杰编:《义和团“迫害”时期有关北京殉教者的资料》①

Plante, Trevor K., “U. S. Marines in the Boxer Rebellion”, *Prologue: Quarterly of the National Archives and Records Administration*, 31(4) (Winter 1999).

T. K. 普兰特:《美国海军陆战队与义和团运动》②

Plaschka, Richard Georg, *Avantgarde des Widerstands: Modellfälle militärischer Auflehnung im 19. und 20. Jahrhundert*. Vol. 1. Vienna: Böhlau, 2000.

里夏德·格奥尔格·普拉施卡:《抵抗军的先头部队:19 和 20 世纪军事抵抗的范例》

Plaschka, Richard Georg, *Matrosen, Offiziere, Rebellen. Krisenkonfrontationen zur See 1900-1918: Taku, Tsushima, Coronel/Falkland, “Potemkin”, Wilhelmshaven, Cattaro.* (Veröffentlichungen des Österreichischen Ost-und Südosteuropa-Instituts, 12-13). Vienna, Cologne, Graz: Böhlau, 1984. 2 vols.

里夏德·格奥尔格·普拉施卡:《水兵、军官、叛军——1900～1918 年海上危机:大沽、对马、科罗内尔/福克兰、“波将金号”、威廉港、卡塔罗》

Plaschka, Richard Georg, “Von Pola nach Taku. Der Druck der Mächte auf China 1900 und Österreich-Ungarns Beteiligung an der maritimen Intervention”, *Revue internationale d'histoire militaire* 45 (1980), pp. 43-57.

里夏德·格奥尔格·普拉施卡:《从普拉到大沽:1900 年列强对中国施压与奥匈帝国参与海上干涉》

Plüddemann, M. (Kontreadmiral Z. D.), “Der Krieg in China”, *Marine-Rundschau*, 11(8-9) (August-September 1900), pp. 954-974; 11(10) (October 1900), pp. 1081-1093.

M. 普吕德曼(海军少将):《在中国的战争》③

Pompe, Cassianus (J.), “De oorzaak der verfolging in China”, *Sint-Franciscus*, (August 1901).

潘树德:《中国迫害基督徒的原因》④

Pong, David, “To War or Not to War: Decisions for War in Late Imperial China, 1870s-1900”, in Peter Lorge (ed.), *Debating War in Chinese History*. Leiden: Brill, 2013.

D. 庞:《战与不战:晚清的战争决定(18 世纪 70 年代至 1900 年)》

Pons-Laurent, S. (Mme), *Le siège de Pékin, 19 juin-14 août 1900*. Cannes: Imprimerie Louis Vidal, [s. a.]. 30 pp.

---

① 包士杰(Jean-Marie- Planchet,1870～?),法国人,遣使会传教士,1894 年抵达中国,后被派往北京。

② 电子资源:http://www.archives.gov/publications/prologue/1999/winter/boxer-rebellion-1.html. 对在华美国海军陆战队在保卫使馆及与联军合作方面有重要研究。

③ 作者(M. Plüddemann,1846～1910)为德国海军的少尉。

④ 潘树德(Cassianus Pompe,1851～1901),荷兰人,方济各会传教士,义和团运动期间在晋南传教。该文讨论了中国迫害基督教徒的原因。

S. 篷斯-劳杭:《北京围困战》

Pontvianne, Jean, "Les Boxeurs au Su-tchuen Occidental", *Annales des Missions Etrangères de Paris*, 6 (1903), pp. 65-80.

J. 蓬特维雅纳:《义和团在西洋人集中的苏村》①

Porter, Henry D., "Martyrs of Shantung", *The Outlook*, 64 (31 March 1900), pp. 747-748.

博恒理:《山东的殉教者》②

Porter, Henry D., *William Scott Ament: Missionary of the American Board to China*. New York: Fleming H. Revell, 1911. 377 pp.

博恒理:《梅威良传》

Post, Nicolaus, "Die Unruhen in China und deren Einfluss auf den Handel dieses Reiches", *Oesterreichische Monatsschrift für den Orient*, 26(12) (December 1900), pp. 133-134.

尼古拉斯·珀斯特:《中国的动乱及其对该国贸易的影响》③

Pott, Francis Lister Hawks, *The Outbreak in China: Its Causes*. New York: J. Pott & Co., 1900. xi+124 pp.

卜舫济:《中国的动乱及其原因》④

Pouvourville, Eugène-Albert Puyou, comtemde de, "A propos des Boxers", *Nouvelle Revue*, 5(1) n. s. (1 July 1900), pp. 115-127.

E. A. 皮尤:《论义和团》⑤

Pouvourville, Albert de, "En Chine: Boxers et sociétés secrètes", *L'Humanité Nouvelle: Revue Internationale*, 7 (October 1900), pp. 425-432.

A. D. 泊沃维勒:《中国义和团和秘密宗教》

Power, Desmond, "D'Arc's Marionettes Caught Up in the Boxer Siege of Peking and Tientsin, China's Ford of Heaven".

D. 鲍尔:《京津拳民之围时的达尔克》⑥

---

① 记述了义和团在四川成都发起的反教攻击,以及法国军舰"奥利"号于1902年7月的抵达情况。也可参见:"*Les Boxeurs*", *Les Missions catholilques*, 34 (1902), pp. 421. J. 蓬维亚纳(Jean Pontvianne,1850~1908),法国人,巴黎外方传教会传教士,1874年到四川传教。

② 博恒理(Henry Dwight Porter,1845~1916),美国人,公理会医疗传教士,1880年到山东传教。

③ 报告了中国动乱对商业的影响,作者是奥匈帝国领事,报告时间是1900年11月9日,地点是香港。

④ 作者列举了中国动乱的诸多原因,其中包括德国抢占胶州湾、意大利索取三门湾、铁路的建设、外国资本的输入,以及传教事业。作者质疑道,必须给中国彻底羞辱,中国必须明白违背条约须受到惩罚。他还坚持认为只有美国才具有道德优越感,从而有资本调解目前的这种状况。相关评论见:W. Rice, *Dial*, 30 (1901), p. 45. 卜舫济(Francis Lister Hawks Pott,1864~1947),美国人,圣公会传教士、教育家,义和团运动时期,任上海圣约翰大学校长。

⑤ E. A. 皮尤(Eugène-Albert Puyou, comte de Pouvourville,1861~1939),法国人,作家,在法属印度支那有从军经历,后研究中国道教。

⑥ 电子资源:http://www.scribd.com/doc/39591241/D-Arc-s-Marionettes-Caught-Up-in-the-Boxer-Siege-of-Peking-and-Tientsin-China-s-Ford-of-Heaven. 作者的祖父达尔克(George Lambert D'Arc,1866~1924)在义和团运动时期拳民包围京津时的经历。达尔克当时为木偶剧团(D'Arc's Fantoches Françaises)的团长。

Powlett, Frederick Armand, "Letter from Flag Lieutenant Frederick A. Powlett, Royal Navy", in Frederic A. Sharf & Peter Harrington (eds.), *China, 1900: The Eyewitnesses Speak*. Mechanicsburg: Stackpole Books, 2000, pp. 82-86.

F. A. 波利特:《来自皇家海军上尉参谋波利特的信函》①

Pozzi, G., *In morte del missionario P. Giuseppe da Galliate*. Milano: Litografia Cantone, 1900.

G. 波济:《在华殉教者安守任》②

Preneuf, Jean de, "Paul Henry, capitaine courage", *Cols bleus*, 2563 (24 February 2001), pp. 28-31.

J. D. 泊鄂夫:《保罗·亨利——勇敢的队长》③

Preston, Diana, *Besieged in Peking: The Story of the 1900 Boxer Rising*. London: Constable, 1999. xiv+322 pp. Also published as: *A Brief History of the Boxer Rebellion: China's War on Foreigners, 1900*. London: Robinson, 2002. xxxiv+459 pp.

D. 普雷斯顿:《北京被围:1900 年义和团起义的故事》④

Preston, Diana, "The Boxer Rising", *Asian Affairs; Journal of the Royal Society for Asian Affairs*, 31(1) (February 2000), pp. 26-36.

D. 普雷斯顿:《义和团运动》

Price, Eva Jane, *China Journal, 1889-1900: An American Missionary Family During the Boxer Rebellion, with the Letters and Diaries of Eva Jane Price and her Family*. Letters compiled by Virginia Phipps, Lucille Wilson & Arlene Caruth. New York: Charles Scribner's Sons, 1989. 289 pp.

E. J. 普赖斯:《中国日志(1899～1900 年):义和团运动期间一个美国传教士的家庭

---

① F. A. 波利特(Frederick Armand Powlett, 1873～1963),英国人,皇家海军军官,义和团运动期间曾任英舰(H. M. S. Centurion)的上尉参谋。

② 关于方济各会传教士安守仁(Giuseppe Maria Gambaro, 1869～1900)1900 年 7 月 7 日在湖南衡阳黄沙湾被杀。

③ 关于死于北京北堂教堂防卫战的法国海军少尉保罗·亨利(Paul Henry)。

④ 北京使馆被围及解救的历史叙述,主要针对大众读者。相关评述见:T. H. Barrett, *English Historical Review*, 115, No. 462 (June 2000), pp. 765-766; Lucian W. Pye, *Foreign Affairs*, 80(2) (2001), p. 185. 英文版本:*The Boxer Rebellion: The Dramatic Story of China's War on Foreigners that Shook the World in the Summer of 1900*. New York: Walker, 2000. 德文译本:*Rebellion in Peking. Die Geschichte des Boxeraufstandes*, trans. Sylvia Höfer. Stuttgart: Deutsche Verlags-Anstalt, 2001. 510 pp. 德文译本的评论:Thoralf Klein, *H-Soz-u-Kult. Kommunikation und Fachinformation für die Geschichtswissenschaften*, 27 December 2001.

生活》①

Prideaux, G., "The Australian Naval Contingent at the Boxer Rebellion", *Sabretache: the journal of the Military Collectors Society of Australia*, 18(3) (1977), pp. 185-190.

G. 普里多:《义和团运动中的澳大利亚海军分遣队》②

Prince, Graham, "The Yellow Peril in Britain 1890 to 1920", M. A. dissertation, McGill University, 1987. vi+193 pp.

G. 普林斯:《英国的黄祸(1890～1920年)》③

Prittwitz & Gaffron, Max von, *Geschichte des I. Seebataillons*. Oldenburg i. Gr.: Stalling, 1912. v+288 pp.

普利特维茨、马克斯·冯·加弗隆:《第一海军陆战队的历史》

"Protestant Missionaries in China in the Present Crisis", *Missionary Herald*, 97(9) (September 1901), pp. 364-367.

《目前危局下的基督教传教士》

Pryor, Helen (Brenton), *Lou Henry Hoover: Gallant First Lady*. New York: Dodd, Mead, [1969]. xiii+271 pp.

H. 普莱尔:《胡佛夫人:显赫的第一夫人》④

Puhl, Stephan, *Georg M. Stenz SVD (1869-1928). China missionar im Kaiserreich und in der Republik*. Edited by Roman Malek. Nettetal: Steyler Verlag, 1994. 317 pp.

施特凡·普尔:《圣言会传教士薛田资(1869～1928年):跨越清朝和民国的在华传教士》⑤

Purcell, Victor, *The Boxer Uprising: A Background Study*. Cambridge: Cambridge University Press, 1963. xiv+349 pp.

---

① 该卷是作者与其美国亲朋的信函汇编,主要涉及其丈夫与孩子。后附拳难幸存者中国佣人费迟浩的笔述。C. W. 普赖斯(Charles Wesley Price,1847～1900)及其夫人 E. J. 普赖斯(Eva Jane Keasey,1855～1900)均是美国公理会传教士,1900年8月15日在汾州被害。相关评论见:David D. Buck, *Library Journal* 114(2) (February 1989), p. 72; Donald MacInnis, *International Bulletin of Missionary Research* 15(4) (October 1991), pp. 181-182; John Espey, the *Los Angeles Times*, (6 August 1989). 也可参见:Susanna Ashton, "Compound Walls: Transcultural Discourse in Eva Jane Price's Letters from a Chinese Mission, 1880-1900," *Frontiers: A Journal of Women Studies*, 17(3) (1997), pp. 80-94.

② 澳大利亚海军派遣400名军官来华参加义和团战争。

③ 电子资源:http://digitool.library.mcgill.ca/webclient/StreamGate? folder_id=0&dvs=1338422328297～374.

④ 关于美国总统胡佛夫人(Lou Henry Hoover,1874～1944)的传记。关于义和团运动,见第五章(The Boxer Rebellion),胡佛夫人在义和团运动期间曾护理伤员。

⑤ 主要参考了德国天主教传教士薛田资(Georg Maria Stenz,1868～1928)写给其姐姐的信函。

珀塞尔:《义和团起义的背景研究》①

Quested, Rosemary K. I., "Local Sino-Russian Political Relations in Manchuria 1895-1900", *Journal of Oriental Studies*, 10(2) (1972), pp. 119-144.

郭玫曼:《1895～1900 年中俄在满洲的政治关系》

Quested, Rosemary K. I., *"Matey" Imperialists? The Tsarist Russians in Manchuria 1895-1917*. Hongkong: Centre of Asian Studies, University of Hong Kong, 1982. iv+430 pp.

郭玫曼:《亲善的帝国主义者? 沙皇俄国在满洲(1895～1917 年)》

Quincy, Josiah, "China and Russia", *North American Review*, 171 (1 October 1900), pp. 528-542.

J. 昆西:《中国与俄国》②

Quincy, Josiah, "The United States in China", *The Contemporary Review*, 78 (August 1900), pp. 183-195.

J. 昆西:《在华美国人》

Le R. P. Bayart, *Missionnaire Apostolique, massacré en Mandchourie, 1877-1900. Notice publiée par sa famillie, avec portrait*. Lille: Imprimerie de la Croix du Nord, 1900. 111 pp.

L. R. P. 巴西特:《满洲传教士被害(1877～1900 年);其家人出版的笔记和肖像》③

---

① 利用当时新出版的中文文献资料,探讨了义和团的信仰及其组织。作者指出,通俗小说和戏剧在义和团宗教思想的形成中发挥了重要作用。义和团起初仅仅是一个既不为政府支持、也不受其控制的自发性的群众自卫组织。谭春林在评论时指出,该书利用大量的新旧著述,描述了清朝及其政府军、清朝统治下的中国社会、西方对中国的影响、改革与回应、中国人对反教及排外的态度,其主要问题是义和团何时将其口号由"推翻清廷"改变为"扶清灭洋"。费正清认为,该文的背景信息有误,但材料引用较为扎实。另需指出,珀塞尔率先利用天主教耶稣会士的著述来论证义和团口号的早期特征。相关评论见:Chester C. Tan, *Journal of Asian Studies*, 22(4) (August 1963), p. 476; John K. Fairbank, *American Historical Review*, 69 (October 1963), pp. 150-151; Muramatsu Yūji (村松佑次), *Bulletin of the School of Oriental and African Studies* 28(1) (1965), pp. 185-187; G. G. H. Dunstheimer, *T'oung Pao* 52(1-3) (1965/66), pp. 205-208; Luther Carrington Goodrich, *Political Science Quarterly*, 79 (1964), pp. 148-149; Deryck Abel, *Contemporary Review*, 203 (1963), pp. 274-275; C. P. Fitzgerald, *Journal of Southeast Asian History*, 4(2) (1963), pp. 205-207; Harold C. Hinton, *Annals of the American Academy of Political and Social Science*, 350 (1963), pp. 170-171; Hugh Howse, *International Affairs* (Royal Institute of International Affairs), 39(3) (1963), pp. 471-473; T. A. Hsia, *Journal of the American Oriental Society*, 83(3) (1963), pp. 388-391; Patrick Cavendish, *Journal of the Royal Asiatic Society*, 95(3-4) (1963), pp. 264-265; A. Davies, *History*, 49 (1964), pp. 278-279; Ping-chia Kuo, *Pacific Affairs*, 37(1) (1964), pp. 87-88; V. G. Kiernan, *The English Historical Review*, 80(314) (1965), pp. 131-135; Owen Lattimore, *Victorian Studies*, 8(4) (1965), pp. 376-377; John Wilson Lewis, *The Journal of Modern History*, 36(1) (1964), pp. 97-98; Lewis B Clingman, *The Catholic Historical Review*, 49(3) (1963), pp. 425-426; James M McCutcheon, *Journal of Presbyterian History*, 43(3) (1965), pp. 223-224. 意大利语译本:V. Purcell, *La Rivolta dei Boxer*. Milano: Rizzoli, 1972. 375 pp.

② 作者认为俄国是解决中国问题的决定性力量,而英国在东亚外交的影响则陷入了低谷。电子资源:http://archive.org/details/jstor-25105067. J. 昆西(Josiah Quincy,1859～1919),美国人,曾任美国国务卿第一助理。

③ 关于巴黎外方传教会传教士 J. J. 巴亚尔(Jules-Joseph Bayart,1877～1900)。该人于 1900 年 7 月 11 日在满洲南部被拳民所杀害。该册子的其他版本:*Notice biographique sur Maître Jules Bayart, Missionnaire Apostolique en Mandchourie méridionale*.

Rachfahl, Felix, "Die China-Expedition", in Felix Rachfahl, *Kaiser und Reich 1888-1913: 25 Jahre preußisch-deutscher Geschichte. Festschrift zum 25 jährigen Regierungsjubiläum Wilhelms II. Deutschen Kaisers, Königs von Preußen.* Berlin: Voss, 1913, pp. 187-206.

菲利克斯·拉赫法尔:《中国远征》①

Raden, Baron von, "Official Report of the Russian Landing Parties from the Battle-Ships 'Navarin' and 'Sissoi Veliki' in Peking from the 18th (31st) May to 2nd (15th) August 1900", *Journal of the Royal United Service Institution*, 45 (May 1901), pp. 594-605.

B. 拉登:《关于俄舰在北京的官方报告》②

Radonic, Basilius [Basilio da Ragusa], "Father Basil's Diary of the Boxer Persecution", trans. by Julius Schott, *Franciscan Herald*, 13 (1925), pp. 203-206, 252-253, 300-301, 347-348, 396-397, 443-444, 492-493, 538-540; 14 (1926), pp. 60-61.

明德:《巴兹尔神父关于义和团"迫害"的日记》③

Radonic, Basilius [Basilio da Ragusio], "Relatio de persecutione Hu-Nan Meridionalis in Sinis. U-cian-fu (Wuchang): XV° Kal. Decembris 1900 (17 November)", *Acta O. F. M.*, 20 (1901), pp. 44-47, 80-83, 89-91, 111-114, 145-148, 162-163.

明德:《湖南的宗教迫害》

Ramsauer, Paul, *Aus dem Tagebuche eines Chinakriegers*. Wolfenbüttel: Verlag der Hecknerschen Druckerei, [1904]. 104 pp.

保罗·拉姆萨尔:《一名在华战士的日记》

Rani, Sheila, "Indian Public Opinion and the Crisis in the British Empire: A Study of the Formation of Public Opinion Concerning the Boer War (1899-1902), Boxer Uprising (1900), Russo-Japanese War (1904-1905)". Unpublished Ph. D. dissertation, University of Delhi, 1986.

S. 拉尼:《印度公众的舆论与英帝国危机:关于义和团战争(1899～1902年)、义和团运动(1900年)、日俄战争(1904～1905年)的公众舆论的形成》

Ransome, Jessie, *Story of the Siege Hospital in Peking: Diary of Events from May to August 1900*. London: Society for Promoting Christian Knowledge; New York: E. & J. B. Young, 1901. 125 pp.

① 菲利克斯·拉赫法尔(Felix Rachfahl,1867～1925),德国人,政治历史学教授。关于德意志东亚远征军,可参见其书对德皇威廉二世登基25周年纪念的描述。

② 翻译自:*Morskói Sbórnik*, 3 (March 1901). 作者(Baron von Raden)为沙俄帝国海军上尉,曾指挥北京俄军分遣队。

③ 明德(Basilius Radonic,1871～1913),生于拉古萨,方济各会传教士,在湘南传教,1900年湖南拳难时曾遭受迫害。

J. 兰塞姆:《北京被围困医院的故事:1900 年 5～8 月的日记》①

Rasmussen, O. D., *Tientsin: An Illustrated Outline History*. Tianjin: The Tientsin Press, Ltd., 1925. 320＋xvi pp.

雷穆林:《天津租界史》②

Rauch, Fedor von, *Mit Graf Waldersee in China: Tagebuchaufzeichnungen*. Berlin: F. Fontane, 1907. x＋451 pp.

F. 劳赫:《与瓦德西伯爵在中国:日记》③

Ray, Robert Helth, *Chinese Boxers: The History and Exposé of a Fiendish and Terrible Society*. New York: H. H. Taylor, 1900. 37 pp.

R. H. 雷:《中国义和团》

Read, Sheridan P., "Russia in North China", *The Independent*, 53, No. 2726 (28 February 1901), pp. 486-489.

李德:《在华的俄国人》④

Rebillot, Jaeph-paul-Alfred, "Huit mois de guerre en Extrême-Orient", *Le Carnet*, (December 1904), pp. 272-278.

J. 勒比约:《八个月的远东战争》⑤

Reclus, Élisée, "La Chine et la diplomatie européenne", *L'Humanité Nouvelle: Revue Internationale*, 7 (September 1900), pp. 257-270.

E. 勒克吕:《中国和欧洲的外交》⑥

Reeman, Douglas, *The First to Land*. London: Hutchinson; New York: Morrow, 1984.

D. 黎曼:《首次登陆》⑦

Rees, Simon, "The Enigmatic Homer Lea", *Military History*, 21(4) (October 2004),

---

① J. 兰塞姆(Jessie Ransome,1857～1905),女,北京大英安立甘会牧师助手,北京使馆被围期间曾充当医院护士,其日记主要记录了北京使馆被围期间的事件。相关评论见: *Literature*, 8 (1901), p. 368; *Academy*, 60 (1901), p. 364.

② 该书第 113～219 页记录了天津城 1900 年 5 月 28 日至 7 月 15 日内外的事件。雷穆林(O. D. Rasmussen, 1888～1970),生于澳大利亚,在天津旅居多年,后死于英国。

③ 电子资源: http://archive.org/details/mitgrafwalderse00raucgoog. F. 劳赫(Fedor von Rauch,1866～1915),德国人,新闻记者,跟随其亲属联军大元帅瓦德西来华参加义和团战争。该书最有价值的地方在于其对德瓦西相关军令的记载,以及俄英军事官员关于山海关—北京铁路的争执,后来该条铁路直接导致俄英分遣队的公开冲突。相关评论见: Max von Brandt, *Petermanns Mitteilungen*, 53 (1907), *Literatur-Bericht*, No. 465.

④ 李德(Sheridan P. Read,1861～1912),1893～1897 年间任美国驻天津领事馆领事。

⑤ J. 勒比约(Joseph-Paul-Alfred Rebillot,1823～1918),法国人,陆军军官,作家。

⑥ 其他版本: *de l'Humanité Nouvelle*, 1900, 16 pp. 作者指出,中国义和团运动之所以爆发,其原因是中西文化的冲突。巴兰德对此也认为,突然爆发的动乱与中国市场被欧洲机器工业蚕食有关,欧洲不仅要为其新产品寻求市场,而且也要为其地理学家、化学家、工程师及其他工人寻求工作,如此侵略中国,难免不导致中国的反抗。巴兰德同时提到天主教与基督教传教士、修建铁路以及电报工程等都是引起中国憎恨的原因。相关评论见: Max von Brandt, *Petermanns Mitteilungen*, 47 (1907), *Literatur-Bericht*, No. 162; *Revue politique et parlementaire*, 28(83)(May 1901), p. 458. 作者(Elisée Reclus,1830～1905),法国人,旅行家,地理学家。

⑦ 历史小说,是关于义和团战争期间皇家海军陆战队轻步兵布莱克伍德(David Blackwood)队长的冒险故事。

pp. 58-64.

S. 瑞斯思:《不可思议的李将军》[①]

Rees, W[illiam] Hopkyn, "Chinese Boxers and the Missionary", *The Sunday Strand*, 2(11) (November 1900), pp. 559-566.

瑞思义:《中国的义和团和传教士》[②]

Régamey, Félix, "On égorge en Chine... si nous parlions du péril japonais", *L'Humanité Nouvelle: Revue Internationale* 7 (September 1900), pp. 289-297.

F. 雷加梅:《中国大屠杀……如果我们谈日本的危险》[③]

Reid, Gilbert, "The Ethics of Loot", *Forum*, 31(5) (July 1901), pp. 581-586.

李佳白:《掠夺的道义性》[④]

Reid, Gilbert, "Ethics of the Last War", *Forum*, 32(4) (December 1901), pp. 446-455.

李佳白:《最后一站的道德性》

Reid, Gilbert, "Fall of Peking", *Forum*, 30(5) (January 1901), pp. 578-582.

李佳白:《北京的陷落》

Reid, Gilbert, "The Powers and the Partition of China", *North American Review*, 170 (May 1900), pp. 634-641.

李佳白:《列强与中国的瓜分》

Reid, Gilbert, *The Siege of Peking*. [London, 1900]. 17 pp.

李佳白:《北京被围》[⑤]

Reid, Gilbert, *The Sources of the Anti-Foreign Disturbances in China; With a Supplementary Account of the Uprising of 1900*. Shanghai: The North-China Herald Office, 1903. 155 pp.

李佳白:《中国排外动乱的来源》

Reid, W. C. Jameson, "A Plea for the Integrity of China", *The Forum*, 31(5) (July 1901), pp. 515-529.

W. C. J. 瑞德:《为中国的完整祈求》

Reinhard (Oberleutnant), *Mit dem II. Seebataillon nach China! 1900-1901*. Auf Befehl des Kommandeurs des mobilen II. Seebataillons bearb. von Reinhard... Mit Skizzen, sowie zahlreichen Abbildungen nach Photographien und Zeichnungen des Marinemalers Petersen-Flensburg. Veröffentlicht aus Anlass der Feier des 50-

---

① 荷马李(Homer Lea, 1876～1912),美国人,冒险家,作家,作为保皇会成员而被卷入义和团运动中。

② 瑞思义(William Hopkyn Rees, 1859～1924),威尔士人,伦敦会传教士,1883年到华北传教。

③ F. 雷加梅(Félix Régamey, 1844～1907),法国人,画家,漫画家。

④ 李佳白(Gilbert Reid, 1857～1927),美国人,公理会传教士,1882年到山东传教,1894年筹办尚贤堂,义和团运动时期,其为英国《伦敦早报》(*London Morning Post*)通信记者。

⑤ 也可参见:Gilbert Reid, "The Siege of Peking", in Shanghai Mercury, *The Boxer Rising: A History of the Boxer Trouble in China*. 原载于:*Shanghai Mercury*. 2nd ed. Shanghai: Shanghai Mercury Ltd., 1901, pp. 98-112.

jährigen Bestehens der Marine-Infanterie 1852-1902. Berlin: Liebelsche Buchhandlung, 1902. v+168 pp.

莱因哈特(中尉):《跟随第二海军陆战队出征中国!(1900～1901年)》①

Reinsch, Paul Samuel, "China against the World: The National Uprising against Foreigners", *Forum*, 30(1) (September 1900), pp. 67-75.

芮恩施:《中国与世界为敌:针对外人的民族运动》②

Reinsch, Paul Samuel, "Cultural Factors in the Chinese Crisis", *Annals of the American Academy of Political and Social Science*, 16(3) (December 1900), pp. 435-445. Reissued by AMS Press, 1967.

芮恩施:《中国危机的文化因素》③

"La reità della dinastia Manciurese nelli stragi della Cina. Provata coi documenti ufficiali", *La Civiltà cattolica* 17th series, Vol. 12 (6 October 1900), pp. 35-51.

《清政府对基督教在华灾难的责任》

Renaud, Rosario, "Blessed Ignace Mangin and His Companions, Martyrs", translated by Joseph Cahill, *Woodstock Letters*, 92(2) (1963), pp. 115-138.

蓝文田:《任德芬及其同伴》④

Renaud, Rosario, *Süchow. Diocèse de Chine*. Vol. I: (*1882-1931*). Montreal: Editions Bellarmin, 1955.

蓝文田:《中国纪事——苏州(1882～1931年)》⑤

Rentfrow, Frank Hunt, "In Many a Strife We've Fought for Life", *Leatherneck*, 14(7) (July 1931), pp. 10-11, 47-49.

F. H. 福特弗洛:《为生而搏》⑥

"La rentrée de la Cour à Pékin", *Revue de Paris* (1 April 1902), pp. 667-688.

《朝廷返回北京》⑦

"Report on the Medical History of the Campaign, China Field Force, 1900-1901", *Army Medical Department Report*, 43 (1901), pp. 381-410.

《关于军队医务史的报告(1900～1901年)》

"Resolutions adopted at an International Meeting of over 400 Missionaries, representing some 20 Societies, held in Shanghae, September 7, 1900, " in Ian Nish (ed.) *British Documents on Foreign Affairs. Reports and Papers from the Foreign*

① 电子资源: http://archive.org/details/bub_gb_titBAQAAMAAJ.

② 芮恩施(Paul Samuel Reinsch, 1869～1923),美国人,政治学家,政客,1913～1919年为美国驻华公使。

③ 1916年被作为博士论文提交。

④ 法文原版: Renaud, Rosario, "Le bienheureux Ignace Mangin S. I. et ses compagnons, martyrs", *Lettres du Bas-Canada*, 9(3)(1955), pp. 133-157.

⑤ 蓝文田(Rosario Renaud),加拿大人,耶稣会传教士,1940年代在苏北传教。该徐州教会史第一卷开始于19世纪末法国耶稣会传教士在徐州传教,当时正值大刀会反教活动时期。

⑥ 涉及义和团运动中美国海军陆战队的军事行动。

⑦ 电子资源: http://www.chineancienne.fr/.

Office Confidential Print. Part I, Series E: Asia, 1860-1914. Frederick, Md: University Publications of America, 1993, pp. 238-239.

《400 多名传教士在国际会议上通过的决议案》①

"Les résultats de la campagne de Chine", *Internationale Revue über die gesammten Armeen und Flotten*, Supplément 32 (1901), pp. 919-924.

《中国战役的结果》

"Le retour du Général Voyron", *Bulletin du Comité de l'Asie française* (October 1901), pp. 272-274.

《华伦将军回国》

Reuter, R[ichard], "Die Dinge in China", *Die Friedensblätter* (Esslingen 1901), pp. 13-17.

里夏德·罗伊特:《中国纪事》②

Reynolds, Gerard A., *The Red Circle*. New York: P. J. Kennedy & Sons, 1915. 319 pp.

G. 雷诺:《红圈》

Rhodes, Charles D., "China Notes (1900)", *Cavalry Journal*, 13 (April 1903), pp. 580-615.

C. D. 罗兹:《中国笔记(1900 年)》③

Ricalton, James, *China through the Stereoscope: A Journey Through the Dragon Empire at the Time of the Boxer Uprising, etc.* New York: Underwood & Underwood, [1902]. 358 pp.

J. 里卡尔顿:《义和团运动期间穿越清朝的旅行》

Ricalton, James, *James Ricalton's Photographs of China during the Boxer Rebellion: His Illustrated Travelogue of 1900*. Edited by Christopher J. Lucas. Lewiston, NY: E. Mellen, 1990. x+248 pp.

J. 里卡尔顿:《义和团运动期间的一些照片》④

Ricci, Giovanni [Ioannes], *Acta Martyrium Sinensium Anno 1900 in Prov. San-Si occisorum historice collecta a P. Joanne Ricci O. F. M. ex ore testium singulis in locis ubi martyres occubuere. Relatio Ex-Officio E Parte Ordinis Fratrum Minorum*. Ad Claras Aquas (Quaracchi) propre Florentiam: Ex Typgraphia

---

① 1901 年 9 月在上海召开了传教士大会,数百人与会,会议不但要求保障基督教传教士及其教民的权利,严惩凶手,而且还要求恢复光绪皇帝的帝位。

② 相关评论见:Schultz-Fürstenwalde *Deutsche Kolonialzeitung*, (5 June 1902), pp. 227-228. 里夏德·罗伊特(Richard Reuter,1840~1904),德国人,和平主义运动推动者。

③ C. D. 罗兹(Charles D. Rhodes,1865~1948),美国第六骑兵营中尉。这份笔记在时间上从 1900 年 7 月到 11 月,其中谈及天津和北京的战斗。

④ J. 里卡尔顿(James Ricalton,1844~1929),美国人,中学教师,旅行家,发明家,摄影师。该影集分为两部分:第一部分(A Journey Through the Dragon Empire at the Time of the Boxer Uprising);第二部分(The Boxer Uprising: Journal to the Seat of War)。

Collegii S. Bonaventurae, 1911. 753 pp.

林茂才:《1900年山西拳难中殉教者事迹》①

Ricci, Giovanni, *Barbarie e trionfi. Ossia, le vittime illustri del San-Si in Cina nella persecuzione del 1900*, collected by Barnaba Nanetti OFM and published by Giovanni Ricci OFM. Parma: Tipografia Egidio Ferrari, 1908. 552 pp.

林茂才:《1900年山西拳难中殉教者名录》②

Ricci, Giovanni, *Franciscan Martyrs of the Boxer Rising. The Authentic Account of the Sufferings and Death of Some of the Victims of the Boxer Rising, China, 1900*. Adapted into English by Jerome O'Callaghan. Dublin: Franciscan Missionary Union, 1932. 136 pp.

林茂才:《义和团运动中殉难的方济各会传教士》③

Ricci, Giovanni, *Il fratello di una Martire: memorie del p. Barnaba da Cologna O. F. M., missionario apostolico in Cina*. Torino: Stab. Cromotipico P. Celanza e C., pref. 1912. 222 pp.

林茂才:《安怀珍传》④

---

① 主要涉及意大利方济各会调查的山西拳难时丧生的基督徒,共列出1764人。该信息是由安怀珍(Barnaba Nanetti)搜集,但该人在1911年去世,后经林茂才(Giovanni Ioannes Ricci,1875～1941)整理出版。在名单中,除上述欧洲传教士外,还列有2000多名丧生的中国天主教信徒,且每人都有简介,陈明了其所属村落或城镇及丧生地点。也可参见:"Epistola P. Barnabae Nanneti [sic], Miss. Apost., qua Rmo Patri Generali rationem dat de his quae circa Processum informatirum Martyrium nostrorum anni praecipuo 1900 in Sinis peraguntur, non nullaque Martyrium episoda enarrat", dated Taiyuan, 10 September 1909, *Acta Ordinis Fratrum Minorum*, 30(1) (January 1911), pp. 31-34. 其他版本:"Acta Martyrium Sinensium anno 1900 in Provincia San-si occisorum historice collecta ex ore Testium singulis in locis ubi Martyres occubuere. Relatio ex-officio ex parte Ordinis Fratrum Minorum", *Acta Ordinis Fratrum Minorum*, 30(3) (March 1911), pp. 96-100 [includes Latin translations of an imperial edict to Yuxan, governor of Shanxi, and the latter's comments]; 30(5) (May 1911), pp. 181-185; 30(6) (June 1911), pp. 211-215; 30(8) (August 1911), pp. 278-289; 30(9) (September 1911), pp. 299-307; 30(10) (October 1911), pp. 327-335; 30(11) (November 1911), pp. 355-367; 30(12) (December 1911), pp. 389-398; 31(1) (January 1912), pp. 22-29; 31(2) (February 1912), pp. 45-55; 31(3) (March 1912), pp. 86-93; 31(4) (April 1912), pp. 106-114; 31(5) (May 1912), pp. 138-143; 31(6) (June 1912), pp. 158-165; 31(7) (July 1912), pp. 185-189; 31(9) (September 1912), pp. 256-257; 31(10) (October 1912), pp. 300-304; 31(11) (November 1912), pp. 325-330; 31(12) (December 1912), pp. 337-343; 32(1) (January 1913), pp. 13-17; 32(2) (February 1913), pp. 31-41; 32(4) (April 1913), pp. 87-91; 32(5) (May 1913), pp. 125-126; 32(6) (June 1913), pp. 157-160; 32(7) (July 1913), pp. 191-196; 32(8) (August 1913), pp. 222-227; 32(9) (September 1913), pp. 251-258; 32(10) (October 1913), pp. 292-295; 32(11) (November 1913), pp. 319-325; 32(12) (December 1913), pp. 350-352.

② 第二版引用了诸多新文献及插图,亦由林茂才整理出版:"per cura dell'Associazione Nazionale per Soccorrere i missionari cattolici italiani": *Barbarie e trionfi ossia le vittime illustri del San-Si in Cina nella persecuzione del 1900: memorie raccolte*. Florence: Tipografia Barbèra Alfani e Venturi Proprietari, 1909. viii+853 pp. 本书对1900年7月9日在山西太原遇害的天主教神父与修女作了简单概述,另包括安怀珍对1900年山西事件的描述。

③ 该著作同时连载于天主教在华期刊,见:John Ricci, "Franciscan Martyrs of the Boxer Rising", translated by Jerome O'Callaghan, *Franciscans in China*, 14 (1935/36), pp. 237-242, 267-270, 304-307, 334-337, 370-383; 15 (1936/37), pp. 13-20, 50-55, 82-86, 114-118, 146-149, 178-180, 212-214, 242-245.

④ 安怀珍(Silvio Nanetti,宗教名Barnaba da Cologna,1867～1911)在山西拳难时幸存,但其姐(Maria Chiara Nanetti)与其他欧洲及中国天主教信徒却于1900年7月9日在太原被害。

Ricci, Giovanni, *Gigli e rose. Ossia le sette protomartiri dell' Istituto delle Francescane Missionarie di Maria, massacrate in Cina il 9 luglio 1900. Appunti storici.* Levanto: Tipografia dell' Immaculata, 1919. xix+110 pp.

林茂才:《1900 年 7 月 9 日在华的玛利亚方济各传教女修会女信徒》①

Ricci, Giovanni, *Un Martire Francescano. Biografia del P. Giuseppe M.* ª *Gambaro di Galliate, morto per la fede in Cina nel 1900.* Rome: Libreria S. Antonio, 1912. 90 pp.

林茂才:《1900 年在华殉教的传教士安守仁传》②

Ricci, Giovanni, *Pagine di eroismo cristiano. I Terziari Cinesi martiri nello Shan-si Settentrionale* (*Persecuzione dei Boxers—1900*). Edito a cura della Pia Opera dei Fratini di S. Antonio. Lonigo (Vicenza): Tipografia Moderna, 1925. xii+193 pp.

林茂才:《1900 年拳难山西北部遇难的中国信徒》

Ricci, Giovanni, *Vicariatus Taiyuanfu; seu brevis historia antiquae Franciscanae missionis Shansi et Shensi a sua origine ad dies nostros* (*1700-1928*). Beijing: Ex Typographia Congregationis Missionis, 1929. ix+192 pp.

林茂才:《山陕方济各会简史》

Ricci, Giovanni and Théobald Aumasson, *Avec les Boxeurs chinois.* Brive (Corrèze): Ed. "Echo des Grottes", 1949. 93 pp.

林茂才:《中国义和团》

Ricci, Giovanni and Ercolano Porta, *Storia della missione Francescana e del Vicariato Apostolico del Hunan meridionale dalle sue origini ai giorni nostri.* Pubblicata per cura del P. Enrico Muratorio O. F. M., procuratore per la stessa missione. Bologna: Stabilimenti Poligrafici Riuniti, 1925. 222 pp.

林茂才:《湖南方济各会简史》

Richards, George, "Blood's Thicker than Water: The United States Marine Corps' Recollections of the Royal Welsh Fuliliers", *Century*, 94(5) (September 1917), pp. 786-789.

G. 理查德:《血浓于水》③

Richter, Eugen, "Eugen Richter zur Hunnenrede Wilhelms II", *Reichstag*, 20. November 1900.

---

① 荷兰语版本: M. E. FMM, *Leliën en Rozen: de zeven eerste martelaressen van de congregatie der Franciscanessen Missionarissen van Maria, ter dood gebracht in China op 9 juli 1900.* Trans. from the Italian. Amsterdam: Procure der Missiën, [1922]. 104 pp. 关于玛利亚方济各传教女修会的 7 名女信徒于 1900 年 7 月 9 日在山西太原被害。

② 关于方济各会安守仁(Giuseppe Maria Gambaro)于 1900 年 7 月 7 日在湖南衡阳黄沙湾被害。

③ 关于天津战役中美国海军陆战队与来自威尔士的英国军队的联合行动。

欧根·利希特:《欧根·里希特论威廉二世的匈奴演讲》①

Richter, Julius, "Zur Lage in China", *Die evangelischen Missionen*, 8 (1902), pp. 130-134.

尤里乌斯·利希特:《论中国的局势》②

Richter, Julius Wilhelm Otto, *Unsere Marine in China 1900/1901*. Erster Teil: *Die Ereignisse bis zur Einnahme der Taku-Forts*. [No location found for Part I]. Zweiter Teil: *Die Kämpfe in Tientsin, Peking und Kiautschou*. Erzählungen aus dem Leben des deutschen Volkes zur See für Jugend und Volk von Prof. Dr. J. W. Otto Richter in Godesberg a. Rh. (Deutsche Seebücherei, Band 27.) Altenburg: Stephan Geibel Verlag, 1911. 127 pp.

尤里乌斯·威廉·奥托·利希特:《1900～1901 年我国海军在中国》③

Richter, Paul, "Die Märtyrer der evangelischen Mission in China. 1900", *Die evangelischen Missionen*, 7 (1901), pp. 97-106.

保罗·利希特:《基督教新教传教团 1900 年在中国的殉教者》

Richthofen, Wilhelm von, Freiherr, *Chrysanthemum und Drache. Vor und während der Kriegszeit in Ostasien. Skizzen aus Tagebüchern*. Berlin: Ferd. Dümmler, 1902. vii+288 pp.

威廉·冯·利希特霍芬男爵:《菊花和龙:东亚战争前夜和战争期间的日记随笔》

Riess, L., "Die politischen Machtfaktoren im heutigen China", *Preußische Jahrbücher*, 102 (1900), pp. 193-205.

L. 里斯:《当代中国的政治权力因素》

Rickard, Dave, "Australia in The Boxer Rebellion—The Diaries of Chief Gunner Edwin Argent, HMCS Protector", *Journal of Australian Naval History*, 8(2) (September 2011), pp. 118-123.

戴夫·里卡德:《义和团运动中的澳大利亚人》④

Rinell, Johan Alfred and John H. Swordson, *Boxare-upproret och förföljelserna mot de kristna i Kina 1900-1901*. Stockholm: Baptistmissionens Förlagsexpedition, [1902]. 307 pp.

---

① 电子资源：http://www.eugen-richter.de/Archiv/Reden/Reichstag_20_11_1900.html.欧根·利希特(Eugen Richter,1838～1906),德国人,政客,新闻记者,鼓吹自由主义德国。1900 年 11 月 20 日,其在德意志帝国议会上发表演讲,指出因德国公使在华受辱,因此应给予军事干预,但同时批判了派遣大量军事远征军的行为。另外,他指出德皇威廉二世的《匈奴演讲》实则有损于德国的威望。

② 尤里乌斯·利希特认为义和团运动并不是自发的民众运动,而是受地方知县唆使。尤里马斯·利希特(Julius Richter,1862～1940),德国人,基督教牧师,传教学家。

③ 尤里乌斯·威廉·奥托·利希特(Julius Wilhelm Otto Richter,1839～1924),德国人,教育学家,作家。该书第一部分涉及义和团运动中的德国海军。第一部分"攻占大沽炮台前的事件";第二部分"天津、北京和胶州的战斗"。

④ 戴夫·里卡德(Dave Rickard),皇家海军队员,1900 年义和团运动时期曾服务于南澳殖民地军舰"保护"号。该日记实际上并不完整,可能只是其草稿,因据《新南威尔士警察公报》(1901 年 5 月 1 日)报道,作者装有日记的背包曾在悉尼港口被盗。

任其斐、师德顺:《1900～1901 年的义和团运动与教民迫害》①

Gammon, Chareles Frederick, *The Rise and Progress of the Boxer Movement in China: Extracts from the Reports of the American Bible Society's Representative in Tientsin*. Yokohama: The Fukuin Print. Co., [1900]. 39 pp.

贾璜:《义和团运动的兴起及其过程》②

Rivinius, Karl Josef, "Anfänge der Missionstätigkeit der Steyler Missionare in China unter der Berücksichtigung des politischen und sozialen Umfeldes des P. Josef Freinademetz (1852-1908)", *China heute*, 19(1-2) (2000), pp. 46-56.

李维纽斯:《圣言会传教士在华传教活动的开端:福若瑟(1852～1908 年)对所处政治和社会环境的考察》

Rivinius, Karl Josef, "The Boxer Movement and Christian Missions in China", *Mission Studies*, 7 (1990), pp. 189-217.

李维纽斯:《义和团运动与在华基督教差会》③

Rivinius, Karl Josef, *Im Spannungsfeld von Mission und Politik: Johann Baptist Anzer (1851-1903), Bischof von Süd-Shandong*. Nettetal: Steyler Verlag, 2010. xiv+971 pp.

李维纽斯:《传教与政治之间的冲突地带:山东南部主教安治泰(1851～1903 年》

Rivinius, Karl Josef, "Imperialistische Welt- und Missionspolitik: der Fall Kiautschou", in Klaus J. Bade (ed.), *Imperialismus und Kolonialmission: Kaiserliches Deutschland und koloniales Imperium*. Wiesbaden: Steiner Verlag, 1982. pp. 269-288.

李维纽斯:《帝国主义的世界政策和传教政策:胶州事件》

Rivinius, Karl Josef, "Das kaiserliche Edikt vom 15. März und das katholische Missionswesen in China", in Roman Malek (ed.), "*Fallbeispiel*" *China. Ökumenische Beiträge zu Religion, Theologie und Kirche im chinesischen Kontext*. St. Augustin/Nettetal: Steyler Verlag, 1996. pp. 129-158.

李维纽斯:《3 月 15 日皇帝的圣旨与天主教在华传教事业》

Rivinius, Karl Josef, "Mission und Boxerbewegung in der Provinz Shandong unter besonderer Berücksichtigung der 'Gesellschaft des Göttlichen Wortes'", *China heute*, 23(4-5) (2004), pp. 164-179.

李维纽斯:《通过重点关注"圣言会"研究山东省的传教活动和义和团运动》

Rivinius, Karl Josef, *Mission und Politik. Eine unveröffentlichte Korrespondenz zwischen*

---

① 任其斐(Johan Alfred Rinell,1866～1941),瑞典人,浸信会传教士,1894 年到鲁东传教。师德顺(John H. Swordson, 1870～?),传教士,1893 年来华,1899 年加入瑞典浸信会,曾在鲁东传教。

② 附录包括:皇帝谕令、督抚文告、拳民揭帖、义和团历史。贾璜(Charles Frederick Gammon,1870～1926),美国圣经公会在华代表,义和团运动时期身处天津,曾在《纽约时报》(*New York Times*)发表关于义和团运动的文章。

③ 德文版本:Karl Josef Rivinius, "Boxerbewegung und christliches Missionswesen in China", *Verbum SVD*, 32 (1991), pp. 65-95.

Mitgliedern der 'Steyler Missionsgesellschaft' und dem Zentrumspolitiker Carl Bachem. (Veröffentlichungen des Missionspriesterseminars St. Augustin bei Bonn, Nr. 28). St. Augustin: Steyler Verlag, 1977

李维纽斯:《传教与政治:"圣言会"成员和德国中央党政治家卡尔·巴赫姆之间没有发表的通信》

Rivinius, Karl Josef, "Das Projekt 'Internationales Ketteler-Institut' in Peking", *Verbum SVD*, 43 (2002), pp. 331-356.

李维纽斯:《北京"国际克林德研究所"项目》

Rivinius, Karl Josef, "Vor hundert Jahren: Einweihung des Sühnedenkmals für Clemens Freiherr von Ketteler in Peking", *China heute*, 22 (2003), pp. 104-110.

李维纽斯:《百年之前:向克莱门斯·冯·克林德男爵赔罪的纪念碑在北京的落成典礼》

Rivinius, Karl Josef, *Weltlicher Schutz und Mission. Das deutsche Protektorat über die katholische Mission von Süd-Shantung* (Bonner Beiträge zur Kirchengeschichte, 14). Cologne and Vienna: Böhlau Verlag, 1987. xliv+599 pp.

李维纽斯:《世俗力量的庇护和传教活动的开展:德国对山东南部天主教传教活动的保护》

Robert, Léon-Gustave, "Shang-Hai et la révolution de 1900", *Annales de la Société des Missions-étrangères* (Paris 1902), pp. 99-106.

L. G. 罗伯特:《1900 年的上海革命》①

Roberts, James Hudson, *A Flight for Life and an Inside View of Mongolia*. Boston: Pilgrim Press, 1903. 402 pp.

J. H. 罗伯茨:《逃生记及蒙古内窥》

[Robertson, William George], "Diary Extract. Book I—Commenced whilst on HMVS *Cerberus* as a Member of the Victorian Contingent during the Boxer Rebellion". Courtesy of the *Sea Power Centre*. [116 pp.] Book II. [65 pp.].

W. G. 罗宾逊:《义和团运动期间的英舰"瑟伯勒斯"号》②

Robinson, Charles Napier (ed.), *China of Today: The Yellow Peril. An Album of Pictures and Photographs Illustrating the Principal Places, Incidents, and Persons Connected with the Crisis in China*. London: George Newnes, 1901.

C. N. 罗宾逊:《今日中国:"黄祸"》③

Rocholl, Theodor, "Ein Patrouillenritt in China", *Die Rheinlande: Monatsschrift für*

① L. G. 罗伯特(Léon-Gustave Robert, 1866～1956),法国人,巴黎外方传教会传教士,1891 年任该会上海总务。

② 该日记影印本由工程师 W. G. 罗伯逊保留。W. G. 罗伯逊(William George Robertson, 1854～1910),澳大利亚人,1900 年志愿参加维多利亚海军,后参加保定战役。电子资源: http://www.cerberus.com.au/manuals_printing.html#diaries.

③ C. N. 罗宾逊(Charles Napier Robinson, 1849～1936),英国人,海军军官,新闻记者,作家。

deutsche Kunst, 3(2) (November 1901), pp. 3-8.
泰奥多·罗彻尔:《在中国的一次骑马巡逻经历》①

Rockhill, William W., "The Impending Partition of China", *Collier's Weekly Journal of Current Events*, 25(11) (16 June 1900).
柔克义:《对中国的即将瓜分》②

Roegels, Fritz Carl, *"Iltis" bezwingt die Taku-Forts.* Tatsachenbericht über den Einsatz des deutschen Kanonenboots in Ostasien (Erlebnis-Bücherei, 19). Berlin: Steiniger, [1941]. 31 pp.
F. C. R. :《"伊利迪斯"号与大沽炮台》③

Rogalla von Bieberstein, "Die Chinaphase der deutschen Weltpolitik und militärischen Gesichtpunkten betrachtet", *Die Wage: Wiener Wochenschrift*, 37 (Vienna, 1901).
比伯斯坦·罗格拉·冯:《试议德国世界政策和军事理论的中国阶段》

Rogalla von Bieberstein, "Das deutsche Expeditionskorps für China", *Neue militärische Blätter*, 57 (1900), pp. 121-135.
比伯斯坦·罗格拉·冯:《德国派往中国的远征军》

Rogalla von Bieberstein, "Die militärische Lage in China", *Die Eule*. Schlesische Wochenschrift für Kunst und Leben No. 8 (1908), pp. 125-129.
比伯斯坦·罗格拉·冯:《中国的军事局势》

Rogan, James Watkyn, *The Yang Brothers: An Unforgettable Story of the Boxer Uprising*. Techny, IL: [SVD] Mission Press, [1951]. 120 pp.
J. W. 罗根:《杨氏兄弟:令人难以忘怀的义和团起义 》④

Rogge, Christian (Marine-Oberpfarrer), *Deutsche Seesoldaten bei der Belagerung der Gesandtschaften in Peking im Sommer 1900*. Berlin: Ernst Siegfried Mittler, 1902. iv+75 pp. A second edition was published in 1905.
克里斯蒂安·罗格(海军高级牧师):《1900 年夏北京使馆包围战中的德国海军士兵》⑤

Röhl, John C. G., *Wilhelm II: Into the Abyss of War and Exile 1900-1941*. Cambridge: Cambridge University Press, 2014.

---

① 关于随军艺术家参加中国远征军的经历,涉及在直隶北骑马巡逻的经历。

② 柔克义(William W. Rockhill,1854～1914),美国人,外交官,中国学研究者,政治顾问,起草了"门户开放"政策草稿,说服美国政府设立"庚子赔款奖学金"。

③ 出于宣传需要的虚构描述。

④ 历史小说,主要改编自斯皮尔曼(Joseph Spillman)神父及其他人的故事。也可参见:Joseph Spillmann, *Die Brüder Yang und die Boxer*.

⑤ 描述了德国海军陆战队对北京的占领。克里斯蒂安·罗格(Christian Rogge,1864～1912),义和团战争期间德军随军牧师。相关评论见:*the Militär-Literatur-Zeitung*, (1902), col. 133-134.

约翰·吕尔:《威廉二世:陷入战争泥淖及其流亡(1900~1941年)》①

Röhr, Albert, "Die Boxerunruhen in China 1900", *Deutsches Soldatenjahrbuch*, 23 (1975), pp. 299-307.

阿尔伯特·吕尔:《1900年中国的义和团动乱》

Rohwer, Jürgen, "International Naval Cooperation during the 'Boxer' Rebellion in China 1900/1901", *Revue internationale d'histoire militaire*, 70 (1988), pp. 79-95.

J. 罗韦尔:《1900~1901年义和团运动中的国际海军合作》.

"Role of the Boxer Movement Reassessed", *Eastern Horizon*, 19(5) (May 1980), pp. 36-42.

《义和团运动的角色再评价》

"Die römische Mission in China und das Deutsche Reich", *Allgemeine evangelisch-lutherische Kirchenzeitung*, 11 (1901).

《天主教在华传教活动与德意志帝国》

Roncagli, G., "Gli avvenimenti politico-militari nella Cina", *Rivista Marittima*, 33(7) (July 1900), pp. 149-158; 33(8-9) (August-September 1900), pp. 332-348; 33(11) (November 1900), pp. 364-391; 33(12) (December 1900), pp. 567-575.

G. R.:《发生在中国的政治与军事事件》

Rosenbaum, Arthur Lewis, "The Manchurian Bridgehead: Anglo-Russian Rivalry and the Imperial Railways of North China, 1897-1902", *Modern Asian Studies*, 10(1) (1976), pp. 41-64.

A. L. 罗森鲍姆:《满洲的立足点:英俄竞争与华北帝国铁路(1897~1902年)》

Ross, John, "Boxers in Manchuria", *Missionary Review of the World*, 23(11) (November 1900), pp. 829-830. Published as a separate offprint, Shanghai: *North-China Herald* Office, 1901. 18pp.

罗约翰:《满洲的义和团》②

Ross, John, "Evolution of a Boxer", *Missionary Review of the World*, 25(2) (February 1902), pp. 126 128.

罗约翰:《一位拳民的演化》

Ross, John, "Missions and War in China", *Sunday at Home*, (November 1900).

罗约翰:《在华战火与差会》

Ross, John, "Our Future Policy in China", *The Contemporary Review*, 78 (October 1900), pp. 483-496.

① 第四章涉及义和团运动。首版:John C. G. Röhl, *Wilhelm II. Der Weg in den Abgrund, 1900-1941*. München: C. H. Beck, 2008.

② 作者认为义和团乃是志愿招募,后经山东巡抚毓贤的训练及扶植,然后传播到满洲。罗约翰(John Ross, 1842~1915),苏格兰长老会差会传教士,1872年到东北传教。

罗约翰:《我们在华未来政策》①

Ross, John, "Recantations in Manchuria", *Missionary Review of the World*, 25(12) (December 1902), pp. 922-926.

罗约翰:《在满洲改变信仰》

Ross, John, "The Persecution in Manchuria", *Missionary Review of the World*, 25 (11) (November 1902), pp. 817-824.

罗约翰:《满洲的迫害》

Rosthorn, Paula von, *Briefe aus Peking*. Vienna: Mößmer, 1900. 16 pp.

保拉·冯·罗斯特霍恩:《北京来信》②

Rosthorn, Paula von, *Peking 1900. Paula von Rosthorns Erinnerungen an den Boxeraufstand, März bis August 1900*. Mit einem Vorwort von Arthur von Rosthorn. Hrsg. von Alexander Pechmann. (Böhlaus zeitgeschichtliche Bibliothek, 38). Vienna: Böhlau, 2001. 139 pp.

保拉·冯·罗斯特霍恩:《1900年的北京:保拉·冯·罗斯特霍恩关于义和团运动的回忆录(1900年3~8月)》

Roy, Manabendra Nath, *Revolution and Counter-Revolution in China*. Calcutta: Renaissance Publishers, 1946. viii+689 pp.

罗易:《革命与反革命在中国的相遇》③

Ruffi de Pontevès, Jean de, *Souvenirs de la colonne Seymour: les marins en Chine*. Paris: Plon-Nourrit, 1903. xii+330 pp. 6th ed.: *Les marins en Chine: souvenirs de la colonne Seymour*; illustré de dessins d'Henri Rousseau, de photographies, et de croquis. Paris: Plon-Nourrit, 1904. xii+330 pp.

J. 鲁菲·德·蓬特韦:《西摩特遣队的回忆:海军在中国》④

Rühlemann, Martin W., "Bayern in China. Die Mythen des Kolonialkrieges 1900/01 und die Münchner Kriegerschaft deutscher Kolonialtruppen".

马丁·W·吕乐曼:《巴伐利亚人在中国:1900/1901年殖民战争的神话和德国殖民军中的慕尼黑战士》⑤

Ruoff, E. G. (ed.), *Death Throes of a Dynasty: Letters and Diaries of Charles and Bessie Ewing, Missionaries to China*. Kent, OH: Kent State University Press, 1990. ix+276 pp.

---

① 该文分析了在华列强对中国的四种可能性反应:(1)西方列强与日本联合瓜分中国;(2)承认慈禧太后及其保守派官员;(3)认可各地督抚各自的管辖权;(4)重建清廷中央政府的势力。

② 保拉·冯·罗斯特霍恩(Paula von Rosthorn,1873~1967),为奥地利外交官罗士恒(Arthur von Rosthorn,1862~1945)之妻,曾积极参加保卫北京使馆之战。

③ 关于义和团运动,见该书第188~215页。再版于:Westport, CT: Hyperion Press, [1973]; Delhi: Ajanta Publications, 1986. xv+576 pp. 德文译本:Roy, Manabendra Nath, *Revolution und Konterrevolution in China*. Übersetzung aus dem englischen Manuskript von Paul Frölich. Berlin: Soziologische Verlagsanstalt, 1930. 478 pp.

④ 作者(Jean de Ruffi de Pontevès-Gévaudan,1878~1949)为法国海军军官。

⑤ 电子资源:http://muc.postkolonial.net/files/2012/05/China_Kolonialkrieger.pdf.

E. G. 劳夫编:《传教士玉嘉利日记信函汇编》①

Russell, Nellie, " A Missionary's Experience in Pekin", *Record of Christian Work*, 19 (11) (November 1900), pp. 813-815.

N. 罗素:《一位传教士在北京的经历》②

Russell, Nellie, "A Nineteenth Century Hero", *Record of Christian Work*, 20(10) (October 1901), pp. 711-713.

N. 罗素:《一位 19 世纪的英雄》③

Russell, Samuel Marcus, *The Story of the Siege in Peking*. London: Elliot Stock, 1901. 50 pp.

骆三畏:《北京被围记》④

Russell, Wilmot P. M., "The defence of the Peking legations, 1900. A retrospect", *National Review*, (May 1926), pp. pp. 386-405.

W. P. M. 罗素:《1900 年北京使馆保卫战》⑤

Russell, Wilmot P. M., "The occupation of Peking by the allies after the siege of the legations in 1900", *National Review*, (July 1928), pp. 742-755.

W. P. M. 罗素:《1900 年北京使馆被围之后联军占领北京》

Ruxton, Ian C. (ed.), *The Diaries of Sir Ernest Satow, British Envoy in Peking (1900-06)*. In Two Volumes. Volume One: 1900-03; Volume Two: 1904-06. With annotations and index by Ian C. Ruxton (2006). With an Introduction by James E. Hoare. Kyushu Institute of Technology Academic Repository.

I. C. 洛克斯顿:《英国驻华公使萨道义日记(1900～1906 年)》⑥

S. B., "Le Congrès de la paix et le protectorat en Chine", *Revue du monde catholique*, 7e série, Tome 8. 4 (15 August 1901), pp. 413-427.

B. S. :《和平会议和在中国的保教权》⑦

Sabatier, Aubin, *Études sur les établissements militaires créées en Chine par les étrangers, 1900-1907*. Paris; Nancy: Berger-Levrault, 1909. vii+211 pp.

A. 萨巴棣:《外国人在中国设立的军事组织之研究》⑧

Sabatier, Aubin, *La Génie en Chine. Période d'occupation, 1901-1906*. Avec 90 figures

---

① 玉嘉利(Charles Edward Ewing,1869～1927)及其妻 E. S. 史密斯(Elizabeth Goodyear Smith,1870～1966)为美国公理会传教士,使馆被围期间均在北京。

② N. 罗素(Nellie Russell, 1862～1911),美国公理会传教士。

③ 记述了一个名叫吴元的少年携带美国公理会信息穿越拳民封锁送抵天津的故事。

④ 骆三畏(Samuel Marcus Russell,1856～1917),爱尔兰人,京师大学堂数学教习,曾获中国勋章。

⑤ W. P. M. 罗素(Wilmot P. M. Russell, 1874～1950),1900 年时为英国使馆翻译学生。

⑥ 电子资源:http://hdl. handle. net/10228/430.

⑦ 作者批评了法国巴黎的和平会议(1900),该会认为传教士应为义和团兴起负责。电子资源:http://gallica. bnf. fr/ark:/12148/bpt6k5657031j/f419. image.

⑧ 节选自:*Revue du génie militaire*, (August-September 1908). A. 萨巴棣(Aubin Sabatier, 1861～1918),法国工程兵军官。本书描述了法军的驻防特别是其在天津的军事设施。

dans le texte et une planche hors texte. Paris; Nancy: Berger-Levrault, 1910. 252 pp.

A. 萨巴棣:《占领时期在中国的工程兵(1901～1906 年)》

Sabatier, Aubin, "Note sur la fièvre typhoïde en Chine et en particulier dans la garnison de Pao-Ting-Fou", *Archives de médecine et de pharmacie militaires*, 39 (1902), pp. 457-469.

A. 萨巴棣:《对中国伤寒病的记录,特别是关于保定府驻军的》

Sabatier, Aubin, "Le service de santé des États-Unis en Chine", *Archives de médecine et de pharmacie militaires*, 39 (1902), pp. 518-526.

A. 萨巴棣:《美国在中国有关健康的服务》①

Sai-chin-hua, *That Chinese Woman. The Life of Sai-chin-hua*. Translated from the Chinese by Henry McAleavy. London: George Allen & Unwin, 1959. 207 pp.

赛金花:《赛金花传》

Saillens, Marcel-Michel-Pierre (lieutenant), *Campagne de Chine (mai à septembre 1900). Journal d'un officier*. Paris: Henri Charles-Lavauzelle, 1905. 141 pp.

M. M. P. 萨扬(中尉):《中国之战(1900 年 5～9 月)》②

Salinis, Albert de, "L'héroïne du Pé-tang", *Études* 42e année, tome 103 (1905), pp. 305-329.

阿勒柏德・萨黎尼:《北堂的女英雄》

Salom, Paolo, "I boxers a Pingyuan: una svolta obligatoria". Unpublished dissertation 'Dottore' in Chinese Studies. University of Venice, 1988. 109 pp

P. 莎乐美:《平原义和团》

Salvago Raggi, Giuseppe, "Diari e memorie", in Glauco Licata(ed.), *Notabili della Terza Italia*. Roma: Cinque lune, 1968. 592 pp.

萨尔瓦葛:《萨尔瓦葛日记》③

San Roman, Miguel Angel, "Presence of the Boxer Rebellion in the Dominican Missions in Fujian", in Angelo S. Lazzarotto (ed.), *Yihetuan yundong yu Zhongguo Jidu zongjiao (The Boxer Movement and Christianity in China)*. Taibei: Furen University Press, 2004; pp. 481-489.

山乐曼:《福建多名我会教区出现的义和团叛乱》

"'Sanguinis Martyrum'; ossia i martiri di Pechino del 1900", *Le Missioni Estere Vincenziane*, 9 (1931), pp. 179-182, 197-199, 243-245, 281-285; 10 (1932), pp.

---

① 作者讨论了美国志愿兵外科医生(William B. Banister)的报告,以及中国远征军及其他相关人员信息,见: *Report of the Surgeon-General of the Army to the Secretary of War for the Fiscal Year Ending June 30, 1901*. (Washington D. C., 1901).

② 电子资源: ftp://ftp. bnf. fr/553/N5535070_PDF_1_-1DM. pdf. M. M. P. 萨扬(Marcel-Michel-Pierre Saillens, 1869～1916),法国人,陆军军官,曾参加义和团战争。

③ 萨尔瓦葛(Giuseppe Salvago Raggi, 1866～?), 1899～1901 年间任意大利驻华公使。

8-11, 32-35, 51-55, 78-80, 98-102, 132-135, 151-153, 177-181, 201-204, 230-233, 281-283; 11 (1933), pp. 16-17, 134-136, 209-212, 259-260; 12 (1934), pp. 8-9, 33-36, 57-58, 83-85, 180-182, 209-212, 226-228, 255-256; 13 (1935), pp. 163-166, 233-235; 14 (1936), pp. 33-36, 91-93, 114-116, 151-152, 187-189.

《1900年在北京遇害的天主教徒》

Saunders, Alexander R., *A God of Deliverances: The Story of the Marvellous Deliverances through the Sovereign Power of God of a Party of Missionaries, when Compelled by the Boxer Rising to Flee from Shan-si, North China*. London: Morgan and Scott, [1901]. 87 pp and [7] pp of plates.

A. R. 桑德斯:《拯救之主:山西逃亡记》①

Saunders, Alexander R., "*In Weariness and Painfulness*". *Being the Account by Rev. A. R. Saunders of the Flight from P'ing-iao to Hank-kow of Himself and Party*. London: China Inland Mission, [1901]. 31 pp.

A. R. 桑德斯:《从平遥到汉口的艰苦逃亡》

Saunders, (Mrs.) A. R. [Isabella Alice Smith], *Two Child-martyrs: Jessie and Isabel Saunders*. China Inland Mission. 14 pp.

桑德斯夫人:《两位儿童殉教者》

Saunders, Malcolm, "The Boxer Rebellion: 1900-1901", *Sabretache: the journal of the Military Collectors Society of Australia*, 24(4) (1983), pp. 4-9.

M. 桑德斯:《1900～1901年的义和团"叛乱"》

Savarese, Vincenza (Sister), "La persecuzione dei Boxer a Pechino nel 1900", *Le Missioni Estere Vincenziane*, 18 (Chieri 1940), pp. 138-142, 156-159, 175-179; 19 (1941), pp. 28-31, 44-45, 76-79.

V. 萨瓦莱赛:《1900年义和团在北京的迫害》

Saville, Lillie E. V. (M. D.), *Siege Life in Peking*. London: London Missionary Society, s. a. 16 pp.

L. 萨维尔:《北京被围的生活》②

Saville, Lillie E. V. (M. D.), "The Siege of Peking: Its Medical Aspects", *China Medical Missionary Journal*, (January 1901).

L. 萨维尔:《北京被围期间的医疗》

Scenes Taken in China of the Boxer War and the Late Rebellion. Peking: Tientsin Pub. Co., [1913?].

《有关义和团战争与此后叛乱的中国掠影》

① A. R. 桑德斯(Alexander R. Saunders, 1862～1934),苏格兰人,中华内地会传教士,义和团运动期间,带领其家眷从山西平遥逃到汉口,其中两个孩子在途中丧生。

② L. 萨维尔(Lillie E. V. Saville, 1869～1911),英国人,伦敦会医疗传教士,1895年来华,1900年北京使馆被围期间接受皇家红十字会培训为国际医院服务。

Scharck, Hermann (ed.), *Vor langer Zeit... Tagebücher und Aufzeichnungen des Wilhelm Scharck*. Glinde: Selbstverlag, 1993. 192 pp.

赫尔曼·沙尔克编:《威廉·沙尔克的日记和记录》①

Scheibert, J., *Der Krieg in China 1900-1901 nebst einer Beschreibung der Sitten, Gebräuche und Geschichte des Landes*. Berlin: A. Schröder, 1900-1901. 2 vols. Another edition: Berlin: C. A. Weller, 1909. v+535 pp.

J. 施艾伯特:《1900～1901 年的中国战争,以及该国的风俗习惯和历史》②

Schermuly Erwin, Marc Falinski & Lothar A. J. Frank (comps.), *Deutschlands Seebataillone: ihr Einsatz in China* [1897 to 1914]. [Marburg Schermuly] [ca. 2006]. 168 leaves.

施艾穆利·埃尔文、马克·法林斯基和洛塔尔. A. J. 弗兰克编:《德国海军陆战队:1897～1914 年在中国参战》

Schimmelpenninck van der Oye, David, "Russia's Ambivalent Response to the Boxers", *Cahiers du monde russe*, 41(1) (January-March 2000), pp. 57-78.

D. 施麦尔潘尼克:《俄国对义和团的含糊反应》

Schimmelpenninck van der Oye, David, *Toward the Rising Sun: Russian Ideologies of Empire and the Path to War with Japan*. DeKalb, Ill.: Northern Illinois University Press, 2001. xiii+329 pp.

D. 施麦尔潘尼克:《沙俄帝国的意识形态与对日战争》③

Schlatter, Wilhelm, *Die chinesische Fremden- und Christenverfolgung vom Sommer 1900*. (Basler Missions-Studien, Heft 7). Basel: Missionsbuchhandlung, 1901. 77 pp.

威廉·施拉特:《中国 1900 年夏的外国人和基督徒大迫害》

Schlatter, Wilhelm, ""Die chinesische Krisis", *Allgemeine Missionszeitschrift*, 29 (1902), pp. 364-376, 397-422, 459-468.

威廉·施拉特:《中国危机》

Schlegel, Gustaaf, *De Oorsprong van den Vreemdenhaat der Chineezen*. 13 pp. First published in *Tijdschrift van het Nederlandsch Aardrijkskundig Genootschap*, 2nd ser. 18 (September 1901), pp. 803-815.

G. 施勒吉尔:《中国排外主义的起源》④

① 威廉·沙雷克(Wilhelm Scharck, 1879～1961),志愿参加德意志东亚远征军,1900 年 9 月初启程前往中国。上述著作涉及其在义和团战争中的日记。

② 电子资源:http://archive.org/details/KriegInChina_405. 义和团战争的通俗著作,卷一带有成见地描绘了中国及中国人,卷二与义和团战争有关。J. 施艾伯特(J. Scheibert, 1831～1903),普鲁士军队军官,后成为军事题材作家。

③ 改编自博士论文("Ex Oriente Lux: Ideologies of Empire and Russia's Far East 1895-1904",耶鲁大学,1997)。第十章(Righteous and Harmonious Fists)和第十一章(Manchurian Quicksand)涉及义和团运动。

④ 作者认为中国并不是天生的排外,其原因是长期受到西方的挑衅,特别是强制性的鸦片输入与传教。义和团起事实际上是列强强索租借的必然结果,而联军的军事行动只会增加中国的仇恨。

Schlick, [Carl] (Marine-Stabsarzt), "Meine kriegschirurgischen Erfahrungen während der chinesischen Wirren im Juni bis Oktober 1900", *Deutsche militärärztliche Zeitschrift*, 30(8-9) (1901), pp. 449-481.

卡尔·施里克(海军上尉军医):《我在1900年6～10月中国动乱期间的战时外科经验》①

Schlick, Carl (Marine-Stabsarzt), "Die Verwundungen des deutschen Detachements beim Seymourschen Expeditionskorps", *Marine-Rundschau*, 12(2) (February 1901), pp. 182-195.

卡尔·施里克(海军上尉军医):《西摩尔远征军中德国分队的受伤情况》

Schlieper, Paul, *Meine Kriegs-Erlebnisse in China. Die Expedition Seymour*. 2nd ed. Minden i. Westf.: W. Köhler, 1902. 138+x pp. Reprint Wolfenbüttel: Melchior, Historischer Verlag, 2011. 156 pp.

保罗·施里珀:《在中国经历的战争:西摩尔远征》②

Schlippenbach, Otto von, *Selbsterlebtes von der Deutschen China-Expedition*. Als Manuscript gedruckt für seine Freunde. Berlin: Dr. des Sonntagsblattes., 1902. 3 vols. Einleitung, die Zeit der Vorbereitungen, die Ueberfahrt-erster Theil: [26. Juli-6. September 1900]; Die Ueberfahrt-zweiter Theil, an Land: [7. September-20. Oktober 1900]; Peking, dritter Theil: [6. Mai-14. Juni 1901].

奥托·冯·施里彭巴赫:《亲历德国对中国的远征》

Schmidt, Hans, *Maverick Marine: General Smedley D. Butler and the Contradictions of American Military History*. Lexington, Ky.: University Press of Kentucky, 1987. x+292 pp.

H. 施密特:《巴特勒将军与美国军事斗争史》

Schneiders, Nico, *Mgr. Ferdinand Hamer, een heldenfiguur uit den Bokser-Opstand in China*. Met een inleiding van Prof. Dr. A. Mulders. Roermond-Maaseik: J. J. Romen & Zonen, 1938. xi+181 pp.

尼克·施耐德斯:《韩默理传》

Schnitzler, Arthur, "Boxeraufstand", in ibid., *Der blinde Geronimo und sein Bruder. Erzählungen 1900-1907*. Frankfurt a. M.: Fischer Taschenbuch Verlag, 1993, pp. 90-94.

阿图尔·施尼茨勒:《义和团运动》③

Schott, Ernst, *Die Wirren in China und ihre Ursachen*. Leipzig-Reudnitz: A.

① 卡尔·施利克(Carl Schlick),德意志帝国海军外科医师,1990年参加西摩尔远征军。

② 英文手稿版本:the Edward H. Seymour Collection, Phillips Library, Peabody Essex Museum, Salem, Mass., U. S. A. 出版情况见:"Account of Captain Lieutenant Paul Schlieper, German Imperial Navy", in Frederic A. Sharf & Peter Harrington (eds.), *China, 1900: The Eyewitnesses Speak*. Mechanicsburg: Stackpole Books, 2000, pp. 43-72.

③ 节选自1900年12月22日的《时代周报》(*Die Zeit*)。

Hoffmann, 1900. 38 pp.

恩斯特·绍特:《中国动乱及其原因》[1]

"Die Schreckenstage in den Missionen Chinas", *Katholische Missionen*, 29(1900), pp. 49-55.

《在中国传教团的恐怖岁月》

Schrecker, John E., "Imperialism Contained: German Colonialism and Chinese Nationalism in Shantung, 1897-1907", Ph. D. dissertation, Harvard University, 1968. 541 pp.

石约翰:《德国帝国主义和中国民族主义:以山东为例》

Schrecker, John E., *Imperialism and Chinese Nationalism: Germany in Shantung* (Harvard East Asian Series, 58). Cambridge, MA: Harvard University Press, 1971. xiv+322 pp.

石约翰:《德国帝国主义和中国民族主义:德国在山东》

Schreeb, Hans Dieter, *Hinter den Mauern von Peking*. Berlin: Ullstein, 1999. 544 pp. Another edition: Munich: Ullstein, 2001. 684 pp.

汉斯·迪特·施里普:《在北京的城墙后》

Schreiber, Hermann, *Opfergang in Peking. Ein Buch um das Sterben des Gesandten von Ketteler*. Berlin: Scherl, 1936. 267 pp.

赫尔曼·施莱博:《在北京的自我牺牲:公使克林德之死》

Schulman, Irwin Jay, "China's Response to Imperialism, 1895-1900", Ph. D. dissertation, Columbia University, 1967. 321 pp.

I. J. 舒尔曼:《中国对帝国主义的反应(1895～1900年)》

Schulz, Claus-Dieter, "Sanitätsdienst beim Boxeraufstand in China", *Deutsches Soldatenjahrbuch*, 1998/46., pp. 107-110.

克劳斯-迪特·舒尔茨:《中国义和团运动中的卫生事业》

Schulz, Corinna, *Das Deutsche Kaiserreich und der Boxeraufstand in China, 1900*. München: GRIN Verlag, 2004. 21 pp.

科琳娜·舒尔茨:《德意志帝国与1900年的中国义和团运动》

Schulz, Emil Louis Alfons, "Die Prostitutionsfrage für europäische Heere auf asiatischen Kriegsschauplätzen mit besonderer Berücksichtigung der Verhältnisse während der chinesischen Wirren", Medical dissertation, Leipzig, 1903.

埃米尔·路易·阿尔方·舒尔茨:《欧洲军队在亚洲战场上,尤其是"中国动乱"期间的嫖娼问题》

Schulz-Schweckhausen, E., *Buh svych vernych neopusti. Povidka z doby cinskeho povstani*. Prague: Kotrbam, 1916. 57 pp.

E. S. 施魏克豪森:《义和团运动期间的故事》

---

① 相关评论见:Friedrich Düsel, *Westermanns illustrierte deutsche Monatshefte*, 89(1901), pp. 731.

Schusta, Günter, "Österreich-Ungarn und der Boxeraufstand". Ph. D. dissertation, University of Vienna, 1967. vi+211 leaves.

君特·舒斯塔:《奥匈帝国与义和团运动》

Schwarz, Rainer, "Raub und Rückgabe astronomischer Instrumente des alten Pekinger Observatoriums durch das imperialistische Deutschland", *Wissenschaftliche Zeitschrift der Humboldt-Universität zu Berlin. Gesellschafts- und sprachwissenschaftliche Reihe*, 16 (1967), pp. 453-462.

莱纳·施瓦茨:《帝国主义德国的抢掠和归还北京老天文台的天文仪器》

Schwarz, Rainer, "*Sai Jinhua und das Ketteler-Denkmal. Widerlegung einer absurden Legende*", *Nachrichten der Gesellschaft für Natur- und Völkerßnde Ostasiens E. V.* Jg. 78, Heft 183-184 (2008), pp. 149-166.

莱纳·施瓦茨:《赛金花与克林德纪念碑:驳斥一个荒唐的传闻》①

Scott, David, *China and the International System, 1840-1949: Power, Presence, and Perceptions in a Century of Humiliation*. Albany: State University of New York Press, 2008.

D. 斯科特:《中国与国际体系(1840～1949 年)》②

Scott, R. P., "The Boxer Indemnity in Its Relation to Chinese Education", *Journal, of the British Institute of International Affairs*, 2(4) (July 1923), pp. 149-167.

R. P. 斯科特:《庚子赔款及其与中国教育的关系》③

Scott-Moncrieff, G. K., "Peking, June to August 1900", *The Royal Engineers Journal* (1 April 1901).

M. G. K. 斯科特:《1900 年 6～8 月的北京》④

Scott-Moncrieff, G. K., "Peking, August 1900", *Blackwood's Magazine*, 178 (November 1905), pp. 627-638.

M. G. K. 斯科特:《1900 年 8 月的北京》

Scott-Moncrieff, G. K., "Recollections of the Germans in China, 1900", *Blackwood's Magazine*, 198 (July 1915), pp. pp. 71-88.

---

① 原题目是:"Sai Jinhua and the Ketteler monument"。电子资源:www. uni-hamburg. de/oag/noag/noag2008_8. pdf.

② 第五章(China's Further Humiliations)涉及义和团运动的背景及其过程。

③ 该文主要利用了 1923 年 5 月 8 日的一份报告,分析了义和团运动兴起的原因、合理赔款额、各国的份额,以及建议英国政府应减免赔款额,并认为利用该赔款最好的办法就是用于教育事业。也可参见:R. P. Scott, *The Boxer Indemnity: Its Relation to Chinese Education*. [London], 1924. 17 pp. Reprinted from *the Empire Review* (November 1924). Held at the London School of Economics (University of London), Library, Archives-Special, Shelfmark: FOLIO FL/17 R. P. 斯科特(R. P. Scott,1856～1931),英国人,教育学家,1921～1922 年任中华教育管理委员会委员。

④ 描述了北京被围及远征军的解救。M. G. K. 斯科特(George Kenneth Scott-Moncrieff,1855～1924),英国人,军事官员,1900～1901 年任英国皇家工程兵指挥官。关于其回忆录副本,见:India Office Private Papers, Asia, Pacific and Africa Collections, British Library, Shelfmark MSS Eur C259.

M. G. K. 斯科特:《德国人的在华回忆(1900 年)》[1]

Seckendorff, Freiherr von, *Deutscher Posten Langfang: deutscher Fleiss, deutsche Arbeit, deutsche Kraft gebieten der Welt Achtung*; erbaut 1901-1902 vom II. Batl. 3. Ostas. Inft. Regts. Major Auwärter und 7. Kompagnie 2. Ostas. Inft. Regts. Hauptmann Beyer, beiden gewidmet. Verlag: LangFang: Selbstverlag/ Gera: Hofsteindr. Gerth & Oppenrieder, 1902. 47 pp.

塞肯多夫男爵:《德国在廊坊的岗哨:德国勤奋、德国工作和德国力量令全世界肃然起敬》[2]

Seifarth, F., *China. Schilderung von Land & Leuten, Kultur, Religion, (Missionswesen), Sitten und Geschichte, mit kurzer Berücksichtigung der jüngsten Ereignisse und Deutschlands Handelsinteressen*. Berlin and Leipzig: F. Luckhardt, 1900. vii+ii+182 pp.

F. 赛法特:《中国:国家与人民,文化与宗教(传教事业),风俗与历史——兼议最近发生的事件及德国的贸易利益》[3]

"Die seitens Russlands für die Bekämpfung des Aufstands in China getroffenen Massnahmen", *Jahrbücher für die deutsche Armee und Marine* 118 (Berlin 1901), pp. 301-310.

《俄国为镇压中国的起义所采取的措施》

Selby, John Millin, *The Paper Dragon: An Account of the China Wars, 1840-1900*. New York: Praeger; London, Arthur Barker, 1968. 214 pp.

J. M. 塞尔比:《纸龙:中国战争概述(1840～1900 年)》

Sendlein, Thomas & Betty Ann Maheu, "The 120 Martyr Saints of China, 1648-1930", *Tripod*, 20 (2000), No. 119, pp. 42-69.

T. 森德莱因、B. A. 马修:《中国 120 位殉教者(1648～1930 年)》

Séneschal, Alfred and Emile Becker, "Blocus et résistance de la Résidence de Tchang-kia-tchoang près Hien-hien", *Chine et Ceylan*, 2 (December 1900), pp. 125-141.

林道昌:《献县附近张家庄驻地的围攻和抵抗》[4]

Serjeant, Constancia, *A Tale of Red Pekin*. London : Marshall Brothers, 1902.

C. 萨金特:《红色北京的故事》

"The Settlement of the Yellow Peril", *Black and White Budget*, 3(41) (21 July 1900),

---

① 概述了德国参加义和团战争的历史,并提到德国军队犯下的暴行、大多数军官的"傲慢和残暴"以及频繁使用"狡诈诡计",然而,却把瓦德西描述为"慈祥的老元帅"。

② 关于德意志东亚远征军在廊坊的军事驻地。也可参见:*Gesammelte Denkschriften mit Photographien und Beilagen über die deutschen Posten*. F. 奥怀特(Friedrich von Auwärter, 1865～1940),德国人,陆军军官,义和团战争期间服役于德意志东亚远征军第三步兵团第二营。

③ 作者希望建立一个更美好的中国形象,称义和团运动乃是欧洲资本家过度开发的结果。此外,作者认为欧洲舆论通过国际新闻社的虚假电文一直影响中国近期事件,另指出不应当对中德贸易抱有高期望。

④ 关于耶稣会直隶东南献县传教士中心居住区张家庄被围的描述。林道昌(Alfred Séneschal, 1853～1906),法国人,耶稣会传教士,1892 年到直隶东南代牧区传教。

pp. 490-495.

《黄祸的解决》

Seyfried, Gerhard, *China Gelber Wind oder Der Aufstand der Boxer*. Frankfurt a. M.: Eichborn, 2008. Reprint in Berlin: Aufbau Taschenbuch, 2010.

格哈德·赛弗里德:《中国黄风或义和团运动》

Seymour, Edward Hobart, *My Naval Career and Travels*. London: Smith, Elder & Co.; New York: E. P. Dutton & Co., 1911. xvi+428 pp.

西摩尔:《我的军旅生涯》①

[Shanghai Mercury], *The Boxer Rising: A History of the Boxer Trouble in China*. 2nd ed. Shanghai: Shanghai Mercury Ltd., 1901. x+174 pp.

《中国义和团之乱》

Sharf, Frederic Alan & Peter Harrington, *China, 1900. The Eyewitnesses Speak: The Boxer Rebellion as Described by Participants in Letters, Diaries and Photographs*. London: Greenhill Books; Mechanicsburg, PA: Stackpole Books, 2000. 240 pp.

弗雷德里克·沙夫、彼德·哈林顿编著:《1900 年的中国;西方人的叙述:义和团运动亲历者的书信、日记和照片》

Sharf, Frederic Alan & Peter Harrington, *The Boxer Rebellion, China, 1900: The Artists' Perspective*. London: Greenhill; Mechanicsburg, PA: Stackpole Books, 2000. 64 pp.

F. A. 沙尔夫、P. 哈灵顿:《艺术家眼中的义和团运动》

Sheeks, Robert B., "A Re-examination of the I Ho Ch'üan and Its Role in the Boxer Movement", *Papers on China*, 1 (East Asian Research Center, Harvard University, December 1947), 74-135.

R. B. 希克斯:《对义和拳的再思考及其在义和团运动中的作用》②

Sheffield, D. Z., "Christian Missions in China Should be Protected by Western Nations", *Chinese Recorder*, 31(11) (November 1900), pp. 544-547.

谢卫楼:《基督教差会应受到西方国家的保护》③

Sheffield, D. Z., "Eight Months of Foreign Domination in China: What Have They Accomplished?", *The Congregationalist*, (15 June 1901), pp. 956-957.

---

① 西摩尔(Edward Hobart Seymour,又名西摩,1840～1929),英国人,海军军官。曾带领所谓的远征军来华,实际上是一小股多国部队,他们试图从天津进军北京,解救 1900 年 6 月的使馆之围。

② 哈佛大学研讨会论文,作者试图论述拳民为何能与官方的阴谋合流。他认为,中国社会各阶层参与义和团运动,其背后原因各异。虽然外国人侵可能是所有阶层所面临的共同因素,但官员、士绅、民众的反应却不尽相同。因此,义和团能够利用弥漫在中国社会各阶层抑郁已久的仇恨。不过,作者却不认同史达格的"乡团说",认为义和团受到朝廷大员如载漪及端王等人的支持。

③ 作者论述说基督教在华差会应该受到其各自母国的保护。他不仅指出中国应遵守条约义务,而且也认为宗教自由乃是基督教根源,声称"传教士应该在其自然权利下传教,有权获得其母国政府的保护"。谢卫楼(D. Z. Sheffield, 1841～1913),美国人,公理会传教士,1869 年到华北传教。

谢卫楼:《外人治下的中国:八个月的业绩》

Sheffield, D. Z., "The Influence of the Western World on China. Progress, Mistakes, and Responsibilities", *The Century Magazine*, 60(5) (September 1900), pp. 784-791.

谢卫楼:《西方世界对中国的影响》

Sheffield, D. Z., "Missionaries and Christian Converts in China", *Chinese Recorder*, 31 (12) (December 1900), pp. 589-596.

谢卫楼:《传教士及其中国教民》

Sheffield, D. Z., "The Siege of Peking", *Chinese Recorder*, 31(10) (October 1900), pp. 512-515.

谢卫楼:《北京被围》①

Shepter, Joe, "An American missionary's engineering talents made him an unlikely hero during the Boxer Rebellion", *Military History*, 17(2) (June 2000), pp. 20 & 24.

J. S. :《一位拥有工程才能的美国传教士在义和团运动中的作用》②

Shih Lan, "A Shameless Betrayal: Refuting the Slander of Tikhvinsky and Associates against the I Ho Tuan Movement", *Selections from Peoples Republic of China Magazines*, 855 (16 January 1976), pp. 14-18.

石岚:《无耻的背叛:斥齐赫文斯基之流对义和团运动的诽谤》

Shockley, Philip M., *The Krag-Jorgensen Rifle in the Service*. Aledo, IL: World-Wide Gun Report, 1960. 68 pp.

P. M. 肖克利:《战争中的克拉格步枪》

Shore, H. N. (Commander, RN), "The Chinese Crisis—Was It Foreseen?", *United Service Magazine*, 22 (January 1901), pp. 400ff.

H. N. 肖尔:《中国危机被预见到了吗》

The siege of Peking. A narrative from day to day, with the experiences of an American missionary and a lady. Shanghai, 1900. 19 pp.

《北京被围》

The Siege of the Peking Embassy, 1900: Sir Claude Macdonald's Report on the Boxer Rebellion. (uncovered editions), London: The Stationery Office, 2000. 288 pp.

《1900年的北京使馆之围》

Siegler, Sylvia H., "Imperial Servant: The Life and Times of Sir Claude MacDonald", Ph. D. dissertation, Claremont Graduate School, 1975. v+462 leaves.

S. H. 西格勒:《窦纳乐传》

---

① 作者认为,现有充足的证据显示,义和团运动受到中国政府的激励——从北京发起驱逐外人及其本土信徒的阴谋,经义和团民暴乱从而四处散播,而且这一狂潮已经迫在眉睫(见该书512页)。作者还讨论了保卫公使馆的几种办法,并且建议应发挥美国传教士贾腓力的作用。

② 描述了拥有工程才能的美国基督教传教士贾腓力在保卫北京使馆时所发挥的作用。

Sievers, Wilhelm, "Der Kampf gegen die Fremden in China", *Die Zeit*, 23(301) (7 July 1900), pp. 4-6.

威廉·西弗尔斯:《中国反抗外国人的斗争》

"The Sifting Time in Manchuria: The Persecution of the Manchurian Church", *Chinese Recorder*, 32(9) (September 1901), pp. 423-435.

《对满洲教会的迫害》

Silbermann, [Léon], *Journal de Marche d'un soldat colonial en Chine*. Paris: Henri Charles-Lavauzelle, 1907. 166 pp.

勒翁·斯勒柏玛:《一个殖民战士在中国的征程日记》①

Silbermann, [Léon], Souvenirs de campagagne, par le soldat Silbermann. Paris: Plon-Nourrit, 1910.

勒翁·斯勒柏玛:《士兵斯乐白贺曼对在中国出征的回忆录》

Silbey, David J., *The Boxer Rebellion and the Great Game in China*. New York: Hill and Wang, 2012. 304. pp.

D. J. 西尔贝:《义和团运动与在华的博弈》②

Silvestri, Cipriano, "a Chine de 1900", *Revue d'Histoire des Missions*, 14 (1937), pp. 478-493.

明德正:《1900 年的中国》③

Silvestri, Cipriano, "martiri cinesi nella rivoluzione del *1900*", *La Voce di San Antonio*, 14 (1936), pp. 35-36, 61-64, 95-96, 129-131, 193-196, 287-288, 317-318, 323-324; 15 (1937), pp. 35-36, 61-63, 253-256.

明德正:《1900 年的中国》

Silvestri, Cipriano, *Palme e Aureole. Compendio del martirio e della vita di ventinove martiri cinesi del 1900*. Rome: Tipografia Superstampe, 1944. 111 pp.

明德正:《1900 年遇难的天主教殉教者》

Silvestri, Cipriano, *La testimonianza del sangue. Biografie dei beati martiri cinesi uccisi il 4, 7 e 9 luglio 1900*. Rome: Scuola Tipografica "Don Luigi Guanella", 1943. xx+559 pp.

明德正:《1900 年 7 月山西和湖南的天主教殉教者》

Silvestri, Cipriano, *Le vittime dei Pugni Uniti*. Rome: Scuola Tipografica "Don Luigi

① 电子资源: http://fr.wikisource.org/wiki/Souvenirs_de_campagne_par_le_Soldat_Silbermann/Chine. 斯勒柏玛(Léon Silbermann)在参加 1900 年法国海军步兵团之前曾在法国使馆工作了 5 年,曾参加直隶战役。该书描述了联军中的各国部队印象。

② 相关评论见:Joseph W. Esherick, *The Historian*, 75(4) (Winter 2013), p. 875; Nathan K. Finney, *Military Review*, 94(3)(May-June 2014), p. 83; Hans Van de Ven, *The Journal of Military History* 77(1) (January 2013), pp. 355-356; Robert Shaffer, *Pacific Historical Review*, 82(2) (May 2013), pp. 283-285; James Carter, *H-War*, *H-Net Reviews*, (October 2012). 电子资源: http://www.h-net.org/reviews/showrev.php? id=35704.

③ 明德正(Cipriano Silvestri, 1872~1955),意大利人,方济各会传教士,1903 年到湖北传教。

Guanella", 1941. 271 pp.

明德正:《义和团运动中的受害者》

Simon, Joseph, *Sous le sabre des Boxers*. Lille: Procure des missions; printed by Morel et Corduant, 1955. 88 pp.

J. 西蒙:《在义和团的大刀下》

Sinarum seu Vicariatus Apostolici Shien-Hsien. Beatificationes seu declarationis martyrii servorum Dei Leonis Ignatii Mangin et Pauli Denn, sacerdotum Societatis Jesu; Petri Tchou, viri laici; Annae Wang, virginis secularis, et sociorum; sacerdotum atque Christifidelium in odium fidei, uti fertur, interfectorum summarium super dubio. "An constet de martyrio et causa martyrii in casu et ad effectum, de quo agitur". Rome: Typis Pont. Universitatis Gregorianae, 1937. 5 vols.

《直隶东南地区天主教传教士和中国教民调查报告》①

Singaravélou, Pierre, "La bataille du sel. Économie, société civile et puissances étrangères à Tianjin en 1900", *Outre-Mers. Revue d'histoire*, 382/383 (June 2014), pp. 47-69.

P. 善伽哈维娄:《食盐的战争:1900 年天津的经济、社会和西方列强》

"La situation de la Chine et l'indemnité de guerre", *Economiste français*, (4 May 1901).

《中国的现状和战争赔款》

Skelly, Anne, "The Eagle and the Dragon", *American History Illustrated*, 22(9) (January 1988), pp. 34-37.

安娜·斯凯利:《鹰与龙》②

Smith, Arthur Henderson, "Anti-foreign Riots", *The Outlook*, 67(2) (12 January 1901), pp. 113-118.

明恩溥:《排外骚乱》

Smith, Arthur Henderson, "China a Year After the Siege in Peking", *The Outlook*, 68 (17) (24 August 1901), pp. 969-975.

明恩溥:《北京被围一年记》

Smith, Arthur Henderson, *China in Convulsion*. New York and Chicago: Fleming H. Revell; Edinburgh: Oliphant, Anderson & Ferrier, 1901. 2 vols.

---

① 该调查报告主要涉及 1900 年直隶东南地区被义和团杀害的天主教传教士及中国教民,其中包括任德芬和汤爱玲。调查结果在 1939 年、1947 年和 1954 年出版,只是题目稍有变化。相关细节见:*Bibliotheca Missionum, begun by Robert Streit OMI; continued by Johannes Dindinger OMI, Johannes Rommerskirchen OMI, Josef Metzler OMI and Nikolaus Kowalsky OMI. Vol. XIII: Chinesische Missionsliteratur, 1885-1909*. Rome, Freiburg, Vienna: Herder, 1959, p. 173.

② 电子资源:isite. lps. org/lkingery/web/documents/EagleandDragon. pdf. 关于义和团运动期间美国的军事行动,主要是为美国海军陆战队博物馆而撰写。

明恩溥:《动乱中的中国》

Smith, Arthur Henderson, "China Six Months after the Occupation of Peking", *The Outlook*, 67(15) (13 April 1901), pp. 865-871.

明恩溥:《北京被围后的第六个月》

Smith, Arthur Henderson, "The Contribution of Foreigners to Chinese Discontent", *The Outlook*, 66(16) (15 December 1900), pp. 923-926.

明恩溥:《中国不满中的外人因素》

Smith, Arthur Henderson, "The Hand of God in the Siege of Peking", *Chinese Recorder*, 32(2) (February 1901), pp. 83-88.

明恩溥:《北京被围时的上帝之手》①

Smith, Arthur Henderson, "New Mission Problems in China", *Missionary Review of the World*, 24(1) (January 1901), pp. 16-20.

明恩溥:《在华基督教差会的新问题》

Smith, Arthur Henderson, "The Outlook for Missions in China", *Missionary Herald*, 99(5) (May 1903), pp. 198-202.

明恩溥:《中国基督教差会的前景》②

Smith, Arthur Henderson, "Outlook for Missions in North China", *Record of Christian Work*, 19(12) (December 1900), pp. 917-919.

明恩溥:《华北差会的前景》

Smith, Arthur Henderson, "The Political Causes of the Uprising", *The Outlook*, 67(13) (30 March 1901), pp. 721-728.

明恩溥:《起义的政治原因》

Smith, Arthur Henderson, "The Present Situation in China", *Missionary Review of the World*, 23(6) (June 1900), pp. 430-434.

明恩溥:《中国目前的状况》

Smith, Arthur Henderson, "The Punishment of Peking", *The Outlook*, 66(9) (27 October 1900), pp. 493-501.

明恩溥:《对北京的惩罚》

Smith, Arthur Henderson, "Reconstruction in China", *The Outlook*, 69(15) (14 December 1901), pp. 982-987.

明恩溥:《中国的重建》

Smith, Arthur Henderson, "The Remoter Sources of the Troubles in China", *The Outlook*, 66(15) (8 December 1900), pp. 879-883.

---

① 原文系作者1900年8月在北京感恩节上的讲稿。作者给出了被围期间中国基督徒及外人遭受迫害时所遇到的"上帝之手",还提到了幸运获得的食品和燃料,以及义和团攻击东交民巷时的意外失败。

② 作者陈述了义和团动乱之后对基督教差会的调查结果,认为教会不但恢复了前期工作且有所发展,很多学生志愿来华参加宣讲工作,在传教质量及效率上比前30年亦有显著提升。虽然说还有部分中国官员及中国人因赔款纳税仍然排外,但整体看传教士在中国的生活较之过往明显安全了许多。

明恩溥:《中国动乱的最深根源》

Smith, Arthur Henderson, "The Situation at Peking during the Last of May", *Missionary Herald*, 96 (1900), pp. 510-512.

明恩溥:《去年五月北京被围时的状况》①

Smith, Arthur Henderson, "The Situation in China", *The Outlook*, 68(6) (8 June 1901), pp. 355-360.

明恩溥:《中国的状况》

Smith, Arthur Henderson, "The Sources of the Troubles in China", *The Outlook*, 66 (18) (29 December 1900), pp. 1036-1041.

明恩溥:《中国麻烦的根源》

Smith, Arthur Henderson, "The Transformation of Peking", *The Outlook*, 68(3) (18 May 1901), pp. 157-162.

明恩溥:《改造北京》

Smith, Arthur Henderson, "Two Famous Modern Sieges", *East of Asia*, 2(3) (October 1903), pp. 230-240.

明恩溥:《近代两场著名的围困》

Smith, Arthur Henderson, "The Uprising in North China", *The Congregationalist*, (25 January 1900), pp. 120-121.

明恩溥:《华北起义》

Smith, Arthur Henderson, "Why the Chinese Dislike Foreigners", *The Outlook*, 67(4) (26 January 1901), pp. 216-220; 67(7) (16 February 1901), pp. 400-405; 67(11) (16 March 1901), pp. 630-636.

明恩溥:《中国人为何讨厌外国人》

Smith, Eric T., "That Memorable Campaign: American Experiences in the China Relief Expedition During the 1900 Boxer Rebellion", M. A. dissertation, Louisiana State University and Agricultural and Mechanical College, 2004.

E. T. 史密斯:《1900 年义和团运动期间中国远征军的美国经历》②

Smith, H. A., "European Aggression in China", *Nation*, 71 (26 July 1900), pp. 65ff.

H. A. 史密斯:《欧洲对中国的侵略》

Smith, Judson, "China: The Situation and the Outlook", *Missionary Herald*, 96 (1900), pp. 426-429.

① 该文主要引用了《北华捷报》1900 年 5 月 12 日的报道。该报称慈禧太后及其他王爷表示同意使用神机营和其他军队攻击外人,并与迷信狂热、普遍活跃的义和团民联盟。明恩溥的这篇文章写于通州,时间为 1900 年 5 月 25 日,两周之后这里的传教士布道站就被遗弃且遭到洗劫。

② 电子资源:http://etd.lsu.edu/docs/available/etd-01282004-104948/unrestricted/Smith_thesis.pdf.

J. 史密斯:《中国:态势及其前景》①

Smith, Judson, "The Diplomatists Concerning Missionaries in China", *Missionary Herald*, 96(10) (October 1900), pp. 395-398.

J. 史密斯:《与在华传教士有关的外交家》

Smith, Judson, "The Missionaries and Their Critics", *North American Review*, 172 (May 1901), pp. 724-733.

J. 史密斯:《传教士及其批评者》②

Smith, Judson, "Missionaries not to Blame", in American Board of Commissioners for Foreign Missions, China (Envelope Series, Vol. 3 No. 3 October 1900), pp. 6-8.

J. 史密斯:《传教士不应受到责备》③

Smith, Judson, "The Situation in North China", *Missionary Herald*, 96(5) (May 1900), pp. 188-190.

J. 史密斯:《华北的局势》④

Smith, Neil C., *Carving up the Melon: Australians in the Boxer Rebellion, China 1900-1901*. Brighton, Vic.: Mostly Unsung Military History Research and Publications, 2000. viii+76 pp.

N. C. 史密斯:《1900~1901 年义和团运动中的澳大利亚人》

Smith, Oliver P., "We Will Do Our Best", *Proceedings of the United States Naval Institute*, 54(11) (November 1928), pp. 979-992.

O. P. 史密斯:《我们将竭尽全力》⑤

Smith, Shirley Ann, *Imoerial Designs: Itlians in China 1900-1947*. Madison, N. J.: Fairleigh Dickinson University Press, 2012. XX+185 pp.

S. A. 史密斯:《在华意大利人(1900~1947 年)》⑥

Smith, Stanley Peregrine, *China from Within, or the Story of the Chinese Crisis*. London: Marshall Bros., 1901. viii+251 pp.

① 关于义和团骚乱的直接后果,作者提出了三个问题:(1)我们应该在何种情形下抛弃传教工作?(2)传教士应该为这类事情负责吗?(3)现在该怎么办?作者指出,今天的流血牺牲毫无疑问能够为将来扩大传教机会作铺垫。J. 史密斯(Judson Smith, 1837~1906),美国公理会通信秘书,1898 年曾到中国与日本游历。

② 电子资源:http://www.unz.org/Pub/NorthAmericanRev-1901may-00724? View=PDF.

③ 原载:*Leslie's Weekly*, (4 August 1900). 针对有人指责传教士应为中国动乱负责的情况,该文主要为传教士及其传教事业辩护。

④ 关于直隶和山东的义和团运动。该文指出,深深地镶嵌在每个中国人心目中的排外情感,在义和团运动中得到迸发且发展迅猛,他们攻击的主要目标就是村子里的基督教民。

⑤ 描述了美国海军陆战队及一口大炮保卫北京使馆之经过。

⑥ 首部研究意大利人在华经历的英文著作,其中涉及义和团运动、巴兹尼爵士、意大利公使萨尔瓦葛等。

司密德:《中国内幕,或中国危机的真相》①

Smith, W. E., "Missionaries on Their Defence," *Chinese Recorder*, 32(7) (July 1901), pp. 371-374.

W. E. 史密斯:《传教士的自辩》②

Smith, George B., "Causes of Anti-Foreign Feeling in China", *North American Review*, 171 (August 1900), pp. 182-197.

施美志:《中国排外情绪探因》③

"Some Missionary Experiences in China", Missionary Review of the World, 24(1) (January 1901), pp. 48-56.

《一些传教士在中国的经历》④

Sösemann, Bernd, "'Pardon wird nicht gegeben, Gefangene nicht gemacht'", in Hans Wilderotter & Klaus-D. Pohl, *Der letzte Kaiser, Wilhelm II. im Exil.* Gütersloh: Bertelsmann Lexikon Verlag; Berlin: Deutsches Historisches Museum, 1991, pp. 79-94.

贝恩德·索瑟曼:《不饶恕,不收俘》

Sösemann, Bernd, "Pardon wird nicht gegeben! Staatliche Zensur und Presseöffentlichkeit zur Hunnenrede", in Mechthild Leutner & Klaus Mühlhahn (eds.), *Kolonialkrieg in China: Die Niederschlagung der Boxerbewegung 1900-1901*. Berlin: Ch. Links Verlag, 2007, pp. 118-122.

贝恩德·索瑟曼:《"不饶恕!"对"匈奴演讲"的国家审查和新闻公开》

Sösemann, Bernd, "Die sog. Hunnenrede Wilhelms II. Textkritische und interpretatorische Bemerkungen zu Ansprache des Kaisers vom 27. Juli 1900 in Bremerhaven", *Historische Zeitschrift*, 222 (1976), pp. 342-358.

贝恩德·索瑟曼:《德皇威廉二世的所谓"匈奴演讲":对 1900 年 7 月 27 日在不来梅

---

① 内容提要:前言;光绪皇帝与改革运动;反对派及其政策;煽动性谕令;北京政变;宫廷里的顾问团;黑暗力量;山西屠杀;北京被围;惩罚北京;动乱原因;中国的宗教;中国需要宗教;中国内部的女传教士;结语。电子资源:http://archive.org/details/chinafromwithin00smigoog. 司密德(Stanley Peregrine Smith, 1861~1931),"剑桥七兄弟"之一,1885 年成为中华内地会传教士,1899 年携家眷返回英国时恰逢拳难高潮期。曾有评论者谈及司密德,说他尽力搞清楚义和团运动爆发的原因。与其他人不同,司密德不愿向高傲、迷信的慈禧太后施压。同时,他指出,西方列强夺取领土、外国人在华的商业发展、天主教激进的传教事业都是义和团爆发的原因。参见:Augustus Robert Buckland, *The Churchman*, 15(7)(April 1901), pp. 363-364.

② 关于对马克·吐温指控传教士曾参与抢劫的辩解。本文原载于上海《文汇西报》,《字林西报》曾发表编者评论。文章曾引用在 1896 年在四川传教的英美会传教士王为霖(William Edward Smith, 1864~1944)的信函。

③ 作者讨论了山东义和团运动及其扩散。施美志(George Blood Smith, 1854~1911),美国人,圣公会传教士,1882 年在福州传教,曾是福州英华书院的院长。

④ 收录如下文章:Nellie Russell, "A Woman's Experience in the Siege of Peking" (condensed from Record of Christian Work); Robert R. Galley [sic: Robert Reed Gayley], "The Siege of Tientsin"; Alex. R. Saunders, "A Terrible Journey to Hankow" (Condensed from the London Times); G. Whitfield Guinness, "Hunted by Chinese Murderers" (condensed from the Regions Beyond); Three [Swedish] Ladies, "From Central Honan to Shanghai" (condensed from China's Millions); Archibald Glover, "Our Escape from Lu-an" (condensed from The Christian, London).

港演讲的文本批判和诠释》

Soulié de Morant, George, *Ts'eu-Hsi, impératrice des Boxers*. Paris: Nielsson, 1911. 204 pp. Reprinted in Paris: Ed. You-Feng, 1997. 204 pp.

G. 苏黎-德-茂夯:《慈禧——义和团的太后》

"Souvenir de M. Pierre Nié, lazariste chinois, et de M. Claudius Chavanne, lazariste français, victime de la guerre des Boxers, en 1903 [sic]", *Annales de la Propagation de la Foi*, 69 (1904), pp. 190-193.

《1903 年义和团战争的受害者中国遣使会牧师聂春元和法国遣使会牧师文德来的回忆》①

Sowerby, Arthur, "The Crisis in China", *The Contemporary Review*, 78 (July 1900), pp. 11-15.

苏道味:《中国危机》②

Speer, R. E., *A Memorial of Horace Tracy Pitkin*. New York: Fleming H. Revell, 1903. 310 pp.

R. E. 斯皮尔:《悼念毕得经》③

Speer, R. E., *Missions and Modern History: A Study of the Missionary Aspect of Some Great Movements of the Nineteenth Century*. New York and Chicago: Fleming H. Revell Company, 1904. 2 vols.

R. E. 斯皮尔:《差会与近代史:传教士与 19 世纪的重大运动》

Speer, R. E., *Missions and Politics in China: The Situation in China, A Record of Cause and Effect*. New York and Chicago: Fleming H. Revell, 1900. 61 pp.

R. E. 斯皮尔:《差会与中国政治:中国局势的原因和影响》

Spender, Arthur Edmund, "China: A Plea for Justice", *Westminster Review*, 154 (November 1900), pp. 477-483.

A. E. 斯彭德:《中国:请求伸张正义》

Spillmann, Joseph, *Die Brüder Yang und die Boxer. Eine Erzählung aus den jüngsten Wirren in China* (Aus fernen Landen, 19). Freiburg im Breisgau; St. Louis, Mo.; Herder, 1903. 99 pp.

约瑟夫·施皮尔曼:《杨氏兄弟和义和团成员:一个关于近期中国动乱的故事》

Sprague, William P., "Flight from the 'Boxers', by Way of Siberia", *Missionary*

---

① 聂春元(1863～1900),中国人,直隶东南代牧区遣使会神父,1900 年 6 月 18 日在南皮县杏行被杀。文德来(1862～1900),法国人,直隶东南代牧区遣使会神父,1900 年 7 月 26 日在北堂教堂被围时去世。

② 讨论了义和团运动的起源。作者指出,义和团运动乃是山东前巡抚毓贤一手制造的,其利用了直隶、山东一带民众的不满情绪。德国人抢占胶州湾,加之去年时逢大旱——当然佛教徒将基督教民视之为其中原因,以及山东天主教与直隶的不同,这些都是动乱爆发的原因(第 14 页)。苏道味(Arthur Sowerby, 1857～1934),英国人,大英浸信会传教士,1881 年到山西传教。

③ 毕得经(Horace Tracy Pitkin, 1869～1900),1896 年毕业于耶鲁大学,美国公理会传教士,1900 年 7 月 1 日在保定遇害。R. E. 斯皮尔(Robert Elliott Speer, 1867～1947),1896～1897 年曾走访中国及其他亚洲国家和埃及,为美国北长老会海外差会干事。

Review of the World, 24(2) (February 1901), pp. 99-103.

雷云霄:《取道西伯利亚逃离义和团》①

Spratt, F. T. N., "The Work of the Royal Engineers in the China or 'Boxer' War of *1900-1901*", *Royal Engineers Journal*, 13(3) (March 1911), pp. 169-188.

F. T. N. 斯普拉特:《英国皇家工程兵在义和团战争时的工作(1900～1901 年)》②

Spurny, Till, *Die Plünderung von Kulturgütern in Peking 1900-1901*. Berlin: wvb Wissenschaftlicher Verlag, 2008. 113 pp.

蒂尔・施普尼:《1900～1901 年在北京掠夺文化财物》

Squier, Lee Welling, *A Lamb to the Slaughter: An American Girl's Experience in the Orient from the China-Japan War to the Relief of Peking*. Greensburg, PA: Patriot Pub. Co., 1901. 402 pp.

L. W. 斯奎尔:《待宰羔羊:一位美国姑娘从甲午战争到解救北京之围期间的东方经历》③

Start, Edwin A., "China, the Storm Center of World's Politics", *The Chautauquan: A Magazine for Self-Education*, 33 (May 1901), pp. 142-153.

E. A. 斯塔特:《世界政治风暴中心——中国》④

Stead, W. T., "Revolt of the Yellow Man", *Review of Reviews*, 22 (July 1900), pp. 35-41.

W. T. 斯特德:《黄种人的反抗》⑤

Steel, Richard Alexander, "Peking under the Allies", *Scottish Geographical Magazine*, 19(3) (1903), pp. 147-153.

R. A. 斯蒂尔:《联军占领下的北京》⑥

Steel, Richard Alexander, *Through Peking's Sewer Gate: Relief of the Boxer Siege, 1900-1901*. Ed. by George W. Carrington. New York: Vintage, 1985. xxxvi+101 pp.

---

① 雷云霄(William P. Sprague, 1845～1919),1874 年作为美国公理会传教士来华,起初在张家口一带传教,1900 年 6 月 11 日,与其妻和美国、瑞典等的 19 名传教士及家眷从拳难中逃脱。一行人先来到蒙古首府库伦,之后去往俄国西伯利亚及莫斯科,当年 9 月 18 日抵达圣彼得堡。1902 年,夫妇二人返回纽约,1910 年离开。

② F. T. N. 斯普拉特(F. T. N. Spratt, 1847～1934),英国人,英国皇家工程兵上校。

③ 历史小说。E. S. 德雷珀(Edythe Squier Draper, 1882～1964),生于日本函馆,其父亲(Llewellyn Squier)是在日本传教的公理会传教士。

④ 电子资源:http://archive.org/details/chautauquanorga13circgoog. E. A. 斯塔特(Edwin A. Start, 1863～1923),美国历史学教授,这篇文章乃是其书的一部分,详见:*The Rivalry of Nations: World Politics Today*.

⑤ W. T. 斯特德(W. T. Stead, 1849～1912),新闻编辑,《评论者评论》创始人,其较为极端,但较有影响力,在新闻界饱受争议。关于义和团运动,也可参见其文:"The White Peril. As the Chinese See Us", *Review of Reviews*, 23 (1901).

⑥ 该文主要描述了联军占领北京期间的生活条件,可信度较高。R. A. 斯蒂尔(Richard Alexander Steel, 1874～1928),孟加拉国第 17 骑兵队上尉,八国联军侵华期间为盖斯利将军的下属。

R. A. 斯蒂尔:《闯过北京护城河:义和团围困的解除》①

Steiger, George Nye, "China's Attempt to Absorb Christianity: The Decree of March 15, 1899", *T'oung Pao*, 24 (1926), pp. 215-146.

施达格:《中国吸收基督教的尝试:1899 年 3 月的谕令》②

Steiger, George Nye, *China and the Occident: The Origin and Development of the Boxer Movement*. New Haven: Yale University Press, 1927. xxii+349 pp.

施达格:《中国和西方:义和团运动的起源和发展》③

Steiner, Paul, *An den Gräbern chinesischer Märtyrer*. Basel: Missionsbuchhandlung, 1902.

保罗·施坦讷:《站在中国殉教者的墓前》④

Steiner, Paul, *Tage der Drangsal in China. Züge aus der chinesischen Verfolgungszeit*. Basel: Missionsbuchhandlung, 1901. 64 pp.

保罗·施坦讷:《在中国的艰难岁月:中国大迫害时期的游历见闻》

Stenz, Georg Maria, *Erlebnisse eines Missionärs in China*. Trier: Paulinus-Druckerei, 1899. 104 pp.

薛田资:《一位传教士在中国的经历》

Stenz, Georg Maria, "Duie Gesellschaft, vom grossen Messer' (Boxer)", *Globus*, 79 (1) (1901), pp. 9-12.

---

① 基于斯蒂尔的日记,讲述了联军进入北京解救使馆之围的经过——当时英国军队跟随印度士兵穿过无人防守的护城河进入北京城内。相关评论见: J. F. Ford, *The Journal of the Royal Asiatic Society of Great Britain and Ireland*, 118(1)(January 1986), pp. 164-166.

② 作者翻译了慈禧太后 1899 年 3 月 15 日的懿旨。作者指出,有必要追溯这一政策的起源及探讨其对义和团运动的影响,并认为该谕令改变了基督教在中国的地位(第 218 页)。作者还认为,义和团运动的宗教色彩实际上很少,如果有人指责基督教才应为 1900 年事端负责,那么其憎恨的乃是基督教在这片土地上所从事的不负责任的行为及其背后坚船利炮所带来的威胁;1899 年 3 月 15 日的谕令,乃是一次不成功的尝试,其目的是为了根除过去四十年来的国内外摩擦,而这些被认为是损害了中国对外关系,特别是将传教士的宗教权利限制于帝国律令而不是条约规定中(第 246 页)。

③ 这是对义和团运动的早期研究,主要研究了义和团运动的起源及发展。后来,该文作为博士论文提交给哈佛大学。作者指出劳乃宣关于义和团起源于反清的白莲教或八卦教的论断"完全站不住脚";相反,作者认为义和团是来自于忠诚于清王朝的半官方军事团体或乡团。作者否认"完全站不住脚的"的反王朝的白莲教有他们的起源和社会八图。史泰格转而认为义和团乡团各种民兵部队是半官方社团,是忠诚和不反王朝的。事实上,作者在书中同时使用了义和拳和义和团,并认为同情者多使用前者,而反对者则使用后者。虽然有学者认为该书论证严谨(Leebrick),但也有人指出该书扭曲了历史事实,其站在排外的立场上而否定了列强的"正义性"或者中华民族自身的缺点(Scott)。相关评论见: Harley Farnsworth MacNair, *The American Journal of International Law*, 22(2)(April 1928), pp. 480-482; Karl C. Leebrick, *Political Science Quarterly*, 45 (June 1930), pp. 270-271; Harold S. Quigley, *American Political Science Review*, (February 1928), pp. 212-213; Robert E. Park, *American Journal of Sociology*, 33(3) (November 1927), pp. 473-474; C. K. Edmunds, *International Review of Missions*, 17 (1928), pp. 379-380; Hosea Ballou Morse, *Journal of the Royal Asiatic Society*, 60(2)(April 1928), pp. 459-461; R. P. Scott, *Journal of the Royal Institute of International Affairs*, 6 (1927), pp. 390-391; E. Schmitt, *Orientalistische Literaturzeitung*, 32 (1929), col. 127-130; *Times Literary Supplement*, Supplement 1, 342 (20 October 1927), p. 723; Hm, *Sinica*, 7 (1932), p. 208.

④ 保罗·施坦讷(Paul Steiner, 1849～1941),曾从事传教工作,1890～1991 年负责主编巴色差会期刊 *Evangelisches Missionsmagazin*。

薛田资:《大刀会(义和团)》

Stenz, Georg Maria, *Life of Father Richard Henle, S. V. D., Missionary in China. Assassinated November 1, 1897*. 2nd ed. Techny, IL: Mission Press S. V. D., 1921. 142 pp.

薛田资:《圣言会在华传教士韩理神父传》

Stenz, Georg Maria, *My Twenty-five Years in China, 1893-1918*. Techny, IL: Mission Press, 1924. 133 pp.

薛田资:《在华25年:1893~1918年》

Stenz, Georg Maria, "Nachklänge zum blutigen Ereignis von Tschantjatschuang", *St. Michaels-Kalender*, (1899), pp. 209-212.

薛田资:《张家庄血案的影响》①

Stenz, Georg Maria, *P[ater] Richard Henle aus der Gesellschaft des Göttl. Wortes, Missionar in China; ermordet am 1. November 1897. Ein Lebensbild*. Steyl: Verlag der Missionsdruckerei, 1904. 132 pp. 2nd ed., 1924. 143 pp.

薛田资:《1897年11月1日被杀的在华圣言会传教士韩理神父生平》

Stern, Frank I., "An Account of the Indemnities Imposed upon China from the First Anglo-Chinese War until the Boxer Rebellion and How They Were Paid", Master's essay, Columbia University, 1952. MA 1952 STERF.

F. I. 斯特恩:《第一次鸦片战争到义和团运动期间列强强加给中国的条款及中国的战争赔付》

Stichler, Hans Christian, "Das Gouvernement Jiaozhou und die deutsche Kolonialpolitik in Shandong 1897-1909. Ein Beitrag zur Geschichte der deutsch-chinesischen Beziehungen". Ph. D. dissertation, Humboldt University, 1989. 2 vols.

汉斯·克里斯蒂安·施蒂希勒:《胶州占领区与1897~1909年德国的殖民政策:论中德关系史》

Stockhausen, Hans Adalbert von & Hans-Ludwig von Stockhausen, "Die Expedition in China *1900*", in Helmut Burmeister & Veronika Jäger (eds.), *China 1900. Der Boxeraufstand, der Maler Theodor Rocholl und das "alte China"*. Hofgeismar: Verein für hessische Geschichte und Landeskunde e. V. 1834-Zweigverein Hofgeismar, 2000, pp. 61-72.

汉斯·阿达贝特·冯·施道克豪森、汉斯-路德维希·冯·施道克豪森:《1900年在中国的远征》②

Stoecker, Helmut, *Deutschland und China im 19. Jahrhundert. Das Eindringen des deutschen Kapitalismus* (Schriftenreihe des Instituts für Allgemeine Geschichte an

① 另一版本见:*Kleiner Herz-Jesu-Bote*, 26(6) (March 1898), pp. 44-46. 关于山东巨野磨盘张庄的能方济和韩理神父被杀一案。

② 作者(Hans Adalbert von Stockhausen, 1874~1957)1900年时为德国东亚远征军陆军军官。

der Humboldt-Universität Berlin, 2). Berlin: Rütten & Loening, 1958. 307 pp.

赫尔穆特·施道埃克尔:《19 世纪的德国和中国:德国资本主义的入侵》

Stratemeyer, Edward, *On to Peking, or, Old Glory in China*. Illustrated by A. B. Shute. Boston: Lothrop, Lee & Shepard, 1900. vii+322 pp.

E. 斯特拉特迈耶:《中国古老的荣光》①

Strecker, Mark, *Smedley D. Butler, USMC: A Biography*. Jefferson, NC: McFarland, 2011

M. 斯特雷克:《史沫特莱·巴特传》②

Stuart, George A., "The Demand for Indemnity", *Chinese Recorder*, 31 (11) (November 1900), pp. 543-544.

G. A. 斯图尔特:《索取赔款》③

Sun Lixin, "Die religiösen und sozialen Ursprünge der Boxerbewegung", in Mechthild Leutner & Klaus Mühlhahn (eds.), *Kolonialkrieg in China: Die Niederschlagung der Boxerbewegung 1900-1901*. Berlin: Ch. Links Verlag, 2007, pp. 69-80

孙立新:《义和团运动的社会与宗教起源》

Sun Zhen, "Challenging the Dominant Stories about the Boxer Rebellion: Chinese Minister Wu Ting-Fang's Narrative", Chinese Journal of Communication, 1(2) (2008), pp. 196-202.

孙振(音):《对义和团英雄事迹的挑战:中国外交官伍廷芳的论述》④

Swallow, Robert W., "Account of a Visit to the Summer Palace of the Empress-Dowager of China, June 21st, 1902", *Journal of the Manchester Geographial Society*, 19 (1903), pp. 28-32.

燕瑞博:《1902 年 6 月 21 日走访光绪皇帝颐和园记》⑤

Szippl, Richard F., "The Cross and the Flag", *Mission Studies*, 14(1) (January 1997), pp. 175-202.

R. F. S. :《十字架与国旗》⑥

Szippl, Richard F., "A German View of the 'Boxer Rebellion' in China: Max von

---

① 历史小说,读者对象为青少年。E. 斯特拉特迈耶(Edward Stratemeyer,1862～1930),美国人,出版商、作家。

② 第二章关于中国战争。

③ G. A. 斯图尔特(George A. Stuart,1858～1911),美国人,圣公会传教士。

④ 主要分析了伍廷芳 1900 年发表的一篇名为"外人在华不受欢迎之原因"的演讲。在演讲中,伍廷芳解构了西方关于义和团的叙述,并展现出一个全然不同的故事。

⑤ 燕瑞博(Robert W. Swallow,1878～1938),出生于宁波,父母为传教士,1902 年回到中国任教。这篇文章描述了联军占领北京之后他走访颐和园的经历。

⑥ 关于基督教会和西方关系之间的两种传统研究路径:一种是将传教士描述为西方殖民的先锋,而另一个则强调传教士的超然理想主义。这篇文章主要参考 19 世纪东亚问题研究专家、德国资深外交官巴兰德(Max von Brandt,1835～1915)的论点。巴兰德虽然竭力敦促德国政府为天主教传教士提供政治庇护,但却清楚地揭示了天主教活动的负面影响。在中国,勃兰特虽然促进了德国政府对天主教传教士的保护,但他的外交报告和后来的著作却清楚地揭示出传教活动对德国的影响。从巴兰德的外交观点来看,在华基督宗教可谓是毁誉参半。

Brandt and German Interests in China at the Turn of the Century", *Academia: Journal of the Nanzan Academic Society. Humanities, Social Sciences*, 58 (September 1993), pp. 47-76.

R. F. S. :《一个德国人对中国义和团运动的观点》

Taft, Marcus L., "The 'Yellow Peril'", *Missionary Review of the World*, 24(7) (July 1901), pp. 518-522.

M. L. 塔夫脱:《黄祸论》①

Tai Yi, "I Ho Tuan—Anti-imperialist Patriots", *People's China*, (1955), pp. 31-36.

戴逸:《义和拳:反帝爱国者》

"Tai-ming-fou et les districts du Sud (de la mission de Tcheu-li sud-est)", *Chine et Ceylan*, 2 (December 1900), pp. 154-160.

《直隶东南大名府的义和团动乱》

Taio-ko (Tiän-ti-huwe) & Charles Stanford, "The Russo-Chinese Imbroglio", *Westminster Review*, 156(2) (August 1901), pp. 149-167.

《俄中之间的复杂关系》

Taliaferro, John, *All the Great Prizes: The Life of John Hay, from Lincoln to Roosevelt*. New York: Simon & Schuster, 2013. x+673 pp.

约翰·托利弗:《生命的礼赞:约翰·惠特尼的一生(从林肯到罗斯福时代)》②

Tallichet, Édouard, "L'Europe en Chine", *Bibliothèque universelle et Revue suisse*, Année 105, 20(59) (November 1900), pp. 370-386.

爱德华·塔黎彻:《在中国的欧洲》③

Tan Chung, "Yi He Tuan Movement: The Most Heroic Boxing on Earth", in Tang Chung, *Triton and Dragon: Studies on Nineteenth-Century China and Imperialism*. Delhi: Gian Publishing House, 1986, pp. 529-566.

谭中:《义和团运动:地球上最勇猛的拳民》④

Tan Chung, "Buddhist Incense to Chinese Mass Rebellion: A Case Study of the Boxer Uprising of 1900", in Tan Chung, *Triton and Dragon: Studies on Nineteenth-Century China and Imperialism*. Delhi: Gian Publishing House, 1986, pp. 567-587.

谭中:《中国民众叛乱的佛教因素:以 1900 年义和团运动为个案研究》⑤

---

① M. L. 塔夫脱(Marcus L. Taft,1850～1936),美国人,圣公会传教士,1880 年来华。在这篇文章中,作者驳斥了伦敦矿业商会秘书长爱德华·杰罗姆·代尔(Edward Jerome Dyer)危言耸听的观点,即成群的中国人将立即入侵西方世界。作者还反对代尔与赫德关于瓜分中国的提议。实际上,他本人对中国及世界的前景颇为看好。

② 关于美国国务卿约翰·惠特尼(John Hay, 1838～1905)从 1898 年到 1905 年 7 月 1 日死于任上的从政生涯,其中涉及 1900 年的中国事端及"门户开放"政策。

③ 爱德华·塔黎彻(Édouard Tallichet,1825～1911),瑞士人,出版商,瑞士及国际关系评论家。

④ 该文首次刊载于:*China Report*, 16(2) (March-April 1980), pp. 5-27.

⑤ 该文首次刊载于: *Bodhi-Rasmi* (Souvenir of the First International Conference on Buddhism and National Cultures), New Delhi, October 10-15, 1984.

Tan Chun-lin, "The Boxer Catastrophe", Ph. D. dissertation, Columbia University, 1952. ix+376 leaves.

谭春林:《义和团大灾难》

Tan, Chester C., *The Boxer Catastrophe* (Columbia Studies in the Social Sciences, 583). New York: Columbia University Press, 1955. ix+276 pp.

谭春林:《义和团大灾难》①

Tanera, Carl, *Aus der Prima nach Tientsin. Erzählung aus unseren Tagen*. Leipzig: F. Hirt & Sohn, 1902. 223 pp.

卡尔·塔内拉:《从普利玛到天津:亲历者言》②

Tanera, Carl, *Deutschlands Kämpfe in Ostasien. Dem deutschen Volke erzählt*. Illustrated by Ernst Zimmer. Munich: C. H. Beck, 1902. vi+245.

卡尔·塔内拉:《德国在东亚的战斗:讲给德国人听的故事》

Tao Busi, "Report on the International Symposium on the Boxer Movement and Modern Chinese Society", *Social Sciences in China*, 3 (September 1991), pp. 9-16.

《义和团运动与近代中国社会国际学术研讨会综述》

Tardieu, André, "La diplomatie française en Chine", *La Nouvelle Revue*, 11(4) (15 August 1901), pp. 481-497.

安德烈·塔合蒂欧:《在中国的法国外交》

Tariel, Victor, *La Campagne de Chine (1900-1901) et le Matériel de 75*. Paris and Nancy: Berger-Levrault, 1902. 109 pp.

V. 塔埃尔:《出征中国》③

"Die Tätigkeit der deutschen Pioniere in China 1900/1901", *Mitteilungen des Ingenieur-Komitees*, 45 (1908).

《1900～1901年德国工兵在中国的活动》

Tatin-Gourier, Jean-Jacques (ed.), *La France coloniale à l'assaut de la Chine: journal de l'adjudant François Morlat en Indochine et en Chine, Quang-Tchéou-Wan, 1897-1901*. Paris: Le Manuscrit, 2012. 228 pp.

J-J. 达丹-荀赫亚:《法国纵队向中国的突击:弗朗索瓦·莫哈拉副官在印度支那和中国的日记》

Taurat, Jacques du, "Souvenirs du Siège de la Légation de France à Pékin", *Revue Indo-chinoise*, 200 (18 August 1902), pp. 762-767.

① 这篇文章较为客观,援引了大量中文档案文献,考察了中国的内部政治、义和团时期的外交和军事支持。作者反对施达格的"乡团说",也并不完全支持义和团与民间教门的联系。相反,他认为义和团起初是自愿组织,虽然民教教门在背后起到了一定作用(第45页)。

② 历史小说。卡尔·塔内拉(Carl Tanera,1849～1904),德国人,军事小说家。

③ V. 塔埃尔(Victor Tariel,1851～1938),法国人,炮兵军官,75毫米火炮专家。1900年9月8日至7月20日随法国远征队来华。

马丁荣:《北京法国使馆被围的回忆》①

Taussig, Joseph K. (Captain), "Experiences during the Boxer Rebellion", *Proceedings of the United States Naval Institute*, 53(4) (April 1927), pp. 403-420.

陶西格:《义和团运动时期的经历》②

Taussig, Joseph K. (Captain), *Three Splendid Little War: The Diary of Joseph K. Taussig, 1898-1901*. Edited by Evelyn M. Cherpak. (U. S. Navel War College Historical Monogrph Series, 16). Newport, R. I.: Naval War College Press, 2009. XXII+173 pp.

陶西格:《陶西格在天津的日记(1898～1901年)》

Taveirne, Patrick, "The Boxer Movement and the Catholic Church in Southern Mongolia and Northwest China as Seen from the Western and Chinese Sources", in Angelo S. Lazzarotto et al. (eds.), *Yihetuan yundong yu Zhongguo Jidu zongjiao* (The Boxer movement and Christianity in China). Taibei: Furen University press, 2004, pp. 385-418.

谭永亮:《中外史料下的蒙古南部与华西的义和团运动与天主教会》③

Taveirne, Patrick, *Han-Mongol Encounters and Missionary Endeavors: A History of Scheut in Ordos (Hetao) 1874-1911* (Leuven Chinese Studies, 15). Leuven: Leuven University Press and Ferdinand Verbiest Foundation, K. U. Leuven, 2004. 684 pp.

谭永亮:《蒙汉冲突和传教努力:司格特在鄂尔多斯的历史(1874～1911年)》

Taw Sein Ko, "The Chinese Problem and Its Solution", *Imperial and Asiatic Quarterly Review*, 3rd ser., Vol. 11 (January 1901), pp. 73-81. Also published in *The Living Age* (30 March 1901).

杜成诰:《中国的问题及其解决方法》④

Taw Sein Ko, "Les Missionnaires en Chine. L'Opinion d'un Chinois", *Belgique Coloniale*, 2(12) (1900), pp. 565-567.

陶盛科:《传教士在中国:一个中国人的看法》

Taw Sein Ko, "Missionary Troubles in China", *Imperial and Asiatic Quarterly Review*, 3rd ser., 10 (October 1900), pp. 278-281.

杜成诰:《中国的问题及其解决方法》

Taylor, Geraldine Guinness (Mrs. Howard Taylor), "The Present Distress", *Regions Beyond*, 135 (August-September 1900), pp. 370-372; 136 (October 1900), pp. 375-383.

---

① 作者名 Jacques du Taurat 据说是法国使馆医生马丁荣(Jean-Jacques Matignon)的笔名。

② 陶西格(Joseph K. Taussig,1877～1947),美国人,海军军官。

③ 第七章关于义和团运动,主要涉及内蒙古的天主教及其对义和团运动的抵御。

④ 杜成诰(Taw Sein Ko,1864～1930),缅甸籍中国学者。

金乐婷:《当前的悲痛》

[Tchang, Jean], "Lettre du Prêtre Jean Tchang à Mgr Otto, au sujet de la persécution sanglante de 1900 au Heoupa (Ecrite en 1901)", *Missions de Scheut*, 45 (1937), pp. 361-365; 46 (1938), pp. 7-9.

J. 张:《张神父写给奥托主教的关于1900年河北血腥迫害事件的一封信》①

Teng Ssu-yü, *Protest and Crime in China: A Bibliography of Secret Associations, Popular Uprisings, Peasant Rebellions*. New York: Garland Publishing, 1981. xiii+455 pp.

邓嗣禹:《中国的抗议与罪行:关于秘密社团、民众起义和农民暴乱的书目》

Ter herdenking van de honderste gebortedag en het veertigste jaarfest der marteling van onzen groten minderbroeder Mrg. Ferdinand Hamer, bisschop-martelaar. Vught: Missiehuis Sparrendaal; Nijmegen: Missiehuis Bisschop Hamer, [1940]. 48 pp.

《韩默理主教传》

Terry, Kaimay Yuen, "Journey of One Hundred Years: The Boxers and the Talibans", *Chinese American Forum*, 17(3) (January 2002), pp. 31-32.

袁介媚:《百年之旅:义和团和塔利班》

Tesi, Luca, *La rivolta dei Boxer. Esoterismo e guerra, magia e arti marziali nella Cina imperiale* (Politica e storia—Arnaud editore, 15). Florence: Arnaud, 1995. 207 pp.

L. 特斯:《义和团运动》

Testore, Celestino, *Sangue e Palme sul fiume Giallo. I beati martiri cinesi nella persecuzione della Boxe, Celi Sud-Est—1900*. Rome: Curia Generalizia della Compagnia di Gesù, [1955]. viii+263 pp.

希莱斯蒂诺·泰斯托雷:《1900年直隶东南耶稣会殉教的天主教传教士》

Théry, Edmond, *Le péril jaune*; précédé d'une préf. de M. d'Estournelles de Constant.

3rd ed. Paris: F. Juven, 1901. 319 pp.

埃蒙德·提荷:《黄色灾难》②

Thieme, Joh., "Die chinesische Mission im Gerichte der deutschen Zeitungspresse",

---

① 德语版本:*Missiën van Scheut*, 45 (Scheut 1937), pp. 361-365; 46 (1938), pp. 6-9. 在1901年,中国某张姓神父写信向奥拉主教(Hubert Otto)控诉内蒙古后填发生的流血迫害。

② 电子资源:http://gallica.bnf.fr/ark:/12148/bpt6k75427r/f1.image. 埃蒙德·提荷(Edmond Théry, 1854~1925),法国人,经济学家,统计学家。该书主要讨论了《马关条约》后日本对中国的影响,其中有一章讨论了义和团运动。作者赞同德恒(Estournelles de Constan)的"黄祸论",还认为义和团冲突之后中国将迎来经济的崛起。作者认为,当时的中国"饥寒交迫",必须从欧洲购买必要的机械设备,届时中国将自主生产消费品,在价格上与外部市场形成竞争。到时候,日本、欧洲和美国的工业家不仅将会利用中国开放所带来的人力及土地优势,而且中国也将出口大量物品,因此,"黄祸"将对"老旧的欧洲"造成致命的经济打击并带来不好的社会后果(第307~308页)。

Christliche Welt, 34 (Marburg a/L., 1900).

约·提姆:《德国报界对中国传教活动的评判》

Thieme, Joh., "Die gefährdete evangelische Mission in Nordost-China", *Christliche Welt*, 29 (1900).

约·提姆:《基督教新教在中国东北危险的传教活动》

Thieme, Joh., "Die Wirren in China und die evangelische Mission. Ungerechte Anklagen und thörichte Ratschläge", *Christliche Welt*, 28 (1900).

约·提姆:《中国动乱与基督教新教的传教活动:不公正的指责和愚蠢的建议》

Thirion, Paul, "Le péril jaune", *La Quinzaine*, 35 No. 138 (16 July 1900), pp. 203-217.

P. 提赫甬:《黄色灾难》

Thirion, Paul, "Problèmes chinois et rivalités de puissances", *La Quinzaine*, 38 No. 150 (16 January 1901), pp. 229-256.

P. 提赫甬:《中国问题和列强之争》

Thomas, Gerald E., "William D. Leahy and America's Imperial Years, 1893-1917". Ph. D. dissertation. Yale Univesity, 1973. iv+174 pp.

G. E. 托马斯:《W. D. 利海与美帝国时代(1893～1917年)》①

Thomas, Lowell Jackson (the Elder), *Old Gimlet Eye: The Adventures of Smedley D. Butler*. Illustrated by Paul Brown. New York: Farrar & Rinehart, 1933. 310 pp.

L. J. 托马斯:《S. D. 巴尔特的冒险》②

Thomaschki, Paul, *Der Krieg in China und die Mission. Vortrag auf der Missionskonferenz in Königsberg, den 26. 11. 1900*. Berlin: Vaterländische Verlags- und Kunstanstalt, 1901. 25 pp.

保罗·托马士基:《中国战争与传教活动:1900年11月26日在柯尼斯堡传教大会上的报告》③

Thompson, Larry Clinton, "Reverend Ament and the Boxer Rebellion", *History Magazine*, 11(3) (February 2010), pp. 12-15.

L. C. 汤普森:《梅威良与义和团运动》

Thompson, Larry Clinton, *William Scott Ament and the Boxer Rebellion: Heroism, Hubris and the "Ideal Missionary"*. Jefferson, NC: McFarland, 2009. 252 pp.

---

① 该论文主要考察了20世纪20年代之前、美西战争之后美国的对外扩张。作者以一个非常普通的海军官员利海的一生为个案,分析了美国海军对海外领土的扩张。W. D. 利海(William D. Leahy,1875～1959),美国人,海军官员,菲律宾起义和义和团战争期间曾在美军亚洲站工作。

② S. D. 巴尔特(Smedley D. Butler,1881～1940),美国人,海军陆战队成员,1900年天津外国军队受袭时负伤。

③ 电子资源:http://digital. staatsbibliothek-berlin. de/werkansicht/? PPN = PPN610389572&PHYSID = PHYS_0005. 保罗·托马斯基(Paul Thomaschki,1861～1934),1900年时为普鲁士路德会牧师,曾在宗教会议上发表不利于中国的演说。

L. C. 汤普森:《梅威良与义和团运动》①

Thompson, Peter & Robert Macklin, *The Life and Adventures of Morrison of China*. Crows Nest, N. S. W.: Allen & Unwin, 2007. xi+478 pp.

P. 汤普森、M. 罗伯特:《莫理循中国回忆录》②

Thompson, Roger R., "Lessons of Defeat: Transforming the Qing State after the Boxer War", *Modern Asian Studies*, 37(4) (October 2003), pp. 769-773.

汤若杰:《失败的教训:义和团战争之后清廷的转型》

Thompson, Roger R., "Military Dimensions of the 'Boxer Uprising' in Shanxi, 1898-1901", in Hans Van de Ven (ed.), *Warfare in Chinese History*. Leiden: Brill Academic Publishers, 2000, pp. 288-320.

汤若杰:《1898～1901 年期间对山西义和团运动的军事考察》

Thompson, Roger R., "Reporting the Taiyuan Massacre: Culture and Politics in the China War of 1900", in Robert Bickers & R. G. Tiedemann (eds.), *The Boxers, China and the World*. Lanham, Md.: Rowman & Littlefield, 2007, pp. 65-92.

汤若杰:《太原"大屠杀"报告:1900 年中国战争的文化与政治》

Thompson, Roger R., "Twilight of the Gods in the Chinese Countryside: Christians, Confucians, and the Modernizing State, 1861-1911", in Daniel H. Bays (ed.), *Christianity in China: From the Eighteenth Century to the Present*. Stanford: Stanford University Press, 1996, pp. 53-72, 386-388.

汤若杰:《中国乡村的信仰之光:基督教、儒家学派与现代国家(1861～1911 年)》

Thomson, H. C., *China and the Powers: A Narrative of the Outbreak of 1900*. London: Longmans, Green, and Co., 1902. xii+285. Reprinted in: Westport, CT: Hyperion Press, 1981 A collection of articles by H. C. Thomson, previously published in *Manchester Guardian*, *Contemporary Review* and *Monthly Review*. Reviewed in *Edinburgh Review* (July-October 1902), pp. 210-235.

H. C. 汤普森:《中国与列强》③

Thomson, H. C., "Policy of the Powers in China", *Monthly Review*, 3(3) (1900), pp. 41ff.

H. C. 汤普森:《列强在华政策》

Thomson, H. C., "With the Peking Relief Force", *National Review*, 37 (April 1901), pp. 270-282.

---

① 梅威良(William Scott Ament,1851～1909),美国人,公理会传教士,曾在华北传教,后因联军洗劫北京而受到马克·吐温的批判。

② 莫理循(George Ernest Morrison,1862～1920),北京使馆被围时身处北京。

③ 电子资源:http://archive. org/details/chinaandpowersa00unkngoog. 相关评述见:*The Academy*, 62 (1902), pp. 360-361; *Athenaeum*, (1902); *Times Literary Supplement*, 12 (4 April 1902), p. 92. ; *The Edinburgh Review*, 196 (1902), pp. 210-235.

H. C. 汤普森:《与赴北京救援部队在一起》①

Tiedemann, Klaus-Peter, "Das Yu-nan ri-ji: eine anonyme Quelle zum Boxeraufstand in Tian-jin", Magister-Schrift, Hamburg: University of Hamburg, 1984. 104 fols.

克劳斯-彼得·提德曼:《〈遇难日记〉:关于天津义和团运动的匿名文件》②

Tiedemann, R. G., "Baptism of Fire: China's Christians and the Boxer Uprising of 1900", *International Bulletin of Missionary Research*, 24(1) (January 2000), pp. 7-12..

狄德满:《中国教民与1900年义和团的兴起》

Tiedemann, R. G., "Boxers, Christians and the Culture of Violence in North China", *The Journal of Peasant Studies*, 25(4) (July 1998), pp. 150-160.

狄德满:《拳民、教民和华北的暴力文化》③

Tiedemann, R. G., "Christianity in a Violent Environment: The North China Plain on the Eve of the Boxer Uprising", in Jeroom Heyndrickx (ed.), *Historiography of the Chinese Catholic Church: Nineteenth and Twentieth Centuries* (Louvain Chinese Studies, 1). Louvain: Ferdinand Verbiest Foundation, K. U. Leuven, 1994, pp. 138-144.

狄德满:《暴力环境下的基督宗教:义和团运动前夕的华北平原》

Tiedemann, R. G., "The Church Militant: Armed Conflicts between Christians and Boxers in North China", in Robert Bickers & R. G. Tiedemann (eds.), *The Boxers, China and the World*. Lanham, Md.: Rowman & Littlefield, 2007, pp. 17-41.

狄德满:《战斗教会:华北教民与拳民的武装冲突》

Tiedemann, R. G., "Missionaries, Imperialism and the Boxer Uprising: Some Historiographical Considerations", in Ku Wei-ying (ed.), *New Situation of the History of East-Western Exchanges: With the Focus on Christianity*. Taibei: Taida chuban zhongxin, 2005, pp. 309-357.

狄德满:《传教士、帝国主义与义和团兴起》

Tiedemann, R. G., "Der missionspolitische Kontext in Süd-Shantung am Vorabend des Boxeraufstands in China", in Stephan Puhl (ed.), *Georg M. Stenz SVD (1869-1928). Chinamissionar im Kaiserreich und in der Republik*. Nettetal: Steyler Verlag, 1994, pp. 275-312.

狄德满:《中国义和团运动爆发前夕山东南部的传教政策》

Tiedemann, R. G., "Rural Unrest in North China 1868-1900: With Particular

---

① 简单描述了西摩尔远征军首次进攻大沽炮台的经过。

② 此文为硕士论文,主要分析了翦伯赞编的《义和团》中收录的《遇难日记》这篇文章。

③ 主要评述如下:Paul A. Cohen, *History in Three Keys: The Boxers as Event, Experience, and Myth*. New York: Columbia University Press, 1997.

Reference to South Shandong", Ph. D. dissertation, University of London, 1991. xi+432 pp.

狄德满:《华北的农村动乱(1868～1900年):以鲁南为考察中心》①

Tille, Alexander, "England und die chinesischen Wirren", *Deutsche Stimmen*, 2 (1900), pp. 229-237.

亚历山大·提勒:《英国与中国动乱》②

Timmer, Odoricus, *Acta martyrum sinensium vicariatus apostolici Shansi meridionalis anno 1900 pro fide catholica interfectorum iuridice collecta*/iubente Ill. mo et Rev. mo Odorico Timmer. Ad Claras Aquas (Quaracchi): ex Typographia Collegii S. Bonaventurae, 1919. 217 pp. First published as: "Acta Martyrium Sinensium Vicariatus Apostolici Shansi Meridionalis anno 1900 pro fide Catholica interfectorum", *Acta Ordinis Fratrum Minorum*, 33(3)(March 1914), pp. 67-70; 33(4)(April 1914), pp. 100-105; 33(6)(June 1914), pp. 164-168; 33(7)(July 1914), pp. 202-206; 33(8)(August 1914), pp. 245-248; 33(9)(September 1914), pp. 279-283; 33(10)(October 1914), pp. 318-325; 33(11)(November 1914), pp. 342-344; 34(1)(January 1915), pp. 17-18; 34(2)(February 1914), pp. 47-51; 34(4)(April 1915), pp. 125-128; 34(5)(May 1915), pp. 157-160; 34(6)(June 1915), pp. 194-198; 34(8)(August 1915), pp. 260-265; 34(9)(September 1915), pp. 298-299.

O. T. :《1900年山西拳难殉教者名录》③

Timmer, Odoricus, *Het Apostolisch Vicariaat Van Zuid-Shansi in de eerste vijf-en-twintig Jaren van zijn bestaan (1890-1915)*. G. F. Théonville, 1915. 112 pp.

O. T. :《山西南部代牧区传教史(1890～1915年)》

Tissier, René, *La Croix-rouge française et les navires-hôpitaux, pendant la campagne de Chine (1900-1901)*. Joanin, 1903. 144 pp.

R. 提斯艾:《中国战争中的法国十字会和海船医院(1900～1901年)》

Tissot, J. (Madame), "The Siege of Tientsin", *North-China Herald*, 31(July 1903), pp. 265-266; 7 August 1903, pp. 298-299. Also published in *North China Daily News*(31 July & 5 August 1903).

J. 田索:《占领天津》

Tobar, Jérôme, "Correspondance de Chine. Un coin de la politique chinoise du 15 août

---

① 修订版本为[德]狄德满:《华北的暴力和恐慌:义和团运动前夕基督教传播和社会冲突》,崔华杰译,江苏人民出版社2011年版。

② 亚历山大·提勒(Alexander Tille,1866～1912),德国人,哲学家,激进达尔文社会主义者,曾批判英国的殖民扩张政策。

③ 该调查由范像凤(Ivo van den Boer,1857～1924)、吴泰山(Bertrandus Boerke,1866～1932)主持开展,两人都于义和团运动期间在山西南部活动。该书的拉丁文版本曾对山西南部被害的中国天主教民的名录有所记载,并简单介绍了其村名等其他相关个人信息。

au 15 novembre 1900", *Études* 38e année, tome 86 (5 February 1901), pp. 388-405.

管宜穆:《中国通信——1900年8月15日至11月15日中国政治一角》①

Tobar, Jérôme, "Correspondance de Chine. Décrets impériaux contre les Boxeurs et en faveur des étrangers", *Études* 38 e année, tome 87 (5 June 1901), pp. 675-693.

管宜穆:《中国通信——扼制义和团和利于外国人的皇家法令》

Tobar, Jérôme, "Nouveaux décrets impériaux", *Études*, 87 (1901), pp. 111-116; 89 (1901), pp. 97-116.

管宜穆:《皇帝的新政令》②

Tobel, Urs von, *China im Spiegel der britischen Presse 1896-1900*. Zürich: Zentralstelle der Studentenschaft, 1975. vi + 243 pp. Ph. D. dissertation, University of Zürich, 1975.

U. 托贝尔:《英国媒体笔下的中国(1896~1900年)》

Tossenberg, von, "Enthüllungen über die Thätigkeit und das Vermögen der Missionen in China", *Deutsche Stimmen*, 2(1901), pp. 698-703.

冯·托森贝格:《传教团在中国的活动和财产揭秘》

Tosti, Amadeao (ed.), *La spedizione italiana in Cina (1900-1901)*. Ministero della guerra. Stato maggiore del R. Esercito. Ufficio storico. Roma: Provveditorato generale dello stato, 1926.

A. 托思基:《意大利在中国的探险》

[Townsend, Alfred Markham (ed.)], *In Memoriam. Walter Ewen Townsend*. New York: printed for private circulation, 1901. 187 pp.

A. M. 汤森:《纪念 W. E. 汤森》③

Tramontani, Enzo, *Tai-Yuan: l'ora del sogno: Maria Chiara Nanetti nella Cina dei martiri*. Bologna: Editrice Missionaria Italiana, 2000. 127 pp.

E. 特拉蒙塔纳:《太原拳难殉教者嘉纳修女传》

Trampedach, Tim, "'Yellow Peril'? German Public Opinion and the Chinese Boxer Movement", *Berliner China-Hefte*, 23 (2002), pp. 71-81.

唐田慕:《"黄祸"? 德国公众舆论与中国义和团运动》

"Der Transport des Ostasiatischen Expeditionskorps", *Militär-Wochenblatt*, 86, No. 5 (1901), col. 107-114; No. 7, col. 217-225.

《运送东亚远征军》

---

① 管宜穆(Jérôme Tobar,1855~1917),西班牙人,耶稣会士,1880年在江南代牧区活动。当时,他被认为是耶稣会中最著名的汉学家。

② 作者在文章中首先简要翻译了清廷的谕令,特别提到了因义和团运动受到贬职等其他惩处的官员,还提到了清廷西狩及返京的路线、签订条约所涉及的战争赔款,以及对拳民及其他官员的惩处。

③ W. E. 汤森(Walter Ewen Townsend,1879~1900),北京使馆被围期间正在使馆接受翻译培训。当时,他身中两处枪伤,后在横滨修养时病故。

Trapp, Georg Ritter von, "Internationale Truppen in der'verbotenen Stadt'. Erlebnisse vom chinesischen Boxeraufstand", *Wiener Neueste Nachrichten*, (24 April 1936), p. 9f.

格奥尔格·冯·特拉普骑士:《紫禁城中的国际联军:中国义和团运动亲历》①

Trefz, Bernhard (ed.), *Der "Boxeraufstand" in China: das Tagebuch des Gottlieb Brosi und andere Zeitzeugnisse* (Backnanger Forschungen 6). Backnang: Fr. Stroh, 2004. 152 pp.

伯尔尼哈德·特雷福兹编:《中国的义和团运动:戈特利布·布罗斯的日记和其他历史证明》②

Trombi, Ugo, "'Episodi della revoluzione cinese 1900', prima pubblicazione monografica di un filio missionario del Conforti", *Parma negli anni-società civile e religiosa*, Quaderno N. 6: *1901: Parma celebra e commemora. Missione saveriana al tramonto?* (2001), Chapter 4; pp. 89-100.

U. T.《1900 年的中国革命》

Trotha, [Adolf Lebrecht] von (Kapitänleutnant), "Die Vertheidigung von Tientsin im Juni und Juli 1900", *Marine-Rundschau*, 12(12)(December 1901), pp. 1263-1283;13(1)(January 1902), pp. 12-25.

阿道夫·莱布莱西特·冯·特洛塔(海军上尉):《1900 年 6～7 月的天津保卫战》③

Les troubles des Boxers à Chouang-Chou-Tze. St Etienne: Emprimerie de l'institution des Sourds-Muets, 1900.

《保安州双树子拳难》

[Tümmler, Holger], *Deutsche Truppen im Land des Drachen: Boxeraufstand und Krieg mit China*. Wolfenbüttel: Melchior-Verlag, 2007. 154 pp.

[土姆勒·霍尔格]:《德国军队在龙之国度:义和团运动和与中国战争》

Twain, Mark, "To My Missionary Critics", *North American Review*, 172 (April 1901), pp. 520-534.

马克·吐温:《写给我的传教士批评者们》

Twain, Mark, "To the Person Sitting in Darkness", *North American Review*, 172 (February 1901), pp. 161-176.

马克·吐温:《写给黑暗中的人们》

Twain, Mark, *To the Person Sitting in Darkness; and, Concerning the Rev. Mr. Ament*. [s. l.]: privately printed, 1926. 44 pp.

① 格奥尔格·冯·特拉普(Georg Ritter von Trapp, 1880～1947),奥匈帝国海军,义和团战争期间来华。

② 戈特利布·布罗斯(Gottlieb Brosi, 1878～1962),出生于德国,后归籍美国,在美国海军陆战队服役,曾描述了北京外国使馆被围时的状况。

③ 作者(Adolf Lebrecht von Trotha, 1868～1940),德国人,义和团战争期间作为海军官员来华。

马克・吐温:《写给黑暗中的人们;关于梅威理牧师》①

Tytgat, Charles, *Un reportage en Chine. Le tour du monde par le Transsibérien.* Bruxelles: Polleunis & Ceuterick, 1901. 263 pp.

C. 提噶特:《一个关于中国的报道,通过西伯利亚的全球旅行》②

U. C., "La campagne de Chine, 1900-1901", *Revue française de l'étranger et des colonies et exploration*, 26(275)(November 1901), pp. 645-650.

C. U:《中国征战(1900～1901年)》③

"Ueber die Erhebung des Nationalismus in China", *Historisch-politische Blätter für das katholische Deutschland*, 126(4)(1900), pp. 292-305.

《论中国民族主义的兴起》

"Ueber die Teilnahme S. M. S. 'Iltis' und dem deutschen Landungskorps an den Kämpfen um die Taku-Forts" (Nach amtlichen Quellen.), *Marine-Rundschau*, 11 (10)(October 1900), pp. 1071-1081.

《论参与大沽炮台争夺战的皇家海军战舰"伊尔提斯"号与德国登陆军团(据官方文献)》

Ular, Alexandre, "L'Invasion européenne en Chine", *Revue Blanche*, 25 (June 1901), pp. 277-293.

A. 予拉赫:《欧洲对中国的入侵》④

Ular, Alexandre, "L'Œuvre des Missions chrétiennes en Chine", *Revue Blanche*, 25 (August 1901), pp. 481-500.

A. 予拉赫:《基督教在中国的传教成果》

Ular, Alexandre, "Le Schéma de la Conspiration russo-chinoise", *Revue Blanche*, 25 (July 1901), pp. 355-360.

A. 予拉赫:《中国和俄罗斯阴谋的图示》⑤

"Die Unruhen in China", *Das Staatsarchiv. Sammlung der officiellen Actenstücke zur Geschichte der Gegenwart*, 65(1901), pp. 166-280.

---

① 上述两篇文章同时重印于:Mark Twain, Europe and Elsewhere, with an appreciation by Brander Matthews and an introduction by Albert Bigelow Paine. (New York: Gabriel Wells, 1923); "To the Person Sitting in Darkness"; "To My Missionary Critics", pp. 250-272, 273-296. In Europe and Elsewhere (1923), Twain's literary executor, Albert Bigelow Paine, altered "To the Person Sitting in Darkness", a work that Twain himself had seen through the press, by removing the controversial section on William Ament and the indemnities issue in China in the aftermath of the Boxer Uprising. See Jim Zwick, "Mark Twain's Anti-Imperialist Writings in the 'American Century'", in: Angel Velasco Shaw and Luis H. Francia (eds.), *Vestiges of War: The Philippine-American War and the Aftermath of an Imperial Dream*, 1899-1999(New York: New York University Press, 2002).

② 涉及"海兰泡惨案",并论及北京使馆被围之后作者本人在直隶的所见所闻。

③ 法国军事官员对华北军事战役的描述。

④ A. 予拉赫(Alexander Ular,1876～1919),出生于德国,新闻记者、作家,后定居法国。关于对义和团运动及中俄关系的论点,见:*Un empire Russo-Chinois* (1903).

⑤ 涉及德国海军军舰"伊尔提斯"号参与的大沽炮台战役。其他版本见:*Norddeutsche Allgemeine Zeitung* (14 September 1900).

《中国的动乱》

Vaissière, Pierre de, "L'expédition de Chine de 1900 à propos d'une prochaine publication", *Correspondant*, (May 1903), pp. 800-808.

P. 韦西埃:《1900 年的中国远征,根据下次出版的内容》

Valli, Mario, *Gli avvenimenti in Cina nel 1900 e l'azione della R. Marina italiana*. Milan: Ulrico Hoepli, 1905. xiv+731 pp.

M. 瓦利:《中国事件以及 1900 年意大利海军的行动》①

Van Bergen, R., "The Revolution in China and Its Causes", *The Century Magazine*, 60(5)(September 1900), pp. 791-794.

R. 范伯根:《中国革命及其原因》②

Van de Ven, Hans, *Breaking with the Past: The Maritime Customs Service and the Global Origins of Modern China*. New York: Columbia University Press, 2014.

方德万:《与过去决裂:海关与全球现代性在中国的起源》③

Van de Ven, Hans, "Robert Hart and Gustav Detring during the Boxer Rebellion", *Modern Asian Studies*, 40(3)(2006), pp. 631-662.

方德万:《义和团运动期间的赫德与德璀琳》

Van Duyse, Franciscus-Salesius, *Lofrede van den E. P. Victorinus Delbrouck, Minderbroeder: voor het geloof ter dood gebracht te Che-Keou-Chan (China) den Zondag 11 December 1898*/door Van Duyse; uitgesproken in de kerk der Minderbroeders te St. Truiden den 23 Maart 1899. Antwerpen: Van Os-de Wolf, 1899.

F-S. 万:《比利时传教士董若望传》

Van Dyck, Louis, "Délivrance par les Russes de la résidence épiscopale. L'isolement", *Missions en Chine et au Congo*, 13 (1901), pp. 11-13.

葛崇德:《俄罗斯分发的主教居所》④

Van Dyck, Louis, "Journal du T. R. P. Van Dyck, Provincial", *Missions en Chine et au Congo*, 13 (1901), pp. 13-19, 41-47, 109-118.

葛崇德:《葛崇德的日记》⑤

Van Havere, Eugène, "Les ruines, les martyrs, les survivants, le corps de Mgr Hamer", *Missions en Chine et au Congo*, 14 (1902), pp. 101-112.

---

① 作者是意大利人,海军军官,1900 年曾带领意军天津分遣队。

② R. 范伯根是 19 世纪 60 年代日本开放后首位在日学习的美国学者。

③ 关于义和团战争及其影响、赫德的反应可参见该书第 144～153 页。后面章节也有探讨义和团战争赔款的内容。

④ 该信函的标注日期为 1900 年 11 月 19 日,地点为山海关。荷兰语版本:*Missiën in China en Congo*, 13 (Scheut 1901), pp. 11-13.

⑤ 葛崇德(Louis Van Dyck,1862～1937),比利时人,圣母圣心会传教士,1887 年到蒙古传教。在信中,葛崇德描述了俄军解救松树嘴子主座教堂的经过。荷兰语版本:*Missiën in China en Congo*, 13 (Scheut 1901), pp. 13-19, 40-46, 109-118.

冯学渊:《废墟、殉教者、幸存者与韩默理主教的遗体》①

Van Hecke, Joseph OFM, *Bloedgetuigen uit de blauwe vallei. No. 2: Zuster Amandina en de boksers*. Leuven: Centrale voor Projektie-Onderwijs, [1948?]. 26 pp.

贺歌南:《雅芒定传》②

Van Hecken Joseph, "Deux Documents Mongols Concernant les Persécutions en Chine en 1900", *The Canada-Mongolia Review*, 3(1)(1977), pp. 5-14.

贺歌南:《有关1900年在中国的迫害的两份蒙古文件》

Van Kerckhoven, Joseph, "Un sauvetage émouvant ", *Missions en Chine et au Congo*, 13 (1901), pp. 31-32.

葛万青:《感人的营救》③

Van Westrum, Adriaan Schade, "The Outbreak in China", *The Book Buyer: A Review and Record of Current Literature*, 23(6)(January 1902), pp. 560-565.

A. S. W. :《中国的爆发》

Vandenbossche, Albert, *Au Pe-tchi-li: deuxième campagne de Chine, (1900-1901)*. Lyon: A. Storck, 1906. 354 pp.

A. V. :《1900~1901年的中国战役》④

Varg, Paul A., "The Foreign Policy of Japan and the Boxer Revolt", *Pacific Historical Review*, 15 (1946), pp. 279-285.

P. A. 瓦格:《日本的对外政策与义和团运动》⑤

Varg, Paul A., "William Woodville Rockhill". Ph. D. dissertation, University of Chicago, 1947. 200 pp.

P. A. 瓦格:《柔克义》

Varg, Paul A., "William Woodville Rockhill's Influence on the Boxer Negotiations", *Pacific Historical Review*, 18 (1949), pp. 369-380.

P. A. 瓦格:《柔克义对庚子和谈的影响》

Varli, Fatma, *Der Boxeraufstand in China-Hintergründe, Ursachen und Verlauf*. Munich: GRIN Verlag, 2011. 68 pp.

法特马·瓦尔利:《中国义和团运动——背景、原因和过程》

Varli, Fatma, *Quelleninterpretation: Die "deutsche Faust" in China-Rede Kaiser*

---

① 描述了内蒙古西部暴力事件的后果,其中谈到了1900年7月23日韩默理主教在托克托的遇难。冯学渊(Eugeen Van Havere,1869~1909),比利时人,圣母圣心会传教士,1892年到内蒙古西部传教,1900年在二十四顷地建立传教基地。

② 雅芒定(Maria-Pauline Jeuris,宗教名 Maria Amandina, 1872~1900),比利时圣母圣心会女传教士,该人1900年7月9日在太原遇难。

③ 葛万青(Jozef Van Kerckhoven, 1871~?),比利时人,圣母圣心会传教士,1897年到蒙古传教。

④ 1900~1901年间作者作为医疗医生随联军来到中国。

⑤ 作者的结论是,通过与其他列强合作日本在外交政策上阻止对中国的瓜分。他指出,俄罗斯已获得了1895年以来日本在华获得的强势地位,因此日本在1900年出于自身利益而反对瓜分中国。

Wilhelms II. in Bremerhaven am 27. Juli 1900. Akademische Schriftenreihe, Bd. V180470. Munich: GRIN Verlag, 2011. 28 pp. Studienarbeit aus dem Jahr 2005 im Fachbereich Geschichte Europa-Deutschland-1848, Kaiserreich, Imperialismus, einseitig bedruckt, Note: 2, 0, Universität Hamburg.

法特马・瓦尔利:《资料来源说明:"德国铁拳"在中国——德皇威廉二世 1900 年 7 月 27 日在不来梅港的演讲》

Vasco, Gabriel, "L'Expédition de 1860 et les difficultés de la campagne actuelle", *Revue française de l'Étranger et des Colonies et exploration*, 25 (August 1900), pp. 449-464.

G. 瓦克斯:《1860 年的远征和目前战争的困难》

Vaughan, H. B., *St. George and the Chinese Dragon: An Account of the Relief of the Peking Legations*. London: C. Arthur Pearson, 1902. 206 pp. Reprinted, with a foreword by John Adamson, Dartford, Kent: Alexius Press, 2000. 140 pp.

H. B. 沃恩:《圣乔治与中国龙:北京使馆解围记》①

Velde, [Gustav] (Oberstabsarzt), *Bericht über die allgemeinen Gesundheitsverhältnisse, sowie über die Thätigkeit und Beobachtungen in dem internationalen Hospital während der Belagerungen der Gesandtschaften in Peking*. Leipzig, 1900. 16 pp. Special offprint from the*Deutschen medicinischen Wochenschrift*26, No. 50 (1900), pp. 811-816.

古斯塔夫・维尔德(少校军医):《对一般健康状况,以及北京使馆被围期间在国际医院中的活动和观测的报告》②

Velde, [Gustav] (Oberstabsarzt), "Rückblick auf die Ereignisse in Peking im Sommer 1900." Vortrag gehalten in der Militärischen Gesellschaft zu Berlin am 7. Februar 1906, "Beiheft 5" of *Militär-Wochenblatt*, 91(1906), pp. 149-185.

古斯塔夫・维尔德(少校军医):《忆 1900 年夏的北京事件》③

Veldhoven, Ad van, *Han-sjen-foe, de held van Mongolië*. Vught: Missionarissen van Scheut, 1964. 168 pp.

A. 费尔德霍芬:《韩神父》④

I 29 martiri di Cina del 1900 beatificati da Sua Santità Pio 12. il 24 novembre 1946. Rome: Tip. Sograro, Soc. Graf. Romana, [1946]. 32 pp.

《1900 年在华殉教的 29 名天主教徒》⑤

---

① 作者(H. B. Vaughan,1858～1934),英国人,陆军军官,隶属印度英国皇家步兵。

② 作者(Gustav Velde,1865～1920),德国人,军事医生,1899～1900 年间为德国使馆医生,北京被围期间负责提供医疗服务。

③ 英文版本:Velde, *Retrospect of the Events in Peking During the Summer of 1900*. Trans. from the German by Lt G. A. Lynch, 17th Inf, 1907. From Beiheft zum Militär-Wochenblatt, 1906. ca 50 p. U15A2no1612.

④ 关于 1900 年 7 月 23 日在托克托被害的韩默理神父。

⑤ 描述了 1946 年被教皇封圣的 29 名天主教殉教者。

Vereenooghe, Edmond CICM, *Vervolging in China: belegering van Klein-Brugge in Ortos Zuid-West Mongolie*. Brugge: Beyaert, 1901. 40 pp.

闫明智:《圣母圣心会内蒙古堂口小桥畔被围》[①]

Vergne, François, "La révolte des Boxers (1900)", in Bernard Michal et al. (eds.), *Les grandes enigmes de la belle époque*. Paris: Editions de Saint-Clair, 1966-1967, vol. 2, pp. 28-62.

F. 崴合尼:《义和团起义(1900)》[②]

"Verhandlungen über die Mandschurei 1900-1901", *Das Staatsarchiv. Sammlung der officiellen Actenstücke zur Geschichte der Gegenwart*, 66 (1902), pp. 129-182.

《1900～1901年关于满洲的谈判》

"Verhandlungen über die Räumung von Shanghai 1902", *Das Staatsarchiv. Sammlung der officiellen Actenstücke zur Geschichte der Gegenwart*, 67 (1903), pp. 230-246.

《1902年上海撤军谈判》

Verron, Amaury, *Le Corps français d'occupation de Chine 1901-1945*. Mémoire de Maîtrise sous la direction de Jacques Weber, Université de Nantes, département d'histoire, 1996. 236 pp.

A. 威弘:《1901～1945年在中国的法国占领军》

Verron, Amaury, "La révolte des Boxers et le Corps français d'occupation de Chine, 1901-1945", in Jacques Weber (comp.), *La France en Chine* (Enquêtes et documents, Centre de Recherches sur l'histoire du monde atlantique, Université de Nantes, 24). Nantes: Ouest Éditions, 1997, pp. 145-159.

A. 威弘:《义和团运动和在中国的法国占领军(1901～1945年)》

Verwilghen, Felix, *Het brevier van een martelaar: missieverhaal Ortos*. With a foreword by Paul Crouck. Terhagen-Rumst: Thomas More-genootschap, 1995. 130 pp.

F. V. :《传教士殉教者罗友义》[③]

Verwilghen, Henri, "A travers le désert du Gobi. Relation du voyage des quinze missionnaires expulsés du Vicariat des Ortos (Mongolie sud-ouest)", *Missions en Chine et au Congo*, 13(4)(April 1901), pp. 73-76;13(5)(May 1901), pp. 97-108; 13(6)(June 1901), pp. 121-131;13(7)(July 1901), pp. 145-151.

---

① 闫明智(Edmond Vereenooghe, 1872～1950),比利时人,圣母圣心会传教士,1898年到内蒙古传教,义和团运动期间他在小桥畔活动。

② 意大利语版本:F. Vergne, "La rivolta dei Boxers", in Bernard Michal et al. (eds.), *I grandi enigmi della "Belle Epoque"*. Ginevra: Ferni, 1973, pp. 103-137. 更早的版本: Genève: Edizioni di Crémille, 1969.

③ 罗友义(Désiré Abbeloos, 1871～1900),圣母圣心会传教士,1900年8月22日在内蒙古铁纥旦沟遇难。

魏怀仁:《穿越戈壁:15 名传教士旅行记》①

"Une victime des Boxeurs, le P. Paul Denn, S. J. (1847-1900)", *Le Messager du Coeur de Jésus*, 78 (Toulouse 1903), pp. 79-91.

《拳难的受害者:耶稣会汤爱玲》②

Une victime des Grands Couteaux. Vie et martyre du R. P. Théodoric Balat, Franciscain français. Au profit de la Mission du Chan-Tong [Shandong] Oriental (Chine). Bordeaux, 1923. 80 pp.

《拳难的受害者:方济各会德奥理》

Vidal (lieutenant-colonel), "Souvenirs de la guerre de Chine", *Bulletin du Comité de l'Asie française*, (January 1902), pp. 3-13; (February 1902), pp. 57-69.

维达尔(中校):《对中国战争的回忆》

Vie de la mère Marie-Hermine de Jésus et de ses compagnes massacrées au Chan-si (Chine), le 9 juillet 1900. Rome: Institut des Franciscaines Missionnaires de Marie, 1902. 578 pp.

《1900 年 7 月 9 日山西"拳乱"中的殉教者》③

Vigna del Ferro, Giovanni, "L'Italia nella questione cinese", *Rivista politica e letteraria*, (October 1901).

G. V. 费罗:《意大利在华问题》

Villate, L., *Du ravitaillement du corps expéditionnaire français pendant la campagne de Chine de 1900-1901*. Paris: Charles-Lavauzelle, 1902. 135 pp.

L. 维拉特:《1900～1901 年中国战争时期法国远征军的给养》④

Villetard de Laguérie, Raoul-Charles, "Pékin au lendemain de la délivrance des légations", *Le Tour du Monde*, VII n. s. No. 40 (5 October 1901), pp. 472-480.

R. C. 威勒达·德·拉给内:《外国使馆解围后第二天的北京》⑤

Villetard de Laguérie, Raoul-Charles, "Tien-tsin après la défaite des Boxeurs", *Le Tour du Monde*, VII n. s. No. 41 (12 October 1901), pp. 481-492.

---

① 荷兰语版本:*Missiën in China en Congo*, 13 (Scheut 1901), pp. 73-76, 96-108, 121-131, 145-151. 魏怀仁(Henri Verwilghen,1871～1945),比利时人,圣母圣心会传教士,1897 年到内蒙古传教。

② 文中的汤爱玲,1900 年 7 月 20 日在直隶东南的景州朱家河遇难。

③ 关于 1900 年 7 月 9 日在太原遇难的玛利亚方济各传教女修会的埃明纳(Irma Grivot,宗教名 Mother Marie-Hermine de Jésus)及其工友。

④ 也可参见:*Revue du Service de l'Intendance Militaire*, 15 (January 1902), pp. 21-35; (February 1902), pp. 139-155; (March 1902), pp. 225-255; (April 1902), pp. 329-339; (May 1902), pp. 449-464; (June 1902), pp. 569-587; (July 1902), pp. 707-733. 电子资源:http://archive.org/stream/revueduserviced04miligoog#page/n31/mode/2up/search/Chine. 作者 L. Villate (1852～1931),法国人,军官,义和团战争期间来华。

⑤ 荷兰语译本: Villetard de Laguérie, "Peking kort na het ontzet van de legaties", *De Aarde en haar Volken*, Jrg. 38 (1902/03). 其他单行本: Villetard de Laguérie, *Peking kort na het ontzet van de legaties*. Haarlem: Kruseman & Tjeenk Willink, 1902. 8pp. with 11 woodcut illustrations by E. Boudier.

R. C. 威勒达·德·拉给内:《义和团运动失败后的天津》①

Völling, Arsenius, "Geschichtliche Notizen über den Distrikt Sche Ba Tuin (Shantung)", *Communicationes pro missionariis vicariatus Tsinanfu Shantung*, 5 (1926), pp. 28-29, 35-40, 52-55; 6 (1927), pp. 7-12.

傅于谦:《(山东)十八村地区史录》②

Völling, Arsenius, *Die Christenverfolgung in Nord-Schansi (China) im Jahre 1900* (Aus allen Zonen, 6). Trier: Druck und Verlag der Paulinus-Druckerei, 1911. 128 pp.

傅于谦:《1900年(中国)山西北部发生的基督徒大迫害》

Vollmer, H., "Kiautschou und die Chinawirren", in Otto E. Ehlers(ed.), *Im Osten Asiens* (Sammlung belehrender Unterhaltungsschriften für die deutsche Jugend, 2). 2nd rev. ed. Berlin: H. Paetel, 1902.

傅于谦:《胶州与中国动乱》

Volpert, Anton, "Aus den Tagen der Verfolgung", *Stadt Gottes*, 24 (1901), pp. 36-38, 62-65, 110-13, 158-159, 206-207.

佛尔白:《大迫害的日子》

Volpert, Anton, "Eine chinesische Schmähschrift gegen das Christentum", *Steyler Herz-Jesu-Bote*, 29 (1901/1902), pp. 150-152, 168-170, 179-181.

佛尔白:《中国人对基督教的毁谤书》

Volpert, Anton, "Ein Rückblick auf die Boxergeschichte", *Stadt Gottes*, 26(1)(1902/1903), pp. 14-15;26(5)(1902/1903), pp. 226-227.

佛尔白:《义和团历史回顾》③

"Der Vormarsch auf Peking und die Einnahme der Hauptstadt", *Neue militärische Blätter*, 57 (1901), pp. 563-575.

《向北京的进军与首都的占领》

Vosberg-Rekow (Dr.), "Der ostasiatische Markt vor und nach dem Kriege", *Asien*, 7 (1904), pp. 97-100;10, pp. 145-148;11, pp. 164-167.

佛斯贝格-雷科夫(博士):《战前与战后的东亚市场》④

Voskamp, C. J. [Carl Johannes], *Aus der verbotenen Stadt*. Berlin: Buchhandlung der Berliner Evangelischen Missionsgesellschaft, 1901. 80 pp.

---

① 法语单行本: Villetard de Laguérie, *Tien-tsin après la défaite des Boxeurs*. Paris: Librairie Hachette, 1901. 11 pp. 荷兰语译本: Villetard de Laguérie, "Tientsin na de nederlaag der Boksers", *De Aarde en haar Volken*, Jrg. 38 (1902/03). 荷兰语单行本: Villetard de Laguérie, *Tientsin na de nederlaag der Boksers*. Haarlem: Kruseman & Tjeenk Willink, 1902. 8pp. with 11 illustrations by Jules Lavée, E. Fotorbe, a. o.

② 描述了地理上属于直隶东南,但实际上是山东行政飞地的"十八村",该村和梨园屯当时都属于冠县。傅于谦(Arsenius Völling,1866~1933),德国人,方济各会传教士,1883年来陕西传教,1904年到鲁北教区传教。

③ 佛尔白(Anton Volpert,1863~1949),其中文名在《教务教案档》中被记为"佛尔柏"。此人是德国人,圣言会传教士,曾在鲁南代牧区传教。

④ 作者(Max Robert Curt Vosberg-Rekow,1860~?),德国人,经济学家。

和士谦:《紫禁城纪事》①

Voskamp, Carl Johannes, "Durch tiefe Wasser", *Das Evangelium in China*, (1903), pp. 35-46.

和士谦:《涉过深水》

Waite, Carleton Frederick, *Some Elements of International Military Co-operation in the Suppression of the 1900 Antiforeign Rising in China with Special Reference to the Forces of the United States* (The University of Southern California School of Research Studies No. 12). Los Angeles: University of Southern California Press, 1935. 52 pp.

C. F. 韦特:《1900 年联军镇压中国排外运动的因素:特别以美军为例》

Walden, Werner, "Der europäisch-chinesische Konflikt", *Koloniale Zeitschrift*, (1900), pp. 211-214.

维尔纳・瓦尔登:《欧洲与中国的冲突》

Waldersee, Alfred, Graf von, *Denkwürdigkeiten des General-Feldmarshalls Alfred Grafen von Waldersee*. Auf Veranlassung des Generalleutnants Georg Grafen von Waldersee bearb. und hrsg. von Heinrich Otto Meisner. Stuttgart und Berlin: Deutsche Verlags-Anstalt, 1922. 3 vols. Reprinted in: Osnabrück: Biblio Verlag, 1967. (Deutsche Geschichtsquellen des 19. Jahrhunderts, vol. 9-10, vol. 13).

阿尔弗雷德・冯・瓦德西伯爵:《元帅阿尔弗雷德・冯・瓦德西伯爵回忆录》②

Waldersee, Alfred, Graf von, "Die Eroberung und Plünderung Pekings im August 1900", *Preußische Jahrbücher*, 191 (1923), pp. 283-293.

阿尔弗雷德・冯・瓦德西伯爵:《1900 年 8 月对北京的占领和掠夺》③

Walker, John Brisben, "China and the Powers", *The Cosmopolitan*, 29(5)(September 1900), pp. 468-475.

J. B. 沃克:《中国与列强》④

Walker, Joseph E., "Notes from Foochow", *Chinese Recorder*, 32(1)(January 1901), pp. 14-19.

和约琴:《福州散记》⑤

---

① 电子资源:http://digital. staatsbibliothek-berlin. de/dms/werkansicht/? PPN=PPN610389769. 和士谦(C. J. Voskamp,1857～1937),德国人,柏传教会传教士,1884 年来华,1898 年在山东传教。

② 英文译本:Alfred, Graf von Waldersee, *A Field-Marshal's Memoirs: From the Diary, Correspondence, and Reminiscences of Alfred, Count von Waldersee*. Condensed and trans. from the German by Frederic Whyte. London: Hutchinson, 1924. 286 pp. Reprinted Westport, CT: Greenwood Press, 1978.

③ 英文译本:Count Alfred Waldersee, "Plundering Peking", *The Living Age*, 317 (9 June 1923), pp. 563-569. 电子资源:http://libweb. uoregon. edu/ec/e-asia/read/plunder. pdf.

④ J. B. 沃克(John Brisben Walker,1847～1931),士兵,出版商,出版杂志 *The Cosmopolitan*。该人曾为美国驻华公使服务,与赫德交好,并且对中国抱有同情态度。

⑤ 描述了 1900 年夏福州的情形。和约琴(Joseph E. Walker,1844～1922),美国人,美部会传教士,曾在福建福州传教。

Walle, Heinrich, "Martyrer für den deutschen Flottenstützpunkt Tsingtau? Die Ermordung der Patres Richard Henle SVD und Franz Xaver Nies SVD am 1. November 1897", in Reimund Haas, Karl Josef Rivinius & Hermann-Josef Scheidgen (eds.), *Im Gedächtnis der Kirche neu erwachen. Studien zur Geschichte des Christentums in Mittel- und Osteuropa. Festgabe für Gabriel Adriányi zum 65. Geburtstag*. Cologne, Weimar, Vienna: Böhlau Verlag, 2000, pp. 559-587.

海因里希·瓦勒:《德国青岛海军基地的牺牲者? 1897 年 11 月 1 日被杀的圣言会神父韩理和能方济》①

Walsh, Tom, "Herbert Hoover and the Boxer Rebellion", *Prologue*, 19(1)(Spring 1987), pp. 34-40.

T. 沃尔什:《胡佛与义和团运动》

Walter, M., "Der russische Imperialismus und Deutschlands China-Abenteuer", *Die Neue Zeit*, 19 (18 May 1901), pp. 197-202; (25 May 1901), pp. 228-238.

M. 瓦尔特:《俄国帝国主义与德国在华冒险》

Walton, Joseph (M. P.), *China and the Present Crisis, with Notes on a Visit to Japan and Korea*. London: Sampson Low, 1900. xii+319 pp.

J. 沃尔顿:《中国和当前的危机,日本、朝鲜游记》②

Walton, Joseph (M. P.), "Crisis in China: It's Causes and Its Solution", *Journal of the Society of Arts*, 49 (1901), pp. 233ff.

J. 沃尔顿:《中国危机:其原因及解决方法》

Wang Hsueh-wen, "A Comparison of the Boxers and the Red Guards", *Issues and Studies: A Monthly Journal of World Affairs and Communist Problems*, 4(1) (October 1967), pp. 1-14.

王学文:《义和团与红卫兵的比较》

Wang, [Ludwig] and [Friedrich] Freiherr von Meerscheidt-Hüllessem, *In und um Peking, während der Kriegswirren* 1900-1901: nach photographischen Aufnahmen von den Herausgebern Marine-Stabsarzt Dr. Wang und Leutnant Freiherr von Meerscheidt-Hüllessem. Berlin-Schöneberg: Commissionsverlag von Meisenbach Riffarth, 1902. 70 pp.

---

① 主要考察了 1897 年 11 月 1 日在磨盘张家庄遇难的韩理和能方济,质疑该两人与德军海军基地的建立有所关联。

② 该书为某英国议会议员根据其访问中国的经验所写。作者认为,英国的在华影响力日渐衰退,而俄国却逐渐提升。该书概括了中国生活的方方面面面,并且利用了不同的著述方式。对于当时的中国危机,作者认为中国在重建秩序之后,应该多依赖倾向于改革的地方督抚并且防止国家免于瓜分。相关评论见: *Athenæum*, (1900), pp. 173-174; *Literature*, 7 (1900), pp. 79-80; *Westminster Review*, 154 (1900), pp. 470-471; Max von Brandt, *Petermanns Mitteilungen*, 47 (1901), *Literatur-Berichte*, 154; Cyprian Bridge *Edinburgh Review*, 192 (1900), pp. 450-477; *The Nation*, 71 (1900), p. 234. J. 沃尔顿(Joseph Walton, 1849~1923),英国人,政客,自由党政治家,卫理公会教徒,对外交事务有浓厚兴趣;他经常谈到中国问题,特别是在他 1899 年的东亚之行之后。

路德维希·王、弗里德里希·冯·梅尔施艾特-胡勒瑟姆男爵:《1900～1901 年战争动乱时期的北京及周边地区》①

Warneck, Gustav, "Anzer contra Anzer", *Allgemeine Missionszeitschrift*, 28 (1901), pp. 196-202.

古斯塔夫·瓦奈克:《安治泰》

Warneck, Gustav, "Die Ausläufer der chinesischen Missionsdebatte", *Allgemeine Missionszeitschrift*, 28 (1901), pp. 8-24.

古斯塔夫·瓦奈克:《中国传教争论的枝蔓》

Warneck, Gustav, *Die chinesische Mission im Gerichte der deutschen Zeitungspresse*. 2nd edition. Berlin: M. Warneck, 1900. 38 pp. 8th edition. Berlin: M. Warneck, 1900. 45 pp.

古斯塔夫·瓦奈克:《德国报界对中国传教活动的评判》②

Warneck, Gustav, *Die christliche Mission und die überseeische Politik. Vortrag auf der Missionskonferenz der Provinz Sachsen am 12. 2. 1901*. Berlin: M. Warneck, 1901. 37 pp.

古斯塔夫·瓦奈克:《基督教传教与海外政策:1901 年 2 月 12 日在萨克森省传教大会上的报告》

Warneck, Gustav, "Die neuen Katholiken-Verfolgungen in China, speziell in Südschantung, der Diözese des Bischofs Anzer", *Allgemeine Missionszeitschrift*, 27 (1900), pp. 97-106.

古斯塔夫·瓦奈克:《中国对天主教徒的新迫害,尤其是在山东南部安治泰主教区内》

Warneck, Gustav, "Zur Lage in China", *Allgemeine Missionszeitschrift*, 27 (1900), pp. 449-461.

古斯塔夫·瓦奈克:《论中国的局势》

Wartenberg, Carl von, "Die Strafexpedition in China und ihre ethischen Gefahren für unser Volk", *Der Lotse. Hamburger Wochenschrift für deutsche Kultur*, 1(35)(1 June 1901), pp. 277-280.

卡尔·冯·瓦腾贝格:《对中国的兴师问罪及其对我国人民的道德危害》

"Was haben unsere Truppen bis jetzt geleistet?", *Daheim: Ein deutsches Familienblatt*, 37(29)(Leipzig, 20 April 1901), pp. 19-20.

V. B. :《我们的军队迄今为止取得了哪些战果?》

Wasserstrom, Jeffrey, "'Civilization' and Its Discontents: The Boxers and Luddites as Heroes and Villains", *Theory and Society*, 16 (1987), pp. 675-707.

① 相关评论见:*Jahrbücher für die deutsche Armee und Marine*, 120 (1901), pp. 374-375;121 (1901), pp. 119-120.

② 初版:*Allgemeine Missionszeitschrift*, No. 36 (1900), pp. 353-375. 主要考虑德国媒体对天主教传教团体的评价。其他版本见:Warneck, in *Zeitschrift für Missionskunde und Religionswissenschaft*, (1900), pp. 264-272.

J. 瓦瑟斯罗姆:《"文明"及其不满:作为英雄与暴徒的义和团与卢德派》

Weale, B. L. Putnam [pseud.], *Indiscreet Letters from Peking: Being the Notes of an Eye-witness, Which Set forth in Some Detail, from Day to Day, the Real Story of the Siege and Sack of a Distressed Capital in 1900, the Year of Great Tribulation*. London: Hurst and Blackett, 1906. xii+310 pp.

辛博森:《来自北京的有欠审慎的信函》①

Webster, James, "The Sifting Time in Manchuria", *Chinese Recorder*, 32 (9) (September 1901), pp. 423-435.

J. 韦伯斯特:《满洲的筛选时代》②

Wegener, Georg, *Zur Kriegszeit durch China 1900-1901*. 2nd edition. Berlin: Allgemeiner Verein für Deutsche Literatur. viii+405 pp.

格奥尔格·魏格讷:《1900～1901年战争期间在中国的见闻》③

Wehrle, Edmund S., *Britain, China, And The Antimissionary Riots, 1891-1900*. Minneapolis: University of Minnesota Press, 1966. xii+223 pp.

E. S. 韦尔莱:《英国、中国和反洋教骚乱》

Wei, Kimble Y. C., "The Boxer Rebellion: A Study in the Explanation of Collective Violence". Ph. D. dissertation, Cambridge University, 1984.

K. Y. C. 魏:《义和团起义:对群体暴力的解释性研究》

Weinert, Richard, "The Battle of Tientsin", *American History Illustrated*, (November 1966), pp. 8-13, 52-55.

R. 韦纳特:《天津的战斗》

Weinert, Richard, "The Capture of Peking", *American History Illustrated*, (January 1968), pp. 22-28.

R. 韦纳特:《攻陷北京》

---

① 电子资源: http://archive. org/details/indiscreetletter008256mbp. 瑞典文译本: Weale, B. L. Putnam, *Indiskreta brev från Peking: ett ögonvittnes dagboksanteckningar under boxarupproret sommaren 1900*, trans. from the English by Hedvig Svedenborg. Stockholm: Norstredt, 1912. ii+423 pp. 辛博森(Bertram Lenox Simpson, 1877～1930),英国人,出生于宁波,与其父辛盛(Clare Lenox-Simpson)长期为中国海关工作。义和团运动期间,他身处被包围的外国使馆。该人后来成为英国远征军的翻译,主要原因是他能说五国语言。这些信函主要与辛博森的个人经历有关,但是有学者认为其可信度较低。比如毕克思(Robert Bickers)就认为该信函只是隐晦的、流水账的记录,并对英国外交政策进行了抨击(参见:Bickers, Robert, *Britain in China: Community, Culture, and Colonialism, 1900-1949*. Manchester and New York: Manchester University Press, 1999, p. 34)。

② 作者主要参考了满洲传教士关于义和团运动期间教民所受迫害的报告。J. 韦伯斯特(James Webster, 1854～1923),苏格兰人,苏格兰长老会传教士,1882年到满洲传教,义和团战争期间,作为联军统帅盖斯利的译员到北京解救使馆之围。

③ 1900年秋末作者随同德国军队到达保定,见到了长城附近的防御工事。一位评论家认为,魏格讷利用优秀的地理专业知识向读者介绍了中国的新知识(Fischer)。另一位评论家虽然不认同作者的政治观点,但对其深刻的叙述印象深刻(von Brandt)。相关评论见:Felix Lampe, *Zeitschrift der Gesellschaft für Erdkunde*, (1902), pp. 566-569; Th. Fischer, *Geographische Zeitschrift*, 8 (1902), pp. 179-180; Max von Brandt, *Petermanns Mitteilungen*, 49 (1903), Literatur-Bericht, 137; Louis Raveneau, *Annales de Géographie*, XIIe bibliographie annuelle (1902), no. 596. 格奥尔格·魏格讷(Georg Wegener, 1863～1939),德国人,地理学家,作家,报刊通信员。

Weisberger, Bernard A., "Righteous Fists", *American Heritage*, 48(3)(May-June 1997).

B. A. 维斯贝格尔:《义和拳》

Welti, Eugen, Zusammensetzung des deutschen Expeditions-Korps und des Kreuzer-Geschwaders in Ostasien während der Boxer-Unruhen in China, 1900-1901. Würzburg: Arbeitsgemeinschaft der Sammler deutscher Kolonialpostwertzeichen, 1982. 17 pp.

欧根·威尔提:《1900～1901年中国义和团动乱期间德国远征军与东亚巡洋舰中队的合并》

Wen Ching, *The Chinese Crisis from Within*. Edited by G[eorge] M[urray] Reith. London: Richards, 1901. xvi+355 pp.

林文庆:《中国的内部危机》①

Wendorff, Jean-Jacques, "La China-expedition allemande et la révolte des boxers (1900-1901): objectifs, déroulement, répercussions". Mémoire de Maîtrise sous la direction de Jean-Louis Margolin (Université de Provence) et Lothar Hilbert (Universität Tübingen), 1997. 198 sheets.

J. J. 温道夫:《1900～1901年德国中国远征军和义和团暴动:目的、进程和碰撞》

Wendorff, Jean-Jacques, "Der Einsatz der deutschen und französichen Expeditionskorps in China während des Boxeraufstandes 1900-1901. Eine vergleichende Studie deutscher und französicher Akteure und Wahrnehmungen", Ph. D. disscrtation, Fern Universität in Hagen, [2014]. 600 pp.

让-雅克·温多夫:《1900～1901年义和团运动时期德法远征军在中国的行动:对德国和法国参与者与任务执行情况的比较研究》

Wereschtschagin, Alexander W. [Aleksandr Vasil'evich Vereshchagin], *Quer durch die Mandschurei in den Kämpfen gegen China 1900/01. Feldzugserinnerungen und Erzählungen*. Mülheim am Rhein: Künstler, 1903. 209 pp.

亚历山大·威勒施查金(亚历山大·瓦西里耶维奇 ·威勒施查金):《在1900～1901年对华战争中横穿满洲:征战的回忆与故事》

Wereschtschagin, Alexander W. [Aleksandr Vasil'evich Vereshchagin], *Russische Truppen und Offiziere in China in den Jahren 1901 und 1902*. Mülheim am Rhein: Künstler, 1903. 159 pp.

亚历山大·威勒施查金(亚历山大·瓦西里耶维奇 ·威勒施查金):《1901和1902年在中国的俄国军队和军官》

Wereschtschagin, Alexander W. [Aleksandr Vasil'evich Vereshchagin], *Vom*

① 电子资源:http://archive.org/details/chinesecrisisfro00wencuoft. 文青是林文庆(1869～1957)的假名,他是名儒生、基督徒、医生、教育家和社会改革家。此人出生在新加坡,在爱丁堡接受了医学教育,他支持中国的改革运动,并将失败的责任归咎于19世纪末的清廷。他断言,清廷与义和团串通对中西关系造成了灾难性的影响(第266页)。

Kriegsschauplatze in der Mandschurei gesammelte Erzählungen von Mitkämpfern bei der Eroberung der Mandschurei 1900/1901.

亚历山大·威勒施查金:《在满洲战场上向 1900～1901 年参加占领满洲战役的人搜集的故事》①

Werner, Reinhold von, "Der chinesische Krieg", *Deutsche Revue*, 25 (September 1900), pp. 317-325.

莱因霍德·冯·维尔纳:《中国战争》

Werner, Reinhold von, *Der Entscheidungskampf der europäischen Völker gegen China*. Chemnitz: R. Martin, 1900. 120 pp.

莱因霍德·冯·维尔纳:《欧洲各国的对华决战》

Werstein, Irving, *The Boxer Rebellion: Anti-foreign Terror Seizes China, 1900*. (A World Focus Book). New York: Franklin Watts, 1971. 65 pp.

I. 沃斯滕:《义和团运动:1900 年遍及中国的排外恐慌》

Wetterwald, Albert, "Une armée chrétienne improvisée. Défense de Wei-tsuen. (*Extraits du journal du*P. A. Wetterwald)", *Études* 38e année, tome 86 (5 March 1901), pp. 663-693.

万其偈:《临时组织起来的基督军队;威村的防卫(万其杰的日记摘录)》②

Weulersse, Georges, *Au Petchili, et sur les frontières de Mancchourie*. Paris, 1900. 36 pp.

G. 沃勒斯:《在北直隶和东北满洲里的国界线上》③

Wewel, Anton, "Drei martervolle Tage", *St. Michaels-Kalender*, 21 (1900), pp. col. 193-202.

文安多:《受尽折磨的三天》④

Weyl, Richard (Prof., Dr.), "Soldatentestamente in China", *Archiv für öffentliches Recht*, 16(1)(1901), pp. 115-130.

里夏德·维伊尔(教授、博士):《在华士兵的遗嘱》⑤

"What to Do with China", *The Contemporary Review*, 78 (September 1900), pp. 305-317.

---

① 俄文版本:Richard Ullrich. Berlin: Karl Siegismund, [s. a.]. 229 pp.

② 该文是从作者所办的期刊摘编而来的,主要讨论了 1900 年 6 月 25 日至 11 月 15 日直隶东南威县的天主教村魏村、赵家庄的教民武装。当年 7 月 18 日至 22 日,当地基督徒击退了义和团的攻击,之后义和团转向其他区域。万其偈(Albert Wetterwald,1860～1942),法国人,传教士,1894 年到直隶东南代牧区传教。

③ 电子资源://collin. francois. free. fr/Le_tour_du_monde/textes/Mandchourie/Mandchourie. htm. 其他版本:*Le Tour du Monde: nouveau journal des voyages* VII, nouv. série, n° 9 (2 March 1901), pp. 97-132. G. 沃勒斯(George Weulersse,1874～1950),法国人,历史学家,曾在东亚游历,1900 年 6 月 18 日抵达渤海。

④ 关于 1898 年 11 月 9 日发生在日照五莲街头的薛田资案。文安多(Anton Wewel,1857～1938),德国人,圣言会传教士,1892 年在山东传教。

⑤ 关于德国军队是否能够参与中国战争的论证。

《拿中国怎么办?》①

Wheatley, Edwin T., Barry C. Weaver & Charles P. McDowell, *The Boxer Uprising: Campaigns, Medals, and Men* (Monograph/Orders and Medals Society of America, 13). San Ramon, Calif.: Orders and Medals Society of America, 2000. viii+133 pp.

E. T. 惠特利等:《义和团战争:战役、奖章及士兵》②

Wherry, Edith, *The Red Lantern: Being the Story of the Goddess of the Red Lantern Light*. New York: John Lane Company, 1911. 306 pp.

E. W:《红灯罩》③

White, Trumbull & James P. Boyd, *The Story of China... and Her Neighbors; Their Manners, Customs, Life and History, from the Earliest Times to the Present. Including the Boxer Uprising, Massacre of Foreigners and Operations of the Allied Powers*. Illustrations by Morimoto Teitoku and J. C. Fireman. Philadelphia, 1900. 491 pp.

T. 怀特、J. P. 博伊德:《中国与其近邻》④

Whitewright, John Sutherland, "The Causes of the Crisis in China", *Missionary Review of the World*, 23(12)(December 1900), pp. 943-949.

怀恩光:《中国危机探因》⑤

Whiting, Jasper, "Account of Jasper Whiting, American War Correspondent", in Frederic A. Sharf & Peter Harrington(eds.), *China, 1900: The Eyewitnesses Speak*. Mechanicsburg: Stackpole Books, 2000, pp. 213-234.

---

① 1900年7月6日从上海发出的报告,其意义较大。主要翻译了上海和直隶散发的义和团揭帖,以及从1899年3月16日到当年年底散播的谣言,且关注的日期多集中在1900年4月17日到7月8日。文中也涉及了董福祥军对使馆的攻击。作者反对瓜分中国,并且建议成立中外委员会统治中国。

② 探讨了1900年中国战争的历史,涉及各个国家所授予的奖章,描述了参与战争的美国军队及其人数、各战役所授予的奖章。

③ 参考了小说及无声电影《红灯照》,该电影1919年在美国上映。相关信息见:*To Dazzle the Eye and Stir the Heart*, The Red Lantern, Nazimova and the Boxer Rebellion. Main Feature: The Red Lantern (1919) (79 min.)-Bonus material: Chinese programme: Overture "The red lantern"; stage presentation The Flower of the Palace of Han; Travel film A Trip through China; Prologue "Poor Butterfly"; Orchestral performance "A Chinese honeymoon selectionl"; Comedy The Chinaman; organalogue "Torchlight March and Chinoiserie"; Boxer War novelties: Bombardment of Taku Forts by the Allied Fleets; Attack on a Mission Station; Beheading a Chinese Boxer; Beheading the Chinese Prisioner; Chinese massacring Christians; 15th Infantry leaving Governors Island for China (Boxer Uprising), 1900; 6th Cavalry assaulting South Gate of Peking; The Forbidden City; Charge by 1st Bengal Lancers; The Bengal Lancers; 4th Ghorkas.

④ 电子资源:http://archive.org/details/cu31924023271228.该书第15~17章关于义和团战争及其剿灭过程。

⑤ 主要从浸信会期刊 *Missionary Herald* 摘编而来。怀恩光竭力否认传教士是中国排外情绪的祸端,指出一些随意的游历者才是罪魁祸首。他期望能够为传教团体开脱罪名,因此从整体上淡化中国人与传教士之间的不适感。作者认为,纵观中国历史,与其他国家的对外交往中,中国人显示出让人难以容忍的骄傲、傲慢,而且中国官府也无知、欺骗和残暴,中国之所以排外,直接原因是欧洲列强侵占中国领土,试图以贸易为目的开拓中国市场(第943页)。怀恩光(John Sutherland Whitewright, 1858~1926),英国人,浸信会传教士,1881年到山东传教。

J. 怀定:《美国战地记者怀定之记述》①

Whiting, Joseph L., "Besieged in Peking", *Independent*, 52 (11 October 1900), pp. 2422-2423.

J. 怀定:《被围在北京》

Wielandt, Ute, "Die Reichstagsdebatten über den Boxerkrieg", in Mechthild Leutner & Klaus Mühlhahn (eds.), *Kolonialkrieg in China: Die Niederschlagung der Boxerbewegung 1900-1901*. Berlin: Ch. Links Verlag, 2007, pp. 164-172.

乌特·魏兰特:《帝国议会关于义和团战争的争论》

Wielandt, Ute & Michael Kaschner, "Die Reichstagsdebatten über den deutschen Kriegseinsatz in China: August Bebel und die'Hunnenbriefe'", in Susanne Kuß & Bernd Martin (eds.), *Das Deutsche Reich und der Boxeraufstand* (ERGA. Erfurter Reihe zur Geschichte Asiens, Vol. 2). Munich: IUDICIUM Verlag, 2002, pp. 183-201.

乌特·魏兰特、米夏埃尔·卡什讷:《帝国议会关于德国在华参战的争论:奥古斯特·倍倍尔与"匈奴来信"》

Wiest, Jean-Paul, "Catholic Images of the Boxers", *American Asian Review*, 9(3) (Fall 1991), pp. 41-66.

魏扬波:《天主教印象中的拳民》

Wiest, Jean-Paul, "The Representations of Boxers in the Christian Theater", in Angelo S. Lazzarotto (ed.), *Yihetuan yundong yu Zhongguo Jidu zongjiao*. Taibei: Furen University Press, 2004, pp. 187-200.

魏扬波:《拳民对天主教堂的抗议》

Wilda, Johannes, "Von Taku nach Peking", *Velhagen und Klasings Monatshefte*, 15 (August 1900), pp. 688-693.

约翰内斯·威尔达:《从大沽到北京》

Wildman, Edwin, "Were We Cruel in China?", *Munsey's Magazine*, 25(2)(May 1901), pp. 169-173.

E. 威德曼:《我们对华残酷吗?》②

Wilgus, Mary H., *Sir Claude MacDonald, the Open Door, and British Informal Empire in China, 1895-1900*. New York and London: Garland Publishers, 1987. 330 pp.

M. H. 威尔格斯:《窦纳乐爵士传》

Wilhelm, Maria (trans.), "Sai Chin-hua erzählt ihr Leben", *Nachrichten der*

---

① J. 怀定(Joseph L. Whiting, 1835~1906年),美国人,长老会传教士,1869年到华北传教,曾见证北京被围。

② 电子资源:http://www.unz.org/Pub/Munseys-1901may-00169. 该文指出外国人入侵中国给中国人带来了痛苦和灾难。E. 威德曼(Edwin Wildman, 1867~1932),美国人,19世纪90年代任美国驻香港领事馆副领事,后在中国内地担任战地记者。

Gesellschaft für Natur- und Völkerkunde Ostasiens/Hamburg, 81 (1957), pp. 38-59; 82 (1957), pp. 43-65.

玛利亚·威廉译:《赛金花自述》

Wilhelmy, Emil, *China. Land und Leute. Illustrierte Geschichte des Reiches der Mitte*. Berlin: Verlagsdruckerei Merkur, 1903. x+704 pp. Reprinted in Berlin: W. Herlet, 1904 (and 1905).

埃米尔·威海米:《中国:国家和人民——图解中华帝国的历史》①

Will, Allen S., *World Crisis in China, 1900. A Short Account of the Outbreak of the War with the "Boxers", and Ensuing Foreign Complications, Including also a Sketch of Events Leading up to the Distracted Situation in the Chinese Empire in the Closing Year of the Century*. Baltimore and New York: John Murphy Co., [1900]. 198 pp.

A. S. 威尔:《1900年中国的世界危机》②

Williams, Adam, *The Palace of Heavenly Pleasure*. London: Hodder & Stoughton, 2004. 704 pp.

A. 威廉姆斯:《人间的天堂》③

Williams, Mark, *Across the Desert of Gobi: A Narrative of an Escape during the Boxer Uprising, June to September, 1900*. Hamilton, OH: Republican Publishing Co., 1901. 32 pp.

马为力:《1900年6~9月拳难脱险记》④

Williams, Talcott, "Can China Be Saved?", *American Monthly Review of Reviews*, 22 (3)(September 1900), pp. 294-301.

T. 威廉姆斯:《中国能被拯救吗》⑤

Wilson, James Harrison, *China: Travels and Investigations in the "Middle Kingdom". A Study of Its Civilization and Possibilities, together with an Account of the Boxer War, the Relief of the Legations, and the Re-establishment of Peace*. 3rd edition., rev. throughout, enlarged and reset. New York: D.

---

① 该书最后一部分讨论了青岛以及义和团时期华北的冲突。

② A. S. 威尔(Allen S. Will, 1868~1934),美国人,新闻记者,其关于义和团战争的报道载于 *Baltimore Sun*.

③ 法语译本:Adam Williams, *Le palais des plaisirs divins*; trad. de l'anglais par Michèle et Jérôme Pernoud. Paris: Belfond, 2004. 605 pp. 德语译本:Adam Williams, *Der Palast der Himmlischen Freuden: Roman*; aus dem Engl. von Margarethe van Pée. München: Droemer, 2004. 760 pp. 意大利语译本:Adam Williams, *Il palazzo dei piaceri celesti: romanzo*; traduzione di Paola Merla. Milano: Longanesi, 2004. 741 pp. 西班牙语译本:Adam Williams, *El Palacio de los placeres celestiales*; traducción de Montserrat Gurguí y Hernán Sabaté. Barcelona: Roca, 2004. 827 pp.

④ 也可参见:Mark Williams, *Autobiography*; *and*, *Across the Desert Gobi*. Madison, WI: M. Eccles, 1982. x+318 pp. 马为力(Mark Williams,1834~1920),美部会传教士,1866年在张家口传教。

⑤ 电子资源:http://babel.hathitrust.org/cgi/pt?id=uc1.32106019607016;view=1up;seq=300. T. 威廉姆斯(Talcott Williams,1849~1928),生于土耳其,美国公理会传教士,新闻记者,教育家。

Appleton and Company, 1901. xxxii+429 pp.

J. H. 威尔逊:《中国》

Wilson, James Harrison, *Under the Old Flag: Recollections of Military Operations in the War for the Union, the Spanish War, the Boxer Rebellion, etc.* New York and London: D. Appleton & Co., 1912. 2 vols. Reprinted in: Westport, CT: Greenwood Press, 1971.

J. H. 威尔逊:《在旧旗下:关于南北战争、西班牙战争和义和团战争等军事行动回忆》

Winkler, David F., "Marines Hold the Line-and the Wall", *Sea Power*, 44(11) (November 2001).

D. F. 温克勒:《美国海军陆战队前线纪事》

Winterhalder, Theodor, Ritter von, *Kämpfe in China. Eine Darstellung der Wirren und der Betheiligung von Österreich-Ungarns Seemacht an ihrer Niederwerfung in den Jahren 1900-1901*. Vienna and Budapest: A. Hartleben, 1902. 6+584 pp.

泰奥多·冯·温特哈德骑士:《在中国的战斗:1900～1901 年动乱与奥匈帝国海军参与镇压概述》①

"Winterreisen deutscher Pioniere im Inner von Nord-China", *Daheim: Ein deutsches Familienblatt*, 36(52)(1900).

《德国工兵在中国北方腹地的冬季之行》

Wise, Frederic May, *A Marine Tells It to You*. New York: J. H. Sears and Co., 1929. xii+366 pp. Reprinted by Kessinger Publishing, 2010. 380 pp.

F. M. 怀斯:《让海军陆战队告诉你》

Wlotzka, Alfred, *Nies und Henle. Missionsdrama*. Heiligkreuz bei Neisse: Verlag des Missionshauses, 1920. iv+52 pp. 2nd edition. Steyl: Missionsdruckerei, 1922. 64 pp.

阿尔弗雷德·武罗茨卡:《能方济与韩理:传教的悲剧》

Wójcik, Carl, *Ursachen und Verlauf der Wirren (Kurzer Überblick)*. Vortrag, gehalten am 3. und 10. Januar 1902 im militärisch-wissenschaftlichen Verein in Wien. Vienna: L. W. Seidel & Sohn, 1902. 41+6 pp.

卡尔·沃吉茨克:《动乱的原因和过程(简述):1902 年 1 月 3 日和 10 日在维也纳军事科学协会的报告》

[Wolf, Lucien], "The Coming Settlement in China", *Fortnightly Review*, 68 n. s. (September 1900), pp. 513-522.

L. 沃尔夫:《关于中国即将达成的协议》②

[Wolf, Lucien], "The Concert in China", *Fortnightly Review*, 69 n. s. (January

① 作者(Theodor Ritter von Winterhalder, 1861～1941),奥匈巡洋舰 Zenta 舰军官,1900 年 6 月 3 日随奥地利海军部队来华。

② L. 沃尔夫(Lucien Wolf, 1857～1930),英国人,犹太新闻记者,曾使用笔名"Diplomaticus"。

1901), pp. 135-146.

L. 沃尔夫:《关于中国的一致行动》

[Wolf, Lucien], "The Crisis in the Far East", *Fortnightly Review*, 68 No. 403, (July 1900), pp. 143-151.

L. 沃尔夫:《远东危机》

[Wolf, Lucien], "Have We a Policy in China?", *Fortnightly Review*, 68 No. 406, (August 1900), pp. 327-336.

L. 沃尔夫:《我们对华应形成的政策》

Wolffhügel, "Der Sanitätsdienst im Berggefecht am Tschang-tschönn-ling 8. März 1901 mit einigen Betrachtungen über Sanitätstaktik im Gebirgskriege", *Deutsche militärärztliche Zeitschrift*, 31 (1902), pp. 393-411.

沃尔夫许格尔:《1901 年 3 月 8 日在长城岭山地战中的卫生服务,及对山区战争卫生策略的思考》①

Wood, Mary Elizabeth (comp.), *The Boxer Indemnity and the Library Movement in China*. Hankou: The Central China Post Ltd., [1924?]. 38 pp.

韦棣华编:《庚子赔款和中国的图书馆运动》②

Woodberry, K. C. (Mrs.), *Through Blood-Stained Shansi: A Journey of 7000 li from Shanghai, through Shansi Province, and thirteen weeks' winter touring among the cities of North China, visiting the stations of the Christian and Missionary Alliance in the north of Shansi and Chili, and on the Mongolian frontier, outside the Great Wall*. New York: Alliance Press Company, 1903. 223 pp.

K. C. 伍德伯里:《山西血污》③

Woodward, Anna Graham (Mrs. Morgan S. Woodward), "The Personal Side of the Siege of Peking", *Independent*, 52 (22 November 1900), pp. 2782-2791.

伍德沃德夫人:《从个人角度看北京之围》④

Worley, J. H., "Recent Troubles in China", *Missionary Review of the World*, 13 (August 1900).

---

① 作者(Dr. Wolffhügel),德意志东亚远征军随军外科医生。该文主要记述了其 1901 年 3 月 8 日在直隶崇礼县长城岭的医疗工作。

② 韦棣华(Mary Elizabeth Wood,1861～1931),美国人,教会图书馆学家,曾在武昌圣公会工作。

③ K. C. 伍德伯里(K. C. Woodberry, 1858～1920),美国基督教宣道会传教士吴约翰(John Woodberry,1855～1938)之妻。宣道会的传教士在山西拳难时多被杀害,后来他们放弃了山西教区。

④ 女主人公(Christianna Grace "Anna" Graham,1857～1942)及其 17 岁的女儿于 1900 年 4 月 4 日作为游客抵达北京,同行的还有其朋友 C. E. 培英(Cecile E. Payen)。有评论者指出,文章记录了女主人公突遭围困的经历、北京的战斗、人员的解困及撤退,同时还收录了美国海军陆战队及其他士兵的照片。伍德沃德夫人的女儿(Ione Woodward,1883～1963)在 1900 年 5 月 8 日的信函中评论了当时即将发生的危机,详见:"Letter from Miss Ione Woodward, American Tourist", in: Sharf and Harrington, *China*, 1900: *The Eyewitnesses Speak*, pp. 37-38. 上述文章后来刊载于:"Young Girl's Last Word: Miss Ione Woodward Writes to her Father from Peking", *The Sunday Times-Herald*, (8 July 1900).

J. H. 沃利:《中国最近的动乱》①

Wright, Stanley Fowler, *China's Customs Revenue since the Revolution of 1911*. 3rd edition. Shanghai: Statistical Department of the Inspectorate General of Customs, 1935. iv+674 pp.

魏尔特:《辛亥革命以来中国的税收》

Wright, Stanley Fowler, *The Collection and Disposal of the Maritime and Native Customs Revenue since the Revolution of 1911*. Shanghai: Statistical Department of the Inspectorate General of Customs, 1927. 276 pp.

魏尔特:《辛亥革命以来中国的税收》

Wu Chao-Kwang, *The International Aspect of the Missionary Movement in China* (Johns Hopkins University Studies in Historical and Political Science. Extra volumes, 11). Baltimore: Johns Hopkins Press, 1930. ix+285 pp. Reprint: New York: AMS Press, 1977 Published also as Ph. D. dissertation, Hopkins University, 1930.

吴朝光:《在华传教士运动的国际关系方面》②

Wu Ting-fang, "The Causes of the Unpopularity of the Foreigner in China", *Annals of the American Academy of Political and Social Science*, (January 1901), pp. 1-14.

伍廷芳:《外国人在华不受欢迎探因》③

Wu Ting Fang, "A Plea for Fair Treatment", *The Century Magazine*, 60 (1900), pp. 951-954.

伍廷芳:《呼吁公平的对待》

Wu Yung, *The Flight of an Empress*. Trans. by Ida Pruitt;told by Wu Yung, whose other name is Yü-ch'uan; transcribed by Liu K'un; introduced by Kenneth Scott Latourette. New Haven: Yale University Press, 1936. xxiii + 222 pp; London: Faber and Faber, [1937]. 294 pp. Reprint of the 1936 edition: Westport, CT: Hyperion Press, [1973]. xxiii+222 pp.

吴永:《慈禧西行记》④

---

① J. H. 沃利(James Harvey Worley,1854～1914),美国人,卫理公会传教士,1882年到福州传教。

② 电子资源: http://archive. org/details/internationalasp00wuch. 相关评论见: William L. Langer, *Foreign Affairs*, 9(2)(January 1931); Grover Clark, *Journal of Political Economy*, 39(3)(June 1931), pp. 421-423; Maurice T. Price, *American Journal of Sociology*, 37(2)(1931). 吴朝光(Wu Chao-Kwang,1904～?),政治学教授,曾在复旦及持志大学执教。

③ 相关评论: Sun Zhen, "Challenging the Dominant Stories about the Boxer Rebellion: Chinese Minister Wu Ting-Fang's Narrative". 伍廷芳(1842～1922),又名伍才(Ng Choy),生于新加坡,在香港学习法律,后担任清政府驻美国公使。

④ 相关评论见:Reginald F. Johnston, *Pacific Affairs*, 10(3)(September 1937), pp. 346-350. 电子资源: http://www. jstor. org/stable/2751348. 吴永(1865～1936),字渔川,时任怀来知县,出版《庚子西狩丛谈》,记录了其在怀来迎驾以及后来随扈西行过程中的所见、所为等。

Wünsche, Dietlind, "Feldpostbriefe aus China: 'Jeden zehnten mindestens Kopf ab in den aufrührerischen Gegenden... '", in Mechthild Leutner & Klaus Mühlhahn (eds.), *Kolonialkrieg in China: Die Niederschlagung der Boxerbewegung 1900-1901*. Berlin: Ch. Links Verlag, 2007, pp. 153-161.

迪特林德·温舍:《来自中国的战地邮件:在叛乱地区至少减员十分之一》

Wünsche, Dietlind, *Feldpostbriefe aus China—Wahrnehmungs- und Deutungsmuster deutscher Soldaten zur Zeit des Boxeraufstandes 1900/1901*. Berlin: Christoph Links Verlag, 2008. 480 pp.

迪特林德·温舍:《来自中国的战地邮件——1900～1901 年义和团运动时期德国士兵的感知和解释模式》

Wurtsbaugh, Daniel W., "The Seymour Relief Expedition", *Proceedings of the United States Naval Institute*, 28(2)(June 1902), pp. 207-219.

D. W. 沃茨博:《西摩尔的救援行动》①

Würz, Friedrich, "Was lehrt uns der vorjährige Pressefeldzug gegen die chinesische Mission?", *Evangelisches Missionsmagazin*, (1901), pp. 133-142.

弗里德里希·乌尔茨:《早年反对在中国传教的新闻战教会了我们什么》

Xiang, Lanxin, *The Origins of the Boxer War: A Multinational Study*. London and New York: Routledge Curzon, 2003.

相蓝欣:《义和团战争的起源:跨国研究》②

Yamamoto Seiyō (ed.), *Views of the North China Affair*. Tokyo, 1901.

山本诚阳编:《论北清事变》

Yan Yan, "La France dans les négociations de paix après le mouvement des Boxeurs, en Chine", *Bulletin de l'Institut Pierre Renouvin*, 34(February 2011), p. 31-42.

燕雁:《法国在义和团运动结束后的和平谈判中》③

Yan Yan, *Le mouvement des Boxeurs en Chine (1898-1900)*. Paris: Editions You Feng, [2007]. xi+273 pp.

燕雁:《中国义和团运动(1898～1900 年)》

Yan Yan, "Le protectorat religieux de la France en Chine (1840-1912)", Thèse de doctorat, l'Université Paris 1-Panthéon-Sorbonne, 2011. 505 pp.

燕雁:《法国在中国的保教权(1840～1912 年)》

---

① 作者为美国海军中尉,该文是 1900 年 5 月 27 日至 6 月 28 日美国海军的第一手资料,涉及登陆天津的美国军舰 Newark 号上的水手和海军陆战队。按照该书,美国海军陆战队于 1900 年 6 月 1 日抵达北京,10 日与英国军队联合解救使馆之围,14 日与拳民交火,后退回天津。D. W. 沃茨博(Daniel W. Wurtsbaugh,1873～1941),美国人,海军军官,参加过西摩尔远征军,其著述主要关注天津附近的西沽堡垒和军火库。

② 周锡瑞认为,过去的研究是有缺陷的,过度关照所谓的"义和团运动"。该书重点分析了 1900 年 6 月清廷对外国列强宣战的过程。它利用比利时、中国、法国、德国、英国、意大利和美国的官方藏档以及日俄公开出版的档案,缜密分析了外国外交团体的政治行动,其研究路径另辟蹊径,令人印象深刻,为我们理解现代中国历史的这个重大事件提供了新的研究思路。相关评论见:Joseph W. Esherick, *China Quarterly*, 176 (December 2003), pp. 1110-1112.

③ 电子资源:www.cairn.info/revue-bulletin-de-l-institut-pierre-renouvin-2011-2-page-31.htm.

Yang, Annand A., "China and India Are One: A Subaltern's Vision of 'Hindu China' during the Boxer Expedition of 1900-1901", in Eric Tagliacozzo, Helen F. Siu & Peter C. Perdue (eds.), *Asia Inside Out: Changing Times*. Cambridge, MA: Harvard University Press, 2015.

A. A. 杨:《1900～1901 年义和团运动期间一位印度中尉的中国印象》

Yang, Annand A., "(A) Subaltern('s) Boxers: An Indian Soldier's Account of China and the World in 1900-1901", in Robert Bickers & R. G. Tiedemann (eds.), *The Boxers, China and the World*. Lanham, Md.: Rowman & Littlefield, 2007, pp. 43-64.

A. A. 杨:《一位印度士兵笔下的 1900～1901 年的中国与世界》①

Yang, Gene Luen, *Boxers&Saints*. New York: First Second, 2013. Book 1 (Boxers): 328 pp., chiefly colour illustrations; Book 2 (Saints): 170 pp., chiefly illustrations.

杨谨伦:《拳民与圣人》

Yao Bin, "Demonization and De-demonization of the Boxers' (Yihetuan) Image in the U. S.", in Zhongguo Yihetuan Yanjiuhui (ed.), *Yihetuan yundong* 110 *zhounian guojixueshu taolunhui lunwenji* (Collected Essays of the International Symposium Commemorating the 110th Anniversary of the Boxer Movement). Jinan: Shandong University Press, 2012, pp. 756-768.

姚斌:《义和团形象在美国:妖魔化与解妖魔化》

[Yong Zheng], "The Martyrdom at T'ai-yuan-fu on the 9th of July, 1900. By an Eyewitness", *Chinese Recorder*, (April 1901), pp. 210-211.

《1900 年 7 月 9 日太原府的殉教者》②

Young, Ernest P., *Ecclesiastical Colony: China's Catholic Church and the French Religious Protectorate*. New York: Oxford University Press, 2013.

杨格:《中国天主教会与法国保教权》

Young, Jacqueline, "Rewriting the Boxer Rebellion: The Imaginative Creations of Putnam Weale, Edmund Backhouse, and Charles Welsh Mason", *The Victorian Newsletter*, 114 (Fall 2008), pp. 7-28.

杰奎琳·杨:《重写义和团运动》

Young, L. K., "British Policy towards China and the Boxer Movement, 1898-1902". Ph. D. dissertation, Oxford University, 1960/1961.

杨国伦:《英国对华政策及义和团运动(1898～1902 年)》

Young, L. K. [Leonard Kenneth], *British Policy in China, 1895-1902*. Oxford:

---

① 作者分析了某印度士兵(Thakur Gadadhar Singh,1869～1920)的记录。此人当时为皇家印度陆军第 7 贾特轻步兵团士兵,后来于 1902 年出版了其个人经历。

② 本文主要是基于某目击者的记述,此目击者为英国浸信会的 J. 史密斯博士(John Arthur Creasy Smith)。该文也刊载于:*North-China Daily News & North-China Herald*, 3(April 1901), p. 637. 也可参见:Arthur H. Smith, *China in Convulsion*, pp. 614-615.

Clarendon Press, 1970. xi+356 pp.

杨国伦:《英国对华政策(1895～1902 年)》

Young, Marilyn Blatt, *The Rhetoric of Empire: American China Policy, 1895-1901*. (Harvard East Asian Series, 36). Cambridge, MA: Harvard University Press, 1968. viii+302 pp.

杨玛丽:《美国对华政策(1895～1901 年)》①

Younghusband, Francis Edward, "Sir Robert Hart on China", *Monthly Review*, 3(1) (1900), pp. 37ff.

荣赫鹏:《赫德爵士在中国》②

"Lettera del Persecutore Iu-sien, Vicerè del San-si, all'Imperatore della Cina dopo la strage de'Vescovi Grassi ecc. — Coan-siu 26 (10 Luglio 1900)", *L'Oriente Serafico*, 19 (S. Maria degli Angeli 1907), pp. 565-566.

《山东巡抚毓贤的信件》

Zabel, Rudolf, *Deutschland in China*. Leipzig: Georg Wiegand, 1902. xvi+433 pp.

鲁道夫・查伯尔:《德国在中国》③

Zambon, Mariagrazia, *A causa di Gesù: diciotto martiri del PIME*. Bologna: EMI, 1994. 238 pp. English translation: Zambon, Mariagrazia, *Crimson Seeds: Eighteen PIME Martyrs*. Detroit: PIME World Press, 1997.

M. 桑邦:《米兰宗座外方传教会的八位殉教者》

Zatsepine, Victor, "The Blagoveshchensk Massacre of 1900: The Sino-Russian War and Global Imperialism", in James Flath & Norman Smith (eds.), *Beyond Suffering: Recounting War in Modern China*. Vancouver, BC: University of British Columbia Press, 2011, pp. 107-129.

V. Z. :《1900 年义和团运动期间的"海兰泡惨案"》

Zavalloni, Roberto, *Martiri della Cina nel 50° della beatificazione*. S. Maria degli Angeli, Assisi: Edizioni Porziuncola, 1996. 261 pp.

罗伯托・扎瓦洛尼:《义和团运动殉教者 50 周年授福礼》

Zavarella, Salvatore, *Missione e martirio. Missionari francescani martiri in Cina*. Rome: Postulazione Generale dell'Ordine dei Frati Minori, 2000. 223 pp.

S. 扎瓦雷拉:《义和团运动期间的方济各会殉教者》

Zenzinoff, B. de, "La campagne de Mandchourie", *La Science Illustrée*, 721 (21 September 1901).

B. 仁兹瑙夫:《满洲地区的征战》

Zenzinoff, B. de, "La politique russe en Chine", *Le Correspondant*, Tome 200 (25

① 该书原作为博士论文提交给哈佛大学,详见:"American China Policy, 1895-1901", Harvard Univevsity, 1963. 352 pp.

② 荣赫鹏(Francis Edward Younghusband,1863～1942),英国人,陆军军官,探险家。

③ 鲁道夫・查伯尔 Rudolf Zabel,1876～1961?)曾在德国数份报刊上发表文章报道义和团战争,如 *Vossische Zeitung*(柏林)。该人曾担任《德文新报》(*Ostasiatischer LLoyd*)编辑。

August 1900), pp. 662-669.
B. 仁兹瑙夫:《俄国的在华政策》

Zenzinoff, B. de, "La question de la Mandchourie", *Le Correspondant*, 203(3)(10 May 1901), pp. 432-437.
B. 仁兹瑙夫:《满洲问题》

Zetterholm, Tore Ulf Axel, *De främmande djävlarna*. Stockholm: Norstedt, 1977. 303 pp.
T. 泽特霍尔姆:《洋鬼子》

Zhou Xiaojuan, "The Infuences of American Boxer Indemnity Reparations Remissions on Chinese Higher Education". M. A. dissertation., University of Nebraska, 2014. v+110 pp.
周小娟:《美国庚子退款对中国高等教育的影响》

Ziegler, Peter, "Von der Rhön nach Peking: zum 50. Todestag von Alfred Graf von Soden am 9. April 1943", *Heimat-Jahrbuch des Landkreises Rhön-Grabfeld*, 16 (1994), pp. 230-237.
彼得·齐格勒:《从勒恩山脉到北京:1943 年 4 月 9 日去世的阿尔弗雷德·冯·佐登伯爵逝世 50 周年纪念》①

"Zu den thatsächlichen Ursachen für den Hass der Chinesen gegen das Christenum und die Ausländer", *Allgemeine evangelisch-lutherische Kirchenzeitung*, 40 (1900).
《论中国人仇视基督徒和外国人的真正原因》

Zühlke, Herbert, *Die Rolle des Fernen Ostens in den politischen Beziehungen der Mächte 1895-1905* (Historische Studien, 186). Berlin: E. Ebering, 1929. vii+279 pp.
赫伯特·屈尔柯:《1895～1905 年远东在列强政治关系中的作用》

"Zur chinesischen Missionskontroverse", *Allgemeine Missionszeitschrift*, (1900), pp. 530-535.
《论中国的传教争议》②

"Zur Lage in China", *Evangelisches Missionsmagazin*, (1900), pp. 478-489.
《论中国局势》

"Zur Lage in China. Die evangelische Mission in Schantung," *Die evangelischen Missionen*, 7 (1901), pp. 181-186.
《论中国局势:基督教新教在山东的传教活动》

"Zwei Streifzüge im ostasiatischem Kriege", *Militär-Wochenblatt*, 90 (1905), No. 79, col. 1857-1866.
《东亚战争中的两次巡逻》

---

① 彼得·齐格勒(Peter Ziegler, 1866～1943),德国人,海军陆战队军官,1900 年参与解救北京使馆被围之战。本文发表于纪念作者逝世 50 周年的活动上,主要回顾了他在北京的活动。

② 主要分析了基督教会和中国的排外主义。该文参阅了马克思和菲利普·霍巴赫的著作。

第四部分　俄文档案、著作、论文

一、档案文献

Архив внешней политики Российской империи Министерства иностранных дел Российской Федерации (АВПРИ). Фонды: Фонд 133 (Канцелярия МИД), 138 (Секретный архив министра), 143 (Китайский стол), 147 (Среднеазиатский стол), 188 (Миссия в Пекине), 195 (Посольство в Токио), 242 (Консульство в Кашгаре), 252 (Консульство в Кульдже), 271 (Консульство в Ньючжуане), 292 (Консульство в Урге), 294 (Консульство в Урумчи), 327 (Чиновник по дипломатической части при Приамурском генерал-губернаторе) и другие.

俄罗斯帝国对外政策档案馆。资料:133(外交部办公厅),138(大臣机密档案),143(中国科),147(中亚细亚部分),188(驻北京公使馆),195(驻东京大使馆),242(驻喀什葛尔领事馆),252(驻库伦领事馆),271(驻牛庄领事馆),292(驻库伦领 事馆),294(驻乌鲁木齐领事馆),327(沿阿穆尔总督所辖外交官员)等。

Архив Петербургского отделения Института востоковедения Российской академии наук. Фонды: 14 (Дмитриевский П. А.), 20 (Ивановский А. О.), 32 (Кротков Н. Н.), 22 (Пекинская миссия), 190 (Попов Н. А.) и другие.

俄罗斯科学院东方学所彼得堡分所档案馆。资料:14(德米特里耶夫斯基 П. А.),20(伊万诺大斯基 А. О.),32(克罗特科夫 Н. Н.),22(北京公使馆),190(波 波夫 Н. А.)等。

Архив Русского географического общества. Разряд 90 (Китай), Фонды: 30 (Гродеков Н. Н.), 45 (Громбчевский Б. Л.) и другие.

俄罗斯地理协会档案馆,类别 90(中国)。资料:30(格罗杰科夫 Н. Н.),45(格罗姆切夫斯基 Б. Л.)等。

Архив Общества изучения Амурского края. Секция 166 (фотоальбомы) и другие.

阿穆尔地区研究协会档案馆。单元 166(影集)等。

Алексеев Е. И., Всеподданнейший отчет главного начальника Квантунской области за 1900-1901 гг. СПб., 1902.

阿列克谢耶夫 Е. И. :《1900～1901 年度关东州主要领导工作汇报》,圣彼得堡,1902

年

Алфавитный указатель приказов по военному ведомству и циркуляров Главного штаба. СПб., 1900.

《军事部门及总指挥部通报目录》(按字母顺序编排),圣彼得堡,1900 年

Алфавитный указатель приказов по военному ведомству и циркуляров Главного штаба. СПб., 1901.

《军事部门及总指挥部通报目录》(按字母顺序编排),圣彼得堡,1901 年

Англо-русское соглашение о разделе Китая (1899г.) // Красный архив, 1927, т. 6.

《英俄关于瓜分中国的协定》,载《红色档案》1927 年第 6 卷

Атлас карт, планов и схем к описанию военных действий в Китае 1900-1901. СПб., 1905, вып. 1 к 1 тому.

《1900 至 1901 年在中国发生的战争中使用的地图册、作战计划图和示意图》,圣彼得堡,1905 年,第 1 辑第 1 卷

Боксерское восстание. Документы с предисловием А. Попова, -Красный Архив. 1926, №1.

《义和团起义》(附有波波夫序言的文件资料),载《红色档案》1926 年第 1 卷

Всеподданнейший отчет приамурского генерал-губернатора Духовского 1896-1897 гг. СПб., 1898.

《沿阿穆尔总督杜霍濠夫斯科伊 1896～1897 年工作汇报》,圣彼得堡,1898 年

Всеподданнейший отчет приамурского генерал-губернатора Гродекова 1898-1900 гг. Хабаровск, 1901.

《沿阿穆尔总督格罗杰科夫 1898～1900 年工作汇报》,哈巴罗夫斯克,1901 年

Всеподданнейший отчет приамурского генерал-губернатора Гродекова 1901-1902 гг. Хабаровск, 1902.

《沿阿穆尔总督格罗杰科夫 1901～1902 年工作汇报》,哈巴罗夫斯克,1902 年

Государственный архив Иркутской области (ГАИО). Фонд: 25 (Канцелярия Иркутского генерал-губернатора) и другие.

伊尔库茨克州国家档案馆。资料:25(伊尔库茨克总督办公室)等。

Государственный архив Красноярского края (ГАКК). Фонд: 595 (Енисейское губернское управление) и другие.

克拉斯诺达尔边疆区国家档案馆。资料:595(叶尼塞省政府)等。

Государственный архив Омской области (ГАОО). Фонды: 14 (Омское городское полицейское управление), 67 (Войсковое хозяйственное правление Сибирского казачьего войска) и другие.

鄂木斯克州国家档案馆。资料:14(鄂木斯克市警察局),67(西伯利亚哥萨克军队事务管理局)等。

Государственный архив Российской Федерации (ГАРФ). Фонды: 818 (Плансон Г. А.), 918 (Дмитриевский П. А.) и другие.

俄罗斯联邦国家档案馆。资料:818(普兰松 Г. А.),918(德米特里耶夫斯基 П. А.)等。

Государственный архив Хабаровского края (ГАХК).

哈巴罗夫斯克边区国家档案馆。

Гримм Э. Д., Сборник договоров и других документов по истории международных отношений на Дальнем Востоке (1842-1925). М., 1927.

格里姆 Э. Д. :《远东国际关系史有关条约和文件总集(1842～1925)》,莫斯科,1927 年

Договоры России с Китаем об учреждении Русско-азиатского банка 1896-1913.

《俄国和中国关于建设俄亚银行的条约(1896-1913)》

Дневник А. Н., Куропаткина // Красный архив, 1923, т. 2.

德涅夫尼克 А. Н. :《库罗巴特金》,载《红色档案》1923 年第 2 卷

Из дневника Половцева 1895-1900 //*Красный архив*. № 3. -1931.

《波洛夫采夫日记(1895～1900)》,载《红色档案》1931 年第 3 期

《Китайское правительство предполагает... Секретные донесения русских чиновников о китайском заселении Северной Маньчжурии. 1898 г. 》// (Н. А. Макуха): *Исторический архив*, № 3. -2008.

《中国政府打算……1898 年俄国官员关于中国移民北满的秘密报告》,载《历史档案》2008 年第 3 期

Материалы для описания военных действий в Китае. отд. 1 Всеподданнейшие доклады военного министра. т. 1-8. СПб., 1902-1908.

《有关发生在中国战事的资料・第一部分:军事部汇报报告》,第 1～8 卷,圣彼得堡,1902～1908 年

Материалы для описания военных действий в Китае. отд. 2 Депеши, отправленные военным министром и Главным штабом. т. 1-6. СПб., 1902-1907.

《有关发生在中国战事的资料・第二部分:军事部和总指挥部发出的紧急电报》第 1～6卷,圣彼得堡,1902～1907 年

Материалы для описания военных действий в Китае. отд. 3 Депеши, полученные военным министром и Главным штабом. т. 1-8. СПб., 1902-1908.

《有关发生在中国战事的资料・第三部分:军事部和总指挥部收到的紧急电报》第 1～8卷,圣彼得堡,1902～1908 年

Отчет главного управления казачьих войск за 1899 г.

《哥萨克兵团管理总局 1899 年工作报告》

Первые шаги русского империализма на Дальнем Востоке 1883-1903. Красный архив, 1932 т. 3.

《沙俄帝国主义在远东迈出的第一步(1883～1903 年)》,载《红色档案》1932 年第 3 卷

Полное собрание законов Российской империи (ПСЗРИ) т. 20-21. СПб., 1901-1902.

《沙俄帝国法律全集》第 20、21 卷,圣彼得堡,1901～1902 年

Приложение к Всеподданнейшему отчету о состоянии Забайкальского казачьего войска за

1900 г. Чита.

《有关外贝加尔地区哥萨克兵团状态的工作报告附件》，1900 年，赤塔

Российский государственный военно-исторический архив（РГВИА）. Фонды: 330（Главное управление казачьих войск），400（Главный штаб. Азиатская часть），447（Коллекция Китая），486（Военные действия в Китае），1396（Туркестанский военный округ），1450（Омский военный округ），1558（Приамурский военный округ），14370（Полевой штаб Командующего войсками Квантунской области），14372（Штаб войск Квантунской области）и другие.

俄罗斯国家军事历史档案馆。资料：330(哥萨克军队总管理局)，400(总参谋部，亚洲部分)，447(中国全宗)，486(在中国的军事行动)，1396(土耳其斯坦军区)，1450(鄂木斯克军区)，1558(沿阿穆尔河军区)，14370(关东州军队总指挥野战司令部)，14372(关东州军事管理局)等。

Российский государственный архив военно-морского флота（РГА ВМФ）. Фонды: 32（Алексеев Е. И.），41（Асланбегов А. Б.），315（Материалы по истории русского флота），417（Главный Морской штаб），460（“Бобр”），536（Отряды судов в Тихом океане），650（Эскадра Тихого океана），685（“Забияка”），929（Управление Порт-Артура）и другие.

俄罗斯海军国家档案馆。资料：32(阿列克谢耶夫 Е. И.)，41(阿斯兰别戈夫 А. Б.)，315(俄国海军历史资料)，417(海军总司令部)，460(“海狸”)，536(太平洋战船分队)，650(太平洋航空中队)，685(“莽汉”)，929(旅顺政府)等。

Российский государственный исторический архив（РГИА）. Фонды: 40（Всеподданнейшие доклады. Коллекция），323（Китайская Восточная железная дорога），560（Общая канцелярия министра финансов），796（Священный Синод），1263（Комитет министров），1273（Комитет Сибирской железной дороги），1282（Канцелярия министра внутренних дел），1284（Департамент общих дел Министерства внутренних дел），1291（Земский отдел МВД），1292（Управление по делам о воинской повинности МВД），1405（Министерство юстиции），1622（Витте С. Ю.）и другие.

俄罗斯国家历史档案馆。资料：40(奏章全宗)，323(中东铁路)，560(财政部长办公总署)，796(宗教事务局)，1263(部长委员会)，1273(西伯利亚铁路委员会)，1282(内务部长办公署)，1284(内务部公共事业局)，1291(内务部地方局)，1292(内务部军事义务管理局)，1405(司法部)，1622(维特 С. Ю.)等。

Российский государственный исторический архив Дальнего Востока（РГИА ДВ）. Фонды: 1（Приморское областное правление），8（Наместник императора на Дальнем Востоке），16（Приморское областное по воинской повинности присутствие），30（Управление делами Добровольного флота），87（Канцелярия военного губернатора Приморской области），128（Пограничный комиссар в Южно-Уссурийском крае），149（Войсковое правление Уссурийского казачьего войска），169（Управление Владивостокского уездного воинского начальника），226（Владивостокский Восточный институт），521（Южно-Уссурийское окружное полицейское управление），702（Канцелярия Приамурского генерал-губернатора），

704 (Канцелярия военного губернатора Амурской области), 715 (Амурское областное по воинской повинности присутствие), 1116 (Военный губернатор Забайкальской области), 1328 (Управление войск Амурской области), 1523 (Инкоусское полицейское управление), 1615 (Штаб Приамурского военного округа) и другие.

远东俄罗斯国家历史档案馆。资料:1(滨海地区州政府),8(远东地区总督),16(滨海地区军事责任机构),30(志愿船队管理局),87(滨海地区军事总署办公厅),128(南乌苏里地区边境军事委员办公机关),149(乌苏里地区哥萨克兵团军事管理处),169(符拉迪沃斯托克县级军事将领管理局),226(符拉迪沃斯托克东方学院),521(南乌苏里边疆州警察局),702(阿穆尔河沿岸地区总督办公厅),704(阿穆尔州军事总督办公厅),715(阿穆尔州军事责任机构),1116(外贝加尔州军事总督),1328(阿穆尔州军事管理局),1523(营口警察局),1615(阿穆尔河沿岸地区军事区指挥部)等。

Русско-китайские отношения, 1689-1916. Официальные документы. М., 1958.

《俄中关系官方文件集(1689-1916)》,莫斯科,1958 年

Сборник договоров и дипломатических документов по делам Дальнего Востока 1895-1905. СПб., 1906.

《远东地区 1895～1905 年事务中的条约和外交文件汇编》,圣彼得堡,1906 年

Сборник документов, относящихся в КВЖД. Харбин, 1922.

《中东铁路文件总集》,哈尔滨,1922 年

Центральный Государственный архив Республики Тува. Ф. 115 (Управление нойонов Танну-Урянхай).

图瓦共和国中央国家档案馆。资料:115(唐努—乌梁海的诺伊昂政府)。

二、著作图书

Аварин В., *Империализм в Маньчжурии*. Т. 1. М.; Л., 1934.

阿瓦林 B. :《帝国主义在满洲》第 1 卷,莫斯科;列宁格勒,1934 年

Айрапетов О. Р., *Внешняя политика Российской империи (1801-1914)*. М. 2006.

艾拉佩托夫 О. Р. :《俄罗斯帝国的外交政策(1801～1914)》,莫斯科,2006 年

Акатова Т. Н. и другие, *Социальная структура Китая: XIX-первая половина XX в.* М., 1990.

阿卡托娃 Т. Н. 等:《19～20 世纪前半叶中国的社会结构》,莫斯科,1990 年

Акхшарумов С. В., *Наши герои на Дальнем Востоке (1900-1901)*. СПб., 1903.

阿克赫沙鲁莫夫 С. В. :《我们的英雄在远东(1900～1901)》,圣彼得堡,1903 年

Александров В. А., *Россия на дальневосточных рубежах*. Хабаровск, 1984.

阿列克桑德洛夫 В. А. :《俄国在远东地界》,哈巴罗夫斯克,1984 年

Алексеев М., *Военная разведка России от Рюрика до Николая II*: Кн. I. М., 1998.

阿列克谢耶夫 М. :《从留里克到尼古拉二世俄国的军事侦察》第 1 册,莫斯科,1998 年

Амурская область: *Опыт энциклопедического словаря*. Благовещенск, 1989.

阿穆尔地区:《百科全书》,布拉戈维申斯克,1989 年

Ананьич Б. В., *Российское самодержавие и вывоз капиталов*. 1895-1914 гг. Л. 1975.

阿纳尼奇 Б. В. :《俄国的专制制度与资本输出》,列宁格勒,1975 年

Амур и Уссурийский край. СПб., 1885.

阿穆尔和乌苏里地区,圣彼得堡,1885 年

Анерт Э. Э., *Путешествие по Маньчжурии*. СПб., 1904.

阿涅尔特 Э. Э. :《满洲游记》,圣彼得堡,1904 年

Арсенев В. К., *Китайцы в Уссурийском крае*. СПб., 1912.

阿尔谢涅夫 B. K. :《中国人在乌苏里边疆区》,圣彼得堡,1912 年

Арсеньев В. К., *По Уссурийскому краю*. Хабаровск. 1984.

阿尔谢尼耶夫 В. К. :《在乌苏里边疆区》,哈巴罗夫斯克,1984 年

Архипов И. Б., *Дальневосточный край*. М. -Л., 1929.

阿尔希波夫 И. Б. :《远东边疆区》,莫斯科-列宁格勒,1929 年

Бадмаев Р. А., *Россия и Китай*. СПб., 1905.

巴德玛耶夫 Р. А. :《俄国和中国》,圣彼得堡,1905 年

Баторский А. А., *Монголия. Опыт военно-статистического очерка*: Ч. 1-2. СПб., 1889, 1891.

巴托尔斯基 А. А. :《蒙古军事统计实录》第 1、2 卷,圣彼得堡,1889 年、1891 年

Безверхий П., *Маньчжурия. Харбин*. 1915.

别兹韦尔希 П. :《满洲》,哈尔滨,1915 年

Бескровный Л. Г., *Армия и флот России в нач. XX в*. М., 1986.

别斯克罗夫内 Л. Г. :《20 世纪初的俄国陆海军》,莫斯科,1986 年

Богаевский., *Сан-Синское фудутунство*. Хабаровск, 1903.

博加耶夫斯基:《圣辛斯克州》,哈巴罗夫斯克,1903 年

Богоявленский Н. В., *Западный Застенный Китай*. СПб., 1906.

博戈亚夫连斯基 Н. В. :《西方人的中国》,圣彼得堡,1906 年

Большая энциклопедия. ред. Южаков т. 1. СПб., 1903.

尤扎科夫主编:《大百科全书》第 1 卷,圣彼得堡,1903 年

Бондаренко В. П., Резонов П. И., *Революционная освободительная борьба китайского народа в XIX-начале XX веков*. М., 1959.

邦达连科 В. П. 、列佐诺夫 П. И. :《19～20 世纪初中国人民的革命解放斗争》,莫斯科,1959 年

Бородовский Л., Котвич Вл. *Ляо-дун и его порты Порт-Артур и Да-лянь-ван*. СПб., 1898.

博罗多夫斯基 Л. 、科特维奇 Вл. :《辽东及其港口旅顺和大连湾》,圣彼得堡,1898 年

Бродский Р. М., *Американская экспансия в Северо-восточном Китае 1898-1905*.

Львов, 1965.

布罗茨基 Р. М. :《美国在中国东北的扩张(1898～1905 年)》,利沃夫,1965 年

Буксгевден А., *Русский Китай: Очерки дипломатических сношений России с Китаем*. Порт-Артур, 1902.

布克斯格夫登 А. :《俄国的中国:俄中外交关系概述》,旅顺,1902 年

Булгаков Ф. И., *Порт-Артур*: Т. 1-2. СПб., 1905.

布尔加科夫 Ф. И. :《旅顺》第 1、2 卷,圣彼得堡,1905 年

Б. Ф., *Война Китая с христианскими народами*. 1900, Тверь, 1900.

Б. Ф. :《中国同基督教民众的战争(1900 年)》,特维尔,1900 年

Века неравной борьбы. М., 1967.

《非势均力敌之争的世纪之交》,莫斯科,1967 年

Венюков М., *Опыт военного обозрения русских границ в Азии*. СПб., 1873.

韦纽科夫 М. :《俄国在亚洲国界线的军事观察阅历》,圣彼得堡,1873 年

Велецкий С. Н., *Приилийский Кульджинский край*. П., 1915.

韦列茨基 С. Н. :《伊犁附近的库利扎地区》,彼得格勒,1915 年

Верещагин А. В., *На войне: Рассказы очевидца 1900-1901*. СПб., 1902.

韦列夏金 А. В. :《战争目击者的叙述(1900～1901 年)》,圣彼得堡,1902 年

Верещагин А. В., *Русские в Маньчжурии: Рассказы о последнем Китайском походе в 1900 г*. СПб., 1904.

韦列夏金 А. В. :《俄国人在满洲:讲述 1900 年最后一次中国行动》,圣彼得堡,1900 年

Верещагин А., *По Маньчжурии (1900-1901 гг.): Воспоминания и рассказы*. СПб., 1903.

《韦列夏金 А. :满洲旅行记(1900～1901 年):回忆录和叙述》,圣彼得堡,1903 年

Верховень Б., *Царская Россия в конце XIX в*. М., 1940.

韦尔霍文 Б. :《19 世纪末的沙俄帝国》,莫斯科,1940 年

Взятие китайской столицы Пекина. М., 1900.

《占领中国首都北京》,莫斯科,1900 年

Взятие Пекина доблестными русскими войсками с союзниками под начальством генерал лейтенанта Линевича. М., 1901.

《利涅维奇中将指挥俄军勇士与盟军攻占北京》,莫斯科,1901 年

Витте С. Ю., *Вынужденные разъяснения по поводу отчета генерал-адъютанта Куропаткина о войне с Японией*. СПб., 1909

维特 С. Ю. :《根据陆军大臣库罗巴特金有关日俄战争的结论作出的强制性说明》,圣彼得堡,1909 年

Витте С. Ю., *Воспоминания. 1894-окт. 1905*. ТТ. I-III. Борлин, 1922.

维特 С. Ю. :《回忆录(1894～1905)》,3 卷,柏林,1922 年

Витте С. Ю., *Воспоминания*: Т. 2. М., 1960.

维特 С. Ю. :《回忆录》第 2 卷,莫斯科,1960 年

Витте С. Ю., *Избранные воспоминания*. М., 1991.

维特 С. Ю. :《回忆录选集》,莫斯科,1991 年

Внешняя политика России на Дальнем Востоке кон. XIX-нач. XX вв. М., 1993.

《19 世纪末 20 世纪初俄国在远东的对外政策》,莫斯科,1993 年

Военные события в Китае 1900-1901. СПб., 1902.

《发生在中国的战事(1900～1901)》,圣彼得堡,1902 年

Волфф Д., *На станцию Харбин: либеральная альтернатива в российской Маньчжурии. 1898-1914*. 1999.

沃尔福 Д. :《到哈尔滨火车站去:俄国满洲地区的自由选择(1898～1914 年)》,1999 年

Воскресенский А. Д., *Россия и Китай: теория и история межгосударственных отношений*. М., 1999.

沃斯克列先斯基(华可胜)А. Д. :《俄罗斯与中国:理论与国家关系史》,莫斯科,1999 年

Воспоминания о Сеймуровском походе. Порт-Артур. 1901.

《西摩尔远征回忆录》,旅顺,1901 年

Восстание Ихэтуаней. Документы и материалы. М., 1968.

《义和团起义(文献资料)》,莫斯科,1968 年

Врадий., *Географический, этнографический и экономический очерк Маньчжурии*. - 1905.

弗拉季:《满洲地理、民族特点、经济概述》,1905 年

Врадий Б. П., *Уссурийский край*. СПб., 1905.

弗拉季 Б. П. :《乌苏里边疆区》,圣彼得堡,1905 年

Вспоминая о Сеймуровском походе. Порт-Артур. 1901.

《回忆谢伊穆洛夫斯克行动》,旅顺,1901 年

Габеев А. И., *О необходимости использования опыта русской деятельности в Маньчжурии*. СПб., 1913.

加别耶夫 А. И. :《有关在满洲进行俄国活动的必要性》,圣彼得堡,1913 年

Галенович Ю. М., *Российско-китайские отношения (конец XIX-начало XXI в.)* ИДВ РАН., 2007.

加列诺维奇 Ю. М. :《俄中关系(19 世纪末至 21 世纪初)》,俄罗斯科学院远东研究所,2007 年

Галин М. А., *О ранениях и раненных в Китайскую войну*. СПб., 1902.

加林 М. А. :《对华战争的伤情和伤员》,圣彼得堡,1902 年

Галкин И. С., *Китай 1870-1918*. М., 1950.

加尔金 И. С. :《中国(1870～1918 年)》,莫斯科,1950 年

Гарин Н., *По Корее, Маньчжурии и Лядунскому полуострову*. СПб., 1904.

加林 Н. :《朝鲜、满洲、辽东半岛旅行记》,圣彼得堡,1904 年

Гейшнер И. Э., *Торговля России на Дальнем Востоке*. Владивосток, 1926.

盖什涅尔 И. Э. :《俄国在远东的贸易》,符拉迪沃斯托克,1926 年

Георгиевич А. П., *Русские на Дальнем Востоке*. Владивосток, 1926.

盖奥尔基耶维奇 А. П. :《俄国人在远东》,符拉迪沃斯托克,1926 年

Гессе-Вартег Э., *Китай и китайцы*. СПб., 1900

格谢—瓦尔捷格 Э. :《中国和中国人》,圣彼得堡,1900 年

Глинский Б. Б., *Пролог Русско-японской войны*. СПб., 1916.

格林斯基 Б. Б. :《俄日战争的序幕》,圣彼得堡,1916 年

Глуздовский В. Е., *Приморско-Амурская окраина*. Владивосток, 1914.

格鲁兹多夫斯基 В. Е. :阿穆尔海滨边疆区,符拉迪沃斯托克,1914 年

Голицын В. В., *Очерк участия охранной стражи КВЖД в событиях* 1900 *г. в Маньчжурии*. Харбин, 1910.

戈里岑 В. В. :《中东铁路护路军参加 1900 年满洲事变概要》,哈尔滨,1910 年

Головачев П., *Приамурье как русская землевладельческая колония*

葛洛瓦契亚夫 П. :《阿穆尔河沿岸地区:俄国的地产移民区》

Головачев Р., *Россия на Дальнем Востоке*. СПб., 1904.

戈洛瓦切夫 Р. :《俄国在远东》,圣彼得堡,1904 年

Голубцов Н., *Амурский календарь на 1902 год*. Благовещенск, 1902.

戈卢布佐夫 Н. :《阿穆尔 1902 年年鉴》,布拉戈维申斯克,1902 年

Голубцов Н. З., *Военные события 1900 г. на Амуре*. Благовещенск, 1901.

戈卢布佐夫 Н. З. :《1900 年阿穆尔军事事件》,布拉戈维申斯克,1901 年

Гонсович Е. Б., *История Амурского края*. Благовещенск, 1914.

贡索维奇 Е. Б. :《阿穆尔边疆区历史》,布拉戈维申斯克,1914 年

Горелик С. Б., *Политика США в Маньчжурии в 1898-1903 гг. И доктрина "открытыхдверей"*. М., 1960.

戈列利克 С. Б. :《1898～1903 年美国在满洲的政策和"门户开放"政策》,莫斯科,1960 年

Горенков С., *Материалы для исследования Бутхаского фудутунства*. Владивосток, 1903.

戈连科夫 С. :《布特哈地区研究资料》,符拉迪沃斯托克,1903 年

Граве В. В., *Китайцы, корейцы и японцы в Приамурье*. СПб., 1912.

格拉韦 В. В. :《在阿穆尔河沿岸地区的中国人、朝鲜人和日本人》,圣彼得堡,1912 年

Гром русских побед в Китае. М., 1900.

《俄国人在中国胜利的惊雷》,莫斯科,1900 年

Груздев Ф., *Амур*. СПб.

格鲁兹杰夫 Ф. :《阿穆尔》,圣彼得堡

Даревская Е. М., *Сибирь и Монголия: Очерки русско-монгольских связей в конце XIX-начале XX веков*. Иркутск, 1994.

达列夫斯卡娅 Е. М. :《西伯利亚和蒙古:19 世纪末至 20 世纪初俄蒙关系概述》,伊尔库茨克,1994 年

Дацышен В. Г., *Русско- Китайская война. Маньчжурия 1900 г.* СПб., 1996.

达齐申(达旗升)В. Г. :《1900 年满洲俄中战争》,圣彼得堡,1996 年

Дацышен В. Г., *Русско- Китайская война. 1900 г. Поход на Пекин.* СПб., 1999.

达齐申(达旗升)В. Г. :《1900 年出征北京的俄中战争》,圣彼得堡,1999 年

Дацышен В. Г., *История российско-китайских отношений в конце XIX-начале XX вв* Красноярск, 2000.

达齐申(达旗升)В. Г. :《19 世纪末至 20 世纪初俄中关系史》,克拉斯诺雅尔斯克,2000 年

Дацышен В. Г., *Очерки истории российско-китайской границы во 2-й половине XIX-начале XX вв.* Кызыл, 2000.

达齐申(达旗升)В. Г. :《19 世纪后半叶至 20 世纪初俄中边界历史概述》,克孜勒,2000 年

Дацышен В. Г., *БОКСЕРСКАЯ ВОЙНА военная кампания русской армии и флота в Китае в 1900-1901 гг.* Красноярск, 2001.

达齐申(达旗升)В. Г. :《义和团战争:1900 至 1901 年俄国陆海军在中国的军事远征》,克拉斯诺雅尔斯克,2001 年

Дейч Л. Г., *Кровавые дни.* СПб., 1906.

杰伊奇 Л. Г. :《流血的日子》,圣彼得堡,1906 年

Дейч Л. Г., *16 лет в Сибири.* М., 1924.

杰伊奇 Л. Г. :《在西伯利亚的 16 年》,莫斯科,1924 年

Делюсин Л. П. и др., *Общественно-политическая мысль в Китае (конце XIX-начало XXв.).* М., 1988.

杰柳辛 Л. П. 等编:《中国的社会政治思想(19 世纪末至 20 世纪初)》,莫斯科,1988 年

Д-т., *Прошлое Порт-Артура*, СПб., 1908.

杰. 特:《旅顺旧事》,圣彼得堡,1908 年

Демчинский Б., *Россия в Маньчжурии.* СПб., 1908.

杰姆钦斯基 Б. :《俄国在满洲》,圣彼得堡,1908 年

Деникин А. И., *Русско-китайский вопрос.* Варшава, 1908.

杰尼金 А. И. :《俄中问题》,华沙,1908 年

Денисов В. И., *Россия на Дальнем Востоке.* СПб., 1913.

杰尼索夫 В. И. :《俄国在远东》,圣彼得堡,1913 年

Добровольский К. Р., *Взятие фортов Таку.* СПб., 1901.

多布罗沃利斯基 К. Р. :《占领大沽炮台》,圣彼得堡,1901 年

Доброловский И., *Хэйлунцзянская провинция Маньчжурии.* Харбин, 1906.

多布罗洛夫斯基 И. :《满洲的黑龙江省》,哈尔滨,1906 年

Доброловский И., *Хэй-Лун-цзян*. Харбин, 1908.
多布罗洛夫斯基 И. :《黑龙江,哈尔滨》,1908 年

Добронравов С. А., *Заметка маньчжурского стрелка*. Харбин, 1906.
多布隆拉沃夫 С. А. :《满洲射手札记》,哈尔滨,1906 年

Домбровский А., Ворошилов В., *Маньчжурия*. СПб., 1904.
多姆布罗夫斯基 А. 、沃罗什洛夫 В. :《满洲》,圣彼得堡,1904 年

Дубинина Н., *Приамурский генерал-губернатор Н. Л. Гондатти*. Хабаровск, 1997.
杜比尼娜 Н. :《沿阿穆尔地区将军省长冈达季》,哈巴罗夫斯克,1997 年

Дуров., *Цицикарское фудутунство*. Хабаровск, 1903.
杜洛夫:《齐齐哈尔将军府》,哈巴罗夫斯克,1903 年

Евреинов Б. Н., *Осада дипломатических миссий в Пекине*. СПб., 1912.
叶夫列伊诺夫 Б. Н. :《对北京外交使团的围攻》,圣彼得堡,1912 年

Елец И. Л., *Амурская героиня*. М., 1901.
叶列茨 И. Л. :《阿穆尔的女英雄》,莫斯科,1901 年

Елец Ю. Л., *Жёлтое нашествие*. СПб., 1903.
叶列茨 Ю. Л. :《黄祸的侵害》,圣彼得堡,1903 年

Елисеев А. В., *По белу свету*. Т. IV. СПб., 1903.
叶利谢耶夫 А. В. :《沿着白光》第 4 卷,圣彼得堡,1903 年

Ерусалимский А. С., *Внешняя политика и дипломатия германского империализма в Конце XIX века*. М., 1951.
耶路撒冷斯基 А. С. :《19 世纪末德帝国主义的对外政策及手段》,莫斯科,1951 年

Ерусалимский А. С., *Колониильния экспасия капиталистических держав в XVII-XIX веках* М., 1974.
耶路撒冷斯基 А. С. :《17 至 19 世纪资本主义列强的殖民扩张》,莫斯科,1974 年

Ефимов Г. В., *Очерки по новой и новейшей истории Китая*. М., 1951.
叶菲莫夫 Г. В. :《中国近现代史文集》,莫斯科,1951 年

Ефимов Г. В., *Международные отношения Китая и внешняя политика цинского. правительства в конце XIX в*. (1894-1899). Л., 1956.
叶菲莫夫 Г. В. :《19 世纪末(1894～1899 年)中国的国际关系和清政府的对外政策》,列宁格勒,1956 年

Ефимов Г. В., *Внешняя политика Китая, 1894-1899*. М., 1958.
叶菲莫夫 Г. В. :《中国的对外政策(1894～1899)》,莫斯科,1958 年

Желвицкий., *Маньчжурцы*. Владивосток, 1901.
热勒维茨基:《满洲人》,符拉迪沃斯托克,1901 年

Жуков Е. М., *Международные отношения на Дальнем Востоке 1870-1945*. М., 1951.
茹科夫 Е. М. :《1870～1945 年远东的国际关系》,莫斯科,1951 年

Записки генерала Куропаткина о русско-японской войне. Berlin, 1909
《库罗巴金特将军关于俄日战争的笔记》,柏林,1909 年

Зарина Л. Л., Лившиц С. Г., *Британский империализм в Китае (1896-1901 гг.)*. М., 1970.

扎里娜 Л. Л. 、利夫希茨 С. Г. :《英帝国主义在中国(1896～1901)》,莫斯科,1970 年

Зеленин А. В., *Путешествия Н. М. Пржевальского*. Т. 2. СПб.

泽列宁 А. В. :《普尔热瓦尔斯基旅行记》第 2 卷,圣彼得堡

Зигель., *Восточная часть Гиринского фудутунства*. Хабаровск, 1903.

西格尔:《吉林东部地区》,哈巴罗夫斯克,1903 年

Иванов., *Краткая история Амурского казачьего войска*. Благовещенск, 1912.

伊万诺夫:《阿穆尔哥萨克兵团简史》,布拉戈维申斯克,1912 年

Иванов И. Е., *Очерки походно-боевой жизни во время боксерского восстания*. М., 1907.

伊万诺夫 И. Е. :《义和团时期的战斗生活概述》,莫斯科,1907 年

Иванов И. Е., *Впечатления из военно-походной жизни за время оккупации Маньчжурии в* 1900-1903 *гг.* СПб., 1907.

伊万诺夫 И. Е. :《1900～1903 年占领满洲时的战斗生活印象》,圣彼得堡,1907 年

Игнатьев А. В., *С. Ю. Витте-дипломат*. М., 1989.

伊格纳季耶夫 А. В. :《外交官维特》,莫斯科,1989 年

Ижицкий., *Мэргэньское фудутунство*. Хабаровск, 1902.

伊日茨基:《墨尔根地区》,哈巴罗夫斯克,1902 年

Илинский С. П., *Военные действия у Тяньцзиня в 1900 г.* 1902.

伊林斯基 С. П. :《1900 年天津的军事行动》,1902 年

Илинский., *О новой пограничной линии России с Китаем и островах, отошедших во владения России на Корейском и Ляодунском заливах*. СПб., 1900.

伊林斯基:《俄国统治下的朝鲜海湾和辽东海湾上诸岛屿之俄中新国界限》,圣彼得堡,1900 年

Исторический очерк. Приморский край. Владивосток, 1958.

《历史文集:海滨边疆区》,符拉迪沃斯托克,1958 年

История внешней политики России. Вторая половина XIX века. М., 1997.

《19 世纪下半叶的俄国对外政策史》,莫斯科,1997 年

История внешней политики России. Конец XIX-начало XX века. М., 1997.

《19 世纪末至 20 世纪初的俄国对外政策史》,莫斯科,1997 年

История Дальнего Востока СССР в эпоху феодализма и капитализма. М., 1991.

《封建主义和资本主义时期的苏联远东史》,莫斯科,1991 年

История казачества Азиатской России: Т. 2. Екатеринбург, 1995.

《俄国亚洲地区的哥萨克史》第 2 卷,叶卡捷琳堡,1995 年

История Маньчжурии XVII-XX вв.: Библиографический указатель. Кн. 1. Владивосток, 1981

《17～20 世纪满洲史:图书索引》第 1 册,符拉迪沃斯托克,1981 年

История русско-японской войны. т. 1 СПб., 1907.

《俄日战争史》第 1 卷，圣彼得堡，1907 年

История Северо-восточного Китая XVII-XX вв.：Кн. 1. Владивосток，1987.

《17～20 世纪中国东北史》第 1 册，符拉迪沃斯托克，1987 年。

Кабузан В. М.，*Как заселялся Дальний Восток*. Хабаровск，1976.

卡布赞 B. M.：《远东是如何变成人口稠密区的》，哈巴罗夫斯克，1976 年

Кабузан В. М.，*Дальневосточный край во второй половине XVII-начале XX в.*（1640～1917*гг.*）. *Ист. Демогр. очерк*. М.，1985.

卡布赞 B. M.：《17 世纪后半叶至 20 世纪初（1640～1917）的远东地区历史、人口概述》，莫斯科，1985 年

Казин В. Х.，*Казачьи войска*. 1992.

卡津 B. X.：《哥萨克军队》，1992 年

Калинин В. А.，*Краткий исторический очерк г. Никольска-Уссурийского*. Н. -Уссурийский，1913.

卡利宁 B. A.：《尼科里斯克—乌苏里历史文集简编》，尼科里斯克—乌苏里，1913 年

Калюжная Н. М.，*Восстание Ихэтуаней 1898-1900 гг. Документы и материалы*. М.，1968.

卡柳日娜娅 H. M.：《1898～1900 年的义和团起义（文件和资料）》，莫斯科，1968 年

Калюжная Н. М.，*Восстание Ихэтуаней*（*1898-1901*），*Историография*. М.，1973.

卡柳日娜娅 H. M.：《义和团起义（1898～1901）（历史文献）》，莫斯科，1973 年

Калюжная Н. М.，*Восстание ихэтуаней*. М.，1978.

卡柳日娜娅 H. M.：《义和团起义》，莫斯科，1978 年

Канторович А. Я.，*Америка в борьбе за Китай*. М.，1935.

坎托罗维奇 A. Я.：《美国参与瓜分中国的争斗》，莫斯科，1935 年

Карликов.，*Нингутское фудутунство*. Хабаровск，1903.

卡尔利科夫：《宁古塔地区》，哈巴洛夫斯克，1903 年

Каррутерс Д.，*Неведомая Монголия*：Т. 1. Пг.，1914.

卡鲁捷尔斯 Д.：《不为人知的蒙古》第 1 卷，彼得格勒，1914 年

Карты театра военных действий Маньчжурии，Японии и Кореи. СПб.，1904.

《蒙古、日本、朝鲜战争地图》，圣彼得堡，1904 年

Керсновский А. А.，*История русской армии*：Т. 3. М.，1994.

克尔斯诺夫斯基 A. A.：《俄国军队史》第 3 卷，莫斯科，1994 年

Кирхнер А. В.，*Осада Благовещенска и взятие Айгуня*. Благовещенск，1900.

基尔赫涅尔 A. B.：《围攻布拉戈维申斯克和占领瑷珲》，布拉戈维申斯克，1900 年

Китай и китайцы. М.，1901.

《中国和中国人》，莫斯科，1901 年

Козлов П. К.，*Монголия и Кам*：Т. 1. Ч. 2. Кам и обратный путь. СПб.，1906.

科兹洛夫 П. K.：《蒙古和康巴》第 1 卷第 2 部分“康巴和归途”，圣彼得堡，1906 年

Козлов П. К.，*Монголия и Кам*. М.，1948.

科兹洛夫 П. К. :《蒙古和康巴》,莫斯科,1948 年

Корабли Российского императорского флота 1892-1917 гг. Минск, 2000.

《1892～1917 年沙皇俄国海军军舰》,明斯克,2000 年

Коростовец И., *Китайцы и их цивилизация*. СПб., 1898.

科罗斯托韦茨(廓索维慈)И. :《中国人及其文明》,圣彼得堡,1898 年

Коростовец И. Я., *Россия на Дальнем Востоке*. Пекин, 1922.

科罗斯托韦茨(廓索维慈)И. Я. :《俄国在远东》,北京,1922 年

Корсаков В. В., *Пекинские события—Личные воспоминания участника об осаде в Пекине*. СПб., 1900.

科尔萨科夫 В. В. :《北京事件——亲历北京之围回忆录》,圣彼得堡,1900 年

Корсаков В. В., *Пекинские события*. СПб., 1901.

科尔萨科夫 В. В. :《北京事件》,圣彼得堡,1901 年

Корсаков В. В., *Пять лет в Пекине*. СПб., 1902.

科尔萨科夫 В. В. :《在北京的五年》,圣彼得堡,1902 年

Корсаков В. В., *В старом Пекине*. СПб., 1904.

科尔萨科夫 В. В. :《在老北京》,圣彼得堡,1904 年

Коряков В. П., *Политика Франции в Китае в конце XIX века*. М., 1985.

科里亚科夫 В. П. :《19 世纪末法国的对华政策》,莫斯科,1985 年

Костяева А. С. и др., *Восстание Ихэтуаней* (1898-1901), *Историография*. М., 1973.

科斯佳耶娃 А. С. 等编:《1898～1901 年的义和团起义(史学研究)》,莫斯科,1973 年

Котова Т. М., *Китайцы за рубежом и их роль в политике Китая*. М., 1983.

科托娃 Т. М. :《在国外的中国人及其在中国政治中扮演的角色》,莫斯科,1983 年

Кравченко В., *На Дальнем Востоке во время военных событий 1900-1901 гг.* СПб., 1906.

克拉夫钦科 В. :《1900～1901 年军事行动期间在远东》,圣彼得堡,1906 年

Кравченко Н., *В Китай! Путевые наброски художника*. СПб., 1904.

克拉夫钦科 Н. :《到中国去! 艺术家的路线草图》,圣彼得堡,1904 年

Краснов П. Н., *Борьба с Китаем. Популярный очерк столкновения России с Китаем*. СПб., 1901.

科拉斯诺夫 П. Н. :《同中国的斗争——俄中冲突概述》,圣彼得堡,1901 年

Красноивановский М., *Россия в Китае*. Порт-Артур, 1903.

科拉斯诺伊万诺夫斯基 М. :《俄罗斯在中国》,旅顺,1903 年

Краткая записка о возникшем в год ген-цзы (1900) бедствии: Сочинение "Ленивого. отшельника пустынного острова". СПб., 1901.

《庚子年间(1900 年)灾难实录》,荒岛赋闲隐士作,圣彼得堡,1901 年

Крестьянство Дальнего Востока СССР. Владивосток, 1991.

《苏联远东地区的农民》,符拉迪沃斯托克,1991 年

Крюков М. В., Малявин В. В., Софронов М. В., Чебоксаров Н. Н., *Этническая история. китайцев в XIX-начале XX века*. М., 1993.

克留科夫 M. B. 、马利亚温 B. B. 、索夫罗诺夫 M. B. 、切博克萨罗夫 H. H. :《19～20 世纪初中国民族史》,莫斯科,1993 年

Куропаткин А. Н., *Русско-китайский вопрос*. СПб., 1913.

库罗巴特金:《俄中问题》,圣彼得堡,1913 年

Кузнецов П., *Маньчжурское восстание в* 1900 *г.* СПб., 1901.

库兹涅佐夫 П. :《1900 年满洲暴动》,圣彼得堡,1901 年

Кутузов П., *Желательные основы русско-китайского соглашения*. СПб., 1900.

库图佐夫 П. :《俄中条约合乎愿望的基本原则》,圣彼得堡,1900 年

Кушаков., *Южно-Маньчжурские беспорядки в 1900 г.* Ашхабад, 1902.

库沙科夫:《1900 年南满之乱》,阿什哈巴德,1902 年

Лайнгер С. Р., *Из истории китайского эмиграционного движения, середина XIX-начало XX в.* М., 1992.

拉音格勒 C. P. :《19 世纪中叶至 20 世纪初期中国移民运动史》,莫斯科,1992 年

Ламздорф В. Н., *Дневник 1894-1896*. М., 1991.

拉姆兹多夫 B. H. :《1894～1896 年日记》,莫斯科,1991 年

Ларенко П., *Страдные дни Порт-Артура*. Ч. 1. СПб., 1906.

拉连科 П. :《旅顺的紧张岁月》第一部分,圣彼得堡,1906 年

Лебедев А., *Желтугинская республика в Китае*. 1896.

列别杰夫 A. :《中国的热尔图加共和国》,1896 年

Лебедев Н. И., *Русские в Китае: Очерки из последних военных событий в Китае*. Красноярск, 1901.

列别杰夫 H. И. :《俄国人在中国:中国最近军事事件概述》,克拉斯诺亚尔斯克,1901 年

Левитов И. С., *Желтая Россия*. СПб., 1901.

列维托夫 И. C. :《黄色俄罗斯》,圣彼得堡,1901 年

Левитов И. С., *Желтороссия как буферния колония*. СПб., 1905.

列维托夫 И. C. :《将黄色俄国作为缓冲的殖民地》,圣彼得堡,1905 年

Либкнехт В., *Мировая политика, беспорядки в Китае и Трансваальская война*. СПб., 1907.

利布可涅赫特 B. :《世界政治(中国的骚乱和德兰士瓦战争)》,圣彼得堡,1907 年

Лисовский., *Гиринское фудутунство*. Хабаровск, 1903.

利索夫斯基:《吉林地区》,哈巴罗夫斯克,1903 年

Лишин., *Хуньчуньское фудутунство*. Хабаровск, 1903.

利申:《珲春地区》,哈巴罗夫斯克,1903 年

Лобза П., *Китайское войско в Маньчжурии*. СПб., 1900.

洛布扎 П. :《在满洲的中国军队》,圣彼得堡,1900 年

Львов Ф. А., *Лиходеи бюрократического самовластья, как непосредственные виновники 1-й Русско-японской войны*. СПб., 1906.

利沃夫 Ф. А. :《官僚主义自治的恶棍是第一次俄日战争的罪魁祸首》,圣彼得堡,1906 年

Любов., *Хуланьское фудутунство*. Хабаровск, 1903.

柳博夫:《呼兰地区》,哈巴罗夫斯克,1903 年

Лянцичао., *Лихунчжан или Политичкская История Китая за последние* 40 *лет*. СПб., 1905.

梁启超:《李鸿章》(又名《中国近四十年来大事记》),圣彼得堡,1905 年

Максимов А. Я., *Наши задачи на Тихом океане. Политические этюды*. СПб., 1914.

马克西莫夫 А. Я. :《我们在太平洋的任务》(政治专论集),圣彼得堡,1914 年

Мартынов Е. И., *Работа наших железнодорожных дельцов в Маньчжурии*. М., 1914.

马丁诺夫 Е. И. :我国铁路商人在满洲的工作,莫斯科,1914 年

Матвеев Н. П., *Краткий исторический очерк г. Владивостока*. Владивосток, 1910.

马特维耶夫 Н. П. :《符拉迪沃斯托克市历史文集简编》,符拉迪沃斯托克,1910 年

Материалы для описания военных действий в Китае в 1900-1901 гг.. СПб., 1908.

《1900～1901 年在华军事行动资料》,圣彼得堡,1908 年

Матусовский З., *Географическое обозрение Китайской империи*. СПб., 1888.

马图索夫斯基 З. :《中国地理观察》,圣彼得堡,1888 年

Международные отношения на Дальнем Востоке. М., 1956.

《远东地区的国际关系》,莫斯科,1956 年

Международные отношения на Дальнем Востоке: Кн. 1. М., 1973.

《远东地区的国际关系》第 1 册,莫斯科,1973 年

Мелихов Г. В., *Маньчжурия далекая и близкая*. М., 1991.

梅利霍夫 Г. В. :《满洲既远又近》,莫斯科,1991 年

Мельгунов., *Бутханское фудутунство*. Хабаровск, 1903.

梅利古诺夫:《布特哈地区》,哈巴罗夫斯克,1903 年

Меньшиков П. Н., *Краткий исторический очерк Маньчжурии*. Харбин, 1917.

梅尼希科夫 П. Н. :《满洲历史文集简编》,哈尔滨,1917 年

Муров Г. Т., *Люди и нравы Дальнего Востока*. Томск, 1901.

姆罗夫 Г. Т. :《远东的人民和风俗》,托木斯克,1901 年

Мышлаевский А. З., *Военные действия в Китае. 1900-1901*: Ч. 1. СПб., 1905.

梅什拉耶夫斯基 А. З. :《1900～1901 年在中国的军事行动》第 1 册,圣彼得堡,1905 年

Нарочницкий А. Л., *Колониальная политика капиталистических держав на ДальнемВостоке* 1860-1895. М., 1956.

纳罗奇尼茨基 А. Л. :《资本主义列强在远东的殖民政策(1860～1895 年)》,莫斯科,1956 年

Нарочницкий А. Л. и др., *Международные отношения на Дальнем Востоке*. М., 1973.

纳罗奇尼茨基 A. Л. 等:《远东国际关系史》,莫斯科,1973 年

Непомнин О. Е., *Социально-экономическая история Китая 1894-1914 гг*. М., 1980.

涅波姆宁 O. E. :《1894～1914 年中国社会经济史》,莫斯科,1980 年

Нилус Е. Х., *Исторический обзор КВЖД*. Харбин, 1923.

尼卢斯 E. X. :《中东铁路历史简评》,哈尔滨,1923 年

Тихвинский С. Л., *Новая история Китая*. М., 1972.

齐赫文斯基 C. Л. :《中国近代史》,莫斯科,1972 年

Новая история колониальных и зависимых стран. М., 1940.

《殖民地和附属国国家近代史》,莫斯科,1940 年

Новая история стран зарубежного Востока. м. 2, М., 1952.

《东方各国近代史》第 2 卷,莫斯科,1952 年

Новое в изучении Китая. М., 1988.

《中国研究新知》,莫斯科,1988 年

Новиков Н., *Айгуньское фудутунство*. Владивосток, 1904.

诺维科夫 H. :《瑷珲地区》,符拉迪沃斯托克,1904 年

Новые русские владения на крайнем востоке. СПб., 1902.

《俄国在远东的新领地》,圣彼得堡,1902 年

Носилов К. Д., *В горах Хингана. Из недавних событий в Маньчжурии*. М., 1904.

诺西洛夫 K. Д. :《在新甘山上,不久前的满洲事件》,莫斯科,1904 年

Оброз Амурской области за 1900 год. Благовещенск, 1901.

《1900 年阿穆尔地区概述》,布拉戈维申斯克,1901 年

Оброз Амурской области за 1901 год. Благовещенск, 1902.

《1901 年阿穆尔地区概述》,布拉戈维申斯克,1902 年

Оброз Приморской области за 1900 год. Владивосток, 1902.

《1900 年滨海地区概述》,符拉迪沃斯托克,1902 年

Общесвенно-политичоская мысль о Китае конце 19 начале 20 вв. М., 1988.

《19 世纪末至 20 世纪初中国的社会政治观》,莫斯科,1988 年

Овсяный П., *Военные действия в Китае*: Ч. 2. СПб., 1910.

奥夫夏内 П. :《在中国的军事行动》第 2 册,圣彼得堡,1910 年

Овсяный П., *Военные действия в Китае*. ч. 3. СПб., 1910.

奥夫夏内 П. :《在中国的军事行动》第 3 册,圣彼得堡,1910 年

Орлов Н., *Забайкальцы в Маньчжурии в 1900*. СПб., 1901.

奥尔洛夫 H. :《1900 年在满洲的外贝加尔人》,圣彼得堡,1901 年

Орлов Н. А., *Занятие Хайлара*

奥尔洛夫 H. A. :《占领海拉尔》

Описание Маньчжурии. т. 1. СПб., 1897.

《满洲概况》第 1 卷，圣彼得堡，1897 年

Остриков П. И.，*Империалистическая политика Англии в Китае в 1900-1914 годах*. М.，1973，1978.

奥斯特里科夫 П. И. ：《英国对华的帝国主义政策(1900～1904)》，莫斯科，1973、1978 年

Очерки истории родного края. Хабаровск，1993.

《故乡历史文集》，哈巴罗夫斯克，1993 年

Очерки по истории внешней политики самодержавия в эпоху империализма. Л.，1928.

《帝国主义时代专制制度对外政策史文集》，列宁格勒，1928 年

Паволодин П. Л.，*Китай и современная китайско-европейская борьба*. М.，1900.

帕瓦洛京 П. Л. ：《中国及中国与欧洲当前的争斗》，莫斯科，1900 年

Палладий.，*Дорожные заметки на пути от Пекина до Благовещенска через Маньчжурию в 1870*. СПб.，1872.

帕拉季：《从北京穿越满洲到达布拉戈维申斯克的路上见闻(1870 年)》，圣彼得堡，1872 年

Палибин И. В.，*Предварительный отчет о поездке в Восточную Монголию и Застенные части Китая*. СПб.，1901.

帕利宾 И. В. ：《关于东蒙古和中国内陆旅行的事先报告》，圣彼得堡，1901 年

Памяти 1900 года. Харбин. 1906.

《1900 年忆事》，哈尔滨，1906 年

Панов А. А.，*Грядущее монгольское иго*. СПб.，1906.

帕诺夫 А. А. ：《即将到来的蒙古压迫》，圣彼得堡，1906 年

Панов В.，*Историческая ошибка*. Владивосток，1908.

帕诺夫 В. ：《历史的错误》，符拉迪沃斯托克，1908 年

Патрушева М. А.，Сухачева Г. А.，*Экономическое развитие Маньчжурии*.（*вторая половинаXIX-первая треть XX в.*）М.，1985.

帕特鲁舍娃 М. А. 、苏哈切娃 Г. А. ：《满洲经济的发展(19 世纪后半叶至 20 世纪 30 年代末)》，莫斯科，1985 年

Паукер Е. О.，*Маньчжурия*. СПб.，1904.

帕乌盖尔 Е. О. ：《满洲》，圣彼得堡，1904 年

Переписка Вильгельма II с Николаем II. -М.；Пг.，1923.

《威廉二世与尼古拉二世的通信》，莫斯科；彼得格勒，1923 年

Петров В.，*Город на Сунгари*. Вашингтон，1987.

彼得罗夫 В. ：《在松花江畔的城市》，华盛顿，1987 年

Плеханов А. М.，*Отдельный корпус пограничной стражи России*. М.，1993.

普列哈诺夫 А. М. ：《俄国边防军独立团》，莫斯科，1993 年

Повалишин Н.，*На мореходной канонерской лодке "Отважный" в Инкоу 1900 г*. СПб.，1908.

波瓦利申 Н. :《1900 年乘“勇士”号炮舰到营口》,圣彼得堡,1908 年

Подвиги русских в Китае. М. , 1900.

《俄罗斯人在中国建立的功勋》,莫斯科,1900 年

Подробные известия в войне России с Китаем. М. , 1911.

《俄中战争的详细通报》,莫斯科,1911 年

Позднеев А. М. , *Монголия и монголы*: Т. 1. СПб. , 1896.

波兹德涅耶夫 А. М. :《蒙古和蒙古人》第 1 卷,圣彼得堡,1896 年

Позднеев Д. М. , 56 *дней пекинского сидения в связи с ближайшими к нему событиями пекинской жизни*. СПб. , 1901.

波兹德涅耶夫 Д. М. :《由于最近北京事件而困留在北京的 56 天》,圣彼得堡,1901 年

Позднеев Д. , *Описание Маньчжурии*: Т. 1, 2. СПб. , 1897.

波兹德涅耶夫 Д. :《关于满洲的描述》第 1、2 卷,圣彼得堡,1897 年

Позднеев. , *Донесения чиновника особых поручений министерства финансов Позднеева оположении русской торговли в Маньчжурии*. Владивосток, 1902.

波兹德涅耶夫:《财政部特任官员波兹德涅耶夫关于俄国在满洲贸易情况的报告》,符拉迪沃斯托克,1902 年

Поздняев Д. , *Православие в Китае*. М. , 1998.

波兹德尼亚耶夫 Д. :《东正教在中国》,莫斯科,1998 年

Покотилов Д. Д. , *Дневник осады европейцев в Пекине с 22 мая по 1 августа*. Ялта, 1900.

波科季洛夫(璞科第)Д. Д. :《5 月 22 日至 8 月 1 日在北京对欧洲人的包围日记》,雅尔塔,1900 年

Покотилов Д. Д. , *Дневник осады европейцев в Пекине с 2 по 31 августа*. СПб. , 1900.

波科季洛夫(璞科第)Д. Д. :《8 月 2～31 日在北京对欧洲人的包围日记》,圣彼得堡,1900 年

Покотилов Д. Д. , *Китайские порты, имеющие значение для русской торговли на Дальнем Востоке*. ч. 1-2. СПб. , 1895.

波科季洛夫(璞科第)Д. Д. :《对远东地区的俄国贸易具有重要意义的中国港口》第 1～2 部分,圣彼得堡,1895 年

Покотилов Д. Д. , Чешев И. , *Отчет о поездке по южной части Ляодунского полуострова*. СПб. , 1898

波科季洛夫(璞科第)Д. Д. ,契亚什夫 И. :《辽东半岛南部地区旅行报告》,圣彼得堡,1898 年。

Положение наших войск на театрах военных действий к 1 сентября 1900 г

《我军在 1900 年 9 月 1 日战场的状况》

Положение русских войск, назначенных для подавления беспорядков в Китае. 1900 г

《1900 年被派往中国镇压叛乱的俄国军队情况》

Попов А. Л. , *Англо-русское соглашение о разделе Китая*. 1927.

波波夫 А. Л. :《英俄关于瓜分中国的条约》,1927 年

Попов В. , *Через Саяны и Монголию*: Ч. 2. Омск, 1905.

波波夫 В. :《穿越萨扬山和蒙古》第 2 部分,奥姆斯克,1905 年

Попов И. И. , *Забытые иркутские страницы*: *Записки редактора*. Иркутск, 1989.

波波夫 И. И. :《被遗忘的伊尔库茨克边界:编辑的笔记》,伊尔库茨克,1989 年

Попов П. С. , *Государственный строй Китая и органы управления*. СПб. , 1903.

波波夫 П. С. :《中国的国家体制和管理机构》,圣彼得堡,1903 年

Поршнева Е. Б. , *Религиозное движение в позднесредневековом Китае*. М. , 1991.

波尔什涅娃 Е. Б. :《中世纪后期中国的宗教运动》,莫斯科,1991 年

Потанин Г. Н. , *Поездка в среднюю часть Большого Хингана летом 1899 года*. СПб. , 1901.

波塔宁 Г. Н. :《1899 年去大兴安岭中部的旅行》,圣彼得堡,1901 年

Пржевальский Н. М. , *Путешествие в Южно-Уссурийский край 1867-69 гг*. СПб. , 1870.

普尔热瓦尔斯基 Н. М. :《南乌苏里边疆区漫行记(1867～1869)》,圣彼得堡,1870 年

Приложение к отчету главного управления казачьих войск за 1899 г.

《1899 年哥萨克部队总署的报告附件》

Путята Д. В. , *Китай*. СПб. , 1895.

普佳塔 Д. В. :《中国》,圣彼得堡,1895 年

Путята Д. В. , *Очерки географии, экономического состояния, административного и военного устройства Срединной империи и военного значения пограничной с Россиейполосы*. СПб. , 1895.

普佳塔 Д. В. :《中部王国的地理、经济、行政、军制及与俄边界的军事意义概述》,圣彼得堡,1895 年

Пушешников. , *Поход 7-го саперного батальона на Дальний Восток*

普舍什尼科夫:《第七先遣营到远东的行动》

Рагоза. , *Краткий очерк занятия Амурского края и развития боевых сил Приамурского. военного округа*. Хабаровск. 1891.

拉高扎:《夺取阿穆尔边疆区简史以及阿穆尔河滨军事区战斗力量发展史》,哈巴罗夫斯克,1891 年

Романов Б. А. , *Россия в Маньчжурии (1892-1906)*. Л. , 1928.

罗曼诺夫 Б. А. :《俄国在满洲(1892～1906)》,列宁格勒,1928 年

Романов Б. А. , *Очерки дипломатической истории русско-японской войны*. М. ; Л. , 1947.

罗曼诺夫 Б. А. :《俄日战争外交史概述》,莫斯科;列宁格勒,1947 年

Романов Н. С. , *Летопись города Иркутска за 1881-1901 гг*. Иркутск, 1993.

罗曼诺夫 Н. С. :《1881～1901 年伊尔库茨克年鉴》,伊尔库茨克,1993 年

Романова Г. Н., *Экономические отношения России и Китая на Дальнем Востоке XIX-нач. XX вв*. М., 1967.

罗曼诺娃 Г. Н. :《俄中两国在远东的经济关系(19～20 世纪初叶)》,莫斯科,1967 年

Романова Г. Н., *История русско-китайских экономических отношений на Дальнем Востоке в конце XIX-начале XX в*. Ин-т Дальнего Востока АН СССР, 1980.

罗曼诺娃 Г. Н. :《19 世纪末至 20 世纪初俄中两国远东经济关系史》,苏联科学院远东研究所,1980 年

Романова Г. Н., *Экономические отношения России и Китая на Дальнем Востоке: XIX -начало XX в*. М., 1987.

罗曼诺娃 Г. Н. :《俄中两国远东的经济关系(19～20 世纪初叶)》,莫斯科,1987 年

Россия в конце XIX века. СПб., 1900.

《19 世纪末的俄国》,圣彼得堡,1900 年

Россия на Дальнем Востоке. СПб., 1901.

《俄国在远东》,圣彼得堡,1901 年

Россов П., *Русский Китай: Очерки занятия Квантуна и быта туземного населения*. Порт-Артур, 1901.

罗索夫 П. :《俄国的中国:对关东的占领以及当地居民的生活概述》,旅顺,1901 年

Россов П., *Очерки занятия Квантуна и быта туземного населения*. Порт-Артур, 1901.

罗索夫 П. :《关东占领与当地民俗概述》,旅顺,1901 年

Ротштейн Ф. А., *Международные отношения в конце XIX в*. М., 1960.

罗特施泰因 Ф. А. :《19 世纪末的国际关系》,莫斯科,1960 年。

Рудаков А., *Общество И-хэ-туань*. Владивосток, 1901.

鲁达科夫 А. :《社团义和团》,符拉迪沃斯托克,1901 年

Рудаков А. В., *Общество И-Хэ-туань и его значение в последних событиях на Дальнем Востоке*. Владивосток, 1901.

鲁达科夫 А. В. :《义和团及其在远东时局中的作用》,符拉迪沃斯托克,1901 年

Рудаков А. В., *Материалы по истории китайской культуры в Гиринской провинции* (1644-1902): Т. 1. Владивосток, 1903.

鲁达科夫 А. В. :《吉林省的中国文化资料(1644～1902 年)》第 1 卷,符拉迪沃斯托克,1903 年

Рунин С., *В Маньчжурии*. СПб., 1904.

鲁宁 С. :《在满洲》,圣彼得堡,1904 年

Русские в Маньчжурии. Рассказы о последнем китайском походе в 1900 г. СПб., 1904.

《俄国人在满洲:讲述 1900 年最后的中国行动》,圣彼得堡,1904 年

Савин В. П., *Взаимоотношения царской России и СССР с Китаем*. М., 1930.

萨文 В. П. :《沙皇俄国和苏联同中国的相互关系》,莫斯科,1930 年

Самойлов., *Описание занятой нами территории на Ляодунском полуострове*

萨莫伊洛夫:《我们所占领的辽东半岛的描述》

Самойлов В., "*Бледнолицые черти*" *в Китае*: *Из личных воспоминаний*. Варшава, 1911.

萨莫伊洛夫 В. :《"白人魔鬼"在中国:根据个人回忆》,瓦尔沙瓦,1911 年

Санников Н., *Печилийский отряд и сводная саперная рота этого отряда*. СПб., 1904.

桑尼科夫 Н. :《北海舰队及其先遣营》,圣彼得堡,1904 年

Сапожников А. А., *Судьбы Китая*. СПб., 1901.

萨波日尼科夫 А. А. :《中国的命运》,圣彼得堡,1901 年

Сафаров Г., *Классы и классовая борьба в китайской истории*. М. -Л., 1928.

萨法罗夫 Г. :《中国历史上的阶级与阶级斗争》,莫斯科—列宁格勒,1928 年。

Сборник документов, относящихся к Китайской Восточной железной дороге. Харбин, 1922.

《中东铁路文件集》,哈尔滨,1922 年

Сборник к 80-*летнию дня рождения Григория Николаевича Потанина*: *Избранные статьи. и биографический очерк*. Томск, 1915

《尼古拉耶维奇·波塔宁 80 诞辰选集:文选和传记概述》,托姆斯克,1915 年

Сборник материалов по Азии. СПб., 1883.

《亚洲资料汇编》,圣彼得堡,1883 年

Сборник материалов по Китаю и борьбе с мятежным движением 4"*Больших кулаков*": Вып. I. СПб., 1900.

《关于中国以及同义和团叛乱相斗争的资料汇编》第 1 册,圣彼得堡,1900 年

Семанов В. И., *Из жизни императрицы Цыси*. М., 1979.

谢马诺夫 В. И. :《慈禧太后的生活》,莫斯科,1979 年

Сергеев О. И., *Казачество на русском Дальнем Востоке в XVII-XIX вв*. М., 1983.

谢尔盖耶夫 О. И. :《17～19 世纪俄国远东的哥萨克》,莫斯科,1983 年

Сергеев Е. Ю., *Политика Великобритании и Германии на Дальнем Востоке*. М., 1998.

谢尔盖耶夫 Е. Ю. :《大不列颠和德国在远东的政策》,莫斯科,1998 年

Серошевский В., *Дальний Восток*. СПб., 1909.

谢罗舍夫斯基 В. :《远东》,圣彼得堡,1909 年

Сидихменов В. Я., *Маньчжурские правители Китая*. М., 1985.

西季赫麦诺夫 В. Я. :《中国的满族执政者》,莫斯科,1985 年

Сказание о Мучениках Китайской Православной, пострадавших в 1900 *году, и* "*похвала*" *им*. Пекин, 1932.

《关于 1900 年中国东正教受难者的传说及对他们的"赞许"》,北京,1932 年

Сладковский М. И., *Очерки развития внешнеэкономических отношений Китая*. М., 1953.

斯拉得科夫斯基 М. И. :《中国对外经济发展史文集》,莫斯科,1953 年

Сладковский М. И., *История торгово-экономических отношений народов России с Китаем (до 1917 г.)*. М., 1974.

斯拉得科夫斯基 М. И. :《俄中贸易和经济关系史》,莫斯科,1974 年

События в Китае. Кровавые смуты секты "Большого кулака". М., 1900.

《中国往事:流血的宗教冲突》,莫斯科,1900 年

Соловьев Ф. В., *Китайское отходничество на Дальнем Востоке России в эпоху капитализма (1861-1917 гг.)*. М., 1989.

索洛维约夫 Ф. В. :《资本主义时期俄国远东的中国短工(1861~1917 年)》,莫斯科,1989 年

Сорокина Т. Н., *Хозяйственная деятельность китайских подданных на Дальнем Востоке России и политика администрации Приамурского края (конецв XIX-начало XX. вв.)*. Омск, 1999.

索罗基娜 Т. Н. :《中国国民在远东的经济活动和阿穆尔边区行政当局的政策(19 世纪末至 20 世纪初)》,鄂木斯克,1999 年

Список Российских Посольств, Миссий, Консульств и Агентов Министерства Финансов за границей. СПб., 1901.

《俄国驻外大使馆、公使馆、领事馆、财政部代理人名单》,圣彼得堡,1901 年

Степанов Н. И., *Восемь месяцев в походе: Очерки минувшей китайской экспедиции*. Харбин, 1907.

斯捷帕诺夫 Н. И. :《战争的八个月:昔日的中国远征概述》,哈尔滨,1907 年

Столповская А., *Сношения китайцев с иностранцами и их последствия в Китае*. М., 1903.

斯托尔波夫斯卡娅 А. :《中国人与洋人的关系及其对中国的影响》,莫斯科,1903 年

Суботич Д. И., *Задачи России на Дальнем Востоке*. 1908.

苏博季奇 Д. И. :《俄国在远东的任务》,1908 年

Сувиров Н. И., *Маньчжурия*. СПб., 1904.

苏维洛夫 Н. И. :《满洲》,圣彼得堡,1904 年

Суворин А., *Дневник*. М., 1992.

苏沃林 А. :《日记》,莫斯科,1992 年

Китайская политика России в русской публицистике конца XIX-начала XX века: "желтая опасность" и "особая миссия" России на Востоке. М. 2008.

《19 世纪末至 20 世纪初俄国政论作品中的俄罗斯对华政策:"黄祸"与俄国在东方的"特殊使命"》,莫斯科,2008 年

Таскина Е., *Неизвестный Харбин*. М., 1994.

塔斯基娜 Е. :《不为人知的哈尔滨》,莫斯科,1994 年

Таскина Е. П., *Русский Харбин*. М. 1998.

塔斯基娜 Е. П. :《俄罗斯人的哈尔滨》,莫斯科,1998 年

Тихменев., *Чан Чунь-фу и фудутунство Бодунэ*. Хабаровск, 1903.

季赫梅涅夫:《长春府和伯都纳地区》,哈巴罗夫斯克,1903 年

Томский., *Китай и подвиги русских в Китае*. СПб., 1901.

托姆斯基:《中国和俄国人在中国建立的功勋》,圣彼得堡,1901 年

Торгашев П. И., *Авантюры на Дальнем Востоке*. М., 1907.

托尔加舍夫 П. И. :《远东冒险记》,莫斯科,1907 年

Тяпкина Н. И., *Деревня и крестьянство в социально-политической системе Китая (вторая половина XIX-начало XX в.)*. М.

佳普基娜 Н. И. :《中国社会政治制度下的农村和农民(19 世纪后半叶至 20 世纪初)》,莫斯科

Унтенбергер П. Ф., *Приморская область 1856-1898*. СПб., 1900.

温坚别尔盖尔 П. Ф. :《1856～1898 年的河滨边疆区》,圣彼得堡,1900 年

Ухтомский Э. К., *События в Китае*. СПб., 1900.

乌赫托姆斯基 Э. К. :《中国往事》,圣彼得堡,1900 年

Ухтомский Э., *Из китайских писем*. СПб., 1901.

乌赫托姆斯基 Э. :《中国书简选辑》,圣彼得堡,1901 年

Фань Вэнь-лань., *Новая история Китая*. М., 1955.

范文澜:《中国近代史》,莫斯科,1955 年

Фесенко П. И., *История Синь-Цзяна*. М., 1935.

费先科 П. И. :《新疆史》,莫斯科,1935 年

Фукин., *История 10-го пехотного сибирского резервного Омского полка 1865-1907*. Омск, 1907.

富金:《西伯利亚奥姆斯克第十后备步兵团历史(1865～1907 年)》,奥姆斯克,1907 年

Фурсенко А. А., *Борьба за раздел Китая и американская доктрина "Открытых дверей", 1895-1900*. М. -Л., 1956.

富尔先科(福森科)А. А. :《瓜分中国的斗争和美国"门户开放"政策(1895～1900 年)》,莫斯科,列宁格勒,1956 年

Харбинский Ст., *Что такое Китайская Восточная железная дорога и куда идут ея. миллионы?* СПб., 1908.

哈尔宾斯基 Ст. :《中东铁路是什么? 它通向哪里?》,圣彼得堡,1908 年

Харыский К. А., *Китай с древнейших времён до наших дней*. Хабаровск-Владивосток, 1927.

哈雷斯基 К. А. :《中国从远古到现在》,哈巴罗夫斯克·符拉迪沃斯托克,1927 年

Хвостов А., *Описание Мукденской провинции*

赫沃斯托夫 А. :《奉天省概况》

Хвостов В. М., *История дипломатии*. Т. II (1871-1914). М. 1963.

赫沃斯托夫 В. М. :《外交史》第 2 卷(1871～1914 年),莫斯科,1963 年

Хлыновский М., *Разведки в Саянах в 1900 г*

赫雷诺夫斯基 M. :《1900 年到萨彦岭的考察》

Ходоров А., Павлович М., *Китай в борьбе за независимость*. М., 1925.

霍多罗夫 А. 、巴甫洛维奇 М. :《争取独立斗争中的中国》,莫斯科,1925 年

Хронологический указатель военных действий русской армии и флота: Т. 5. СПб., 1913.

《俄国陆军和海军军事行动指南年表》第 5 卷,圣彼得堡,1913 年

Цихович., *Военный обзор Северной Маньчжурии*

齐赫维奇:《北满军事概述》

Черменский Е. Д., *История СССР. Период империализма*. Иэд. 3-е. М., 1974.

切尔缅斯基 Е. Д. :《帝国主义时期的俄国史》(第 3 版),莫斯科,1974 年

Чернышева В., Чечулина Ш., Сутурин А., *Хабаровск, 1858-1983. Очерк истории*. Хабаровск, 1983.

切尔内舍娃 В. 、切丘林娜 Ш. 、苏图林 А. :《哈巴罗夫斯克历史概述(1858-1983)》,哈巴罗夫斯克,1983 年

Шварц А., Романовский Ю. *Оборона Порт-Артура*. ч. 1 СПб., 1910.

什瓦尔茨 А. 、罗曼诺索夫斯基 Ю. :《旅顺的防御》第 1 册,圣彼得堡,1910 年

Шренк Л. И., *Об инородцах Амурского края*. т. 1-3. СПб., 1883-1903.

史兰克 Л. И. :《关于阿穆尔边疆区的外族人》第 1～3 卷,圣彼得堡,1883～1903 年

Штейнфельд Н., *Русское дело в Маньчжурии с XVIII века до наших дней*. Харбин, 1910.

施泰因菲尔德 Н. :《18 世纪至今俄国在满洲的事业》,哈尔滨,1910 年

Щедрин., *Айгуньское фудутунство*. Хабаровск, 1903.

谢德林:《瑷珲地区》,哈巴罗夫斯克,1903 年

Экспедиция в Южной Маньчжурии в районе рек Ляо-хэ-Ялу: Отчеты начальников экспедиции. СПб., 1904.

《南满辽河鸭绿江地区的考察:考察官员的报告》,圣彼得堡,1904 年

Эпов Н. И., *Забайкальское казачье войско*. Нерчинск, 1889.

埃波夫 Н. И. :《外贝加尔哥萨克军队》,涅尔钦斯克,1889 年

Янчевецкий Д., *У стен недвижного Китая*. СПб, Порт-Артур, 1903.

扬契维茨基 Д. :《在停滞的中国城墙内外》,圣彼得堡,旅顺,1903 年

Янчевецкий Д., *Гроза с Востока*. 1907.

扬契维茨基 Д. :《来自东方的暴风雨》,1907 年

Янчевецкий Д., *1900-русские штурмуют Пекин*. М. 2008.

扬契维茨基 Д. :《1900:俄国人猛攻北京》,莫斯科,2008 年

Яхонтов К. С., *Китайские и маньчжурские книги в Иркутске*. СПб., 1994.

亚洪托夫 К. С. :《中国和满洲的书籍在伊尔库茨克》,圣彼得堡,1994 年

三、论文资料

Авраамий И.,"Пекинское сидение". //*Христианское чтение*. 1901, январь.

阿弗拉米 И. :《北京围困录》,载《基督教读本》,1901 年 1 月

Алепко А.,"Экономическая деятельность китайцев в дальневосточном регионе России в XIX-начале XX вв.", //*Проблемы Дальнего Востока*. № 4. -2002.

阿列普科 А. :《19 世纪至 20 世纪初中国人在俄国远东地区的经济活动》,载《远东问题》2002 年第 4 期

Ананьич Б. В., Панеях В. М., "Россия в Маньчжурии"//*Россия в XIX-XX вв.* СПб., 1998.

阿纳尼奇 Б. В. 、帕涅亚赫 В. М. :《俄国在满洲》,载《19～20 世纪的俄国》,圣彼得堡,1998 年

Андриенко В. Г., "Капитан 1 ранга Ф. В. Раден" //*Цитадель*. № 1(6). -1998.

安德里延科 В. Г. :《一级大尉拉坚》,载《城堡》1998 年第 6 期

"Ассоциация кулаков". //*Известия Восточного института*. т. II, вып. 1. -1901.

《拳会》,载《东方学院院报》1901 年第 2 卷第 1 辑

"Ассоциация кулаков. Общество, которое вызвало восстание и привело к войне с европейцами" //*Известия Восточного института*. т. 2, 1900-1901, выпуск 1.

《拳会——发动起义并向欧洲人开战的社团》,载《东方学院院报》第 2 卷(1900～1901 年)第 1 辑

Барабаш., "Записки о Маньчжурии" //*Сборник материалов по Азии*. Вып. I. -1883.

巴拉巴什:《满洲笔记》,载《亚洲资料汇编》第 1 册,1883 年

Барановский М. И., "Папа и восстание боксёров" //*Атеист*. № 53. -1930.

巴拉诺夫斯基 М. И. :《教皇与义和团起义》,载《无神论者》1930 年第 53 期

Белов Е. А., "Дацышен В. Г. Русско-китайская война Маньчжурии 1900 г." Ч. 1. Рец. //*Восток*. № 5. -1997.

别洛夫 Е. А. :《评达旗升的〈1900 年满洲俄中战争〉》第 1 册,载《东方》1997 年第 5 期

Бескровный Л. Г., Нарочницкий А. Л., "К истории внешней политики России на Дальнем Востоке в XIX в." //*Вопросы истории*. № 6. -1974.

别斯克罗夫内 Л. Г. 、纳罗奇尼茨基 А. Л. :《19 世纪俄国在远东的对外政策史》,载《历史问题》1974 年第 6 期

"Благовещенск" //*МСЭ*. Т. 1. М., 1933.

《布拉戈维申斯克》,载《苏维埃小百科全书》第 1 卷,莫斯科,1933 年

"Боксерское движение" //*БСЭ*. Т. 6. М., 1927.

《义和团运动》,载《苏维埃大百科全书》第 6 卷,莫斯科,1927 年

Бокшанин А. А., "Очерк истории государственных институтов в Китайской империи" //. *Феномен восточного деспотизма: структура управления и власти*. М., 1993.

博克沙宁 А. А. :《中国的国家机构史概述》,载《东方独裁统治现象:统治和权力机构》,莫斯科,1993 年

Бродская М. Ф. , "Народное движение в Китае под руководством общества Ихэцюань. (1898-1901) ", Л. 1947 (кандидатская дисс.).

布罗茨卡娅 М. Ф. :义和拳领导的中国民众运动(1898～1901),列宁格勒,1947 年(副博士学位论文)

Васильченко О. А. , "Государственная политика перемещения населения на Дальний Восток (1860 -1917 гг.) ". //*Вопросы истории*. № 10. -2003.

瓦西里琴科 О. А. :《国家向远东迁移居民的政策(1860～1917)》,载《历史问题》2003 年第 10 期

Веселовзоров В. , " Как был заложен Харбин (По личным воспоминаниям)" //*Известия. Общества изучения Маньчжурского края*. № 1. -1922.

韦谢洛夫佐罗夫 В. :《哈尔滨是怎样被抵押的(根据个人回忆)》,载《满洲里地区研究协会通信》1922 年第 1 期

Владимирцев Н. И. , Костенецкий А. В. , "《Китай не позволит впоследствии собою. помыкать》. Из дневника поручика А. К. Зиневича. 1900 г. " //*Новая и новейшая. история*. №. 4-2006.

弗拉基米尔采夫 Н. И. 、科斯捷涅茨基 А. В. :《将来的中国不会任人指使——1900 年季涅维奇中尉日记节选》,载《近现代史》2006 年第 4 期

"Война в Китае" //*Русский вестник*. № 6. -1900.

《发生在中国的战争》,载《俄国通报》1900 年第 6 期

Волохова А. , "Китайская и корейская иммиграция на российский Дальний Восток в конце XIX-начале XX вв. " //*Проблемы Дальнего Востока*. № 6. -1996.

沃洛霍娃 А. :《19 世纪末至 20 世纪初俄国远东的中国和朝鲜移民》,载《远东问题》1996 年第 6 期

Галкин. , "Современное состояние вооруженных сил в Восточном Туркестане" // Кляшторный С. Г. , Колесников А. А. , *Восточный Туркестан глазами русских путешественников: Приложения*. -Алма-Ата, 1988.

加勒金:《在东土耳其斯坦的武装力量的当前状况》,载克里亚什托尔内 С. Г. 、科列斯尼科夫:《俄国旅行者眼中的东土耳其斯坦:附录》,阿拉木图,1988 年

Гриневич П. А. , "Боксёрское восстание" //*Проблемы Китая*. № 13. -1934.

格里涅维奇 П. А. :《义和团起义》,载《中国问题》1934 年第 13 期

Дацышен В. Г. , "Военный конфликт на Амуре" //*Россия и народы стран Востока*. Иркутск, 1993.

达齐申(达旗升)В. Г. :《在阿穆尔的军事冲突》,载《俄国和东方国家的人民》,伊尔库茨克,1993 年

Дацышен В. Г. , "Инкоу: из опыта российского колониализма" //*Восток*. № 4. -1995.

达齐申(达旗升)В. Г. :《营口:俄国的殖民主义经验》,载《东方》1995 年第 4 期

Дацышен В. Г., “К вопросу основания Харбина в современной китайской историографии”. //*Восток*. № 1. -1999.

达齐申(达旗升)В. Г. :《现代中国历史文献中的哈尔滨建城问题》,载《东方》1999年第1期

Дацышен В. Г., “Шоу Шань” //*Вопросы истории*. № 4. -1998.

达齐申(达旗升)В. Г. :《寿山》,载《历史问题》1998 年第 4 期

Дмитриев К., “Экскурсия для изучения порта Ин-коу” //*Известия Восточного института*. Т. 7. -1903.

德米特里耶夫 К. :《为研究营口港而作的旅行》,载《东方学院学报》1903 年第 7 卷

Донадзе В., “Антиимпериалистическое народное восстание Ихэтуань” //*Труды Тбилисского государст-венного университета*. т. 51. -1953.

多纳泽 В. :《义和团反对帝国主义的民众起义》,载《国立第比利斯大学丛刊》1953 年第 51 卷

Дубинина Н. И., “Дискуссия о русско-китайской границе в связи с военными событиями в Маньчжурии в 1900 г.” //*Российское Приамурье: история и современность/Материалы докладов научного семинара*. Хабаровск, 1999.

杜比尼娜 Н. И. :《对与 1900 年满洲军事事件相关的俄中边界问题的讨论》,载《俄国阿穆尔沿岸地区:历史与现状〈科学研讨会报告材料〉》,哈巴罗夫斯克,1999 年

Духовецкий Ф., “Желтый вопрос”. //*Русский вестник*. 1900, декабрь.

杜霍维茨基 Ф. :《黄色问题》,载《俄国通报》1900 年 12 月

Дюгаев., “Военно-статистические сведения об Илийском крае, собранные в октябре 1900 г.” //*Штаба Туркестанского военного округа. Сведения, касающиеся стран, сопредельных с Туркестанским военным округом*. Вып. XXVII. Апрель-май. 1901.

久加耶夫:《1900 年 10 月收集的伊犁地区战争统计数据》,载《土耳其斯坦军区司令部:涉及与土耳其斯坦军区毗连国家的数据》,1901 年第 27 册(4～5 月)

Емельянов Н., “Россия и Маньчжурия”. //*Русский вестник*. 1900, декабрь.

叶梅利雅诺夫 Н. :《俄国和满洲》,载《俄国通报》1900 年 12 月

Ерусалимский А. С., “Проникновение германских монополий В Китае на рубеже XIX и XXвеков” //*Вопросы и истории*. № 9. -1960.

耶路撒利姆斯基 А. С. :《19、20 世纪之交时德国垄断集团对中国的渗透》,载《历史问题》1960 年第 9 期

Ерусалимский А. С., “Германский империализм и дипломатическая подготовка международной интервенции в Китае в 1900 г.” //*Народы Азии и Африки*. № 4. -1961.

耶路撒利姆斯基 А. С. :《德帝国主义与 1900 年国际武装干涉中国的外交政策》,载《亚非人民》1961 年第 9 期

Ерусалимский А. С., “Поход Сеймура и его провал” //*Международные отношения. Политика. Дипломатия. XVI-XX вв*. М., 1964.

耶路撒利姆斯基 A. C. :《西摩尔的进军及其失败》,载《16～20 世纪的国际关系、政治、外交》,莫斯科,1964 年

Ершов Д. В., "Русский флот в борьбе с хунхузами. Конец XIX-начало XX вв." // *Вопросы истории*. № 12. -2009.

耶尔绍夫 Д. В. :《19 世纪末至 20 世纪初俄国海军与红胡子的战斗》,载《历史问题》2009 年第 12 期

Ефимов Г., "Империалистическая интервенция 1900-1901 г. в Китае и 'Боксерское. восстание'" // *Исторический журнал*. № 4. -1938.

叶菲莫夫 Г. :《1900～1901 年在中国的帝国主义武装干涉和义和团运动》,载《历史杂志》1938 年第 4 期

Ефимов Г. В., "Германский империализм и антиимпериалистическое восстание 1900-1901 гг. в Китае" // *Труды юбилейной научной сессии ЛГУ, секция исторических наук*. Л., 1948.

叶菲莫夫 Г. В. :《德国帝国主义与 1900～1901 年中国反对帝国主义的起义》,载《国立列宁格勒大学学术会议周年纪念论文集・历史分册》,列宁格勒,1948 年

Ефимов Г. В., "Ихэтуаньское восстание" // *Советская историческая энциклопедия*. т. 6, М., 1965.

叶菲莫夫 Г. В. :《义和团起义》,载《苏联历史百科全书》第 6 卷,莫斯科,1965 年

Журавлева В. И., "Сергеев Е. Ю. Политика Великобритании и Германии на Дальнем Востоке. 1897～1903. Рец." // *Новая и новейшая история*. № 2. -1999.

茹拉芙列娃 В. И. :《评谢尔盖耶夫的〈1897～1903 年英国和德国对远东的政策〉》,载《近现代史》1999 年第 2 期

Захаренко И., "Политические результаты географических экспедиций в Приамурский. пограничный регион в середине XIX века." // *Проблемы Дальнего Востока*. № 3. -2008.

扎哈林科 И. :《19 世纪中期对阿穆尔河沿岸边境地区地理勘查的政治结果》,载《远东问题》2008 年第 3 期

Ивачев И. П., "Борьба с хунхузами на маньчжурской границе". // *Исторический вестник*. 1900, октябрь.

伊瓦切夫 И. П. :《在满洲边界同红胡子的争斗》,载《历史通报》1900 年 10 月

Кабузан В. М., "Дальневосточный край в XVII-нач. XX вв." // *Историко-демографический очерк*. М., 1985.

卡布赞 В. М. :《17 世纪至 20 世纪初的远东边疆区》,载《历史人口概况》,莫斯科,1985 年

Казнаков А. Н., "Мои пути по Монголии и Каму" // *Монголия и Кам: Труды экспедиции. ИРГО, совершенной в 1899-1901 гг. под руководством П. К. Козлова*. Т. II. Вып. 1. СПб., 1907.

卡兹纳科夫 А. Н. :《沿蒙古和康巴的足迹》,载《蒙古与康巴:1899～1901 年克兹洛

夫领导的俄国地理协会勘查著作》第 2 卷第 1 册，圣彼得堡，1907 年

Калюжная Н. М.，“Новая книга о борьбе китайского народа против империалистов/ рецензия /”，//*Вопросы истории*. № 2. -1959.

卡柳日娜娅 Н. М. :《一部关于中国人民反帝斗争的新书(评论)》，载《历史问题》，1959 年第 2 期

Калюжная Н. М.，“Архивные материалы о движении ихэтуаней，Пекин，1959/ аннотация /”，//*Народы Азии и Африки*. № 2. -1961.

卡柳日娜娅 Н. М. :《义和团档案史料》，北京，1959 年(简介)，载《亚非人民》1961 年第 2 期

Калюжная Н. М.，“Зарождение и развитие ихэтуаней до выхода ихэтуаней за пределы провинции Шаньдун，1898-1900，М.，1964 ”/автореферат кандидатской диссертации/.

卡柳日娜娅 Н. М. :《超越山东省界以前义和团运动的萌芽与发展(1898～1900)》，莫斯科，1964 年(副博士学位论文提要)

Калюжная Н. М.，“О содержании прокламации написанных участниками восстания. Ихэтуаней”，//*Краткие сообщения Института народов Азии АН СССР*. № 71，1964.

卡柳日娜娅 Н. М. :《关于义和团参加者撰写的揭帖内容》，载《苏联科学院亚洲民族研究所简报》1964 年第 71 期

Калюжная Н. М.，“О характере тайного союза ‘Ихэтуань’ ”，//*Тайные общества в старом Китае*. М.，1970.

卡柳日娜娅 Н. М. :《关于秘密会社义和团的性质》，载《旧中国的秘密会社》，莫斯科，1970 年

Калюжная Н. М.，“Современная китайская историография о проблемах восстания. ихэтуаней”. //*Историческая наука в КНР*. М.，1981.

卡柳日娜娅 Н. М. :《关于义和团起义问题的中国最新史料研究》，载《历史学在中国》，莫斯科，1981 年

Калюжная Н. М.，“Изучение восстания ихэтуаней в КНР в 80-е гг. ” //*Общественные науки в КНР*. М.，1986.

卡柳日娜娅 Н. М. :《80 年代中国对义和团起义的研究》，载《社会科学在中国》，莫斯科，1986 年

Кириллов Н.，“Владивосток”. //*Сибирские вопросы*. № 1. -1905.

基里洛夫 Н. :《符拉迪沃斯托克》，载《西伯利亚问题》，1905 年第 1 期

Кирсанов И.，“Продолжая тему”. *Проблемы Дальнего Востока*. № 4. -1999.

基尔萨诺夫 И. :《原题再议：就〈哈尔滨——殖民主义的产物〉一文与李蒙(音)商榷》，载《远东问题》1999 年第 4 期

Коряков В. П.，“Подготовка империалистических держав к вооруженной интервенции в. Китае”. //*Европа，США и колониальный мир*. М.，1988.

科里亚科夫 B. П. :《帝国主义列强在中国进行武装干涉的准备工作》,载《欧洲、美国和殖民地世界》,莫斯科,1988 年

Кривцов В. А., “Монография об освободительной борьбе китайского народа”. // *Проблемы Дальнего Востока*. № 3. -1980. Калюжная Н. М. Восстание ихэтуаней (1898-1901).

克里夫佐夫 B. A. :《关于中国人民解放斗争的一部专著——评卡柳日娜娅的“义和团起义(1989～1901 年)”》,载《远东问题》1980 年第 3 期

Кузнецов В., “КВЖД и развитие Маньчжурии”. //*Проблемы Дальнего Востока*. № 4. -1990.

库兹涅佐夫 B. :《中东铁路与满洲的发展》,载《远东问题》1990 年第 4 期

Куликов С. В., “Из истории владивостокского отряда миноносцев” //*Российский флот на Тихом океане/Материалы Тихоокеанской конференции*: Вып. 1. Владивосток, 1996.

库利科夫 C. B. :《符拉迪沃斯托克驱击舰舰队简史》,载《俄国在太平洋的海军》第 1 册,太平洋会议资料,符拉迪沃斯托克,1996 年

Кушаков К. П., “Южно-Маньчжурские беспорядки в 1900 г.” //*Военно-исторический журнал*. № 12. -1993.

库沙科夫 K. П. :《1900 年南满的骚乱》,载《军事历史杂志》1993 年第 12 期

Ланг П., “Военные события в Китае 1900-1901”. //*Офицерская жизнь*. -1911. -Апрель. 兰格 П. :1900～1901 年中国军事事件,载《军官生活》1911 年 4 月

Ленин В. И., “Горячий материал в мировой политике”, 1908, //*Полное собрание сочинений*. т. 17.

列宁 B. И. :《世界政治上的引火物》,载《列宁全集》第 17 卷,1908 年

Ленин В. И., “Демократия и народничество в Китае”, 1912, //*Полное собрание сочинений*. т. 21.

列宁 B. И. :《中国的民主主义与民粹主义》,载《列宁全集》第 21 卷,1912 年

Ленин В. И., “Исторические судьбы учения Карла Маркса”, 1913, //*Полное собранис. сочинений*. т. 23.

列宁 B. И. :《马克思学说的历史命运》,载《列宁全集》第 23 卷,1913 年

Ленин В. И., “Китайская война”. //*ПСС*. т. 4.

列宁 B. И. :《中国的战争》,载《列宁全集》第 4 卷

Лившиц С. Г., “Восстание Ихэтуаней. Документы и материалы”/аннотация /, // *Народы. Азии и Африки*. № 5. -1970.

利夫希茨 C. Г. :《义和团起义(文件和资料)》,载《亚非人民》1970 年第 5 期

Лившиц С. Г., П. Флеминг, “Осада Пекина, Лодон, 1959”/рецензия /, //*Народы Азии и. Африки*. № 3. -1961.

利夫希茨 C. Г. 、П. 弗莱明:《围困北京》,伦敦,1959 年(评论),载《亚非人民》1961 年第 3 期

Лившиц С. Г., “Из истории антиимпериалистического движения в Центральном и Южном Китае в 1900 году”, //*Проблемы востоковедения*. № 4. -1960.

利夫希茨 С. Г. :《1900 年华中华南反帝运动史料》,载《东方学问题》1960 年第 4 期

Ли Мэн., “Харбин-продукт колониализма”. //*Проблемы Дальнего Востока*. № 1. -1999.

李蒙(音):《哈尔滨——殖民主义的产物》,载《远东问题》1999 年第 1 期

Лихарев В. Д., “Сергеев Е. Ю. Политика Великобритании и Германии на Дальнем Востоке, 1897-1903. Рец.” //*Вестник Дальневосточной государственной Академии экономики и управления*, № 2. -2000.

利哈列夫 В. Д. :《评谢尔盖耶夫的“英国和德国在远东的政策(1897～1903)”》,载《远东国立经济与管理科学院院报》2000 年第 2 期

Максимов А., “Уссурийский край. Инородческое население края”. //*Русский вестник*. 1888, август-декабрь.

马克西莫夫 А. :《乌苏里边疆区——边疆区的异族人》,载《俄国通报》1888 年 8 月至 12 月

Мамай А. С., “Споры в русском правительстве по амурскому вопросу (1848-1854 гг.)”. // *Вестник Московского университета*. Сер. 8. “История”, № 3. -1996.

马迈 А. С. :《俄国政府中关于阿穆尔河问题的争论(1848～1854)》,载《莫斯科大学学报》第 8 辑,载《历史》1996 年第 3 期

Манакин М., “Описание пути от Старо-Цурухайтуевского караула до г. Благовещенска” //*Записки Читинского отделения Приамурского отдела ИРГО*. вып. IV. -1901.

马纳金 М. :《警卫队从旧祖鲁海图到布拉戈维申斯克的路上见闻》,载《俄罗斯地理学会阿穆尔河沿岸地区赤塔分会会刊》1901 年第 4 辑

Маркизов Л., “Таскина Е. П. Русский Харбин. Рец.” //*Проблемы Дальнего Востока*. № 2. -1999.

马尔基佐夫 Л. :《评塔斯金娜的〈俄罗斯人的哈尔滨〉》,载《远东问题》1999 年第2 期

Михайловский Н. К. “Литература и жизнь, Китайскиие дела”, //*Русское богатсво*. № 7. -1900.

米哈依洛夫斯基 Н. К. :《文献与现实,中国事态》,载《俄国财富》1900 年第 7 期

Назаров А. Ю., “Маньчжуры, дауры и китайцы Амурской области”. *Известия ВосточногоСибирского отдела ИРГО*. т. 14 № 1-2. -1883.

纳扎罗夫 А. Ю. :《阿穆尔州的满族人、达斡尔族人和中国人》,载《俄罗斯地理学会东西伯利亚分会通报》1883 年第 14 卷第 1～2 期

Недзвецкий В., “Военное положение Китая”. //*Военный сборник*. № 8. -1900.

涅兹韦茨基 В. :《中国的战争局势》,载《战争文集》1900 年第 8 期

Непомнин О. Е., “Синтез традиционалистской редакции и антиимпериализма: движение Ихэтуаней в Китае в связи с монографией Н. М. Калюжной, Восстание

Ихэтуаней (1898-1901)" //*Народы Азии и Африки*. № 6. -1982.

涅波姆宁 О. Е. :《沿袭传统的反应方式与反帝精神的结合:中国义和团运动——评卡柳日娜娅的〈义和团起义(1898～1901)〉》,载《亚非人民》1982 年第 6 期

Нестерова Е. И., "Управление китайским населением в Приамурском генерал-губернаторстве (1884-1897 гг.)". //*Вестник Амурского государственного университета*. , № 2. -2000.

涅斯捷罗娃 Е. И. :《阿穆尔河沿岸总督辖区对中国居民的管理(1884～1897)》,载《阿穆尔国立大学学报》2000 年第 2 期

Никитина К., "Осада Благовещенска китайцами в 1900 г." //*Исторический вестник*. 1910, октябрь.

尼基季娜 К. :《1900 年中国人围困布拉戈维申斯克》,载《历史通报》1910 年 10 月

Обручев В. А., "Краткий обзор экспедиции, снаряженных Императорским Русским Географическим Обществом для исследования материка Азии с 1846 по 1896 гг." -*Известия Восточно-Сибирского отдела ИРГО*. Т. XXVII. № 1. Иркутск, 1897.

奥布鲁切夫 В. А. :《1846～1896 年俄罗斯地理协会为研究亚洲大陆而进行的勘察简述》第 27 卷第 1 期,伊尔库茨克,1897 年

Онегина С., "Бюро по делам российской эмиграции в Маньчжурии". //*Проблемы Дальнего Востока*. № 5. -1996.

奥涅吉娜 С. :《满洲俄国移民事务局》,载《远东问题》1996 年第 5 期

Павлов Д. Б., Лукоянов И. В., "Не отстать от держав... Россия на Дальнем Востоке в концеXIX-начале XX вв.". //*Вопросы истории*. № 6. -2009.

巴甫洛夫 Д. Б. 、鲁科雅诺夫 И. В. :《别落在列强后面……,19 世纪末至 20 世纪初俄国在远东》,载《历史问题》2009 年第 6 期

Павловская М. А., "Из истории изучения Маньчжурии русскими учеными (1932-1945 гг.)" //*Дальний Восток России-Северо-восток Китая: исторический опыт взаимодействия и перспективы сотрудничества*. Хабаровск. 1998.

巴甫洛夫斯卡娅 М. А. :《1932～1945 年俄国学者对满洲地区的研究》,载《俄罗斯远东与中国东北的历史关系与合作前景》,哈巴罗夫斯克,1998 年

Позднеев Д. М., "Боксёрское движение как этап освободительной борьбы в Китае", //*Звезда*. № 4. -1926.

波兹涅耶夫 Д. М. :《义和团运动是中国解放斗争的一个阶段》,载《星》1926 年第 4 期

Поздняев Д., "Церковь на крови мучеников" //*Китайский благовестник*. № 1. -2000.

波兹尼亚耶夫 Д. :《受难者鲜血筑成的教堂》,载《中国的钟声》2000 年第 1 期

Попов А. Л., "Дальневосточная политика царизма в 1894-1901" //*Историкмарксист*. № 11. -1935.

波波夫 А. Л. :《1894～1901 年沙皇专制下的远东政策》,载《马克思主义历史学家》

1935 年第 11 期

Попов П. С., "2 месяца осады в Пекине" //*Вестник Европы*. № 2-3. -1901.

波波夫 П. С.:《在北京两个月的包围》,载《欧洲通报》1901 年第 2～3 期

"Последние дни в Маньчжурии" //*Русское богатство*. № 10. -1900.

《在满洲的最后岁月》,载《俄国财富》1900 年第 10 期

Преображенский А., "Наш Дальний Восток: истоки". //*Международная жизнь*. № 8. -1993.

布列奥博拉仁斯基 А.:《我们的远东:起源》,载《国际生活》1993 年第 8 期

Райский Д., "Сношение забайкальских крестьян и казаков с Монголией и Маньчжурией". // *Русский вестник*. 1901, август.

赖斯基 Д.:《外贝加尔地区的农民和哥萨克同蒙古和满洲的联系》,载《俄国通报》1901 年 8 月

Решетнев И. А., Синиченко В. В., "К вопросу о шпионаже на восточных окраинах России в конце XIX-начале XX вв.". //*Восток*. № 6. -2007.

列谢特涅夫 И. А. 、西尼琴科 В. В.:《19 世纪末至 20 世纪初俄国东部边疆地区的间谍活动问题》,载《东方》2007 年第 6 期

Романов Г. И., "Казачье население Восточной Сибири в военной политике России на Дальнем Востоке (кон. XIX-нач. XX вв.)" //*XX век и военные конфликты на Дальнем Востоке*: *Тез. докл*. Хабаровск, 1995.

罗曼诺夫 Г. И.:《19 世纪末至 20 世纪初俄国军事政策下远东西伯利亚的哥萨克居民》,载《20 世纪同远东的军事冲突(报告提纲)》,哈巴罗夫斯基,1995 年

Рудаков А. В., "История развития военных сил в Гириньской провинции". //*Известия Восточного института*. т. 6. -1903.

鲁达科夫 А. В.:《吉林省军事力量发展史》,载《东方学院学报》1903 年第 6 卷

Рыбаченок И. С., "Дальневосточная политика России 90-х годов XIX в. на страницах русских газет консервативного направления". //*Внешняя политика России и общественное мнение*. М., 1988.

雷巴切诺克 И. С.:《俄国保守派报纸中反映的 19 世纪 90 年代俄国的远东政策》,载《俄国对外政策与社会思潮》,莫斯科,1988 年

Самойлов Н. А., "Азия (конец XIX-начало XX в.) глазами русских военных исследователей" //*Страны и народы Востока*. Вып. XXVIII. СПБ., 1994.

萨莫伊洛夫 Н. А.:《俄国军事研究者眼中的亚洲(19 世纪末至 20 世纪初)》,载《东方的国家和人民》第 28 册,圣彼得堡,1994 年

Самойлов Н. А., "Пекинская духовная миссия во 2-й половине XIX в." //*Православие на Дальнем Востоке*. СПб., 1993.

萨莫伊洛夫 Н. А.:《19 世纪后半叶的北京心灵传教团》,载《东正教在远东》,圣彼得堡,1993 年

"Сведения о китайских войсках в Синьцзяне и Кашгаре" //*Штаб Туркестанского*

Военного Округа. Сведения, касающиеся стран, сопредельных с Туркестанским военным округом. Вып. XII. -1899.

《中国军队在新疆和卡什加尔的资料》,载《土耳其斯坦军区司令部:涉及与土耳其斯坦军区毗连国家的数据》1899 年第 12 卷

Сергеев О. И., "Из истории Амурско-Уссурийской казачьей флотилии" //*Исторический опыт открытия, заселения и освоения Приамурья и Приморья в XVII-XX вв.: Тез. докл*. Владивосток, 1993.

谢尔盖耶夫 О. И. :《阿穆尔—乌苏里江哥萨克舰队史》,载《17 至 20 世纪发现、占领、开垦阿穆尔沿岸地区和滨海地区的历史经验(报告提纲)》,符拉迪沃斯托克,1993 年

"Сказание о Мучениках Китайской Православной Церкви, пострадавших в Пекине в 1900 году" //*Китайский благовестник*. № 1. -2000.

《关于 1900 年在北京的中国东正教受难者的传说》,载《中国的钟声》2000 年第 1 期

"Современная летопись Дальнего Востока". //*Вестник Восточного института*. 1900～1901.

《远东现代大事记》,载《东方学院院报》1900～1901 年

Сувиров Н. И., "Пробуждение Китая". //*Вестник знания*. № 2. -1905.

苏维洛夫 Н. И. :《中国的觉醒》,载《知识通报》1905 年第 2 期

Сугробов Е., "Народное восстание в Китае", //*Коммунист*(Куйбышев). № 1. -1939.

苏格罗博夫 Е. :《中国的民众起义》,载《共产党人》(古比雪夫)1939 年第 1 期

Таскина Е. П., "Харбин-продукт контактов стран-соседей". *Проблемы Дальнего Востока*. № 4. -1999.

塔斯基娜 Е. П. :《哈尔滨——邻国接触的产物》,载《远东问题》1999 年第 4 期

Тишенко П., "Поездка в Цзя-пи-гоу" //*Известия Восточного института*. Т. VI. Владивосток, 1903.

季辛科 П. :《夹皮沟的旅行》,载《东方学院院报》第 6 卷,符拉迪沃斯托克,1903 年

Троякова Т., "Волфф Д. На станцию Харбин: либеральная альтернатива в российской. Маньчжурии, 1898-1914. Рец." //*Проблемы Дальнего Востока*. № 5. -2001.

特罗雅科娃 Т. :《评沃尔福的〈到哈尔滨火车站去——俄国满洲地区的自由选择(1899～1914)〉》,载《远东问题》2001 年第 5 期

Усова А., "К вопросу о численности жителей зазейских деревень и их этнический состав во второй половине XIX века". //*Проблемы Дальнего Востока*. № 6. -2004.

乌索娃 А. :《论 19 世纪下半叶外结雅河农民的数量及民族构成问题》,载《远东问题》2004 年第 6 期

Хао Цзянхэн., "К вопросу об изучении китайско-русских отношений" //*Проблемы Дальнего Востока*. № 4. -1996.

郝江恒:《关于俄中关系研究的问题》,载《远东问题》1996 年第 4 期

Хвостов А., "Русский Китай, наша первая колония на Дальнем Востоке". //*Вестник*

Европы. 1902, сентябрь-октябрь.

赫沃斯托夫 A. :《俄国人在中国，我们在中国的第一个殖民地》，载《欧洲通报》1902 年 9～10 月

Ходоров А. Е., "Страничка из революционной истории Китая", //*Новый Восток*. № 3. -1923.

霍多罗夫 A. E. :《中国革命史的一页》，载《新东方》1923 年第 3 期

Хохлов А. Н., "Русско-китайская торговля и политика России в отношении Китая (вторая половина XIX в.)". //*Россия и страны Азиатско-Тихоокеанского региона XIX в. -начале XX в*. Иркутск, 1988.

霍赫洛夫 A. H. :《俄中贸易与俄国对华政策(19 世纪下半叶)》，载《19 世纪至 20 世纪初的俄国与亚太地区国家》，伊尔库茨克，1988 年

Хохлов А. Н., "Алексей Старцев-коммерсант, дипломат и просветитель" //*Общество и государство в Китае/Тезисы и доклады*. Ч. II. М., 1998.

霍赫洛夫 A. H. :《阿列克谢·斯塔尔采夫:商人、外交家、教育家》，载《在中国的社团和国家(提纲和报告)》第 2 卷，莫斯科，1998 年

Церерин А., "Хуланьчэнское фудутунство" //*Известия Восточного института*. -Т. 3. -Вып. 3. -1902.

采列林 A. :《呼兰城地区》，载《东方学院院报》1902 年第 3 卷第 3 册

Шкуркин П. В., "Хулань-чэн" //*Известия Восточного института*. -Т. 3. -Вып. 4. -1902.

什库尔金 П. B. :《呼兰城》，载《东方学院院报》1902 年第 3 卷第 4 册

Шкуркин П. В., "Хунхузы. Этнографические рассказы" //*Известия Общества Изучения Маньчжурского Края*. № 4. -1924.

什库尔金 П. B. :《红胡子的民间故事》，载《满洲地区研究协会通信》1924 年第 4 期

Шугалей И., "Кашевары штурмуют форты" //*Честь имею*. № 10. -1994.

舒加列 И. :《炊事员对炮台的猛攻》，载《我们有荣誉》1994 年第 10 期

Южаков., "Китайские дела". //*Русское богатство*. № 6. -1900.

尤扎科夫:《中国事态》，载《俄国财富》1900 年第 6 期

Яргаев М. Х., "формирование административного аппарата в Квантунской области. 1898-1903 гг." //*Вопросы истории*. № 1. -2008

亚尔加耶夫 M. X. :《1898～1903 年关东州行政机构的建立》，载《历史问题》2008 年第 1 期

译后记

2011 年 6 月，伦敦大学亚非学院狄德满先生造访山东大学，专程拜会山东大学义和团运动研究中心主任、终身教授路遥先生。当时山东大学恰好推行人文社科外聘一级教授制度，路遥先生借机委托刘天路教授征询狄德满先生是否有意向加盟中心，没想到得到了他的慨然应允。2012 年 2 月，经过半年多的人事协调与工作安排，狄德满先生作为外聘一级教授全岗来到山东大学工作。经过多次沟通，路遥先生根据义和团研究的海内外研究趋向及义和团运动研究中心的发展规划，希望狄德满先生利用其语言特长和学术储备，搜集散轶在欧美诸国的相关文献史料，推进义和团运动研究向义和团战争这条学术路向发展。对此，狄德满先生深表认同，欣然接受了这份基础文献的搜集与整编工作。按照与山东大学的工作协议，狄德满先生每年利用下半年回伦敦家中的时机，奔赴法国、德国、意大利等地，搜寻相关藏档及文献史料，利用网络数据库下载电子资源，并按照语言类别、著述性质对它们进行分类整理，经过近四年的努力，并由山东大学义和团研究中心主任路遥教授最终审定，形成了摆在各位书案上的这部 70 余万字的文献资料汇编。

这部《西文义和团文献资料汇编》所收录的史料类型多样，大致上可归结为如下两类：其一是档案类，既有相关国家所藏官方档案，也有基督教传教团体、传教士家族等所藏私家档案，内容涉及政治、外交、军事等各类官方出版物，及相关人物的往来通函、日记、笔记、报告、文书等；二是著述类，主要是时人记录、回忆录、报纸杂志报道、学术论文和著作，特别是作者搜集了侵华联军将士的不少日记、家信、报告、回忆录等，这些更是我们开展义和团战争的研究所应使用的史实信息。另外，路遥先生还嘱托中国义和团研究会顾问、山东大学苏位智教授搜寻俄文相关材料，一并收录到书中。这些史料所涉及的国别有 12 个，分别是英国、法国、德国、美国、意大利、奥匈帝国、荷兰、比利时、西班牙、瑞典、挪威、俄国，所涉及语言有英语、法语、德语、意大利语、荷兰语、西班牙语、芬兰语、瑞典语、挪威语、俄语等。

由此可见，这部《文献资料汇编》涉及语言诸多、史料庞杂，鉴于译者学识学养有限，须作如下翻译说明：

一是译介体例。该书从其名称上看似是对西文文献资料进行的系统汇编整理，实际上作者对收录其中的政府官方档案、重要传教团体的藏档、时人记录、研究著述均有着精当的描述和解读，但是限于篇幅，译者只是翻译作者名和题目，而对于出版社、出版地或馆藏地，出于读者原文查找方便考虑，不作译介处理。译著引用的来华传教士的中文名称，取自其在华传教时的执照名；部分驻华外交人员名录，参考自《清季中外使领年表》（中华书局 1985 年版）；引用的海外学者（含华裔学者）的名称，则采用国内学者较为普遍使用的中文称谓。其中确有无法查考或翻译者，或采用直译，或未作翻译处理，敬希读者知悉。

二是原文标注。这部《文献资料汇编》中的不少材料乃是首次挖掘出来的，其记载类型既有印刷制品，也有不少手写内容，可以说总结其类属并概述大意相当不易，因此有必要举要说明。如：原文在条目标注上有“[]”或“Ca”等式样的，均表示“大约”之意；“S. N.”或“s. n.”表示新加卷或增卷之意；页码后面加“ff.”者，表示此页之后为重要参考信息；人名加“[]”或“?”者，表示该材料的作者存疑；文献结尾以“pp.”标注者，如 pp. 367，代表的是该文献为著作，pp. 后面的数字表示其总页码为 367 页；如文献若以“pp. 12-21”等结尾者，表示该文献为论文，12-21 是指该文章在所载期刊或文集中的页码。这些虽未进行翻译处理，但为方便阅读者利用及查找，所以略作说明，尚请周知。

三是翻译人员。需要指出，这部《文献资料汇编》的撰写语言虽然是英语，但主题条目所涉及的语言种类众多。全书完稿后，路遥先生指命我来统筹翻译工作。接到任务后，我将该文献按照语言类属作了分类并进行了分工：该书第一、二部分由山东师范大学历史与社会发展学院赵建玲博士翻译；第三部分由我负责翻译。其中涉及的德语条目由北京师范大学邓舒博士翻译、孙立新教授核校；法语条目由燕雁博士翻译；意大利语、荷兰语、西班牙语、芬兰语、瑞典语、挪威语等语种条目，先翻译为英语，后由我译为汉语。附加的第四部分俄语材料由苏位智教授与俄罗斯西伯利亚联邦大学达齐申教授合作搜集整编，由山东大学外国语学院魏婧超硕士翻译、苏位智教授核校。所有材料翻译完毕后，由我统一将各语种材料进行编排和核校，并对体例进行修改，特别是原文中所加的注释，为避免给读者阅读带来不便，经与出版社多次沟通，并征得狄德满先生同意，将旁解说明均以页下注这种形式来进行展现，这一点要特别向各位读者予以说明。

这部《文献资料汇编》能够顺利翻译出版，受益于学术界的诸多师友。著者狄德满先生治学极为严谨，期间数次易稿，正是其踏实求真的学风才赋予了该书最大的学术价值；山东大学终身教授路遥先生始终关注、督导这部书的翻译工作，这部西文文献汇编蕴含着他对几十年来所奋斗的义和团运动研究领域的期许。我们要特别鸣谢山东大学出版社马新总编、策划编辑马银川和责任编辑张申华，书中的字里行间均闪烁着她们辛勤的付出和高度负责的工作精神。另外，我们还要致意山东大学历史文化学院历任领导王育济、方辉、赵兴胜诸教授，院学位委员会主任陈尚胜教授，中国义和团运动研究会常务副会长胡卫清、秘书长刘家峰教授，感谢他们对该书出版的关切和帮助。

这部《文献资料汇编》的出版，正值义和团运动研究进入新的窗口时期。2015年8月在济南召开的第22届国际历史科学大会，将“中国的义和团运动”列为会议议题之一，当时狄德满先生担任议题召集人，威斯康辛大学鲍德威(David Buck)教授、上海大学陶飞亚教授、拉夫堡大学孔正滔(Thoralf Klein)教授等担任论文评议人。在会上，与会学者提出应将义和团战争作为义和团运动研究再沐学术春风的突破口。事实上，这条研究路径的转向，也与义和团运动研究自身的学术发展逻辑相谋合。纵观百年来数代中外学人所从事的义和团运动研究，可以发现其内容大致呈现出三个阶段：第一阶段是探析义和团运动的起源及其性质，如路遥从民间拳教组织、信仰，周锡瑞从习俗文化，柯文从社会心理，佐藤公彦从民族主义，狄德满从环境内因，在政治、思想文化、宗教、经济等维度下展现义和团运动的组织源流及其构成、宗教背景及其政治目的等；第二阶段则是关注1900年6月八国联军侵华之前义和团运动的发展及其对中外局势的影响，如瑞士日内瓦高等国际问题研究院相蓝欣的专著《跨国研究：义和团战争的起源》(华东师范大学出版社2003年)即是其中的学术代表。但对于1900年6月之后的八国联军侵华史，也即“义和团战争”的重要组成部分却缺乏系统性研究，而这部《文献资料汇编》无疑能为义和团运动向第三阶段“义和团战争”的发展提供关键性的史实资源，从而推动义和团运动学术研究的国际发展。这也是我们翻译这部《文献资料汇编》的最大目的与期望，借此我们也真诚希望学术界诸位先进针对书中的问题给予扶正。

崔华杰

2016年7月于山东大学中国义和团运动研究中心